지방자치론 기출문제집

# PREFACE

「지방자치론」은 7급 지방직 시험을 준비하는 수험생들에겐 참 난감한 과목입니다.

「지방자치론」이 아주 낯선 과목이라면 기본이론부터 꼼꼼하게 공부하겠지만, 9급이나 7급 일반행정직 시험 과목인 「행정학」의 한 영역으로 생각하며 다른 과목에 비해 좀 만만하게 보는 게 사실입니다. 그러다 보니 시험 직전 기출문제로만 적당히 풀어보며 준비하다가 원하는 결과를 얻지 못하는 경우도 많고요.

네, 맞습니다. 「지방자치론」은 「행정학」의 한 영역입니다.
하지만 「지방자치론」으로만 하나의 시험 과목을 구성하니 9급과 7급 시험 과목인 「행정학」과 비교하면 이론과 법령이 아주 깊고 상세하게 출제됩니다. 준비하기에 절대 만만한 과목이 아닙니다.
다만 다행스러운 점은 출제범위가 제한되어 있다 보니 「행정학」에 비해서는 학습분량이 좀 적은 편입니다.

어렵지만 공부할 만한 과목이고, 제대로 공부하면 충분히 단기간 고득점이 가능한 과목입니다.
따라서 다른 어떤 과목보다 전략을 세워 체계적으로 공부해야 합니다.

여러분의 효과적인 학습을 위해 2024년 최영희행정학 지방자치론 기출문제집은 다음과 같이 구성되었습니다.

### 1. 모든 선지의 해설을 꼼꼼하게 달았습니다.

기출문제 학습 시 문제를 일단 풀고 틀린 선지만 보는 방법은 가장 지양해야 하는 학습방법입니다. 지방자치론의 기출 선지는 매해 형태만 다를 뿐, 같은 내용을 반복해 구성합니다. 이들 선지를 하나하나 분석해 관련된 이론, 적용된 법령을 확실하게 정리해야 이후의 문제들에 효과적으로 대비할 수 있습니다. 2024년 최영희행정학 지방자치론은 모든 선지마다 해설을 상세하게 달아 출제자의 의도를 정확하게 파악할 수 있게 했으며 강의 없이 공부하는 수험생도 문제에서 요구하는 내용을 상세하게 학습할 수 있도록 했습니다.

**2. 최신 법령을 빠짐없이 반영했습니다.**

「지방자치론」은 「지방자치법」 이외에도 다양한 법조문을 재구성해 문제를 출제합니다. 2024년 최영희행정학 지방자치론은 기출문제의 법령 출처를 모두 수록했으며, 개정된 내용이 있는 경우 문제에 설명을 달거나 문제를 변형해 개정된 내용을 반영하였습니다. 따로 개정법령을 찾아볼 필요 없이 문제의 해설만 보셔도 최신 법령을 모두 학습할 수 있습니다.

2024년 지방자치론 기출문제집을 출간하기 위해 많은 고민과 노력을 투입했습니다. 교재만으로도 스스로 학습하시는 데에 부족함이 없지만 공단기에서 제공하는 강의를 수강하시면 짧은 시간으로도 학습 효율을 극대화할 수 있습니다.

교재를 기획하고 출간하는 과정에서 애써주신 최영희행정학 연구소의 연구원분들, 에이치북스의 이정기 부장님, 한지훈 실장님, 박소은 디자이너님, 곁에서 늘 조력해주시는 김정현선생님께 감사의 말씀을 드립니다. 특별히 이 교재를 함께 기획하고, 교재의 모든 부분을 꼼꼼하고 세심하게 채워주신 류정열 실장님께 감사드립니다. 실장님의 수고로움이 아니었다면 최영희행정학연구소의 어떤 교재도 출간되지 못했을 것입니다.

또한 누구보다도 제 강의를 수강해주시는 모든 수강생 여러분께 감사드립니다.
여러분의 수고로움이 귀한 열매를 맺을 수 있도록 최선을 다해 조력할 수 있는 강사가 되겠습니다. 끝까지 힘내서 같이 달려봅시다.

2024년 6월 노량진에서

최영희 드림

# CONTENTS

최영희행정학
지방자치론 기출문제집

**CHAPTER 01**
지방자치의 본질     6

**CHAPTER 02**
지방자치단체의 체계와 구성     24

**CHAPTER 03**
국가와 지방자치단체의 관계     120

**CHAPTER 04**
지방자치단체의 재정     168

**CHAPTER 05**
지방자치와 주민참여     231

# CHAPTER 01 지방자치의 본질

## 001
2013 경찰간부

지방자치에 대한 설명으로 옳지 않은 것은?

① 지방행정은 지방자치를 반드시 수반한다.
② 지방자치는 국가의 통치영역이 미치는 범위 안에서 국가 또는 중앙정부와의 관계 속에서 이루어진다.
③ 지방정부는 지방행정에 한정하지 않고 지방의 정치, 정책기능까지 포함하는 개념이다.
④ 지방 거버넌스(local governance)는 지방정부와 NGO 등 시민 사회 간의 협력적 통치 또는 공동통치를 의미한다.

**풀이**

① [×] 지방행정이란 주민이 그들의 의사와 책임하에 지방 행정사무를 처리하는 지방자치보다는 광범위한 개념으로서 다양하게 이해되고 있다. 따라서 지방행정은 **지방자치를 반드시 수반하는 것은 아니다.**
② [O] 오늘날 지방자치는 국가와 지방자치단체 모두 국정운영의 동반자로서 국가가 지방자치에 관여하고, 지방이 국정에 참여하는 특성을 갖는다.
③ [O] 지방자치의 주체가 되는 지방정부는 지방행정에 한정된 기능만 수행하는 것이 아니라 지방의 정치, 정책기능까지 모두 수행한다.
④ [O] 지방거버넌스(로컬거버넌스, local governance)는 시민 생활과 관련된 지역의 현안 문제에 관해 지방정부, 이해관계집단, 전문가, 중립적 시민 등이 함께 모여 의사를 논의하고 그 과정에서 양보와 타협, 적극적 협력을 통해 효과적으로 해결해가는 지역단위의 거버넌스를 말한다.

**정답** ①

## 002
2013 서울 7급 지방자치론

다음 중 지방행정의 수행방식에 관한 설명으로 옳지 않은 것은?

① 관치형 지방행정은 중앙정부가 지방에 특별지방행정기관을 설치하여 수행하는 방식이다.
② 실질적 의미의 지방행정은 보통지방행정기관에 의한 행정을 의미한다.
③ 지방행정의 수행방식은 관치행정과 자치행정 두 가지 방식으로 나눌 수 있다.
④ 자치행정방식은 간접행정방식에 해당한다.
⑤ 중앙정부에서 국토관리, 환경관리, 중소기업지원 등에 관한 사무를 일선집행기관을 설치해 처리하는 행정도 지방행정에 포함시킬 수 있다.

**풀이**

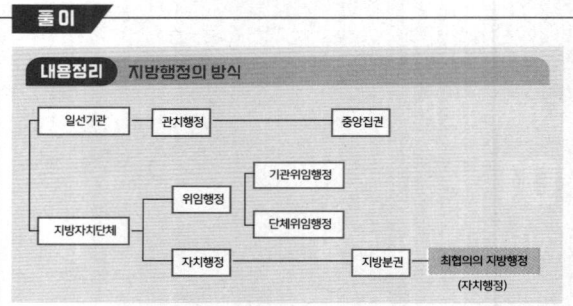

**내용정리** 지방행정의 방식

① [O] 지방행정은 행정을 수행하는 기관이 보통지방행정기관인지, 특별지방행정기관인지에 따라 그 형태가 달라진다. 이 중 중앙정부의 일선기관인 특별지방행정기관에 의해 수행되는 방식은 관치행정이며 주민의 선거를 통해 구성된 보통지방행정기관에 의해 수행되는 방식은 자치행정이다.
② [O] 실질적 의미의 지방행정은 보통지방행정기관, 다시 말해 주민의 선거를 통해 구성된 자치단체에 의해서 이루어지는 위임행정과 자치행정을 의미한다.
③ [×] 지방행정을 수행하는 방식은 중앙정부의 일선기관에 의해 이루어지는 **관치행정**, 지방자치단체에 의해서 이루어지는 **위임행정**과 **자치행정**, 이렇게 세 가지의 방식으로 구분할 수 있다.
④ [O] 중앙정부가 설치한 특별지방행정기관에 의해 수행되는 방식이 중앙정부에 의한 직접행정방식이며, 자치행정방식이 중앙정부와 분리된 지방자치단체를 통해 이루어지는 간접행정방식에 해당한다.
⑤ [O] 중앙정부의 일선기관인 특별지방행정기관에 의해 국토관리, 환경관리, 중소기업지원 등에 관한 사무를 처리하는 것도 넓은 의미의 지방행정에 포함된다.

**정답** ③

## 003
2022 지방 7급 지방자치론

**지방자치권의 제도적 보장설에 대한 설명으로 옳은 것은?**

① 지방자치단체는 국가의 성립 이전에 형성된 것으로 본다.
② 지방의 사무를 주민에 의해 처리하는 정치적 의미의 자치를 강조한다.
③ 지방자치를 헌법으로 보장함으로써 법률에 의해서 지방자치제도를 폐지할 수 없다고 본다.
④ 지방자치단체가 천부의 인권과 마찬가지로 자연법적인 권리를 갖는 것으로 본다.

### 풀이

지방자치권의 제도적 보장설은 현실적이며 규범적인 관점에서 자치권을 인식하려는 입장으로 법적으로 승인된 자치권은 반드시 보장되어야 한다고 본다. 이 경우 자치권은 헌법상 보장된 권한으로 법률로 제한할 수 없다.
① [×] 지방자치단체는 국가의 성립 이전에 형성된 것으로 보는 것은 **자치권을 고유권으로 보는 주민자치의 관점**이다.
② [×] 지방의 사무를 주민에 의해 처리하는 **정치적 의미의 자치를 강조하는 것은 자치권을 고유권으로 보는 주민자치의 관점**이다.
③ [○] 제도적 보장설은 지방자치를 헌법으로 보장함으로 법률에 의해서 지방자치제도를 폐지할 수 없다고 본다.
④ [×] 지방자치단체가 천부인권과 마찬가지로 자연법적인 권리를 갖는 것으로 보는 것은 **자치권을 지방자치단체의 고유권으로 보는 주민자치의 관점**이다.

정답 ③

## 004
2021 국가 9급

**우리나라 지방자치단체의 권한(자치권)으로 옳지 않은 것은?**

① 지방자치단체는 법률의 위임이 있어야 주민의 권리를 제한하는 조례를 제정할 수 있다.
② 지방자치단체는 주민의 복지증진과 사업의 효율적 수행을 위하여 지방공기업을 설치·운영할 수 있다.
③ 지방자치단체는 조례를 위반한 행위에 대하여 조례로써 1,500만원 이하의 과태료를 정할 수 있다.
④ 지방자치단체조합도 따로 법률로 정하는 바에 따라 지방채를 발행할 수 있다.

### 풀이

① [○] 지방자치단체는 법령의 범위 안에서 조례를 제정할 수 있으며 주민의 권리 제한 또는 의무 부과 및 벌칙을 정할 경우 법률의 위임이 있어야 한다.

> 「지방자치법」제28조(조례) ① 지방자치단체는 법령의 범위에서 그 사무에 관하여 조례를 제정할 수 있다. 다만, 주민의 권리 제한 또는 의무 부과에 관한 사항이나 벌칙을 정할 때에는 법률의 위임이 있어야 한다.
> ② 법령에서 조례로 정하도록 위임한 사항은 그 법령의 하위 법령에서 그 위임의 내용과 범위를 제한하거나 직접 규정할 수 없다.

② [○] 지방자치단체는 주민의 복지증진과 사업의 효율적 수행을 위하여 지방공기업을 설치·운영할 수 있다.

> 「지방자치법」제163조(지방공기업의 설치·운영) ① 지방자치단체는 주민의 복리증진과 사업의 효율적 수행을 위하여 지방공기업을 설치·운영할 수 있다.
> ② 지방공기업의 설치·운영에 필요한 사항은 따로 법률로 정한다.

③ [×] 지방자치단체는 조례를 위반한 행위에 대하여 조례로써 **1천만원 이하의 과태료**를 정할 수 있다.

> 「지방자치법」제34조(조례 위반에 대한 과태료) ① 지방자치단체는 조례를 위반한 행위에 대하여 조례로써 1천만원 이하의 과태료를 정할 수 있다.

④ [○] 지방자치단체의 장이나 지방자치단체조합은 따로 법률로 정하는 바에 따라 지방채를 발행할 수 있다(「지방자치법」제139조).

> 「지방자치법」제139조(지방채무 및 지방채권의 관리) ① 지방자치단체의 장이나 지방자치단체조합은 따로 법률로 정하는 바에 따라 지방채를 발행할 수 있다.

정답 ③

## 005
2017 서울 7급 지방자치론

다음 중 우리나라 지방자치제에 대한 설명으로 가장 옳은 것은?

① 대체로 대통령이나 국회의원 선거에 비해 지방선거에서 높은 투표율을 보여 지방자치가 정착되고 있다.
② 지방자치단체장은 긴급 상황에서 의회 의결을 거치지 않고 선결처분 할 수 있는 권한이 있다.
③ 재정자립도란 일반회계 세입에서 자주재원과 지방교부세를 합한 비중을 말한다.
④ 자치재정권이 인정되므로 조례를 통한 독립적인 지방세목을 설치할 수 있다.

**풀이**

① [×] 우리나라의 선거는 대체로 **대통령이나 국회의원 선거의 투표율이 지방선거의 투표율보다 높게** 나타난다.
② [○] 지방자치단체장은 일정한 요건 하에서 지방의회를 소집할 시간적 여유가 없거나 지방의회에서 의결이 지체되어 의결되지 못할 때 지방의회의 의결을 거치지 않고 먼저 의사결정을 진행하는 선결처분권을 행사할 수 있다.

> 「지방자치법」 제122조(지방자치단체의 장의 선결처분) ① 지방자치단체의 장은 지방의회가 지방의회의원이 구속되는 등의 사유로 제73조에 따른 의결정족수에 미달될 때와 지방의회의 의결사항 중 주민의 생명과 재산 보호를 위하여 긴급하게 필요한 사항으로서 지방의회를 소집할 시간적 여유가 없거나 지방의회에서 의결이 지체되어 의결되지 아니할 때에는 선결처분(先決處分)을 할 수 있다.
> ② 제1항에 따른 선결처분은 지체 없이 지방의회에 보고하여 승인을 받아야 한다.
> ③ 지방의회에서 제2항의 승인을 받지 못하면 그 선결처분은 그때부터 효력을 상실한다.
> ④ 지방자치단체의 장은 제2항이나 제3항에 관한 사항을 지체 없이 공고하여야 한다.

③ [×] 재정자립도는 일반회계 세입에서 자주재원의 비중을 말한다. 따라서 지방교부세는 계산에 들어가지 않는다. 일반회계 세입에서 자주재원과 지방교부세로 구성되는 일반재원의 비중을 구하는 지표는 재정자주도이다.
④ [×] 우리나라의 경우 지방세 탄력세율, 재산과세의 과표 등과 같은 자치재정권이 일부 인정된다. 하지만 조세법률주의에 따라 지방세의 종목과 세율은 법률을 통해 정하게 되어 있으므로 조례를 통한 독립적인 지방 세목을 설치할 수 없다.

**정답 ②**

## 006
2015 지방 7급 지방자치론

우리나라 지방자치단체의 자치권 제약에 관한 사항으로 옳지 않은 것은?

① 지방자치단체가 주민의 권리 제한 또는 의무 부과에 관한 사항이나 벌칙을 조례로 정할 때에는 법률의 위임이 있어야 한다.
② 중앙행정기관의 장이나 시·도지사는 지방자치단체의 사무에 관하여 필요하면 지방자치단체에 자료의 제출을 요구할 수 있다.
③ 지방자치단체는 그 사무를 분장하기 위하여 필요한 행정기구를 설치할 경우 대통령령에 따라 규칙으로 정한다.
④ 지방자치단체는 조례를 위반한 행위에 대하여 조례로써 1천만원 이하의 과태료를 정할 수 있다.

**풀이**

① [○] 지방자치단체가 주민의 권리 제한 또는 의무 부과에 관한 사항이나 벌칙을 조례로 정할 때에는 법률의 위임이 있어야 한다.

> 「지방자치법」 제28조(조례) ① 지방자치단체는 법령의 범위에서 그 사무에 관하여 조례를 제정할 수 있다. 다만, 주민의 권리 제한 또는 의무 부과에 관한 사항이나 벌칙을 정할 때에는 법률의 위임이 있어야 한다.
> ② 법령에서 조례로 정하도록 위임한 사항은 그 법령의 하위 법령에서 그 위임의 내용과 범위를 제한하거나 직접 규정할 수 없다.

② [○] 중앙행정기관의 장이나 시·도지사는 지방자치단체의 사무에 관하여 필요하면 지방자치단체에 자료의 제출을 요구할 수 있다.

> 「지방자치법」 제184조(지방자치단체의 사무에 대한 지도와 지원) ① 중앙행정기관의 장이나 시·도지사는 지방자치단체의 사무에 관하여 조언 또는 권고하거나 지도할 수 있으며, 이를 위하여 필요하면 지방자치단체에 자료 제출을 요구할 수 있다.
> ② 국가나 시·도는 지방자치단체가 그 지방자치단체의 사무를 처리하는 데 필요하다고 인정하면 재정지원이나 기술지원을 할 수 있다.

③ [×] 지방자치단체는 그 사무를 분장하기 위하여 필요한 행정기구를 설치할 경우 **대통령령에 따라 규칙이 아닌 조례로 정한다.**

> 「지방자치법」 제125조(행정기구와 공무원) ① 지방자치단체는 그 사무를 분장하기 위하여 필요한 행정기구와 지방공무원을 둔다.
> ② 제1항에 따른 행정기구의 설치와 지방공무원의 정원은 인건비 등 대통령령으로 정하는 기준에 따라 그 지방자치단체의 조례로 정한다.

④ [○] 지방자치단체는 조례를 위반한 행위에 대하여 조례로써 1천만원 이하의 과태료를 정할 수 있다.

> 「지방자치법」 제34조(조례 위반에 대한 과태료) ① 지방자치단체는 조례를 위반한 행위에 대하여 조례로써 1천만원 이하의 과태료를 정할 수 있다.
> ② 제1항에 따른 과태료는 해당 지방자치단체의 장이나 그 관할 구역의 지방자치단체의 장이 부과·징수한다.

**정답 ③**

## 007
2020 국가 9급

**우리나라 지방자치에 대한 설명으로 옳은 것은?**

① 자치사법권은 인정되고 있다.
② 지방자치단체의 예산안 편성권은 지방자치단체장에 속한다.
③ 자치입법권은 지방의회만이 행사할 수 있는 전속적 권한이다.
④ '세종특별자치시'와 제주특별자치도의 '제주시'는 기초자치단체로서 자치권을 가지고 있다.

**풀이**

① [×] 지방자치의 구성요소 중 하나인 자치권에는 자치입법권, 자치조직권, 자치재정권, 자치사법권이 있으며, 우리나라의 경우 **자치사법권은 인정되지 않는다**.
② [○] 지방자치단체의 예산안 편성권은 지방자치단체장에 속하며 심의권은 지방의회에 속한다.
③ [×] 자치입법권은 지방자치단체가 법을 만들 수 있는 권한으로 지방의회는 조례의 제정을 통해, **지방자치단체장은 규칙의 제정을 통해 자치입법권을 행사할 수 있다**.
④ [×] 세종특별자치시와 제주특별자치도는 단층제의 계층구조이다. 따라서 제주특별자치도의 **제주시**는 자치시가 아니라 **행정시로 자치권을 행사할 수 없다**.

정답 ②

## 008
2018 (3월) 서울7급 지방자치론

**현행 「지방자치법」상 지방자치단체가 징수하는 사용료에 관한 설명으로 가장 옳지 않은 것은?**

① 부정한 방법으로 사용료의 징수를 면한 사람에게 조례로 과태료를 부과할 수 있다.
② 시·군 및 자치구의 사용료의 징수에 대하여 시·도지사에게 이의신청을 할 수 있다.
③ 사용료의 징수에 대한 행정소송은 처분청을 당사자로 한다.
④ 공공시설의 이용에 대하여 사용료를 부과할 수 있다.

**풀이**

① [○] 지방자치단체는 조례를 위반한 행위에 대하여 조례로써 1천만원 이하의 과태료를 정할 수 있으므로 부정한 방법으로 사용료의 징수를 면한 사람에게 조례로 과태료를 부과할 수 있다.
② [×] 시·군·자치구(기초자치단체)의 사용료의 징수에 더하여 이의가 있을 경우 상급기관인 광역자치단체의 장인 시·도지사가 아닌 **해당 지방자치단체의 장(시·군·구청장)에게 이의신청**을 할 수 있다.
③ [○] 지방자치단체의 사용료의 징수에 대한 행정소송은 처분청을 당사자로 한다.

> 「지방자치법」 제157조(사용료 등의 부과·징수, 이의신청) ① 사용료·수수료 또는 분담금은 공평한 방법으로 부과하거나 징수하여야 한다.
> ② 사용료·수수료 또는 분담금의 부과나 징수에 대하여 이의가 있는 자는 그 처분을 통지받은 날부터 90일 이내에 그 지방자치단체의 장에게 이의신청할 수 있다.
> ③ 지방자치단체의 장은 제2항의 이의신청을 받은 날부터 60일 이내에 결정을 하여 알려야 한다.
> ④ 사용료·수수료 또는 분담금의 부과나 징수에 대하여 행정소송을 제기하려면 제3항에 따른 결정을 통지받은 날부터 90일 이내에 처분청을 당사자로 하여 소를 제기하여야 한다.
> ⑤ 제3항에 따른 결정기간에 결정의 통지를 받지 못하면 제4항에도 불구하고 그 결정기간이 지난 날부터 90일 이내에 소를 제기할 수 있다.

④ [○] 지방자치단체는 공공시설의 이용에 대하여 사용료를 부과할 수 있다.

> 「지방자치법」 제153조(사용료) 지방자치단체는 공공시설의 이용 또는 재산의 사용에 대하여 사용료를 징수할 수 있다.

정답 ②

## 009
2015 서울 7급 지방자치론

다음 단체자치와 주민자치에 대한 설명으로 가장 옳지 않은 것은?

① 단체자치는 지방자치단체와 국가와의 관계에 중점을 둔다.
② 단체자치는 법률적 의미의 자치라고 한다.
③ 주민자치는 지방분권화를 핵심으로 한다.
④ 주민자치는 대내적 자치라고 할 수 있다.

### 풀이

**내용정리** 단체자치와 주민자치

| 구분 | 단체자치 | 주민자치 |
|---|---|---|
| 의미 | 법률적 의미<br>(국가-지방자치단체) | 정치적 의미<br>(지방자치단체-주민) |
| 국가 | 대륙계 국가 | 영미계 국가 |
| 자치권 | 전래권설 | 고유권설 |
| 중점 | 지방분권 | 주민참여, 민주주의 |
| 사무 | 고유사무와 위임사무 | 고유사무(위임사무X) |
| 권한부여 | 포괄적 수권주의 | 개별적 수권주의 |
| 중앙통제 | 행정적 통제<br>(강함) | 입법적·사법적 통제<br>(약함) |
| 정부형태 | 기관대립형 | 기관통합형 |
| 중앙·지방<br>관계 | 수직적 관계, 권력적 감독관계 | 수평적 관계, 기능적 협력관계 |

① [O] 단체자치는 지방자치단체와 국가와의 관계에 중점을 두는 데 비해 주민자치는 지방자치단체와 주민과의 관계에 중점을 둔다.
② [O] 단체자치는 법률적 의미의 자치이며, 주민자치는 정치적 의미의 자치이다.
③ [X] **주민자치는 주민의 자치행정참여(민주주의)를 강조하지만, 단체자치는 지방자치단체의 자치권(분권주의)을 강조한다.**
④ [O] 주민의 참여에 의해서 자치를 운용해 나가는 대내적 자치는 주민자치이며, 중앙정부로부터 권한이 분립된 자치단체에 의한 대외적 자치형태는 단체자치이다.

**정답 ③**

## 010
2023 지방 7급 지방자치론

지방자치의 계보에 대한 설명으로 옳지 않은 것은?

① 주민자치는 지방자치단체와 주민과의 관계에 초점을 두고 지방자치단체의 민주성을 강조한다.
② 단체자치는 지방자치단체의 자치권을 국가에 의해 부여된 권리로 받아들인다.
③ 단체자치는 국가의 위임사무와 지방자치단체의 자치사무를 구분하지 않는다.
④ 단체자치는 지방분권의 법률적 측면을 강조하는 반면, 주민자치는 주민참여의 정치적 측면을 강조한다.

### 풀이

① [O] 주민자치는 지방자치단체와 주민 간 관계에 중점을 두고 주민이 참여하는 민주성을 강조한다. 단체자치는 국가와 지방자치단체 간 관계에 중점을 둔다.
② [O] 단체자치는 자치권을 국가가 부여한 권리로 보고, 주민자치는 자치권을 지방자치단체가 원래 가지고 있는 권리로 본다.
③ [X] 주민자치에서는 자치사무와 위임사무로 구분할 필요가 없으나, **단체자치에서는 자치사무와 위임사무를 엄격히 구분한다.**
④ [O] 국가가 일부 권한을 지방자치단체에 주었다고 보는 단체자치는 지방분권의 법률적 측면을 강조하는 반면, 주민에 의한 통제를 중요시하는 주민자치는 주민참여의 정치적 측면을 강조한다.

**정답 ③**

## 011
2019 지방 7급 지방자치론

**지방자치의 원리로서 주민자치에 대한 설명으로 옳은 것은?**

① 자치권의 성질을 국가로부터 수탁, 전래된 것으로 본다.
② 지방자치단체의 사무를 자치사무와 위임사무로 엄격히 구분하려 한다.
③ 지방자치단체가 국가기관의 하부기관으로의 성격을 가진다는 점을 인정한다.
④ 지방자치단체와 주민과의 관계에 중점을 두며 주민의 직접 참여를 강조한다.

### 풀이

① [×] 주민자치는 **자치권**을 국가 성립 이전에 주어진 **자연법상의 권리**로 본다.
② [×] 지방자치단체의 사무를 자치사무와 위임사무로 **엄격히 구분한 것은 단체자치**이다. 주민자치는 위임사무가 별도로 존재하지 않으므로 자치사무와 위임사무의 구분이 불필요하다.
③ [×] 지방자치단체가 **국가기관의 하부기관**으로서의 성격을 가지고 있다고 본 것은 주민자치가 아닌 **단체자치의 특징**이다. 주민자치는 국가기관과 자치단체가 독립적 권한을 갖고 있다고 본다.
④ [○] 주민자치는 지방자치단체와 주민과의 관계에 중점을 두며 주민의 직접 참여를 강조한다. 그에 비해 단체자치는 중앙정부와 지방자치단체 사이의 권한 분권에 더 중점을 둔다.

**정답 ④**

## 012
2020 지방 7급 지방자치론

**단체자치와 주민자치에 대한 설명으로 옳은 것은?**

① 단체자치는 영국을 중심으로 발전하였으며, 정치적 의미의 자치라고 불린다.
② 주민자치 개념이 발달한 국가에서는 주로 개별적 수권 방식을 채택하였다.
③ 단체자치는 일정 지역 내의 행정이 주민에 의하여 행해져야 함을 강조하며, 지방자치의 실질적 요소이다.
④ 주민자치는 기초자치단체가 자주적으로 지역의 사무를 처리하는 형태를 뜻하며, 법적 의미의 자치라고 한다.

### 풀이

① [×] 영국을 중심으로 발전했으며, 정치적 의미의 자치로 불리는 것은 단체자치가 아닌 **주민자치**이다.
② [○] 주민자치의 방식을 채택하는 국가에서는 중앙이 지방에게 권한을 위임할 때 개별적 수권방식을 사용한다. 개별적 수권방식은 법률로 사무를 지정해 위임하는 방식으로 위임 이후 중앙정부의 통제가 불가능하다.
③ [×] 일정 지역 내의 행정이 주민에 의하여 행해져야 함을 강조하며, 지방자치의 실질적 요소는 단체자치가 아닌 **주민자치**이다. 단체자치는 중앙과 지방자치단체 사이의 분권적 관계를 강조하는 법률적 의미의 자치로 지방자치의 형식적 요소가 된다.
④ [×] 주민자치는 기초자치단체가 자주적으로 지역의 사무를 처리하는 형태로 정치적 의미의 자치이자 풀뿌리 민주주의이며, **법적 의미의 자치는 단체자치**에 대한 설명이다.

**정답 ②**

## 013
2019 서울 9급

지방자치의 이념과 사상적 계보에 대한 설명으로 가장 옳은 것은?

① 자치권의 인식에서 주민자치는 전래권으로, 단체자치는 고유권으로 본다.
② 주민자치는 지방분권의 이념을, 단체자치는 민주주의 이념을 강조한다.
③ 주민자치는 의결기관과 집행기관을 분리하여 대립시키는 기관분리형을 채택하는 반면, 단체자치는 의결기관이 집행기관도 되는 기관통합형을 채택한다.
④ 사무구분에서 주민자치는 자치사무와 위임사무를 구분하지 않지만, 단체자치는 이를 구분한다.

**풀이**
① [×] 자치권의 인식에서 **주민자치**는 자치권을 **고유권**으로, 단체자치는 자치권을 전래권으로 본다.
② [×] **주민자치**는 지방분권이 아닌 **민주주의 이념**을, 단체자치는 민주주의 이념이 아닌 지방분권의 이념을 강조한다.
③ [×] **주민자치**는 **보통** 의결기관이 집행기관을 구성하는 **기관통합형**을 채택하는 반면, 단체자치는 의결기관과 집행기관을 별도로 구성해 분리·대립시키는 기관 분리형을 채택한다.
④ [○] 주민자치에서는 지방자치단체 차원에서 국가의 위임사무가 존재하지 않기 때문에 위임사무와 자치사무를 구분하지 않는다. 반면 단체자치에서는 국가의 위임사무와 자치사무를 구분하여 처리한다.

**정답 ④**

## 014
2017 지방 7급 지방자치론

지방자치의 원리로서 단체자치에 대한 설명으로 옳지 않은 것은?

① 지방자치를 위해서는 별도의 법인격이 필요하다는 것을 강조한다.
② 단체자치에서 중시하는 권리는 주민의 권리(주민참여)이다.
③ 지방의 자치권을 인정하는 주체는 국가(중앙정부)이다.
④ 자치사무와 국가위임사무의 구분을 통해 지방자치단체는 자치기관과 국가하급기관으로서의 이중적 성격을 갖는다.

**풀이**
① [○] 단체자치는 지방자치를 위해서는 별도의 법인격을 가진 지방자치단체가 지방행정사무의 일정부분을 독자적으로 운영해야 한다고 본다.
② [×] 단체자치는 주민자치에 비해 자치보다는 분권을 강조해 중앙정부로부터 독립된 지방자치단체가 일정사무를 중앙과 별개로 처리하는 것에 중점을 둔다. **주민 참여**를 통한 주민의 권리를 보장하는 것에 중점을 두는 것은 **주민자치**이다.
③ [○] 단체자치는 자치권을 중앙정부로부터 전래된 권한(전래권)으로 인식한다. 따라서 지방의 자치권을 인정하는 주체는 국가이다. 주민자치는 지방의 자치권을 주민들이 구성한 고유의 권리로 본다.
④ [○] 단체자치는 자치사무와 국가위임사무를 구분하여 지방자치단체는 자치사무를 수행하는 자치기관과 국가위임사무를 수행하는 국가하급기관으로서의 이중적 성격을 갖는다.

**정답 ②**

## 015
2018 서울 9급

지방자치의 두 요소인 주민자치와 단체자치에 대한 설명으로 가장 옳은 것은?

① 주민자치의 원리는 주로 영국과 미국에서 발달하였으며, 단체자치의 원리는 주로 독일과 프랑스에서 발달하였다.
② 주민자치가 지방자치의 형식적·법제적 요소라고 한다면, 단체자치는 지방자치를 실현하기 위한 내용적·본질적 요소라고 할 수 있다.
③ 단체자치에서는 법률에 의해 권한이 명시적·한시적으로 규정되어 사무를 자주적으로 처리할 수 있는 재량의 범위가 크다.
④ 단체자치에서는 입법통제와 사법통제가 주된 통제방식이다.

**풀이**

① [○] 주민자치의 원리는 주로 영·미계 국가에서, 단체자치의 원리는 주로 독일, 프랑스 등 대륙계 국가에서 발달하였다.
② [×] **단체자치가** 지방자치의 **형식적·법제적 요소**라고 한다면, 주민자치는 지방자치를 실현하기 위한 내용적·본질적 요소라고 할 수 있다.
③ [×] 단체자치에서는 '포괄적 수권주의'에 따라 일반법을 통해 권한이 포괄적·일반적으로 규정되어 있어 중앙정부의 간섭과 통제가 심하므로 사무를 자주적으로 처리할 수 있는 재량의 범위가 작다.
④ [×] 단체자치에서의 통제는 주로 중앙정부에 의한 행정통제, 주민자치에서는 주로 법률에 근거한 입법통제와 사법통제가 주된 통제방식이다.

정답 ①

## 016
2014 서울 7급 지방자치론

지방자치와 민주성, 효율성의 관계에 대한 학자들의 주장으로 설명이 옳은 것은?

① 무렝(Leo Moulin)과 랑그로드(Georges Langrod)는 지방의원과 지방공무원의 질이 다소 떨어진다고 해도 지역사회 위주의 행정에는 결과적으로 중앙집권보다 지방행정이 주민들에게 더 좋은 행정을 제공한다고 주장하였다.
② 토크빌(Alexis de Tocqueville)은 지방자치가 지역의 이익을 지나치게 중시하는 배타주의와 분리주의를 양산해 낸다고 하였다.
③ 콕번(Cynthia Cockburn)은 지방자치는 민주주의를 위해 더 이상 좋을 수 없는 학교이며 민주주의의 성공을 보장받을 수 있는 가장 확실한 보증이라고 주장하였다.
④ 제임스 메디슨(James Madison)은 집권적 체제인 연방제로 통치의 권역을 넓혀 지방자치로 발생한 다수의 전제를 막자고 주장하였다.
⑤ 제임스 브라이스(James Bryce)는 지방선거의 투표율이 중앙선거의 투표율보다 낮은 경향을 보이는 것은 지방자치가 참여의 기회를 확대해 주는 것은 아니라고 주장하였다.

**풀이**

① [×] 밀(John Stuart Mill)은 지방의원과 지방공무원의 질이 중앙정부에 비해 다소 떨어진다 해도 지역사회 위주의 행정으로 주민들의 실제 수요에 맞는 행정서비스를 제공하는 지방자치가 주민들에게 더 좋은 행정으로 나타난다고 주장하였다.
② [×] **무렝(Moulin)과 랭그로드(Langrod)는** 지방자치를 통해 오히려 지역적 이익에 치중하는 배타주의와 분리주의를 배울 수 있다고 주장하며, 중앙집권의 방식이 보다 나은 민주시민 교육의 장이 될 수 있다고 주장한다.
③ [×] 지방자치는 민주주의를 위해 더 이상 좋을 수 없는 학교이며 민주주의의 성공을 보장받을 수 있는 가장 확실한 보증이라고 주장한 것은 **제임스 브라이스(James Bryce)**이다. 콕번(C. Cockburn)은 자본주의 국가에서 지방정부의 중앙정부에 대한 적극적 견제 기능을 소극적으로 보는 입장이다.
④ [○] 제임스 메디슨은 집권적 체제인 연방제로 통치의 권역을 넓혀 지방자치에서 발생할 수 있는 다수의 전제를 막고자 주장하였다. 그는 통치의 권역이 넓어질수록 어느 특정집단이 다수를 형성하기가 힘들어질 뿐 아니라, 여러 다른 집단이 출현하여 상호견제를 행함으로써 특정 집단이 과도한 권력을 행사하는 것을 막을 수 있다고 주장한다.
⑤ [×] **제임스 브라이스(James Bryce)는** "지방자치는 민주주의를 위해 더 이상 좋을 수 없는 학교이며 민주주의의 성공을 보장받을 수 있는 가장 확실한 보증이다."라는 말로 **지방자치를 통한 주권 구현, 민주시민 교육 및 양성의 기능을 강조**하였다. 지방선거의 투표율이 중앙선거의 투표율보다 낮은 경향을 보이는 것은 지방자치가 참여의 기회를 확대해 주는 것은 아니라고 하는 주장은 브라이스의 견해가 아니다.

정답 ④

## 017
2017 지방 7급 지방자치론

중앙집권의 장점에 대한 설명으로 옳지 않은 것은?

① 강력한 행정추진으로 국가의 비상사태나 위기 상황에 유리하다.
② 규모의 경제 또는 외부효과 조정을 통한 자원배분의 효율성 달성에 유리하다.
③ 중앙부처의 감독계통의 다원화로 인해 지방행정의 종합적 처리가 용이해진다.
④ 부처별 전문적 행정분담을 통해 기능별 전문화를 달성하기 쉽다.

**풀이**

① [○] 중앙집권 체제는 강력한 행정추진으로 국가의 비상사태나 위기 상황에 빠르고 정확하게 대처할 수 있다.
② [○] 중앙집권 체제는 공공서비스의 생산 규모가 크고 다양한 지방정부가 공공서비스를 함께 누릴 수 있어서 규모의 경제 또는 외부효과 조정을 통한 자원배분의 효율성 달성에 유리하다.
③ [×] **중앙집권**은 중앙정부의 전문화된 업무상 분업에 따라 지방행정을 진행하게 되어 결국 **감독계통의 다원화**를 유발한다. 이는 **할거주의로 이어지며 지방행정의 종합성 상실**을 야기한다.
④ [○] 중앙집권은 부처별 전문적 행정분담을 통해 기능별 전문화를 달성하기 쉽다.

정답 ③

## 018
2014 지방 7급 지방자치론

중앙집권과 지방분권의 측정지표로 보기 어려운 것은?

① 특별지방행정기관의 비중
② 국세와 지방세의 종류
③ 전체공무원 대비 지방공무원 비율
④ 조세총액 중 지방세 비율

**풀이**

① [○] 중앙정부의 일선기관인 특별지방행정기관의 비중은 중앙집권이 얼마나 진행되고 있는지를 알아볼 수 있는 지표이다.
② [×] 중앙집권과 지방분권을 측정하기 위해서는 **국세와 지방세의 종류가 아닌 구성 비율이 필요**하다. 일반적으로 전체 조세 중 국세의 비율이 높으면 높을수록 중앙집권화, 지방세의 비율이 높으면 지방분권화된다고 볼 수 있다.
③ [○] 전체공무원 대비 지방공무원의 비율을 통해 지방분권의 정도를 가늠할 수 있다.
④ [○] 조세총액 중 지방세 비율은 지방분권의 정도를 보여준다.

정답 ②

## 019

2015 서울 7급 지방자치론

신중앙집권화와 관련성이 가장 적은 것은?

① 국제적 긴장감의 고조
② 고객지향적 행정의 강조
③ 광역행정수요의 증대
④ 정보통신기술의 발달

### 풀이

① [O] 오늘날 국제적 대치상황에서 유사시에 언제든지 전 국민을 일시에 동원할 수 있는 집권적 체제를 필요로 하게 되면서 신중앙집권을 촉진시켰다.
② [X] **고객지향적 행정의 강조**는 다양성과 개성을 존중하고 문화적 특성을 존중할 수 있는 **신지방분권의 촉진요인**에 해당한다.
③ [O] 광역행정수요의 증대는 중앙집권이 촉진될 수 있는 요인이다.
④ [O] 정보통신기술의 발달은 물리적 시·공간의 거리를 단축시켜 중앙정부의 지방정부에 대한 즉각적인 지시와 통제가 가능하게 하였으며 이는 신중앙집권화의 촉진요인에 해당한다.

**정답 ②**

## 020

2018 지방 7급 지방자치론

지방자치에 대한 설명으로 옳은 것만을 모두 고르면?

> ㄱ. 지역 단위에서 분야별 전문가를 고용하기 쉽기 때문에 행정 전문성을 제고하기에 유리하다.
> ㄴ. 자치사무에 대한 자율결정 및 집행권으로 인해 지역문제를 보다 신속하게 해결할 수 있다.
> ㄷ. 규모의 경제 확보로, 국가 전체적으로 볼 때 자원배분의 효율성 향상에 유리하다.
> ㄹ. 지역개발과 관련하여 지역이기주의로 인한 사회적 갈등을 일으킬 수 있다.

① ㄱ, ㄷ
② ㄴ, ㄷ
③ ㄴ, ㄹ
④ ㄷ, ㄹ

### 풀이

ㄱ. [X] 지방자치를 시행하는 경우 중앙정부의 관치행정에 비해 해당 분야의 **전문행정가를 고용하기 어려워** 낭비와 비능률이 발생할 수 있다.
ㄴ. [O] 지방자치는 자치사무에 있어 각 지역의 특수성을 반영하여 자율적이고 자주적인 집행이 가능하고, 지역문제를 신속하게 해결할 수 있는 장점이 있다.
ㄷ. [X] **규모의 경제는 중앙정부가 공공재를 생산하는 경우에 발생**하는 비용절감효과이다. 지방자치를 진행하는 경우 중앙정부가 공공재를 공급할 때보다 비용이 크게 들어 자원 낭비의 문제가 발생할 수 있으며 특정지역에 국한된 이익의 구현으로 국가 전체의 이익을 소홀히 할 수 있다.
ㄹ. [O] 지방자치를 시행하는 경우 지역개발과 관련한 지역이기주의가 발생해 이로 인한 사회적 갈등이 나타날 수 있다.

**정답 ③**

## 021
2015 서울 7급 지방자치론

다음 중 지방분권화의 장점으로 옳지 않은 것은?

① 정책사업의 규모의 경제 실현
② 행정의 주민참여 기회 확대
③ 지역 실정에 맞는 근린행정의 실현
④ 업무수행에 있어서 역사적, 지리적 여건 고려

**풀이**

① [×] 정책사업 시 규모의 경제를 실현할 수 있는 것은 공공서비스의 대량생산에 기여하는 **중앙집권의 장점**이다.
② [○] 행정에 대한 주민참여의 기회가 확대될 수 있는 것은 지방분권화의 장점이다.
③ [○] 지역 실정에 맞는 근린행정을 실현할 수 있는 것은 지방분권화의 장점이다.
④ [○] 업무수행에 있어서 그 지역만의 독특한 역사적, 지리적 여건을 고려할 수 있는 것은 지방분권화의 장점이다.    **정답 ①**

## 022
2022 지방 7급 지방자치론

지방자치의 한계에 대한 설명으로 옳지 않은 것은?

① 지역이기주의 현상으로 사회적 갈등이 발생할 수 있다.
② 지방 토호 세력이 지역의 이익을 독점할 가능성이 있다.
③ 행정서비스의 지역 간 형평성 문제가 발생할 수 있다.
④ 새로운 제도나 정책에 대한 지역적 실험을 어렵게 한다.

**풀이**

① [○] 지방자치로 인해 지역이기주의 현상이 심화되어 사회적 갈등이 발생할 수 있다.
② [○] 지방자치로 인해 지방 토호세력이 지역의 이익을 독점할 가능성이 있다.
③ [○] 지방자치가 시행되는 경우 지역 간 행정서비스의 편차가 발생해 형평성 문제가 나타날 수 있다.
④ [×] 지방자치가 시행되는 경우 **새로운 제도나 정책에 대한 지역적 실험이 더욱 활발**하게 이루어질 수 있다.    **정답 ④**

## 023
2021 지방 7급

**지방분권화가 확대되는 이유로 옳지 않은 것은?**

① 내생적 발전전략에 기반한 도시경쟁력 확보가 중요해지고 있다.
② 중앙집권 체제가 초래하는 낮은 대응성과 구조적 부패 등은 국가 성장의 장애 요인으로 작용하고 있다.
③ 사회적 인프라가 어느 정도 갖춰진 국가에서는 지역 간 평등한 공공서비스의 수요가 증가하고 있다.
④ 신공공관리론에 근거한 정부혁신이 강조되고 있다.

### 풀이
① [O] 내생적 발전이란 지역 고유의 특성과 자원을 적극 활용하는 발전으로 지역발전의 동인(動因)을 지역 내부에서 찾는 것을 의미한다. 국제화로 경쟁 환경이 조성되어 과거와 같이 국가가 외교·안보·관세의 보호막을 통하여 자국의 국민과 기업을 보호해 줄 수 없게 됨에 따라 개별 주체가 스스로 경쟁력을 확보할 필요성이 높아졌고, 이는 지방분권화 확대요인이다.
② [O] 중앙집권 체제가 초래하는 낮은 대응성과 구조적 부패 등 중앙집권체제의 한계는 지방분권화 확대 요인이다.
③ [X] **지역 간 평등한 공공서비스**가 공급되기 위해서는 **중앙집권화**를 통한 중앙정부의 적극적인 관여가 **필요**하다.
④ [O] 1970년대 정부실패 이후 등장한 신공공관리론은 분권적 정부, 지방권한 이양 등을 통한 지역사회에 힘을 부여하는 정부를 강조한다.

**정답 ③**

## 024
2017 지방 7급 지방자치론

**신중앙집권화 또는 신지방분권화에 대한 설명으로 옳은 것은?**

① 도시와 농촌 사이의 경제적·사회적 불균형 해소가 신지방분권의 주요 촉진요인으로 작용한다.
② 자본과 노동의 세계화는 지역경제의 중요성을 부각시키며 신지방분권화의 동인이 되고 있다.
③ 정보통신기술발전은 지방분산화를 통한 분권화의 요인으로 작동할 뿐 신중앙집권화와는 무관하다.
④ 신중앙집권화의 관점은 지방자치의 가치와 역사적 공헌을 비판하는 입장을 대표한다.

### 풀이
① [X] 경제적·사회적 불균형 해소를 위한 국가 관여 범위의 확대는 **신중앙집권화를 촉진**시키는 요인이다.
② [O] 자본과 노동의 세계화는 지역경제의 중요성을 부각시키며 신지방분권을 촉진시키는 요인이 되었다. 자본과 노동의 세계화는 국가 간 경쟁을 심화시키며, 이러한 상황은 대단위의 중앙정부보다 지역사회 스스로가 국제경쟁력 있는 고유한 문화와 특성을 개발하여 신속하고 주도적으로 대응하고 있다.
③ [X] **정보통신기술발전**은 물리적 시·공간의 거리를 단축시켜, 과거에는 불가능했던 국가의 지방정부에 대한 즉각적인 지시와 통제를 가능하게 만들어 **신중앙집권화를 촉진**시키는 요인이 되었다.
④ [X] **신중앙집권**은 과거 절대왕정 시기의 중앙집권과 달리 **지방자치의 가치와 역사적 공헌을 인정**하며 그에 덧붙여 행정국가로서의 능률성 향상이라는 사회적 요청에 부응하기 위한 중앙과 지방 간의 권력구조 재편성을 의미한다.

**정답 ②**

## 025
2023 지방 7급 지방자치론

신중앙집권화와 신지방분권화에 대한 설명으로 옳지 않은 것은?

① 신중앙집권은 중앙정부와 지방정부 간의 관계를 지배적·강압적 관계가 아니라 지도적·협동적 관계로 설정한다.
② 신지방분권은 절대적·소극적 분권이 아닌 상대적·적극적 분권의 특징을 지닌다.
③ 세계화에 따른 지방자치단체의 역할 강화에 대한 요구는 신지방분권화를 촉진했다.
④ 미국의 신연방주의(New Federalism)와 프랑스의 「코뮌(Commune), 데파르트망(Département) 및 레지옹(Région)의 권리와 자유에 관한 법」은 신중앙집권의 대표적 사례이다.

### 풀이

① [○] 신중앙집권화는 중앙집권의 능률성과 지방분권의 민주성을 조화한 새로운 형태의 중앙집권으로, 중앙정부와 지방정부 간의 관계를 지배적·강압적 관계가 아니라 지도적·협동적 관계로 설정한다.
② [○] 신지방분권화는 신중앙집권화에서 중앙정부의 주도로 인하여 생기는 폐해를 보완하기 위해 상대적으로 지방분권화를 실현하려는 것으로, 절대적·소극적 분권이 아닌 상대적·적극적 분권의 특징을 지닌다.
③ [○] 세계화에 따라 국제경제의 영향이 지방에 직접 미치게 됨에 따라 지방자치단체의 역할 강화 요구가 나타나고 이러한 요구는 신지방분권화를 촉진했다.
④ [×] 미국의 레이건 정부에서 추진한 신연방주의는 연방의 권한과 책임을 축소하고 지방정부의 권한과 자율성을 높이기 위한 정책이었다. 프랑스의 「코뮌(Commune), 데파르트망(Département) 및 레지옹(Région)의 권리와 자유에 관한 법」은 지방분권정책을 강화한 법으로 이들은 모두 **신지방분권화의 대표적 사례**에 해당한다.

정답 ④

## 026
2012 지방 7급 지방자치론

19세기 말 미국의 지방자치단체에서 발생한 머신정치(Machine Politics)의 폐해를 타파하기 위해 미국의 개혁 정치가들이 제안한 제도와 가장 거리가 먼 것은?

① 정당의 지방선거 개입 금지 또는 제한
② 실적제와 직업공무원제의 도입
③ 대선거구제에서 소선거구제로 전환
④ 홈룰(Home-Rule)제도, 주민소환, 주민투표의 도입

### 풀이

머신폴리틱스(machine politics)는 정당은 그 구성원과 지지자들에게 특권을 배분하고, 그 구성원과 지지자들은 그 정당에게 맹목적인 충성을 하는 정치관행이다.
① [○] 정당의 지방선거 개입 금지 또는 제한은 머신폴리틱스의 폐해를 타파하기 위한 제도의 개혁방안이다.
② [○] 실적제와 직업공무원제를 도입해 공무원 임용에 있어 엽관주의가 나타나지 않도록 하는 것은 머신폴리틱스의 폐해를 타파하기 위한 제도이다.
③ [×] 한 선거구에서 1명의 당선자를 뽑는 소선거구제는 선거를 과열시키며 정당의 조직력에 기반한 선거결과를 가져올 수 있어 정당정치에 유리하다. 한 선거구에서 2명 이상의 당선자를 뽑는 중·**대선거구제로의 전환이 머신폴리틱스의 폐해를 타파**할 수 있다.
④ [○] 홈룰(Home-Rule)제도는 지역주민들이 주의 헌법을 위배하지 않는 범위 내에서 스스로 헌장을 만들어 주민자치를 진행하자는 것으로 주민들의 주민투표나 주민소환 등의 직접적 참여를 독려해 머신정치의 폐해를 방지할 수 있다.

정답 ③

## 027
2018 국가 7급

정부 간 관계에 대한 설명으로 옳은 것은?

① 미국 건국초기에는 연방의 권한이 상대적으로 강했으며, 연방과 주의 권한을 명확히 구분하지 않았다.
② 딜런의 규칙(Dillon's rule)에 의하면 지방정부는 '주정부의 피조물'로서 명시적으로 위임된 사항 외에도 포괄적인 권한을 지닌다.
③ 영국의 경우 개별적으로 수권 받은 사무에 대해서는 지방자치단체가 자치권을 보유하지만, 그 범위를 벗어나는 행위는 금지된다.
④ 일본의 경우 메이지유신 이래 강력한 중앙집권적체제를 유지해 왔으며, 국가의 관여를 폐지하거나 축소시키는 등의 분권개혁은 이루어지지 못했다.

### 풀이

① [×] 미국은 **건국 초기**에 주(state)들의 국가연합(연방)을 구성하였지만 권력의 독점과 전제에 대한 경계로 인하여 느슨한 결속체에 불과했으며 **연방은 조세권이 없고 독립된 행정부와 행정수반이 없어 정부로서의 독자적 기능을 하지 못하였다.** 연방정부의 권한이 확대된 것은 남북전쟁 이후이다.
② [×] 딜런의 규칙은 **지방정부의 권한을 소극적으로 해석**한다. 딜런이라는 판사는 지방정부에 대한 궁극적인 권한은 주 의회에 있으며, 지방정부는 주 의회가 명시적으로 부여한 권한과 이 권한을 수행하기 위해 필요한 최소한의 부수적 권한만을 행사할 수 있다고 보았으며 지방정부에 포괄적 권한을 위임하지 않는다. 이에 반해 홈룰의 규칙은 지방정부의 권한을 적극적으로 해석한다.
③ [○] 영국은 지방자치가 활성화된 국가로 주민자치의 형태를 취한다. 주민자치는 주민에 의해 개별적으로 수권 받은 사무에 대해 자치권을 보유하고, 그 외의 범위를 벗어나는 행위는 금지한다.
④ [×] 일본은 메이지 유신(1868) 이래 20년에 걸쳐 지방자치제도를 정비하여 왔다. 일본은 중앙집권적 경향이 강하였으나 민주주의가 고조되고 정당정치가 확립되는 움직임 속에서 남자보통선거제도의 도입(1925), 내무성의 관여 축소 등 **민주적인 개혁(분권 개혁)도 이루어져 자치권이 확대**되어 갔다.

**정답 ③**

## 028
2023 지방 7급 지방자치론

자치권의 원리에 대한 설명으로 옳지 않은 것은?

① 딜런의 룰(Dillon's Rule)에 따르면, 지방정부는 미국 주(州) 정부에 의해 명시적으로 위임 받은 권한과 그에 필연적으로 함축되어 있는 권한만을 행사할 수 있다.
② 영국에서 등장한 월권금지의 원칙(ultra vires doctrine)에 따르면, 지방정부의 자치권은 절대적인 권리로서 지방정부가 행하는 어떠한 활동도 존중되어야 한다.
③ 보충성(subsidiarity)의 원리는 사무배분에 있어 시민에게 가장 가까운 기초지방정부가 우선 처리하고 그렇지 못한 사무는 상위 지방정부나 국가가 단계적으로 보충할 것을 강조한다.
④ 미국의 홈-룰(Home-Rule)은 주(州)의 헌법을 위반하지 않는 범위 내에서 지방정부가 스스로 자치헌장을 만들고 헌장에 규정된 권한을 자율적으로 행사할 수 있도록 한다.

### 풀이

① [○] 딜런의 룰(딜런의 법칙)은 지방정부의 자치권 행사 범위는 주(states)가 명시적으로 부여한 권한과 그러한 권한에 함축되어 있는 권한만 행사할 수 있다는 원리로, 자치권의 행사가 중앙정부 위주의 하향적·집권적 원칙에 의해 이루어져야 한다고 본다.
② [×] 영국에서 등장한 월권 금지의 원칙에 따르면 지방정부는 법률에 의해 부여된 권한만을 행사해야 한다. 따라서 **법률에서 허용하지 않는 지방정부의 활동은 존중받기 어렵다.**
③ [○] 사무배분의 원칙 중 보충성의 원칙은 기초 지방정부가 우선 사무처리를 하고 그것이 어려울 경우에 상위 지방정부나 중앙정부가 보충적으로 사무를 처리한다는 원칙이다.
④ [○] 홈-룰은 주(州)의 헌법을 위반하지 않는 범위 내에서 지방정부가 스스로 자치헌장을 만들고 헌장에 규정된 권한을 자율적으로 행사할 수 있다는 것으로 딜런의 법칙과 반대로 지방정부의 자치를 우선하는 원칙이다.

**정답 ②**

## 029
2019 지방 7급 지방자치론

**지방자치의 역사에 대한 설명으로 옳은 것은?**

① 1949년 8월 15일에 제1차 시·읍·면의회 의원 선거가 실시되었다.
② 1956년에 시·읍·면장의 직선제가 실시되었다.
③ 1991년에 실시된 지방선거에서 지방의회의원과 지방자치단체장을 선출하였다.
④ 2000년 「지방자치법」 개정으로 직할시의 명칭을 광역시로 변경하였다.

### 풀이

**내용정리** 지방자치 역사

| 구분 | 광역 | 기초 |
|---|---|---|
| 1949 | 특별시, 도 | 시·읍·면 |
| 1961 | | 군(읍·면자치제 폐지) |
| 1963 | 직할시 | |
| 1988 | | 자치구 |
| 1995 | 직할시 → 광역시 | |
| 2006 | 제주특별자치도 | |
| 2012 | 세종특별자치시 | |
| 2023 | 강원특별자치도 | |

① [×] 우리나라에서 **제1차 시·읍·면의회 의원 선거가 실시된 것은 1952년**이다.
② [○] 1956년 선거에서는 2대 지방의회와 1대 자치단체장 선거가 시행되었다. 이때 기초 단위 시·읍·면장의 직선제가 실시되었다.
③ [×] 1991년에 실시된 4차 지방선거에서는 지방의회의원만 선출했고 **지방자치단체장은 선출하지 않았다.**
④ [×] 직할시의 명칭을 **광역시로 변경한 것은 1995년**이다.

정답 ②

## 030
2013 지방 7급 지방자치론

**지방자치 역사에 대한 설명으로 옳지 않은 것은?**

① 조선시대 - 향청제도 실시
② 제1공화국 - 지방자치법 제정 및 공포
③ 제2공화국 - 도의원 및 시·읍·면의원 선거 실시
④ 제3공화국 - 시·도지사 및 시·군·구청장 선거 실시

### 풀이

① [○] 향청, 향약제도는 조선시대에 실시되었다.
② [○] 제1공화국(1948~1960)은 지방자치의 성립시기로 1949년 「지방자치법」이 제정·공포되었다. 「지방자치법」이 제정되면서 특별시·도, 시·읍·면 등 2개 계층에서 주민직선에 의한 단체장과 지방의회가 구성되었다.
③ [○] 제2공화국(1960~1961)은 1960년 「지방자치법」 개정을 통해 서울특별시장·도지사, 시·읍·면장과 지방의원 모두를 주민에 의한 직접 선출로 규정하였다.
④ [×] **제3공화국(1961~1972)**은 1961년 군사정부에 의해 지방의회의 해산, 자치단체장 임명제 등을 주요 내용으로 하는 **「지방자치에 관한 임시조치법」**을 제정하여 **「지방자치법」의 효력을 사실상 정지**시켰다. 이로써 농촌 지역의 지방자치단체 계층은 도에서 군으로 이어지는 2층 구조가 되고, 읍·면은 군의 하급행정기관으로 전환되었다.

정답 ④

## 031
2018 서울 7급 지방자치론

**1945년 이후 우리나라 지방자치제도의 역사에 대한 설명으로 가장 옳지 않은 것은?**

① 우리나라의 지방자치법은 한국전쟁 이전에 제정되었다.
② 1952년 제1차 지방선거로 지방의회가 구성되었다.
③ 1956년 서울특별시장은 주민 직선으로 처음 선출되었다.
④ 제4공화국 헌법 부칙에 지방의회는 조국 통일까지 구성하지 않는다고 규정하여 지방자치를 부정하였다.

### 풀이

**내용정리 | 우리나라의 지방자치 발전과정**

| | | |
|---|---|---|
| 지방자치의 성립 | 1949년 | 「지방자치법」 제정 및 공포 |
| | 1952년 | 의회의원선거 실시: 제1대 지방의회 구성 |
| | 1956년 | 제2대 지방의원 및 제1대 시·읍·면장 선출 |
| | 1960년 | 제3대 지방의원 및 제1대 특별시장·도지사 선출 |
| 지방자치의 중단 | 1961년~1988년 | 군사정권 아래 지방자치 중단 |
| 지방자치의 부활 | 1988년 | 「지방자치법」 개정으로 지방자치 부활 |
| | 1991년 노태우 정부 | 제4대 지방의회 구성 |
| | 1995년 김영삼 정부 | 1995년 전국 동시지방선거 시행 |

① [o] 우리나라의 지방자치법은 1950년 발발한 6·25전쟁 이전인 1949년에 제정되었다.
② [o] 1952년 제1차 지방선거로 지방의회가 구성되었다.
③ [x] **1956년** 「지방자치법」 개정에 의해 직선 지방자치단체장 체제로의 전환이 이루어졌으나 **서울특별시장과 도지사는 임명직을 유지**하였다. 서울특별시장을 주민직선으로 처음 뽑았던 것은 1960년이다.
④ [o] 유신헌법을 통해 구성된 제4공화국(1972~1981)의 헌법 부칙에는 '지방의회는 조국 통일이 이루어질 때까지 구성하지 아니한다'고 규정하여 지방자치를 부정하였다.

**정답 ③**

## 032
2021 지방 7급 지방자치론

**지방자치의 역사에 대한 설명으로 옳은 것은?**

① 1949년 「지방자치법」이 제정되면서 시와 군 자치제가 규정되었다.
② 지방자치단체의 장이 지방의회에 의해 불신임될 수 있는 규정이 존재하기도 하였다.
③ 제2공화국은 의원내각제 정부 형태였으므로 지방자치단체의 기관구성 형태도 기관통합형을 취하였다.
④ 「지방자치에 관한 임시조치법」이 시행되면서 지방의회는 구성되지 않았지만 주민 직선의 단체장은 선출되었다.

### 풀이

① [x] **1949년** 「지방자치법」이 제정되면서 **시·읍·면 자치제**가 규정되었다. 군 자치제의 변화는 1961년 「지방자치에 관한 임시조치법」에 근거(읍·면을 일반행정기관으로 전환하고 군을 지방자치단체로 전환)하고 있다.
② [o] 1949년 「지방자치법」 제정 당시 지방의회의 자치단체장의 불신임의결권 및 지방자치단체장의 의회해산권을 인정했다. 이후 1956년 「지방자치법」 2차 개정에서 삭제되었다가 1958년 다시 부활했지만 1961년 「지방자치에 관한 임시조치법」으로 불신임의결권이나 의회해산권은 사라지게 되었다.
③ [x] **제2공화국**은 의원내각제 정부 형태였지만 **지방자치단체의 기관구성 형태는 기관대립형을 취하였다.**
④ [x] **1961년** 「**지방자치에 관한 임시조치법**」이 시행되면서 지방자치는 전면적으로 중단되어서 지방의회는 구성되지 않고 주민 직선의 **단체장은 임명직으로 전환**되었다.

**정답 ②**

## 033
2015 지방 7급 지방자치론

우리나라 지방자치의 역사에 대한 설명으로 옳지 않은 것은?

① 1949년 제정된 「지방자치법」에서 서울특별시장과 도지사는 대통령이 임명하고, 시·읍·면장은 각 시·읍·면의회에서 간접 선출하도록 규정하였다.
② 1960년 12월 지방선거에서는 지방자치단체의 장과 지방의회의원을 주민이 직접 선출하였다.
③ 1961년 제정된 「지방자치에 관한 임시조치법」으로 군(郡)이 지방자치단체가 되었다.
④ 1998년 '6.4 지방선거'에서 처음으로 '전국동시지방선거'를 실시하여, 모든 지방자치단체의 장과 지방의회의원을 동시에 선출하였다.

**풀이**

① [O] 1949년에 제정된 「지방자치법」에서는 서울특별시장과 도지사를 국가공무원으로 하되 대통령이 임명하고, 시·읍·면장은 지방공무원으로 하며, 각 지방의회에서 간접 선출되도록 하였다.
② [O] 1960년 개정된 「지방자치법」은 서울특별시장·도지사, 시·읍·면장과 지방의원 모두를 주민이 직접 선출하도록 규정하였으며, 이에 근거해 주민직선을 통한 지방자치단체가 구성되었다.
③ [O] 1961년 「지방자치에 관한 임시조치법」은 읍·면 자치제 대신 군자치제를 채택하였다. 하지만 실제로는 이 법을 통해 지방의회를 해산하고 지방자치단체를 명목상으로만 유지하고 실질적으로는 폐지해 지방자치는 사실상 중단되었다.
④ [×] **1995년 6·27지방선거에서 처음으로 전국동시지방선거를 실시**하여 기초·광역의회의원 및 단체장을 선출하였다. 1998년 6·4지방선거는 두 번째 전국동시지방선거에 해당한다.  **정답 ④**

## 034
2019 국가 9급

지방선거에 대한 설명으로 옳은 것은?

① 이승만 정부에서 처음으로 시·읍·면 의회의원을 뽑는 지방선거가 실시되었다.
② 박정희 정부부터 노태우 정부 시기까지는 지방선거가 실시되지 않았다.
③ 지방자치단체장과 지방의회의원을 동시에 뽑는 선거는 김대중 정부에서 처음으로 실시되었다.
④ 2010년 지방선거부터 정당공천제가 기초지방의원까지 확대되었지만 많은 문제점이 지적되면서 현재는 실시되지 않고 있다.

**풀이**

① [O] 1949년 이승만 정부에서 「지방자치법」이 처음 제정되었으며 1952년 지방의회를 구성하여 시·읍·면 의회의원을 뽑는 지방선거가 실시되었다.
② [×] 박정희 정부부터 전두환 정부까지 **지방선거가 실시되지 않았**으나 **1991년 노태우 정부에서 다시 실시**되었다.
③ [×] 지방자치단체장과 지방의회의원을 동시에 뽑는 전국동시지방선거는 **1995년 김영삼 정부**에서 처음 실시되었다.
④ [×] 2010년이 아닌 **2006년 지방선거부터 정당공천제가 기초지방의원까지 확대**되었으며 현재에도 교육감 선거를 제외한 모든 지방선거에 정당공천이 실시되고 있다.  **정답 ①**

## 035
**2015 지방 7급 지방자치론**

**지방자치 관련 법률의 제정 순으로 바르게 나열한 것은?**

> ㄱ. 중앙행정 권한의 지방이양 촉진 등에 관한 법률
> ㄴ. 주민투표법
> ㄷ. 지방행정체제 개편에 관한 특별법
> ㄹ. 주민소환에 관한 법률

① ㄱ→ㄴ→ㄷ→ㄹ
② ㄱ→ㄴ→ㄹ→ㄷ
③ ㄴ→ㄷ→ㄱ→ㄹ
④ ㄷ→ㄱ→ㄹ→ㄴ

### 풀이
ㄱ.「중앙행정 권한의 지방이양 촉진 등에 관한 법률」은 1999년 김대중 정부에서 제정된 법률이다.
ㄴ.「주민투표법」은 2004년 노무현 정부 시기에 제정된 법률이다.
ㄷ.「지방행정체제개편에 관한 특별법」은 2010년 이명박 정부 시기에 제정된 법률이다.
ㄹ.「주민소환에 관한 법률」은 2006년 노무현 정부 시기에 제정된 법률이다.
② [○] ㄱ(1999)→ㄴ(2004)→ㄹ(2006)→ㄷ(2010) 순으로 제정되었다.

**정답 ②**

## 036
**2022 지방 7급 지방자치론**

**지방분권추진기구를 설치 시기가 이른 것부터 바르게 나열한 것은?**

> 가. 지방분권촉진위원회
> 나. 지방이양추진위원회
> 다. 자치분권위원회
> 라. 정부혁신지방분권위원회
> 마. 지방자치발전위원회

① 가→나→다→라→마
② 가→라→나→마→다
③ 나→라→가→마→다
④ 나→라→마→가→다

### 풀이
각 정권별 지방분권추진기구는 다음과 같다. 이들은 모두 대통령 소속의 위원회이다.

| 김대중 정부 | 지방이양추진위원회 |
|---|---|
| 노무현 정부 | 정부혁신·지방분권위원회 |
| 이명박 정부 | 지방분권촉진위원회 |
| 박근혜 정부 | 지방자치발전위원회 |
| 문재인 정부 | 자치분권위원회 |
| 윤석열 정부 | 지방시대위원회 |

③ [○] 김대중 정부의 지방이양추진위원회(나)→ 노무현 정부의 정부혁신·지방분권위원회(라)→ 이명박정부의 지방분권촉진위원회(가)→ 박근혜정부의 지방자치발전위원회(마)→ 문재인 정부의 자치분권위원회(다)의 순으로 설치되었다. 2022년 **윤석열 정부가 출범하면서 지방시대위원회가 설치**되었다.

**정답 ③**

# CHAPTER 02 지방자치단체의 체계와 구성

## 001
2017 지방 7급 지방자치론

헌법상 지방자치에 대한 규정으로 옳지 않은 것은?

① 지방자치단체의 종류는 대통령령으로 정한다.
② 지방자치단체는 주민의 복리에 관한 사무를 처리하고 재산을 관리하며, 법령의 범위 안에서 자치에 관한 규정을 제정할 수 있다.
③ 지방의회의 조직·권한·의원선거에 관한 사항은 법률로 정한다.
④ 지방자치단체의 장의 선임방법 기타 지방자치단체의 조직과 운영에 관한 사항은 법률로 정한다.

### 풀이
① [×] 지방자치단체의 종류는 대통령령이 아닌 **법률로 정한다**(「헌법」 제117조 2항).
② [○] 지방자치단체는 주민의 복리에 관한 사무를 처리하고 재산을 관리하며, 법령의 범위 안에서 자치에 관한 규정을 제정할 수 있다(「헌법」 제117조 1항).
③ [○] 지방의회의 조직·권한·의원선거에 관한 사항은 법률로 정한다(「헌법」 제118조 2항).
④ [○] 지방자치단체의 장의 선임방법 기타 지방자치단체의 조직과 운영에 관한 사항은 법률로 정한다(「헌법」 제118조 2항).

> 「헌법」
> 제117조 ① 지방자치단체는 주민의 복리에 관한 사무를 처리하고 재산을 관리하며, 법령의 범위 안에서 자치에 관한 규정을 제정할 수 있다.
> ② 지방자치단체의 종류는 법률로 정한다.
> 제118조 ① 지방자치단체에 의회를 둔다.
> ② 지방의회의 조직·권한·의원선거와 지방자치단체의 장의 선임방법 기타 지방자치단체의 조직과 운영에 관한 사항은 법률로 정한다.

정답 ①

## 002
2016 서울 7급 지방자치론

지방자치단체의 설립목적을 중심으로 자치단체의 종류를 보통지방자치단체와 특별지방자치단체로 구분한다. 다음 중 보통지방자치단체의 개념에 해당하지 않는 것은?

① 서울특별시
② 대구·경북 경제자유구역청
③ 세종특별자치시
④ 청주시

### 풀이
① [○] 서울특별시는 보통지방자치단체인 광역자치단체이다.
② [×] 이론적으로 지방자치단체조합은 **특별지방자치단체**로, 특별지방자치는 광역행정수요를 처리하기 위해 구성자치단체로 법인을 설립해 만들어진 자치단체이다. 대구·경북 경제자유구역청은 지방자치단체조합이며 이 외에도 부산진해경제자유구역청, 광양만권경제자유구역청, 지리산권관광개발조합, 지역상생발전기금조합 등의 지방자치단체조합이 있다.
③ [○] 세종특별자치시는 보통지방자치단체인 광역자치단체이다.
④ [○] 청주시는 보통지방자치단체인 기초자치단체이다.

정답 ②

## 003
2015 서울 7급 지방자치론

지방자치단체의 개념 및 종류에 관한 설명으로 옳지 않은 것은?

① 우리나라 「지방자치법」에 규정된 지방자치단체조합은 일반적으로 특별지방자치단체의 한 형태로 인정된다.
② 보통지방자치단체는 그 존립목적이나 수행하는 기능이 포괄적인 지방자치단체를 의미한다.
③ 특별지방자치단체는 그 성격상 법인격이 부여되지 않는다.
④ 특별지방자치단체는 보통지방자치단체에 비해 서비스 기관의 성격이 강하다.

### 풀이

**내용정리** 지방자치단체조합과 특별지방자치단체

| 지방자치단체조합 | • 2개 이상의 자치단체가 구성원이 되어 공동사무를 처리<br>• 조례제정권 없음<br>• 의결기관은 조합회의의 형태<br>• 설치시 시·도지사 혹은 행정안전부 장관의 승인 필요<br>• 주민참여제도 없음 | 경제자유구역청, 지역상생발전기금조합, 지리산권관광개발조합 등 |
|---|---|---|
| 특별지방자치단체 | • 2개 이상의 지방자치단체가 광역적 사무를 처리<br>• 조례제정권 있음<br>• 의결기관은 특별지방자치단체의회<br>• 설치시 행정안전부 장관 승인 필요<br>• 조례 제·개정시 주민참여<br>• 국가 또는 시·도 사무 위임 수행 가능 | 2022.1.13.부터 시행되어 제도로 구체화 |

① [○] 우리나라 「지방자치법」에 규정된 지방자치단체조합은 일반적으로 특별지방자치단체의 한 형태로 인정된다. 하지만 현행법상 특별지방자치단체와 자치단체조합의 구체적 내용에는 조금 차이가 있다.
② [○] 보통지방자치단체는 존립 목적이나 수행하는 기능이 포괄적이며 종합적인 지방정부로 주민들의 선거를 통해 구성된다.
③ [×] 특별지방자치단체 역시 보통지방자치단체와 같이 **자치권을 갖는 법인**으로, 재산을 소유할 수 있고 소송의 당사자가 될 수 있다.
④ [○] 보통지방자치단체는 지역주민과 관련된 사무전반의 기능을 수행하지만 광역적 행정수요를 담당하기 위한 목적으로 설립된 특별지방자치단체는 특정한 서비스를 지역주민에게 보다 편리하고 효율적으로 제공한다.

**정답 ③**

## 004
2017 지방 7급 지방자치론

특별지방자치단체에 대한 설명으로 옳지 않은 것은?

① 정책상의 견지에서 특정한 목적달성을 위하여 필요한 경우에 설치된다.
② 공기업의 경영을 위하여 설립되는 경우도 있다.
③ 현행법상 특별지방자치단체로서 광역사무단체인 시·읍·면 조합과 특수사무단체인 교육구가 있다.
④ 미국과 일본의 특별구는 주민을 구성원으로 한다.

### 풀이

① [○] 특별지방자치단체는 보통 정책상의 특정한 목적달성을 위하여 필요한 경우에 설치된다.
② [○] 특별지방자치단체 중 하나인 자치단체조합은 공기업의 경영을 위하여 설립되는 경우도 있다.

> 「지방공기업법」 제44조(지방자치단체조합 설립의 특례) 지방자치단체는 지방직영기업의 경영에 관한 사무를 광역적으로 처리하기 위하여 필요한 경우 규약을 정하여 다른 지방자치단체와 공동으로 지방자치단체조합(이하 "조합"이라 한다)을 설립할 수 있다.

③ [×] 광역사무단체인 시·읍·면 조합(프랑스)과 특수사무단체인 교육구(미국)는 외국의 사례로 **우리나라의 특별지방자치단체는 아니다.**
④ [○] 미국과 일본의 특별구는 주민을 구성원으로 한다.

**정답 ③**

## 005

2023 지방 7급 지방자치론

「지방자치법」상 특별지방자치단체에 대한 설명으로 옳지 않은 것은?

① 특별지방자치단체를 설치하기 위하여 국가 또는 시·도 사무의 위임이 필요할 때에는 특별지방자치단체를 구성하는 지방자치단체의 장이 관계 중앙행정기관의 장 또는 시·도지사에게 그 사무의 위임을 요청할 수 있다.
② 특별지방자치단체의 장은 규약으로 정하는 바에 따라 특별지방자치단체의 의회에서 선출하며, 특별지방자치단체를 구성하는 지방자치단체의 장은 특별지방자치단체의 장을 겸할 수 있다.
③ 특별지방자치단체를 구성하는 지방자치단체는 특별지방자치단체의 운영 및 사무처리에 필요한 경비를 규약으로 정하는 바에 따라 분담하며, 그 경비에 대하여 특별회계를 설치하여 운영하여야 한다.
④ 특별지방자치단체를 구성하는 지방자치단체는 특별지방자치단체가 그 설치 목적을 달성하는 등 해산의 사유가 있을 때에는 해당 지방의회의 의결을 거쳐 시·도지사의 승인을 받아 특별지방자치단체를 해산하여야 한다.

### 풀이

① [O] 특별지방자치단체를 설치하기 위하여 국가 또는 시·도 사무의 위임이 필요할 때에는 구성 지방자치단체의 장이 관계 중앙행정기관의 장 또는 시·도지사에게 그 사무의 위임을 요청할 수 있다(「지방자치법」 제199조).

> 「지방자치법」 제199조(설치) ① 2개 이상의 지방자치단체가 공동으로 특정한 목적을 위하여 광역적으로 사무를 처리할 필요가 있을 때에는 특별지방자치단체를 설치할 수 있다. 이 경우 특별지방자치단체를 구성하는 지방자치단체(이하 "구성 지방자치단체"라 한다)는 상호 협의에 따른 규약을 정하여 구성 지방자치단체의 지방의회 의결을 거쳐 행정안전부장관의 승인을 받아야 한다.
> ② 행정안전부장관은 제1항 후단에 따라 규약에 대하여 승인하는 경우 관계 중앙행정기관의 장 또는 시·도지사에게 그 사실을 알려야 한다.
> ③ 특별지방자치단체는 법인으로 한다.
> ④ 특별지방자치단체를 설치하기 위하여 국가 또는 시·도 사무의 위임이 필요할 때에는 구성 지방자치단체의 장이 관계 중앙행정기관의 장 또는 시·도지사에게 그 사무의 위임을 요청할 수 있다.

② [O] 특별지방자치단체의 장은 규약으로 정하는 바에 따라 특별지방자치단체의 의회에서 선출한다. 구성 지방자치단체의 장은 「지방자치법」상 겸임 제한 규정에도 불구하고 특별지방자치단체의 장을 겸할 수 있다(「지방자치법」 제205조).

> 「지방자치법」 제205조(집행기관의 조직 등) ① 특별지방자치단체의 장은 규약으로 정하는 바에 따라 특별지방자치단체의 의회에서 선출한다.
> ② 구성 지방자치단체의 장은 제109조에도 불구하고 특별지방자치단체의 장을 겸할 수 있다.
> ③ 특별지방자치단체의 의회 및 집행기관의 직원은 규약으로 정하는 바에 따라 특별지방자치단체 소속인 지방공무원과 구성 지방자치단체의 지방공무원 중에서 파견된 사람으로 구성한다.

③ [O] 특별지방자치단체의 운영 및 사무처리에 필요한 경비는 구성 지방자치단체의 인구, 사무처리의 수혜범위 등을 고려하여 규약으로 정하는 바에 따라 구성 지방자치단체가 분담하며 구성 지방자치단체는 이 경비에 대하여 특별회계를 설치하여 운영하여야 한다(「지방자치법」 제206조).

> 「지방자치법」 제206조(경비의 부담) ① 특별지방자치단체의 운영 및 사무처리에 필요한 경비는 구성 지방자치단체의 인구, 사무처리의 수혜범위 등을 고려하여 규약으로 정하는 바에 따라 구성 지방자치단체가 분담한다.
> ② 구성 지방자치단체는 제1항의 경비에 대하여 특별회계를 설치하여 운영하여야 한다.

④ [X] 구성 지방자치단체는 특별지방자치단체가 그 설치 목적을 달성하는 등 해산의 사유가 있을 때에는 **해당 지방의회의 의결을 거쳐 행정안전부장관의 승인을 받아 특별지방자치단체를 해산**하여야 한다(「지방자치법」 제209조).

> 「지방자치법」 제209조(해산) ① 구성 지방자치단체는 특별지방자치단체가 그 설치 목적을 달성하는 등 해산의 사유가 있을 때에는 해당 지방의회의 의결을 거쳐 행정안전부장관의 승인을 받아 특별지방자치단체를 해산하여야 한다.
> ② 구성 지방자치단체는 제1항에 따라 특별지방자치단체를 해산할 경우에는 상호 협의에 따라 그 재산을 처분하고 사무와 직원의 재배치를 하여야 하며, 국가 또는 시·도 사무를 위임받았을 때에는 관계 중앙행정기관의 장 또는 시·도지사와 협의하여야 한다. 다만, 협의가 성립하지 아니할 때에는 당사자의 신청을 받아 행정안전부장관이 조정할 수 있다.

정답 ④

## 006
2022 국가 9급

**특별지방자치단체에 대한 설명으로 옳지 않은 것은?**

① 2개 이상의 지방자치단체가 공동으로 특정한 목적을 위하여 광역적으로 사무를 처리할 필요가 있을 때에는 특별지방자치단체를 설치할 수 있다.
② 보통의 지방자치단체와 같이 법인격을 갖는다.
③ 특별지방자치단체의 의회는 규약으로 정하는 바에 따라 구성 지방자치단체의 의회 의원으로 구성한다.
④ 구성 지방자치단체의 장은 「지방자치법」상 겸임 제한 규정에 의해 특별지방자치단체의 장을 겸할 수 없다.

### 풀이
① [○] 특별지방자치단체는 2개 이상의 지방자치단체가 공동으로 특정한 목적을 위해 광역적인 사무를 처리할 필요가 있을 때 설치할 수 있다.
② [○] 특별지방자치단체는 보통의 지방자치단체와 같이 법인으로 설립해 법인격을 가진다.
③ [○] 특별지방자치단체의 의회는 규약으로 정하는 바에 따라 구성 지방자치단체의 의회 의원으로 구성한다.
④ [×] **구성 지방자치단체의 장은 제109조(지방자치법상 겸임 제한 규정)에도 불구하고 특별지방자치단체의 장을 겸할 수 있다.**

「지방자치법」
제199조(설치) ① 2개 이상의 지방자치단체가 공동으로 특정한 목적을 위하여 광역적으로 사무를 처리할 필요가 있을 때에는 특별지방자치단체를 설치할 수 있다.
③ 특별지방자치단체는 법인으로 한다.
제204조(의회의 조직 등) ① 특별지방자치단체의 의회는 규약으로 정하는 바에 따라 구성 지방자치단체의 의회 의원으로 구성한다.
제205조(집행기관의 조직 등) ① 특별지방자치단체의 장은 규약으로 정하는 바에 따라 특별지방자치단체의 의회에서 선출한다.
② 구성 지방자치단체의 장은 제109조에도 불구하고 특별지방자치단체의 장을 겸할 수 있다.

**정답 ④**

## 007
2017 서울 7급 지방자치론

**다음 중 외국의 특별지방자치단체에 대한 설명으로 가장 옳지 않은 것은?**

① 영국에서 과거에 설립되었던 특별자치체(ad hoc authority)와 공동협의회를 예로 들 수 있다.
② 미국은 특정사무의 처리를 위한 각종 특별구역이 무수히 난립되어 있다.
③ 프랑스는 지역행정의 수요에 대처하기 위하여 1870년부터 목적조합(Zweckverband), 지역구 등의 특별자치단체를 도입하였다.
④ 독일은 광역적 사무를 처리하기 위한 특별자치단체로서, 게마인데(Gemeinde)연합 및 광역연합 등이 구성되어 있다.

### 풀이
① [○] 영국에서 과거에 빈번히 설립되었던 특별자치제(ad hoc authority)와 공동협의회(joint board)가 특별자치단체의 예가 될 수 있다.
② [○] 미국에는 특정사무의 처리를 위한 각종 특별구역(special district)이 난립되어 있으며 이러한 특별구역은 지역주민의 청원과 주민투표를 거쳐 설립된다.
③ [×] 프랑스에서는 광역행정의 수요에 대처하기 위한 코뮌(commune)조합, 연합구, 도시공동체 등의 특별자치단체가 설립되어 있지만 **목적조합(Zweckverband)은 프랑스가 아닌 독일의 특별자치단체**이다.
④ [○] 목적조합(Zweckverband)은 특정사무를 공동적으로 처리하기 위하여 복수의 게마인데에 의하여 설립된 연합(게마인데 연합 또는 광역연합)으로 독일의 특별자치단체이다.

**정답 ③**

## 008
2018 서울 7급 지방자치론

외국의 지방행정체제에 대한 설명으로 가장 옳지 않은 것은?

① 일본의 도쿄 도는 시·정·촌과 특별구를 두고 있다.
② 영국에서는 1990년대 이후 메트로폴리탄 디스트릭트(metropolitan district)를 통합시(unitary authority)로 개편하는 작업이 진행되고 있다.
③ 프랑스의 자치계층은 레지옹(region), 데파르뜨망(departement), 꼬뮨(commune) 3계층으로 이루어져 있다.
④ 독일의 경우 베를린 등 3개 도시주(city-state)를 제외한 나머지 주의 경우 단층제와 중층제가 혼용되고 있다.

### 풀이
① [O] 일본의 도쿄도는 377개의 시·정·촌과 함께 도심지역에는 23개의 특별구를 두고 있다.
② [X] 영국의 경우 1996년 이후 비메트로폴리탄 카운티에서 **카운티를 없애는 대신 디스트릭트의 기능을 확대하는** 방향으로 단층화 작업이 진행되고 있으며 그 결과로 만들어진 지방정부가 **통합시**(unitary authority)이다.
③ [O] 프랑스는 가장 상위에 있는 자치정부인 레지옹(region)과 레지옹 안에 있는 광역자치정부인 데파르트망(departement), 지역공동체를 중심으로 하는 꼬뮨(commune), 이렇게 3계층으로 이루어져 있다.
④ [O] 독일의 경우 베를린 등 3개 도시주를 제외한 나머지의 경우 단층제와 중층제가 혼용되고 있다.

**정답 ②**

## 009
2023 지방 7급 지방자치론

지방정부의 계층에 대한 설명으로 옳지 않은 것은?

① 단층제는 중층제에 비해 업무에 대한 행정책임이 명확하다.
② 단층제는 중층제에 비해 정부 간 보고체계에 따른 행정의 지연을 줄일 수 있다.
③ 중층제는 단층제에 비해 지방정부 간 수직적 분업에 불리하다.
④ 중층제는 단층제에 비해 의사소통 내용의 왜곡이 발생하기 쉽다.

### 풀이
① [O] 자치계층이 하나인 단층제는 자치계층이 둘 이상인 중층제에 비해서 행정책임의 소재가 명확하다.
② [O] 기초에서 광역을 거쳐 중앙 정부로 보고되는 중층제의 보고 체계에 비해 하나의 자치계층이 바로 중앙 정부에 보고하는 단층제는 행정의 지연을 줄일 수 있다.
③ [X] 중층제는 광역자치단체와 기초자치단체가 **일을 나누어 수행할 수 있기 때문에 단층제에 비해 수직적 분업에 유리**하다.
④ [O] 관계되는 자치계층의 수가 많아질수록 의사소통의 왜곡이 발생할 가능성이 높아진다.

**정답 ③**

## 010
2014 서울 7급 지방자치론

**다음 중 지방자치단체의 계층구조에 대한 설명으로 옳은 것은?**

① 단층제에서 기초지방자치단체는 광역자치단체를 거치지 않고 직접 중앙정부와 연결되어 업무상 지연이 빈번히 일어난다.
② 중층제에서 광역행정 및 전문성을 요하는 행정은 광역자치단체가 맡고, 주민과 가까이 있는 생활권은 기초지방자치단체가 맡아 분담처리 할 수 있다.
③ 단층제에서 중앙정부는 지방자치단체를 직접 감독·통제하기 어렵게 된다.
④ 중층제에서 기초자치단체 간 대립과 갈등을 광역자치단체가 조정하기 어렵다.
⑤ 중층제보다 단층제에서 중앙정부의 직접적인 통솔범위가 좁아진다.

> **풀이**
> ① [×] **단층제**에서 기초지방자치단체는 광역자치단체를 거치지 않고 직접 중앙정부와 연결해 의사소통을 진행하게 되므로 **신속한 행정**을 도모할 수 있다.
> ② [○] **중층제**에서 광역자치단체는 광역사무를 처리하고, 기초자치단체는 주민의 일상생활에 직결되는 공공사무를 처리해 두 자치단체 간의 공공기능의 분담처리가 가능하다.
> ③ [×] **단층제**에서 **중앙정부가** 지방자치단체를 **직접 감독·통제하기 유리**하다.
> ④ [×] **중층제**에서는 기초자치단체 간 **대립과 갈등을 광역자치단체가 조정하기 유리**하다.
> ⑤ [×] **단층제**에서는 중앙정부의 직접적인 **통솔범위가 넓어질 수 있다.**
>
> 정답 ②

## 011
2018 지방 7급 지방자치론

**중층의 지방정부 계층구조의 단점이 아닌 것은?**

① 기초자치단체 간 분쟁 발생 시 조정의 어려움
② 행정기능 중첩으로 인한 불필요한 낭비와 지연 발생 가능성
③ 물적 자원의 흐름에 있어서의 지연 가능성
④ 의사와 정보의 왜곡 가능성

> **풀이**
> 자치단체의 계층은 하나의 계층만 존재하는 단층제, 광역과 기초 두 단계의 계층으로 존재하는 중층제로 나눌 수 있다.
> ① [×] 중층제의 경우 기초자치단체 간 분쟁 발생 시 **광역이 상급자치단체로서** 이들에 대한 통제권을 행사할 수 있어 **기초자치단체 간 분쟁 조정이 유리**하다.
> ② [○] 중층제를 사용하는 경우 행정기능 중첩으로 인한 불필요한 낭비와 지연 사태가 발생할 가능성이 높다.
> ③ [○] 중층제를 사용하는 경우 광역과 기초로 이분화되어있는 자치구조로 인해 물적 자원의 흐름에 있어서 지연 가능성이 나타나고 업무처리가 늦어질 수 있다.
> ④ [○] 중층제를 사용하는 경우 광역과 기초 단위에서 각각 의사와 정보의 왜곡 가능성이 나타날 수 있다.
>
> 정답 ①

## 012
2019 (2월) 서울 7급 지방자치론

지방자치단체의 계층 구조에서 중층제의 장·단점에 대한 설명으로 가장 옳지 않은 것은?

① 중층제에서는 여러 지역에 걸쳐서 일어나는 행정문제를 해결하기 위한 광역행정수요에 효과적으로 대응할 수 있다.
② 중층제에서는 기초자치단체 간 갈등을 광역자치단체가 효율적으로 조정할 수 있다.
③ 중층제에서는 광역자치단체와 기초자치단체 간의 업무가 명확하게 구분되지 않으면 행정의 중복으로 인한 낭비가 초래될 가능성이 있다.
④ 중층제에서는 기초자치단체의 의사가 중앙정부에 신속하게 전달될 수 있다.

### 풀이
① [O] 중층제에서는 자치단체가 두 개인 구조로 여러 지역에 걸쳐서 일어나는 행정문제를 해결하기 위한 광역행정수요에 효과적으로 대응할 수 있다.
② [O] 중층제에서는 상급기관에 해당하는 광역자치단체가 기초자치단체 간 갈등을 효율적으로 조정할 수 있다.
③ [O] 중층제를 사용할 때 광역자치단체와 기초자치단체 간의 업무가 명확하게 구분되지 않으면 행정의 중복으로 인한 낭비가 초래될 수 있다.
④ [X] 기초자치단체의 의사를 중앙정부에 신속하게 전달하고, 의사전달의 왜곡을 방지할 수 있는 것은 **단층제**이다. 중층제의 구조에서는 기초자치단체의 의사가 직접 중앙정부로 가지 못하고 광역을 통해 전달되므로 의사가 왜곡될 수 있다.

정답 ④

## 013
2019 서울 7급 지방자치론

우리나라 지방자치단체의 계층구조에 대한 설명으로 가장 옳지 않은 것은?

① 일반시라도 인구 50만 이상의 경우 자치구가 아닌 구를 둘 수 있다.
② 우리나라의 자치계층은 2계층의 중층제이다.
③ 자치계층은 행정계층보다 더 많은 계층 수가 존재하고 있다.
④ 광역시에 군을 설치할 수 있다.

### 풀이
① [O] 일반시, 다시 말해 광역시가 아닌 기초시라 하더라도 인구 50만 이상의 경우 자치구가 아닌 구인 행정구를 둘 수 있다.
> 「지방자치법」 제3조(지방자치단체의 법인격과 관할) ③ 특별시·광역시 또는 특별자치시가 아닌 인구 50만 이상의 시에는 자치구가 아닌 구를 둘 수 있고, 군에는 읍·면을 두며, 시와 구(자치구를 포함한다)에는 동을, 읍·면에는 리를 둔다.

② [O] 우리나라의 자치계층은 광역과 기초로 구성된 2계층의 중층제이다.
> 「지방자치법」 제2조(지방자치단체의 종류) ① 지방자치단체는 다음의 두 가지 종류로 구분한다.
> 1. 특별시, 광역시, 특별자치시, 도, 특별자치도
> 2. 시, 군, 구

③ [X] 우리나라의 자치계층은 광역과 기초, 두 계층이며, **행정계층**은 자치계층을 포함해 3~4개의 계층으로 **자치계층보다 더 많은 계층 수**를 포함하고 있다.
④ [O] 광역시의 관할구역 안에는 군과 자치구를 둘 수 있다.
> 「지방자치법」 제3조(지방자치단체의 법인격과 관할) ② 특별시, 광역시, 특별자치시, 도, 특별자치도(이하 "시·도"라 한다)는 정부의 직할(直轄)로 두고, 시는 도 또는 특별자치도의 관할 구역 안에, 군은 광역시·도 또는 특별자치도의 관할 구역 안에 두며, 자치구는 특별시와 광역시의 관할 구역 안에 둔다. 다만, 특별자치도의 경우에는 법률이 정하는 바에 따라 관할 구역 안에 시 또는 군을 두지 아니할 수 있다.

정답 ③

## 014
2013 지방 7급 지방자치론(수정)

**우리나라 지방자치제도에 대한 설명으로 옳지 않은 것은?**

① 자치행정계층은 이층제이다.
② 기관구성형태는 기본적으로 기관대립형이다.
③ 특별지방행정기관이 존재한다.
④ 특별지방자치단체를 설치할 수 있다.

### 풀이

① [×] 우리나라의 자치계층은 원칙적으로 광역과 기초로 구분되는 2계층제이지만 행정구역을 구분하는 **(자치)행정계층의 경우 3~4계층**으로 구분된다. (자치행정계층이라는 표현이 모호해 행정계층의 의미로 해석할 경우 앞의 내용과 같고, 자치계층이라고 해석할 경우는 단층제인 제주도와 세종시 예외 때문에 틀린 선지가 된다.)
② [○] 우리나라는 현재 기본적으로 기관대립형을 택하고 있지만, 2022년 지방자치법의 개정으로 주민투표를 통해 지방자치단체의 장의 선임방법을 포함한 지방자치단체의 기관구성 형태를 달리 할 수 있게 변경되었다.
③ [○] 우리나라에는 중앙정부의 소속기관인 특별지방행정기관(일선기관)이 대략 6,500여개 정도 설치되어있다.
④ [○] 「지방자치법」에 따르면 특정한 목적을 수행하기 위해 필요한 경우에 특별지방자치단체를 설치할 수 있다.

> 「지방자치법」
> 제2조(지방자치단체의 종류) ③ 제1항의 지방자치단체 외에 특정한 목적을 수행하기 위하여 필요하면 따로 특별지방자치단체를 설치할 수 있다. 이 경우 특별지방자치단체의 설치 등에 관하여는 제12장에서 정하는 바에 따른다.
> 제199조(설치) ① 2개 이상의 지방자치단체가 공동으로 특정한 목적을 위하여 광역적으로 사무를 처리할 필요가 있을 때에는 특별지방자치단체를 설치할 수 있다. 이 경우 특별지방자치단체를 구성하는 지방자치단체(이하 "구성 지방자치단체"라 한다)는 상호 협의에 따른 규약을 정하여 구성 지방자치단체의 지방의회 의결을 거쳐 행정안전부장관의 승인을 받아야 한다.
> ② 행정안전부장관은 제1항 후단에 따라 규약에 대하여 승인하는 경우 관계 중앙행정기관의 장 또는 시·도지사에게 그 사실을 알려야 한다.
> ③ 특별지방자치단체는 법인으로 한다.

**정답 ①**

## 015
2015 지방 7급 지방자치론

**우리나라 지방자치단체의 계층에 대한 설명으로 옳지 않은 것은?**

① 제주특별자치도는 자치 1계층제를 채택하고 있다.
② 특별시·광역시 및 특별자치시가 아닌 인구 50만 이상의 시(市)는 자치구를 둘 수 있다.
③ 세종특별자치시는 자치 1계층제를 채택하고 있다.
④ 광역시에 군(郡) 자치단체를 두고 있는 곳도 있다.

### 풀이

① [○] 제주특별자치도는 단층제의 계층구조로 자치 1계층제를 채택하고 있다.
② [×] 특별시·광역시 또는 특별자치시가 아닌 **인구 50만 이상의 시에는 자치구가 아닌 구를 둘 수 있다.**
③ [○] 세종특별자치시는 단층제의 계층구조로 자치 1계층제를 채택하고 있다.
④ [○] 부산광역시 기장군이나 인천광역시 강화군의 경우 광역시에 군(郡) 자치단체를 두고 있는 곳도 있다.

**정답 ②**

## 016
2021 지방 7급 지방자치론

**지방자치단체의 계층에 대한 설명으로 옳지 않은 것은?**

① 우리나라의 자치계층은 2계층제를 기조로 하지만 일부 지역에서는 단층제를 채택하고 있다.
② 우리나라에서 자치계층을 포함한 행정계층은 2~4개의 계층으로 이루어져 있다.
③ 광역시의 경우는 '광역시 - 자치구·군'의 자치 2계층제를 채택하고 있다.
④ 1949년 「지방자치법」 제정 이후 제주특별자치도가 출범하기 전까지는 모든 시·도가 지속적으로 자치 2계층제를 유지하고 있었다.

### 풀이
① [o] 우리나라의 자치계층은 2계층제를 기조로 하지만 세종특별자치시, 제주특별자치도에서는 단층제를 채택하고 있다.
② [o] 우리나라에서 자치계층을 포함한 행정계층은 2~4개의 계층으로 이루어져 있다.
③ [o] 광역시의 경우는 광역시 내에 자치구·군을 두는 자치 2계층제를 채택하고 있다.
④ [×] 1949년 「지방자치법」 제정 이후 서울특별시와 부산·대구광역시와 같은 대도시 지역은 단층제, 도 지역은 2층의 중층제를 이루는 형태로 지방자치가 시작되었다. 따라서 **단층제의 계층구조는 제주특별자치도가 출범하기 전에도 존재**했다.
　　　　　　　　　　　　　　　　　　　　　　　　　정답 ④

## 017
2017 국가 9급

**우리나라의 지방자치계층에 대한 설명으로 옳지 않은 것은?**

① 제주특별자치도는 자치계층 측면에서 단층제로 운영되고 있다.
② 자치계층은 주민공동체의 정책결정 및 집행의 단위로서 정치적 민주성 가치가 중요시된다.
③ 세종특별자치시의 관할구역으로 자치구를 둘 수 있다.
④ 자치계층으로 군을 두고 있는 광역시가 있다.

### 풀이
① [o] 제주특별자치도의 관할구역 안에는 지방자치단체인 시와 군을 두지 아니하므로 자치계층 측면에서 단층제로 운영되고 있다.
② [o] 자치계층은 정치적 민주성 가치가, 행정계층은 행정적 효율성 가치가 중요시된다.
③ [×] 「세종특별자치시 설치 등에 관한 특별법」에서는 **세종특별자치시의 관할 구역에 시·군·구의 기초자치단체를 두지 않도록 한다**고 규정하고 있다.
④ [o] 군은 광역시나 도의 관할 구역 안에 둔다. 인천광역시 강화군, 부산광역시 기장군 등이 대표적 예이다.
　　　　　　　　　　　　　　　　　　　　　　　　　정답 ③

## 018

2016 서울 7급 지방자치론

서울특별시 등 대도시와 세종특별자치시 및 제주특별자치도의 행정특례에 대한 설명으로 가장 옳은 것은?

① 특별시장 등은 관할 구역 안의 자치구 상호 간의 재원을 조정해서는 안 된다.
② 서울특별시의 지위·조직·운영에 대하여는 수도의 특수성을 고려하여 조례로 정하는 바에 따라 특례를 둘 수 있다.
③ 서울특별시는 수도로서의 특수한 지위를 고려하여 정부의 직할로 두지 않는다.
④ 서울특별시·광역시 및 특별자치시를 제외한 인구 50만 이상의 대도시의 행정, 재정운영 등에 대하여는 그 특성을 고려하여 특례를 둘 수 있다.

### 풀이

① [×] 특별시장은 관할 구역 안의 자치구 상호 간의 **재원을 조정하여야 한다.**

> 「지방자치법」 제196조(자치구의 재원) 특별시장이나 광역시장은 「지방재정법」에서 정하는 바에 따라 해당 지방자치단체의 관할 구역의 자치구 상호 간의 재원을 조정하여야 한다.

② [×] 서울특별시의 지위·조직 및 운영에 대하여는 조례가 아닌 **법률로 정하는 바에 따라 특례를 둘 수 있다.**

> 「지방자치법」 제197조(특례의 인정) ① 서울특별시의 지위·조직 및 운영에 대해서는 수도로서의 특수성을 고려하여 법률로 정하는 바에 따라 특례를 둘 수 있다.

③ [×] 특별시는 **정부의 직할로 둔다.**

> 「서울특별시 행정특례에 관한 법률」 제2조(지위) 서울특별시는 정부의 직할로 두되, 이 법에서 정하는 범위에서 수도로서의 특수한 지위를 가진다.

④ [○] 서울특별시·광역시 및 특별자치시를 제외한 인구 50만 이상의 대도시의 행정, 재정운영 등에 대하여는 그 특성을 고려하여 특례를 둘 수 있다.

> 「지방자치법」 제198조(대도시 등에 대한 특례 인정) ① 서울특별시·광역시 및 특별자치시를 제외한 인구 50만 이상 대도시의 행정, 재정 운영 및 국가의 지도·감독에 대해서는 그 특성을 고려하여 관계 법률로 정하는 바에 따라 특례를 둘 수 있다.

정답 ④

## 019

2019 (2월) 서울 7급 지방자치론

「서울특별시 행정특례에 관한 법률」에서 제시된 일반 행정 운영상의 특례로 가장 옳지 않은 것은?

① 행정안전부장관이 서울특별시의 지방채 발행의 승인 여부를 결정하려는 경우에는 국무총리에게 보고하여야 한다.
② 행정안전부장관은 서울특별시의 자치사무에 대한 감사를 하려는 경우에는 국무총리의 조정을 거쳐야 한다.
③ 서울특별시 소속 국가공무원의 임용 등에 관한 권한 중 대통령령으로 정하는 사항은 행정안전부장관이 행사한다.
④ 서울특별시 소속 공무원 등에 대한 서훈의 추천은 「상훈법」 제5조 1항에도 불구하고 서울특별시장이 한다.

### 풀이

① [○] 행정안전부장관이 서울특별시의 지방채 발행의 승인 여부를 결정하려는 경우에는 국무총리에게 보고하여야 한다.
② [○] 행정안전부장관은 서울특별시의 자치사무에 대한 감사를 하려는 경우에는 국무총리의 조정을 거쳐야 한다.
③ [×] 서울특별시 소속 국가공무원의 임용 등에 관한 권한 중 대통령령으로 정하는 사항은 행정안전부장관이 아닌 **서울특별시장이 행사**한다.
④ [○] 서울특별시 소속 공무원 등에 대한 서훈의 추천은 「상훈법」 제5조 1항에도 불구하고 서울특별시장이 한다.

> 「서울특별시 행정특례에 관한 법률」
> 제4조(일반행정 운영상의 특례)
> ① 행정안전부장관이 「지방재정법」 제11조에 따라 서울특별시의 지방채 발행의 승인 여부를 결정하려는 경우에는 국무총리에게 보고하여야 한다.
> ② 행정안전부장관은 「지방자치법」 제190조에 따라 서울특별시의 자치사무에 관한 감사를 하려는 경우에는 국무총리의 조정을 거쳐야 한다.
> ⑤ 서울특별시 소속 국가공무원의 임용 등에 관한 「국가공무원법」 제32조제1항부터 제3항까지, 제78조제1항·제4항 및 제82조에 따른 소속 장관 또는 중앙행정기관의 장의 권한 중 대통령령으로 정하는 사항은 서울특별시장이 행사하며, 이와 관련된 행정소송의 피고는 같은 법 제16조에도 불구하고 서울특별시장이 된다.
> ⑦ 서울특별시 소속 공무원 등에 대한 서훈(敍勳)의 추천은 「상훈법」 제5조제1항에도 불구하고 서울특별시장이 한다.

정답 ③

## 020
2015 서울 7급 지방자치론

다음 중 서울특별시 행정특례에 대한 내용으로 옳지 않은 것은?

① 행정자치부(행정안전부)장관이 서울특별시의 자치사무에 관한 감사를 시행하려는 경우에는 서울특별시장과 협의, 조정을 거쳐야 한다.
② 서울특별시 소속 4급 이하 일반직 국가공무원의 임면·징계 기타 임용에 관한 권한은 서울특별시장이 행한다.
③ 행정자치부(행정안전부)장관이 서울특별시의 지방채발행의 승인여부를 결정할 때는 국무총리에게 보고하여야 한다.
④ 서울특별시 소속 공무원에 대한 서훈의 추천은 서울특별시장이 행한다.

### 풀이

① [×] 행정안전부장관이 서울특별시의 자치사무에 관한 감사를 시행하려는 경우에는 서울특별시장이 아닌 **국무총리의 조정**을 거쳐야 한다(「서울특별시 행정특례에 관한 법률」 제4조 2항).
② [○] 서울특별시 소속 4급 이하 일반직 국가공무원의 임면·징계 기타 임용에 관한 권한은 서울특별시장이 행한다.

> 「서울특별시 행정특례에 관한 법률 시행령」
> 제3조(국가공무원의 임용에 관한 특례) ① 법 제4조제5항의 규정에 의하여 서울특별시장(이하 "시장"이라 한다)이 행하는 소속장관 또는 중앙행정기관의 장의 권한은 다음과 같다.
> 1. 4급 이하 일반직 국가공무원의 임면·징계 기타 임용에 관한 권한
> 2. 연구직 및 지도직 공무원의 임용 등에 관한 규정 제4조의 규정에 의한 연구직 국가공무원에 대한 임면·징계 기타 임용에 관한 권한
> ② 시장은 제1항 각호의 권한 중 임면제청권을 행사하고자 할 때에는 행정안전부장관과 협의하여야 한다.

③ [○] 행정안전부장관이 서울특별시의 지방채 발행의 승인 여부를 결정할 때는 국무총리에게 보고하여야 한다(「서울특별시 행정특례에 관한 법률」 제4조 1항).
④ [○] 서울특별시 소속 공무원에 대한 서훈의 추천은 서울특별시장이 행한다.

> 「서울특별시 행정특례에 관한 법률」 제4조(일반행정 운영상의 특례)
> ① 행정안전부장관이 「지방재정법」 제11조에 따라 서울특별시의 지방채 발행의 승인 여부를 결정하려는 경우에는 국무총리에게 보고하여야 한다.
> ② 행정안전부장관은 「지방자치법」 제190조에 따라 서울특별시의 자치사무에 관한 감사를 하려는 경우에는 국무총리의 조정을 거쳐야 한다.
> ⑦ 서울특별시 소속 공무원 등에 대한 서훈(敍勳)의 추천은 「상훈법」 제5조제1항에도 불구하고 서울특별시장이 한다.

> 「상훈법」 제5조(서훈의 추천)
> ① 서훈의 추천은 중앙행정기관의 장(대통령 직속기관 및 국무총리 직속기관의 장을 포함한다), 국회사무총장, 법원행정처장, 헌법재판소사무처장 및 중앙선거관리위원회사무총장이 한다.
> ② 제1항에 규정된 추천권자(이하 "서훈 추천권자"라 한다)의 소관에 속하지 아니하는 서훈의 추천은 행정안전부장관이 한다.

정답 ①

## 021
2016 지방 7급 지방자치론

제주특별자치도에 대한 설명으로 옳지 않은 것은?

① 제주특별자치도 설치 및 국제자유도시 조성을 위한 특별법을 제정하여 2006년에 출범하였다.
② 제주시장은 일반직 또는 정무직 지방공무원으로 도지사가 임명한다.
③ 자치경찰단의 조직과 자치경찰공무원의 정원 등에 관한 사항은 규칙으로 정한다.
④ 감사위원장은 도의회의 동의를 받아 도지사가 임명한다.

### 풀이

① [○] 제주특별자치도는 「제주특별자치도 설치 및 국제자유도시 조성을 위한 특별법」을 제정하여 2006년에 출범하였다.
② [○] 제주시는 자치단체가 아닌 행정기구로 제주시장은 일반직 또는 정무직 지방공무원으로 도지사가 임명한다.

> 「제주특별자치도 설치 및 국제자유도시 조성을 위한 특별법」
> 제11조(행정시장) ① 행정시에 시장을 둔다.
> ② 행정시의 시장(이하 "행정시장"이라 한다)은 일반직 지방공무원으로 보하되, 도지사가 임명한다. 다만, 제12조제1항에 따라 행정시장으로 예고한 사람을 임명할 경우에는 정무직 지방공무원으로 임명한다.

③ [×] 자치경찰단의 조직과 자치경찰공무원의 정원 등에 관한 사항은 규칙이 아닌 **도의 조례로 정한다**.

> 「제주특별자치도 설치 및 국제자유도시 조성을 위한 특별법」
> 제88조(자치경찰기구의 설치) ① 제90조에 따른 자치경찰사무를 처리하기 위하여 「국가경찰과 자치경찰의 조직 및 운영에 관한 법률」 제18조에 따라 설치되는 제주특별자치도자치경찰위원회(이하 "자치경찰위원회"라 한다) 소속으로 자치경찰단을 둔다.
> ② 자치경찰단의 조직과 자치경찰공무원의 정원 등에 관한 사항은 도조례로 정한다.

④ [○] 제주특별자치도의 감사위원장은 도의회의 동의를 받아 도지사가 임명한다.

> 「제주특별자치도 설치 및 국제자유도시 조성을 위한 특별법」
> 제132조(감사위원장의 직무) ① 감사위원장은 도의회의 동의를 받아 도지사가 임명한다.
> ② 감사위원장은 감사위원회를 대표하고 감사위원회의 업무를 총괄한다.
> ③ 감사위원장의 임기는 3년으로 한다.

정답 ③

# 022

2014 지방 7급 지방자치론(수정)

「지방자치법」상 지방자치단체에 대한 설명으로 옳지 않은 것은?

① 지방자치단체는 상급 지방자치단체의 조례를 위반하여 그 사무를 처리할 수 없다.
② 지방자치단체의 종류는 특별시, 광역시, 특별자치시, 도, 특별자치도, 시, 군, 구이다.
③ 자치구의 자치권의 범위는 조례에 정하는 바에 따라 시·군과 다르게 할 수 있다.
④ 특별지방자치단체의 설치 등에 관하여 필요한 사항은 「지방자치법」 제12장에서 규정하고 있다.

### 풀이

① [O] 지방자치단체는 상급 지방자치단체의 조례를 위반하여 그 사무를 처리할 수 없다.

> 「지방자치법」
> 제12조(사무처리의 기본원칙) ① 지방자치단체는 사무를 처리할 때 주민의 편의와 복리증진을 위하여 노력하여야 한다.
> ② 지방자치단체는 조직과 운영을 합리적으로 하고 규모를 적절하게 유지하여야 한다.
> ③ 지방자치단체는 법령을 위반하여 사무를 처리할 수 없으며, 시·군 및 자치구는 해당 구역을 관할하는 시·도의 조례를 위반하여 사무를 처리할 수 없다.

② [O] 지방자치단체의 종류는 특별시, 광역시, 특별자치시, 도, 특별자치도, 시, 군, 구이다.

> 「지방자치법」
> 제2조(지방자치단체의 종류) ① 지방자치단체는 다음의 두 가지 종류로 구분한다.
> 1. 특별시, 광역시, 특별자치시, 도, 특별자치도
> 2. 시, 군, 구

③ [X] 자치구의 자치권의 범위는 조례가 아닌 **법령에 정하는 바에 따라 시·군과 다르게 할 수 있다**.

> 「지방자치법」
> 제2조(지방자치단체의 종류) ② 지방자치단체인 구(이하 "자치구"라 한다)는 특별시와 광역시의 관할 구역의 구만을 말하며, 자치구의 자치권의 범위는 법령으로 정하는 바에 따라 시·군과 다르게 할 수 있다.

④ [O] 출제 당시 (구)「지방자치법」에서는 특별지방자치단체의 설치·운영에 관하여 필요한 사항은 대통령령으로 정한다고 규정하고 있었으나, 「지방자치법」의 개정으로 관련 내용을 상당 부분 「지방자치법」에서 직접 규정하고 있어 법률 내용에 따라 맞는 선지로 수정하였다.

> 「지방자치법」
> 제2조(지방자치단체의 종류) ③ 제1항의 지방자치단체 외에 특정한 목적을 수행하기 위하여 필요하면 따로 특별지방자치단체를 설치할 수 있다. 이 경우 특별지방자치단체의 설치 등에 관하여는 제12장에서 정하는 바에 따른다.

정답 ③

# 023

2013 국가 9급

우리나라 지방행정체제와 관련된 내용으로 옳지 않은 것은?

① 자치구의 자치권 범위는 시·군의 경우와 같다.
② 특별시·광역시·도는 같은 수준의 자치행정계층이다.
③ 광역시가 아닌 시라도 인구 50만 이상의 경우에는 자치구가 아닌 구를 둘 수 있다.
④ 군은 광역시나 도의 관할 구역 안에 둔다.

### 풀이

① [X] 우리나라의 지방자치단체는 기초자치단체가 시·군·자치구로 구분되며 **자치구는 법령에 의한 제한이 가능**하기 때문에 시·군에 비해 자치권의 범위가 제약된다.

② [O] 특별시, 광역시, 특별자치시, 도, 특별자치도는 같은 수준의 자치행정계층이다.

> 「지방자치법」
> 제2조(지방자치단체의 종류) ① 지방자치단체는 다음의 두 가지 종류로 구분한다.
> 1. 특별시, 광역시, 특별자치시, 도, 특별자치도
> 2. 시, 군, 구
> ② 지방자치단체인 구(이하 "자치구"라 한다)는 특별시와 광역시의 관할 구역의 구만을 말하며, 자치구의 자치권의 범위는 법령으로 정하는 바에 따라 시·군과 다르게 할 수 있다.

③ [O] 광역시가 아닌 인구 50만 이상의 시에는 자치구가 아닌 구를 둘 수 있다.

④ [O] 군은 광역시, 특별자치시나 도의 관할 구역 안에 둔다.

> 「지방자치법」
> 제3조(지방자치단체의 법인격과 관할) ① 지방자치단체는 법인으로 한다.
> ② 특별시, 광역시, 특별자치시, 도, 특별자치도(이하 "시·도"라 한다)는 정부의 직할(直轄)로 두고, 시는 도 또는 특별자치도의 관할 구역 안에, 군은 광역시·도 또는 특별자치도의 관할 구역 안에 두며, 자치구는 특별시와 광역시의 관할 구역 안에 둔다. 다만, 특별자치도의 경우에는 법률이 정하는 바에 따라 관할 구역 안에 시 또는 군을 두지 아니할 수 있다.
> ③ 특별시·광역시 또는 특별자치시가 아닌 인구 50만 이상의 시에는 자치구가 아닌 구를 둘 수 있고, 군에는 읍·면을 두며, 시와 구(자치구를 포함한다)에는 동을, 읍·면에는 리를 둔다.

정답 ①

## 024
2013 지방 7급 지방자치론

우리나라 지방자치단체에 대한 설명으로 옳지 않은 것은?

① 특별시·광역시·특별자치시·도·특별자치도는 정부의 직할(直轄)로 둔다.
② 특별시·광역시 및 특별자치시가 아닌 인구 50만 이상의 시에는 자치구를 둘 수 있다.
③ 시는 도의 관할 구역 안에, 군은 광역시나 도의 관할 구역 안에 둔다.
④ 자치구의 자치권의 범위는 법령으로 정하는 바에 따라 시·군과 다르게 할 수 있다.

**풀이**
① [○] 특별시·광역시·특별자치시·도·특별자치도는 정부의 직할(直轄)로 둔다(「지방자치법」 제3조 2항).
② [×] 특별시·광역시 및 특별자치시가 아닌 **인구 50만 이상의 시에는 자치구가 아닌 구(행정구)를 둘 수 있다**(「지방자치법」 제3조 3항).
③ [○] 시는 도의 관할 구역 안에, 군은 광역시나 도의 관할 구역 안에 둔다(「지방자치법」 제3조 2항).
④ [○] 자치구의 자치권의 범위는 법령으로 정하는 바에 따라 시·군과 다르게 할 수 있다(「지방자치법」 제2조 2항).   **정답 ②**

## 025
2016 국회 9급

다음 중 2016년 현재 지방자치단체인 것은?

① 평해읍
② 서귀포시
③ 진천읍
④ 원주시
⑤ 제주시

**풀이**
우리나라의 지방자치단체는 광역자치단체와 기초자치단체로 나눌 수 있다. 광역자치단체에는 특별시, 광역시, 특별자치시, 도, 특별자치도가 있으며, 기초자치단체에는 시, 군, 자치구가 있다.
④ [○] 원주시는 강원도의 기초자치단체이다.
①, ②, ③, ⑤ [×] **제주시와 서귀포시**는 단층제의 계층구조를 갖는 제주특별자치도의 행정구역으로 자치시가 아니라 **행정시**이며, **읍·면·동 역시 행정 계층**이다.   **정답 ④**

## 026

2020 군무원 9급

지방자치단체의 사무배분에서 특례가 적용되는 경우로 옳지 않은 것은?

① 자치구
② 인구 30만 이상의 도시
③ 인구 50만 이상의 도시
④ 특별자치도

**풀이**

① [O] 자치구는 「지방자치법」 제2조 제2항에 따라 사무배분의 특례를 둘 수 있다.

> 「지방자치법」 제2조(지방자치단체의 종류) ② 지방자치단체인 구(이하 "자치구"라 한다)는 특별시와 광역시의 관할 구역의 구만을 말하며, 자치구의 자치권의 범위는 법령으로 정하는 바에 따라 시·군과 다르게 할 수 있다.

② [X] 인구 30만 이상의 도시에 대해서는 **별도의 특례조항이 없다**.

③ [O] 인구 50만 이상의 도시에는 특례를 둘 수 있다.

> 「지방자치법」 제198조(대도시 등에 대한 특례 인정) ① 서울특별시·광역시 및 특별자치시를 제외한 인구 50만 이상 대도시의 행정, 재정 운영 및 국가의 지도·감독에 대해서는 그 특성을 고려하여 관계 법률로 정하는 바에 따라 특례를 둘 수 있다.

④ [O] 특별자치도는 법률에 따라 별도의 특례를 둘 수 있다.

> 「지방자치법」 제197조(특례의 인정) ② 세종특별자치시와 제주특별자치도의 지위·조직 및 행정·재정 등의 운영에 대해서는 행정체제의 특수성을 고려하여 법률로 정하는 바에 따라 특례를 둘 수 있다.

정답 ②

## 027

2016 지방 7급 지방자치론

우리나라 대도시의 자치 특례에 대한 설명으로 옳지 않은 것은?

① 인구 50만 이상의 시에 대하여는 도가 처리하는 사무의 일부를 직접 처리하게 할 수 있다.
② 광역시는 정부의 직할 하에 있으며, 광역시 구역 안에는 자치구뿐만 아니라 군도 둘 수 있다.
③ 광역시는 광역자치단체로서 인구 50만 이상의 특례시와는 달리 도와 동일한 세목을 갖고 있다.
④ 특별시 소속 국가공무원 중 4급 이하 일반직 국가공무원의 임면·징계·기타 임용에 관한 권한은 특별시장이 행사한다.

**풀이**

① [O] 인구 50만 이상의 시는 도의 일부 사무를 직접 처리할 수 있으며, 사무의 내용은 대통령령을 따른다.

> 「지방자치법」 제14조(지방자치단체의 종류별 사무배분기준) ① 제13조에 따른 지방자치단체의 사무를 지방자치단체의 종류별로 배분하는 기준은 다음 각 호와 같다. 다만, 제13조제2항제1호의 사무는 각 지방자치단체에 공통된 사무로 한다.
> 제1호에서 시·도가 처리하는 것으로 되어 있는 사무를 제외한 사무. 다만, 인구 50만 이상의 시에 대해서는 도가 처리하는 사무의 일부를 직접 처리하게 할 수 있다.
> ② 제1항의 배분기준에 따른 지방자치단체의 종류별 사무는 대통령령으로 정한다.

② [O] 광역시는 정부의 직할로 두고, 광역시 구역 안에는 자치구 외에 군도 둘 수 있다.

> 「지방자치법」 제3조(지방자치단체의 법인격과 관할) ② 특별시, 광역시, 특별자치시, 도, 특별자치도(이하 "시·도"라 한다)는 정부의 직할(直轄)로 두고, 시는 도 또는 특별자치도의 관할 구역 안에, 군은 광역시·도 또는 특별자치도의 관할 구역 안에 두며, 자치구는 특별시와 광역시의 관할 구역 안에 둔다. 다만, 특별자치도의 경우에는 법률이 정하는 바에 따라 관할 구역 안에 시 또는 군을 두지 아니할 수 있다.

③ [X] **광역시**의 세목은 보통세인 취득세, 주민세, 자동차세, 담배소비세, 레저세, 지방소비세, 지방소득세과 목적세인 지방교육세, 지역자원시설세이다. **도**의 세목은 보통세인 취득세, 등록면허세, 레저세, 지방소비세와 목적세인 지방교육세, 지역자원시설세이다. 따라서 공통적으로 포함되는 항목은 취득세, 레저세, 지방소비세, 지방교육세, 지역자원시설세이며 나머지 **세목은 동일하지 않다.**

④ [O] 서울특별시 특례에 따라 4급 이하 일반직 국가공무원의 임면·징계·기타 임용에 관한 권한은 특별시장이 행사한다.

> 「서울특별시 행정특례에 관한 법률 시행령」 제3조(국가공무원의 임용에 관한 특례) ① 법 제4조제5항의 규정에 의하여 서울특별시장(이하 "시장"이라 한다)이 행하는 소속장관 또는 중앙행정기관의 장의 권한은 다음과 같다.
> 1. 4급 이하 일반직 국가공무원의 임면·징계 기타 임용에 관한 권한
> 2. 연구직 및 지도직 공무원의 임용 등에 관한 규정 제4조의 규정에 의한 연구직 국가공무원에 대한 임면·징계 기타 임용에 관한 권한
> ② 시장은 제1항 각호의 권한 중 임면제청권을 행사하고자 할 때에는 행정안전부장관과 협의하여야 한다.

정답 ③

## 028

2019 지방 7급 지방자치론

**대도시의 자치특례에 대한 설명으로 옳은 것은?**

① 특별시·광역시 및 특별자치시가 아닌 인구 50만 이상의 시에는 행정구를 설치할 수 있다.
② 특별시는 조직운영상의 특례와 달리 인사 및 서훈과 관련하여서는 특례를 인정받지 않고 있다.
③ 인구 100만 이상인 기초자치단체는 부시장을 3명으로 한다.
④ 특별시는 관할 구역 안에 자치구와 군을 두고 있다.

### 풀이

① [○] 특별시·광역시 및 특별자치시가 아닌 인구 50만 이상의 시에는 행정구를 설치할 수 있다.

> 「지방자치법」 제3조(지방자치단체의 법인격과 관할) ① 지방자치단체는 법인으로 한다.
> ② 특별시, 광역시, 특별자치시, 도, 특별자치도(이하 "시·도"라 한다)는 정부의 직할(直轄)로 두고, 시는 도 또는 특별자치도의 관할 구역 안에, 군은 광역시·도 또는 특별자치도의 관할 구역 안에 두며, 자치구는 특별시와 광역시의 관할 구역 안에 둔다. 다만, 특별자치도의 경우에는 법률이 정하는 바에 따라 관할 구역 안에 시 또는 군을 두지 아니할 수 있다.
> ③ 특별시·광역시 또는 특별자치시가 아닌 인구 50만 이상의 시에는 자치구가 아닌 구를 둘 수 있고, 군에는 읍·면을 두며, 시와 구(자치구를 포함한다)에는 동을, 읍·면에는 리를 둔다.
> ④ 제10조제2항에 따라 설치된 시에는 도시의 형태를 갖춘 지역에는 동을, 그 밖의 지역에는 읍·면을 두되, 자치구가 아닌 구를 둘 경우에는 그 구에 읍·면·동을 둘 수 있다.
> ⑤ 특별자치시와 관할 구역 안에 시 또는 군을 두지 아니하는 특별자치도의 하부행정기관에 관한 사항은 따로 법률로 정한다.

② [×] 특별시는 조직운영 및 인사 및 서훈과 관련하여서 **특례를 인정**받고 있다.

> 「서울특별시 행정특례에 관한 법률」 제4조(일반행정 운영상의 특례) ① 행정안전부장관이 「지방재정법」 제11조에 따라 서울특별시의 지방채 발행의 승인 여부를 결정하려는 경우에는 국무총리에게 보고하여야 한다.
> ② 행정안전부장관은 「지방자치법」 제190조에 따라 서울특별시의 자치사무에 관한 감사를 하려는 경우에는 국무총리의 조정을 거쳐야 한다.
> ⑤ 서울특별시 소속 국가공무원의 임용 등에 관한 「국가공무원법」 제32조제1항부터 제3항까지, 제78조제1항·제4항 및 제82조에 따른 소속 장관 또는 중앙행정기관의 장의 권한 중 대통령령으로 정하는 사항은 서울특별시장이 행사하며, 이와 관련된 행정소송의 피고는 같은 법 제16조에도 불구하고 서울특별시장이 된다.
> ⑦ 서울특별시 소속 공무원 등에 대한 서훈(敍勳)의 추천은 「상훈법」 제5조제1항에도 불구하고 서울특별시장이 한다.

③ [×] 「지방자치법」상 기초자치단체의 부단체장의 정수는 1명이지만, **인구 100만 이상**인 기초자치단체는 **부시장은 2명**으로 한다고 규정하고 있다.

> 「지방자치분권 및 지방행정체제 개편에 관한 특별법」 제42조(특례시의 보조기관 등) ① 「지방자치법」 제123조제1항에도 불구하고 특례시의 부시장은 2명으로 한다. 이 경우 부시장 1명은 「지방자치법」 제123조제4항에도 불구하고 일반직, 별정직 또는 임기제 지방공무원으로 보(補)할 수 있다.

④ [×] **특별시**는 관할 구역 안에 **자치구만** 둘 수 있다.

> 「지방자치법」 제3조(지방자치단체의 법인격과 관할) ① 지방자치단체는 법인으로 한다.
> ② 특별시, 광역시, 특별자치시, 도, 특별자치도(이하 "시·도"라 한다)는 정부의 직할(直轄)로 두고, 시는 도 또는 특별자치도의 관할 구역 안에, 군은 광역시·도 또는 특별자치도의 관할 구역 안에 두며, 자치구는 특별시와 광역시의 관할 구역 안에 둔다. 다만, 특별자치도의 경우에는 법률이 정하는 바에 따라 관할 구역 안에 시 또는 군을 두지 아니할 수 있다.

정답 ①

## 029
2019 지방 7급 지방자치론

「지방자치법」상 도농 복합형태의 시(市)가 될 수 있는 지역만을 모두 고르면?

> ㄱ. 인구 5만의 시와 인구 3만의 군을 통합한 지역
> ㄴ. 인구 4만의 도시 형태를 갖춘 지역이 있는 군
> ㄷ. 인구 1만 이상의 도시 형태를 갖춘 3개 지역의 인구가 4만이며, 총인구가 10만인 군

① ㄱ
② ㄱ, ㄷ
③ ㄴ, ㄷ
④ ㄱ, ㄴ, ㄷ

### 풀이
- ㄱ. [○] 인구 5만의 시와 인구 3만의 군을 통합한 지역은 도농 복합형태의 시가 될 수 있다.
- ㄴ. [×] **인구 5만 이상의 도시형태를 갖춘 군**이어야 하므로 인구 4만의 도시 형태를 갖춘 지역이 있는 군은 도농 복합형태의 시가 될 수 없다.
- ㄷ. [×] **인구 2만 이상의 도시 형태를 갖춘 2개 이상의 지역의 인구가 5만 이상인 군으로 총인구가 15만 명 이상인 군**의 경우에 가능하므로 인구 1만 이상의 도시 형태를 갖춘 3개 지역의 인구가 4만이며, 총인구가 10만인 군인 경우에는 불가능하다.

> 「지방자치법」제10조(시·읍의 설치기준 등) ① 시는 그 대부분이 도시의 형태를 갖추고 인구 5만 이상이 되어야 한다.
> ② 다음 각 호의 어느 하나에 해당하는 지역은 도농(都農) 복합형태의 시로 할 수 있다.
> 1. 제1항에 따라 설치된 시와 군을 통합한 지역
> 2. 인구 5만 이상의 도시 형태를 갖춘 지역이 있는 군
> 3. 인구 2만 이상의 도시 형태를 갖춘 2개 이상의 지역 인구가 5만 이상인 군. 이 경우 군의 인구는 15만 이상으로서 대통령령으로 정하는 요건을 갖추어야 한다.
> 4. 국가의 정책으로 인하여 도시가 형성되고, 제128조에 따라 도의 출장소가 설치된 지역으로서 그 지역의 인구가 3만 이상이며, 인구 15만 이상의 도농 복합형태의 시의 일부인 지역
> ③ 읍은 그 대부분이 도시의 형태를 갖추고 인구 2만 이상이 되어야 한다. 다만, 다음 각 호의 어느 하나에 해당하면 인구 2만 미만인 경우에도 읍으로 할 수 있다.
> 1. 군사무소 소재지의 면
> 2. 읍이 없는 도농 복합형태의 시에서 그 시에 있는 면 중 1개 면

정답 ①

## 030
2015 지방 7급 지방자치론

「지방자치법」상 시(市)·읍(邑)의 설치기준에 대한 설명으로 옳지 않은 것은?

① 시(市)는 그 대부분이 도시의 형태를 갖추고 인구 5만 이상이 되어야 한다.
② 시(市)·읍(邑)의 설치에 관한 세부기준은 법률로 정한다.
③ 인구 5만 이상의 도시형태를 갖춘 지역이 있는 군(郡)은 도농(都農)복합 형태의 시(市)로 할 수 있다.
④ 읍(邑)이 없는 도농(都農)복합 형태의 시(市)에서 그 면(面) 중 1개 면(面)은 인구 2만 미만인 경우에도 읍(邑)으로 할 수 있다.

### 풀이
① [○] 시(市)는 그 대부분이 도시의 형태를 갖추고 인구 5만 이상이 되어야 한다.
② [×] 시·읍의 설치에 관한 세부기준은 법률이 아닌 **대통령령으로 정한다**.
③ [○] 인구 5만 이상의 도시형태를 갖춘 지역이 있는 군(郡)은 도농(都農)복합 형태의 시(市)로 할 수 있다.
④ [○] 읍이 없는 도농 복합형태의 시에서 그 시에 있는 면 중 1개 면은 인구 2만 미만의 경우에도 읍으로 할 수 있다.

> 「지방자치법」제10조(시·읍의 설치기준 등) ① 시는 그 대부분이 도시의 형태를 갖추고 인구 5만 이상이 되어야 한다.
> ② 다음 각 호의 어느 하나에 해당하는 지역은 도농(都農) 복합형태의 시로 할 수 있다.
> 1. 제1항에 따라 설치된 시와 군을 통합한 지역
> 2. 인구 5만 이상의 도시 형태를 갖춘 지역이 있는 군
> 3. 인구 2만 이상의 도시 형태를 갖춘 2개 이상의 지역 인구가 5만 이상인 군. 이 경우 군의 인구는 15만 이상으로서 대통령령으로 정하는 요건을 갖추어야 한다.
> 4. 국가의 정책으로 인하여 도시가 형성되고, 제128조에 따라 도의 출장소가 설치된 지역으로서 그 지역의 인구가 3만 이상이며, 인구 15만 이상의 도농 복합형태의 시의 일부인 지역
> ③ 읍은 그 대부분이 도시의 형태를 갖추고 인구 2만 이상이 되어야 한다. 다만, 다음 각 호의 어느 하나에 해당하면 인구 2만 미만인 경우에도 읍으로 할 수 있다.
> 1. 군사무소 소재지의 면
> 2. 읍이 없는 도농 복합형태의 시에서 그 시에 있는 면 중 1개 면
> ④ 시·읍의 설치에 관한 세부기준은 대통령령으로 정한다.

정답 ②

## 031
2013 지방 7급 지방자치론

우리나라 시와 읍의 설치에 대한 설명으로 옳지 않은 것은?

① 도시와 농촌지역을 혼합한 도농복합형태의 시를 설치할 수 없다.
② 대부분이 도시의 형태를 갖추고 인구 5만 이상인 경우 시를 설치할 수 있다.
③ 읍은 원칙적으로 그 대부분이 도시의 형태를 갖추고 인구 2만 이상이 되어야 한다.
④ 군사무소 소재지의 면은 인구 2만 미만인 경우에도 읍으로 할 수 있다.

### 풀이
① [×] 「지방자치법」 제10조의 내용에 따라 도시와 농촌지역을 혼합한 **도농복합형태의 시를 설치할 수 있다.**
② [○] 도시와 농촌지역을 혼합한 도농복합형태의 시를 설치할 수 있으며, 대부분이 도시의 형태를 갖추고 인구 5만 이상인 경우 시를 설치할 수 있다.
③ [○] 읍은 원칙적으로 그 대부분이 도시의 형태를 갖추고 인구 2만 이상이 되어야 한다.
④ [○] 군사무소 소재지의 면에 해당하면 인구 2만 미만인 경우에도 읍으로 할 수 있다.

정답 ①

## 032
2014 지방 7급 지방자치론

대도시 자치구 폐지론에 대한 설명으로 옳지 않은 것은?

① "대도시 정부도 다른 지역과 같이 2계층이 되어야 한다."는 형평의 논리에서 출발했다.
② 인위적인 구역에 불과하기 때문에 주민의 관심과 참여가 높을 수 없다.
③ 많은 국가에서 대도시 지방정부는 그 일체성을 존중해야 한다는 차원에서 하위 지방정부를 두지 않고 있다.
④ 광역행정을 실현하여 지역주민에 대한 일상적 행정수요의 대응성을 높일 수 있다.

### 풀이
① [○] "대도시 자치구의 설립은 대도시 지역 지방정부도 다른 지역과 같이 2층이 되어야 한다"는 형평의 논리에서 시작되었다. 하지만 이는 잘못된 형평의 논리로 생활권이나 경제권의 문제를 고려하지 못하게 만들었으며 이후 대도시 자치구 폐지론의 근거가 되었다.
② [○] 대도시 자치구 폐지론은 자치구가 인위적인 구역이며, 주민들은 스스로를 특별·광역시의 구성원으로만 생각하기 때문에 주민의 관심과 참여가 높을 수가 없다고 본다.
③ [○] 대도시 자치구 폐지론자들은 다른 국가들이 대도시 지방정부는 그 일체성을 존중해야 한다는 차원에서 하위 지방정부를 두지 않고 있다는 논리를 앞세워 자치구 폐지를 주장한다.
④ [×] 광역행정의 실현은 행정단위가 넓은 광역자치단체를 통해 구현될 수 있어 자치구 폐지론의 근거가 되지만, 지역주민에 대한 **일상적 행정수요의 대응성을 높이기 위해서는 자치구를 유지하는 것이 필요하다.**

정답 ④

## 033

2018 지방 7급 지방자치론

**지방정부 구역 규모의 적정성과 관련한 통합옹호론과 통합반대론의 설명으로 옳지 않은 것은?**

① 통합반대론은 통합의 효과가 공공서비스의 유형에 따라 다를 수 있다는 점을 지적하고 있다.
② 통합옹호론은 분절된 구역 간의 소모적인 경쟁과 책임성 저하의 문제를 지적하고 있다.
③ 통합반대론은 지방정부 간 경쟁이 공공서비스의 혁신과 효율성 증대를 가져온다고 주장한다.
④ 통합옹호론은 통합이 구역 내 수평적 형평성 확보는 물론 시민과의 접근성도 용이하게 한다고 주장한다.

### 풀이

① [○] 통합반대론은 자치단체를 통합하자는 것에 대해 통합의 효과는 공공서비스의 유형에 따라 다를 수 있어 분절화 된 구역에서 공공서비스를 제공하는 것이 유리하다고 주장한다.
② [○] 통합옹호론은 자치단체의 통합을 반대하는 것에 대해 분절화 된 구역에서 공공서비스를 제공하게 되면, 오히려 경쟁이 과다하게 되고, 행정책임 소재의 분산으로 책임성 저하 등의 문제가 발생한다고 본다.
③ [○] 통합반대론은 지방자치단체 간 경쟁을 하는 것이 효율을 증대시킨다고 본다.
④ [×] 지방자치단체 간 통합을 하는 경우 규모의 경제에 따른 효율성 확보뿐만 아니라 구역 내 수평적 형평성을 확보할 수 있다. 하지만 통합을 통해 **지방정부의 규모가 커지면 시민과의 접근성은 떨어지게 된다**는 단점이 있다.

**정답 ④**

## 034

2015 지방 7급 지방자치론

**다음 ㉠, ㉡에 들어갈 용어가 바르게 연결된 것은?**

> 「지방자치법」 제4조(지방자치단체의 명칭과 구역)
> ① 지방자치단체의 명칭과 구역은 종전과 같이 하고, 명칭과 구역을 바꾸거나 지방자치단체를 폐지하거나 설치하거나 나누거나 합칠 때에는 ( ㉠ )로 정한다. 다만, 지방자치단체의 관할 구역 경계변경과 한자 명칭의 변경은 ( ㉡ )으로 정한다.

|   | ㉠ | ㉡ |
|---|---|---|
| ① | 법률 | 대통령령 |
| ② | 법률 | 규칙 |
| ③ | 조례 | 대통령령 |
| ④ | 조례 | 규칙 |

### 풀이

① [○] 지방자치단체의 명칭과 구역을 바꾸거나 지방자치단체를 폐지 분합하는 경우에는 **법률**로, 지방자치단체의 관할 구역 경계변경과 한자 명칭의 변경은 **대통령령**으로 정한다.

> 「지방자치법」 제5조(지방자치단체의 명칭과 구역) ① 지방자치단체의 명칭과 구역은 종전과 같이 하고, 명칭과 구역을 바꾸거나 지방자치단체를 폐지하거나 설치하거나 나누거나 합칠 때에는 법률로 정한다.
> ② 제1항에도 불구하고 지방자치단체의 구역변경 중 관할 구역 경계변경(이하 "경계변경"이라 한다)과 지방자치단체의 한자 명칭의 변경은 대통령령으로 정한다. 이 경우 경계변경의 절차는 제6조에서 정한 절차에 따른다.

**정답 ①**

## 035
2018 서울 7급 지방자치론

서울특별시 양천구와 강서구의 관할구역경계를 변경하기 위해서 필요한 조치는?

① 서울특별시 규칙 개정
② 서울특별시 조례 개정
③ 대통령령 개정
④ 「지방자치법」 개정

**풀이**

③ [O] 기초자치단체인 양천구와 강서구의 관할구역 경계를 변경하기 위해서는 **대통령령의 개정이 필요**하다.

> 「지방자치법」 제6조(지방자치단체의 관할 구역 경계변경 등) ① 지방자치단체의 장은 관할 구역과 생활권과의 불일치 등으로 인하여 주민생활에 불편이 큰 경우 등 대통령령으로 정하는 사유가 있는 경우에는 행정안전부장관에게 경계변경이 필요한 지역 등을 명시하여 경계변경에 대한 조정을 신청할 수 있다. 이 경우 지방자치단체의 장은 지방의회 재적의원 과반수의 출석과 출석의원 3분의 2 이상의 동의를 받아야 한다.

정답 ③

## 036
2014 지방 7급 지방자치론

「지방자치법」상 지방자치단체의 관할 구역에 대한 설명으로 옳지 않은 것은?

① 자치구가 아닌 구와 읍·면·동의 폐지와 설치는 대통령령으로 정한다.
② 지방자치단체의 한자 명칭의 변경은 대통령령으로 정한다.
③ 지방자치단체의 폐지와 설치는 법률로 정한다.
④ 리를 폐지하거나 설치하거나 나누거나 합칠 때에는 그 지방자치단체의 조례로 정한다.

**풀이**

① [×] 자치구가 아닌 **행정구역인 구와 읍·면·동의 폐지와 설치**는 대통령령이 아닌 **조례로 정한다.**
② [O] 지방자치단체의 한자 명칭의 변경은 대통령령으로 정한다.
③ [O] 지방자치단체의 폐지와 설치는 법률로 정한다.
④ [O] 행정구역인 리를 폐지하거나 설치하거나 나누거나 합칠 때에는 그 지방자치단체의 조례로 정한다.

> 「지방자치법」
> 제5조(지방자치단체의 명칭과 구역) ① 지방자치단체의 명칭과 구역은 종전과 같이 하고, 명칭과 구역을 바꾸거나 지방자치단체를 폐지하거나 설치하거나 나누거나 합칠 때에는 법률로 정한다.
> ② 제1항에도 불구하고 지방자치단체의 구역변경 중 관할 구역 경계변경(이하 "경계변경"이라 한다)과 지방자치단체의 한자 명칭의 변경은 대통령령으로 정한다. 이 경우 경계변경의 절차는 제6조에서 정한 절차에 따른다.
> 제7조(자치구가 아닌 구와 읍·면·동 등의 명칭과 구역) ① 자치구가 아닌 구와 읍·면·동의 명칭과 구역은 종전과 같이 하고, 자치구가 아닌 구와 읍·면·동을 폐지하거나 설치하거나 나누거나 합칠 때에는 행정안전부장관의 승인을 받아 그 지방자치단체의 조례로 정한다. 다만, 명칭과 구역의 변경은 그 지방자치단체의 조례로 정하고, 그 결과를 특별시장·광역시장·도지사에게 보고하여야 한다.
> ② 리의 구역은 자연 촌락을 기준으로 하되, 그 명칭과 구역은 종전과 같이 하고, 명칭과 구역을 변경하거나 리를 폐지하거나 설치하거나 나누거나 합칠 때에는 그 지방자치단체의 조례로 정한다.

정답 ①

## 037

2016 서울 7급 지방자치론

**다음 중 지방자치단체의 관할구역에 대한 설명으로 가장 옳은 것은?**

① 지방자치단체의 명칭과 구역을 바꾸거나 지방자치단체를 폐지, 설치, 분리, 통합할 때에는 법률로 정한다.
② 지방자치단체의 관할 구역 경계변경과 한자 명칭의 변경은 조례로 정한다.
③ 자치구가 아닌 구와 읍·면·동의 명칭과 구역을 폐지, 설치, 분리, 통합할 때에는 대통령령으로 정한다.
④ 지방자치단체의 구역을 통합할 때에는 행정자치부가 그 사무와 재산을 승계한다.

### 풀이

① [O] 지방자치단체의 명칭과 구역을 바꾸거나 지방자치단체를 폐지, 설치, 분리, 통합할 때에는 법률로 정한다(「지방자치법」 제5조).
② [X] 지방자치단체의 관할 구역 경계변경과 한자 명칭의 변경은 조례가 아닌 **대통령령으로 정한다**(「지방자치법」 제7조).
③ [X] 자치구가 아닌 구와 읍·면·동의 명칭과 구역을 폐지, 설치, 분리, 통합할 때에는 행정안전부장관의 승인을 받아 대통령령이 아닌 **조례로 정한다**(「지방자치법」 제7조).
④ [X] 지방자치단체의 구역을 변경하거나 지방자치단체를 폐지하거나 설치하거나 나누거나 합칠 때에는 행정안전부가 아닌 새로 **그 지역을 관할하게 된 지방자치단체가 그 사무와 재산을 승계**한다.

> 「지방자치법」 제8조(구역의 변경 또는 폐지·설치·분리·합병 시의 사무와 재산의 승계) ① 지방자치단체의 구역을 변경하거나 지방자치단체를 폐지하거나 설치하거나 나누거나 합칠 때에는 새로 그 지역을 관할하게 된 지방자치단체가 그 사무와 재산을 승계한다.

정답 ①

## 038

2023 지방 7급 지방자치론

**「지방자치법」상 지방자치단체의 관할 구역에 대한 설명으로 옳지 않은 것은?**

① 지방자치단체의 구역을 변경하기 위해 주민투표를 한 경우에도 관계 지방의회의 의견을 들어야 한다.
② 지방자치단체의 관할 구역 경계변경과 한자 명칭의 변경은 대통령령으로 정한다.
③ 인구 감소 등 행정여건의 변화로 인하여 필요한 경우 그 지방자치단체의 조례로 정하는 바에 따라 행정 운영상 면을 따로 둘 수 있다.
④ 지방자치단체를 폐지하거나 나눌 때 지역으로 지방자치단체의 사무와 재산을 구분하기 곤란하면 시·도에서는 행정안전부장관이 그 사무와 재산의 한계 및 승계할 지방자치단체를 지정한다.

### 풀이

① [X] 지방자치단체의 구역을 변경할 때(경계변경을 할 때는 제외한다)에 해당할 때에는 관계 지방의회의 의견을 들어야 한다. 다만, **「주민투표법」 따라 주민투표를 한 경우에는 그러하지 아니하다**(「지방자치법」 제5조 3항).
② [O] 지방자치단체의 명칭과 구역은 종전과 같이 하고, 명칭과 구역을 바꾸거나 지방자치단체를 폐지하거나 설치하거나 나누거나 합칠 때에는 법률로 정한다. 지방자치단체의 구역변경 중 관할 구역 경계변경(이하 "경계변경"이라 한다)과 지방자치단체의 한자 명칭의 변경은 대통령령으로 정한다(「지방자치법」 제5조).
③ [O] 인구 감소 등 행정여건 변화로 인하여 필요한 경우 그 지방자치단체의 조례로 정하는 바에 따라 2개 이상의 면을 하나의 면으로 운영하는 등 행정 운영상 면을 따로 둘 수 있다(「지방자치법」 제7조).
④ [O] 지방자치단체를 폐지하거나 설치하거나 나누거나 합칠 때, 지역으로 지방자치단체의 사무와 재산을 구분하기 곤란하면 시·도에서는 행정안전부장관이, 시·군 및 자치구에서는 특별시장·광역시장·특별자치시장·도지사·특별자치도지사가 그 사무와 재산의 한계 및 승계할 지방자치단체를 지정한다(「지방자치법」 제8조).

정답 ①

## 039

2022 지방 7급 지방자치론

「지방자치법」상 지방자치단체의 관할 구역에 대한 설명으로 옳은 것은?

① 군사무소 소재지의 면은 인구 2만 미만인 경우에도 읍으로 할 수 있다.
② 지방자치단체를 폐지하거나 설치하거나 나누거나 합칠 때와 지방자치단체의 관할 구역의 경계를 변경할 때에는 법률로 정한다.
③ 자치구가 아닌 구와 읍·면·동의 명칭과 구역 변경은 행정안전부장관의 승인을 받아 그 지방자치단체의 조례로 정한다.
④ 읍·면·동의 사무소 소재지를 변경하거나 새로 설정하려면 그 지방의회의 재적의원 3분의 1 이상의 찬성을 받아 조례로 정한다.

### 풀이

① [O] 군사무소 소재지의 면은 인구 2만 미만인 경우에도 읍으로 할 수 있다.

> 「지방자치법」 제10조(시·읍의 설치기준 등) ① 시는 그 대부분이 도시의 형태를 갖추고 인구 5만 이상이 되어야 한다.
> ② 다음 각 호의 어느 하나에 해당하는 지역은 도농(都農) 복합형태의 시로 할 수 있다.
> 1. 제1항에 따라 설치된 시와 군을 통합한 지역
> 2. 인구 5만 이상의 도시 형태를 갖춘 지역이 있는 군
> 3. 인구 2만 이상의 도시 형태를 갖춘 2개 이상의 지역 인구가 5만 이상인 군. 이 경우 군의 인구는 15만 이상으로서 대통령령으로 정하는 요건을 갖추어야 한다.
> 4. 국가의 정책으로 인하여 도시가 형성되고, 제128조에 따라 도의 출장소가 설치된 지역으로서 그 지역의 인구가 3만 이상이며, 인구 15만 이상의 도농 복합형태의 시의 일부인 지역
> ③ 읍은 그 대부분이 도시의 형태를 갖추고 인구 2만 이상이 되어야 한다. 다만, 다음 각 호의 어느 하나에 해당하면 인구 2만 미만인 경우에도 읍으로 할 수 있다.
> 1. 군사무소 소재지의 면
> 2. 읍이 없는 도농 복합형태의 시에서 그 시에 있는 면 중 1개 면
> ④ 시·읍의 설치에 관한 세부기준은 대통령령으로 정한다.

② [X] **관할 구역의 경계를 변경할 때에는 법률이 아닌 대통령령**으로 정한다.
③ [X] 자치구가 아닌 구와 읍·면·동의 명칭과 구역 변경은 **조례를 제정 후, 그 결과를 특별시장·광역시장·도지사에게 보고**한다.
④ [X] 읍·면·동의 사무소 소재지를 변경하거나 새로 설정하려면 지**방의회의 재적의원 과반수의 찬성**을 받아 조례로 정한다.

> 「지방자치법」 제9조(사무소의 소재지) ① 지방자치단체의 사무소 소재지와 자치구가 아닌 구 및 읍·면·동의 사무소 소재지는 종전과 같이 하고, 이를 변경하거나 새로 설정하려면 지방자치단체의 조례로 정한다. 이 경우 면·동은 행정면·행정동(行政洞)을 말한다.
> ② 제1항의 사항을 조례로 정할 때에는 그 지방의회의 재적의원 과반수의 찬성이 있어야 한다.

정답 ①

## 040

2019 지방 7급 지방자치론

지방자치단체의 구역에 대한 설명으로 옳지 않은 것은?

① 지방자치단체의 자치권이 미치는 지역적 범위를 말한다.
② 지방자치단체의 관할구역 경계 변경은 법률로 정한다.
③ 행정 수요 및 서비스 형평성 요구의 증가는 구역의 광역화를 추구하게 한다.
④ 1990년대에는 시·군 통합이 이루어졌고 해당 자치단체의 구역이 확대되었다.

### 풀이

① [O] 지방자치단체의 구역은 지방자치단체의 자치권이 미치는 지역적 범위를 말한다.
② [X] 지방자치단체의 관할구역 경계 변경과 한자명칭 변경은 **대통령령으로 한다**.

> 「지방자치법」 제5조(지방자치단체의 명칭과 구역) ① 지방자치단체의 명칭과 구역은 종전과 같이 하고, 명칭과 구역을 바꾸거나 지방자치단체를 폐지하거나 설치하거나 나누거나 합칠 때에는 법률로 정한다.
> ② 제1항에도 불구하고 지방자치단체의 구역변경 중 관할 구역 경계변경(이하 "경계변경"이라 한다)과 지방자치단체의 한자 명칭의 변경은 대통령령으로 정한다. 이 경우 경계변경의 절차는 제6조에서 정한 절차에 따른다.

③ [O] 행정 수요 및 서비스 형평성 요구의 증가는 광역행정을 촉진시키는 요인이다.
④ [O] 1980년대 이후부터 도농분리식 구역조정방식의 폐해를 비판하면서 도시와 농촌지역에 걸친 지역정주생활권역을 지방자치구역과 일치시키려는 도농통합식의 조정방식이 시도되며 1990년대에는 시·군 통합이 이루어졌고 해당 자치단체의 구역이 확대되었다.

정답 ②

## 041

2021 지방 7급 지방자치론

A지방자치단체는 공유수면 관리 및 매립에 관한 법률에 따라 관내 해안지역의 해수면 매립을 완료하였다. 이에 대한 설명으로 옳은 것은?

① 매립지가 속할 지방자치단체는 행정안전부장관이 결정한다.
② 관내 해안지역을 매립한 것이므로 매립지는 당연히 A지방자치단체에 속하게 되지만 몇 가지 행정적 절차를 거치게 된다.
③ A지방자치단체의 장은 지방자치단체중앙분쟁조정위원회의 결정에 이의가 있으면 그 결과를 통보받은 날부터 30일 이내에 대법원에 소송을 제기할 수 있다.
④ 매립 공사를 시작하기 이전에 행정안전부장관에게 신고하였다면, 매립된 지역은 A지방자치단체에 속하게 된다.

### 풀이

① [○] 매립된 해수면의 경우 매립지가 속하게 될 지방자치단체는 행정안전부 장관이 결정한다(「지방자치법」 제5조 4항).
② [×] 매립지의 소재는 행정안전부장관이 결정한다. 면허관청, 관련 지방자치단체의 장은 준공검사를 하기 전에 각각 행정안전부장관에게 **해당 지역이 속할 지방자치단체의 결정을 신청**하여야 한다.
③ [×] A지방자치단체의 장은 지방자치단체중앙분쟁조정위원회의 결정에 이의가 있으면 그 결과를 통보받은 날부터 30일이 아닌 **15일 이내에 대법원에 소송을 제기**할 수 있다.
④ [×] 매립 공사를 시작하기 이전에 행정안전부장관에게 신고하였다면, 매립된 지역은 **지방자치중앙분쟁조정위원회의 심의·의결에 따라 행정안전부장관이 매립지가 속할 지방자치단체를 결정**하게 된다. 단, 신청내용에 대하여 이의가 없는 경우에는 분쟁조정위원회의 심의의결을 거칠 필요가 없다.

> 제5조(지방자치단체의 명칭과 구역) ④ 제1항 및 제2항에도 불구하고 다음 각 호의 지역이 속할 지방자치단체는 제5항부터 제8항까지의 규정에 따라 행정안전부장관이 결정한다.
> 1. 「공유수면 관리 및 매립에 관한 법률」에 따른 매립지
> 2. 「공간정보의 구축 및 관리 등에 관한 법률」 제2조제19호의 지적공부(이하 "지적공부"라 한다)에 등록이 누락된 토지
> ⑤ 제4항제1호의 경우에는 「공유수면 관리 및 매립에 관한 법률」 제28조에 따른 매립면허관청(이하 이 조에서 "면허관청"이라 한다) 또는 관련 지방자치단체의 장이 같은 법 제45조에 따른 준공검사를 하기 전에, 제4항제2호의 경우에는 「공간정보의 구축 및 관리 등에 관한 법률」 제2조제18호에 따른 지적소관청(이하 이 조에서 "지적소관청"이라 한다)이 지적공부에 등록하기 전에 각각 해당 지역의 위치, 귀속희망 지방자치단체(복수인 경우를 포함한다) 등을 명시하여 행정안전부장관에게 그 지역이 속할 지방자치단체의 결정을 신청하여야 한다. 이 경우 제4항제1호에 따른 매립지의 매립면허를 받은 자는 면허관청에 해당 매립지가 속할 지방자치단체의 결정 신청을 요구할 수 있다.
> ⑦ 행정안전부장관은 제6항에 따른 기간이 끝나면 다음 각 호에서 정하는 바에 따라 결정하고, 그 결과를 면허관청이나 지적소관청, 관계 지방자치단체의 장 등에게 통보하고 공고하여야 한다.
> 1. 제6항에 따른 기간 내에 신청내용에 대하여 이의가 제기된 경우: 제166조에 따른 지방자치단체중앙분쟁조정위원회(이하 이 조 및 제6조에서 "위원회"라 한다)의 심의·의결에 따라 제4항 각 호의 지역이 속할 지방자치단체를 결정
> 2. 제6항에 따른 기간 내에 신청내용에 대하여 이의가 제기되지 아니한 경우: 위원회의 심의·의결을 거치지 아니하고 신청내용에 따라 제4항 각 호의 지역이 속할 지방자치단체를 결정
> ⑨ 관계 지방자치단체의 장은 제4항부터 제7항까지의 규정에 따른 행정안전부장관의 결정에 이의가 있으면 그 결과를 통보받은 날부터 15일 이내에 대법원에 소송을 제기할 수 있다.

정답 ①

## 042

2018 지방 7급 지방자치론

「지방자치법」상 군(郡)과 면(面)의 명칭 변경에 대한 설명으로 옳은 것은?

① 면의 명칭 변경은 광역자치단체장의 승인을 받을 필요가 없다.
② 군의 명칭 변경은 대통령령으로 정해야 한다.
③ 군의 영문 및 한자 명칭 변경은 행정안전부장관의 승인을 얻어 지방자치단체의 조례로 정한다.
④ 군의 명칭 변경의 경우 반드시 관계지방의회의 의견을 들어야 한다.

### 풀이

① [○] 자치구역이 아닌 행정구역에 해당하는 면의 명칭 변경의 경우 그 지방자치단체의 조례로 정한 뒤 그 결과를 광역자치단체에게 보고하며 이때 광역자치단체의 승인은 필요하지 않다.

> 「지방자치법」 제7조(자치구가 아닌 구와 읍·면·동 등의 명칭과 구역) ① 자치구가 아닌 구와 읍·면·동의 명칭과 구역은 종전과 같이 하고, 자치구가 아닌 구와 읍·면·동을 폐지하거나 설치하거나 나누거나 합칠 때에는 행정안전부장관의 승인을 받아 그 지방자치단체의 조례로 정한다. 다만, 명칭과 구역의 변경은 그 지방자치단체의 조례로 정하고, 그 결과를 특별시장·광역시장·도지사에게 보고하여야 한다.

② [×] 기초자치단체인 군의 명칭 변경은 대통령령이 아닌 **법률로** 정해야 한다.
③ [×] 기초자치단체인 군의 한자 명칭 변경은 조례가 아닌 **대통령령으로** 정한다.
④ [×] 군의 명칭 변경의 경우 지방의회의 의견을 들어야 하지만 **주민투표를 거친 경우에는 제외**된다.

> 제5조(지방자치단체의 명칭과 구역) ① 지방자치단체의 명칭과 구역은 종전과 같이 하고, 명칭과 구역을 바꾸거나 지방자치단체를 폐지하거나 설치하거나 나누거나 합칠 때에는 법률로 정한다.
> ② 제1항에도 불구하고 지방자치단체의 구역변경 중 관할 구역 경계변경(이하 "경계변경"이라 한다)과 지방자치단체의 한자 명칭의 변경은 대통령령으로 정한다. 이 경우 경계변경의 절차는 제6조에서 정한 절차에 따른다.
> ③ 다음 각 호의 어느 하나에 해당할 때에는 관계 지방의회의 의견을 들어야 한다. 다만, 「주민투표법」 제8조에 따라 주민투표를 한 경우에는 그러하지 아니하다.
> 1. 지방자치단체를 폐지하거나 설치하거나 나누거나 합칠 때
> 2. 지방자치단체의 구역을 변경할 때(경계변경을 할 때는 제외한다)
> 3. 지방자치단체의 명칭을 변경할 때(한자 명칭을 변경할 때를 포함한다)

정답 ①

## 043

2019 (2월) 서울 7급 지방자치론

지방자치의 구성 요소에 대한 설명으로 가장 옳지 않은 것은?

① 지방자치는 일정한 지역 혹은 구역을 대상으로 이루어지는 행위이다.
② 자치권에는 자치입법권, 자치행정권, 자치재정권, 자치조직권, 자치사법권 등이 있다.
③ 지방자치단체에 부여된 자치권 중 자치사법권은 우리나라에서 인정되지 않는다.
④ 자치권 부여와 관련하여 자치권의 내용은 어느 국가나 동일하게 부여되어 있다.

### 풀이

① [○] 지방자치는 일정한 지역 혹은 구역을 대상으로 이루어지는 행위이다.
② [○] 자치권에는 자치입법권, 자치행정권, 자치재정권, 자치조직권, 자치사법권 등이 있다.
③ [○] 지방자치단체에 부여된 자치권 중 자치사법권은 우리나라에서 인정되지 않는다.
④ [×] 지방자치권을 구성하는 핵심적 사항은 자치입법권, 자치행정권, 자치조직권, 자치재정권, 자치사법권 등이며 이러한 자치권 부여와 관련하여 **자치권의 내용은 나라마다 다르다**.

정답 ④

## 044
2014 서울 7급 지방자치론

**지방자치단체의 자치권에 대한 설명으로 옳은 것은?**

① 지방자치단체의 자치권은 주민자치의 필수요소가 아니다.
② 근대국가에서는 국가가 부여하거나 용인하지 않을 경우에도 자치권이 주어진다.
③ 우리나라 지방자치단체는 자치권으로서 자치사법권이 인정된다.
④ 헌법은 법률의 범위 내에서 지방자치에 관한 규정을 제정할 수 있다고 하면서 자치입법권을 보장하고 있다.
⑤ 우리나라는 대통령령에 의해 지방자치단체의 행정기구와 정원에 대한 제약을 가하고 있어 자치조직권에 제약을 주고 있다.

### 풀이

① [×] 지방자치단체의 자치권은 특정지역에서 자치적인 의사결정을 할 수 있는 권한으로 **주민자치의 필수요소이다.** 주민자치의 요소는 지역, 주민, 자치권, 자치사무, 자치조직 이렇게 5가지이다.
② [×] 근대국가 중 전래권에 입각해 자치권을 파악하는 **단체자치를 채택하는 국가들의 경우 국가가 부여하거나 용인하지 않는다면 자치권이 주어지지 않을 수 있다.**
③ [×] **우리나라** 지방자치단체는 자치권으로서 자치입법, 자치행정, 자치재정권 등이 인정되지만 **자치사법권은 인정되지 않는다.**
④ [×] **헌법은 법률이 아닌 법령의 범위 내에서** 지방자치에 관한 규정을 제정할 수 있다고 하면서 **자치입법권을 보장**하고 있다.

> 「헌법」 제117조 ① 지방자치단체는 주민의 복리에 관한 사무를 처리하고 재산을 관리하며, 법령의 범위 안에서 자치에 관한 규정을 제정할 수 있다.

⑤ [○] 우리나라는 대통령령에 의해 지방자치단체의 행정기구와 정원에 대한 제약을 가하고 있어 자치조직권에 제약을 주고 있다.

> 「지방자치법」 제125조(행정기구와 공무원) ① 지방자치단체는 그 사무를 분장하기 위하여 필요한 행정기구와 지방공무원을 둔다.
> ② 제1항에 따른 행정기구의 설치와 지방공무원의 정원은 인건비 등 대통령령으로 정하는 기준에 따라 그 지방자치단체의 조례로 정한다.

**정답 ⑤**

## 045
2017 국회 8급

**다음 중 우리나라 지방자치단체의 자치권에 대한 설명으로 옳지 않은 것은?**

① 지방자치단체는 자치재정권이 인정되어 조례를 통해서 독립적인 지방 세목을 설치할 수 있다.
② 행정기구의 설치는 대통령령이 정하는 범위 안에서 지방자치단체의 조례로 정한다.
③ 자치사법권이 부여되어 있지 않다.
④ 중앙정부가 분권화시킨 결과가 지방정부의 자치권 확보라고 할 수 있다.
⑤ 중앙과 지방의 기능배분에 있어서 포괄적 예시형 방식을 적용한다.

### 풀이

① [×] 우리나라는 조세법률주의를 통해 조세의 종목과 세율을 법률로 규정하고 있어서 **조례를 통한 독립적인 지방 세목은 설치할 수 없다.** 다만, 지방세 탄력세율, 재산과세의 과표 등과 같은 자치재정권이 일부 인정된다.
② [○] 행정기구의 설치와 지방공무원의 정원은 인건비 등 대통령령으로 정하는 기준에 따라 그 지방자치단체의 조례로 정한다.

> 「지방자치법」 제125조(행정기구와 공무원) ① 지방자치단체는 그 사무를 분장하기 위하여 필요한 행정기구와 지방공무원을 둔다.
> ② 제1항에 따른 행정기구의 설치와 지방공무원의 정원은 인건비 등 대통령령으로 정하는 기준에 따라 그 지방자치단체의 조례로 정한다.

③ [○] 우리나라는 자치사법권을 인정하지 않는다.
④ [○] 우리나라는 단체자치의 원리를 채택하는 국가로 중앙정부가 분권화시킨 지방정부의 자치권(전래권)을 지방자치의 핵심요소로 본다.
⑤ [○] 우리나라는 사무를 위임하는 방식에 있어 기본적으로 포괄적 위임방식을 쓰지만 사무의 구체적 사례를 법률로 예시하는 포괄적 예시주의를 사용한다.

> 「지방자치법」 제13조(지방자치단체의 사무 범위) ① 지방자치단체는 관할 구역의 자치사무와 법령에 따라 지방자치단체에 속하는 사무를 처리한다.
> ② 제1항에 따른 지방자치단체의 사무를 예시하면 다음 각 호와 같다. 다만, 법률에 이와 다른 규정이 있으면 그러하지 아니하다.

**정답 ①**

## 046

2021 지방 7급 지방자치론

「지방자치법」상 자치입법권에 대한 설명으로 옳지 않은 것은?

① 조례와 규칙은 특별한 규정이 없으면 공포한 날부터 효력이 발생한다.
② 지방자치단체의 장이 조례안을 이송받고 20일 이내에 공포하지 않거나 재의요구를 하지 않으면 그 조례안은 조례로서 확정된다.
③ 지방자치단체가 주민의 권리 제한 또는 의무 부과에 관한 사항이나 벌칙을 조례로 정할 때에는 법률의 위임이 있어야 한다.
④ 두 지방자치단체를 합하여 새로운 지방자치단체가 설치된다면 그 지방자치단체의 장은 새로운 조례가 제정·시행될 때까지 종래 그 지역에 시행되던 조례를 계속 시행할 수 있다.

### 풀이

① [×] 조례와 규칙은 특별한 규정이 없으면 **공포한 날부터 20일 이후 효력이 발생**한다.

「지방자치법」제32조(조례와 규칙의 제정 절차 등) ⑧ 조례와 규칙은 특별한 규정이 없으면 공포한 날부터 20일이 지나면 효력을 발생한다.

② [○] 지방자치단체의 장이 조례안을 이송받고 20일 이내에 공포하지 않거나 재의요구를 하지 않으면 그 조례안은 조례로서 확정된다.

「지방자치법」제32조(조례와 규칙의 제정 절차 등)
① 조례안이 지방의회에서 의결되면 지방의회의 의장은 의결된 날부터 5일 이내에 그 지방자치단체의 장에게 이송하여야 한다.
② 지방자치단체의 장은 제1항의 조례안을 이송받으면 20일 이내에 공포하여야 한다.
③ 지방자치단체의 장은 이송받은 조례안에 대하여 이의가 있으면 제2항의 기간에 이유를 붙여 지방의회에 환부(還付)하고, 재의(再議)를 요구할 수 있다. 이 경우 지방자치단체의 장은 조례안의 일부에 대하여 또는 조례안을 수정하여 재의를 요구할 수 없다.
④ 지방의회는 제3항에 따라 재의 요구를 받으면 조례안을 재의에 부치고 재적의원 과반수의 출석과 출석의원 3분의 2 이상의 찬성으로 전(前)과 같은 의결을 하면 그 조례안은 조례로서 확정된다.
⑤ 지방자치단체의 장이 제2항의 기간에 공포하지 아니하거나 재의 요구를 하지 아니하더라도 그 조례안은 조례로서 확정된다.

③ [○] 지방자치단체가 주민의 권리 제한 또는 의무 부과에 관한 사항이나 벌칙을 조례로 정할 때에는 법률의 위임이 있어야 한다.

「지방자치법」제28조(조례) ① 지방자치단체는 법령의 범위에서 그 사무에 관하여 조례를 제정할 수 있다. 다만, 주민의 권리 제한 또는 의무 부과에 관한 사항이나 벌칙을 정할 때에는 법률의 위임이 있어야 한다.
② 법령에서 조례로 정하도록 위임한 사항은 그 법령의 하위 법령에서 그 위임의 내용과 범위를 제한하거나 직접 규정할 수 없다.

④ [○] 두 지방자치단체를 합하여 새로운 지방자치단체가 설치된다면 그 지방자치단체의 장은 새로운 조례가 제정·시행될 때까지 종래 그 지역에 시행되던 조례를 계속 시행할 수 있다.

「지방자치법」제31조(지방자치단체를 신설하거나 격을 변경할 때의 조례·규칙 시행) 지방자치단체를 나누거나 합하여 새로운 지방자치단체가 설치되거나 지방자치단체의 격이 변경되면 그 지방자치단체의 장은 필요한 사항에 관하여 새로운 조례나 규칙이 제정·시행될 때까지 종래 그 지역에 시행되던 조례나 규칙을 계속 시행할 수 있다.

정답 ①

## 047

2014 지방 7급 지방자치론

**지방의회의 지위로 옳은 것만을 모두 고른 것은?**

> ㄱ. 의사결정기관
> ㄴ. 입법기관
> ㄷ. 비판·감시기관
> ㄹ. 헌법기관

① ㄱ, ㄴ
② ㄷ, ㄹ
③ ㄱ, ㄴ, ㄷ
④ ㄱ, ㄴ, ㄷ, ㄹ

**풀이**

지방의회는 주민의 대표기관, 의결기관, 입법기관, 행정감시기관, 「헌법」상 기관으로서의 지위를 갖는다.
ㄱ. [○] 지방의회는 지방자치단체의 정책과 입법, 주민의 부담, 기타 운영사항에 관하여 지방자치단체의 의사를 최종적으로 확정하는 의사결정기관이다.
ㄴ. [○] 지방의회는 지방자치단체 자치법규의 근간인 조례의 제정권을 갖는 입법기관이다.
ㄷ. [○] 지방의회는 의회의 결정사항이 집행기관에 의하여 그대로 실현되고 있는가를 감독·확인하는 행정 비판·감시기관이다.
ㄹ. [○] 우리나라 지방의회는 「헌법」 제118조에서 인정하고 있는 「헌법」상의 기관이다.
> 「헌법」 제118조 ① 지방자치단체에 의회를 둔다.
> ② 지방의회의 조직·권한·의원선거와 지방자치단체의 장의 선임방법 기타 지방자치단체의 조직과 운영에 관한 사항은 법률로 정한다.

정답 ④

## 048

2015 지방 7급 지방자치론

**우리나라의 지방의회의원에 대한 설명으로 옳지 않은 것은?**

① 지방의회의원은 4년 임기의 선출직 지방공무원이다.
② 지방의회의원에게는 의정활동비, 여비, 월정수당이 지급된다.
③ 지방의회의원은 재산등록의 의무를 지니고 있지 않다.
④ 지방의회의원의 제명에는 재적의원 3분의 2 이상의 찬성이 있어야 한다.

**풀이**

① [○] 지방의회의원은 4년 임기의 선출직 지방공무원이다.
> 「지방자치법」 제39조(의원의 임기) 지방의회의원의 임기는 4년으로 한다

② [○] 지방의회의원에게는 의정활동비, 여비, 월정수당이 지급된다.
> 「지방자치법」 제40조(의원의 의정활동 등) ① 지방의회의원에게는 다음 각 호의 비용을 지급한다.
> 1. 의정(議政) 자료를 수집하고 연구하거나 이를 위한 보조 활동에 사용되는 비용을 보전(補塡)하기 위하여 매월 지급하는 의정활동비
> 2. 지방의회의원의 직무활동에 대하여 지급하는 월정수당
> 3. 본회의 의결, 위원회 의결 또는 지방의회의 의장의 명에 따라 공무로 여행할 때 지급하는 여비

③ [×] 지방의회의원은 「공직자윤리법」상 재산등록의 의무를 지닌다.
> 「공직자윤리법」 제3조(등록의무자) ① 다음 각 호의 어느 하나에 해당하는 공직자(이하 "등록의무자"라 한다)는 이 법에서 정하는 바에 따라 재산을 등록하여야 한다.
> 1. 대통령·국무총리·국무위원·국회의원 등 국가의 정무직공무원
> 2. 지방자치단체의 장, 지방의회의원 등 지방자치단체의 정무직공무원

④ [○] 지방의회의원의 제명에는 재적의원 3분의 2 이상의 찬성이 있어야 한다.
> 「지방자치법」 제92조(자격상실 의결) ① 제91조제1항의 심사 대상인 지방의회의원에 대한 자격상실 의결은 재적의원 3분의 2 이상의 찬성이 있어야 한다.
> ② 심사 대상인 지방의회의원은 제1항에 따라 자격상실이 확정될 때까지는 그 직을 상실하지 아니한다.

정답 ③

## 049

2013 서울 7급 지방자치론

우리나라의 지방의회의원의 신분과 지위에 관한 설명으로 옳지 않은 것은?

① 의원의 임기는 총선거에 의한 전임의원의 임기가 만료된 다음 달부터 개시된다.
② 우리나라는 지방의회의원에 대하여 면책특권과 불체포특권을 인정하지 않고 있다.
③ 지방의회의원이 직무로 인하여 신체에 상해를 입거나 사망한 때에는 보상금을 지급할 수 있다.
④ 체포 또는 구금된 지방의회의원이 있을 때에는 관계 수사기관의 장이 지체없이 의장에게 영장의 사본을 첨부하여 통지하여야 한다.
⑤ 정무직 지방공무원이다.

### 풀이

① [×] 지방의회의원과 지방자치단체장의 임기는 총선거에 의한 전임의원이나 장의 임기만료일의 다음 달이 아닌 **다음 날부터 개시**된다.
> 「공직선거법」 제14조(임기개시) ③ 지방자치단체의 장의 임기는 전임지방자치단체의 장의 임기만료일의 다음 날부터 개시된다. 다만, 전임지방자치단체의 장의 임기가 만료된 후에 실시하는 선거와 제30조 제1항제1호 내지 제3호에 의하여 새로 선거를 실시하는 지방자치단체의 장의 임기는 당선이 결정된 때부터 개시되며 전임자 또는 같은 종류의 지방자치단체의 장의 잔임기간으로 한다.

② [○] 우리나라는 국회의원과 달리 지방의회의원에 대하여 면책특권과 불체포특권을 인정하지 않고 있다.
③ [○] 의원이 회기 중 직무로 인하여 상해를 입거나 사망한 때에는 보상금을 지급받는다.
> 「지방자치법」 제42조(상해·사망 등의 보상) ① 지방의회의원이 직무로 인하여 신체에 상해를 입거나 사망한 경우와 그 상해나 직무로 인한 질병으로 사망한 경우에는 보상금을 지급할 수 있다.
> ② 제1항의 보상금의 지급기준은 대통령령으로 정하는 범위에서 해당 지방자치단체의 조례로 정한다.

④ [○] 체포 또는 구금된 지방의회의원이 있을 경우에는 관계 수사기관의 장이 지체없이 의장에게 영장의 사본을 첨부하여 통지하여야 한다.
> 「지방자치법」 제45조(의원체포 및 확정판결의 통지) ① 수사기관의 장은 체포되거나 구금된 지방의회의원이 있으면 지체 없이 해당 지방의회의 의장에게 영장의 사본을 첨부하여 그 사실을 알려야 한다.
> ② 각급 법원장은 지방의회의원이 형사사건으로 공소(公訴)가 제기되어 판결이 확정되면 지체 없이 해당 지방의회의 의장에게 그 사실을 알려야 한다.

⑤ [○] 지방의회의 의원은 주민에 의하여 직접 선출되며, 정무직 지방공무원이다.

**정답 ①**

## 050

2013 지방 7급 지방자치론

지방의회의원 겸직금지 및 영리행위 제한에 대한 설명으로 옳지 않은 것은?

① 지방의회의원은 농업협동조합 및 수산업협동조합 등의 임직원과 이들 조합의 중앙회장이나 연합회장을 겸직할 수 없다.
② 정당법상 정당의 당원이 될 수 있는 교원이 지방의회의원으로 당선되면 그 교원의 직을 사직하여야 한다.
③ 지방의회의원은 해당 지방자치단체 및 공공단체와 영리를 목적으로 하는 거래를 할 수 없다.
④ 지방의회의원은 소관 상임위원회의 직무와 관련된 영리행위를 하지 못하며, 그 범위는 해당 지방자치단체의 조례로 정한다.

### 풀이

① [○] 지방의회의원은 농업협동조합 및 수산업협동조합 등의 임직원과 이들 조합의 중앙회장이나 연합회장을 겸직할 수 없다.
② [×] 정당의 당원이 될 수 있는 **교원이 지방의회의원으로 당선**되면 임기 중 교원의 직은 사직되는 것이 아니라 **휴직처리**된다.
③ [○] 지방의회의원은 해당 지방자치단체 및 공공단체와 영리를 목적으로 하는 거래를 할 수 없다.
④ [○] 지방의회의원은 소관 상임위원회의 직무와 관련된 영리행위를 하지 못하며, 그 범위는 해당 지방자치단체의 조례로 정한다.
> 「지방자치법」
> 제43조(겸직 등 금지) ① 지방의회의원은 다음 각 호의 어느 하나에 해당하는 직(職)을 겸할 수 없다.
> 6. 농업협동조합, 수산업협동조합, 산림조합, 엽연초생산협동조합, 신용협동조합, 새마을금고(이들 조합·금고의 중앙회와 연합회를 포함한다)의 임직원과 이들 조합·금고의 중앙회장이나 연합회장
> 7. 「정당법」 제22조에 따라 정당의 당원이 될 수 없는 교원
> 8. 다른 법령에 따라 공무원의 신분을 가지는 직
> 9. 그 밖에 다른 법률에서 겸임할 수 없도록 정하는 직
> ② 「정당법」 제22조에 따라 정당의 당원이 될 수 있는 교원이 지방의회의원으로 당선되면 임기 중 그 교원의 직은 휴직된다.
> 제44조(의원의 의무) ① 지방의회의원은 공공의 이익을 우선하여 양심에 따라 그 직무를 성실히 수행하여야 한다.
> ② 지방의회의원은 청렴의 의무를 지며, 지방의회의원으로서의 품위를 유지하여야 한다.
> ③ 지방의회의원은 지위를 남용하여 재산상의 권리·이익 또는 직위를 취득하거나 다른 사람을 위하여 그 취득을 알선해서는 아니 된다.
> ④ 지방의회의원은 해당 지방자치단체, 제43조제5항 각 호의 어느 하나에 해당하는 기관·단체 및 그 기관·단체가 설립·운영하는 시설과 영리를 목적으로 하는 거래를 하여서는 아니 된다.
> ⑤ 지방의회의원은 소관 상임위원회의 직무와 관련된 영리행위를 할 수 없으며, 그 범위는 해당 지방자치단체의 조례로 정한다.

**정답 ②**

## 051
2023 지방 7급 지방자치론

「지방자치법」과 「주민소환에 관한 법률」상 지방의회의원이 퇴직하거나 직을 상실하는 경우가 아닌 것은?

① 지방자치단체 구역변경의 사유로 그 지방자치단체의 구역 밖으로 주민등록이 변경된 때
② 징계에 따라 제명될 때
③ 주민소환투표에 의하여 주민소환이 확정되고 그 결과가 공표된 때
④ 농업협동조합, 새마을금고의 임직원에 취임할 때

> **풀이**
> ① [×] 지방의회의원은 지방자치단체의 **구역이 변경되거나 없어지거나 합한 것 외의 다른 사유로 그 지방자치단체의 구역 밖으로 주민등록을 이전**하였을 때를 포함하여 피선거권이 없게 될 때 지방의회의원의 직에서 퇴직한다(「지방자치법」 제90조).
> ② [○] 지방의회의원은 징계에 따라 제명될 때 지방의회의원의 직에서 퇴직한다(「지방자치법」 제90조).
> ③ [○] 주민소환이 확정된 때에는 주민소환투표대상자는 그 결과가 공표된 시점부터 그 직을 상실한다(「주민소환에 관한 법률」 제23조).
> ④ [○] 지방의회의원은 농업협동조합, 새마을금고의 임직원 등 겸직이 금지된 직에 취임할 때 지방의회의원의 직에서 퇴직한다(「지방자치법」 제43조, 제90조).
>
> 정답 ①

## 052
2016 지방 7급 지방자치론

「지방자치법」상 지방의원의 사직·퇴직과 자격심사에 대한 설명으로 옳은 것을 모두 고르면?

ㄱ. 지방의회는 그 의결로 소속 의원의 사직을 허가할 수 있다.
ㄴ. 지방의회의 의원은 다른 의원의 자격에 대하여 이의가 있으면 재적의원 4분의 1 이상의 연서로 의장에게 자격심사를 청구할 수 있다.
ㄷ. 피심의원은 자기의 자격심사에 관한 회의에 출석하여 변명을 할 수 없다.
ㄹ. 지방의회가 폐회 중에는 소속 의원은 사직할 수 없다.

① ㄱ, ㄴ
② ㄱ, ㄹ
③ ㄴ, ㄷ
④ ㄷ, ㄹ

> **풀이**
> ㄱ. [○] 지방의회는 그 의결로 소속 의원의 사직을 허가할 수 있다.
> ㄴ. [○] 지방의회의 의원은 다른 의원의 자격에 대하여 이의가 있으면 재적의원 4분의 1 이상의 연서로 의장에게 자격심사를 청구할 수 있다.
> ㄷ. [×] 피심의원, 다시 말해 심의의 심사대상인 지방의회의원은 자기의 자격심사에 관한 회의에 **출석하여 변명을 할 수는 있으나** 의결에는 참가할 수 없다.
> ㄹ. [×] 지방의회가 폐회 중에는 **의장이 대신 소속 의원의 사직을 허가할 수 있다.**
>
> 「지방자치법」 제89조(의원의 사직) 지방의회는 그 의결로 소속 지방의회의원의 사직을 허가할 수 있다. 다만, 폐회 중에는 지방의회의 의장이 허가할 수 있다.
> 제91조(의원의 자격심사) ① 지방의회의원은 다른 의원의 자격에 대하여 이의가 있으면 재적의원 4분의 1 이상의 찬성으로 지방의회의 의장에게 자격심사를 청구할 수 있다.
> ② 심사 대상인 지방의회의원은 자기의 자격심사에 관한 회의에 출석하여 의견을 진술할 수 있으나, 의결에는 참가할 수 없다.
>
> 정답 ①

## 053
2017 지방 7급 지방자치론

「지방자치법」상 지방의회 의원에 대한 징계의 종류로 옳지 않은 것은?

① 공개회의에서의 경고
② 공개회의에서의 사과
③ 30일 이내의 출석정지
④ 재적의원 2분의 1 이상의 찬성에 의한 제명

## 054
2020 국가 7급

「지방자치법」상 지방의회 의원이 받을 수 있는 징계의 사례가 아닌 것은?

① A 의원은 45일간 출석정지를 내용으로 하는 징계를 받았다.
② B 의원은 공개회의에서 사과를 하는 징계를 받았다.
③ C 의원은 재적의원 3분의 2 이상 찬성에 따라 제명되는 징계를 받았다.
④ D 의원은 공개회의에서 경고를 받는 징계를 받았다.

### 풀이

① [O] 공개회의에서의 경고는 지방자치법상 징계의 종류에 해당한다.
② [O] 공개회의에서의 사과는 지방자치법상 징계의 종류에 해당한다.
③ [O] 30일 이내의 출석정지는 지방자치법상 징계의 종류에 해당한다.
④ [×] 제명은 「지방자치법」상 징계의 종류에 해당하지만 이를 위해서는 **재적의원** 2분의 1 이상이 아닌 **3분의 2 이상의 찬성**이 있어야 한다.

> 「지방자치법」 제100조(징계의 종류와 의결)
> ① 징계의 종류는 다음과 같다.
> 1. 공개회의에서의 경고
> 2. 공개회의에서의 사과
> 3. 30일 이내의 출석정지
> 4. 제명
> ② 제1항제4호에 따른 제명 의결에는 재적의원 3분의 2 이상의 찬성이 있어야 한다.

정답 ④

### 풀이

「지방자치법」상 지방의원에 대한 징계의 유형에는 공개 사과, 공개 경고, 30일 이내의 출석정지, 제명 등이 있다.
① [×] 출석정지는 지방의회의원에 대한 징계유형의 하나이지만 **45일이 아니라 30일 이내의 출석정지**이다.
② [O] 공개사과는 「지방자치법」상 지방의원에 대한 징계수단이다.
③ [O] 지방의원에 대한 제명은 「지방자치법」상 지방의원에 대한 가장 강력한 징계수단으로 재적의원 2/3 이상의 찬성이 있어야 한다.
④ [O] 공개경고는 「지방자치법」상 지방의원에 대한 징계수단이다.

정답 ①

## 055
2016 지방 7급 지방자치론

**지방의회의 권한과 지위에 대한 설명으로 옳은 것은?**

① 예산의 심의·확정권과 결산의 승인권을 모두 가지는 심의기관으로서의 지위를 가진다.
② 지방자치단체의 장의 선결처분을 허용하지 않는 의사결정기관으로서의 지위를 가진다.
③ 조례제정권과 규칙제정권을 모두 가지는 지방입법기관으로서의 지위를 가진다.
④ 지방자치단체 전체 주민보다 선출된 선거구의 주민을 대표하는 대표기관으로서의 지위를 가진다.

**풀이**

① [O] 지방의회는 주민의 대표기관으로 예산의 심의·확정, 결산의 승인권을 갖는 심의기관이다.
② [X] **선결처분은 지방자치단체장의 권한**으로 지방의회의 사전의결 없이 이루어질 수 있다.
③ [X] 조례제정권은 지방의회의 권한이지만 **규칙제정권은 지방자치단체의 장의 권한**이다.
④ [X] 지방의회는 주민이 선출한 의원들로 구성되며 **전체 주민의 대표기관으로서의 지위**를 갖는다.

정답 ①

## 056
2015 지방 7급 지방자치론

**「지방자치법」상 지방의회에 대한 설명으로 옳지 않은 것은?**

① 지방의회는 매년 2회 정례회를 개최한다.
② 지방의회의원은 지방공기업법에 규정된 지방공사의 임직원을 겸직할 수 없다.
③ 총선거 후 최초로 집회되는 임시회는 지방의회 사무처장·사무국장·사무과장이 지방의회의원 임기 개시일부터 30일 이내에 소집한다.
④ 지방의회의 의장이나 부의장이 법령을 위반하거나 정당한 사유없이 직무를 수행하지 아니하면 지방의회는 불신임을 의결할 수 있다.

**풀이**

① [O] 지방의회는 매년 2회 정례회를 개최한다.

「지방자치법」 제53조(정례회) ① 지방의회는 매년 2회 정례회를 개최한다.

② [O] 지방의회의원은 「지방공기업법」에 규정된 지방공사와 지방공단의 임직원을 겸직할 수 없다.

「지방자치법」 제43조(겸직 등 금지) ① 지방의회의원은 다음 각 호의 어느 하나에 해당하는 직(職)을 겸할 수 없다.
1. 국회의원, 다른 지방의회의원
2. 헌법재판소 재판관, 각급 선거관리위원회 위원
3. 「국가공무원법」 제2조에 따른 국가공무원과 「지방공무원법」 제2조에 따른 지방공무원(「정당법」 제22조에 따라 정당의 당원이 될 수 있는 교원은 제외한다)
4. 「공공기관의 운영에 관한 법률」 제4조에 따른 공공기관(한국방송공사, 한국교육방송공사 및 한국은행을 포함한다)의 임직원
5. 「지방공기업법」 제2조에 따른 지방공사와 지방공단의 임직원
6. 농업협동조합, 수산업협동조합, 산림조합, 엽연초생산협동조합, 신용협동조합, 새마을금고(이들 조합·금고의 중앙회와 연합회를 포함한다)의 임직원과 이들 조합·금고의 중앙회장이나 연합회장
7. 「정당법」 제22조에 따라 정당의 당원이 될 수 없는 교원
8. 다른 법령에 따라 공무원의 신분을 가지는 직
9. 그 밖에 다른 법률에서 겸임할 수 없도록 정하는 직

③ [X] 총선거 후 최초로 집회되는 임시회는 지방의회 사무처장·사무국장·사무과장이 지방의회의원 **임기 개시일부터 25일 이내에 소집**한다.

「지방자치법」 제54조(임시회) ① 지방의회의원 총선거 후 최초로 집회되는 임시회는 지방의회 사무처장·사무국장·사무과장이 지방의회의원 임기 개시일부터 25일 이내에 소집한다.

④ [O] 지방의회의 의장이나 부의장이 법령을 위반하거나 정당한 사유없이 직무를 수행하지 아니하면 지방의회는 불신임을 의결할 수 있다.

「지방자치법」 제62조(의장·부의장 불신임의 의결) ① 지방의회의 의장이나 부의장이 법령을 위반하거나 정당한 사유 없이 직무를 수행하지 아니하면 지방의회는 불신임을 의결할 수 있다.
② 제1항의 불신임 의결은 재적의원 4분의 1 이상의 발의와 재적의원 과반수의 찬성으로 한다.

정답 ③

## 057　　2016 서울 7급 지방자치론

지방의회의 소집과 회기에 대한 설명으로 가장 옳지 않은 것은?

① 정례회는 매년 1회 개최한다.
② 현행법상 휴회는 지방의회가 의결로 정하도록 되어 있다.
③ 정례회의 회기 등은 해당 지방자치단체의 조례로 정한다.
④ 지방의회의 장은 지방자치단체의 장이 요구하면 15일 이내에 임시회를 소집하여야 한다.

### 풀이
① [×] 지방의회의 **정례회는 매년 2회** 개최한다.
② [○] 현행법상 휴회는 지방의회가 의결로 정하도록 되어 있다.
③ [○] 정례회의 회기 등은 해당 지방자치단체의 조례로 정한다.
④ [○] 지방의회의 장은 지방자치단체의 장이나 조례로 정하는 수 이상의 지방의회의원이 요구하면 15일 이내에 임시회를 소집하여야 한다.

「지방자치법」
제53조(정례회) ① 지방의회는 매년 2회 정례회를 개최한다.
② 정례회의 집회일, 그 밖에 정례회 운영에 필요한 사항은 해당 지방자치단체의 조례로 정한다.
제54조(임시회) ① 지방의회의원 총선거 후 최초로 집회되는 임시회는 지방의회 사무처장·사무국장·사무과장이 지방의회의원 임기 개시일부터 25일 이내에 소집한다.
② 지방자치단체를 폐지하거나 설치하거나 나누거나 합쳐 새로운 지방자치단체가 설치된 경우에 최초의 임시회는 지방의회 사무처장·사무국장·사무과장이 해당 지방자치단체가 설치되는 날에 소집한다.
③ 지방의회의 의장은 지방자치단체의 장이나 조례로 정하는 수 이상의 지방의회의원이 요구하면 15일 이내에 임시회를 소집하여야 한다. 다만, 지방의회의 의장과 부의장이 부득이한 사유로 임시회를 소집할 수 없을 때에는 지방의회의원 중 최다선의원이, 최다선의원이 2명 이상인 경우에는 그 중 연장자의 순으로 소집할 수 있다.
④ 임시회 소집은 집회일 3일 전에 공고하여야 한다. 다만, 긴급할 때에는 그러하지 아니하다.
제56조(개회·휴회·폐회와 회의일수) ① 지방의회의 개회·휴회·폐회와 회기는 지방의회가 의결로 정한다.
② 연간 회의 총일수와 정례회 및 임시회의 회기는 해당 지방자치단체의 조례로 정한다.

정답 ①

## 058　　2023 국가 7급

「지방자치법」상 지방의회에 대한 설명으로 옳지 않은 것은?

① 지방의회의원의 의정활동을 지원하기 위하여 정책지원 전문인력을 둘 수 있다.
② 지방의회의 의장은 지방의회의 사무직원을 지휘·감독한다.
③ 지방의회는 매년 4회 정례회를 개최한다.
④ 지방의회의원은 각급 선거관리위원회 위원을 겸직할 수 없다.

### 풀이
① [○] 지방의회의원의 의정활동을 지원하기 위하여 지방의회의원 정수의 2분의 1 범위에서 해당 지방자치단체의 조례로 정하는 바에 따라 지방의회에 정책지원 전문인력을 둘 수 있다.

「지방자치법」 제41조(의원의 정책지원 전문인력) ① 지방의회의원의 의정활동을 지원하기 위하여 지방의회의원 정수의 2분의 1 범위에서 해당 지방자치단체의 조례로 정하는 바에 따라 지방의회에 정책지원 전문인력을 둘 수 있다.
② 정책지원 전문인력은 지방공무원으로 보하며, 직급·직무 및 임용 절차 등 운영에 필요한 사항은 대통령령으로 정한다.

② [○] 지방의회의 의장은 지방의회 사무직원을 지휘·감독하고 법령과 조례·의회규칙으로 정하는 바에 따라 그 임면·교육·훈련·복무·징계 등에 관한 사항을 처리한다.

「지방자치법」 제103조(사무직원의 정원과 임면 등) ① 지방의회에 두는 사무직원의 수는 인건비 등 대통령령으로 정하는 기준에 따라 조례로 정한다.
② 지방의회의 의장은 지방의회 사무직원을 지휘·감독하고 법령과 조례·의회규칙으로 정하는 바에 따라 그 임면·교육·훈련·복무·징계 등에 관한 사항을 처리한다.

③ [×] **지방의회는 매년 2회 정례회를 개최**한다(「지방자치법」 제53조).

「지방자치법」 제53조(정례회) ① 지방의회는 매년 2회 정례회를 개최한다.
② 정례회의 집회일, 그 밖에 정례회 운영에 필요한 사항은 해당 지방자치단체의 조례로 정한다.

④ [○] 지방의회의원은 각급 선거관리위원회 위원을 겸직할 수 없다.

「지방자치법」 제43조(겸직 등 금지) ① 지방의회의원은 다음 각 호의 어느 하나에 해당하는 직(職)을 겸할 수 없다.
1. 국회의원, 다른 지방의회의원
2. 헌법재판소 재판관, 각급 선거관리위원회 위원
3. 「국가공무원법」 제2조에 따른 국가공무원과 「지방공무원법」 제2조에 따른 지방공무원(「정당법」 제22조에 따라 정당의 당원이 될 수 있는 교원은 제외한다)
4. 「공공기관의 운영에 관한 법률」 제4조에 따른 공공기관(한국방송공사, 한국교육방송공사 및 한국은행을 포함한다)의 임직원
5. 「지방공기업법」 제2조에 따른 지방공사와 지방공단의 임직원
6. 농업협동조합, 수산업협동조합, 산림조합, 엽연초생산협동조합, 신용협동조합, 새마을금고(이들 조합·금고의 중앙회와 연합회를 포함한다)의 임직원과 이들 조합·금고의 중앙회장이나 연합회장
7. 「정당법」 제22조에 따라 정당의 당원이 될 수 없는 교원
8. 다른 법령에 따라 공무원의 신분을 가지는 직
9. 그 밖에 다른 법률에서 겸임할 수 없도록 정하는 직

정답 ③

## 059
2018 지방 7급 지방자치론(수정)

「지방자치법」상 지방의회의 회의 운영에 대한 설명으로 옳지 않은 것은?

① 지방의회에서 부결된 의안은 같은 회기 중에 다시 발의하거나 제출할 수 없다.
② 지방의회에서 의결할 의안은 지방자치단체의 장이나 조례로 정하는 수 이상의 지방의회의원의 찬성으로 발의한다.
③ 지방의회는 재적의원 과반수 이상의 출석으로 개의한다.
④ 의원 3인 이상의 발의로써 출석의원 3분의 2 이상이 찬성하거나 의장이 사회의 안녕질서를 위하여 필요하다고 인정하는 경우에는 비공개로 할 수 있다.

### 풀이

① [○] 일사부재의의 원칙에 따라 지방의회에서 부결된 의안은 같은 회기 중에 다시 발의하거나 제출할 수 없다.

> 「지방자치법」제80조(일사부재의의 원칙) 지방의회에서 부결된 의안은 같은 회기 중에 다시 발의하거나 제출할 수 없다.

② [○] 지방의회에서 의결할 의안은 지방자치단체의 장이나 출제 당시에는 재적의원 5분의 1 이상 또는 의원 10인 이상의 연서로 발의해야 한다고 규정되어 있었으나 22년 「지방자치법」의 개정으로 조례로 정하는 수 이상의 의원 발의로 개정되었다. 개정된 법률의 내용에 맞추어 수정한 선지이다.

> 「지방자치법」제76조(의안의 발의) ① 지방의회에서 의결할 의안은 지방자치단체의 장이나 조례로 정하는 수 이상의 지방의회의원의 찬성으로 발의한다.

③ [×] 지방의회는 재적의원 과반수 이상이 아닌 **1/3 이상의 출석으로 개의**한다.

> 「지방자치법」제72조(의사정족수) ① 지방의회는 재적의원 3분의 1 이상의 출석으로 개의(開議)한다.
> ② 회의 참석 인원이 제1항의 정족수에 미치지 못할 때에는 지방의회의 의장은 회의를 중지하거나 산회(散會)를 선포한다.

④ [○] 본래 지방의회의 회의는 공개하는 것이 원칙이지만(회의공개의 원칙) 의원 3인 이상의 발의로써 출석의원 3분의 2 이상이 찬성하거나 의장이 사회의 안녕질서를 위하여 필요하다고 인정하는 경우에는 비공개로 할 수 있다.

> 「지방자치법」제75조(회의의 공개 등) ① 지방의회의 회의는 공개한다. 다만, 지방의회의원 3명 이상이 발의하고 출석의원 3분의 2 이상이 찬성한 경우 또는 지방의회의 의장이 사회의 안녕질서 유지를 위하여 필요하다고 인정하는 경우에는 공개하지 아니할 수 있다.

**정답 ③**

## 060
2018 국가 9급

「지방자치법」상 지방의회에 대한 내용으로 옳지 않은 것은?

① 지방의회는 조례로 정하는 바에 따라 위원회를 둘 수 있으며, 위원회의 종류는 상임위원회와 특별위원회로 한다.
② 지방의회는 그 의결로 소속 의원의 사직을 허가할 수 있다. 다만, 폐회 중에는 의장이 허가할 수 있다.
③ 의장은 의결에서 표결권을 가지지 못하며, 찬성과 반대가 같으면 부결된 것으로 본다.
④ 지방의회에서 부결된 의안은 같은 회기 중에 다시 발의하거나 제출할 수 없다.

### 풀이

① [○] 지방의회는 조례로 정하는 바에 따라 위원회를 둘 수 있으며 위원회는 소관 의안과 청원 등을 심사·처리하는 상임위원회와 특정한 안건을 일시적으로 심사·처리하는 특별위원회로 구분한다(「지방자치법」제64조).
② [○] 지방의회는 그 의결로 소속 의원의 사직을 허가할 수 있으며 폐회 중에는 의장이 허가할 수 있다(「지방자치법」제89조).
③ [×] **의장은 의결에서 표결권을 가지며 찬성과 반대가 같으면 부결된 것으로 본다**(「지방자치법」제73조).
④ [○] 일사부재의의 원칙에 따라 지방의회에서 부결된 의안은 같은 회기 중에 다시 발의하거나 제출할 수 없다(「지방자치법」제80조).

> 「지방자치법」
> 제64조(위원회의 설치) ① 지방의회는 조례로 정하는 바에 따라 위원회를 둘 수 있다.
> ② 위원회의 종류는 다음 각 호와 같다.
>   1. 소관 의안과 청원 등을 심사·처리하는 상임위원회
>   2. 특정한 안건을 심사·처리하는 특별위원회
> 제73조(의결정족수)
> ② 지방의회의 의장은 의결에서 표결권을 가지며, 찬성과 반대가 같으면 부결된 것으로 본다.
> 제80조(일사부재의의 원칙) 지방의회에서 부결된 의안은 같은 회기 중에 다시 발의하거나 제출할 수 없다.
> 제89조(의원의 사직) 지방의회는 그 의결로 소속 의원의 사직을 허가할 수 있다. 다만, 폐회 중에는 의장이 허가할 수 있다.

**정답 ③**

## 061

2018 서울 7 지방자치론(수정)

**우리나라 지방의회의 조직에 대한 설명으로 가장 옳지 않은 것은?**

① 위원회의 종류는 상임위원회와 특별위원회의 두 가지로 구분한다.
② 소규모 지방의회의 경우에도 상임위원회를 설치할 수 있다.
③ 조례로 정하는 바에 따라 광역의회에는 사무처를 둘 수 있으며, 기초의회에는 사무국이나 사무과를 둘 수 있다.
④ 사무직원은 지방의회 의장의 추천에 따라 그 지방자치단체의 장이 임명한다.

### 풀이

① [O] 위원회의 종류는 소관 의안과 청원 등을 심사·처리하는 상임위원회와 특정한 안건을 일시적으로 심사·처리하기 위한 특별위원회 두 가지로 한다.
② [O] 우리나라의 경우 소규모 지방의회의 경우에도 조례를 통해 상임위원회를 설치할 수 있다.

> 「지방자치법」 제64조(위원회의 설치) ① 지방의회는 조례로 정하는 바에 따라 위원회를 둘 수 있다.
> ② 위원회의 종류는 다음 각 호와 같다.
> 1. 소관 의안(議案)과 청원 등을 심사·처리하는 상임위원회
> 2. 특정한 안건을 심사·처리하는 특별위원회
> ③ 위원회의 위원은 본회의에서 선임한다.

③ [O] 지방의회의 경우 조례로 정하는 바에 따라 광역의회에는 사무처를 둘 수 있으며, 기초의회에는 사무국이나 사무과를 둘 수 있다.

> 「지방자치법」 제102조(사무처 등의 설치) ① 시·도의회에는 사무를 처리하기 위하여 조례로 정하는 바에 따라 사무처를 둘 수 있으며, 사무처에는 사무처장과 직원을 둔다.
> ② 시·군 및 자치구의회에는 사무를 처리하기 위하여 조례로 정하는 바에 따라 사무국이나 사무과를 둘 수 있으며, 사무국·사무과에는 사무국장 또는 사무과장과 직원을 둘 수 있다.
> ③ 제1항과 제2항에 따른 사무처장·사무국장·사무과장 및 직원(이하 제103조, 제104조 및 제118조에서 "사무직원"이라 한다)은 지방공무원으로 보한다.

④ [X] 선지는 구법의 내용으로 22년 「지방자치법」의 개정되면서 현재는 지방의회 의장이 임명한다. 출제 당시와 법률의 내용이 바뀌어 이에 따라 선지를 수정하였다.

> 「지방자치법」 제103조(사무직원의 정원과 임면 등)
> ② 지방의회의 의장은 지방의회 사무직원을 지휘·감독하고 법령과 조례·의회규칙으로 정하는 바에 따라 그 임면·교육·훈련·복무·징계 등에 관한 사항을 처리한다.

정답 ④

## 062

2020 지방 7급 지방자치론

**지방의회의 사무직원에 대한 설명으로 옳지 않은 것은?**

① 지방의회에 두는 사무직원의 정수는 조례로 정한다.
② 지방의회 의장은 별정직 공무원에 해당하는 사무직원의 임용권을 가진다.
③ 사무처장 또는 사무과장은 지방의회 의장의 명을 받아 의회의 사무를 처리한다.
④ 사무직원의 임용, 보수, 신분보장 등은 「지방자치법」과 「지방공무원법」을 적용한다.

### 풀이

① [O] 지방의회에 두는 사무직원의 정수는 조례로 정한다.

> 「지방자치법」 제103조(사무직원의 정원과 임면 등) ① 지방의회에 두는 사무직원의 수는 인건비 등 대통령령으로 정하는 기준에 따라 조례로 정한다.

② [O] 과거 「지방자치법」 개정 이전에 지방의회의 사무직원 임용권은 지방자치단체의 장에게 있었고, 사무직원 중 별정직 공무원의 임용권은 지방의회의 사무처장·사무국장·사무과장에게 위임했어야 했지만 2022년 「지방자치법」의 개정으로 지방의회 의장이 별정직 공무원을 포함한 지방의회 사무직원의 임용권을 가진다. 따라서 개정된 사항에 따르면 맞는 선지이다.

> 「지방자치법」 제103조(사무직원의 정원과 임면 등)
> ② 지방의회의 의장은 지방의회 사무직원을 지휘·감독하고 법령과 조례·의회규칙으로 정하는 바에 따라 그 임면·교육·훈련·복무·징계 등에 관한 사항을 처리한다.

③ [O] 지방의회의 사무처장 또는 사무과장은 지방의회 의장의 명을 받아 의회의 사무를 처리한다.
④ [O] 사무직원의 임용, 보수, 신분보장 등은 「지방자치법」과 「지방공무원법」을 적용한다.

> 「지방자치법」 제104조(사무직원의 직무와 신분보장 등) ① 사무처장·사무국장 또는 사무과장은 지방의회의 의장의 명을 받아 의회의 사무를 처리한다.
> ② 사무직원의 임용·보수·복무·신분보장·징계 등에 관하여는 이 법에서 정한 것 외에는 「지방공무원법」을 적용한다.

정답 없음

## 063

2021 지방 7급 지방자치론

「지방자치법」상 지방의회의 의결정족수에 대한 설명으로 옳지 않은 것은?

① 지방자치단체 사무소의 소재지를 변경하기 위한 조례는 그 지방의회의 재적의원 과반수의 찬성을 받아야 한다.
② 지방의회 의원의 제명에는 재적의원 3분의 2 이상의 찬성이 있어야 한다.
③ 지방의회 의원에 대한 자격상실의결은 재적의원 3분의 2이상의 찬성이 있어야 한다.
④ 지방자치법에 특별히 규정된 경우 외에는 재적의원 과반수의 찬성이 있어야 한다.

### 풀이

**내용정리 — 지방의회의 의결정족수**

| | |
|---|---|
| 의사정족수 | 지방의회는 재적의원 1/3 이상의 출석으로 개의 |
| 일반의결 정족수 | 재적의원 과반수의 출석, 출석의원 과반수의 찬성으로 의결 |
| 특별의결 정족수 | ① 의원의 자격상실 및 제명: 재적의원 2/3 이상 찬성<br>② 지방의회 의결에 대한 재의요구에 따른 재의결: 재적의원 과반수의 출석과 출석의원 2/3 이상 찬성<br>③ 의장 및 부의장 불신임 의결, 자치단체 등의 사무소소재지 변경을 위한 조례 제정: 재적의원 과반수 찬성 |

① [O] 지방자치단체 사무소의 소재지를 변경하기 위한 조례는 그 지방의회의 재적의원 과반수의 찬성을 받아야 한다.

> 「지방자치법」제9조(사무소의 소재지) ① 지방자치단체의 사무소 소재지와 자치구가 아닌 구 및 읍·면·동의 사무소 소재지는 종전과 같이 하고, 이를 변경하거나 새로 설정하려면 지방자치단체의 조례로 정한다. 이 경우 면·동은 행정면·행정동(行政洞)을 말한다.
> ② 제1항의 사항을 조례로 정할 때에는 그 지방의회의 재적의원 과반수의 찬성이 있어야 한다.

② [O] 지방의회 의원의 제명에는 재적의원 3분의 2 이상의 찬성이 있어야 한다.

> 「지방자치법」제100조(징계의 종류와 의결) ① 징계의 종류는 다음과 같다.
> 1. 공개회의에서의 경고
> 2. 공개회의에서의 사과
> 3. 30일 이내의 출석정지
> 4. 제명
> ② 제1항제4호에 따른 제명 의결에는 재적의원 3분의 2 이상의 찬성이 있어야 한다.

③ [O] 지방의회 의원에 대한 자격상실 의결은 재적의원 3분의 2 이상의 찬성이 있어야 한다.

> 「지방자치법」제92조(자격상실 의결) ① 제91조제1항의 심사 대상인 지방의회의원에 대한 자격상실 의결은 재적의원 3분의 2 이상의 찬성이 있어야 한다.

④ [X] 「지방자치법」에 특별히 규정된 경우 외에는 **재적의원 과반수 출석, 출석의원의 과반수 찬성**이 있어야 한다.

> 「지방자치법」제73조(의결정족수) ① 회의는 이 법에 특별히 규정된 경우 외에는 재적의원 과반수의 출석과 출석의원 과반수의 찬성으로 의결한다.
> ② 지방의회의 의장은 의결에서 표결권을 가지며, 찬성과 반대가 같으면 부결된 것으로 본다.

정답 ④

## 064
2021 지방 7급 지방자치론

「지방자치법」상 지방의회의 권한으로 옳지 않은 것은?

① 행정사무 감사권
② 선결처분권
③ 특정 사안에 대한 조사권
④ 외국 지방자치단체와의 교류협력에 관한 사항의 의결권

**풀이**

① [O] 「지방자치법」상 지방의회는 행정사무에 대한 정기적 감사권을 갖고 있다.
② [X] 선결처분권은 지방의회를 소집할 수 없는 경우 긴급하게 필요한 사항에 대해 지방자치단체의 장이 의회의 의결없이 처분할 수 있는 권한으로 지방의회가 아닌 **지방자치단체의 장의 권한**이다.
③ [O] 「지방자치법」상 지방의회는 특정 사안에 대한 행정조사권을 갖고 있다.
④ [O] 「지방자치법」상 지방의회는 외국 지방자치단체와의 교류협력에 관한 사항의 의결권을 갖는다.

> 「지방자치법」
> 제49조(행정사무 감사권 및 조사권) ① 지방의회는 매년 1회 그 지방자치단체의 사무에 대하여 시·도에서는 14일의 범위에서, 시·군 및 자치구에서는 9일의 범위에서 감사를 실시하고, 지방자치단체의 사무 중 특정 사안에 관하여 본회의 의결로 본회나 위원회에서 조사하게 할 수 있다.
> 제122조(지방자치단체의 장의 선결처분) ① 지방자치단체의 장은 지방의회가 지방의회의원이 구속되는 등의 사유로 제73조에 따른 의결정족수에 미달될 때와 지방의회의 의결사항 중 주민의 생명과 재산 보호를 위하여 긴급하게 필요한 사항으로서 지방의회를 소집할 시간적 여유가 없거나 지방의회에서 의결이 지체되어 의결되지 아니할 때에는 선결처분(先決處分)을 할 수 있다.
> ② 제1항에 따른 선결처분은 지체 없이 지방의회에 보고하여 승인을 받아야 한다.
> 제47조(지방의회의 의결사항) ① 지방의회는 다음 각 호의 사항을 의결한다.
> 1. 조례의 제정·개정 및 폐지
> 2. 예산의 심의·확정
> 3. 결산의 승인
> 4. 법령에 규정된 것을 제외한 사용료·수수료·분담금·지방세 또는 가입금의 부과와 징수
> 5. 기금의 설치·운용
> 6. 대통령령으로 정하는 중요 재산의 취득·처분
> 7. 대통령령으로 정하는 공공시설의 설치·처분
> 8. 법령과 조례에 규정된 것을 제외한 예산 외의 의무부담이나 권리의 포기
> 9. 청원의 수리와 처리
> 10. 외국 지방자치단체와의 교류·협력
> 11. 그 밖에 법령에 따라 그 권한에 속하는 사항

정답 ②

## 065
2021 국회 9급

우리나라 지방의회의 권한이 아닌 것은?

① 행정사무 감사
② 주민투표 청구
③ 통할대표
④ 의안 발의
⑤ 지방의회 조직 및 운영

**풀이**

①, ②, ④, ⑤ [O] 지방의회의 권한에는 행정사무 감사, 주민투표 청구, 의안 발의, 지방의회 조직 및 운영 등이 있다.
③ [X] 지방자치단체의 통할대표권은 **지방자치단체장의 권한**이다.

정답 ③

## 066
2018 (3월) 서울 7급 지방자치론

지방의회의 전문성을 강화하기 위한 조치로 가장 거리가 먼 것은?

① 유급보좌관제 도입
② 전문위원의 확대
③ 수석행정관제 도입
④ 사무기구의 인사권 독립

**풀이**
① [O] 유급보좌관제를 도입하는 경우 전문성이 높은 보좌관의 채용 가능성을 높여 지방의회의 전문성이 강화될 수 있다.
② [O] 지방의회의 입법활동을 지원하는 전문위원을 확대하면 지방의회의 전문성이 강화될 수 있다.
③ [×] **수석행정관은** 시정 전반에 관한 전문지식을 갖고 **시장에게 정보 및 조언을 제공**하고 그의 정치적 결정을 보좌하는 시정관리관으로 기관대립형-강시장제를 채택하고 있는 미국의 일부 도시에서 부분적으로 도입되고 있는 제도이다. 지방의회와는 직접적인 관련이 없다.
④ [O] 지방의회 사무기구의 인사권을 독립시키면 지방의회의 전문성이 강화될 수 있다.

정답 ③

## 067
2013 지방 9급

「지방자치법」상 지방의회의 의결사항으로 옳은 것만을 모두 고른 것은?

ㄱ. 예산의 심의·확정
ㄴ. 법령에 규정된 수수료의 부과 및 징수
ㄷ. 외국 지방자치단체와의 교류협력에 관한 사항

① ㄱ, ㄴ  ② ㄱ, ㄷ
③ ㄱ, ㄴ, ㄷ  ④ ㄴ, ㄷ

**풀이**
ㄱ. [O] 지방의회는 예산을 심의·확정할 수 있다.
ㄴ. [×] 지방의회는 **법령에 규정된 것을 제외한 수수료나 사용료의 부과징수에 관련된 사항**을 의결할 수 있다(「지방자치법」 제47조).
ㄷ. [O] 지방의회는 외국 지방자치단체와의 교류협력에 관한 사항에 관해 의결할 수 있다.

「지방자치법」 제47조(지방의회의 의결사항) ① 지방의회는 다음 각 호의 사항을 의결한다.
1. 조례의 제정·개정 및 폐지
2. 예산의 심의·확정
3. 결산의 승인
4. 법령에 규정된 것을 제외한 사용료·수수료·분담금·지방세 또는 가입금의 부과와 징수
5. 기금의 설치·운용
6. 대통령령으로 정하는 중요 재산의 취득·처분
7. 대통령령으로 정하는 공공시설의 설치·처분
8. 법령과 조례에 규정된 것을 제외한 예산 외의 의무부담이나 권리의 포기
9. 청원의 수리와 처리
10. 외국 지방자치단체와의 교류·협력
11. 그 밖에 법령에 따라 그 권한에 속하는 사항
② 지방자치단체는 제1항 각 호의 사항 외에 조례로 정하는 바에 따라 지방의회에서 의결되어야 할 사항을 따로 정할 수 있다.

정답 ②

## 068

2019 서울 7급 지방자치론

「지방자치법」상 지방의회의 의결권한에 속하는 것을 <보기>에서 모두 고른 것은?

―――― <보기> ――――
ㄱ. 결산의 승인
ㄴ. 기금의 설치·운용
ㄷ. 재의 요구
ㄹ. 예산 편성
ㅁ. 청원의 수리·처리

① ㄱ, ㄴ
② ㄱ, ㄴ, ㅁ
③ ㄴ, ㄷ, ㄹ
④ ㄱ, ㄴ, ㄹ, ㅁ

**풀이**

ㄱ. [○] 결산의 승인은 지방의회의 의결권한이다.
ㄴ. [○] 기금의 설치·운용은 지방의회의 의결권한이다.
ㄷ. [×] 지방의회가 의결한 조례에 대한 **재의요구는 지방자치단체의 장의 권한**이다.
ㄹ. [×] **예산을 편성**하는 것은 **지방자치단체장의 권한**이다.
ㅁ. [○] 청원의 수리·처리는 지방의회의 의결권한이다.

> 「지방자치법」
> 제32조(조례와 규칙의 제정 절차 등) ③ 지방자치단체의 장은 이송받은 조례안에 대하여 이의가 있으면 제2항의 기간에 이유를 붙여 지방의회로 환부(還付)하고, 재의(再議)를 요구할 수 있다. 이 경우 지방자치단체의 장은 조례안의 일부에 대하여 또는 조례안을 수정하여 재의를 요구할 수 없다.
> 제142조(예산의 편성 및 의결) ① 지방자치단체의 장은 회계연도마다 예산안을 편성하여 시·도는 회계연도 시작 50일 전까지, 시·군 및 자치구는 회계연도 시작 40일 전까지 지방의회에 제출하여야 한다.

정답 ②

## 069

2015 서울 7급 지방자치론

다음 지방의회에 대한 설명 중 옳은 것으로만 묶인 것은?

> ㉠ 지방의회의원은 전국 농업협동조합 중앙회장을 겸직할 수 있다.
> ㉡ 지방의회의원의 청렴의무와 품위유지의무는 법적의무가 아니다.
> ㉢ 기금의 설치·운용은 지방의회 의결사항이다.
> ㉣ 지방의회의 의장과 부의장이 모두 사고가 있을 때에는 의원 중 연장자가 의장의 직무를 대행한다.
> ㉤ 지방의회는 본회의 의결로 감사 또는 조사 결과를 처리한다

① ㉠, ㉡
② ㉡, ㉢
③ ㉢, ㉤
④ ㉣, ㉤

**풀이**

㉠ [×] 지방의회 의원은 농업협동조합, 수산업협동조합 등의 임직원과 이들 조합의 중앙회장이나 연합회장을 **겸직할 수 없다**.
㉡ [×] 지방의회의원에게는 「**지방자치법**」에서 **명시**한 청렴의무와 품위유지의무가 있다.

> 「지방자치법」 제44조(의원의 의무) ① 지방의회의원은 공공의 이익을 우선하여 양심에 따라 그 직무를 성실히 수행하여야 한다.
> ② 지방의회의원은 <u>청렴의 의무를 지며, 지방의회의원으로서의 품위를 유지</u>하여야 한다.
> ③ 지방의회의원은 지위를 남용하여 재산상의 권리·이익 또는 직위를 취득하거나 다른 사람을 위하여 그 취득을 알선해서는 아니 된다.

㉢ [○] 예산의 심의·확정, 결산의 승인, 기금의 설치·운용 등의 지방재정 관련 사항은 지방의회 의결사항이다.
㉣ [×] 지방의회의 **의장과 부의장이 모두 사고** 등 부득이한 사유로 직무를 수행할 수 없을 때에는 연장자가 아닌 **임시의장을 선출**하여 의장의 직무를 대행하게 한다.

> 「지방자치법」 제60조(임시의장) 지방의회의 의장과 부의장이 모두 부득이한 사유로 직무를 수행할 수 없을 때에는 임시의장을 선출하여 의장의 직무를 대행하게 한다.

㉤ [○] 지방의회는 본회의의 의결로 감사 또는 조사 결과를 처리한다.

> 「지방자치법」 제50조(행정사무 감사 또는 조사 보고의 처리) ① 지방의회는 본회의의 의결로 감사 또는 조사 결과를 처리한다.

정답 ③

## 070
2016 지방 7급 지방자치론

「지방자치법」상 지방의회에 대한 설명으로 옳지 않은 것은?

① 지방자치단체의 기금 설치와 운용에 대해 의결한다.
② 외국 지방자치단체와의 교류협력에 관한 사항은 지방의회의 의결사항이 아니다.
③ 법령과 조례에 규정된 것을 제외한 예산 외의 의무부담이나 권리의 포기에 대해 의결한다.
④ 지방자치단체간 통합 시 주민투표를 실시한 경우에는 지방의회의 의견을 듣지 않아도 된다.

### 풀이

① [O] 지방의회는 지방자치단체의 기금 설치와 운용에 대해 의결한다.
② [X] 외국 지방자치단체와의 교류협력에 관한 사항은 **지방의회의 의결**사항이다.
③ [O] 지방의회는 법령과 조례에 규정된 것을 제외한 예산 외의 의무부담이나 권리의 포기에 대해 의결한다.

> 「지방자치법」제47조(지방의회의 의결사항) ① 지방의회는 다음 각 호의 사항을 의결한다.
> 1. 조례의 제정·개정 및 폐지
> 2. 예산의 심의·확정
> 3. 결산의 승인
> 4. 법령에 규정된 것을 제외한 사용료·수수료·분담금·지방세 또는 가입금의 부과와 징수
> 5. 기금의 설치·운용
> 6. 대통령령으로 정하는 중요 재산의 취득·처분
> 7. 대통령령으로 정하는 공공시설의 설치·처분
> 8. 법령과 조례에 규정된 것을 제외한 예산 외의 의무부담이나 권리의 포기
> 9. 청원의 수리와 처리
> 10. 외국 지방자치단체와의 교류·협력
> 11. 그 밖에 법령에 따라 그 권한에 속하는 사항

④ [O] 지방자치단체의 폐치분합시 주민투표를 실시한 경우에는 지방의회의 의견을 듣지 않아도 된다.

> 「지방자치법」제5조(지방자치단체의 명칭과 구역) ③ 다음 각 호의 어느 하나에 해당할 때에는 관계 지방의회의 의견을 들어야 한다. 다만, 「주민투표법」제8조에 따라 주민투표를 한 경우에는 그러하지 아니하다.
> 1. 지방자치단체를 폐지하거나 설치하거나 나누거나 합칠 때
> 2. 지방자치단체의 구역을 변경할 때(경계변경을 할 때는 제외한다)
> 3. 지방자치단체의 명칭을 변경할 때(한자 명칭을 변경할 때를 포함한다)

정답 ②

## 071
2017 교행 9급

지방의회의 의결사항으로 옳지 않은 것은?

① 지방자치단체장의 규칙 제정
② 지방자치단체장의 지방채 발행
③ 지방자치단체의 출자 또는 출연
④ 지방자치단체장의 보증채무부담행위

### 풀이

① [X] 규칙을 제정하는 것은 **지방자치단체장의 권한**으로 지방의회의 의결사항이 아니다.
② [O] 「지방재정법」에 따라 지방채를 발행하는 경우에는 지방의회의 의결을 얻어야 한다.

> 「지방재정법」제11조(지방채의 발행) ② 지방자치단체의 장은 제1항에 따라 지방채를 발행하려면 재정 상황 및 채무 규모 등을 고려하여 대통령령으로 정하는 지방채 발행 한도액의 범위에서 지방의회의 의결을 얻어야 한다. 다만, 지방채 발행 한도액 범위더라도 외채를 발행하는 경우에는 지방의회의 의결을 거치기 전에 행정안전부장관의 승인을 받아야 한다.

③ [O] 지방자치단체가 출자 또는 출연하기 위해서는 지방의회의 의결이 필요하다.

> 「지방재정법」18조(출자 또는 출연의 제한) ① 지방자치단체는 법령에 근거가 있는 경우에만 출자를 할 수 있다.
> ② 지방자치단체는 법령에 근거가 있는 경우와 제17조제2항의 공공기관에 대하여 조례에 근거가 있는 경우에만 출연을 할 수 있다.
> ③ 지방자치단체가 출자 또는 출연을 하려면 미리 해당 지방의회의 의결을 얻어야 한다.

④ [O] 「지방자치법」에 따라 지방자치단체의 장이 보증채무부담행위를 할 때에는 지방의회의 의결을 먼저 받아야 한다.

> 「지방자치법」제139조(지방채무 및 지방채권의 관리) ① 지방자치단체의 장이나 지방자치단체조합은 따로 법률로 정하는 바에 따라 지방채를 발행할 수 있다.
> ② 지방자치단체의 장은 따로 법률로 정하는 바에 따라 지방자치단체의 채무부담의 원인이 될 계약의 체결이나 그 밖의 행위를 할 수 있다.
> ③ 지방자치단체의 장은 공익을 위하여 필요하다고 인정하면 미리 지방의회의 의결을 받아 보증채무부담행위를 할 수 있다.

정답 ①

## 072
2023 지방 7급 지방자치론

「지방자치법」상 지방자치단체의 국제교류·협력에 대한 설명으로 옳지 않은 것은?

① 외국 지방자치단체와의 교류·협력에 대한 사항은 지방의회 의결사항에 포함되지 않는다.
② 지방자치단체는 국가의 외교·통상 정책과 배치되지 아니하는 범위에서 국제기구와 협력을 추진할 수 있다.
③ 지방자치단체는 국제기구 설립·유치 또는 활동 지원을 위하여 국제기구에 공무원을 파견하거나 운영비용 등 필요한 비용을 보조할 수 있다.
④ 지방자치단체는 국제교류·협력 등의 업무를 원활히 수행하기 위하여 필요한 곳에 지방자치단체 간 협력을 통해 공동으로 해외사무소를 설치할 수 있다.

### 풀이
① [×] 외국 지방자치단체와의 교류·협력에 대한 사항은 **「지방자치법」에서 규정하는 지방의회의 의결사항에 해당**한다(「지방자치법」 제47조).
② [○] 지방자치단체는 국가의 외교·통상 정책과 배치되지 아니하는 범위에서 국제교류·협력, 통상·투자유치를 위하여 외국의 지방자치단체, 민간기관, 국제기구(국제연합과 그 산하기구·전문기구를 포함한 정부 간 기구, 지방자치단체 간 기구를 포함한 준정부 간 기구, 국제 비정부기구 등을 포함한다. 이하 같다)와 협력을 추진할 수 있다(「지방자치법」 제193조).
③ [○] 지방자치단체는 국제기구 설립·유치 또는 활동 지원을 위하여 국제기구에 공무원을 파견하거나 운영비용 등 필요한 비용을 보조할 수 있다(「지방자치법」 제194조).
④ [○] 지방자치단체는 국제교류·협력 등의 업무를 원활히 수행하기 위하여 필요한 곳에 단독 또는 지방자치단체 간 협력을 통해 공동으로 해외사무소를 설치할 수 있다(「지방자치법」 제195조).

> 「지방자치법」
> 제193조(지방자치단체의 역할) 지방자치단체는 국가의 외교·통상 정책과 배치되지 아니하는 범위에서 국제교류·협력, 통상·투자유치를 위하여 외국의 지방자치단체, 민간기관, 국제기구(국제연합과 그 산하기구·전문기구를 포함한 정부 간 기구, 지방자치단체 간 기구를 포함한 준정부 간 기구, 국제 비정부기구 등을 포함한다. 이하 같다)와 협력을 추진할 수 있다.
> 제194조(지방자치단체의 국제기구 지원) 지방자치단체는 국제기구 설립·유치 또는 활동 지원을 위하여 국제기구에 공무원을 파견하거나 운영비용 등 필요한 비용을 보조할 수 있다.
> 제195조(해외사무소 설치·운영) ① 지방자치단체는 국제교류·협력 등의 업무를 원활히 수행하기 위하여 필요한 곳에 단독 또는 지방자치단체 간 협력을 통해 공동으로 해외사무소를 설치할 수 있다.
> ② 지방자치단체는 해외사무소가 효율적으로 운영될 수 있도록 노력해야 한다.

정답 ①

## 073
2019 서울 7급 지방자치론

지방의회 행정사무감사에 대한 설명으로 가장 옳은 것은?

① 행정사무감사의 현지확인은 중요한 증거를 수집하기 위한 것으로 위원회 의결에 의해 당일 통보하여 행사할 수 있다.
② 공익을 현저히 해친다고 인정되면 계속 중인 재판이나 수사 중인 사건의 소추에 관여할 목적으로 행사될 수 있다.
③ 해당 지방자치단체의 소속 행정기관과 하부행정기관은 감사나 조사의 대상 기관이 아니다.
④ 지방자치단체 및 그 장이 위임받아 처리하는 국가사무와 시·도의 사무에 대하여 국회와 시·도의회가 직접 감사하기로 한 사무 외에는 그 감사를 각각 해당 시·도의회와 시·군 및 자치구의회가 할 수 있다.

### 풀이
① [×] 현지확인은 사무감사과정에서 민원이 제기된 사항 등 특정사안에 대해 증거자료를 확보하기 위하여 행정집행 현장에 직접 나가서 서류를 확인하고 상황설명을 듣거나 현장의 실태를 파악하는 것이다. **현지확인의 요구는 늦어도 현지확인일 3일 전까지 의장을 통하여 행해져야 한다.**

> 「지방자치법 시행령」 제46조(행정사무 감사 또는 조사의 방법 등) ① 법 제49조제4항에 따른 현지확인, 서류제출의 요구, 지방자치단체의 장 또는 관계 공무원이나 그 사무에 관계되는 사람의 출석·증언 또는 의견진술의 요구는 늦어도 그 현지확인일, 서류제출 요구일, 출석·증언이나 의견진술 요구일의 3일 전까지 지방의회의 의장을 통하여 해야 한다.

② [×] 공익을 현저히 해치는지 여부와 상관없이 **계속 중인 재판이나 수사 중인 사건의 소추에 관여할 목적으로 행사될 수 없다.**

> 「지방자치법 시행령」 제48조(행정사무 감사 또는 조사의 한계) 감사 또는 조사는 개인의 사생활을 침해하거나 계속 중인 재판이나 수사 중인 사건의 소추에 관여할 목적으로 행사되어서는 안 된다.

③ [×] 해당 지방자치단체의 소속 행정기관과 하부행정기관은 **감사나 조사의 대상 기관이다.**

> 「지방자치법 시행령」 제44조(행정사무 감사 또는 조사의 대상 기관) ① 감사 또는 조사의 대상 기관은 다음 각 호와 같다.
> 1. 해당 지방자치단체
> 2. 법 제126조부터 제129조까지의 규정에 따른 해당 지방자치단체의 소속 행정기관과 법 제131조 및 제134조에 따른 하부행정기관 및 하부행정기구

④ [○] 지방자치단체 및 그 장이 위임받아 처리하는 국가사무와 시·도의 사무에 대하여 국회와 시·도의회가 직접 감사하기로 한 사무 외에는 그 감사를 각각 해당시·도의회와 시·군 및 자치구의회가 할 수 있다.

정답 ④

## 074

**「지방자치법」상 지방의회의 행정사무 감사권 및 조사권에 대한 설명으로 옳지 않은 것은?**

① 지방의회는 매년 1회 그 지방자치단체의 사무에 대하여 시·도에서는 14일의 범위에서, 시·군 및 자치구에서는 9일의 범위에서 감사를 실시한다.
② 지방자치단체의 사무 중 특정 사안에 관하여 본회의 의결로 본회의나 위원회에서 조사를 발의할 때에는 이유를 밝힌 서면으로 하여야 하며, 재적의원 3분의 2 이상의 연서가 있어야 한다.
③ 지방의회는 감사 또는 조사 결과 해당 지방자치단체나 기관의 시정을 필요로 하는 사유가 있을 때에는 그 시정을 요구하고, 그 지방자치단체나 기관에서 처리함이 타당하다고 인정되는 사항은 그 지방자치단체나 기관으로 이송한다.
④ 지방자치단체 및 그 장이 위임받아 처리하는 국가사무와 시·도의 사무에 대하여 국회와 시·도의회가 직접 감사하기로 한 사무 외에는 그 감사를 각각 해당 시·도의회와 시·군 및 자치구의회가 할 수 있다.

### 풀이

① [○] 지방의회는 매년 1회 그 지방자치단체의 사무에 대하여 시·도에서는 14일의 범위에서, 시·군 및 자치구에서는 9일의 범위에서 감사를 실시한다.
② [×] 지방자치단체의 사무 중 특정 사안에 관하여 본회의 의결로 본회의나 위원회에서 조사를 발의할 때에는 이유를 밝힌 서면으로 하여야 하며, **재적의원** 3분의 2 이상이 아닌 **3분의 1 이상의 연서**가 있어야 한다.
③ [○] 지방의회는 감사 또는 조사 결과 해당 지방자치단체나 기관의 시정을 필요로 하는 사유가 있을 때에는 그 시정을 요구하고, 그 지방자치단체나 기관에서 처리함이 타당하다고 인정되는 사항은 그 지방자치단체나 기관으로 이송한다.
④ [○] 지방자치단체 및 그 장이 위임받아 처리하는 국가사무와 시·도의 사무에 대하여 국회와 시·도의회가 직접 감사하기로 한 사무 외에는 그 감사를 각각 해당 시·도의회와 시·군 및 자치구의회가 할 수 있다.

> 「지방자치법」
> 제49조(행정사무 감사권 및 조사권) ① 지방의회는 매년 1회 그 지방자치단체의 사무에 대하여 시·도에서는 14일의 범위에서, 시·군 및 자치구에서는 9일의 범위에서 감사를 실시하고, 지방자치단체의 사무 중 특정 사안에 관하여 본회의 의결로 본회의나 위원회에서 조사하게 할 수 있다.
> ② 제1항의 조사를 발의할 때에는 이유를 밝힌 서면으로 하여야 하며, 재적의원 3분의 1 이상의 찬성이 있어야 한다.
> ③ 지방자치단체 및 그 장이 위임받아 처리하는 국가사무와 시·도의 사무에 대하여 국회와 시·도의회가 직접 감사하기로 한 사무 외에는 그 감사를 각각 해당 시·도의회와 시·군 및 자치구의회가 할 수 있다. 이 경우 국회와 시·도의회는 그 감사 결과에 대하여 그 지방의회에 필요한 자료를 요구할 수 있다.
> 제50조(행정사무 감사 또는 조사 보고의 처리) ① 지방의회는 본회의의 의결로 감사 또는 조사 결과를 처리한다.
> ② 지방의회는 감사 또는 조사 결과 해당 지방자치단체나 기관의 시정이 필요한 사유가 있을 때에는 시정을 요구하고, 지방자치단체나 기관에서 처리함이 타당하다고 인정되는 사항은 그 지방자치단체나 기관으로 이송한다.

**정답** ②

## 075

2022 지방 7급 지방자치론

「지방자치법」상 지방의회의 행정사무 감사 및 조사에 대한 설명으로 옳은 것만을 모두 고르면?

> ㄱ. 지방의회는 지방자치단체의 사무 중 특정 사안에 관하여 본회의 의결로 본회의나 위원회에서 조사하게 할 수 있고, 이때는 재적의원 4분의 1 이상의 찬성이 있어야 한다.
> ㄴ. 지방의회는 상임위원회의 의결로 감사 또는 조사 결과를 처리한다.
> ㄷ. 감사를 위해 출석요구를 받은 증인이 정당한 사유 없이 출석하지 아니하거나 선서 또는 증언을 거부한 경우에는 500만 원 이하의 과태료를 부과할 수 있다.
> ㄹ. 지방의회는 매년 1회 그 지방자치단체의 사무에 대하여 시·도에서는 14일의 범위에서, 시·군 및 자치구에서는 9일의 범위에서 감사를 실시한다.

① ㄱ, ㄴ
② ㄱ, ㄷ
③ ㄴ, ㄹ
④ ㄷ, ㄹ

### 풀이

ㄱ. [×] 지방의회는 지방자치단체의 사무 중 특정 사안에 관하여 본회의 의결로 본회의나 위원회에서 조사하게 할 수 있지만 이 경우 **재적의원 4분의 1 이상이 아닌 3분의 1 이상의 찬성**이 있어야 한다.
ㄴ. [×] 지방의회는 **상임위원회의 의결이 아닌 본회의의 의결**로 감사 또는 조사 결과를 처리한다.
ㄷ. [○] 감사를 위해 출석요구를 받은 증인이 정당한 사유 없이 출석하지 아니하거나 선서 또는 증언을 거부한 경우에는 500만 원 이하의 과태료를 부과할 수 있다.
ㄹ. [○] 지방의회는 매년 1회 그 지방자치단체의 사무에 대하여 시·도에서는 14일의 범위에서, 시·군 및 자치구에서는 9일의 범위에서 감사를 실시한다.

> 「지방자치법」
> 제49조(행정사무 감사권 및 조사권) ④ 제1항의 감사 또는 조사와 제3항의 감사를 위하여 필요하면 현지확인을 하거나 서류제출을 요구할 수 있으며, 지방자치단체의 장 또는 관계 공무원이나 그 사무에 관계되는 사람을 출석하게 하여 증인으로서 선서한 후 증언하게 하거나 참고인으로서 의견을 진술하도록 요구할 수 있다.
> ⑤ 제4항에 따른 증언에서 거짓증언을 한 사람은 고발할 수 있으며, 제4항에 따라 서류제출을 요구받은 자가 정당한 사유 없이 서류를 정해진 기한까지 제출하지 아니한 경우, 같은 항에 따라 출석요구를 받은 증인이 정당한 사유 없이 출석하지 아니하거나 선서 또는 증언을 거부한 경우에는 500만원 이하의 과태료를 부과할 수 있다.
> 제50조(행정사무 감사 또는 조사 보고의 처리) ① 지방의회는 본회의의 의결로 감사 또는 조사 결과를 처리한다.
> ② 지방의회는 감사 또는 조사 결과 해당 지방자치단체나 기관의 시정이 필요한 사유가 있을 때에는 시정을 요구하고, 지방자치단체나 기관에서 처리함이 타당하다고 인정되는 사항은 그 지방자치단체나 기관으로 이송한다.
> ③ 지방자치단체나 기관은 제2항에 따라 시정 요구를 받거나 이송받은 사항을 지체 없이 처리하고 그 결과를 지방의회에 보고하여야 한다.

정답 ④

## 076
2015 서울 7급 지방자치론

다음 중 「지방자치법」에 규정된 청원에 관한 내용으로 옳지 않은 것은?

① 청원을 하려는 자는 지방의회의원의 소개를 받아 지방의회에 청원서를 제출하여야 한다.
② 재판에 간섭하거나 법령에 위배되는 내용의 청원은 수리하지 아니한다.
③ 지방의회의 의장은 청원서를 접수하면 소관 위원회나 본회의에 회부하여 심사를 하게 한다.
④ 청원서에는 청원자의 비밀보장을 위하여 무기명을 원칙으로 한다

### 풀이

① [O] 지방의회에 청원을 하려는 자는 지방의회의원의 소개를 받아 지방의회에 청원서를 제출하여야 한다.
② [O] 재판에 간섭하거나 법령에 위배되는 내용의 청원은 수리하지 아니한다.
③ [O] 지방의회의 의장은 청원서를 접수하면 소관 위원회나 본회의에 회부하여 심사를 하게 한다.
④ [X] **청원서에는 청원자의 성명 및 주소를 적고 서명·날인**해야 하므로 무기명으로 진행할 수 없다.

> 「지방자치법」
> 제85조(청원서의 제출) ① 지방의회에 청원을 하려는 자는 지방의회의원의 소개를 받아 청원서를 제출하여야 한다.
> ② 청원서에는 청원자의 성명(법인인 경우에는 그 명칭과 대표자의 성명을 말한다) 및 주소를 적고 서명·날인하여야 한다.
> 제86조(청원의 불수리) 재판에 간섭하거나 법령에 위배되는 내용의 청원은 수리하지 아니한다.
> 제87조(청원의 심사·처리) ① 지방의회의 의장은 청원서를 접수하면 소관 위원회나 본회의에 회부하여 심사를 하게 한다.
> ② 청원을 소개한 지방의회의원은 소관 위원회나 본회의가 요구하면 청원의 취지를 설명하여야 한다.
> ③ 위원회가 청원을 심사하여 본회의에 부칠 필요가 없다고 결정하면 그 처리 결과를 지방의회의 의장에게 보고하고, 지방의회의 의장은 청원한 자에게 알려야 한다.
> 제88조(청원의 이송과 처리보고) ① 지방의회가 채택한 청원으로서 그 지방자치단체의 장이 처리하는 것이 타당하다고 인정되는 청원은 의견서를 첨부하여 지방자치단체의 장에게 이송한다.
> ② 지방자치단체의 장은 제1항의 청원을 처리하고 그 처리결과를 지체 없이 지방의회에 보고하여야 한다.

정답 ④

## 077
2013 국회 8급(수정)

다음 중 우리나라의 지방자치제도에 대한 설명으로 옳지 않은 것은? (정답 2개)

① 지방의회는 매년 1회 그 지방자치단체의 사무에 대하여 시·도에서는 14일의 범위에서, 시·군 및 자치구에서는 9일의 범위에서 감사를 실시한다.
② 지방의회 의장 또는 부의장에 대한 불신임의결은 재적의원 3분의 1 이상의 발의와 재적의원 과반수의 찬성으로 행한다.
③ 지방자치단체장은 주민투표의 전부 또는 일부 무효의 판결이 확정된 때에는 그 날부터 20일 이내에 무효로 된 투표구의 재투표를 실시하여야 한다.
④ 주민투표의 투표일은 주민투표 발의일로부터 20일 이상 30일 이하의 범위 안에서 지방자치단체장이 관할 선거관리위원회와 협의하여 정한다.
⑤ 지방자치단체의 조례는 원칙적으로 지방자치단체장이 공포해야 효력을 가진다.

### 풀이

① [O] 지방의회는 매년 1회 그 지방자치단체의 사무에 대하여 시·도에서는 14일의 범위에서, 시·군 및 자치구에서는 9일의 범위에서 감사를 실시한다.
② [X] 지방의회의 의장이나 부의장의 불신임의결은 **재적의원 3분의 1이 아닌 4분의 1 이상의 발의**와 재적의원 과반수의 찬성으로 행한다.
③ [O] 지방자치단체의 장은 주민투표의 전부 또는 일부무효의 판결이 확정된 때에는 그 날부터 20일 이내에 무효로 된 투표구의 재투표를 실시하여야 한다.

> 「주민투표법」 제26조(재투표 및 투표연기) ①지방자치단체의 장은 주민투표의 전부 또는 일부무효의 판결이 확정된 때에는 그 날부터 20일 이내에 무효로 된 투표구의 재투표를 실시하여야 한다. 이 경우 투표일은 늦어도 투표일전 7일까지 공고하여야 한다.

④ [X] 개정) 주민투표의 투표일은 주민투표 발의일부터 23일 이상 30일 이하의 범위 안에서 지방자치단체의 장이 관할 선거관리위원회와 협의하여 정했으나 22년「주민투표법」개정으로 **주민투표 발의일로부터 23일 이후 첫 번째 수요일**로 진행하도록 바뀌었다.

> 「주민투표법」 제14조(주민투표의 투표일) ①주민투표의 투표일은 제13조제2항에 따른 주민투표발의일부터 23일(제3항에 따라 투표일을 정할 수 없는 기간은 산입하지 아니한다) 이후 첫 번째 수요일로 한다.

⑤ [O] 지방자치단체의 조례는 원칙적으로 지방자치단체장이 공포해야 효력을 가진다. 조례안이 의결을 통해 조례로 확정되면 지방자치단체장이 공포하는 것이 원칙이고 공포 후 20일이 지나면 효력을 발생하지만, 확정된 조례를 지자체장이 공포하지 않는 경우 지방의회 의장이 공포한다. 따라서 예외적으로 지방의회 의장이 공포해도 효력을 가질 수 있다. 출제 당시의 선지는 '원칙적으로'문구가 빠져 있어서 논란의 여지가 있기 때문에 수정하였다.

정답 ②, ④

## 078

2014 지방 7급 지방자치론(수정)

「지방자치법」상 조례와 규칙에 대한 설명으로 옳지 않은 것은?

① 지방자치단체가 조례로 주민의 권리 제한 또는 의무 부과에 관한 사항이나 벌칙을 정할 때에는 법률의 위임이 있어야 한다.
② 지방자치단체의 장은 법령이나 조례가 위임한 범위에서 그 권한에 속하는 사무에 관하여 규칙을 제정할 수 있다.
③ 시·군 및 자치구의 조례나 규칙은 시·도의 조례나 규칙을 위반하여서는 아니 된다.
④ 조례와 규칙의 공포에 관하여 필요한 사항은 모두 법률로 정한다.

**풀이**

① [O] 지방자치단체가 조례로 주민의 권리 제한 또는 의무 부과에 관한 사항이나 벌칙을 정할 때에는 법률의 위임이 있어야 한다.

> 「지방자치법」 제28조(조례) ① 지방자치단체는 법령의 범위에서 그 사무에 관하여 조례를 제정할 수 있다. 다만, 주민의 권리 제한 또는 의무 부과에 관한 사항이나 벌칙을 정할 때에는 법률의 위임이 있어야 한다.
> ② 법령에서 조례로 정하도록 위임한 사항은 그 법령의 하위 법령에서 그 위임의 내용과 범위를 제한하거나 직접 규정할 수 없다.

② [O] 지방자치단체의 장은 법령이나 조례가 위임한 범위에서 그 권한에 속하는 사무에 관하여 규칙을 제정할 수 있다.

> 「지방자치법」 제29조(규칙) 지방자치단체의 장은 법령 또는 조례의 범위에서 그 권한에 속하는 사무에 관하여 규칙을 제정할 수 있다.

③ [O] 시·군 및 자치구의 조례나 규칙은 시·도의 조례나 규칙을 위반하여서는 안된다.

> 「지방자치법」 제30조(조례와 규칙의 입법한계) 시·군 및 자치구의 조례나 규칙은 시·도의 조례나 규칙을 위반해서는 아니된다.

④ [X] 조례와 규칙의 공포에 관하여 필요한 사항은 법률과 **대통령령으로 정한다**. 기출 당시 단순히 법조문 내용을 그대로 옮긴 선지로 출제되었으나 법의 개정 후 논란의 여지가 있어 확실하게 틀린 선지로 수정하였다.

> 「지방자치법」 제33조(조례와 규칙의 공포 방법 등) ① 조례와 규칙의 공포는 해당 지방자치단체의 공보에 게재하는 방법으로 한다. 다만, 제32조제6항 후단에 따라 지방의회의 의장이 조례를 공포하는 경우에는 공보나 일간신문에 게재하거나 게시판에 게시한다.
> ② 제1항에 따른 공보는 종이로 발행되는 공보(이하 이 조에서 "종이공보"라 한다) 또는 전자적인 형태로 발행되는 공보(이하 이 조에서 "전자공보"라 한다)로 운영한다.
> ③ 공보의 내용 해석 및 적용 시기 등에 대하여 종이공보와 전자공보는 동일한 효력을 가진다.
> ④ 조례와 규칙의 공포에 관하여 그 밖에 필요한 사항은 대통령령으로 정한다.

정답 ④

## 079

2022 경찰간부

조례와 규칙에 대한 설명 중 가장 적절하지 않은 것은?

① 지방의회는 자치단체의 내부구조, 운영, 사무처리 등을 규정하는 조례를 제정할 수 있다.
② 자치단체의 장은 법령이나 조례가 위임한 범위에서 그 권한에 속하는 사무에 관하여 규칙을 제정할 수 있다.
③ 지방자치단체 조례를 위반한 행위에 대하여 조례로써 1천만원 이하의 과태료를 정할 수 있다.
④ 지방의회는 조례를 통하여 지방세의 종목과 세율을 자체적으로 결정할 수 있다.

**풀이**

① [O] 지방의회는 자치단체의 내부구조, 운영, 사무처리 등을 규정하는 조례를 제정할 수 있다.

> 「지방자치법」 제28조(조례) ① 지방자치단체는 법령의 범위에서 그 사무에 관하여 조례를 제정할 수 있다. 다만, 주민의 권리 제한 또는 의무 부과에 관한 사항이나 벌칙을 정할 때에는 법률의 위임이 있어야 한다.
> ② 법령에서 조례로 정하도록 위임한 사항은 그 법령의 하위 법령에서 그 위임의 내용과 범위를 제한하거나 직접 규정할 수 없다.

② [O] 자치단체의 장은 법령이나 조례가 위임한 범위에서 그 권한에 속하는 사무에 관하여 규칙을 제정할 수 있다.

> 「지방자치법」 제29조(규칙) 지방자치단체의 장은 법령 또는 조례의 범위에서 그 권한에 속하는 사무에 관하여 규칙을 제정할 수 있다.

③ [O] 지방자치단체 조례를 위반한 행위에 대하여 조례로써 1천만원 이하의 과태료를 정할 수 있다.

> 「지방자치법」 제34조(조례 위반에 대한 과태료) ① 지방자치단체는 조례를 위반한 행위에 대하여 조례로써 1천만원 이하의 과태료를 정할 수 있다.
> ② 제1항에 따른 과태료는 해당 지방자치단체의 장이나 그 관할 구역의 지방자치단체의 장이 부과·징수한다.

④ [X] **헌법상의 조세법률주의에 따라 지방세의 종목과 세율을 법률**로 결정해야 하므로 지방의회가 조례로 결정할 수는 없다. 다만 법률에서 위임한 탄력세율 등은 조례로 정할 수 있다.

> 「헌법」 제59조 조세의 종목과 세율은 법률로 정한다.

정답 ④

## 080

**우리나라 지방자치단체의 조례에 대한 설명으로 옳은 것으로만 묶인 것은?**

> ㄱ. 주민의 권리를 제한하는 사항에 대해서는 법률의 위임이 있어야 한다.
> ㄴ. 법령이나 조례가 위임한 범위 내에서 지방자치단체의 장은 규칙을 제정할 수 있다.
> ㄷ. 지방의회에서 의결된 조례안은 10일 이내에 지방자치단체의 장에게 이송되어야 한다.
> ㄹ. 지방자치법은 법령의 범위 안에서 조례의 제정이 가능토록 규정하고 있다.
> ㅁ. 재의 요구를 받은 조례안은 재적의원 과반수 출석과 출석의원 과반수의 찬성으로 재의요구를 받기 전과 같이 의결되면 조례로 확정된다.

① ㄱ, ㄴ, ㄹ
② ㄱ, ㄴ, ㅁ
③ ㄱ, ㄷ, ㅁ
④ ㄴ, ㄷ, ㄹ

### 풀이

ㄱ. [○] 주민의 권리를 제한하는 사항에 대해서는 법률의 위임이 있어야 한다.
ㄴ. [○] 법령이나 조례가 위임한 범위 내에서 지방자치단체의 장은 규칙을 제정할 수 있다.
ㄷ. [×] 지방의회에서 **의결된 조례안**은 10일이 아니라 **5일 이내에 지방자치단체의 장에게 이송**되어야 한다.
ㄹ. [○] 지방자치법은 법령의 범위 안에서 조례의 제정이 가능토록 규정하고 있다.
ㅁ. [×] **재의** 요구를 받은 조례안은 **재적의원 과반수 출석과 출석의원 2/3이상의 찬성**으로 재의요구를 받기 전과 같이 의결되면 조례로 확정된다.

> 「지방자치법」 제32조(조례와 규칙의 제정 절차 등) ① 조례안이 지방의회에서 의결되면 지방의회의 의장은 의결된 날부터 5일 이내에 그 지방자치단체의 장에게 이송하여야 한다.
> ② 지방자치단체의 장은 제1항의 조례안을 이송받으면 20일 이내에 공포하여야 한다.
> ③ 지방자치단체의 장은 이송받은 조례안에 대하여 이의가 있으면 제2항의 기간에 이유를 붙여 지방의회로 환부(還付)하고, 재의(再議)를 요구할 수 있다. 이 경우 지방자치단체의 장은 조례안의 일부에 대하여 또는 조례안을 수정하여 재의를 요구할 수 없다.
> ④ 지방의회는 제3항에 따라 재의 요구를 받으면 조례안을 재의에 부치고 재적의원 과반수의 출석과 출석의원 3분의 2 이상의 찬성으로 전(前)과 같은 의결을 하면 그 조례안은 조례로서 확정된다.
> ⑤ 지방자치단체의 장이 제2항의 기간에 공포하지 아니하거나 재의 요구를 하지 아니하더라도 그 조례안은 조례로서 확정된다.
> ⑥ 지방자치단체의 장은 제4항 또는 제5항에 따라 확정된 조례를 지체 없이 공포하여야 한다. 이 경우 제5항에 따라 조례가 확정된 후 또는 제4항에 따라 확정된 조례가 지방자치단체의 장에게 이송된 후 5일 이내에 지방자치단체의 장이 공포하지 아니하면 지방의회의 의장이 공포한다.
> ⑦ 제2항 및 제6항 전단에 따라 지방자치단체의 장이 조례를 공포하였을 때에는 즉시 해당 지방의회의 의장에게 통지하여야 하며, 제6항 후단에 따라 지방의회의 의장이 조례를 공포하였을 때에는 그 사실을 즉시 해당 지방자치단체의 장에게 통지하여야 한다.
> ⑧ 조례와 규칙은 특별한 규정이 없으면 공포한 날부터 20일이 지나면 효력을 발생한다.

정답 ①

## 081
2022 지방 7급 지방자치론

「지방자치법」상 지방의회의 조례 및 의결사항에 대한 설명으로 옳지 않은 것은?

① 시·군 및 자치구의 조례는 시·도의 조례를 위반해서는 아니 된다.
② 지방자치단체가 법령의 범위에서 그 사무에 관하여 조례를 제정하는 경우 주민의 권리 제한에 관한 사항을 정할 때에는 법률의 위임이 있어야 한다.
③ 지방의회의 의결사항에는 기금의 설치·운용이 포함된다.
④ 지방의회에서 의결할 의안은 지방자치단체의 장이나 대통령령으로 정하는 수 이상의 지방의회 의원의 찬성으로 발의한다.

### 풀이

① [O] 시·군 및 자치구의 조례는 상급기관인 시·도의 조례를 위반해서는 안된다.
② [O] 지방자치단체가 법령의 범위에서 그 사무에 관하여 조례를 제정하는 경우 주민의 권리 제한에 관한 사항이나 의무를 부과하는 사항, 벌칙을 정할 때에는 법률의 위임이 있어야 한다.
③ [O] 지방의회의 의결사항에는 기금의 설치·운용이 포함된다.
④ [X] 지방의회에서 의결할 의안은 **지방자치단체의 장이나 대통령령이 아닌 조례로 정하는 수 이상의 지방의회 의원의 찬성**으로 발의한다.

> 「지방자치법」
> 제28조(조례) ① 지방자치단체는 법령의 범위에서 그 사무에 관하여 조례를 제정할 수 있다. 다만, <u>주민의 권리 제한 또는 의무 부과에 관한 사항이나 벌칙을 정할 때에는 법률의 위임이 있어야 한다.</u>
> 제30조(조례와 규칙의 입법한계) <u>시·군 및 자치구의 조례나 규칙은 시·도의 조례나 규칙을 위반해서는 아니 된다.</u>
> 제47조(지방의회의 의결사항) ① 지방의회는 다음 각 호의 사항을 의결한다.
> 1. 조례의 제정·개정 및 폐지
> 2. 예산의 심의·확정
> 3. 결산의 승인
> 4. 법령에 규정된 것을 제외한 사용료·수수료·분담금·지방세 또는 가입금의 부과와 징수
> 5. 기금의 설치·운용
> 6. 대통령령으로 정하는 중요 재산의 취득·처분
> 7. 대통령령으로 정하는 공공시설의 설치·처분
> 8. 법령과 조례에 규정된 것을 제외한 예산 외의 의무부담이나 권리의 포기
> 9. 청원의 수리와 처리
> 10. 외국 지방자치단체와의 교류·협력
> 11. 그 밖에 법령에 따라 그 권한에 속하는 사항
> 제76조(의안의 발의) ① 지방의회에서 의결할 의안은 지방자치단체의 장이나 조례로 정하는 수 이상의 지방의회의원의 찬성으로 발의한다.

정답 ④

## 082
2014 지방 9급

지방자치단체의 조례에 관한 설명으로 옳은 것을 모두 고른 것은?

> ㄱ. 지방자치단체의 장은 법령이나 조례가 위임한 범위에서 그 권한에 속하는 사무에 관하여 규칙을 제정할 수 있다.
> ㄴ. 지방의회에서 의결된 조례안은 10일 이내에 지방자치단체의 장에게 이송되어야 한다.
> ㄷ. 재의요구를 받은 조례안은 재적의원 과반수의 출석과 출석의원 과반수의 찬성으로 재의요구를 받기 전과 같이 의결되면, 조례로 확정된다.
> ㄹ. 지방자치단체의 장은 재의결된 조례가 법령에 위반된다고 판단되면 재의결된 날부터 20일 이내에 대법원에 제소할 수 있다.

① ㄱ, ㄴ  ② ㄴ, ㄹ
③ ㄱ, ㄹ  ④ ㄷ, ㄹ

### 풀이

ㄱ. [O] 지방자치단체의 장은 법령이나 조례가 위임한 범위 안에서 그 권한에 속하는 사무에 관하여 규칙을 제정할 수 있다(「지방자치법」 제29조).
ㄴ. [X] 지방의회에서 **의결된 조례안은 5일 이내에 지방자치단체의 장에게 이송되어야 한다**(「지방자치법」 제32조).
ㄷ. [X] **재의요구를 받은 조례안은 재정의원 과반수의 출석과 출석의원 3분의 2 이상의 찬성**으로 전과 같은 의결을 하면 조례로 확정된다(「지방자치법」 제32조).
ㄹ. [O] 지방자치단체의 장은 재의결된 조례가 법령에 위반된다고 판단되면 재의결된 날부터 20일 이내에 대법원에 소를 제기할 수 있다(「지방자치법」 제192조).

정답 ③

## 083
2016 지방 7급 지방자치론

「지방자치법」상 조례의 제정절차에 대한 설명으로 옳지 않은 것은?

① 조례는 특별한 규정이 없으면 공포한 날부터 20일이 지나면 효력을 발생한다.
② 재의요구를 받은 지방의회가 재적의원 과반수의 출석과 출석의원 3분의 2 이상의 찬성으로 전과 같은 의결을 하면 그 조례안은 조례로서 확정된다.
③ 조례안이 지방의회에서 의결되면 의장은 의결된 날부터 5일 이내에 그 지방자치단체의 장에게 이를 이송하여야 한다.
④ 지방자치단체의 장은 이송받은 조례안에 대하여 이의가 있으면 20일 이내에 이를 수정하여 재의를 요구할 수 있다.

### 풀이
① [O] 조례는 특별한 규정이 없으면 공포한 날부터 20일이 지나면 효력을 발생한다.
② [O] 재의요구를 받은 지방의회가 재적의원 과반수의 출석과 출석의원 3분의 2 이상의 찬성으로 전과 같은 의결을 하면 그 조례안은 조례로서 확정된다.
③ [O] 조례안이 지방의회에서 의결되면 의장은 의결된 날부터 5일 이내에 그 지방자치단체의 장에게 이를 이송하여야 한다.
④ [X] 지방자치단체의 장은 이송받은 조례안에 대하여 이의가 있으면 20일 이내에 지방의회로 환부하고, **재의를 요구할 수 있다**. 하지만 이를 **수정하여 재의를 요구할 수는 없다**.

> 「지방자치법」 제32조(조례와 규칙의 제정 절차 등) ① 조례안이 지방의회에서 의결되면 지방의회의 의장은 의결된 날부터 5일 이내에 그 지방자치단체의 장에게 이송하여야 한다.
> ② 지방자치단체의 장은 제1항의 조례안을 이송받으면 20일 이내에 공포하여야 한다.
> ③ 지방자치단체의 장은 이송받은 조례안에 대하여 이의가 있으면 제2항의 기간에 이유를 붙여 지방의회로 환부(還付)하고, 재의(再議)를 요구할 수 있다. 이 경우 지방자치단체의 장은 조례안의 일부에 대하여 또는 조례안을 수정하여 재의를 요구할 수 없다.
> ④ 지방의회는 제3항에 따라 재의 요구를 받으면 조례안을 재의에 부치고 재적의원 과반수의 출석과 출석의원 3분의 2 이상의 찬성으로 전(前)과 같은 의결을 하면 그 조례안은 조례로서 확정된다.
> ⑤ 지방자치단체의 장이 제2항의 기간에 공포하지 아니하거나 재의 요구를 하지 아니하더라도 그 조례안은 조례로서 확정된다.
> ⑥ 지방자치단체의 장은 제4항 또는 제5항에 따라 확정된 조례를 지체 없이 공포하여야 한다. 이 경우 제5항에 따라 조례가 확정된 후 또는 제4항에 따라 확정된 조례가 지방자치단체의 장에게 이송된 후 5일 이내에 지방자치단체의 장이 공포하지 아니하면 지방의회의 의장이 공포한다.
> ⑦ 제2항 및 제6항 전단에 따라 지방자치단체의 장이 조례를 공포하였을 때에는 즉시 해당 지방의회의 의장에게 통지하여야 하며, 제6항 후단에 따라 지방의회의 의장이 조례를 공포하였을 때에는 그 사실을 즉시 해당 지방자치단체의 장에게 통지하여야 한다.
> ⑧ 조례와 규칙은 특별한 규정이 없으면 공포한 날부터 20일이 지나면 효력을 발생한다.

**정답 ④**

## 084
2015 지방 7급 지방자치론

조례와 규칙의 제정에 대한 설명으로 옳지 않은 것은?

① 조례안이 지방의회에서 의결되면 의장은 의결된 날부터 10일 이내에 그 지방자치단체의 장에게 이를 이송하여야 한다.
② 지방자치단체의 장은 이송 받은 조례안에 대하여 이의가 있으면 20일 이내에 이유를 붙여 지방의회로 환부(還付)하고 재의(再議)를 요구할 수 있다.
③ 확정조례가 지방자치단체의 장에게 이송된 후 5일 이내에 지방자치단체의 장이 공포하지 아니하면 지방의회의 의장이 이를 공포한다.
④ 시·군 및 자치구의 조례나 규칙은 시·도의 조례나 규칙을 위반하여서는 아니 된다.

### 풀이
① [X] 조례안이 지방의회에서 의결되면 의장은 의결된 날부터 10일이 아닌 **5일 이내에 그 지방자치단체의 장에게 이를 이송**하여야 한다.
② [O] 지방자치단체의 장은 이송 받은 조례안에 대하여 이의가 있으면 20일 이내에 이유를 붙여 지방의회로 환부(還付)하고 재의(再議)를 요구할 수 있다.
③ [O] 재의결을 통해 확정된 조례(확정조례)가 지방자치단체의 장에게 이송된 후 5일 이내에 지방자치단체의 장이 공포하지 아니하면 지방의회의장이 이를 공포한다.
④ [O] 시·군 및 자치구의 조례나 규칙은 시·도의 조례나 규칙을 위반하여서는 안된다.

**정답 ①**

## 085
2016 서울 7급 지방자치론

「지방자치법」상 조례와 규칙에 대한 설명으로 가장 옳지 않은 것은?

① 지방자치단체는 조례를 위반한 행위에 대하여 규칙으로써 1천만원 이하의 과태료를 정할 수 있다.
② 지방자치단체의 장은 법령이나 조례가 위임한 범위에서 그 권한에 속하는 사무에 관하여 규칙을 제정할 수 있다.
③ 시·군 및 자치구의 조례나 규칙은 시·도의 조례나 규칙에 위반하여서는 아니 된다.
④ 지방자치단체는 법령의 범위 안에서 그 사무에 관하여 조례를 제정할 수 있다. 다만, 주민의 권리 제한 또는 의무 부과에 관한 사항이나 벌칙을 정할 때에는 법률의 위임이 있어야 한다.

**풀이**

① [×] 지방자치단체는 조례를 위반한 행위에 대하여 규칙이 아닌 **조례로써 1천만원 이하의 과태료를 정할 수 있다.**

> 「지방자치법」 제34조(조례 위반에 대한 과태료) ① 지방자치단체는 조례를 위반한 행위에 대하여 조례로써 1천만원 이하의 과태료를 정할 수 있다.

② [O] 지방자치단체의 장은 법령이나 조례가 위임한 범위에서 그 권한에 속하는 사무에 관하여 규칙을 제정할 수 있다.
③ [O] 시·군 및 자치구의 조례나 규칙은 시·도의 조례나 규칙에 위반하여서는 아니 된다.
④ [O] 지방자치단체는 법령의 범위 안에서 그 사무에 관하여 조례를 제정할 수 있다. 다만, 주민의 권리 제한 또는 의무 부과에 관한 사항이나 벌칙을 정할 때에는 법률의 위임이 있어야 한다.

> 「지방자치법」 제28조(조례) ① 지방자치단체는 법령의 범위에서 그 사무에 관하여 조례를 제정할 수 있다. 다만, 주민의 권리 제한 또는 의무 부과에 관한 사항이나 벌칙을 정할 때에는 법률의 위임이 있어야 한다.

**정답 ①**

## 086
2018 서울 7급 지방자치론

「지방자치법」상 지방자치단체가 조례로 정할 수 없는 사항은?

① 공익상 필요한 재산의 보유, 기금의 설치·운용에 관하여 필요한 사항
② 지방공기업의 설치·운영에 관하여 필요한 사항
③ 조례 위반 행위에 대한 1천만원 이하 과태료
④ 지방의회의 연간 회의 총일수와 정례회 및 임시회의 회기

**풀이**

① [O] 공익상 필요한 재산의 보유, 기금의 설치·운용에 관하여 필요한 사항은 조례로 정할 수 있는 사항이다.

> 「지방자치법」 제159조(재산과 기금의 설치) ① 지방자치단체는 행정목적을 달성하기 위한 경우나 공익상 필요한 경우에는 재산(현금 외의 모든 재산적 가치가 있는 물건과 권리를 말한다)을 보유하거나 특정한 자금을 운용하기 위한 기금을 설치할 수 있다.
> ② 제1항의 재산의 보유, 기금의 설치·운용에 필요한 사항은 조례로 정한다.

② [×] 지방공기업의 설치 및 운영에 관하여 필요한 사항은 **「지방공기업법」을 통해 정한다.**

> 「지방자치법」 제163조(지방공기업의 설치·운영) ① 지방자치단체는 주민의 복리증진과 사업의 효율적 수행을 위하여 지방공기업을 설치·운영할 수 있다.
> ② 지방공기업의 설치·운영에 필요한 사항은 따로 법률로 정한다.

③ [O] 조례 위반 행위에 대해 1천만원 이하 과태료를 부과하는 것은 조례로 정하는 사항이다

> 「지방자치법」 제34조(조례 위반에 대한 과태료) ① 지방자치단체는 조례를 위반한 행위에 대하여 조례로써 1천만원 이하의 과태료를 정할 수 있다..

④ [O] 지방의회의 연간 회의 총일수와 정례회 및 임시회의 회기는 조례로 정할 수 있는 사항이다.

> 「지방자치법」 제56조(개회·휴회·폐회와 회의일수) ① 지방의회의 개회·휴회·폐회와 회기는 지방의회가 의결로 정한다.
> ② 연간 회의 총일수와 정례회 및 임시회의 회기는 해당 지방자치단체의 조례로 정한다.

**정답 ②**

## 087

2016 국회 8급

다음 중 조례와 규칙에 대한 설명으로 옳지 않은 것은?

① 지방자치단체의 장은 법령의 범위 안에서 그 사무에 관하여 조례를 정할 수 있다.
② 조례를 정할 때, 주민의 권리제한에 관한 사항은 법률의 위임이 있어야 한다.
③ 시·군 및 자치구의 조례나 규칙은 시·도의 조례나 규칙을 위반하여서는 안 된다.
④ 지방자치단체는 조례를 위반한 행위에 대하여 조례로써 과태료를 정할 수 있다.
⑤ 과태료는 해당 지방자치단체의 장이 부과·징수한다.

### 풀이

① [×] **지방자치단체의 장**은 법령 또는 조례의 범위에서 그 권한에 속하는 사무에 관하여 조례가 아닌 **규칙을 제정**할 수 있다. 조례의 제정은 지방의회의 권한이다.
② [○] 주민의 권리 제한 또는 의무 부과에 관한 사항이나 벌칙을 정할 때에는 법률의 위임이 있어야 한다.
③ [○] 시·군 및 자치구의 조례나 규칙은 시·도의 조례나 규칙을 위반하여서는 안 된다.
④ [○] 지방자치단체는 조례를 위반한 행위에 대하여 조례로써 과태료를 정할 수 있다.
⑤ [○] 조례위반에 대한 과태료는 해당 지방자치단체의 장이 부과·징수한다.

「지방자치법」 제34조(조례 위반에 대한 과태료) ① 지방자치단체는 조례를 위반한 행위에 대하여 조례로써 1천만원 이하의 과태료를 정할 수 있다.
② 제1항에 따른 과태료는 해당 지방자치단체의 장이나 그 관할 구역의 지방자치단체의 장이 부과·징수한다.

정답 ①

## 088

2017 지방 7급 지방자치론

지방의회의 조직에 대한 설명으로 옳지 않은 것은? (정답 2개)

① 지방의회 의장과 부의장은 의원 중 무기명투표로 선출하며, 임기는 2년이다.
② 시·군·자치구의 의회는 대통령령이 정하는 기준에 따라 상임위원회를 설치하여 운영할 수 있다.
③ 지방의회 위원회에는 입법활동을 지원하기 위하여 전문위원을 두며, 그 직급과 정수 등에 관한 사항은 대통령령으로 정한다.
④ 지방자치단체의 장은 사무직원 중 별정직 공무원의 임용권은 지방의회 사무처장·사무국장·사무과장에게 위임해야 한다.

### 풀이

① [○] 의장과 부의장은 무기명투표로 선출하며, 임기는 2년으로 한다.
② [×] 지방의회는 대통령령이 아닌 **조례로 정하는 바에 따라 위원회**를 둘 수 있다.

「지방자치법」 제64조(위원회의 설치) ① 지방의회는 조례로 정하는 바에 따라 위원회를 둘 수 있다.

③ [○] 지방의회 위원회에는 입법활동을 지원하기 위하여 전문위원을 두며, 그 직급과 정수 등에 관한 사항은 대통령령으로 정한다.

「지방자치법」 제68조(전문위원) ① 위원회에는 위원장과 위원의 자치입법활동을 지원하기 위하여 지방의회의원이 아닌 전문지식을 가진 위원(이하 "전문위원"이라 한다)을 둔다.
② 전문위원은 위원회에서 의안과 청원 등의 심사, 행정사무감사 및 조사, 그 밖의 소관 사항과 관련하여 검토보고 및 관련 자료의 수집·조사·연구를 한다.
③ 위원회에 두는 전문위원의 직급과 수 등에 관하여 필요한 사항은 대통령령으로 정한다.

④ [×] 과거 지방의회의 사무직원에 대한 임용권은 지방자치단체의 장의 권한이었으며 사무직원 중 별정직 공무원의 임용권은 지방의회 사무처장·사무국장·사무과장에게 위임해야 했었다. 하지만 22년 「지방자치법」의 개정으로 **지방의회 사무직원 임용**에 관한 권한은 **지방의회의 의장이 행사**한다.

「지방자치법」 제103조(사무직원의 정원과 임명 등) ① 지방의회에 두는 사무직원의 수는 인건비 등 대통령령으로 정하는 기준에 따라 조례로 정한다.
② 지방의회의 의장은 지방의회 사무직원을 지휘·감독하고 법령과 조례·의회규칙으로 정하는 바에 따라 그 임면·교육·훈련·복무·징계 등에 관한 사항을 처리한다.

정답 ②, ④

## 089
2018 지방 7급 지방자치론

「지방자치법」상 지방자치단체장의 권한에 해당하는 것으로만 묶은 것은?

```
ㄱ. 주민투표실시권      ㄴ. 규칙제정권
ㄷ. 재의요구권          ㄹ. 청원의 수리와 처리
ㅁ. 조례제정권
```

① ㄱ, ㄴ, ㄷ  ② ㄱ, ㄴ, ㄹ
③ ㄴ, ㄹ, ㅁ  ④ ㄷ, ㄹ, ㅁ

### 풀이

**내용정리** 지방의회와 지방자치단체장의 권한

| 지방의회 | 지방자치단체의 장 |
|---|---|
| • 조례의 제정 및 개폐<br>• 예산의 의결 및 결산 승인<br>• 중요정책의 심의·결정: 사용료·수수료·분담금의 부과·징수·감면 등<br>• 기타 법률이 정하는 사항의 의결<br>• 행정감시권: 행정사무조사, 행정사무감사<br>• 청원의 수리 및 처리권<br>• 기관선출 및 자율운영권 | • 자치단체의 대표 및 사무총괄권<br>• 사무의 관리·집행권<br>• 소속행정청·관할자치단체에 대한 지도·감독권<br>• 지방의회 조례 발안권<br>• 규칙제정권<br>• 지방의회에 대한 재의요구 및 제소권<br>• 선결처분권<br>• 임시회 소집 요구권 |

ㄱ, ㄴ, ㄷ. [O] 주민투표실시권, 규칙제정권, 지방의회의결에 대한 재의요구권은 지방자치단체장의 권한이다.
ㄹ, ㅁ. [×] **청원의 수리와 처리, 조례제정권**은 **지방의회의 권한**이다.

**정답 ①**

## 090
2015 지방 7급 지방자치론

「지방자치법」상 지방의회와의 관계에서 지방자치단체장에게 전혀 인정되지 않는 권한은?

① 지방의회의 의결에 대한 재의요구와 제소권
② 지방자치단체장의 의회해산권
③ 예산상 집행 불가능한 의결의 재의요구권
④ 지방자치단체장의 선결처분권

### 풀이

① [O] 지방자치단체의 장은 지방의회의 의결에 대한 재의요구와 제소권을 갖는다.

> 「지방자치법」 제120조(지방의회의 의결에 대한 재의 요구와 제소) ① 지방자치단체의 장은 지방의회의 의결이 월권이거나 법령에 위반되거나 공익을 현저히 해친다고 인정되면 그 의결사항을 이송받은 날부터 20일 이내에 이유를 붙여 재의를 요구할 수 있다.

② [×] 우리나라의 경우 **의회의 단체장 불신임권과 단체장의 의회해산권**은 1949년 「지방자치법」 제정 시 도입되었으나, 이후 폐지와 부활을 반복하다 1960년 개정 시 폐지되었고 이후 현재까지 **인정되고 있지 않다**.

③ [O] 지방자치단체의 장은 예산상 집행 불가능한 의결의 재의요구권을 갖는다.

> 「지방자치법」 제121조(예산상 집행 불가능한 의결의 재의 요구) ① 지방자치단체의 장은 지방의회의 의결이 예산상 집행할 수 없는 경비를 포함하고 있다고 인정되면 그 의결사항을 이송받은 날부터 20일 이내에 이유를 붙여 재의를 요구할 수 있다.

④ [O] 지방자치단체장은 의회의 소집을 기다릴 수 없는 긴급한 사안에 대해 선결처분권을 갖는다.

> 「지방자치법」 제122조(지방자치단체의 장의 선결처분) ① 지방자치단체의 장은 지방의회가 지방의회의원이 구속되는 등의 사유로 제73조에 따른 의결정족수에 미달될 때와 지방의회의 의결사항 중 주민의 생명과 재산 보호를 위하여 긴급하게 필요한 사항으로서 지방의회를 소집할 시간적 여유가 없거나 지방의회에서 의결이 지체되어 의결되지 아니할 때에는 선결처분(先決處分)을 할 수 있다.
> ② 제1항에 따른 선결처분은 지체 없이 지방의회에 보고하여 승인을 받아야 한다.
> ③ 지방의회에서 제2항의 승인을 받지 못하면 그 선결처분은 그때부터 효력을 상실한다.
> ④ 지방자치단체의 장은 제2항이나 제3항에 관한 사항을 지체 없이 공고하여야 한다.

**정답 ②**

## 091

2016 서울 7급 지방자치론

**우리나라 지방자치단체의 장에 대한 설명으로 가장 옳은 것은?**

① 지방자치단체의 장은 소속행정청의 위법·부당한 행정행위에 대해 직무이행명령을 할 수 있다.
② 지방자치단체의 장의 보조기관으로는 소속공무원, 부시장, 부지사, 구청장, 동장, 면장 등이 있다.
③ 지방자치단체의 장은 주민소환투표에 의해 소환이 확정된 경우 그 직을 상실하나, 그 보궐선거에는 후보자로 등록할 수 있다.
④ 지방자치단체의 장은 위임 또는 위탁받은 사무의 일부를 다시 위임·위탁할 수 있다.

### 풀이

① [×] 직무이행명령은 **지방자치단체장에게** 상급 감독기관이 하는 명령이다. 광역지방자치단체의 장은 기관위임사무의 관리와 처리를 명백히 게을리하고 있다고 인정되는 때에는 소속행정청이 아닌 그 관할구역 안의 기초지방자치단체의 장에게 직무이행명령을 할 수 있다.

> 「지방자치법」 제189조(지방자치단체의 장에 대한 직무이행명령) ① 지방자치단체의 장이 법령에 따라 그 의무에 속하는 국가위임사무나 시·도위임사무의 관리와 집행을 명백히 게을리하고 있다고 인정되면 시·도에 대해서는 주무부장관이, 시·군 및 자치구에 대해서는 시·도지사가 기간을 정하여 서면으로 이행할 사항을 명령할 수 있다.

② [×] 지방자치단체의 장의 **보조기관**은 부단체장, 행정기구, 지방공무원 등이 있다. 자치구가 아닌 구의 구청장, 읍장, 면장, 동장 등은 **하부 행정기관**이다.

③ [×] 주민소환에 의해 직을 상실한 경우 그로 인하여 실시하는 해당 **보궐선거에 후보자로 등록할 수 없다**.

> 「주민소환에 관한 법률」 제23조(주민소환투표의 효력) ①제22조제1항의 규정에 의하여 주민소환이 확정된 때에는 주민소환투표대상자는 그 결과가 공표된 시점부터 그 직을 상실한다.
> ②제1항의 규정에 의하여 그 직을 상실한 자는 그로 인하여 실시하는 이 법 또는 「공직선거법」에 의한 해당보궐선거에 후보자로 등록할 수 없다.

④ [○] 지방자치단체의 장은 위임 또는 위탁받은 사무의 일부를 재위임하고 위탁할 수 있다. 단, 이 경우에 그 사무를 위임, 위탁한 기관의 장의 승인을 받아야 한다.

> 「지방자치법」 제117조(사무의 위임 등) ① 지방자치단체의 장은 조례나 규칙으로 정하는 바에 따라 그 권한에 속하는 사무의 일부를 보조기관, 소속 행정기관 또는 하부행정기관에 위임할 수 있다.
> ② 지방자치단체의 장은 조례나 규칙으로 정하는 바에 따라 그 권한에 속하는 사무의 일부를 관할 지방자치단체나 공공단체 또는 그 기관(사업소·출장소를 포함한다)에 위임하거나 위탁할 수 있다.
> ③ 지방자치단체의 장은 조례나 규칙으로 정하는 바에 따라 그 권한에 속하는 사무 중 조사·검사·검정·관리업무 등 주민의 권리·의무와 직접 관련되지 아니하는 사무를 법인·단체 또는 그 기관이나 개인에게 위탁할 수 있다.
> ④ 지방자치단체의 장이 위임받거나 위탁받은 사무의 일부를 제1항부터 제3항까지의 규정에 따라 다시 위임하거나 위탁하려면 미리 그 사무를 위임하거나 위탁한 기관의 장의 승인을 받아야 한다.

정답 ④

## 092

2023 지방 7급 지방자치론

「지방자치법」상 지방자치단체의 장에 대한 설명으로 옳은 것만을 모두 고르면?

ㄱ. 지방자치단체의 장의 직 인수위원회의 위원 중 공무원이 아닌 사람은 인수위원회 업무와 관련하여 「형법」에 따른 벌칙을 적용할 때는 공무원으로 본다.
ㄴ. 둘 이상의 기초지방자치단체를 통폐합하여 새로운 지방자치단체를 설치하는 경우 행정안전부장관은 종전의 지방자치단체의 장 중에서 해당 지방자치단체의 장의 직무를 대행할 사람을 지정한다.
ㄷ. 구금된 지방자치단체의 장에 관한 통지를 수사기관의 장으로부터 받은 시·군 및 자치구는 그 사실을 즉시 행정안전부장관에게 보고하되 시·도지사를 거쳐야 한다.
ㄹ. 지방의회가 법령에 따라 지방자치단체에서 의무적으로 부담하여야 할 경비를 줄이는 의결을 한 경우 지방자치단체의 장의 재의요구에 대하여 지방의회 재적의원 과반수의 출석과 출석의원 3분의 2 이상의 찬성으로 전과 같은 의결을 하면 그 의결사항은 확정된다.

① ㄱ, ㄴ
② ㄷ, ㄹ
③ ㄱ, ㄴ, ㄹ
④ ㄱ, ㄷ, ㄹ

### 풀이

ㄱ. [○] 인수위원회의 위원장·부위원장 및 위원과 그 직에 있었던 사람 중 공무원이 아닌 사람은 인수위원회의 업무와 관련하여 「형법」이나 그 밖의 법률에 따른 벌칙을 적용할 때에는 공무원으로 본다(「지방자치법」 제105조).
ㄴ. [×] 지방자치단체를 폐지하거나 설치하거나 나누거나 합쳐 새로 지방자치단체의 장을 선출하여야 하는 경우에는 그 지방자치단체의 장이 선출될 때까지 시·도지사는 행정안전부장관이, 시장·군수 및 자치구의 구청장은 시·도지사가 각각 그 직무를 대행할 사람을 지정하여야 한다. 다만, 둘 이상의 동격의 지방자치단체를 통폐합하여 새로운 지방자치단체를 설치하는 경우에는 종전의 지방자치단체의 장 중에서 해당 지방자치단체의 장의 직무를 대행할 사람을 지정한다(「지방자치법」 제110조). 따라서 **기초자치단체를 통폐합하여 단체장의 직무 대행자를 지정하는 것은 행정안전부장관이 아니라 시·도지사이다.**
ㄷ. [○] 수사기관의 장은 체포되거나 구금된 지방자치단체의 장이 있으면 지체 없이 영장의 사본을 첨부하여 해당 지방자치단체에 알려야 한다. 이 경우 통지를 받은 지방자치단체는 그 사실을 즉시 행정안전부장관에게 보고하여야 하며, 시·군 및 자치구가 행정안전부장관에게 보고할 때에는 시·도지사를 거쳐야 한다(「지방자치법」 제113조).
ㄹ. [○] 지방의회가 '법령에 따라 지방자치단체에서 의무적으로 부담하여야 할 경비' 등을 줄이는 의결을 할 때에 지방자치단체의 장은 재의를 요구할 수 있다. 재의 요구에 대하여 재의한 결과 재적의원 과반수의 출석과 출석의원 3분의 2 이상의 찬성으로 전과 같은 의결을 하면 그 의결사항은 확정된다(「지방자치법」 제121조).

정답 ④

## 093

2019 서울 7급 지방자치론

「지방자치법」상 지방자치단체의 장에 대한 설명으로 가장 옳지 않은 것은?

① 지방자치단체의 장의 임기는 4년이고, 계속 재임은 3기에 한한다.
② 지방자치단체의 장은 지방자치단체의 구역변경이나 없어지거나 합한 것 외의 다른 사유로 그 지방자치 단체의 구역 밖으로 주민등록을 이전하였을 때 그 직에서 퇴직된다.
③ 지방자치단체의 장은 그 직을 사임하려면 지방의회 의장에게 미리 사임통지서로 알려야 한다.
④ 체포 또는 구금된 지방자치단체의 장이 있으면 관계 수사기관의 장은 지체 없이 영장의 사본을 첨부하여 행정안전부장관에게 알려야 한다.

### 풀이

① [○] 지방자치단체의 장의 임기는 4년이고, 계속 재임은 3기에 한한다.

「지방자치법」 제108조(지방자치단체의 장의 임기) 지방자치단체의 장의 임기는 4년으로 하며, 3기 내에서만 계속 재임(在任)할 수 있다.

② [○] 지방자치단체의 장은 지방자치단체의 구역변경이나 없어지거나 합한 것 외의 다른 사유로 그 지방자치 단체의 구역 밖으로 주민등록을 이전하였을 때 그 직에서 퇴직된다.

「지방자치법」 제112조(지방자치단체의 장의 퇴직) 지방자치단체의 장이 다음 각 호의 어느 하나에 해당될 때에는 그 직에서 퇴직한다.
1. 지방자치단체의 장이 겸임할 수 없는 직에 취임할 때
2. 피선거권이 없게 될 때. 이 경우 지방자치단체의 구역이 변경되거나 없어지거나 합한 것 외의 다른 사유로 그 지방자치단체의 구역 밖으로 주민등록을 이전하였을 때를 포함한다.
3. 제110조에 따라 지방자치단체의 장의 직을 상실할 때

③ [○] 지방자치단체의 장은 그 직을 사임하려면 지방의회 의장에게 미리 사임통지서로 알려야 한다.

「지방자치법」 제111조(지방자치단체의 장의 사임) ① 지방자치단체의 장은 그 직을 사임하려면 지방의회의 의장에게 미리 사임일을 적은 서면(이하 "사임통지서"라 한다)으로 알려야 한다.

④ [×] 체포 또는 구금된 지방자치단체의 장이 있으면 관계 **수사기관의 장**은 지체 없이 영장의 사본을 첨부하여 **해당 지방자치단체에게 알려야 한다**. 이후 해당 지방자치단체는 그 사실을 즉시 행정안전부장관에게 보고해야 한다.

「지방자치법」 제113조(지방자치단체의 장의 체포 및 확정판결의 통지) ① 수사기관의 장은 체포되거나 구금된 지방자치단체의 장이 있으면 지체 없이 영장의 사본을 첨부하여 해당 지방자치단체에 알려야 한다. 이 경우 통지를 받은 지방자치단체는 그 사실을 즉시 행정안전부장관에게 보고하여야 하며, 시·군 및 자치구가 행정안전부장관에게 보고할 때에는 시·도지사를 거쳐야 한다.

정답 ④

## 094

2016 서울 7급 지방자치론

「지방자치법」상 지방자치단체의 장에 대한 설명으로 가장 옳지 않은 것은?

① 지방자치단체의 장은 그 직을 사임하려면 지방의회의 의장에게 미리 사임일을 적은 서면으로 알려야 한다.
② 지방자치단체의 장의 임기는 4년으로 하며, 지방자치단체의 장의 계속 재임(在任)은 2기에 한한다.
③ 지방자치단체의 장이 형사사건으로 공소가 제기되어 그 판결이 확정되면 각급 법원장은 지체 없이 해당 지방자치단체에 알려야 한다.
④ 체포 또는 구금된 지방자치단체의 장이 있으면 관계 수사기관의 장은 지체 없이 영장의 사본을 첨부하여 해당 지방자치단체에 알려야 한다.

### 풀이

① [○] 지방자치단체의 장은 사임하려면 지방의회의 의장에게 미리 사임일을 적은 사임통지서(서면)로 알려야 한다.

「지방자치법」 제111조(지방자치단체의 장의 사임) ① 지방자치단체의 장은 그 직을 사임하려면 지방의회의 의장에게 미리 사임일을 적은 서면(이하 "사임통지서"라 한다)으로 알려야 한다.

② [×] 지방자치단체의 장의 임기는 4년으로 하며, 지방자치단체의 장의 계속 재임(在任)은 2기가 아닌 **3기에 한한다**.

「지방자치법」 제108조(지방자치단체의 장의 임기) 지방자치단체의 장의 임기는 4년으로 하며, 3기 내에서만 계속 재임(在任)할 수 있다.

③ [○] 지방자치단체의 장이 형사사건으로 공소가 제기되어 그 판결이 확정되면 각급 법원장은 지체 없이 해당 지방자치단체에 알려야 한다.

④ [○] 체포 또는 구금된 지방자치단체의 장이 있으면 관계 수사기관의 장은 지체 없이 영장의 사본을 첨부하여 해당 지방자치단체에 알려야 한다.

「지방자치법」 제113조(지방자치단체의 장의 체포 및 확정판결의 통지) ① 수사기관의 장은 체포되거나 구금된 지방자치단체의 장이 있으면 지체 없이 영장의 사본을 첨부하여 해당 지방자치단체에 알려야 한다. 이 경우 통지를 받은 지방자치단체는 그 사실을 즉시 행정안전부장관에게 보고하여야 하며, 시·군 및 자치구가 행정안전부장관에게 보고할 때에는 시·도지사를 거쳐야 한다.
② 각급 법원장은 지방자치단체의 장이 형사사건으로 공소가 제기되어 판결이 확정되면 지체 없이 해당 지방자치단체에 알려야 한다. 이 경우 통지를 받은 지방자치단체는 그 사실을 즉시 행정안전부장관에게 보고하여야 하며, 시·군 및 자치구가 행정안전부장관에게 보고할 때에는 시·도지사를 거쳐야 한다.

정답 ②

## 095

2020 지방 7급 지방자치론

지방자치 관계 법령상 지방자치단체장의 권한에 대한 설명으로 옳은 것은?

① 대통령령으로 정하는 공공시설의 설치·처분에 대한 의결권을 갖는다.
② 조례를 위반한 행위에 대해 5천만 원 이하의 과태료를 부과한다.
③ 시·도지사는 관할 구역 안의 기초지방자치단체의 자치사무에 관하여 보고를 받을 수 있다.
④ 시장·군수·자치구청장은 소방서장을 지휘·감독한다.

### 풀이

① [×] 대통령령으로 정하는 공공시설의 설치·처분에 대한 의결권은 **지방의회의 의결사항**이다.

> 「지방자치법」 제47조(지방의회의 의결사항) ① 지방의회는 다음 각 호의 사항을 의결한다.
> 1. 조례의 제정·개정 및 폐지
> 2. 예산의 심의·확정
> 3. 결산의 승인
> 4. 법령에 규정된 것을 제외한 사용료·수수료·분담금·지방세 또는 가입금의 부과와 징수
> 5. 기금의 설치·운용
> 6. 대통령령으로 정하는 중요 재산의 취득·처분
> 7. 대통령령으로 정하는 공공시설의 설치·처분
> 8. 법령과 조례에 규정된 것을 제외한 예산 외의 의무부담이나 권리의 포기
> 9. 청원의 수리와 처리
> 10. 외국 지방자치단체와의 교류·협력
> 11. 그 밖에 법령에 따라 그 권한에 속하는 사항

② [×] 조례를 위반한 행위에 대해서는 5천만 원이 아닌 **1천만 원 이하**의 과태료를 부과한다.

> 「지방자치법」 제34조(조례 위반에 대한 과태료) ① 지방자치단체는 조례를 위반한 행위에 대하여 조례로써 1천만원 이하의 과태료를 정할 수 있다.
> ② 제1항에 따른 과태료는 해당 지방자치단체의 장이나 그 관할 구역의 지방자치단체의 장이 부과·징수한다.

③ [○] 시·도지사는 관할 구역 안의 기초지방자치단체의 자치사무에 관하여 보고를 받을 수 있다.

> 「지방자치법」 제190조(지방자치단체의 자치사무에 대한 감사)
> ① 행정안전부장관이나 시·도지사는 지방자치단체의 자치사무에 관하여 보고를 받거나 서류·장부 또는 회계를 감사할 수 있다. 이 경우 감사는 법령 위반사항에 대해서만 한다.
> ② 행정안전부장관 또는 시·도지사는 제1항에 따라 감사를 하기 전에 해당 사무의 처리가 법령에 위반되는지 등을 확인하여야 한다.

④ [×] 소방서장은 그 소재지를 관할하는 **광역자치단체의 장**(특별시장, 광역시장, 특별자치시장, 도지사, 특별자치도지사)**이 지휘·감독**한다. 시장·군수·자치구청장은 기초자치단체의 장으로 소방서장에 대한 지휘, 감독권이 없다.

> 「소방기본법」 제3조(소방기관의 설치 등) ① 시·도의 화재 예방·경계·진압 및 조사, 소방안전교육·홍보와 화재, 재난·재해, 그 밖의 위급한 상황에서의 구조·구급 등의 업무(이하 "소방업무"라 한다)를 수행하는 소방기관의 설치에 필요한 사항은 대통령령으로 정한다.
> ② 소방업무를 수행하는 소방본부장 또는 소방서장은 그 소재지를 관할하는 특별시장·광역시장·특별자치시장·도지사 또는 특별자치도지사(이하 "시·도지사"라 한다)의 지휘와 감독을 받는다.
> ③ 제2항에도 불구하고 소방청장은 화재 예방 및 대형 재난 등 필요한 경우 시·도 소방본부장 및 소방서장을 지휘·감독할 수 있다.
> ④ 시·도에서 소방업무를 수행하기 위하여 시·도지사 직속으로 소방본부를 둔다.

정답 ③

## 096

2015 서울 7급 지방자치론

**우리나라 지방자치단체장과 지방의회의 관계에 대한 설명으로 가장 옳은 것은?**

① 지방자치단체장은 조례안의 일부에 대하여 이의가 있으면 조례안을 수정하여 재의를 요구할 수 있다.
② 지방공무원으로 보하는 광역자치단체의 정무부지사는 지방의회의 동의를 받아 지방자치단체장이 임명한다.
③ 지방의회가 비상재해로 인한 시설의 응급 복구를 위하여 필요한 경비를 줄이는 의결을 할 때 지방자치단체장은 재의를 요구할 수 있다.
④ 지방자치단체장의 선결처분은 지방의회에 보고하여야 하지만 승인을 받을 필요는 없다.

### 풀이

① [×] 지방자치단체장은 조례안에 대해 재의를 요구할 수 있지만 조례안의 일부에 대하여 또는 조례안을 **수정하여 재의를 요구할 수 없다.**

> 「지방자치법」 제32조(조례와 규칙의 제정 절차 등) ① 조례안이 지방의회에서 의결되면 지방의회의 의장은 의결된 날부터 5일 이내에 그 지방자치단체의 장에게 이송하여야 한다.
> ② 지방자치단체의 장은 제1항의 조례안을 이송받으면 20일 이내에 공포하여야 한다.
> ③ 지방자치단체의 장은 이송받은 조례안에 대하여 이의가 있으면 제2항의 기간에 이유를 붙여 지방의회로 환부(還付)하고, 재의(再議)를 요구할 수 있다. 이 경우 지방자치단체의 장은 조례안의 일부에 대하여 또는 조례안을 수정하여 재의를 요구할 수 없다.

② [×] 광역자치단체의 정무부지사는 단체장이 임명하는 별정직 지방공무원으로 임명 시 **지방의회의 동의는 요구되지 않는다.**

③ [○] 지방의회가 비상재해로 인한 시설의 응급 복구를 위하여 필요한 경비를 줄이는 의결을 할 때 지방자치단체장은 재의를 요구할 수 있다.

> 「지방자치법」 제121조(예산상 집행 불가능한 의결의 재의 요구)
> ① 지방자치단체의 장은 지방의회의 의결이 예산상 집행할 수 없는 경비를 포함하고 있다고 인정되면 그 의결사항을 이송받은 날부터 20일 이내에 이유를 붙여 재의를 요구할 수 있다.
> ② 지방의회가 다음 각 호의 어느 하나에 해당하는 경비를 줄이는 의결을 할 때에도 제1항과 같다.
> 1. 법령에 따라 지방자치단체에서 의무적으로 부담하여야 할 경비
> 2. 비상재해로 인한 시설의 응급 복구를 위하여 필요한 경비

④ [×] 지방자치단체장의 선결처분은 **지체없이 지방의회에 보고하여 승인을 받아야 한다.**

> 「지방자치법」 제122조(지방자치단체의 장의 선결처분) ① 지방자치단체의 장은 지방의회가 지방의회의원이 구속되는 등의 사유로 제73조에 따른 의결정족수에 미달될 때와 지방의회의 의결사항 중 주민의 생명과 재산 보호를 위하여 긴급하게 필요한 사항으로서 지방의회를 소집할 시간적 여유가 없거나 지방의회에서 의결이 지체되어 의결되지 아니할 때에는 선결처분(先決處分)을 할 수 있다.
> ② 제1항에 따른 선결처분은 지체 없이 지방의회에 보고하여 승인을 받아야 한다.
> ③ 지방의회에서 제2항의 승인을 받지 못하면 그 선결처분은 그때부터 효력을 상실한다.
> ④ 지방자치단체의 장은 제2항이나 제3항에 관한 사항을 지체 없이 공고하여야 한다.

정답 ③

## 097
2018 서울 7급 지방자치론

우리나라 지방자치단체장과 지방의회의 관계에 대한 설명으로 가장 옳지 않은 것은?

① 지방의회가 예산심의 시 지출예산 각 항의 금액을 증액하거나 새로운 비목을 설치하고자 할 때는 지방자치단체 장의 동의를 받아야 한다.
② 지방자치단체장이 지방의회에서 의결된 조례안을 이송 받고 20일 이내에 공포하지 않거나 재의요구를 하지 아니할 때에는 그 조례안은 조례로서 확정된다.
③ 지방의회에 두는 사무직원 정수는 법률로 정한다.
④ 지방자치단체장의 선결처분은 지방의회에 보고하여 승인을 받아야 하며 승인을 받지 못하면 그 선결처분은 그때부터 효력을 상실한다.

### 풀이

① [O] 지방의회가 예산심의 시 지출예산 각 항의 금액을 증액하거나 새로운 비목을 설치하고자 할 때는 지방자치단체 장의 동의를 받아야 한다.
② [O] 지방자치단체장이 지방의회에서 의결된 조례안을 이송 받고 20일 이내에 공포하지 않거나 재의요구를 하지 아니할 때에는 그 조례안은 조례로서 확정된다.
③ [×] **지방의회에 두는 사무직원 수는** 법률이 아닌 **대통령령이 정하는 기준에 따라 조례로 정한다.**

> 「지방자치법」 제103조(사무직원의 정원과 임면 등) ① 지방의회에 두는 사무직원의 수는 인건비 등 대통령령으로 정하는 기준에 따라 조례로 정한다.
> ② 지방의회의 의장은 지방의회 사무직원을 지휘·감독하고 법령과 조례·의회규칙으로 정하는 바에 따라 그 임면·교육·훈련·복무·징계 등에 관한 사항을 처리한다.

④ [O] 지방자치단체장의 선결처분은 지방의회에 보고하여 승인을 받아야 하며 승인을 받지 못하면 그 선결처분은 그때부터 효력을 상실한다.

**정답 ③**

## 098
2019 지방 7급 지방자치론

지방자치단체장과 지방의회와의 관계에 대한 설명으로 옳은 것은?

① 광역자치단체의 지방의회는 매년 2회 지방자치단체 사무에 대하여 21일의 범위에서 행정사무 감사를 실시한다.
② 지방자치단체장은 지방의회에 재의를 요구한 사항이 재의결된 경우, 재의결된 사항이 공익을 현저히 해친다고 인정되면 대법원에 소를 제기할 수 있다.
③ 지방의회가 폐회 중에는 지방자치단체장은 지방의회의 의장 또는 위원장에게 이유서를 붙여 위원회의 개회를 요구할 수 있다.
④ 광역자치단체의 지방의회는 부단체장 임명에 대해 인사청문회 개최와 동의권을 가진다.

### 풀이

① [×] **광역자치단체의** 지방의회는 매년 **1회** 지방자치단체 사무에 대하여 **14일의 범위**에서 행정사무 감사를 실시한다.
② [×] 지방자치단체장은 지방의회에 재의를 요구한 사항이 재의결된 경우, 재의결된 사항이 **법령에 위반된다고 인정되면 대법원에 소를 제기할 수 있다.** 이 경우 공익을 현저히 해친다고 인정되는 부당성에 대해서는 불가하다.
③ [O] 지방의회가 폐회 중에는 지방자치단체장은 지방의회의 의장 또는 위원장에게 이유서를 붙여 위원회의 개회를 요구할 수 있다.

> 「지방자치법」 제70조(위원회의 개회) ① 위원회는 본회의의 의결이 있거나 지방의회의 의장 또는 위원장이 필요하다고 인정할 때, 재적위원 3분의 1 이상이 요구할 때에 개회한다.
> ② 폐회 중에는 지방자치단체의 장도 지방의회의 의장 또는 위원장에게 이유서를 붙여 위원회 개회를 요구할 수 있다.

④ [×] **부단체장 임명**에 대해 **인사청문회 개최와 의회의 동의** 등의 절차는 별도로 존재하지 않는다.

> 「지방자치법」 제123조(부지사·부시장·부군수·부구청장) ② 특별시·광역시 및 특별자치시의 부시장, 도와 특별자치도의 부지사는 대통령령으로 정하는 바에 따라 정무직 또는 일반직 국가공무원으로 보한다. 다만, 제1항제1호 및 제2호에 따라 특별시·광역시 및 특별자치시의 부시장, 도와 특별자치도의 부지사를 2명이나 3명 두는 경우에 1명은 대통령령으로 정하는 바에 따라 정무직·일반직 또는 별정직 지방공무원으로 보하되, 정무직과 별정직 지방공무원으로 보할 때의 자격기준은 해당 지방자치단체의 조례로 정한다.
> ③ 제2항의 정무직 또는 일반직 국가공무원으로 보하는 부시장·부지사는 시·도지사의 제청으로 행정안전부장관을 거쳐 대통령이 임명한다. 이 경우 제청된 사람에게 법적 결격사유가 없으면 시·도지사가 제청한 날부터 30일 이내에 임명절차를 마쳐야 한다.

**정답 ③**

## 099

2014 지방 7급 지방자치론

「지방자치법」상 의결기관에 대한 집행기관의 통제수단이 아닌 것은?

① 재의요구권
② 서류제출요구권
③ 제소권
④ 선결처분권

**풀이**

① [O] 재의요구권은 의결기관인 의회에 대한 집행기관인 자치단체의 장의 통제수단이다.
② [×] 서류제출요구권은 지방의회가 해당 자치단체의 장에게 요구할 수 있는 것으로 **지방의회의 권한**이다.

> 「지방자치법」 제48조(서류제출 요구) ① 본회의나 위원회는 그 의결로 안건의 심의와 직접 관련된 서류의 제출을 해당 지방자치단체의 장에게 요구할 수 있다.
> ② 위원회가 제1항의 요구를 할 때에는 지방의회의 의장에게 그 사실을 보고하여야 한다.
> ③ 제1항에도 불구하고 폐회 중에는 지방의회의 의장이 서류의 제출을 해당 지방자치단체의 장에게 요구할 수 있다.
> ④ 제1항 또는 제3항에 따라 서류제출을 요구할 때에는 서면, 전자문서 또는 컴퓨터의 자기테이프·자기디스크, 그 밖에 이와 유사한 매체에 기록된 상태 등 제출 형식을 지정할 수 있다.

③ [O] 지방의회의 재의결에 대한 제소권은 집행기관인 지방자치단체의 장이 의결기관인 의회에 대해 행사하는 권한이다.
④ [O] 의결기관에 대한 집행기관의 권한으로 지방자치단체의 장의 선결처분권이 있다.

**정답** ②

## 100

2022 지방 7급 지방자치론

「지방자치법」상 지방자치단체장의 재의요구권에 대한 설명으로 옳지 않은 것은?

① 지방자치단체의 장은 지방의회의 의결이 월권이라고 인정되면 재의를 요구할 수 있다.
② 지방자치단체의 장은 재의결된 사항이 법령에 위반된다고 인정되면 헌법재판소에 심판청구를 할 수 있다.
③ 지방자치단체의 장의 재의 요구에 대하여 지방의회가 재의한 결과 재적의원 과반수의 출석과 출석의원 3분의 2 이상의 찬성으로 전과 같은 의결을 하면 그 의결사항은 확정된다.
④ 지방의회가 비상재해로 인한 시설의 응급 복구를 위하여 필요한 경비를 줄이는 의결을 할 때 지방자치단체의 장은 재의를 요구할 수 있다.

**풀이**

① [O] 지방자치단체의 장은 지방의회의 의결이 월권이거나 법령을 위반되거나 공익을 현저히 해친다고 인정되면 재의를 요구할 수 있다.
② [×] 지방자치단체의 장은 재의결된 사항이 법령에 위반된다고 인정되면 **헌법재판소가 아닌 대법원에 소를 제기**할 수 있다.
③ [O] 지방자치단체의 장의 재의 요구에 대하여 지방의회가 재의한 결과 재적의원 과반수의 출석과 출석의원 3분의 2 이상의 찬성으로 전과 같은 의결을 하면 그 의결사항은 확정된다.
④ [O] 지방의회가 법령에 따라 지방자치단체에서 의무적으로 부담해야 하는 경비, 비상재해로 인한 시설의 응급 복구를 위하여 필요한 경비를 줄이는 의결을 하는 경우 지방자치단체의 장은 재의를 요구할 수 있다.

> 「지방자치법」
> 제120조(지방의회의 의결에 대한 재의 요구와 제소) ① 지방자치단체의 장은 지방의회의 의결이 월권이거나 법령에 위반되거나 공익을 현저히 해친다고 인정되면 그 의결사항을 이송받은 날부터 20일 이내에 이유를 붙여 재의를 요구할 수 있다.
> ② 제1항의 요구에 대하여 재의한 결과 재적의원 과반수의 출석과 출석의원 3분의 2 이상의 찬성으로 전과 같은 의결을 하면 그 의결사항은 확정된다.
> ③ 지방자치단체의 장은 제2항에 따라 재의결된 사항이 법령에 위반된다고 인정되면 대법원에 소(訴)를 제기할 수 있다. 이 경우에는 제192조제4항을 준용한다.
> 제121조(예산상 집행 불가능한 의결의 재의 요구) ① 지방자치단체의 장은 지방의회의 의결이 예산상 집행할 수 없는 경비를 포함하고 있다고 인정되면 그 의결사항을 이송받은 날부터 20일 이내에 이유를 붙여 재의를 요구할 수 있다.
> ② 지방의회가 다음 각 호의 어느 하나에 해당하는 경비를 줄이는 의결을 할 때에도 제1항과 같다.
> 1. 법령에 따라 지방자치단체에서 의무적으로 부담하여야 할 경비
> 2. 비상재해로 인한 시설의 응급 복구를 위하여 필요한 경비

**정답** ②

## 101
2016 서울 7급 지방자치론

다음 중 지방자치단체의 장과 지방의회와의 관계에 대한 설명으로 가장 옳지 않은 것은?

① 지방자치단체의 장은 지방의회의 의결이 공익을 현저히 해친다고 인정되면 재의를 요구할 수 있다.
② 지방의회에서 재의한 결과 재적의원 과반수의 출석과 출석의원 3분의 2 이상의 찬성으로 전과 같은 의결을 하면 그 의결사항은 확정된다.
③ 지방자치단체의 장은 지방의회에서 재의결된 사항에 대해서는 대법원에 소(訴)를 제기할 수 없다.
④ 지방자치단체의 장은 지방의회의 의결이 예산상 집행할 수 없는 경비를 포함하고 있다고 인정되면 재의를 요구할 수 있다.

### 풀이

① [○] 지방자치단체의 장은 지방의회의 의결이 공익을 현저히 해친다고 인정되면 재의를 요구할 수 있다.
② [○] 지방의회에서 재의한 결과 재적의원 과반수의 출석과 출석의원 3분의 2 이상의 찬성으로 전과 같은 의결을 하면 그 의결사항은 확정된다.
③ [×] 지방자치단체의 장은 **재의결된 사항이 법령에 위반된다고 인정되는 경우 대법원에 소를 제기할 수 있다.**

> 「지방자치법」 제120조(지방의회의 의결에 대한 재의 요구와 제소) ① 지방자치단체의 장은 지방의회의 의결이 월권이거나 법령에 위반되거나 공익을 현저히 해친다고 인정되면 그 의결사항을 이송받은 날부터 20일 이내에 이유를 붙여 재의를 요구할 수 있다.
> ② 제1항의 요구에 대하여 재의한 결과 재적의원 과반수의 출석과 출석의원 3분의 2 이상의 찬성으로 전과 같은 의결을 하면 그 의결사항은 확정된다.
> ③ 지방자치단체의 장은 제2항에 따라 <u>재의결된 사항이 법령에 위반된다고 인정되면 대법원에 소(訴)를 제기할 수 있다.</u> 이 경우에는 제192조제4항을 준용한다.

④ [○] 지방자치단체의 장은 지방의회의 의결이 예산상 집행할 수 없는 경비를 포함하고 있다고 인정되면 재의를 요구할 수 있다.

정답 ③

## 102
2023 지방 7급 지방자치론

「지방자치법」상 지방자치단체의 장과 지방의회와의 관계에 대한 설명으로 옳지 않은 것은?

① 지방자치단체의 장은 지방의회의 의결이 월권이거나 법령에 위반되거나 공익을 현저히 해친다고 인정되면 그 의결사항을 이송받은 날부터 20일 이내에 이유를 붙여 재의를 요구할 수 있다.
② 지방자치단체의 장은 지방의회의 의결이 예산상 집행할 수 없는 경비를 포함하고 있다고 인정되면 그 의결사항을 이송받은 날부터 20일 이내에 이유를 붙여 재의를 요구할 수 있다.
③ 지방자치단체의 장은 지방의회의 의결사항 중 주민의 생명과 재산 보호를 위하여 긴급하게 필요한 사항으로서 지방의회를 소집할 시간적 여유가 없을 때에는 선결처분을 할 수 있다.
④ 지방자치단체의 장이 지방의회에 보고하여 승인을 얻지 못한 선결처분은 선결처분을 한 시점으로부터 효력을 상실한다.

### 풀이

① [○] 지방자치단체의 장은 지방의회의 의결이 월권이거나 법령에 위반되거나 공익을 현저히 해친다고 인정되면 그 의결사항을 이송받은 날부터 20일 이내에 이유를 붙여 재의를 요구할 수 있다(「지방자치법」 제120조).
② [○] 지방자치단체의 장은 지방의회의 의결이 예산상 집행할 수 없는 경비를 포함하고 있다고 인정되면 그 의결사항을 이송받은 날부터 20일 이내에 이유를 붙여 재의를 요구할 수 있다(「지방자치법」 제121조).
③ [○] 지방자치단체의 장은 지방의회가 지방의회의원이 구속되는 등의 사유로 「지방자치법」상 의결정족수에 미달될 때와 지방의회의 의결사항 중 주민의 생명과 재산 보호를 위하여 긴급하게 필요한 사항으로서 지방의회를 소집할 시간적 여유가 없거나 지방의회에서 의결이 지체되어 의결되지 아니할 때에는 선결처분(先決處分)을 할 수 있다(「지방자치법」 제122조).
④ [×] 지방자치단체장의 선결처분은 지체 없이 지방의회에 보고하여 승인을 받아야 한다. 지방의회에서 승인을 받지 못하면 그 선결처분은 **선결처분을 한 시점이 아닌 승인을 받지 못한 시점부터 효력을 상실한다**(「지방자치법」 제122조).

정답 ④

## 103

2018 (3월) 서울 7급 지방자치론

지방의회의 의결이 법령에 위반되거나 공익을 현저히 해친다고 판단될 때, 나타날 수 있는 조치로 옳은 것을 <보기>에서 모두 고른 것은?

<보기>

ㄱ. 시·도지사가 재의를 요구하면 시·군·구 지방자치단체의 장은 의결사항을 이송 받은 날부터 20일 이내에 지방의회에 이유를 붙여 재의를 요구하여야 한다.

ㄴ. 지방자치단체의 재의 요구에 대하여 재의의 결과 재적의원 과반수의 출석과 출석의원 3분의 2 이상의 찬성으로 전과 같은 의결을 하면 그 의결사항은 확정된다.

ㄷ. 지방자치단체의 장은 (ㄴ)에 따라 재의결된 사항이 법령에 위반된다고 판단되면 재의결된 날부터 15일 이내에 대법원에 소를 제기할 수 있다.

ㄹ. 재의결된 사항이 법령에 위반된다고 판단됨에도 불구하고 해당 지방자치단체의 장이 소(訴)를 제기하지 아니하면 주무부장관이나 시·도지사는 직접 제소할 수 없다.

① ㄱ
② ㄱ, ㄴ
③ ㄱ, ㄴ, ㄷ
④ ㄱ, ㄴ, ㄷ, ㄹ

### 풀이

ㄱ. [○] 시·도지사가 재의를 요구하면 시·군·구 지방자치단체의 장은 의결사항을 이송 받은 날부터 20일 이내에 지방의회에 이유를 붙여 재의를 요구하여야 한다.

ㄴ. [×] 의회의 의결에 대한 재의요구는 **지방자치단체가 아닌 지방자치단체의 장의 권한**이다. 지방자치단체의 장이 재의 요구 시 재의의 결과 재적의원 과반수의 출석과 출석의원 3분의 2 이상의 찬성으로 전과 같은 의결을 하면 그 의결사항은 확정된다.

ㄷ. [×] 지방자치단체의 장은 (ㄴ)에 따라 재의결된 사항이 법령에 위반된다고 판단되면 재의결된 날부터 15일이 아닌 **20일 이내에 대법원에 소를 제기할 수 있다.**

ㄹ. [×] 재의결된 사항이 법령에 위반된다고 판단됨에도 불구하고 해당 지방자치단체의 장이 소(訴)를 제기하지 아니하면 **주무부장관이나 시·도지사는 직접 제소할 수 있다.**

「지방자치법」 제192조(지방의회 의결의 재의와 제소) ① 지방의회의 의결이 법령에 위반되거나 공익을 현저히 해친다고 판단되면 시·도에 대해서는 주무부장관이, 시·군 및 자치구에 대해서는 시·도지사가 해당 지방자치단체의 장에게 재의를 요구하게 할 수 있고, 재의 요구 지시를 받은 지방자치단체의 장은 의결사항을 이송받은 날부터 20일 이내에 지방의회에 이유를 붙여 재의를 요구하여야 한다.
② 시·군 및 자치구의회의 의결이 법령에 위반된다고 판단됨에도 불구하고 시·도지사가 제1항에 따라 재의를 요구하게 하지 아니한 경우 주무부장관이 직접 시장·군수 및 자치구의 구청장에게 재의를 요구하게 할 수 있고, 재의 요구 지시를 받은 시장·군수 및 자치구의 구청장은 의결사항을 이송받은 날부터 20일 이내에 지방의회에 이유를 붙여 재의를 요구하여야 한다.
③ 제1항 또는 제2항의 요구에 대하여 재의한 결과 재적의원 과반수의 출석과 출석의원 3분의 2 이상의 찬성으로 전과 같은 의결을 하면 그 의결사항은 확정된다.
④ 지방자치단체의 장은 제3항에 따라 재의결된 사항이 법령에 위반된다고 판단되면 재의결된 날부터 20일 이내에 대법원에 소를 제기할 수 있다. 이 경우 필요하다고 인정되면 그 의결의 집행을 정지하게 하는 집행정지결정을 신청할 수 있다.
⑤ 주무부장관이나 시·도지사는 재의결된 사항이 법령에 위반된다고 판단됨에도 불구하고 해당 지방자치단체의 장이 소를 제기하지 아니하면 시·도에 대해서는 주무부장관이, 시·군 및 자치구에 대해서는 시·도지사(제2항에 따라 주무부장관이 직접 재의 요구 지시를 한 경우에는 주무부장관을 말한다. 이하 이 조에서 같다)가 그 지방자치단체의 장에게 제소를 지시하거나 직접 제소 및 집행정지결정을 신청할 수 있다.

정답 ①

## 104
2021 지방 7급 지방자치론

A광역지방자치단체의 의회는 환경부 소관의 폐기물 관리 정책과 관련하여 공익을 현저히 해치는 의결을 하였다. 이에 대한 설명으로 옳지 않은 것은?

① 환경부장관은 A광역지방자치단체의 장에게 재의를 요구하게 할 수 있다.
② 환경부장관으로부터 재의요구를 받은 A광역지방자치단체의 장은 지방의회에 이유를 붙여 재의를 요구하여야 한다.
③ A광역지방자치단체장의 재의요구에 대하여 지방의회에서 재적의원 과반수의 출석과 출석의원 3분의 2 이상의 찬성으로 전과 같은 의결을 하면 그 의결 사항은 확정된다.
④ A광역지방자치단체의 장은 지방의회에서 재의결된 사항이 공익을 현저히 해친다고 판단되면 재의결된 날부터 20일 이내에 대법원에 소를 제기할 수 있다.

### 풀이

지방의회의 의결이 법령에 위반되거나 공익을 현저히 해친다고 판단되면, 시·도에 대해서는 주무부장관이 재의를 요구하게 할 수 있으며, 재의요구를 받은 지방자치단체의 장은 의결사항을 이송받은 날로부터 20일 이내 지방의회에 이유를 붙여 재의를 요구해야 한다.

① [○] 환경부장관은 환경부 소관의 폐기물 관리 정책에 관한 주무부장관으로 A광역의회의 의결에 대해 A광역지방자치단체의 장에게 재의를 요구하게 할 수 있다.
② [○] 환경부장관으로부터 재의요구를 받은 A광역지방자치단체의 장은 의결사항을 이송받은 날로부터 20일 이내 지방의회에 이유를 붙여 재의를 요구하여야 한다.
③ [○] A광역지방자치단체장의 재의요구에 대하여 지방의회에서 재적의원 과반수의 출석과 출석의원 3분의 2 이상의 찬성으로 전과 동일한 의결을 하면 그 의결 사항은 확정된다.
④ [×] A광역지방자치단체의 장은 지방의회에서 재의결된 사항에 대해 재의결된 날부터 20일 이내에 대법원에 소를 제기할 수 있다. 하지만 이는 **법령에 위반된다고 판단될 때**이며 공익을 현저히 해치는 부당한 의결에 대해서는 제기할 수 없다.

> 「지방자치법」제120조(지방의회의 의결에 대한 재의 요구와 제소) ① 지방자치단체의 장은 지방의회의 의결이 월권이거나 법령에 위반되거나 공익을 현저히 해친다고 인정되면 그 의결사항을 이송받은 날부터 20일 이내에 이유를 붙여 재의를 요구할 수 있다.
> ② 제1항의 요구에 대하여 재의한 결과 재적의원 과반수의 출석과 출석의원 3분의 2 이상의 찬성으로 전과 같은 의결을 하면 그 의결사항은 확정된다.
> ③ 지방자치단체의 장은 제2항에 따라 재의결된 사항이 법령에 위반된다고 인정되면 대법원에 소(訴)를 제기할 수 있다. 이 경우에는 제192조제4항을 준용한다.

정답 ④

## 105
2019 (2월) 서울 7급 지방자치론

「지방자치법」상 지방자치단체의 장의 선결처분(先決處分)에 대한 설명으로 가장 옳지 않은 것은?

① 지방자치단체의 장은 지방의회의 의결사항 중 주민의 생명과 재산보호를 위하여 긴급하게 필요한 사항으로서 지방의회에서 의결이 지체되어 의결되지 아니할 때에는 선결처분을 할 수 있다.
② 선결처분은 지체 없이 지방의회에 보고하여 승인을 받아야 한다.
③ 지방의회에서 선결처분의 승인을 받지 못하면 그 선결처분은 그때부터 효력을 상실한다.
④ 지방자치단체의 장은 지방의회에서 선결처분이 승인을 받지 못하면 15일 전까지 재승인을 받아야 하고, 관련 사항을 지체없이 공고해야 한다.

### 풀이

① [○] 지방자치단체의 장은 지방의회의 의결사항 중 주민의 생명과 재산보호를 위하여 긴급하게 필요한 사항으로서 지방의회에서 의결이 지체되어 의결되지 아니할 때에는 선결처분을 할 수 있다.
② [○] 선결처분은 지체 없이 지방의회에 보고하여 승인을 받아야 한다.
③ [○] 지방의회에서 선결처분의 승인을 받지 못하면 그 선결처분은 그때부터 효력을 상실한다.
④ [×] 선결처분은 지방의회의 승인을 받아야 하는데 승인을 받지 못하면 그 선결처분은 그때부터 효력을 상실하며, 관련 사항을 지체 없이 공고하여야 한다. 이때 **재승인에 관련한 절차는 없다.**

> 「지방자치법」제122조(지방자치단체의 장의 선결처분) ① 지방자치단체의 장은 지방의회가 지방의회의원이 구속되는 등의 사유로 제73조에 따른 의결정족수에 미달될 때와 지방의회의 의결사항 중 주민의 생명과 재산 보호를 위하여 긴급하게 필요한 사항으로서 지방의회를 소집할 시간적 여유가 없거나 지방의회에서 의결이 지체되어 의결되지 아니할 때에는 선결처분(先決處分)을 할 수 있다.
> ② 제1항에 따른 선결처분은 지체 없이 지방의회에 보고하여 승인을 받아야 한다.
> ③ 지방의회에서 제2항의 승인을 받지 못하면 그 선결처분은 그때부터 효력을 상실한다.
> ④ 지방자치단체의 장은 제2항이나 제3항에 관한 사항을 지체 없이 공고하여야 한다.

정답 ④

## 106

2013 지방 7급 지방자치론

**지방자치단체장의 선결처분에 대한 설명으로 옳지 않은 것은?**

① 지방의회에 보고하여 승인을 받아야 한다.

② 주민의 생명과 재산보호를 위하여 긴급하게 필요한 사항으로 지방의회에서 의결이 지체되어 의결되지 않을 때 할 수 있다.

③ 지방의회의원의 구속 등으로 의결정족수에 미달하여 지방의회가 성립될 수 없을 때 할 수 있다.

④ 지방의회에서 승인을 받지 못하면 최초 선결처분 시까지 소급하여 효력이 없는 것으로 한다.

**풀이**

① [○] 선결처분은 지방의회에 보고하여 승인을 받아야 한다.

② [○] 선결처분은 주민의 생명과 재산보호를 위하여 긴급하게 필요한 사항으로 지방의회에서 의결이 지체되어 의결되지 않을 때 할 수 있다.

③ [○] 지방의회의원의 구속 등으로 의결정족수에 미달하여 지방의회가 성립될 수 없을 경우는 선결처분의 조건이 될 수 있다.

④ [×] 지방의회의 승인을 받지 못하면 최초 선결처분시로 소급하여 효력을 상실하는 것이 아니라 **승인을 받지 못한 때부터 효력을 상실**한다.

> 「지방자치법」 제122조(지방자치단체의 장의 선결처분) ① 지방자치단체의 장은 지방의회가 지방의회의원이 구속되는 등의 사유로 제73조에 따른 의결정족수에 미달될 때와 지방의회의 의결사항 중 주민의 생명과 재산 보호를 위하여 긴급하게 필요한 사항으로서 지방의회를 소집할 시간적 여유가 없거나 지방의회에서 의결이 지체되어 의결되지 아니할 때에는 선결처분(先決處分)을 할 수 있다.
> ② 제1항에 따른 선결처분은 지체 없이 지방의회에 보고하여 승인을 받아야 한다.
> ③ 지방의회에서 제2항의 승인을 받지 못하면 그 선결처분은 그때부터 효력을 상실한다.
> ④ 지방자치단체의 장은 제2항이나 제3항에 관한 사항을 지체 없이 공고하여야 한다.

정답 ④

## 107

2017 지방 7급 지방자치론

**지방자치단체의 부단체장에 대한 설명으로 옳은 것은?**

① 특별시의 부시장의 정수는 3명을 넘지 아니하는 범위에서 특별시의회에서 정한다.

② 일반직 국가공무원으로 보하는 광역시와 도의 부시장·부지사는 행정안전부장관의 제청으로 시·도지사의 인준을 거쳐 대통령이 임명한다.

③ 특별자치시의 부시장 또는 특별자치도의 부지사를 2명이나 3명 두는 경우에 1명은 대통령령으로 정하는 바에 따라 정무직·일반직 또는 별정직 지방공무원으로 보한다.

④ 시의 부시장, 군의 부군수, 자치구의 부구청장은 일반직 지방 공무원으로 보하되, 그 직급은 행정안전부령으로 정하며 시장·군수·구청장이 임명한다.

**풀이**

① [×] **특별시의 부시장의 정수**는 3명을 넘지 아니하는 범위에서 특별시의회의 의결이 아닌 **대통령령으로** 정한다.

② [×] 일반직 국가공무원으로 보하는 부시장·부지사는 **시·도지사의 제청으로 행정안전부장관을 거쳐 대통령이 임명**한다.

③ [○] 특별자치시의 부시장 또는 특별자치도의 부지사를 2명이나 3명 두는 경우에 1명은 대통령령으로 정하는 바에 따라 정무직·일반직 또는 별정직 지방공무원으로 보한다.

④ [×] 시의 부시장, 군의 부군수, 자치구의 부구청장은 일반직 지방공무원으로 보하되, 그 직급은 행정안전부령이 아닌 **대통령령으로 정하며** 시장·군수·구청장이 임명한다.

> 「지방자치법」제123조(부지사·부시장·부군수·부구청장) ① 특별시·광역시 및 특별자치시에 부시장, 도와 특별자치도에 부지사, 시에 부시장, 군에 부군수, 자치구에 부구청장을 두며, 그 수는 다음 각 호의 구분과 같다.
> 1. 특별시의 부시장의 수: 3명을 넘지 아니하는 범위에서 대통령령으로 정한다.
> 2. 광역시와 특별자치시의 부시장 및 도와 특별자치도의 부지사의 수: 2명(인구 800만 이상의 광역시나 도는 3명)을 넘지 아니하는 범위에서 대통령령으로 정한다.
> 3. 시의 부시장, 군의 부군수 및 자치구의 부구청장의 수: 1명으로 한다.
> ② 특별시·광역시 및 특별자치시의 부시장, 도와 특별자치도의 부지사는 대통령령으로 정하는 바에 따라 정무직 또는 일반직 국가공무원으로 보한다. 다만, 제1항제1호 및 제2호에 따라 특별시·광역시 및 특별자치시의 부시장, 도와 특별자치도의 부지사를 2명이나 3명 두는 경우에 1명은 대통령령으로 정하는 바에 따라 정무직·일반직 또는 별정직 지방공무원으로 보하되, 정무직과 별정직 지방공무원으로 보할 때의 자격기준은 해당 지방자치단체의 조례로 정한다.
> ③ 제2항의 정무직 또는 일반직 국가공무원으로 보하는 부시장·부지사는 시·도지사의 제청으로 행정안전부장관을 거쳐 대통령이 임명한다. 이 경우 제청된 사람에게 법적 결격사유가 없으면 시·도지사가 제청한 날부터 30일 이내에 임명절차를 마쳐야 한다.
> ④ 시의 부시장, 군의 부군수, 자치구의 부구청장은 일반직 지방공무원으로 보하되, 그 직급은 대통령령으로 정하며 시장·군수·구청장이 임명한다.

정답 ③

## 108

2018 (3월) 서울 7급 지방자치론

부단체장에 대한 설명으로 가장 옳지 않은 것은?

① 모든 광역시와 도의 부단체장 정수는 2명 이내이다.
② 특별시의 부단체장 정수는 3명 이내이다.
③ 시, 군, 자치구의 부단체장은 시장, 군수, 구청장이 임명한다.
④ 자치단체의 장이 의료기관에 60일 이상 계속하여 입원한 경우 부단체장이 그 권한을 대행한다.

### 풀이

**내용정리** 부단체장의 정수와 신분

| 구분 | 정수 | 종류 | 신분 |
|---|---|---|---|
| 특별시 | 3인 이내에서 대통령령으로 정함 | 행정부시장 (2인) | · 정무직 국가공무원<br>· 단체장 제청으로 대통령 임명 |
| | | 정무부시장 (1인) | · 정무직 지방공무원<br>· 단체장 임명 |
| 광역시, 도, 특별자치도, 특별자치시 | 2인 이내에서 대통령령으로 정함 (주민의 수가 800만명 넘는 경우 3명) | 행정부시장 (부지사) | · 일반직 국가공무원<br>· 단체장 제청으로 대통령 임명 |
| | | 정무부시장 (부지사) | · 별정직 지방공무원(1급 상당)<br>· 단체장 임명 |
| 시, 군, 자치구 | 1인 | 부시장, 부군수, 부구청장 | · 일반직 지방공무원(2~4급)<br>· 단체장 임명 |

① [×] 광역시·도·특별자치도·특별자치시의 부단체장의 정수는 2명을 넘지 않는 범위에서 정하도록 되어 있지만, 인구가 800만 명을 넘으면 3명을 초과하지 아니하는 범위에서 정하도록 한다.
② [○] 특별시의 부단체장 정수는 3명 이내이다.
③ [○] 시, 군, 자치구의 부단체장은 시장, 군수, 구청장이 임명한다.
④ [○] 자치단체의 장이 의료기관에 60일 이상 계속하여 입원한 경우 부단체장이 그 권한을 대행한다.

「지방자치법」
제123조(부지사·부시장·부군수·부구청장) ① 특별시·광역시 및 특별자치시에 부시장, 도와 특별자치도에 부지사, 시에 부시장, 군에 부군수, 자치구에 부구청장을 두며, 그 수는 다음 각 호의 구분과 같다.
1. 특별시의 부시장의 수: 3명을 넘지 아니하는 범위에서 대통령령으로 정한다.
2. 광역시와 특별자치시의 부시장 및 도와 특별자치도의 부지사의 수: 2명(인구 800만 이상의 광역시나 도는 3명)을 넘지 아니하는 범위에서 대통령령으로 정한다.
3. 시의 부시장, 군의 부군수 및 자치구의 부구청장의 수: 1명으로 한다.
제124조(지방자치단체의 장의 권한대행 등) ① 지방자치단체의 장이 다음 각 호의 어느 하나에 해당되면 부지사·부시장·부군수·부구청장(이하 이 조에서 "부단체장"이라 한다)이 그 권한을 대행한다.
1. 궐위된 경우
2. 공소 제기된 후 구금상태에 있는 경우
3. 「의료법」에 따른 의료기관에 60일 이상 계속하여 입원한 경우

정답 ①

## 109

2021 지방 7급 지방자치론

자치제도의 특례에 대한 설명으로 옳지 않은 것은?

① 인구 500만 이상의 시·도는 부시장이나 부지사의 수를 최대 4명 이하로 할 수 있는 특례를 두고 있다.

② 제주특별자치도는 특별지방행정기관 사무의 이관, 교육자치, 자치경찰, 자치재정, 감사위원회 등의 특례를 두고 있다.

③ 자치구는 도시계획, 지역경제, 상수도 등에서 시·군과 권한을 달리하는 특례를 두고 있다.

④ 세종특별자치시 설치 등에 관한 특별법에서는 세종특별자치시 행정체제의 특수성을 반영한 특례를 두고 있다.

**풀이**

① [×] 인구 500만이 아닌 **800만 이상의 시·도는 부시장이나 부지사의 수를 최대 3명** 이하로 할 수 있는 특례를 두고 있다.

> 「지방자치법」 제123조(부지사·부시장·부군수·부구청장) ① 특별시·광역시 및 특별자치시에 부시장, 도와 특별자치도에 부지사, 시에 부시장, 군에 부군수, 자치구에 부구청장을 두며, 그 수는 다음 각 호의 구분과 같다.
> 2. 광역시와 특별자치시의 부시장 및 도와 특별자치도의 부지사의 수: 2명(인구 800만 이상의 광역시나 도는 3명)을 넘지 아니하는 범위에서 대통령령으로 정한다.

② [○] 제주특별자치도는 「제주특별자치도 설치 및 국제자유도시 조성을 위한 특별법」에 따라 특별지방행정기관 사무의 이관, 교육자치, 자치경찰, 자치재정, 감사위원회 등의 특례를 두고 있다.

③ [○] 자치구는 도시계획, 지역경제, 상수도 등에서 시·군과 권한을 달리하는 특례를 두고 있다.

> 「지방자치법 시행령」 제10조(지방자치단체의 종류별 사무) ② 법 제2조제2항에 따라 시·군과 다르게 자치구에서 처리하지 않고 특별시·광역시에서 처리하는 사무는 별표 2와 같다. 다만, 법령에 이와 다른 규정이 있는 경우에는 그에 따른다.
> 1. 지방자치단체의 인사 및 교육 등에 관한 사무
> 2. 지방재정에 관한 사무
> 3. 매장 및 묘지 등에 관한 사무
> 4. 청소·생활폐기물에 관한 사무
> 5. 지방토목·주택건설 등에 관한 사무
> 6. 도시·군계획에 관한 사무
> 7. 도로의 개설과 유지·관리에 관한 사무
> 8. 상수도사업에 관한 사무
> 9. 공공하수도에 관한 사무
> 10. 공원 등 관광·휴양시설의 설치·관리에 관한 사무
> 11. 지방 궤도사업에 관한 사무
> 12. 대중교통행정에 관한 사무
> 13. 지역경제 육성에 관한 업무
> 14. 교통신호기, 안전표시 등의 설치·관리 등에 관한 사무

④ [○] 세종특별자치시는 「세종특별자치시 설치 등에 관한 특별법」을 통해 세종특별자치시 행정체제의 특수성을 반영한 특례를 두고 있다.

정답 ①

## 110

2018 서울 7급 지방자치론

지방자치단체장의 권한대행과 직무대리에 대한 설명으로 가장 옳지 않은 것은?

① 부지사나 부시장이 2명 이상인 시·도에서는 조례로 정한 순서에 따라 그 권한을 대행하거나 직무를 대리한다.

② 지방자치단체장이 궐위된 경우에는 부단체장이 그 권한을 대행한다.

③ 지방자치단체장이 출장, 휴가 등 일시적 사유로 직무를 수행할 수 없는 경우에는 부단체장이 그 직무를 대리한다.

④ 지방자치단체장이 공소 제기된 후 구금상태에 있는 경우에는 부단체장이 그 권한을 대행한다.

**풀이**

① [×] 조례가 아닌 **대통령령으로 정하는 순서에 따라 그 권한을 대행**하거나 직무를 대리한다.

② [○] 지방자치단체장이 궐위된 경우에는 부단체장이 그 권한을 대행한다.

③ [○] 지방자치단체장이 출장, 휴가 등 일시적 사유로 직무를 수행할 수 없는 경우에는 부단체장이 그 직무를 대리한다.

④ [○] 지방자치단체장이 공소 제기된 후 구금상태에 있는 경우에는 부단체장이 그 권한을 대행한다.

> 「지방자치법」 제124조(지방자치단체의 장의 권한대행 등) ① 지방자치단체의 장이 다음 각 호의 어느 하나에 해당되면 부지사·부시장·부군수·부구청장(이하 이 조에서 "부단체장"이라 한다)이 그 권한을 대행한다.
> 1. 궐위된 경우
> 2. 공소 제기된 후 구금상태에 있는 경우
> 3. 「의료법」에 따른 의료기관에 60일 이상 계속하여 입원한 경우
> ② 지방자치단체의 장이 그 직을 가지고 그 지방자치단체의 장 선거에 입후보하면 예비후보자 또는 후보자로 등록한 날부터 선거일까지 부단체장이 그 지방자치단체의 장의 권한을 대행한다.
> ③ 지방자치단체의 장이 출장·휴가 등 일시적 사유로 직무를 수행할 수 없으면 부단체장이 그 직무를 대리한다.
> ④ 제1항부터 제3항까지의 경우에 부지사나 부시장이 2명 이상인 시·도에서는 대통령령으로 정하는 순서에 따라 그 권한을 대행하거나 직무를 대리한다.
> ⑤ 제1항부터 제3항까지의 규정에 따라 권한을 대행하거나 직무를 대리할 부단체장이 부득이한 사유로 직무를 수행할 수 없으면 그 지방자치단체의 규칙에 정해진 직제 순서에 따른 공무원이 그 권한을 대행하거나 직무를 대리한다.

정답 ①

## 111
2017 지방 7급 지방자치론

「지방자치법령상」 지방자치단체의 장의 권한대행에 대한 설명으로 옳은 것은?

① 부시장이나 부지사 2명을 두는 시·도의 경우에는 대통령령에 따라 행정부시장·행정부지사, 정무부시장·정무부지사의 순으로 시·도지사의 권한을 대행하거나 직무를 대리한다.
② 지방자치단체의 장은 공소가 제기된 시점으로부터 부지사·부시장·부군수·부구청장이 그 권한을 대행한다.
③ 규정에 따라 직무를 대리할 부단체장이 부득이한 사유로 직무를 수행할 수 없으면 해당 지방자치단체의 장이 지명하는 공무원이 그 권한을 대행하거나 직무를 대리한다.
④ 지방자치단체의 장이 「의료법」에 따른 의료기관에 30일 이상 계속하여 입원한 경우 부단체장이 그 권한을 대행한다.

### 풀이
① [O] 부시장이나 부지사 2명을 두는 시·도의 경우에는 행정부시장·행정부지사, 정무부시장·정무부지사의 순으로 시·도지사의 권한을 대행하거나 직무를 대리한다.
② [X] 지방자치단체 장을 상대로 공소 제기된 후에는 **공소가 제기된 시점이 아닌 구금상태에 있는 경우에 그 권한을 대행**한다.

> 제124조(지방자치단체의 장의 권한대행 등) ① 지방자치단체의 장이 다음 각 호의 어느 하나에 해당되면 부지사·부시장·부군수·부구청장(이하 이 조에서 "부단체장"이라 한다)이 그 권한을 대행한다.
> 1. 궐위된 경우
> 2. 공소 제기된 후 구금상태에 있는 경우
> 3. 「의료법」에 따른 의료기관에 60일 이상 계속하여 입원한 경우

③ [X] 규정에 따라 직무를 대리할 부단체장이 부득이한 사유로 직무를 수행할 수 없으면 **지방자치단체의 규칙에 정하여진 직제 순서에 따른 공무원이 그 권한을 대행**하거나 직무를 대리한다.
④ [X] 지방자치단체의 장이 「의료법」에 따른 의료기관에 30일이 아닌 **60일 이상 계속하여 입원한 경우**에는 부단체장이 그 권한을 대행한다.

정답 ①

## 112
2016 지방 7급 지방자치론(수정)

「지방자치법」에 근거하여 적절하게 이행된 행위를 모두 고르면?

ㄱ. A광역시장은 지방의회 사무직원 중 별정직공무원에 대한 임용권을 지방의회 사무처장에게 위임하였다.
ㄴ. B군의 군수는 그 직을 사임하려고 도지사와 행정자치부 장관에게만 사임일이 적힌 사임통지서를 보내고 그 사임일에 사임된 것으로 간주하고 출근하지 않았다.
ㄷ. C광역시의 부시장은 시장이 부패 혐의로 공소가 제기되어 현재 구금된 상태여서 시장의 권한을 대행하고 있다.
ㄹ. D도의 도지사는 도청에 근무하는 정무직 국가공무원인 행정부지사에 대한 임명권을 행사하였다.

① ㄷ      ② ㄱ, ㄹ
③ ㄴ, ㄷ      ④ ㄹ

### 풀이
ㄱ. [X] 과거 **지방의회 사무직원의 임용권**은 시장의 권한이었고 사무직원 중 별정직공무원에 대한 임용권을 지방의회 사무처장에게 위임했으나 22년 지방자치법의 개정으로 현재에는 **지방의회 의장의 권한**이다.
ㄴ. [X] B군의 군수가 그 직을 사임하고자 할 때에는 도지사와 행정자치부 장관이 아닌 **지방의회의 의장에게 사임일이 적힌 사임통지서를 보내야 한다**. 만약 지방의회의 의장에게 통지되지 아니할 경우에는 지방의회의 의장에게 사임통지가 된 날에 사임된다.

> 「지방자치법」제111조(지방자치단체의 장의 사임) ① 지방자치단체의 장은 그 직을 사임하려면 지방의회의 의장에게 미리 사임일을 적은 서면(이하 "사임통지서"라 한다)으로 알려야 한다.
> ② 지방자치단체의 장은 사임통지서에 적힌 사임일에 사임한다. 다만, 사임통지서에 적힌 사임일까지 지방의회의 의장에게 사임통지가 되지 아니하면 지방의회의 의장에게 사임통지가 된 날에 사임한다.

ㄷ. [O] C광역시의 부시장은 「지방자치법」제111조 제1항에 따라 지방자치단체의 장이 공소 제기된 후 구금상태에 있는 경우 부단체장이 권한을 대행한다.
ㄹ. [X] 광역자치단체인 도에 정무직 또는 일반직 국가공무원으로 보하는 **행정부지사에 대한 임명권은 대통령이 갖는다**.

> 「지방자치법」제123조(부시사·부시장·부군수·부구청장) ③ 제2항의 정무직 또는 일반직 국가공무원으로 보하는 부시장·부지사는 시·도지사의 제청으로 행정안전부장관을 거쳐 대통령이 임명한다. 이 경우 제청된 사람에게 법적 결격사유가 없으면 시·도지사가 제청한 날부터 30일 이내에 임명절차를 마쳐야 한다.

정답 ①

## 113

2018 지방 7급 지방자치론

「지방자치법」상 지방자치단체 보조기관의 구성 및 기능에 대한 설명으로 옳은 것만을 모두 고르면?

> ㄱ. 광역자치단체의 부단체장은 정무직 또는 일반직 지방공무원으로 보한다.
> ㄴ. 광역자치단체의 부단체장이 2명 또는 3명인 경우에 그 사무분장은 대통령령으로 정한다.
> ㄷ. 지방자치단체 지방공무원의 정원은 대통령령으로 정하는 기준에 따라 그 지방자치단체의 조례로 정한다.
> ㄹ. 지방자치단체에 국가공무원을 두는 경우 해당 공무원은 소속 장관의 제청에 의해 대통령이 임명한다.

① ㄱ, ㄷ
② ㄴ, ㄷ
③ ㄴ, ㄹ
④ ㄷ, ㄹ

### 풀이

ㄱ. [×] **광역자치단체의 부단체장**은 정무직 또는 일반직 지방공무원이 아닌 국가공무원이다. 부단체장이 2~3명인 경우 1인은 지방공무원을 함께 둘 수 있지만 **원칙적으로 국가공무원**이다.

> 「지방자치법」 제123조(부지사·부시장·부군수·부구청장) ② 특별시·광역시 및 특별자치시의 부시장, 도와 특별자치도의 부지사는 대통령령으로 정하는 바에 따라 정무직 또는 일반직 국가공무원으로 보한다. 다만, 제1항제1호 및 제2호에 따라 특별시·광역시 및 특별자치시의 부시장, 도와 특별자치도의 부지사를 2명이나 3명 두는 경우에 1명은 대통령령으로 정하는 바에 따라 정무직·일반직 또는 별정직 지방공무원으로 보하되, 정무직과 별정직 지방공무원으로 보할 때의 자격기준은 해당 지방자치단체의 조례로 정한다.

ㄴ. [○] 광역자치단체의 부단체장이 2명 또는 3명인 경우에 그 사무분장은 대통령령으로 정한다.

> 「지방자치법」 제123조(부지사·부시장·부군수·부구청장) ⑥ 제1항제1호 및 제2호에 따라 시·도의 부시장과 부지사를 2명이나 3명 두는 경우에 그 사무 분장은 대통령령으로 정한다. 이 경우 부시장·부지사를 3명 두는 시·도에서는 그중 1명에게 특정지역의 사무를 담당하게 할 수 있다.

ㄷ. [○] 지방자치단체 지방공무원의 정원은 대통령령으로 정하는 기준에 따라 그 지방자치단체의 조례로 정한다.

> 「지방자치법」 제125조(행정기구와 공무원) ① 지방자치단체는 그 사무를 분장하기 위하여 필요한 행정기구와 지방공무원을 둔다.
> ② 제1항에 따른 행정기구의 설치와 지방공무원의 정원은 인건비 등 대통령령으로 정하는 기준에 따라 그 지방자치단체의 조례로 정한다.

ㄹ. [×] 지방자치단체에 국가공무원을 두는 경우 5급 이상의 경우에는 해당 지방자치단체장의 제청으로 대통령이 임명하고, **6급 이하의 경우에는 해당 지방자치단체장의 제청으로 소속 장관이 임명한다**

> 「지방자치법」 제125조(행정기구와 공무원)
> ⑤ 지방자치단체에는 제1항에도 불구하고 법률로 정하는 바에 따라 국가공무원을 둘 수 있다.
> ⑥ 제5항에 규정된 국가공무원의 경우 「국가공무원법」 제32조제1항부터 제3항까지의 규정에도 불구하고 5급 이상의 국가공무원이나 고위공무원단에 속하는 공무원은 해당 지방자치단체의 장의 제청으로 소속 장관을 거쳐 대통령이 임명하고, 6급 이하의 국가공무원은 그 지방자치단체의 장의 제청으로 소속 장관이 임명한다.

정답 ②

## 114

2015 지방 7급 지방자치론

「지방자치법」상 지방자치단체의 '보조기관'에 해당하는 것은?

① 소방기관  ② 출장소
③ 부지사  ④ 사업소

### 풀이

**내용정리** 우리나라의 지방자치법상 집행기관

| 지방자치단체의 장 | · 광역: 특별시장, 광역시장, 도지사<br>· 기초: 시장, 군수, 구청장 |
|---|---|
| 보조기관 | · 부단체장: 부시장, 부지사, 부군수, 부구청장<br>· 행정기구: 대통령령이 정하는 기준에 따라 조례로 정함<br>· 지방공무원: 지방공무원의 정원은 인건비 등 대통령령으로 정하는 기준에 따라 조례로 정함 |
| 소속 행정기관 | · 직속기관: 소방, 교육훈련, 보건진료, 시험연구, 중소기업지도 등<br>· 사업소, 출장소, 합의제 행정기관, 자문기관 |
| 하부 행정기관 | 행정구의 구청장, 읍의 읍장, 면의 면장, 동의 동장 |

③ [○] 「지방자치법」상 지방자치단체의 보조기관에는 부단체장(부지사), 행정기구, 지방공무원이 있다.

정답 ③

## 115

2016 서울 7급 지방자치론

「지방자치법」상 보조기관과 하부 및 소속행정기관에 대한 설명으로 가장 옳은 것은?

① 자치구가 아닌 구에 읍, 면, 동을 직속기관으로 둘 수 있다.
② 서울특별시를 제외한 광역지방자치단체는 인구와 관계없이 2명의 부단체장을 둔다.
③ 서울특별시는 3명의 범위 내에서 부단체장을 둔다.
④ 지방자치단체는 보조기관으로 소방 및 교육훈련기관을 설치할 수 있다.

### 풀이

① [×] 읍, 면, 동은 직속기관이 아닌 **행정계층**이다.
② [×] 서울특별시를 제외한 광역지방자치단체 중 인구 **800만 이상의 광역시나 도는 3명의 부단체장**을 둔다.
③ [○] 서울특별시는 3명을 넘지 아니하는 범위에서 부단체장을 둔다.

> 「지방자치법」 제123조(부지사·부시장·부군수·부구청장)
> ① 특별시·광역시 및 특별자치시에 부시장, 도와 특별자치도에 부지사, 시에 부시장, 군에 부군수, 자치구에 부구청장을 두며, 그 수는 다음 각 호의 구분과 같다.
> 1. 특별시의 부시장의 수: 3명을 넘지 아니하는 범위에서 대통령령으로 정한다.
> 2. 광역시와 특별자치시의 부시장 및 도와 특별자치도의 부지사의 수: 2명(인구 800만 이상의 광역시나 도는 3명)을 넘지 아니하는 범위에서 대통령령으로 정한다.
> 3. 시의 부시장, 군의 부군수 및 자치구의 부구청장의 수: 1명으로 한다.

④ [×] 소방기관, 교육훈련기관, 보건진료기관은 「지방자치법」상 **직속기관**이다. 보조기관은 부단체장, 행정기구 등으로 구성된다.

정답 ③

## 116

「지방자치법」상 보조기관과 소속 행정기관에 대한 설명으로 옳지 않은 것은?

① 지방자치단체는 소관 사무의 범위에서 필요하면 대통령령이나 대통령령으로 정하는 범위에서 조례로 교육훈련기관과 시험연구기관을 직속기관으로 설치할 수 있다.
② 인구 800만 이상의 광역시나 도의 부시장과 부지사의 수는 3명을 넘지 아니하는 범위에서 대통령령으로 정한다.
③ 지방자치단체는 외진 곳의 주민의 편의와 특정지역의 개발 촉진을 위하여 필요하면 대통령령으로 정하는 범위에서 그 지방자치단체의 조례로 출장소를 설치할 수 있다.
④ 지방자치단체는 그 소관 사무의 일부를 독립하여 수행할 필요가 있을 때 보조기관으로 합의제 행정기관을 설치할 수 있다.

### 풀이

① [O] 지방자치단체는 소관 사무의 범위에서 필요하면 대통령령이나 대통령령으로 정하는 범위에서 조례로 교육훈련기관과 시험연구기관을 직속기관으로 설치할 수 있다.
② [O] 인구 800만 이상의 광역시나 도의 부시장과 부지사의 수는 3명을 넘지 아니하는 범위에서 대통령령으로 정한다.
③ [O] 지방자치단체는 외진 곳의 주민의 편의와 특정지역의 개발 촉진을 위하여 필요하면 대통령령으로 정하는 범위에서 그 지방자치단체의 조례로 출장소를 설치할 수 있다.
④ [X] 지방자치단체는 그 소관 사무의 일부를 독립하여 수행할 필요가 있을 때 **합의제 행정기관을 설치할 수 있지만 이는 보조기관이 아니다.**

> 「지방자치법」
> 제123조(부지사·부시장·부군수·부구청장) ① 특별시·광역시 및 특별자치시에 부시장, 도와 특별자치도에 부지사, 시에 부시장, 군에 부군수, 자치구에 부구청장을 두며, 그 수는 다음 각 호의 구분과 같다.
> 2. 광역시와 특별자치시의 부시장 및 도와 특별자치도의 부지사의 수: 2명(인구 800만 이상의 광역시나 도는 3명)을 넘지 아니하는 범위에서 대통령령으로 정한다.
> 제126조(직속기관) 지방자치단체는 소관 사무의 범위에서 필요하면 대통령령이나 대통령령으로 정하는 범위에서 그 지방자치단체의 조례로 자치경찰기관(제주특별자치도만 해당한다), 소방기관, 교육훈련기관, 보건진료기관, 시험연구기관 및 중소기업지도기관 등을 직속기관으로 설치할 수 있다.
> 제128조(출장소) 지방자치단체는 외진 곳의 주민의 편의와 특정지역의 개발 촉진을 위하여 필요하면 대통령령으로 정하는 범위에서 그 지방자치단체의 조례로 출장소를 설치할 수 있다.
> 제129조(합의제행정기관) ① 지방자치단체는 소관 사무의 일부를 독립하여 수행할 필요가 있으면 법령이나 그 지방자치단체의 조례로 정하는 바에 따라 합의제행정기관을 설치할 수 있다.

정답 ④

## 117

「지방공무원법」상 인사위원회에 대한 설명으로 가장 옳은 것은?

① 인사위원회의 위원장은 부단체장이 되고, 부위원장은 위원회에서 호선한다.
② 인사위원회는 광역지방자치단체의 장의 지휘·감독을 받는 의결·집행기관이다.
③ 지방의회의 현직 의원은 인사위원이 될 수 없으나, 정당의 당원은 인사위원이 될 수 있다.
④ 위촉위원의 임기는 3년이며 연임할 수 없다.

### 풀이

① [O] 인사위원회의 위원장은 시·도의 부시장·부지사·부교육감(부단체장), 시·군·자치구의 부시장·부군수·부구청장(부단체장)이 되고, 부위원장은 해당 인사위원회에서 호선한다.

> 「지방공무원법」 제9조(인사위원회의 기관) ① 인사위원회에 위원장·부위원장 각 1명을 두며, 위원장은 시·도의 국가공무원으로 임명하는 부시장·부지사·부교육감, 시·도의회의 사무처장, 시·군·구의 부시장·부군수·부구청장, 시·군·구의회의 사무국장 또는 사무과장이 되고, 부위원장은 해당 인사위원회에서 호선(互選)한다. 다만, 임용권을 위임받은 기관에 두는 인사위원회의 위원장과 부위원장은 해당 인사위원회에서 호선한다.

② [X] 인사위원회는 광역·기초지방자치단체에 임용권자별로 설치하는 기관으로 인사에 관한 일정한 사무를 **지방자치단체장으로부터 독립적으로** 결정 또는 집행하는 특별기관이다.

> 「지방공무원법」 제7조(인사위원회의 설치) ① 지방자치단체에 임용권자(임용권을 위임받은 자는 제외하되, 그중 시의 구청장과 지방자치단체의 장이 필요하다고 인정하는 소속 기관의 장을 포함한다)별로 인사위원회를 두되, 시·도에 특별시장·광역시장·특별자치시장·도지사·특별자치도지사(이하 "시·도지사"라 한다) 또는 교육감 소속으로 인사위원회를 두는 경우에는 필요하면 제1인사위원회와 제2인사위원회를 둘 수 있다.

③ [X] 정당의 **당원**, **지방의회의원** 등은 **인사위원이 될 수 없다.**
④ [X] 위촉위원의 임기는 3년으로 하되, **한 번만 연임할 수 있다.**

> 「지방공무원법」 제7조(인사위원회의 설치) ⑥ 다음 각 호의 어느 하나에 해당하는 사람은 위원으로 위촉될 수 없다.
> 1. 제31조(공무원임용결격사유) 각 호의 어느 하나에 해당하는 사람
> 2. 「정당법」에 따른 정당의 당원
> 3. 지방의회의원
> ⑦ 제5항에 따라 위촉되는 위원의 임기는 3년으로 하되, 한 번만 연임할 수 있다.

정답 ①

## 118

2019 지방 7급 지방자치론

지방공무원제도에 대한 설명으로 옳은 것은?

① 지방자치단체 인사위원회의 회의는 구성원의 과반수 출석과 출석위원 과반수의 찬성으로 의결한다.
② 변호사는 지방자치단체 인사위원회의 위촉위원이 될 수 있으며, 임기는 3년이고 한 번 연임할 수 있다.
③ 9급 지방공무원을 신규 임용하는 경우 9개월간 시보로 임용한다.
④ 지방소청심사위원회는 광역자치단체와 기초자치단체에 설치한다.

### 풀이

① [×] 지방자치단체 **인사위원회**의 회의는 구성원의 **3분의 2 이상의 출석과 출석위원 과반수의 찬성**으로 의결한다.

> 「지방공무원법」 제10조(인사위원회의 회의) ③ 인사위원회의 회의는 제2항에 따른 구성원 3분의 2 이상의 출석과 출석위원 과반수의 찬성으로 의결한다. 다만, 대통령령으로 정하는 경미한 사항에 대하여는 서면으로 심의·의결할 수 있다.

② [○] 변호사는 지방자치단체 인사위원회의 위촉위원이 될 수 있으며, 임기는 3년이고 한 번 연임할 수 있다.

> 「지방공무원법」 제7조(인사위원회의 설치) ⑤ 지방자치단체의 장과 지방의회의 의장은 각각 소속 공무원(국가공무원을 포함한다) 및 다음 각 호에 해당하는 사람으로서 인사행정에 관한 학식과 경험이 풍부한 사람 중에서 위원을 임명하거나 위촉하되, 위원의 자격요건에 관하여 필요한 사항은 대통령령으로 정한다. 다만, 시험위원은 시험실시기관의 장이 따로 위촉할 수 있다.
> 1. 법관·검사 또는 변호사 자격이 있는 사람
> 2. 대학에서 조교수 이상으로 재직하거나 초등학교·중학교·고등학교 교장 또는 교감으로 재직하는 사람
> 3. 공무원(국가공무원을 포함한다)으로서 20년 이상 근속하고 퇴직한 사람
> 4. 「비영리민간단체 지원법」에 따른 비영리민간단체에서 10년 이상 활동하고 있는 지역단위 조직의 장
> 5. 상장법인의 임원 또는 「공공기관의 운영에 관한 법률」 제5조에 따라 지정된 공기업의 지역단위 조직의 장으로 근무하고 있는 사람

③ [×] 9급 지방공무원을 신규 임용하는 경우 시보기간은 9개월이 아닌 **6개월**이다.

> 「지방공무원법」 제28조(시보임용) ① 5급 공무원을 신규임용하는 경우에는 1년, 6급 이하 공무원을 신규임용하는 경우에는 6개월간 시보로 임용하고, 그 기간의 근무성적·교육훈련성적과 공무원으로서의 자질을 고려하여 정규 공무원으로 임용한다. 다만, 대통령령으로 정하는 경우에는 시보임용을 면제하거나 그 기간을 단축할 수 있다.

④ [×] 지방공무원의 징계, 그 밖에 그 의사에 반하는 불리한 처분이나 부작위에 대한 소청을 심사·결정하기 위하여 **광역 단위로 지방소청심사위원회**를 둔다.

> 「지방공무원법」 제13조(소청심사위원회의 설치) ① 지방자치단체의 장 소속 공무원의 징계, 그 밖에 그 의사에 반하는 불리한 처분이나 부작위(不作爲)에 대한 소청을 심사·결정하기 위하여 시·도에 임용권자(시·도의회의 의장 및 임용권을 위임받은 자는 제외한다)별로 지방소청심사위원회 및 교육소청심사위원회(이하 "심사위원회"라 한다)를 둔다.
> ② 지방의회의 의장 소속 공무원의 징계, 그 밖에 그 의사에 반하는 불리한 처분이나 부작위에 대한 소청은 제1항에 따른 지방소청심사위원회에서 심사·결정한다.

정답 ②

## 119
2018(3월) 서울 7급 지방자치론

**현행 「지방공무원법」상 인사위원회에 대한 설명으로 가장 옳은 것은?**

① 인사위원회에 위원장과 부위원장 각 1명을 둔다.
② 인사위원회는 서면으로 심의·의결할 수 없다.
③ 현직 법관은 인사위원이 될 수 없다.
④ 위촉위원은 임기가 3년이며 연임할 수 없다.

### 풀이

① [○] 인사위원회에 위원장과 부위원장 각 1명을 둔다.

「지방공무원법」제9조(인사위원회의 기관) ① 인사위원회에 위원장·부위원장 각 1명을 두며, 위원장은 시·도의 국가공무원으로 임명하는 부시장·부지사·부교육감, 시·도의회의 사무처장, 시·군·구의 부시장·부군수·부구청장, 시·군·구의회의 사무국장 또는 사무과장이 되고, 부위원장은 해당 인사위원회에서 호선(互選)한다. 다만, 임용권을 위임받은 기관에 두는 인사위원회의 위원장과 부위원장은 해당 인사위원회에서 호선한다.

② [×] 인사위원회의 의결은 구성원 3분의 2 이상의 출석과 출석위원 과반수의 찬성으로 의결된다. 다만, 대통령령이 정하는 경미한 사항에 대하여는 서면으로 심의·의결할 수 있다.

「지방공무원법」제10조(인사위원회의 회의) ① 인사위원회의 회의는 위원장이 필요하다고 인정할 때에 소집하고 위원장은 그 의장이 된다.
② 인사위원회의 회의는 위원장과 위원장이 회의마다 지정(임용권을 위임받은 기관에 두는 인사위원회의 경우에는 그 기관의 장이 지정한다)하는 8명의 위원으로 구성하되, 제7조제5항 각 호에 따라 위촉된 위원이 전체 구성원의 2분의 1 이상이어야 한다. 다만, 제7조제2항 단서에 따라 인사위원회를 7명 이상 9명 이하의 위원으로 구성한 경우 그 인사위원회의 회의는 위원 전원으로 구성한다.
③ 인사위원회의 회의는 제2항에 따른 구성원 3분의 2 이상의 출석과 출석위원 과반수의 찬성으로 의결한다. 다만, 대통령령으로 정하는 경미한 사항에 대하여는 서면으로 심의·의결할 수 있다.

③ [×] 현직 법관은 인사위원이 될 수 있다.

「지방공무원법」제7조(인사위원회의 설치) ⑤ 지방자치단체의 장과 지방의회의 의장은 각각 소속 공무원(국가공무원을 포함한다) 및 다음 각 호에 해당하는 사람으로서 인사행정에 관한 학식과 경험이 풍부한 사람 중에서 위원을 임명하거나 위촉하되, 위원의 자격요건에 관하여 필요한 사항은 대통령령으로 정한다. 다만, 시험위원은 시험실시기관의 장이 따로 위촉할 수 있다.
1. 법관·검사 또는 변호사 자격이 있는 사람

④ [×] 위촉위원의 임기는 3년이며 한 번만 연임할 수 있다.

「지방공무원법」제7조(인사위원회의 설치) ⑦ 제5항에 따라 위촉되는 위원의 임기는 3년으로 하되, 한 번만 연임할 수 있다.

**정답 ①**

## 120
2019 서울 7급 지방자치론

**지방자치단체의 인사위원회에 대한 설명으로 가장 옳지 않은 것은?**

① 정당의 당원 및 지방의회의원은 인사위원회의 위원이 될 수 없으며, 위원의 임기는 2년으로 하되, 한 번 연임할 수 있다.
② 위원은 해당 지방자치단체 공무원 및 인사행정의 전문가 중에서 지방자치단체장이 임명 또는 위촉한다.
③ 인사위원회를 구성할 경우에는 외부 위촉위원이 전체 위원의 2분의 1 이상이어야 한다.
④ 각 지방자치단체에 임용권자별로 설치한다.

### 풀이

① [×] 정당의 당원 및 지방의회의원은 인사위원회의 위원이 될 수 없으며, 위원의 임기는 2년 아닌 3년으로 하되, 한 번만 연임할 수 있다.
② [○] 위원은 해당 지방자치단체 공무원 및 인사행정의 전문가 중에서 지방자치단체장이 임명 또는 위촉한다.
③ [○] 인사위원회를 구성할 경우에는 외부 위촉위원이 전체 위원의 2분의 1 이상이어야 한다.
④ [○] 지방의 인사위원회는 각 지방자치단체에 임용권자별로 설치한다.

「지방공무원법」제7조(인사위원회의 설치) ① 지방자치단체에 임용권자별로 인사위원회를 두되, 시·도에 특별시장·광역시장·특별자치시장·도지사·특별자치도지사(이하 "시·도지사"라 한다) 또는 교육감 소속으로 인사위원회를 두는 경우에는 필요하면 제1인사위원회와 제2인사위원회를 둘 수 있다.
② 인사위원회는 16명 이상 20명 이하의 위원으로 구성한다. 다만, 지방의회의 의장 소속 인사위원회, 임용권을 위임받은 기관에 두는 인사위원회와 해당 지방자치단체의 인구 수, 위원 선정의 어려움 등을 고려하여 대통령령으로 정하는 지방자치단체에 두는 인사위원회는 7명 이상 9명 이하의 위원으로 구성할 수 있다.
③ 제2항에 따라 인사위원회를 구성할 경우에는 제5항 각 호에 따라 위촉되는 위원이 전체 위원의 2분의 1 이상이어야 한다.
④ 제1항에 따라 시·도에 복수의 인사위원회를 두는 경우 제1인사위원회의 위원과 제2인사위원회의 위원은 겸직할 수 없다. 다만, 인사를 담당하는 국 또는 이에 상당하는 보조기관의 장의 경우에는 그러하지 아니하다.
⑤ 지방자치단체의 장과 지방의회의 의장은 각각 소속 공무원(국가공무원을 포함한다) 및 다음 각 호에 해당하는 사람으로서 인사행정에 관한 학식과 경험이 풍부한 사람 중에서 위원을 임명하거나 위촉하되, 위원의 자격요건에 관하여 필요한 사항은 대통령령으로 정한다. 다만, 시험위원은 시험실시기관의 장이 따로 위촉할 수 있다.

**정답 ①**

## 121

**지방공무원 제도의 운영에 대한 설명으로 옳지 않은 것은?**

① 임용권자는, 전직시험에서 3회 이상 불합격한 사람으로서 직무수행 능력이 부족하다고 인정될 때에는, 그 사람을 직권면직할 수 있다.
② 지방자치단체는 해당 지방자치단체의 지방공무원 직류를 신설할 수 없다.
③ 공무원의 징계, 그 밖에 그 의사에 반하는 불리한 처분이나 부작위에 대한 소청을 심사·결정하기 위하여 시·도에 임용권자별로 지방소청심사위원회 및 교육소청심사위원회를 둔다.
④ 임용권자는 소속 공무원에 대한 능력개발 등을 위하여 해당 공무원의 상급 또는 상위 공무원, 동료, 하급 또는 하위 공무원 및 민원인 등에 의한 다면평가를 실시할 수 있다.

### 풀이

① [○] 임용권자는, 전직시험에서 3회 이상 불합격한 사람으로서 직무수행 능력이 부족하다고 인정될 때에는, 그 사람을 직권면직할 수 있다.

> 「지방공무원법」 제62조(직권면직) ① 임용권자는 공무원이 다음 각 호의 어느 하나에 해당할 때에는 직권으로 면직시킬 수 있다.
> 1. 다음 각 목의 어느 하나에 해당하는 경우로서 직위가 없어지거나 과원이 된 때
> 가. 지방자치단체를 폐지하거나 설치하거나 나누거나 합친 경우
> 나. 직제와 정원이 개정되거나 폐지된 경우
> 다. 예산이 감소된 경우
> 2. 휴직기간이 끝나거나 휴직사유가 소멸된 후에도 직무에 복귀하지 아니하거나 직무를 감당할 수 없을 때
> 3. 전직시험에서 3회 이상 불합격한 사람으로서 직무수행 능력이 부족하다고 인정될 때

② [×] 지방자치단체가 필요하다고 인정하는 경우에는 **조례로** 정하는 바에 따라 해당 지방자치단체의 **지방공무원 직류를 신설할 수 있다.**

> 「지방공무원임용령」 제3조(공무원의 직급구분 등) ① 1급부터 9급까지의 계급으로 구분하는 일반직공무원의 직군·직렬·직류 및 직급의 명칭은 별표 1과 같다. 다만, 지방자치단체는 효율적인 인력 활용을 위해 필요하다고 인정하는 경우에는 인사 여건을 고려하여 조례로 정하는 바에 따라 별표 1에 따른 직류 외의 직류를 신설할 수 있다.

③ [○] 공무원의 징계, 그 밖에 그 의사에 반하는 불리한 처분이나 부작위에 대한 소청을 심사·결정하기 위하여 시·도에 임용권자별로 지방소청심사위원회 및 교육소청심사위원회를 둔다.

> 「지방공무원법」 제13조(소청심사위원회의 설치) ① 지방자치단체의 장 소속 공무원의 징계, 그 밖에 그 의사에 반하는 불리한 처분이나 부작위(不作爲)에 대한 소청을 심사·결정하기 위하여 시·도에 임용권자(시·도의회의 의장 및 임용권을 위임받은 자는 제외한다)별로 지방소청심사위원회 및 교육소청심사위원회(이하 "심사위원회"라 한다)를 둔다.
> ② 지방의회의 의장 소속 공무원의 징계, 그 밖에 그 의사에 반하는 불리한 처분이나 부작위에 대한 소청은 제1항에 따른 지방소청심사위원회에서 심사·결정한다.

④ [○] 임용권자는 소속 공무원에 대한 능력개발 등을 위하여 해당 공무원의 상급 또는 상위 공무원, 동료, 하급 또는 하위 공무원 및 민원인 등에 의한 다면평가를 실시할 수 있다.

> 「지방공무원임용령」 제8조의4(다면평가 실시 및 활용) ① 임용권자는 소속 공무원에 대한 능력개발 등을 위하여 해당 공무원의 상급 또는 상위 공무원, 동료, 하급 또는 하위 공무원 및 민원인 등에 의한 다면평가를 실시할 수 있다. 이 경우 다면평가의 결과(총점 및 분야별 평가점수에 한정한다)는 해당 공무원에게 공개할 수 있다.

**정답** ②

## 122

2013 서울 7급 지방자치론(수정)

우리나라의 지방공무원 인사제도에 관한 설명으로 옳지 않은 것은?

① 자치구가 아닌 구의 구청장은 일반직 지방공무원으로 보하되, 시장이 임명한다.
② 읍장·면장·동장은 일반직 지방공무원으로 보하되, 시장·군수 및 자치구의 구청장이 임명한다.
③ 지방의회에 두는 사무직원의 정수는 조례로 정한다.
④ 지방의회의 사무직원은 지방자치단체의 장이 임명한다.
⑤ 지방의회의원은 당해 지방자치단체 인사위원회 위원이 될 수 없다.

### 풀이

① [O] 자치구가 아닌 구의 구청장은 일반직 지방공무원으로 보하되, 시장이 임명한다.
② [O] 읍장·면장·동장은 일반직 지방공무원으로 보하되, 시장·군수 및 자치구의 구청장이 임명한다.

> 「지방자치법」 제132조(하부행정기관의 장의 임명) ① 자치구가 아닌 구의 구청장은 일반직 지방공무원으로 보하되, 시장이 임명한다.
> ② 읍장·면장·동장은 일반직 지방공무원으로 보하되, 시장·군수 또는 자치구의 구청장이 임명한다.

③ [O] 지방의회에 두는 사무직원의 수는 대통령령으로 정하는 기준에 따라 조례로 정한다.
④ [X] 본래 지방의회의 사무직원은 지방자치단체의 장이 임명했으나 22년 「지방자치법」 개정으로 현재는 지방의회의 의장이 임명한다.

> 「지방자치법」 제103조(사무직원의 정원과 임면 등) ① 지방의회에 두는 사무직원의 수는 인건비 등 대통령령으로 정하는 기준에 따라 조례로 정한다.
> ② 지방의회의 의장은 지방의회 사무직원을 지휘·감독하고 법령과 조례·의회규칙으로 정하는 바에 따라 그 임면·교육·훈련·복무·징계 등에 관한 사항을 처리한다.

⑤ [O] 정당법에 따른 정당의 당원, 지방의회의원 등은 당해 지방자치단체 인사위원회 위원이 될 수 없다.

> 「지방공무원법」 제7조(인사위원회의 설치) ① 지방자치단체에 임용권자(임용권을 위임받은 자는 제외하되, 그중 시의 구청장과 지방자치단체의 장이 필요하다고 인정하는 소속 기관의 장을 포함한다)별로 인사위원회를 두되, 시·도에 특별시장·광역시장·특별자치시장·도지사·특별자치도지사(이하 "시·도지사"라 한다) 또는 교육감 소속으로 인사위원회를 두는 경우에는 필요하면 제1인사위원회와 제2인사위원회를 둘 수 있다
> ⑥ 다음 각 호의 어느 하나에 해당하는 사람은 위원으로 위촉될 수 없다.
> 1. 제31조 각 호의 어느 하나에 해당하는 사람
> 2. 「정당법」에 따른 정당의 당원
> 3. 지방의회의원

정답 ④

## 123

2017 지방 7급 지방자치론

지방자치단체의 의결기관과 집행기관의 관계에 대한 설명으로 옳지 않은 것은?

① 지방의회의 지방자치단체장 불신임의결권과 지방자치단체장의 의회해산권은 인정된 적이 없다.
② 지방자치단체의 장은 법령에 위반된 조례안에 대하여 이송받은 날부터 20일 이내에 이유를 붙여 지방의회로 재의를 요구할 수 있다.
③ 지방자치단체의 장의 재의 요구에 대하여 지방의회가 재적의원 과반수의 출석과 출석의원 3분의 2 이상의 찬성으로 전과 같은 의결을 하면 그 의결사항은 확정된다.
④ 지방자치단체의 장은 선결처분한 때 지체 없이 지방의회에 보고하여 승인받아야 하며, 지방의회에서 승인을 받지 못하면 그 선결처분은 그때부터 효력을 상실한다.

### 풀이

① [X] 의회의 지방자치단체에 대한 불신임의결권과 지방자치단체의 장의 의회 해산권은 **1949년 「지방자치법」 제정 시 도입**되었으나 **1956년 개정 시 폐지**되었다. 이후 1958년 개정 시 다시 부활했으나, 1960년 「지방자치법」 개정을 통해 폐지한 이후 현재까지 인정되지 않고 있다.
② [O] 지방자치단체의 장은 법령에 위반된 조례안에 대하여 이송받은 날부터 20일 이내에 이유를 붙여 지방의회로 재의를 요구할 수 있다.
③ [O] 지방자치단체의 장의 재의 요구에 대하여 지방의회가 재적의원 과반수의 출석과 출석의원 3분의 2 이상의 찬성으로 전과 같은 의결을 하면 그 의결사항은 확정된다.
④ [O] 지방자치단체의 장은 선결처분한 때 지체 없이 지방의회에 보고하여 승인받아야 하며, 지방의회에서 승인을 받지 못하면 그 선결처분은 그때부터 효력을 상실한다.

> 「지방자치법」 제122조(지방자치단체의 장의 선결처분) ① 지방자치단체의 장은 지방의회가 지방의회의원이 구속되는 등의 사유로 제73조에 따른 의결정족수에 미달될 때와 지방의회의 의결사항 중 주민의 생명과 재산 보호를 위하여 긴급하게 필요한 사항으로서 지방의회를 소집할 시간적 여유가 없거나 지방의회에서 의결이 지체되어 의결되지 아니할 때에는 선결처분(先決處分)을 할 수 있다.
> ② 제1항에 따른 선결처분은 지체 없이 지방의회에 보고하여 승인을 받아야 한다.
> ③ 지방의회에서 제2항의 승인을 받지 못하면 그 선결처분은 그때부터 효력을 상실한다.
> ④ 지방자치단체의 장은 제2항이나 제3항에 관한 사항을 지체 없이 공고하여야 한다.

정답 ①

## 124

2023 지방 7급 지방자치론

**지방자치단체의 권한에 대한 설명으로 옳지 않은 것은?**

① 행정사무 처리상황에 대해 지방의회나 그 위원회가 요구하더라도 특별한 이유가 있으면 지방자치단체의 장은 관계 공무원에게 출석·답변하게 할 수 있다.
② 지방자치단체는 「지방자치법」에서 정하는 의결사항 외에 조례로 정하는 바에 따라 지방의회에서 의결되어야 할 사항을 따로 정할 수 있다.
③ 지방자치단체의 장은 법령의 범위에서 그 권한에 속하는 사무에 관하여 조례와 규칙을 제정할 수 있다.
④ 지방의회는 지방자치단체의 사무 중 특정 사안에 관하여 조사가 필요한 경우 재적의원 3분의 1 이상의 찬성으로 서면발의하여야 하며 본회의의 의결로 본회의나 위원회에서 조사하게 할 수 있다.

### 풀이

① [O] 지방자치단체의 장이나 관계 공무원은 지방의회나 그 위원회에 출석하여 행정사무의 처리상황을 보고하거나 의견을 진술하고 질문에 답변할 수 있다. 지방자치단체의 장이나 관계 공무원은 지방의회나 그 위원회가 요구하면 출석·답변하여야 한다. 다만, 특별한 이유가 있으면 지방자치단체의 장은 관계 공무원에게 출석·답변하게 할 수 있다.

> 「지방자치법」 제51조(행정사무처리상황의 보고와 질의응답)
> ① 지방자치단체의 장이나 관계 공무원은 지방의회나 그 위원회에 출석하여 행정사무의 처리상황을 보고하거나 의견을 진술하고 질문에 답변할 수 있다.
> ② 지방자치단체의 장이나 관계 공무원은 지방의회나 그 위원회가 요구하면 출석·답변하여야 한다. 다만, 특별한 이유가 있으면 지방자치단체의 장은 관계 공무원에게 출석·답변하게 할 수 있다.
> ③ 제1항이나 제2항에 따라 지방의회나 그 위원회에 출석하여 답변할 수 있는 관계 공무원은 조례로 정한다.

② [O] 지방자치단체는 「지방자치법」에서 정하는 의결사항 외에 조례로 정하는 바에 따라 지방의회에서 의결되어야 할 사항을 따로 정할 수 있다(「지방자치법」 제47조).

③ [X] 지방자치단체는 법령의 범위에서 그 사무에 관하여 조례를 제정할 수 있다. 다만, 주민의 권리 제한 또는 의무 부과에 관한 사항이나 벌칙을 정할 때에는 법률의 위임이 있어야 한다(「지방자치법」 제28조). 지방자치단체라고 규정하고 있지만 여기서 **조례 제정을 담당하는 기관은 지방자치단체의 장이 아니라 지방의회이다. 지방자치단체의 장이 제정할 수 있는 것은 규칙**이다.

④ [O] 지방의회는 매년 1회 그 지방자치단체의 사무에 대하여 시·도에서는 14일의 범위에서, 시·군 및 자치구에서는 9일의 범위에서 감사를 실시하고, 지방자치단체의 사무 중 특정 사안에 관하여 본회의 의결로 본회의나 위원회에서 조사하게 할 수 있다. 이와 같은 조사를 발의할 때에는 이유를 밝힌 서면으로 하여야 하며, 재적의원 3분의 1 이상의 찬성이 있어야 한다.

> 「지방자치법」 제49조(행정사무 감사권 및 조사권)
> ① 지방의회는 매년 1회 그 지방자치단체의 사무에 대하여 시·도에서는 14일의 범위에서, 시·군 및 자치구에서는 9일의 범위에서 감사를 실시하고, 지방자치단체의 사무 중 특정 사안에 관하여 본회의 의결로 본회의나 위원회에서 조사하게 할 수 있다.
> ② 제1항의 조사를 발의할 때에는 이유를 밝힌 서면으로 하여야 하며, 재적의원 3분의 1 이상의 찬성이 있어야 한다.

**정답 ③**

## 125

2014 서울 7급 지방자치론

지방자치단체 기관구성형태인 기관통합형에 대한 내용으로 옳지 않은 것은?

① 지방자치정부 조직에 있어서 의결기능과 집행기능을 단일의 기관에 집중시키는 유형이다.
② 지방자치상의 모든 권한이 주민대표기관에 집중되어 있어서 책임정치를 실현할 수 있는 장점이 있다.
③ 복수인의 의사에 따라 정책을 결정하고 집행하므로 신중하고 공정한 자치행정을 수행할 수 있다.
④ 지방자치정부 조직에 있어서 권력남용의 방지, 행정의 전문화, 행정책임의 명백화를 기할 수 있는 장점을 가지고 있다.
⑤ 가장 전형적인 실례는 영국의 의회형과 미국의 위원회형, 그리고 프랑스의 의회의장형을 들 수 있다.

### 풀이

① [O] 기관통합형은 지방자치정부 조직에 있어서 의결기능과 집행기능을 단일의 기관에 집중시키는 유형이다.
② [O] 기관통합형은 지방자치상의 모든 권한이 주민대표기관에 집중되어 있어서 책임정치를 실현할 수 있는 장점이 있다.
③ [O] 기관통합형은 의회가 의사결정을 담당하게 되어 복수 의원들의 의사에 따라 정책을 결정하고 집행하므로 신중하고 공정한 자치행정을 수행할 수 있다.
④ [X] 지방자치정부 조직에 있어서 **권력남용의 방지, 행정의 전문화, 행정책임의 명백화**를 기할 수 있는 것은 의결기관과 집행기관을 분리한 **기관대립형의 장점**이다.
⑤ [O] 기관통합형의 전형적인 사례는 영국의 의회형과 미국의 위원회형 그리고 프랑스의 의회의장형 등이다.

**정답 ④**

## 126

2019 지방 7급

지방자치단체의 기관구성에 대한 설명으로 옳은 것은?

① 우리나라는 시장의 권한이 지방의회의 권한에 비해 상대적으로 약한 기관대립형을 유지하고 있다.
② 영국의 의회형에서는 집행기관의 장을 주민이 직선으로 선출한다.
③ 미국의 위원회형은 기관대립형의 특수한 형태로 볼 수 있다.
④ 기관통합형의 집행기관은 기관대립형에 비해 행정의 전문성이 높지 않을 가능성이 크다.

### 풀이

① [X] 우리나라는 기본적으로 단체장의 권한이 의회보다 강한 **강시장-의회형의 기관대립형**의 형태이다. 다만, 22년부터 주민투표를 거쳐 기관구성 형태를 달리할 수 있다.
② [X] 집행기관의 장을 **주민이 직선으로 선출하는 것은 기관대립형의 유형 중 집행기관 직선형**에 해당한다. **영국의 의회형은 기관통합형**으로 지방의회가 의결기관인 동시에 그 밑에 분과별 집행위원회나 국·과 등 보조기관을 두고 집행기능까지 수행한다.
③ [X] **미국의 위원회형**(commission plan)은 **기관통합형**의 전형적 형태로 주민에 의하여 직접 선출된 3~7명의 위원들이 위원회를 구성하여 의결기능과 집행기능을 함께 수행하는 방식이다.
④ [O] 기관통합형 집행기관은 전문적이고 체계적인 집행기구 없이 민선의원이 행정을 맡게 되어 기관대립형에 비해 행정의 전문성이 높지 않을 가능성이 크다.

**정답 ④**

## 127

2020 지방 7급 지방자치론

지방자치단체의 기관구성 형태에 대한 설명으로 옳은 것은?

① 기관통합형은 의결기능과 집행기능을 단일기관에 귀속시키는 것으로, 영국의 의회형을 예로 들 수 있다.
② 의원내각제가 발달한 일본의 지방자치단체는 기관통합형에 해당한다.
③ 기관대립형은 의결기능과 집행기능을 분리하고, 집행기관의 장은 주로 의회에서 선임한다.
④ 위원회 형태의 미국 지방자치단체와 참사회·이사회 형태의 독일 지방자치단체는 기관대립형에 해당한다.

### 풀이

① [○] 기관통합형은 의결기능과 집행기능을 단일기관에 귀속시키는 것으로, 영국의 의회형이나 미국의 위원회 형을 예로 들 수 있다.
② [×] **일본은** 의원내각제의 정부형태를 사용하는 국가이지만, **지방자치의 경우** 지방의회와 지방자치단체의 장을 별도로 구성하는 **기관대립형**을 채택한다.
③ [×] **기관대립형**은 의결기능과 집행기능을 분리하고, **집행기관의 장은** 주로 의회의 신임이 아닌 **주민의 선거를 통해 선임**한다. 의회의 신임으로 집행기관의 장을 결정하는 방식은 기관통합형이다.
④ [×] **위원회 형태의 미국 지방자치단체는 기관통합형**으로 미국 카운티(county)에서 흔히 볼 수 있는 형태이다. 독일 지방자치단체의 참사회·이사회 형태는 기관대립형에 해당한다.

**정답 ①**

## 128

2015 지방 7급 지방자치론

지방자치단체의 기관구성 형태에 대한 설명으로 옳지 않은 것은?

① 우리나라는 기관대립형이면서 강(强)시장-의회형에 가깝다고 볼 수 있다.
② 기관통합형의 경우는 의결기구와 집행기구 간의 갈등이 발생할 가능성이 크다.
③ 상호 견제와 균형의 원리가 강조되는 것은 기관대립형이다.
④ 지방의회가 그 책임 아래 전문행정인을 임명하여 행정을 처리하게 하는 형태는 시정관리관형이다.

### 풀이

① [○] 우리나라 지방자치단체의 기관구성의 기본형태는 기관대립형(기관분립형)을 택하고 있으며, 기관대립형의 유형중에서도 강시장-의회형(시장우위형)에 해당한다. 다만, 따로 법률로 정하는 바에 따라 지방자치단체의 장의 선임방법을 포함한 지방자치단체의 기관구성 형태를 달리 할 수 있다.
② [×] 기관통합형이 아닌 **기관대립형의 단점**에 해당한다. 기관통합형의 경우에는 의결기관과 집행기관 사이의 알력을 피할 수 있다는 장점이 있다.
③ [○] 의회와 행정부를 별도로 구성해 상호 견제와 균형의 원리가 강조되는 것은 기관대립형이다.
④ [○] 지방의회가 그 책임 아래 전문행정인을 임명하여 행정을 처리하게 하는 형태는 시정관리관형이다.

**정답 ②**

## 129

2021 지방 9급

지방정부의 기관구성 형태에 대한 설명으로 옳지 않은 것은?

① 강시장 - 의회(strong mayor-council) 형태에서는 시장이 강력한 정치적 리더십을 행사한다.
② 위원회(commission) 형태에서는 주민 직선으로 선출된 의원들이 집행부서의 장을 맡는다.
③ 약시장 - 의회(weak mayor-council) 형태에서는 일반적으로 의회가 예산을 편성한다.
④ 의회 - 시지배인(council-manager) 형태에서는 시지배인이 의례적이고 명목적인 기능을 수행한다.

**풀이**
① [○] 강시장–의회 형태는 기관대립형으로 시장이 강력한 정치적 리더십을 행사할 수 있다(우리나라).
② [○] 위원회 형태는 기관통합형으로 주민에 의해 직선되는 복수의 위원들이 집행부서의 장을 맡는다(미국의 카운티).
③ [○] 약시장–의회 형태는 기관대립형으로 수장은 제한된 범위의 행정권한만 가지고 의회가 입법권을 행사할 뿐만 아니라 임명권한을 가진다.
④ [×] 의회–시지배인 형태는 절충형으로 **시지배인은 전문행정관으로써 실질적인 기능을 수행**한다.  정답 ④

## 130

2016 서울 7급 지방자치론

우리나라의 지방자치제도에 대한 설명으로 가장 옳은 것은?

① 1991년에 시행된 지방선거에서 지방자치단체의 장과 지방의회의원이 동시에 선출되었다.
② 지방자치단체의 정부형태는 지방자치단체의 장과 지방의회가 분리된 기관분리형이다.
③ 현행 지방자치법에는 주민투표·주민발의·주민소환제도가 채택되지 않았다.
④ 제주특별자치도는 자치계층이 2계층인 중층제이다.

**풀이**
① [×] 지방자치단체의 장과 지방의회의원을 동시에 선출하는 **전국동시지방선거는 1995년에 처음** 치러졌다.
② [○] 우리나라는 기관대립형을 택하고 있지만, 22년 「지방자치법」 개정에 따라 지방자치단체의 장의 선임방법을 포함한 지방자치단체의 기관구성형태를 달리할 수 있다.
③ [×] 현행 「지방자치법」에는 **주민투표·주민발의·주민소환제도가 모두 채택**되었다.
④ [×] **제주특별자치도**는 **자치계층**이 1계층인 **단층제**의 계층구조이다.  정답 ②

## 131
2016 국가 9급

우리나라 지방자치제에 대한 설명으로 옳지 않은 것은? (정답 2개)

① 지방자치단체의 의사를 결정하는 의결기관과 의사를 집행하는 집행기관을 이원적으로 구성하는 기관대립(분립)형을 기본으로 한다.
② 지방분권화의 세계적 흐름에 따라 지방사무의 배분방식은 제한적 열거방식을 채택하고 있다.
③ 자치경찰제는 현재 제주특별자치도에서만 실시되고 있다.
④ 특별지방행정기관은 중앙행정기관이 소관 사무를 집행하기 위해 설치한 지방행정기관이며, 세무서와 출입국관리사무소는 특별지방행정기관에 해당한다.

### 풀이
① [O] 우리나라 지방자치제는 의결기관과 집행기관을 이원적으로 구성하는 기관대립형을 기본으로 한다. 기관대립형은 의결기관과 집행기관을 분리하여 견제와 균형의 원리에 입각한 민주적 지방자치를 추구한다. 다만 22년부터 주민투표를 거쳐 기관구성을 달리할 수 있다.
② [×] 우리나라 지방자치제의 **지방사무 배분방식은 절충적 수권방식**인 포괄적 예시주의를 채택하고 있다. 포괄적 예시주의는 개별적 수권방식과 포괄적 수권방식을 절충한 것으로 사무를 예시하여 일괄 배정 후 광역자치단체와 기초자치단체별로 구분하여 열거하는 방식이다.
③ [×] 문제 출제 당시에는 옳은 지문이었으나 **전국 단위로 자치경찰제가 시행(21년 7월)**되어 현재는 제주특별자치도 외의 지역에도 자치경찰제가 실시되고 있다.
④ [O] 특별지방행정기관(=일선기관)은 중앙행정기관에 소속되어 소속 중앙행정기관의 사무를 집행하기 위해 설치한 지방행정기관으로 세무서, 출입국관리사무소, 우체국 등이 있다.
**정답 ②, ③**

## 132
2015 서울 7급 지방자치론

다음 중 사무의 개별적 배분방식의 단점으로 옳지 않은 것은?

① 주어진 사무에 관한 한 중앙정부의 간섭이 증가할 수 있다.
② 개별 지방정부를 대상으로 하는 특별법의 형태를 이루는 경우 업무상의 부담이 크다.
③ 행정문제 처리에 있어서 시의성을 놓칠 수 있다.
④ 운영상의 유연성이 떨어진다.

### 풀이
개별적 배분방식이란 개개의 지방자치단체별로 개별법을 통하여 사무종목을 지정하여 배분하는 방식으로 주민자치의 사무배분방식이다. 법률로 사무종목을 지정해서 배분하는 경우 지방자치단체별로 책임한계가 명확하고, 중앙정부의 간섭을 배제하여 자치권의 영역이 확대될 수 있다.
① [×] 개별적 배분방식은 **중앙정부가 일단 배분한 사무에 대한 간섭이 불가능**하다.
② [O] 개별적 배분방식은 사무를 일일이 특별법 제정을 통해 배분해야 하므로 업무상 부담이 커질 수 있다.
③ [O] 개별적 배분방식은 사무를 배분하기 위해 법률을 제정해야 하므로 법률 제정이나 개정이 지연되는 경우 행정문제 처리의 시의성을 놓칠 수 있다.
④ [O] 개별적 배분방식은 법률에 의해 사무가 배분되므로 운영상의 유연성이 저해된다.
**정답 ①**

## 133

**2017 지방 7 지방자치론**

국가와 지방자치단체 간 사무배분에 대한 설명으로 옳지 않은 것은?

① 광역지방자치단체와 기초지방자치단체는 사무를 처리할 때 서로 경합하지 아니하도록 하여야 하며, 사무가 서로 경합하면 시·군 및 자치구에서 먼저 처리한다.
② 인구 50만 명 이상의 도시에 대한 특례를 두고 있고, 이들 도시들은 도가 처리하는 사무의 일부를 직접 처리하게 할 수 있도록 하고 있다.
③ 자치구에 대한 특례를 두고 있으며, 이를 통해 자치구의 사무를 일반 시·군에 비해 확대하고 있다.
④ 포괄적 배분방식이 아닌 포괄적 예시주의를 채택하고 있다.

### 풀이

① [O] 비경합의 원칙에 따라 광역지방자치단체와 기초지방자치단체는 사무를 처리할 때 서로 경합하지 아니하도록 하여야 하며, 사무가 서로 경합하면 보충성의 원칙에 따라 시·군 및 자치구에서 먼저 처리한다.

② [O] 인구 50만 명 이상의 도시에 대한 특례를 두고 있고, 이들 도시들은 도가 처리하는 사무의 일부를 직접 처리하게 할 수 있도록 하고 있다.

③ [X] **국가와 지방자치단체 간 사무배분에 있어 자치구에 대한 특례는 존재하지 않는다.** 「지방자치법」상 사무 배분의 특례가 적용되는 기초지방자치단체는 인구 50만 이상의 시이다.

> 「지방자치법」 제14조(지방자치단체의 종류별 사무배분기준) ① 제13조에 따른 지방자치단체의 사무를 지방자치단체의 종류별로 배분하는 기준은 다음 각 호와 같다. 다만, 제13조제2항제1호의 사무는 각 지방자치단체에 공통된 사무로 한다.
> 1. 시·도
>  가. 행정처리 결과가 2개 이상의 시·군 및 자치구에 미치는 광역적 사무
>  나. 시·도 단위로 동일한 기준에 따라 처리되어야 할 성질의 사무
>  다. 지역적 특성을 살리면서 시·도 단위로 통일성을 유지할 필요가 있는 사무
>  라. 국가와 시·군 및 자치구 사이의 연락·조정 등의 사무
>  마. 시·군 및 자치구가 독자적으로 처리하기 어려운 사무
>  바. 2개 이상의 시·군 및 자치구가 공동으로 설치하는 것이 적당하다고 인정되는 규모의 시설을 설치하고 관리하는 사무
> 2. 시·군 및 자치구
> 제1호에서 시·도가 처리하는 것으로 되어 있는 사무를 제외한 사무. 다만, 인구 50만 이상의 시에 대해서는 도가 처리하는 사무의 일부를 직접 처리하게 할 수 있다.
> ② 제1항의 배분기준에 따른 지방자치단체의 종류별 사무는 대통령령으로 정한다.
> ③ 시·도와 시·군 및 자치구는 사무를 처리할 때 서로 겹치지 아니하도록 하여야 하며, 사무가 서로 겹치면 시·군 및 자치구에서 먼저 처리한다.

④ [O] 우리나라는 포괄적 배분방식이 아닌 포괄적 예시주의를 채택하고 있다.

> 「지방자치법」 제13조(지방자치단체의 사무 범위) ① 지방자치단체는 관할 구역의 자치사무와 법령에 따라 지방자치단체에 속하는 사무를 처리한다.
> ② 제1항에 따른 지방자치단체의 사무를 예시하면 다음 각 호와 같다. 다만, 법률에 이와 다른 규정이 있으면 그러하지 아니하다.

**정답 ③**

## 134
2014 지방 7급 지방자치론

「지방자치법」상 사무배분기준에 의한 시·도의 사무에 해당하지 않는 것은?

① 시·도 단위로 동일한 기준에 따라 처리되어야 할 성질의 사무
② 시·군 및 자치구가 독자적으로 처리하기에 적당한 사무
③ 국가와 시·군 및 자치구 사이의 연락·조정 등의 사무
④ 지역적 특성을 살리면서 시·도 단위로 통일성을 유지할 필요가 있는 사무

> **풀이**
> ① [○] 시·도 단위로 동일한 기준에 따라 처리되어야 할 성질의 사무는 광역자치단체인 시·도의 사무이다.
> ② [×] 시·군 및 자치구가 독자적으로 처리하기에 적당한 사무는 **시·군 및 자치구의 사무**이다.
> ③ [○] 국가와 시·군 및 자치구 사이의 연락·조정 등의 사무는 기초와 중앙을 연결하는 광역자치단체인 시·도의 사무이다.
> ④ [○] 지역적 특성을 살리면서 시·도 단위로 통일성을 유지할 필요가 있는 사무는 광역자치단체인 시·도의 사무이다.
>
> ---
> 「지방자치법」제14조(지방자치단체의 종류별 사무배분기준) ① 제13조에 따른 지방자치단체의 사무를 지방자치단체의 종류별로 배분하는 기준은 다음 각 호와 같다. 다만, 제13조제2항제1호의 사무는 각 지방자치단체에 공통된 사무로 한다.
> 1. 시·도
> 가. 행정처리 결과가 2개 이상의 시·군 및 자치구에 미치는 광역적 사무
> 나. 시·도 단위로 동일한 기준에 따라 처리되어야 할 성질의 사무
> 다. 지역적 특성을 살리면서 시·도 단위로 통일성을 유지할 필요가 있는 사무
> 라. 국가와 시·군 및 자치구 사이의 연락·조정 등의 사무
> 마. 시·군 및 자치구가 독자적으로 처리하기 어려운 사무
> 바. 2개 이상의 시·군 및 자치구가 공동으로 설치하는 것이 적당하다고 인정되는 규모의 시설을 설치하고 관리하는 사무
> 2. 시·군 및 자치구
> 제1호에서 시·도가 처리하는 것으로 되어 있는 사무를 제외한 사무. 다만, 인구 50만 이상의 시에 대해서는 도가 처리하는 사무의 일부를 직접 처리하게 할 수 있다.
> ② 제1항의 배분기준에 따른 지방자치단체의 종류별 사무는 대통령령으로 정한다.
> ③ 시·도와 시·군 및 자치구는 사무를 처리할 때 서로 겹치지 아니하도록 하여야 하며, 사무가 서로 겹치면 시·군 및 자치구에서 먼저 처리한다.

정답 ②

## 135
2014 국가 9급

우리나라의 중앙정부와 지방자치단체 간의 관계에 대한 설명으로 옳지 않은 것은?

① 보충성의 원칙에 따라 중앙정부가 처리하기 곤란한 사무는 지방자치단체가 보충적으로 처리해야 한다.
② 자치권은 법적 실체 간의 권한배분관계에서 배태된 개념으로 중앙정부가 분권화시킨 결과이다.
③ 적절한 재원 조치 없는 사무의 지방이양은 자치권을 오히려 제약하는 문제를 야기한다.
④ 사무처리에 필요한 법규를 자율적으로 제정할 수 있는 자치입법권에 대해 제약적인 규정을 두고 있다.

> **풀이**
> ① [×] 보충성의 원칙은 중앙과 지방의 기능배분에 있어 지방사무는 **원칙적으로 지방정부의 관할권으로 인정하고, 지방정부가 처리하기 어려운 일에 대하여 중앙정부가 관여한다**는 원칙으로 보충성의 원칙에 따라 지방정부가 처리하기 곤란한 사무는 중앙정부가 보충적으로 처리해야 한다.
> ② [○] 자치권은 중앙정부가 지방정부에게 분권화시킨 권한으로 주권보다 하위의 개념이며 그 범위는 법률에 의해 형성된다.
> ③ [○] 사무의 지방이양은 이를 처리할 수 있는 행·재정 능력과 함께 해야하며 적절한 재원 조치 없는 사무의 지방이양은 자치권을 오히려 제약하는 문제를 야기할 수 있다.
> ④ [○] 우리나라의 「헌법」과 「지방자치법」은 '법령의 범위 안'에서 자치에 관한 규정을 제정할 수 있다고 규정해 자치입법권을 직·간접적으로 제약하고 있다.

정답 ①

## 136
2013 지방 7급 지방자치론

**지방자치단체 사무에 대한 설명으로 옳지 않은 것은?**

① 지방자치단체는 관할 구역의 자치사무와 법령에 따라 지방자치단체에 속하는 사무를 처리한다.
② 시·도와 시·군 및 자치구의 사무가 서로 경합하면 시·도에서 먼저 처리한다.
③ 지방자치단체는 그 자치사무의 수행에 필요한 경비를 지출할 의무를 진다.
④ 시·도와 시·군 및 자치구에서 시행하는 국가사무는 법령에 다른 규정이 없으면 시·도지사와 시장·군수 및 자치구의 구청장에게 위임하여 행한다.

### 풀이

① [O] 지방자치단체는 관할 구역의 자치사무와 법령에 따라 지방자치단체에 속하는 사무를 처리한다.

> 「지방자치법」 제13조(지방자치단체의 사무 범위) ① 지방자치단체는 관할 구역의 자치사무와 법령에 따라 지방자치단체에 속하는 사무를 처리한다.

② [X] 시·도와 시·군 및 자치구의 사무가 서로 **경합하면** 광역자치단체인 시·도가 아니라 **기초자치단체인 시·군 및 자치구에서 먼저 처리**한다.

> 「지방자치법」 제14조(지방자치단체의 종류별 사무배분기준) ③ 시·도와 시·군 및 자치구는 사무를 처리할 때 서로 겹치지 아니하도록 하여야 하며, 사무가 서로 겹치면 시·군 및 자치구에서 먼저 처리한다.

③ [O] 지방자치단체는 그 자치사무의 수행에 필요한 경비를 지출할 의무를 진다.

> 「지방자치법」 제158조(경비의 지출) 지방자치단체는 자치사무 수행에 필요한 경비와 위임된 사무에 필요한 경비를 지출할 의무를 진다. 다만, 국가사무나 지방자치단체사무를 위임할 때에는 사무를 위임한 국가나 지방자치단체에서 그 경비를 부담하여야 한다.

④ [O] 시·도와 시·군 및 자치구에서 시행하는 국가사무는 법령에 다른 규정이 없으면 시·도지사와 시장·군수 및 자치구의 구청장에게 위임하여 행한다.

> 「지방자치법」 제115조(국가사무의 위임) 시·도와 시·군 및 자치구에서 시행하는 국가사무는 시·도지사와 시장·군수 및 자치구의 구청장에게 위임하여 수행하는 것을 원칙으로 한다. 다만, 법령에 다른 규정이 있는 경우에는 그러하지 아니하다.

**정답 ②**

## 137
2017 국가 7급

**우리나라 지방자치단체의 사무에 대한 설명으로 옳지 않은 것은?**

① 「지방자치법」에서 지방자치단체의 사무를 예시하고 있지만, 법률에 이와 다른 규정이 있으면 그렇지 않다.
② 제주특별자치도에서는 국가경찰과 자치경찰이 함께 활동할 수 있다.
③ 병역자원의 관리업무 등 주로 국가적 이해관계가 크게 걸려있는 사무는 단체위임사무에 속한다.
④ 위임사무와 자치사무로 구분되며, 위임사무는 다시 기관위임사무와 단체위임사무로 구분된다.

### 풀이

① [O] 우리나라 지방자치단체의 사무는 지방자치법상 포괄적 예시주의를 취하고 있으므로 법률을 통해 지방자치단체의 사무를 예시하고 있지만 다른 규정이 있으면 그렇지 않아 법률적 구속력이 없다.
② [O] 제주특별자치도에서는 기존의 경찰법에 의한 국가경찰과 제주특별자치도법에 의한 자치경찰제가 병행실시되고 있다. 현재 자치경찰제는 전국단위로 실시되고 있다.
③ [X] **병역자원의 관리 업무**처럼 전국적이고 국가적 이해관계가 크게 걸려있는 사무는 **기관위임사무**이다. 단체위임사무는 지역적 이해관계와 국가적 이해관계가 공존한다.
④ [O] 우리나라 지방사무는 자치사무와 위임사무로, 위임사무는 다시 단체위임사무, 기관위임사무로 구분한다.

**정답 ③**

## 138
2016 국가 7급

우리나라 지방자치제도에 대한 설명으로 옳지 않은 것은?

① 자치사무(고유사무)와 달리 법령에 의하여 지방자치단체에 속하는 사무(단체위임사무)에 관해서는 조례로 규정할 수 없다.
② 합의제 행정기관의 설치 운영에 관하여 필요한 사항은 대통령령 또는 조례로 정한다.
③ 지방자치단체는 공공시설을 부정 사용한 자에 대하여 과태료를 부과하는 규정을 조례로 정할 수 있다.
④ 지방자치단체는 공공시설을 관계 지방자치단체의 동의를 얻어 그 지방자치단체의 구역 밖에 설치할 수 있다.

### 풀이

① [×] **단체위임사무**는 국가에 의해 위임된 사무이지만 해당 지방자치단체(지방의회+지방자치단체 장)에 위임된 사무이기 때문에 해당 지방의회가 그 사무의 처리에 참여할 수 있으며, 따라서 **조례제정권을 가진다**.
② [○] 합의제 행정기관의 설치 운영에 관하여 필요한 사항은 대통령령 또는 조례로 정할 수 있다.

> 「지방자치법」 제129조(합의제행정기관) ① 지방자치단체는 소관 사무의 일부를 독립하여 수행할 필요가 있으면 법령이나 그 지방자치단체의 조례로 정하는 바에 따라 합의제행정기관을 설치할 수 있다.
> ② 제1항의 합의제행정기관의 설치·운영에 필요한 사항은 대통령령이나 그 지방자치단체의 조례로 정한다.

③ [○] 지방자치단체는 공공시설을 부정 사용한 자에 대하여 과태료를 부과하는 규정을 조례로 정할 수 있다.

> 「지방자치법」 제156조(사용료의 징수조례 등) ① 사용료·수수료 또는 분담금의 징수에 관한 사항은 조례로 정한다. 다만, 국가가 지방자치단체나 그 기관에 위임한 사무와 자치사무의 수수료 중 전국적으로 통일할 필요가 있는 수수료는 다른 법령의 규정에도 불구하고 대통령령으로 정하는 표준금액으로 징수하되, 지방자치단체가 다른 금액으로 징수하려는 경우에는 표준금액의 50퍼센트 범위에서 조례로 가감 조정하여 징수할 수 있다.
> ② 사기나 그 밖의 부정한 방법으로 사용료·수수료 또는 분담금의 징수를 면한 자에게는 그 징수를 면한 금액의 5배 이내의 과태료를, 공공시설을 부정사용한 자에게는 50만원 이하의 과태료를 부과하는 규정을 조례로 정할 수 있다.

④ [○] 지방자치단체는 공공시설을 관계 지방자치단체의 동의를 얻어 그 지방자치단체의 구역 밖에 설치할 수 있다.

> 「지방자치법」 제161조(공공시설) ① 지방자치단체는 주민의 복지를 증진하기 위하여 공공시설을 설치할 수 있다.
> ② 제1항의 공공시설의 설치와 관리에 관하여 다른 법령에 규정이 없으면 조례로 정한다.
> ③ 제1항의 공공시설은 관계 지방자치단체의 동의를 받아 그 지방자치단체의 구역 밖에 설치할 수 있다.

정답 ①

## 139
2018 서울 9급

「지방자치법」상 지방자치단체의 사무처리에 관한 설명으로 가장 옳지 않은 것은?

① 지방자치단체는 법령을 위반하여 그 사무를 처리할 수 없다.
② 행정처리 결과가 2개 이상의 시·군 및 자치구에 미치는 광역적 사무는 시·도가 처리한다.
③ 시·도와 시·군 및 자치구의 사무가 서로 경합하면 시·도에서 먼저 처리한다.
④ 지방자치단체는 법률에 다른 규정이 있는 경우를 제외하고 외교, 국방, 사법, 국세 등 국가의 존립에 필요한 사무를 처리할 수 없다.

### 풀이

① [○] 지방자치단체는 법령을 위반하여 그 사무를 처리할 수 없다.

> 「지방자치법」 제12조(사무처리의 기본원칙) ① 지방자치단체는 사무를 처리할 때 주민의 편의와 복리증진을 위하여 노력하여야 한다.
> ② 지방자치단체는 조직과 운영을 합리적으로 하고 규모를 적절하게 유지하여야 한다.
> ③ 지방자치단체는 법령을 위반하여 사무를 처리할 수 없으며, 시·군 및 자치구는 해당 구역을 관할하는 시·도의 조례를 위반하여 사무를 처리할 수 없다.

② [○] 행정처리 결과가 2개 이상의 시·군 및 자치구에 미치는 광역적 사무는 시·도가 처리한다.

> 「지방자치법」 제14조(지방자치단체의 종류별 사무배분기준) ① 제13조에 따른 지방자치단체의 사무를 지방자치단체의 종류별로 배분하는 기준은 다음 각 호와 같다. 다만, 제13조제2항제1호의 사무는 각 지방자치단체에 공통된 사무로 한다.
> 1. 시·도
> 가. 행정처리 결과가 2개 이상의 시·군 및 자치구에 미치는 광역적 사무

③ [×] 시·도와 시·군 및 자치구의 사무가 서로 겹치면 **시·군 및 자치구에서 먼저 처리**한다.

> 「지방자치법」 제14조(지방자치단체의 종류별 사무배분기준) ③ 시·도와 시·군 및 자치구는 사무를 처리할 때 서로 겹치지 아니하도록 하여야 하며, 사무가 서로 겹치면 시·군 및 자치구에서 먼저 처리한다.

④ [○] 지방자치단체는 법률에 다른 규정이 있는 경우를 제외하고 외교, 국방, 사법, 국세 등 국가의 존립에 필요한 사무를 처리할 수 없다.

> 「지방자치법」 제15조(국가사무의 처리 제한) 지방자치단체는 다음 각 호의 국가사무를 처리할 수 없다. 다만, 법률에 이와 다른 규정이 있는 경우에는 국가사무를 처리할 수 있다.
> 1. 외교, 국방, 사법(司法), 국세 등 국가의 존립에 필요한 사무

정답 ③

## 140

2017 지방 7급 지방자치론

「지방자치법」상 지방자치단체의 사무처리에 관한 기본원칙에 해당하지 않는 것은?

① 지방자치단체는 그 사무를 처리할 때 주민의 편의와 복리증진을 위하여 노력하여야 한다.
② 지방자치단체는 조직과 운영을 합리적으로 하고 그 규모를 적정하게 유지하여야 한다.
③ 지방자치단체는 법령이나 상급 지방자치단체의 조례를 위반하여 그 사무를 처리할 수 없다.
④ 지방자치단체는 지역경제 활성화를 위해 노력하여야 한다.

### 풀이

① [○] 지방자치단체는 사무를 처리할 때 주민의 편의와 복리증진을 위하여 노력하여야 한다.
② [○] 지방자치단체는 조직과 운영을 합리적으로 하고 그 규모를 적정하게 유지하여야 한다.
③ [○] 지방자치단체는 법령을 위반하여 사무를 처리할 수 없으며, 시·군 및 자치구는 해당 구역을 관할하는 시·도의 조례를 위반하여 사무를 처리할 수 없다.
④ [×] 지역경제활성화를 위한 노력은 「지방자치법」상 **사무처리에 관한 기본원칙에 해당되지 않는다.**

> 「지방자치법」 제12조(사무처리의 기본원칙) ① 지방자치단체는 사무를 처리할 때 주민의 편의와 복리증진을 위하여 노력하여야 한다.
> ② 지방자치단체는 조직과 운영을 합리적으로 하고 규모를 적절하게 유지하여야 한다.
> ③ 지방자치단체는 법령을 위반하여 사무를 처리할 수 없으며, 시·군 및 자치구는 해당 구역을 관할하는 시·도의 조례를 위반하여 사무를 처리할 수 없다.

정답 ④

## 141

2022 지방 7급 지방자치론

「지방자치법」상 지방자치단체의 사무에 대한 설명으로 옳지 않은 것은?

① 지방자치단체의 구역, 조직, 행정관리 등에 관한 사무에는 지방세 및 지방세 외 수입의 부과 및 징수가 포함된다.
② 시·군 및 자치구는 해당 구역을 관할하는 시·도의 조례를 위반하여 사무를 처리할 수 없다.
③ 근로기준, 측량단위 등 전국적으로 기준을 통일하고 조정하여야 할 필요가 있는 사무는 국가사무로서 법률에 이와 다른 규정이 있는 경우를 제외하고는 지방자치단체가 처리할 수 없다.
④ 시·도와 시·군 및 자치구는 사무를 처리할 때 서로 겹치지 아니하도록 하여야 하며, 사무가 서로 겹치면 시·도에서 먼저 처리한다.

### 풀이

① [○] 지방자치단체의 구역, 조직, 행정관리 등에 관한 사무에는 지방세 및 지방세 외 수입의 부과 및 징수가 포함된다.
② [○] 시·군 및 자치구는 해당 구역을 관할하는 시·도의 조례를 위반하여 사무를 처리할 수 없다.
③ [○] 근로기준, 측량단위 등 전국적으로 기준을 통일하고 조정하여야 할 필요가 있는 사무는 국가사무로서 법률에 이와 다른 규정이 있는 경우를 제외하고는 지방자치단체가 처리할 수 없다.
④ [×] 광역자치단체인 시·도와 기초자치단체인 시·군 및 자치구는 사무를 처리할 때 서로 겹치지 아니하도록 하여야 하며, **사무가 서로 겹치면 광역자치단체가 아닌 기초자치단체인 시·군 및 자치구에서 먼저 처리한다.**

> 「지방자치법」
> 제12조(사무처리의 기본원칙)
> ③ 지방자치단체는 법령을 위반하여 사무를 처리할 수 없으며, 시·군 및 자치구는 해당 구역을 관할하는 시·도의 조례를 위반하여 사무를 처리할 수 없다.
> 제13조(지방자치단체의 사무 범위) ① 지방자치단체는 관할 구역의 자치사무와 법령에 따라 지방자치단체에 속하는 사무를 처리한다.
> ② 제1항에 따른 지방자치단체의 사무를 예시하면 다음 각 호와 같다. 다만, 법률에 이와 다른 규정이 있으면 그러하지 아니하다.
> 바. 지방세 및 지방세 외 수입의 부과 및 징수
> 제14조(지방자치단체의 종류별 사무배분기준) ③ 시·도와 시·군 및 자치구는 사무를 처리할 때 서로 겹치지 아니하도록 하여야 하며, 사무가 서로 겹치면 시·군 및 자치구에서 먼저 처리한다.
> 제15조(국가사무의 처리 제한) 지방자치단체는 다음 각 호의 국가사무를 처리할 수 없다. 다만, 법률에 이와 다른 규정이 있는 경우에는 국가사무를 처리할 수 있다.
> 5. 근로기준, 측량단위 등 전국적으로 기준을 통일하고 조정하여야 할 필요가 있는 사무

정답 ④

## 142

2020 지방 7급 지방자치론

중앙과 지방 간 사무배분 원칙에 대한 설명으로 옳은 것은?

① 비경합성의 원칙은 기초자치단체 수준에서 행정수요의 충족이 불가능할 경우 광역자치단체, 중앙정부 순으로 행정수요의 충족 책임이 옮겨가는 것을 뜻한다.
② 주민의 의사를 적극적으로 반영하는 기초자치단체가 광역자치 단체나 중앙정부보다 더 경쟁력이 있다는 것을 경제성의 원칙 또는 효율성의 원칙이라고 한다.
③ 보충성의 원칙은 광역자치단체와 기초자치단체가 사무를 처리할 때 서로 다투지 아니하여야 한다는 원칙으로 기초자치단체에도 재정 지원이 충분하게 이루어져야 한다는 내용을 담고 있다.
④ 포괄성의 원칙은 동종의 업무나 상호 밀접하게 연관된 업무는 같이 배분해 주어야 한다는 것을 뜻한다.

### 풀이

① [×] 기초자치단체 수준에서 행정수요의 충족이 불가능할 경우 광역자치단체, 중앙정부 순으로 행정수요의 충족 책임이 옮겨가는 것을 의미하는 원칙은 **보충성의 원칙**이다. 보충성의 원칙은 기초자치단체가 사무를 처리하기 어려운 경우 광역이, 광역자치단체가 처리하기 어려운 경우 중앙으로 책임이 옮겨가는 것을 말한다.
② [×] 주민의 의사를 적극적으로 반영하는 기초자치단체가 광역자치단체나 중앙정부보다 더 경쟁력이 있다는 것은 **현지성의 원칙**, 다시 말해 **기초자치단체 우선의 원칙**이다. 경제성의 원칙은 정책의 효율적 집행을 위해 최소의 비용으로 최대의 효과를 도모할 수 있는 단체에 배분하여야 한다는 원칙이다.
③ [×] 광역자치단체와 기초자치단체가 사무를 처리할 때 서로 다투지 아니하여야 한다는 원칙은 **불경합(비경합성)의 원칙**이며, 기초자치단체에도 재정 지원이 충분하게 이루어져야 한다는 것은 충분재정의 원칙이다.
④ [○] 포괄성의 원칙은 동종의 업무나 상호 밀접하게 연관된 업무는 같이 배분해 주어야 한다는 것을 뜻한다.

**정답** ④

## 143

2021 국가 7급

중앙정부의 지방자치단체 사무배분 원칙에 대한 설명으로 옳은 것만을 모두 고르면?

> ㄱ. 지역주민생활과 밀접한 관련이 있는 사무는 원칙적으로 시·군 및 자치구의 사무로 배분하여야 한다.
> ㄴ. 서로 관련된 사무들을 배분할 때는 포괄적으로 배분하여야 한다.
> ㄷ. 시·군 및 자치구가 처리하기 어려운 사무는 국가보다는 시·도에 우선적으로 배분하여야 한다.
> ㄹ. 시·군 및 자치구가 해당 사무를 원활히 처리할 수 있도록 행정적·재정적 지원을 병행하여야 한다.
> ㅁ. 주민의 편익증진과 집행의 효과 등을 고려하여 지방자치단체 상호 간 중복되지 않도록 해야 한다.

① ㄱ, ㄷ, ㅁ
② ㄴ, ㄷ, ㄹ
③ ㄱ, ㄴ, ㄹ, ㅁ
④ ㄱ, ㄴ, ㄷ, ㄹ, ㅁ

### 풀이

ㄱ, ㄷ [○] 지역주민생활과 밀접한 관련이 있는 사무는 원칙적으로 시·군 및 자치구의 사무로 배분하여야 하며 시·군 및 자치구가 처리하기 어려운 사무는 국가보다는 시·도에 우선적으로 배분하여야 한다는 원칙은 보충성의 원칙이다.
ㄴ. [○] 서로 관련된 사무들을 배분할 때는 포괄적으로 배분하여야 한다는 것은 포괄성의 원칙으로 지방자치단체가 그 사무를 자기의 책임 하에 종합적으로 처리할 수 있도록 포괄적으로 배분해야 한다는 것이다.
ㄹ. [○] 시·군 및 자치구가 해당 사무를 원활히 처리할 수 있도록 행정적·재정적 지원을 병행해야 한다는 것은 적극적 보충성의 원칙이다.
ㅁ. [○] 지방자치단체 상호 간의 사무는 서로 중복되지 않도록 배분해야 한다는 원칙은 중복배분 금지의 원칙이다.

**정답** ④

## 144
2020 지방 9급

지방분권 추진 원칙 중 다음 설명에 해당하는 것은?

> - 기능 배분에 있어 가까운 정부에게 우선적 관할권을 부여한다.
> - 민간이 처리할 수 있다면 정부가 관여해서는 안 된다.
> - 가까운 지방정부가 처리할 수 있는 업무에 상급 지방정부나 중앙정부가 관여해서는 안 된다.

① 보충성의 원칙
② 포괄성의 원칙
③ 형평성의 원칙
④ 경제성의 원칙

### 풀이
① [o] 기능 배분에 있어서 가까운 정부에 우선적 관할권을 부여하는 지방 분권 추진 원칙은 **보충성의 원칙**을 말하며 이는 하급 자치단체에서 처리가 가능한 업무는 상급단위에서 처리해서는 안 된다는 원칙이다.
② [×] 포괄성의 원칙은 중·대단위의 사무를 포괄적으로 지방으로 이양해야 한다는 원칙이다.
③ [×] 형평성의 원칙은 지방자치단체 간 차등 없이 균등하게 사무를 배분하여야 한다는 원칙이다.
④ [×] 경제성의 원칙은 각 단체의 규모, 행정 및 재정능력, 인구 수 등을 고려하여 최소의 비용으로 최대의 효과를 도모할 수 있는 단체에 배분하여야 한다는 원칙이다.

**정답 ①**

## 145
2018 (3월) 서울 7급 지방자치론

사무배분의 원칙에 대한 설명으로 가장 옳지 않은 것은?

① 보충성의 원칙 - 중층의 국가공동체 조직의 하급단위에서 잘 처리할 수 있는 업무를 상급단위에서 직접 처리해서는 안된다는 원칙
② 효율성의 원칙 - 사무배분에 있어 동종의 업무나 상호 밀접히 연관된 업무는 같이 배분해 주어야 한다는 원칙
③ 현지성의 원칙 - 지역사회에 가깝고 주민의 통제가 용이한 정부에 사무를 우선적으로 배분해야 한다는 원칙
④ 충분재정의 원칙 - 지방정부가 그 사무를 처리하는데 필요한 재원이나 재정적 능력을 가질 수 있도록 해야 한다는 원칙

### 풀이
① [o] 하급 자치단체에서 처리가 가능한 업무는 상급단위에서 처리해서는 안 된다는 원칙으로, 기능 배분에 있어서 가까운 정부에 우선적 관할권을 부여하는 원칙은 보충성의 원칙이다.
② [×] 효율성의 원칙(경제성의 원칙)은 정책의 능률적 집행을 위해 사무를 각 단체의 규모, 행·재정능력, 인구 수 등을 고려하여 최소비용으로 최대효과를 달성할 수 있는 단체에 배분해야 한다는 원칙이다. 사무배분에 있어 동종의 업무나 상호 밀접히 연관된 업무는 같이 배분해 주어야 한다는 원칙은 **포괄성의 원칙**이다.
③ [o] 현지성의 원칙은 사무를 현지 상황에 맞게 민주적으로 수행하기 위해 지역사회에 가깝고 주민의 통제가 용이한 정부인 기초자치단체에 우선 배분해야 한다는 원칙이다.
④ [o] 충분재정의 원칙은 지방정부가 그 사무를 처리하는 데 필요한 재원이나 재정적 능력을 가질 수 있도록 해주어야 한다는 원칙이다.

**정답 ②**

## 146

2021 지방 7급 지방자치론

「지방자치법 시행령」에 규정된 지방자치단체의 종류별 사무 중 주민의 복지증진에 관한 사무에 해당하는 것만을 모두 고르면?

> ㄱ. 가축전염병 예방 및 진료
> ㄴ. 지방소비자보호위원회 설치
> ㄷ. 지방공기업 관련 지방채의 발행
> ㄹ. 재단법인이 설치하는 묘지·화장장(火葬場) 및 봉안당의 허가

① ㄱ, ㄴ   ② ㄱ, ㄹ
③ ㄴ, ㄷ   ④ ㄷ, ㄹ

### 내용정리 「지방자치법」제13조 ②항 사무의 예시

| 구분 | 내용 |
|---|---|
| 지방자치단체의 구역, 조직, 행정관리 등 | 관할 구역 안 행정구역의 명칭·위치 및 구역의 조정, 조례·규칙의 제정·개정·폐지 및 그 운영·관리, 산하(傘下) 행정기관의 조직관리, 산하 행정기관 및 단체의 지도·감독, 소속 공무원의 인사·후생복지 및 교육, 지방세 및 지방세 외 수입의 부과 및 징수, 예산의 편성·집행 및 회계감사와 재산관리, 행정장비관리, 행정전산화 및 행정관리개선, 공유재산(公有財産) 관리, 주민등록 관리, 지방자치단체에 필요한 각종 조사 및 통계의 작성 |
| 주민의 복지증진 | 주민복지에 관한 사업, 사회복지시설의 설치·운영 및 관리, 생활이 어려운 사람의 보호 및 지원, 노인·아동·장애인·청소년 및 여성의 보호와 복지증진, 공공보건의료기관의 설립·운영, 감염병과 그 밖의 질병의 예방과 방역, 묘지·화장장(火葬場) 및 봉안당의 운영·관리, 공중접객업소의 위생을 개선하기 위한 지도, 청소, 생활폐기물의 수거 및 처리, 지방공기업의 설치 및 운영 |
| 농림·수산·상공업 등 산업 진흥 | 못·늪지·보(洑) 등 농업용수시설의 설치 및 관리, 농산물·임산물·축산물·수산물의 생산 및 유통 지원, 농업자재의 관리, 복합영농의 운영·지도, 농업 외 소득사업의 육성·지도, 농가 부업의 장려, 공유림 관리, 소규모 축산 개발사업 및 낙농 진흥사업, 가축전염병 예방, 지역산업의 육성·지원, 소비자 보호 및 저축 장려, 중소기업의 육성, 지역특화산업의 개발과 육성·지원, 우수 지역특산품 개발과 관광민예품 개발 |
| 지역개발과 자연환경보전 및 생활환경시설의 설치·관리 | 지역개발사업, 지방 토목·건설사업의 시행, 도시·군계획사업의 시행, 지방도(地方道), 시도(市道)·군도(郡道)·구도(區道)의 신설·개선·보수 및 유지, 주거생활환경 개선의 장려 및 지원, 농어촌주택 개량 및 취락구조 개선, 자연보호활동, 지방하천 및 소하천의 관리, 상수도·하수도의 설치 및 관리, 소규모급수시설의 설치 및 관리, 도립공원, 광역시립공원, 군립공원, 시립공원 및 구립공원 등의 지정 및 관리, 도시공원 및 공원시설, 녹지, 유원지 등과 그 휴양시설의 설치 및 관리, 관광지, 관광단지 및 관광시설의 설치 및 관리, 지방 궤도사업의 경영, 주차장·교통표지 등 교통편의시설의 설치 및 관리, 재해대책의 수립 및 집행, 지역경제의 육성 및 지원 |
| 교육·체육·문화·예술의 진흥 | 어린이집·유치원·초등학교·중학교·고등학교 및 이에 준하는 각종 학교의 설치·운영·지도, 도서관·운동장·광장·체육관·박물관·공연장·미술관·음악당 등 공공교육·체육·문화시설의 설치 및 관리, 지방문화재의 지정·등록·보존 및 관리, 지방문화·예술의 진흥, 지방문화·예술단체의 육성 |
| 지역민방위 및 지방소방 | 지역 및 직장 민방위조직(의용소방대를 포함한다)의 편성과 운영 및 지도·감독, 지역의 화재예방·경계·진압·조사 및 구조·구급 |
| 국제교류 및 협력 | 국제기구·행사·대회의 유치·지원, 외국 지방자치단체와의 교류·협력 |

### 풀이

ㄱ. [×] 가축전염병 예방 및 진료는 **농림·수산·상공업 등의 산업진흥 사무**의 예시에 해당한다.
ㄴ. [×] 지방소비자보호위원회 설치는 **농림·수산·상공업 등의 산업진흥 사무**의 예시에 해당한다.
ㄷ. [○] 지방공기업 관련 지방채의 발행은 지방공기업의 설치 및 운영에 관한 사무로 주민의 복지증진을 위한 사무의 예시에 해당한다.
ㄹ. [○] 재단법인이 설치하는 묘지·화장장(火葬場) 및 봉안당의 허가는 주민의 복지증진을 위한 사무의 예시에 해당한다.

**정답 ④**

## 147

2016 지방 7급 지방자치론

「지방자치법 시행령」상 원칙적으로 자치구에서 처리하지 아니하고 특별시·광역시에서 처리하는 사무를 모두 고르면?

> ㄱ. 보건진료소의 설치·운영
> ㄴ. 도시기본계획의 수립
> ㄷ. 사회복지시설의 설치·운영
> ㄹ. 상수도사업 기본계획 수립
> ㅁ. 수도사업소 설치·운영

① ㄱ, ㄴ
② ㄱ, ㄷ
③ ㄴ, ㅁ
④ ㄹ, ㅁ

### 풀이
ㄱ. [×] 보건진료소를 설치·운영하는 것은 **자치구의 사무**이다.
ㄴ. [○] 도시기본계획의 수립은 특별시·광역시의 사무이다.
ㄷ. [×] 사회복지시설의 설치·운영하는 것은 **자치구의 사무**이다.
ㄹ. [×] 상수도사업 기본계획을 수립하는 것은 **자치구의 사무**이다.
ㅁ. [○] 수도사업소의 설치·운영은 특별시·광역시의 사무이다.

정답 ③

### 내용정리 | 특별시·광역시에서 처리하는 사무: 「지방자치법 시행령」제10조2항 별표

| 구분 | 내용 |
|---|---|
| 지방자치단체의 인사 및 교육 등에 관한 사무 | 지방공무원임용시험 및 각종 자격시험의 실시, 지방공무원의 교육·훈련 실시(직장교육은 제외한다) |
| 지방재정에 관한 사무 | 토지등급 설정 및 수정의 승인, 재산세 과세시가표준액의 결정승인 |
| 매장 및 묘지 등에 관한 사무 | 공설묘지·공설화장장 또는 공설봉안당의 설치·운영 |
| 청소·생활폐기물에 관한 사무 | 생활폐기물(분뇨, 쓰레기 등) 처리시설의 설치·운영, 생활폐기물의 처리 수수료 요율 결정 |
| 지방토목·주택건설 등에 관한 사무 | 국민주택 건설사업의 시행, 국민주택사업 특별회계의 설치·운영, 아파트 지구개발에 관한 기본계획 수립, 민영주택 투기과열지구 지정 |
| 도시·군계획에 관한 사무 | 도시·군기본계획의 수립, 도시·군계획시설의 입안, 도시·군계획용도지구의 입안, 도시·군계획에 관한 기초조사, 도시·군계획사업의 시행, 도시·군계획사업 수익자부담금 부과 징수, 도시재개발사업(주택개량재개발사업은 제외한다)의 기본계획 수립 및 시행 |
| 도로의 개설과 유지·관리에 관한 사무 | 중로(12미터 이상 도로)로서 노폭과 노선의 중요도를 고려하여 특별시·광역시 조례로 정한 도로의 유지·관리 |
| 상수도사업에 관한 사무 | 상수도의 신설·개축 및 수선과 이의 유지·관리, 상수도 공채 발행, 상수도사업 특별회계 설치·운영, 수도사업소 설치·운영 |
| 공공하수도에 관한 사무 | 공공하수도정비 기본계획의 수립·시행, 공공하수도의 설치·개축 및 수선, 하수종말처리장의 설치와 유지·관리 |
| 공원 등 관광·휴양시설의 설치·관리에 관한 사무 | 도시공원 및 유원지 조성계획의 입안, 도시공원·유원지의 설치 및 관리, 도시공원·유원지의 입장료·사용료·점용료의 징수, 공원·유원지·야외공연장 등 시민휴양시설의 설치·유지에 관한 사무, 공설운동장·체육관·박물관·도서관·미술관·시민회관 등의 설치·운영에 관한 사무(특별시·광역시 조례로 결정) |
| 지방 궤도사업에 관한 사무 | 지방 궤도사업 운영계획의 수립, 지방 궤도사업의 설치·운영, 지방 궤도사업 특별회계의 설치 |
| 대중교통행정에 관한 사무 | 도시철도의 설치·운영과 시민 이용에 관한 행정, 시내버스·시외직행버스의 운행 등 대중교통행정에 관한 사무, 대중교통수단의 조정·통제에 관한 사무 |
| 지역경제 육성에 관한 업무 | 지방공업단지의 조성·관리, 공설시장·도축장·농수산물 공판장 등에 관한 사무, 유통단지의 지정신청·조성 및 운영 관리, 농수산물 도매시장 개설·운영 |
| 교통신호기, 안전표시 등의 설치·관리 등에 관한 사무 | – |

## 148
2019 지방 7급 지방자치론

「지방자치법」상 지방자치단체의 사무범위에서 '주민의 복지증진에 관한 사무'에 해당하는 것은?

① 소비자 보호 및 저축 장려
② 주거생활환경 개선의 장려 및 지원
③ 소속 공무원의 인사·후생복지 및 교육
④ 감염병과 그 밖의 질병의 예방과 방역

**풀이**
① [×] 소비자 보호 및 저축 장려는 **농림·상공업 등 산업진흥에 관한 사무**이다.
② [×] 주거생활환경 개선의 장려 및 지원은 **지역개발과 주민의 생활환경시설의 설치·관리에 관한 사무**이다.
③ [×] 소속 공무원의 인사·후생복지 및 교육은 **지방자치단체의 구역, 조직, 행정관리 등에 관한 사무**이다.
④ [○] 감염병과 그 밖의 질병의 예방과 방역은 주민의 복지증진에 관한 사무이다.

**정답 ④**

## 149
2023 지방 7급 지방자치론

「지방자치법」상 지방자치단체의 사무로 예시된 것이 아닌 것은?

① 농림·수산·상공업 등 산업 진흥
② 지방자치단체의 구역, 조직, 행정관리 등
③ 지역개발과 자연환경보전 및 생활환경시설의 설치·관리
④ 농산물·임산물·축산물·수산물 및 양곡의 수급 조절과 수출입

**풀이**
① [○] 농림·수산·상공업 등 산업 진흥은 지방자치단체의 사무로 규정되어 있다(「지방자치법」 제13조).
② [○] 지방자치단체의 구역, 조직, 행정관리 등은 지방자치단체의 사무로 규정되어 있다(「지방자치법」 제13조).
③ [○] 지역개발과 자연환경보전 및 생활환경시설의 설치·관리는 지방자치단체의 사무로 규정되어 있다(「지방자치법」 제13조).
④ [×] 농산물·임산물·축산물·수산물 및 양곡의 수급 조절과 수출입 등 **전국적 규모의 사무는 국가사무로 규정**되어 있다(「지방자치법」 제15조).

**정답 ④**

## 150
2018 지방 7급 지방자치론

**수원시가 처리할 수 있는 사무는?**

① 농산물·임산물·축산물·수산물 및 양곡의 수급조절
② 국가하천·국유림·일반국도·국토종합개발계획 사무
③ 수원시의 지방공사 설립·운영
④ 수원시의 지방채 발행 계획안 승인·결정

**풀이**

수원시는 기초자치단체이다.
① [×] 농산물·임산물·축산물·수산물 및 양곡의 수급조절 등의 전국적 규모의 사무는 국가사무로 기초자치단체인 수원시가 처리할 수 없다.
② [×] 국가하천·국유림·일반국도·국토종합개발계획 사무 등의 전국적 규모의 사무는 국가사무로 기초자치단체인 수원시가 처리할 수 없다.

> 「지방자치법」 제15조(국가사무의 처리 제한) 지방자치단체는 다음 각 호의 국가사무를 처리할 수 없다. 다만, 법률에 이와 다른 규정이 있는 경우에는 국가사무를 처리할 수 있다.
> 1. 외교, 국방, 사법(司法), 국세 등 국가의 존립에 필요한 사무
> 2. 물가정책, 금융정책, 수출입정책 등 전국적으로 통일적 처리를 할 필요가 있는 사무
> 3. 농산물·임산물·축산물·수산물 및 양곡의 수급조절과 수출입 등 전국적 규모의 사무
> 4. 국가종합경제개발계획, 국가하천, 국유림, 국토종합개발계획, 지정항만, 고속국도·일반국도, 국립공원 등 전국적 규모나 이와 비슷한 규모의 사무
> 5. 근로기준, 측량단위 등 전국적으로 기준을 통일하고 조정하여야 할 필요가 있는 사무
> 6. 우편, 철도 등 전국적 규모나 이와 비슷한 규모의 사무
> 7. 고도의 기술이 필요한 검사·시험·연구, 항공관리, 기상행정, 원자력개발 등 지방자치단체의 기술과 재정능력으로 감당하기 어려운 사무

③ [ㅇ] 지방자치단체인 수원시는 「지방공기업법」에 따라 지방공사를 설립하거나 운영할 수 있다.

> 「지방공기업법」 제49조(설립) ① 지방자치단체는 제2조에 따른 사업을 효율적으로 수행하기 위하여 필요한 경우에는 지방공사(이하 "공사"라 한다)를 설립할 수 있다. 이 경우 공사를 설립하기 전에 특별시장, 광역시장, 특별자치시장, 도지사 및 특별자치도지사(이하 "시·도지사"라 한다)는 행정안전부장관과, 시장·군수·구청장(자치구의 구청장을 말한다)은 관할 특별시장·광역시장 및 도지사와 협의하여야 한다.

④ [×] 기초자치단체의 지방채 발행 계획안을 승인하고 결정하는 것은 **행정안전부 장관의 권한**이다.

> 「지방재정법 시행령」 제11조(지방채발행의 절차) ④ 지방자치단체의 장이 다음 연도에 법 제11조제2항 단서에 따라 외채를 발행하거나 「지방자치법」 제176조에 따른 지방자치단체조합(이하 "지방자치단체조합"이라 한다)의 장이 다음 연도에 법 제11조제4항에 따라 지방채를 발행하려는 경우에는 제1항에 따른 지방채발행계획 수립기준에 따라 작성한 <u>다음 연도의 지방채발행계획안을 8월 31일까지 행정안전부장관에게 제출하여 승인을 요청해야 한다.</u>

**정답 ③**

## 151
2015 서울 7급 지방자치론

**다음 중 지방자치단체의 사무로 옳지 않은 것은?**

① 농업용수 개발사업 추진
② 수산물 및 양곡의 수급조절
③ 전염병 예방접종 실시
④ 사회복지시설의 설치·운영

**풀이**

② [×] 수산물 및 양곡의 수급조절은 **국가사무**에 해당한다.

> 「지방자치법」 제15조(국가사무의 처리 제한) 지방자치단체는 다음 각 호의 국가사무를 처리할 수 없다. 다만, 법률에 이와 다른 규정이 있는 경우에는 국가사무를 처리할 수 있다.
> 1. 외교, 국방, 사법(司法), 국세 등 국가의 존립에 필요한 사무
> 2. 물가정책, 금융정책, 수출입정책 등 전국적으로 통일적 처리를 할 필요가 있는 사무
> 3. 농산물·임산물·축산물·<u>수산물 및 양곡의 수급조절과 수출입 등 전국적 규모의 사무</u>
> 4. 국가종합경제개발계획, 국가하천, 국유림, 국토종합개발계획, 지정항만, 고속국도·일반국도, 국립공원 등 전국적 규모나 이와 비슷한 규모의 사무
> 5. 근로기준, 측량단위 등 전국적으로 기준을 통일하고 조정하여야 할 필요가 있는 사무
> 6. 우편, 철도 등 전국적 규모나 이와 비슷한 규모의 사무
> 7. 고도의 기술이 필요한 검사·시험·연구, 항공관리, 기상행정, 원자력개발 등 지방자치단체의 기술과 재정능력으로 감당하기 어려운 사무

**정답 ②**

## 152
2013 지방 7급 지방자치론

법률에 다른 규정이 없는 한 지방자치단체가 처리할 수 없는 국가사무로 옳은 것만을 모두 고른 것은?

> ㄱ. 기상행정
> ㄴ. 주차장·교통표지 등 교통편의시설의 설치 및 관리
> ㄷ. 원자력 개발
> ㄹ. 항공관리
> ㅁ. 자연보호활동

① ㄱ, ㄴ, ㅁ  ② ㄱ, ㄷ, ㄹ
③ ㄴ, ㄷ, ㄹ  ④ ㄷ, ㄹ, ㅁ

### 풀이
ㄱ, ㄷ, ㄹ [O] 기상행정, 원자력 개발, 항공관리는 「지방자치법」 제15조에 따른 국가사무이다.
ㄴ, ㅁ [X] **주차장·교통표지 등 교통편의시설의 설치 및 관리**나 **자연보호활동**은 「지방자치법」 제13조에 의해 **지방자치단체의 사무에** 해당한다.

정답 ②

## 153
2014 국가 9급

우리나라 지방자치단체의 사무구분에 대한 설명으로 옳은 것은?

① 자치사무와 단체위임사무는 자치단체가 전액 경비를 부담하며, 기관위임사무는 원칙적으로 자치단체와 위임기관이 공동으로 부담한다.
② 단체위임사무는 법령에 의해 하급 자치단체장에게 위임된 사무이며, 기관위임사무는 법령에 의해 국가 또는 다른 자치단체로부터 위임된 사무이다.
③ 자치사무와 단체위임사무의 처리를 위해 자치단체는 조례를 제정하는 것이 가능한데, 기관위임사무는 원칙적으로 조례제정 대상이 아니다.
④ 자치사무는 지방의회의 관여(의결, 사무 감사 및 사무 조사)대상이지만, 단체위임사무와 기관위임사무는 관여대상이 아니다.

### 풀이
① [X] 자치사무는 자치단체가 전액경비를 부담하며, **단체위임사무는 자치단체와 위임기관이 공동부담**하며, **기관위임사무는 원칙적으로 위임기관이 전액 부담**한다.
② [X] **기관위임사무는 법령에 의해 하급 자치단체장에게 위임된 사무**이며, 단체위임사무는 법령에 의해 국가 또는 다른 자치단체로부터 지방의회와 지방자치단체의 장으로 구성된 지방자치단체에게 위임된 사무이다.
③ [O] 기관위임사무는 원칙적으로 하급집행기관으로서의 자치단체장에게 위임된 사무이므로 지방의회에 의한 조례제정의 대상이 되지 않는다.
④ [X] **자치사무와 단체위임사무**는 해당 자치단체의 사무이므로 지방의회에 의한 **조례제정 등의 관여가 가능**하다.

정답 ③

## 154

2014 지방 7급 지방자치론

**지방자치단체의 사무에 대한 설명으로 옳지 않은 것은?**

① 기관위임사무의 경비부담은 부담금으로 하는 것이 원칙이다.
② 단체위임사무의 국가 감독은 기관위임사무에 비해 제한된 범위 내에서 이루어진다.
③ 자치사무에 대한 국가 감독은 합법성 위주의 감독이다.
④ 단체위임사무에 따른 배상책임은 국가와 지방자치단체의 공동책임이다.

## 155

2020 국가 9급

**단체위임사무와 기관위임사무에 대한 설명으로 옳지 않은 것은?**

① 지방의회는 기관위임사무에 대해 조례제정권을 행사할 수 없다.
② 보건소의 운영업무와 병역자원의 관리업무는 대표적인 기관위임사무이다.
③ 중앙정부는 단체위임사무에 대해 사전적 통제보다 사후적 통제를 주로 한다.
④ 기관위임사무의 처리를 위한 비용은 국가가 부담한다.

### 풀이

① [×] **기관위임사무**의 경우 경비부담은 **위임기관이 전액 교부하는 위탁 원칙**이다. 부담금은 국가적 이해관계와 지방적 이해관계가 공존하는 단체위임사무에 대한 중앙정부의 보조금이다.
② [○] 기관위임사무는 지방자치단체에 위임된 것이 아니라 그 집행기관인 자치단체의 장에게 위임된 사무이므로 위임기관인 국가는 사전·사후를 모두 포괄하는 전면적인 직무감독권을 가진다. 반면 단체위임사무에서 국가의 감독은 합법성과 합목적성의 사후 교정적 감독에 한하고 예방적 감독은 배제된다.
③ [○] 자치사무에 대한 국가의 감독은 소극적 감독, 즉 합법성에 관한 교정적 감독에만 한정되며 적극적 감독, 즉 예방적 감독과 합목적성의 감독은 배제된다.
④ [○] 단체위임사무의 처리에 소요되는 경비는 해당 지방자치단체와 국가가 공동 부담하는 것을 원칙으로 한다. 따라서 단체위임사무에 따른 배상책임 역시 국가와 지방자치단체의 공동책임이다.

**정답 ①**

### 풀이

① [○] 기관위임사무는 지방자치단체에 위임된 것이 아니라 그 집행기관인 지방자치단체의 장에게 위임된 사무이므로 지방의회는 관여하지 못한다. 따라서 조례제정권을 행사할 수 없다.
② [×] **보건소의 운영업무**는 대표적인 **단체위임사무**이다. 병역자원의 관리업무, 의약사면허, 외국인등록 등에 관한 사무는 기관위임사무에 해당한다.
③ [○] 중앙정부는 단체위임사무에 대해 합법성과 합목적성의 교정적 감독에 한정되고, 그 사전적(예방적)인 감독은 배제된다.
④ [○] 기관위임사무의 처리비용은 전액 국가가 부담한다.

**정답 ②**

**156**     2018 지방 7급 지방자치론

「지방자치법」에 규정된 지방자치단체의 경비부담에 대한 사항으로 옳지 않은 것은?

① 지방자치단체의 관할구역 자치사무에 필요한 경비는 그 지방자치단체가 전액을 부담한다.
② 지방자치단체의 재정부담에 관한 주요 사항 등을 심의하기 위하여 국무총리 소속으로 지방재정관리위원회를 둔다.
③ 국고보조사무가 지방자치단체에 이양된 경우 중앙관서의 장은 해당 사무 수행에 대하여 지방자치단체 재정 운용의 자율성을 해치거나 지방재정에 부당한 영향을 미치는 조치를 하여서는 아니 된다.
④ 국가가 스스로 하여야 할 사무를 지방자치단체나 그 기관에 위임하여 수행하는 경우 그 경비는 국가가 전부를 그 지방자치단체에 교부하여야 한다.

### 풀이

① [○] 지방자치단체의 관할구역 자치사무에 필요한 경비는 그 지방자치단체가 전액을 부담한다.

> 「지방재정법」제20조(자치사무에 관한 경비) 지방자치단체의 관할구역 자치사무에 필요한 경비는 그 지방자치단체가 전액을 부담한다.

② [×] 지방자치단체의 재정부담에 관한 주요 사항 등을 심의하기 위하여 행정안전부장관 소속으로 지방재정관리위원회를 둔다. 출제 당시의 지방재정부담심의위원회가 24년 2월부터 명칭이 바뀌면서 소속도 국무총리 소속에서 행정안전부장관 소속으로 바뀌었다. 이에 따라 선지를 수정하였다.

> 「지방재정법」제27조의2(지방재정관리위원회) ① 지방자치단체의 재정부담 및 재정위기관리에 관한 다음 각 호의 사항을 심의하기 위하여 행정안전부장관 소속으로 지방재정관리위원회를 둔다.

③ [○] 국고보조사무가 지방자치단체에 이양된 경우 중앙관서의 장은 해당 사무 수행에 대하여 지방자치단체 재정운용의 자율성을 해치거나 지방재정에 부당한 영향을 미치는 조치를 하여서는 아니 된다.

> 「지방재정법」제27조의7(국고보조사무의 지방이양에 따른 사무 수행) 국고보조사무가 지방자치단체에 이양된 경우 중앙관서의 장은 해당 사무 수행에 대하여 지방자치단체 재정운용의 자율성을 해치거나 지방재정에 부당한 영향을 미치는 조치를 하여서는 아니 된다.

④ [○] 국가가 스스로 하여야 할 사무를 지방자치단체나 그 기관에 위임하여 수행하는 경우 그 경비는 국가가 전부를 그 지방자치단체에 교부하여야 한다.

> 「지방재정법」제21조(부담금과 교부금) ① 지방자치단체나 그 기관이 법령에 따라 처리하여야 할 사무로서 국가와 지방자치단체 간에 이해관계가 있는 경우에는 원활한 사무처리를 위하여 국가에서 부담하지 아니하면 아니 되는 경비는 국가가 그 전부 또는 일부를 부담한다.
> ② 국가가 스스로 하여야 할 사무를 지방자치단체나 그 기관에 위임하여 수행하는 경우 그 경비는 국가가 전부를 그 지방자치단체에 교부하여야 한다.

정답 ②

## 157

2014 지방 7급 지방자치론

**단체위임사무에 대한 설명으로 옳지 않은 것은?**

① 지방의회의 관여가 이루어진다.
② 지방적 이해와 국가적 이해를 동시에 가지는 사무이다.
③ 법에 근거하지 않고 국가보조로 지원되는 사무이다.
④ 예방적 감독은 원칙적으로 배제된다.

### 풀이

① [O] 단체위임사무는 위임된 사무이지만 해당 자치단체 자체에 위임된 사무이기 때문에 해당 지방의회가 그 사무의 처리에 참여하며, 조례제정권을 가진다.
② [O] 단체위임사무는 지방적 이해관계와 전국적 이해관계를 동시에 가지고 있는 것이다.
③ [X] 단체위임사무는 법령에 의하여 국가 또는 상급 자치단체로부터 그 지방자치단체에 위임된 사무를 의미한다. 따라서 **법령에 근거하여 국가보조로 지원되는 사무**이다.
④ [O] 단체위임사무에서 국가의 감독은 합법성과 합목적성의 사후 교정적 감독에 한하고 예방적 감독은 배제되는 것이 원칙이다.

정답 ③

## 158

2020 지방 7급 지방자치론

**기관위임사무에 대한 설명으로 옳은 것은?**

① 보건소 운영, 시·군의 도세징수 등 지방적 이해와 국가적 이해가 같이 걸린 사무들이 많다.
② 자치사무와의 구별이 명확하고 지방자치단체가 수행하는 사무 중에서 20% 정도를 차지한다.
③ 국가의 기관위임사무는 원칙적으로 소요되는 경비를 국가가 지방자치단체에 전부 교부하여야 한다.
④ 단체위임사무에 비하여 자치적 처리의 영역이 넓다.

### 풀이

기관위임사무는 국가적 이해관계만 존재하는 중앙정부의 사무로 하급 행정기관인 지방자치단체의 장에게 위임된 사무이다.
① [X] 보건소 운영, 시·군의 도세징수 등 지방적 이해와 국가적 이해가 같이 걸린 사무는 기관위임이 아닌 **단체위임사무**이다.
② [X] 우리나라의 경우 포괄적 예시주의로 사무를 배분하다보니 **위임사무와 자치사무와의 구별이 명확하지 않다.** 현재 지방자치단체가 수행하는 사무 중에서 자치사무는 대략 50~60%, 단체위임사무는 10%, **기관위임사무는 30~40% 정도**를 차지한다고 본다.
③ [O] 국가의 기관위임사무는 국가적 이해관계만 존재하는 사무로 원칙적으로 소요되는 경비를 국가가 지방자치단체에 전부 교부하여야 한다.
④ [X] 기관위임사무는 단체위임사무에 비해 **자치적 처리의 영역이 좁다.**

정답 ③

## 159
*2020 국회 8급*

지방자치단체가 수행하는 기관위임사무에 대한 설명으로 옳은 것은?

① 기관위임사무의 처리에 필요한 경비는 수임한 지방자치단체가 전액 부담한다.
② 상·하수도 설치 및 관리, 도시계획사업의 시행, 소비자 보호 및 저축장려는 기관위임사무이다.
③ 기관위임사무는 지방자치단체의 장과 지방의회가 공동으로 수임주체가 된다.
④ 지방자치단체가 그 권한에 속하는 사무의 일부를 소속 행정기관에 위임할 때는 개별적인 법령의 근거가 필요하지 않다.
⑤ 지방의회는 자치단체의 기관위임사무를 지휘할 수 있는 권한이 있다.

### 풀이
① [×] 기관위임사무의 처리에 필요한 경비는 **위임기관이 전액 부담**하는 것이 원칙이다.
② [×] 상수도·하수도의 설치 및 관리, 도시계획사업의 시행, 소비자 보호 및 저축 장려는 지방자치단체의 **자치사무**이다.
③ [×] 기관위임사무는 지방의회가 아닌 중앙정부의 하급기관인 **지방자치단체의 장이 수임 주체**가 된다.
④ [○] 지방자치단체가 그 권한에 속하는 사무의 일부를 소속 행정기관에 위임할 때는 개별적인 법령의 근거가 필요하지 않다.
> 「지방자치법」 제117조(사무의 위임 등) ① 지방자치단체의 장은 조례나 규칙으로 정하는 바에 따라 그 권한에 속하는 사무의 일부를 보조기관, 소속 행정기관 또는 하부행정기관에 위임할 수 있다.
> ② 지방자치단체의 장은 조례나 규칙으로 정하는 바에 따라 그 권한에 속하는 사무의 일부를 관할 지방자치단체나 공공단체 또는 그 기관(사업소·출장소를 포함한다)에 위임하거나 위탁할 수 있다.
> ③ 지방자치단체의 장은 조례나 규칙으로 정하는 바에 따라 그 권한에 속하는 사무 중 조사·검사·검정·관리업무 등 주민의 권리·의무와 직접 관련되지 아니하는 사무를 법인·단체 또는 그 기관이나 개인에게 위탁할 수 있다.

⑤ [×] **기관위임사무**는 해당 지방자치단체에 위임된 것이 아니라 그 집행기관에게만 위임된 사무이므로 그 처리는 집행기관의 전권에 속하는 것이며, 따라서 이에 관하여 **지방의회는 관여할 수 없다**. 다만, 사무처리를 위해 지방자치단체에 경비를 부담하는 경우에는 지방의회가 관여할 수 있다.

**정답 ④**

## 160
*2015 국가 9급*

기관위임사무에 대한 설명으로 옳지 않은 것은?

① 법령에 의하여 국가 또는 상급 지방자치단체로부터 지방자치단체의 장에게 위임된 사무를 말한다.
② 국가와 지방자치단체 사이의 행정적 책임의 소재를 명확하게 해준다.
③ 지방자치단체를 국가의 하급기관으로 전락시키는 요인으로 작용할 수 있다.
④ 전국적으로 획일적인 행정을 강조함으로써 지방적 특수성이 희생되기도 한다.

### 풀이
① [○] 기관위임사무는 법령에 의하여 국가 또는 상급 지방자치단체로부터 지방자치단체의 장에게 위임된 사무를 말한다.
② [×] 기관위임사무는 **국가가 전면적으로 감독**하는 사무로 **국가와 지방자치단체 사이의 행정적 책임의 소재를 불명확**하게 한다는 단점이 있다.
③ [○] 기관위임사무는 지방자치단체를 일선 하급기관으로 전락시킬 수 있다.
④ [○] 기관위임사무는 전국단위의 획일적 행정 운영을 강조하여 지방의 특수성이 무색해지는 단점이 있다.

**정답 ②**

## 161

2016 지방 7급 지방자치론

지방자치단체의 기관위임사무에 대한 설명으로 옳은 것은?

① 국가적 차원의 이해관계보다는 지방적 차원의 이해관계에 중점을 둔다.
② 「지방자치법」상 농산물·임산물·축산물·수산물의 생산 및 유통지원업무는 원칙적으로 기관위임사무에 해당된다.
③ 사무집행에 따른 경비는 지방자치단체가 부담하는 것이 원칙이다.
④ 사무처리에 대한 지방의회의 관여는 단체위임사무보다 제한된다.

### 풀이

① [×] 기관위임사무는 일반적으로 지방적 이해관계보다 **국가적 이해관계가 더 큰 사무**이다. 지방적 이해관계가 큰 사무는 단체위임사무나 자치사무이다.
② [×] 농산물·임산물·축산물·수산물의 생산 및 유통지원업무는 **지방자치단체에 속하는 (자치)사무**이다.
③ [×] 기관위임사무의 사무집행에 따른 경비는 **위임기관이 전액 부담하는 것이 원칙**이다.
④ [○] 기관위임사무는 국가의 하급행정기관인 지방자치단체의 장에게 위임된 사무로 사무처리에 대한 지방의회의 관여가 어렵다.

정답 ④

## 162

2021 지방 7급 지방자치론

「국가경찰과 자치경찰의 조직 및 운영에 관한 법률」상 자치경찰위원회에 대한 설명으로 옳지 않은 것은?

① 자치경찰사무를 관장하게 하기 위하여 시·도지사 소속으로 시·도자치경찰위원회를 둔다.
② 시·도자치경찰위원회는 합의제 행정기관으로서 그 권한에 속하는 업무를 독립적으로 수행한다.
③ 시·도자치경찰위원회 위원은 시·도의회, 국가경찰위원회, 해당 시·도 교육감의 의견을 들어 시·도자치경찰위원회 위원추천위원회가 추천한다.
④ 시·도자치경찰위원회는 위원장 1명을 포함한 7명의 위원으로 구성하되, 위원장과 1명의 위원은 상임으로 하고, 5명의 위원은 비상임으로 한다.

### 풀이

① [○] 자치경찰사무를 관장하게 하기 위하여 시·도지사 소속으로 시·도자치경찰위원회를 둔다.
② [○] 시·도자치경찰위원회는 합의제 행정기관으로서 그 권한에 속하는 업무를 독립적으로 수행한다.
③ [×] 시·도자치경찰위원회 위원은 시·도의회가 추천하는 2명, 국가경찰위원회가 추천하는 1명, 해당 시·도 교육감이 추천하는 1명, 시·도자치경찰위원회 위원추천위원회가 추천하는 2명, 시·도지사가 지명하는 1명을 시·도지사가 임명한다. 이때 **시·도자치경찰위원회는 제시된 다른 기관의 의견을 들을 필요없이 위원 중 2명만 추천**한다.
④ [○] 시·도자치경찰위원회는 위원장 1명을 포함한 7명의 위원으로 구성하되, 위원장과 1명의 위원은 상임으로 하고, 5명의 위원은 비상임으로 한다.

> 「국가경찰과 자치경찰의 조직 및 운영에 관한 법률」
> 제18조(시·도자치경찰위원회의 설치) ① 자치경찰사무를 관장하게 하기 위하여 특별시장·광역시장·특별자치시장·도지사·특별자치도지사(이하 "시·도지사"라 한다) 소속으로 시·도자치경찰위원회를 둔다. 다만, 제13조 후단에 따라 시·도에 2개의 시·도경찰청을 두는 경우 시·도지사 소속으로 2개의 시·도자치경찰위원회를 둘 수 있다.
> ② 시·도자치경찰위원회는 합의제 행정기관으로서 그 권한에 속하는 업무를 독립적으로 수행한다.
> 제19조(시·도자치경찰위원회의 구성) ① 시·도자치경찰위원회는 <u>위원장 1명을 포함한 7명의 위원으로 구성하되, 위원장과 1명의 위원은 상임으로 하고, 5명의 위원은 비상임으로 한다.</u>
> 제20조(시·도자치경찰위원회 위원의 임명 및 결격사유) ① 시·도자치경찰위원회 위원은 다음 각 호의 사람을 시·도지사가 임명한다.
> 1. <u>시·도의회가 추천하는 2명</u>
> 2. 국가경찰위원회가 추천하는 1명
> 3. 해당 <u>시·도 교육감이 추천하는 1명</u>
> 4. 시·도자치경찰위원회 <u>위원추천위원회가 추천하는 2명</u>
> 5. 시·도지사가 지명하는 1명
> 제21조(시·도자치경찰위원회 위원추천위원회) ① 시·도자치경찰위원회 위원 추천을 위하여 시·도지사 소속으로 시·도자치경찰위원회 위원추천위원회를 둔다.

정답 ③

## 163
2023 지방 7급 지방자치론

「국가경찰과 자치경찰의 조직 및 운영에 관한 법률」상 자치경찰제에 대한 설명으로 옳지 않은 것은?

① 변호사 자격이 있는 사람으로서 국가기관, 지방자치단체, 「공공기관의 운영에 관한 법률」 제4조에 따른 공공기관에서 법률에 관한 사무에 5년 이상 종사한 경력이 있는 사람은 시·도자치경찰위원회 위원의 자격이 있다.
② 시·도경찰청 및 경찰서의 명칭, 위치, 관할구역, 하부조직, 공무원의 정원, 그 밖에 필요한 사항은 「정부조직법」을 준용하여 대통령령 또는 행정안전부령으로 정한다.
③ 국가는 지방자치단체가 이관받은 자치경찰사무를 원활히 수행할 수 있도록 인력, 장비 등에 소요되는 비용에 대하여 재정적 지원을 하여야 한다.
④ 시·도자치경찰위원회 위원장과 위원의 임기는 3년으로 하며, 연임할 수 있다.

### 풀이
① [O] 판사·검사·변호사 또는 경찰의 직에 5년 이상 있었던 사람, 변호사 자격이 있는 사람으로서 국가기관 등에서 법률에 관한 사무에 5년 이상 종사한 경력이 있는 사람, 대학이나 공인된 연구기관에서 법률학·행정학 또는 경찰학 분야의 조교수 이상의 직이나 이에 상당하는 직에 5년 이상 있었던 사람 등은 시·도자치경찰위원회 위원의 자격이 있다(「국가경찰과 자치경찰의 조직 및 운영에 관한 법률」 제20조).
② [O] 시·도경찰청 및 경찰서의 명칭, 위치, 관할구역, 하부조직, 공무원의 정원, 그 밖에 필요한 사항은 「정부조직법」 제2조제4항 및 제5항을 준용하여 대통령령 또는 행정안전부령으로 정한다(「국가경찰과 자치경찰의 조직 및 운영에 관한 법률」 제31조).
③ [O] 국가는 지방자치단체가 이관받은 사무를 원활히 수행할 수 있도록 인력, 장비 등에 소요되는 비용에 대하여 재정적 지원을 하여야 한다(「국가경찰과 자치경찰의 조직 및 운영에 관한 법률」 제34조).
④ [X] **시·도자치경찰위원회 위원장과 위원의 임기는 3년으로 하며, 연임할 수 없다.** 보궐위원의 임기는 전임자 임기의 남은 기간으로 하되, 전임자의 남은 임기가 1년 미만인 경우 그 보궐위원은 제1항에도 불구하고 한 차례만 연임할 수 있다(「국가경찰과 자치경찰의 조직 및 운영에 관한 법률」 제23조).

정답 ④

## 164
2021 지방 9급

자치경찰제도에 대한 설명으로 옳지 않은 것은?

① 지역 실정에 맞는 치안 행정을 펼칠 수 있다.
② 경찰 업무의 통일성과 효율성을 높일 수 있다.
③ 제주자치경찰단은 주민의 생활안전 활동에 관한 사무를 수행한다.
④ 자치경찰 사무를 관장하기 위하여 광역자치단체에 시·도자치경찰위원회를 둔다.

### 풀이
① [O] 지방행정과 치안행정을 연계하여 지역 실정에 맞는 치안 행정을 펼칠 수 있다.
② [X] 자치경찰제는 자치단체별로 독립적인 경찰 업무 수행으로 중앙 통제 하에 이루어지는 경찰업무에 비해 **통일성과 효율성이 저해될 수 있다.**
③ [O] 제주자치경찰단은 자치경찰사무를 처리하기 위하여 제주특별자치도자치경찰위원회 소속으로 두며 주민의 생활안전활동에 관한 사무를 수행한다.
④ [O] 자치경찰사무를 관장하게 하기 위하여 광역자치단체(특별시, 광역시, 도, 특별자치시, 특별자치도)에 시·도자치경찰위원회를 둔다.

「국가경찰과 자치경찰의 조직 및 운영에 관한 법률」 제18조(시·도자치경찰위원회의 설치) ① 자치경찰사무를 관장하게 하기 위하여 특별시장·광역시장·특별자치시장·도지사·특별자치도지사(이하 "시·도지사"라 한다) 소속으로 시·도자치경찰위원회를 둔다.

정답 ②

## 165

2018 지방 7급 지방자치론

「제주특별법」상 제주 자치경찰사무가 아닌 것은?

① 생활안전을 위한 순찰 및 시설 운영
② 교통법규위반 지도·단속
③ 안전사고와 재해·재난 등으로부터의 주민보호
④ 치안정보의 수집·작성 및 배포

### 풀이

① [O] 생활안전을 위한 순찰 및 시설 운영은 제주자치경찰의 사무이다.
② [O] 교통법규위반 지도·단속은 제주자치경찰의 사무이다.
③ [O] 안전사고와 재해·재난 등으로부터의 주민을 보호하는 것은 제주자치경찰의 사무이다.

> 「제주특별법」 제90조(사무) 자치경찰은 다음 각 호의 사무(이하 "자치경찰사무"라 한다)를 처리한다.
> 1. 주민의 생활안전활동에 관한 사무
>    가. 생활안전을 위한 순찰 및 시설 운영
>    나. 주민참여 방범활동의 지원 및 지도
>    다. 안전사고와 재해·재난 등으로부터의 주민보호
>    라. 아동·청소년·노인·여성 등 사회적 보호가 필요한 사람의 보호와 가정·학교 폭력 등의 예방
>    마. 주민의 일상생활과 관련된 사회질서의 유지와 그 위반행위의 지도·단속
> 2. 지역교통활동에 관한 사무
>    가. 교통안전과 교통소통에 관한 사무
>    나. 교통법규위반 지도·단속
>    다. 주민참여 지역교통활동의 지원·지도
> 3. 공공시설과 지역행사장 등의 지역경비에 관한 사무
> 4. 「사법경찰관리의 직무를 수행할 자와 그 직무범위에 관한 법률」에서 자치경찰공무원의 직무로 규정하고 있는 사법경찰관리의 직무
> 5. 「즉결심판에 관한 절차법」 등에 따라 「도로교통법」 또는 「경범죄 처벌법」 위반에 따른 통고처분 불이행자 등에 대한 즉결심판 청구 사무

④ [X] '치안정보의 수집·작성 및 배포'는 출제 당시 국가경찰의 사무였으나 「경찰관 직무집행법」의 개정으로 '공공안녕에 대한 위험의 예방과 대응을 위한 정보의 수집·작성 및 배포'로 그 이름과 구체적 내용이 변했다. 따라서 현재 '치안정보의 수집·작성 및 배포'는 경찰사무에 그 내용이 없다.

> 「경찰관 직무집행법」 제2조(직무의 범위) 경찰관은 다음 각 호의 직무를 수행한다.
> 1. 국민의 생명·신체 및 재산의 보호
> 2. 범죄의 예방·진압 및 수사
> 2의2. 범죄피해자 보호
> 3. 경비, 주요 인사(人士) 경호 및 대간첩·대테러 작전 수행
> 4. 공공안녕에 대한 위험의 예방과 대응을 위한 정보의 수집·작성 및 배포
> 5. 교통 단속과 교통 위해(危害)의 방지
> 6. 외국 정부기관 및 국제기구와의 국제협력
> 7. 그 밖에 공공의 안녕과 질서 유지

**정답 ④**

## 166

2017 서울 7급 지방자치론

다음은 지방교육자치의 관점에 대한 설명이다. ㉠~㉢에 들어갈 용어로 옳은 것은?

> 가. ( ㉠ ) 관점은 본질적 요소인 교육사무의 지방분권, 주민참여 및 정부의 중립성이 균형되게 강조되어야 한다고 본다.
> 나. ( ㉡ ) 관점은 지방교육자치의 목적이 교육의 자주성, 전문성, 중립성의 보장에 있으며, 목적달성을 위해서는 분리형이 유리한 제도임을 주장한다.
> 다. ( ㉢ ) 관점은 교육행정기관의 획일적인 규제와 간섭으로부터 독립하여 법규의 범위 내에서 자기책임하에 교육을 하도록 보장함으로써 교육의 목적을 달성하고자 한다.

| | ㉠ | ㉡ | ㉢ |
|---|---|---|---|
| ① | 교육행정기관의 자치 | 교육주체의 자치 | 지방교육자치의 일환 |
| ② | 교육행정기관의 자치 | 지방교육자치의 일환 | 교육주체의 자치 |
| ③ | 지방교육자치의 일환 | 교육행정기관의 자치 | 교육주체의 자치 |
| ④ | 지방교육자치의 일환 | 교육주체의 자치 | 교육행정기관의 자치 |

### 풀이

**내용정리 — 교육자치의 관점**

| | 교육행정기관의 자치 | 교육주체의 자치 | 지방교육자치 |
|---|---|---|---|
| 방향 | 교육영역의 독자성 | 교육주체의 자율성 | 교육의 자율성과 지방자치의 발전 |
| 내용 | 일반행정과 교육행정의 분리 및 독립 보장 | 교육현장의 자율성 | 교육의 지방분권, 주민참여, 정부의 중립성 |
| 참여자 | 교육자 | 교육현장참여자 (교육주체) | 교육주체와 주민 |

㉠ 지방교육자치의 일환 – 교육의 지방분권, 주민참여, 정부의 중립성 등을 주장하는 관점이다.
㉡ 교육행정기관의 자치 – 일반행정에 대한 교육행정의 분리·독립보장을 주장하는 관점이다.
㉢ 교육주체의 자치 – 교육현장의 자율성을 주장하는 관점이다.

**정답 ③**

## 167
2020 지방 7급 지방자치론

**지방교육자치에 대한 설명으로 옳지 않은 것은?**

① 교육감의 임기는 4년이며, 계속 재임은 3기에 한한다.
② 교육감을 선출하는 주민직선제는 2002년부터 실시되었다.
③ 지방교육행정협의회의 구성·운영에 관하여 필요한 사항은 교육감과 시·도지사가 협의하여 조례로 정한다.
④ 1개 또는 2개 이상의 시·군 및 자치구를 관할구역으로 하는 하급교육행정기관으로 교육지원청을 둔다.

**풀이**

현재 우리나라는 시·도 단위(광역자치단체)의 지방교육자치제를 시행하고 있다.
① [O] 교육감의 임기는 4년이며, 계속 재임은 3기에 한한다.
> 「지방교육자치에 관한 법률」 제21조(교육감의 임기) 교육감의 임기는 4년으로 하며, 교육감의 계속 재임은 3기에 한정한다.

② [X] **교육감을 선출하는 주민직선제**는 2006년 12월 「지방교육자치에 관한 법률」이 개정됨에 따라 **2007년부터 실시**되었다. 2007년 이전에는 각급 학교 운영위원선거인단에 의한 간접선거방식으로 교육감을 선출했다.
③ [O] 지방교육행정협의회의 구성·운영에 관하여 필요한 사항은 교육감과 시·도지사가 협의하여 조례로 정한다.
> 「지방교육자치에 관한 법률」 제41조(지방교육행정협의회의 설치) ① 지방자치단체의 교육·학예에 관한 사무를 효율적으로 처리하기 위하여 지방교육행정협의회를 둔다.
> ② 제1항의 규정에 따른 지방교육행정협의회의 구성·운영에 관하여 필요한 사항은 교육감과 시·도지사가 협의하여 조례로 정한다.

④ [O] 1개 또는 2개 이상의 시·군 및 자치구를 관할구역으로 하는 하급교육행정기관으로 교육지원청을 둔다.
> 「지방교육자치에 관한 법률」 제34조(하급교육행정기관의 설치 등) ① 시·도의 교육·학예에 관한 사무를 분장하기 위하여 1개 또는 2개 이상의 시·군 및 자치구를 관할구역으로 하는 하급교육행정기관으로서 교육지원청을 둔다.

정답 ②

## 168
2012 지방 7급 지방자치론

**우리나라 지방자치제도에 대한 설명으로 옳지 않은 것은?**

① 주민은 교육감을 소환할 권리를 가진다.
② 일반적으로 광역과 기초자치단체라는 자치 2계층제를 유지하고 있다.
③ 지방자치권의 핵심 중 하나인 자치입법권은 조례와 규칙이 중심을 이룬다.
④ 부교육감은 당해 시·도교육감이 추천한 자를 행정안전부장관의 제청으로 국무총리를 거쳐 대통령이 임명한다.

**풀이**

① [O] 주민은 교육감을 소환할 권리를 가진다.
> 「지방교육자치에 관한 법률」 제24조의2(교육감의 소환) ① 주민은 교육감을 소환할 권리를 가진다.

② [O] 우리나라는 중층제의 계층구조를 갖춘 지방자치를 시행하는 국가로 광역과 기초자치단체의 자치 2계층제를 유지하고 있다.
③ [O] 지방자치단체의 자치입법권은 지방의회가 제정하는 조례, 지방자치단체의 장이 제정하는 규칙으로 구현된다.
④ [X] 부교육감은 당해 **시·도교육감이 추천**한 자를 **교육부장관의 제청**으로 국무총리를 거쳐 대통령이 임명한다.
> 「지방교육자치에 관한 법률」 제30조(보조기관) ① 교육감 소속하에 국가공무원으로 보하는 부교육감 1인(인구 800만명 이상이고 학생 150만명 이상인 시·도는 2인)을 두되, 대통령령으로 정하는 바에 따라 「국가공무원법」 제2조의2의 규정에 따른 고위공무원단에 속하는 일반직공무원 또는 장학관으로 보한다.
> ② 부교육감은 해당 시·도의 교육감이 추천한 사람을 교육부장관의 제청으로 국무총리를 거쳐 대통령이 임명한다.
> ③ 부교육감은 교육감을 보좌하여 사무를 처리한다.

정답 ④

## 169
2017 지방 7급 지방자치론

「지방교육자치에 관한 법률」상 교육감 선거에 대한 설명으로 옳지 않은 것은?

① 정당은 교육감 선거에 후보자를 추천할 수 없다.
② 교육감 후보자는 특정 정당을 지지·반대하거나 특정 정당으로부터 지지·추천받고 있음을 표방해서는 아니 된다.
③ 해당 지방자치단체의 교육감이 그 직을 가지고 입후보하는 경우 선거일 전 90일까지 그 직을 그만두어야 한다.
④ 교육감 선거구선거사무를 수행할 선거관리위원회는 선거관리위원회법에 따른 시·도선거관리위원회로 한다.

### 풀이

① [O] 교육의 정치적 중립 의무에 따라 우리나라는 교육감 선거에 있어 정당공천제를 배제한다.
② [O] 교육감 후보자는 특정 정당을 지지·반대하거나 특정 정당으로부터 지지·추천받고 있음을 표방해서는 안 된다.

> 「지방교육자치에 관한 법률」 제46조(정당의 선거관여행위 금지 등) ① 정당은 교육감선거에 후보자를 추천할 수 없다.
> ② 정당의 대표자·간부(「정당법」 제12조부터 제14조까지의 규정에 따라 등록된 대표자·간부를 말한다) 및 유급사무직원은 특정 후보자(후보자가 되려는 사람을 포함한다. 이하 이 조에서 같다)를 지지·반대하는 등 선거에 영향을 미치게 하기 위하여 선거에 관여하는 행위(이하 이 항에서 "선거관여행위"라 한다)를 할 수 없으며, 그 밖의 당원은 소속 정당의 명칭을 밝히거나 추정할 수 있는 방법으로 선거관여행위를 할 수 없다.
> ③ 후보자는 특정 정당을 지지·반대하거나 특정 정당으로부터 지지·추천받고 있음을 표방(당원경력의 표시를 포함한다)하여서는 아니 된다.

③ [X] 본래 교육감 후보자가 되려는 공무원은 선거일 전 90일까지 그 직을 그만두어야 하지만 해당 지방자치단체의 **교육감이 그 직을 가지고 입후보하는 경우에는 적용되지 않는다.**

> 「지방교육자치에 관한 법률」 제47조(공무원 등의 입후보) ① 「공직선거법」 제53조제1항 각 호의 어느 하나에 해당하는 사람 중 후보자가 되려는 사람은 선거일 전 90일까지 그 직을 그만두어야 한다. 다만, 교육감선거에서 해당 지방자치단체의 교육감이 그 직을 가지고 입후보하는 경우에는 그러하지 아니하다.

④ [O] 교육감 선거구선거사무를 수행할 선거관리위원회는 선거관리위원회법에 따른 시·도선거관리위원회로 한다.

> 「지방교육자치에 관한 법률」 제44조(선거구선거관리) ① 교육감선거에 관한 사무 중 선거구선거사무를 수행할 선거관리위원회(이하 "선거구선거관리위원회"라 한다)는 「선거관리위원회법」에 따른 시·도선거관리위원회로 한다.

정답 ③

# CHAPTER 03 국가와 지방자치단체의 관계

## 001
2021 지방 7급 지방자치론

라이트(Wright)의 정부간 관계론에 대한 설명으로 옳지 않은 것은?

① 내포권위모형(Inclusive Authority Model)에 의하면, 연방정부와 주정부 그리고 지방정부가 동시에 경쟁하거나 협력하는 관계를 맺으며, 그 과정에서 합의를 이루고 협력체계를 구축하기 위한 협상이 계속된다.
② 분리권위모형(Separated Authority Model)에 의하면, 중앙정부와 주정부가 독자적인 사무영역과 처리권능을 지니고 있으며, 상호협력을 할 필요도, 상호의존을 할 이유도 없다.
③ 중첩권위모형(Overlapping Authority Model)에 의하면, 연방정부와 주정부 그리고 지방정부가 모두 제한된 권한을 갖고 있으며, 한 정부가 배타적인 권한을 행사하는 영역은 상대적으로 많지 않다.
④ 분리권위모형(Separated Authority Model)에 의하면, 연방정부와 주정부는 대등한 관계를, 주정부와 지방정부는 포함 관계를 유지한다.

### 풀이
① [×] 라이트의 내포권위모형(Inclusive Authority Model)은 지방정부가 주정부에, 주정부는 연방정부에 전적으로 의존하는 수직적 계층구조 형태로 하급정부가 상급정부에 대해 종속적인 관계를 지니는 형태이다. 연방정부와 주정부 그리고 지방정부가 동시에 **경쟁하거나 협력하는 관계를 맺으며, 그 과정에서 합의를 이루고 협력체계를 구축하기 위한 협상을 하는 것은 중첩권위모형**의 특징이다.
② [○] 분리권위모형(Separated Authority Model)은 동등권위형(coordinate model)이라고도 하며, 연방정부와 주정부가 동등한 권한을 가지며 지방정부는 주정부에 종속되어 있는 형태이다. 이때 중앙정부와 주정부가 독자적인 사무영역과 처리권능을 지니고 있으며, 상호협력을 할 필요도, 상호의존을 할 이유도 없다.
③ [○] 중첩권위모형(Overlapping Authority Model)은 연방정부와 주정부, 지방정부가 상호 독자적 권한을 가지면서 기능적 의존관계를 갖는 형태이다. 이 경우 연방정부와 주정부 그리고 지방정부가 모두 제한된 권한을 갖고 있으며, 한 정부가 배타적인 권한을 행사하는 영역은 상대적으로 많지 않다.
④ [○] 분리권위모형(Separated Authority Model)에 의하면, 연방정부와 주정부는 대등한 관계를, 주정부와 지방정부는 포함 관계를 유지한다.

정답 ①

## 002
2018 (3월) 서울 7급 지방자치론

라이트(Wright)의 정부 간 관계 모형에 대한 설명으로 가장 옳지 않은 것은?

① 동등권위형(coordinate model)은 연방정부와 주정부, 지방정부가 모두 동등한 권한을 가지고 있고, 주정부와 지방정부의 자치권은 고유의 권한으로 침해될 수 없는 형태이다.
② 내포권위형(inclusive model)은 주정부가 연방정부 아래 놓여 있는 상황으로, 권한의 범위도 연방정부가 가장 넓고 다음이 주정부, 지방정부순인 형태이다.
③ 중첩권위형(overlapping model)은 연방·주·지방정부의 권한과 기능은 분산되어 있으며, 세 정부는 많은 부분에 있어 경쟁하거나 협력하는 관계를 맺는다.
④ 라이트(Wright)는 중첩권위형 모델이 미국 연방제를 가장 잘 설명하고 있다고 주장했다.

### 풀이
① [×] 라이트의 동등권위형(coordinate model)은 연방정부와 주정부가 동등한 권한을 가지고 **지방정부는 주정부에 귀속되어 있는 형**이며, 이 경우 주정부의 자치권은 고유의 권한으로 중앙정부에 의해 침해될 수 없다.
② [○] 라이트의 내포권위형(inclusive model)은 주정부가 연방정부 아래 놓여 있는 형태로, 권한의 범위 역시 연방정부가 가장 넓고 다음이 주정부, 지방정부 순으로 나타난다.
③ [○] 중첩권위형(overlapping model)은 세 정부의 권한이 어느 정도 중첩되어 각 정부 간 권한과 기능이 분산되어 있으며 서로 간에 경쟁하고 협력하는 관계를 맺는다.
④ [○] 라이트는 현재의 미국 연방제를 가장 잘 설명하는 모델이 중첩권위형이라고 보았다.

정답 ①

## 003
2023 지방 9급

라이트(Wright)의 정부 간 관계(Inter-Governmental Relations: IGR) 모형에 대한 설명으로 옳지 않은 것은?

① 정부 간 상호권력관계와 기능적 상호의존관계를 기준으로 정부 간 관계(IGR)를 3가지 모델로 구분한다.
② 대등권위모형(조정권위모형, coordinate-authority model)은 연방정부, 주정부, 지방정부가 모두 동등한 권한을 가지고 있다고 설명한다.
③ 내포권위모형(inclusive-authority model)은 연방정부, 주정부, 지방정부를 수직적 포함관계로 본다.
④ 중첩권위모형(overlapping-authority model)은 연방정부, 주정부, 지방정부가 상호 독립적인 실체로 존재하며 협력적 관계라고 본다.

### 풀이
라이트는 연방정부, 주정부, 지방정부의 관계를 정부 간 상호권력관계와 기능적 의존관계에 따라 대등권위형(분리권위형), 내포권위형, 중첩권위형의 세 가지로 구분하였다.
① [O] 라이트는 정부 간 상호권력관계와 기능적 상호의존관계를 기준으로 정부간 관계를 3가지 모형으로 구분하였다.
② [X] 라이트의 대등권위형의 경우 연방정부와 주정부의 관계는 동등한 권위 관계이지만 주정부와 지방정부의 관계는 포함형으로 설명한다.
③ [O] 내포권위형은 연방정부, 주정부, 지방정부의 관계를 수직적 포함관계로 본다.
④ [O] 중첩권위형은 연방정부, 주정부, 지방정부가 상호 독립적인 실체이며 이들 사이의 관계를 협력적이라고 본다.

**정답 ②**

## 004
2014 서울 7급 지방자치론

다음 중 라이트(Deil Wright)의 정부간 관계모형에 대한 설명으로 옳은 것은?

① 중첩권위형은 미국의 연방정부와 주정부가 동등한 권한을 가지고 있고, 지방정부는 주정부에 귀속되어 있는 형식이다.
② 중첩권위형은 미국의 지방정부가 주정부에, 주정부는 중앙정부에 내포되어 큰 원과 작은 원의 동심원을 그리고 있는 상태이다.
③ 동등권위형은 미국의 연방정부, 주정부, 지방정부의 공적기능과 권한이 분산되어 있어, 세 정부가 동시에 관여하는 일이 벌어진다.
④ 중첩권위형은 미국의 연방정부, 주정부, 지방정부가 경쟁과 협력의 관계를 맺는다.
⑤ 내포권위형은 미국의 연방정부, 주정부, 지방정부가 합의하는 과정에서 협상과 협의가 계속된다.

### 풀이
① [X] 연방정부와 주정부가 동등한 권한을 가지고 있고, 지방정부는 주정부에 귀속되어 있는 형식은 중첩권위형이 아닌 **동등권위형에 대한 설명**이다.
② [X] 지방정부가 주정부에, 주정부는 다시 연방(중앙)정부에 내포되어 큰 원과 작은 원의 동심원을 그리고 있는 상태는 중첩권위형이 아닌 **내포권위형**이다.
③ [X] 미국의 연방정부, 주정부, 지방정부의 공적기능과 권한이 분산되어 있어, 세 정부가 동시에 관여하는 일이 벌어질 수 있는 것은 서로의 권한이 중첩되어 있는 **중첩권위형**이다.
④ [O] 미국의 연방정부, 주정부, 지방정부가 경쟁과 협력의 관계를 맺는 것은 중첩권위형으로 라이트는 중첩권위형을 가장 이상적인 정부 간 관계로 보았다.
⑤ [X] 미국의 연방정부, 주정부, 지방정부가 합의하는 과정에서 협상과 협의가 계속되는 것은 내포권위형이 아닌 **중첩권위형**이다.

**정답 ④**

## 005　　2016 지방 9급

정부 간 관계(IGR) 모형에 대한 설명으로 옳은 것만을 모두 고른 것은?

> ㄱ. 로즈(Rhodes) 모형에서 지방정부는 중앙정부에 완전히 예속되는 것도 아니고 완전히 동등한 관계가 되는 것도 아닌 상태에서 상호 의존한다.
> ㄴ. 로즈(Rhodes)는 지방정부는 법적 자원, 재정적 자원에서 우위를 점하며, 중앙정부는 정보자원과 조직자원의 측면에서 우위를 점한다고 주장한다.
> ㄷ. 라이트(Wright)는 정부 간 관계를 포괄형, 분리형, 중첩형의 세 유형으로 나누고, 각 유형별로 지방정부의 사무내용, 중앙·지방간 재정관계와 인사관계의 차이가 있음을 밝히고 있다.
> ㄹ. 라이트(Wright) 모형 중 포괄형에서는 정부의 권위가 독립적인데 비하여, 분리형에서는 계층적이다.

① ㄱ, ㄴ
② ㄴ, ㄷ, ㄹ
③ ㄱ, ㄷ
④ ㄱ, ㄴ, ㄷ

## 006　　2020 지방 7급 지방자치론

정부 간 관계에 관한 로즈(Rhodes)의 권력의존 모형에 대한 설명으로 옳지 않은 것은?

① 중앙정부와 지방정부를 상호의존적인 행위자로 본다.
② 정책공동체는 중앙정부와 지방정부의 연계에 중요한 역할을 한다.
③ 정부 간 관계에서 교섭과 거래는 조직 간 자원 교환과정의 일종으로 이해한다.
④ 지방정부는 법률적 자원, 정보 자원, 물리적 자원에서 우월한 위치를 차지한다.

---

**풀이**

ㄱ. [O] 로즈 모형에서 중앙정부와 지방정부는 전략적 협상관계로 중앙정부에 완전히 예속되는 것도 완전히 동등한 관계가 되는 것도 아닌 상태에서 상호 의존한다.
ㄴ. [X] 로즈는 중앙정부와 지방정부의 관계가 상호의존적이라고 보며 **중앙정부는 법적 자원, 재정적 자원에서 우위**를 점하며, **지방정부는 정보자원과 조직자원**의 측면에서 우위를 점한다고 주장한다.
ㄷ. [O] 라이트는 정부 간 관계를 포괄형, 분리형, 중첩형의 세 유형으로 나누고, 각 유형별로 지방정부의 사무와 중앙정부와 지방정부 간 재정과 인사관계 상 차이가 있다고 보았다.
ㄹ. [X] 라이트 모형 중 **포괄형에서는** 정부의 권위가 지방정부보다 상위의 권위를 갖고 있는 상태로 지방정부와 중앙정부의 관계가 **계층적**인 데 비하여, **분리형에서는** 중앙정부와 지방정부의 권위가 **독립적**이다.

정답 ③

**풀이**

로즈는 중앙정부와 지방정부의 관계를 상호의존적 관계로 보며 중앙정부는 법적 자원이나 재정적 자원에서 지방정부보다 우위, 지방정부는 정보 자원이나 조직 자원에서 중앙정부보다 우위를 갖고 있다고 본다.
① [O] 로즈는 중앙정부와 지방정부를 상호의존적인 행위자로 본다.
② [O] 로즈의 권력의존 모형에 따르면 행정관료와 전문가가 함께 정책을 결정하는 정책공동체는 중앙정부와 지방정부 간의 연계에 중요한 역할을 담당한다.
③ [O] 정부 간 관계에서 중앙정부와 지방정부 사이 교섭과 거래는 조직 간 자원 교환과정의 일종으로 정부 간 상호작용은 각자 우위를 점하는 자원을 거래하는 의존적 관계에 기반한다.
④ [X] 중앙정부는 법률적 자원, 물리적 자원에서는 우위를 갖고 있지만 **정보자원은 지방정부가 우위**를 갖고 있는 자원이다.

정답 ④

## 007

2018 지방 7급 지방자치론

라이트(Wright)와 로즈(Rhodes)의 정부간 관계모형은 상하위 정부간 관계의 성격에서 유사한 특성을 보여주고 있다. 두 학자의 모형 중 특성이 유사한 모형을 바르게 묶은 것은?

| 라이트 (Wright) 모형 | ㄱ. 분리권위모형(separated authority model) ㄴ. 내포권위모형(inclusive authority model) ㄷ. 중첩권위모형(overlapping authority model) |
|---|---|
| 로즈 (Rhodes) 모형 | A. 상호의존모형(interdependent model) B. 대리인모형(agent model) C. 동반자모형(partnership model) |

① ㄱ - A, ㄴ - B, ㄷ - C
② ㄱ - B, ㄴ - A, ㄷ - C
③ ㄱ - C, ㄴ - A, ㄷ - B
④ ㄱ - C, ㄴ - B, ㄷ - A

### 풀이

④ [○] ㄱ-C, ㄴ-B, ㄷ-A
ㄱ-C: **분리권위모형(ㄱ)**은 중앙정부와 지방정부가 상호 대등한 입장에 있는 경우로 중앙과 지방이 상호 협력적이고 국정의 파트너로서 동등한 권한과 의무를 지는 관계를 맺고 있다고 인식하는 **동반자모형(C)와 유사**하다.
ㄴ-B: **내포권위(ㄴ)모형**은 지방정부가 중앙정부에 전적으로 의존하는 수직적 관계로 지방은 단순한 대리인에 불과하다고 보는 **대리인 모형(B)과 유사**하다.
ㄷ-A: **중첩권위모형(ㄷ)**은 중앙정부와 지방정부가 상호 독자성을 유지하며 기능적으로 상호의존관계에 있는 경우로 중앙정부와 지방정부의 양자가 서로 의존하고 있는 네트워크로 연결된 상호작용의 관계에 초점을 맞춘 **상호의존모형(A)와 유사**하다.

정답 ④

## 008

2023 지방 7급 지방자치론

정부 간 관계에 관한 엘코크(Elcock) 또는 로즈(Rhodes)의 대리인 모형에 대한 설명으로 옳은 것만을 모두 고르면?

ㄱ. 지방정부는 중앙정부의 기술적·재정적 지원에 의존한다.
ㄴ. 중앙정부의 통제에 대한 수용 여부는 지방정부의 재량에 속한다.
ㄷ. 주요 정책 영역에서 지방의 정치행위자들이 상호 경쟁하고 있음에 주목한다.
ㄹ. 주요한 정책은 중앙정부의 관료에 의해 발의되고 결정된다.

① ㄱ, ㄴ
② ㄱ, ㄹ
③ ㄴ, ㄷ
④ ㄴ, ㄹ

### 풀이

엘코크와 로즈의 대리인 모형에 따르면 중앙정부는 주인으로서 지방정부를 감시·감독하며, 지방정부는 대리인으로서 주인(중앙정부)의 감독하에 국가정책을 집행한다고 본다.
ㄱ. [○] 대리인 모형에 따르면 중앙정부의 대리인에 불과한 지방정부는 중앙정부의 기술적·재정적 지원에 의존한다.
ㄴ. [×] **지방정부는 중앙정부의 대리인에 불과하기 때문에 중앙정부의 통제를 수용**하여야 한다. 이 경우 **지방정부에게는 재량권이 없다.**
ㄷ. [×] 주요 정책 영역에서 지방의 정치행위자들이 상호 경쟁하고 있음에 주목하는 것은 대리인 모형이 아니라 **지방정부도 중앙정부와 대등한 권한을 가지고 있다고 보는 동반자 모형**이다.
ㄹ. [○] 대리인 모형에 따르면 주요한 정책은 중앙정부의 관료에 의해 발의되고 결정되며, 지방정부는 이렇게 결정된 정책을 따르는 대리인에 불과하다.

정답 ②

## 009
2020 국회 8급

정부 간 관계이론에 대한 설명으로 옳지 않은 것은?

① 라이트(Wright)의 이론 중 중첩권위형은 중앙정부와 지방정부가 상호의존적인 관계를 맺고 있는 유형을 말하며 가장 이상적인 형태다.
② 던사이어(Dunsire)의 이론 중 하향식모형은 지방정부가 중앙정부에 전적으로 의존하는 유형을 말한다.
③ 엘코크(Elcock)의 이론 중 동반자모형은 지방정부가 중앙정부의 감독 및 지원 하에 국가정책을 집행하는 유형을 말한다.
④ 윌다브스키(Wildavsky)의 이론 중 갈등-합의 모형은 중앙정부와 지방정부의 관계가 인사와 재정상으로 완전하게 분리되어 서로 독립적·자치적으로 운영되는 유형을 말한다.
⑤ 무라마츠 미치오(村松岐夫)는 중앙정부와 지방정부 간의 관계를 수직적 통제모형과 수평적 경쟁모형으로 나눈다.

### 풀이
① [○] 중첩권위형은 중앙정부와 지방정부가 권한이 중첩되어 정치적 타협과 협상에 의한 상호의존관계에 있는 형태로, 라이트(Wright)는 중첩권위형을 연방정부와 주정부 간의 이상적 관계로 설명한다.
② [○] 던사이어(Dunsire)의 이론 중 하향식 모형은 지방정부가 중앙정부의 하위기관으로 중앙정부의 권한에 전적으로 의존한다고 보았다.
③ [×] 엘코크(Elcock)의 이론 중 지방정부가 중앙정부의 감독 및 지원 하에 국가정책을 집행한다고 본 것은 동반자 모형이 아닌 **대리인 모형**이다. 동반자 모형은 중앙과 지방정부가 동반자의 관계로 서로 대등한 입장에서 상호 작용을 하는 것을 설명하는 모형이다.
④ [○] 윌다브스키(Wildavsky)의 이론 중 갈등-합의 모형은 중앙정부와 지방정부 양자는 대등한 관계를 갖고 있어 중앙정부와 지방정부의 관계가 인사와 재정상으로 완전하게 분리되어 서로 독립적·자치적으로 운영되는 유형이다.
⑤ [○] 무라마츠 미치오(村松岐夫)는 중앙정부와 지방정부 간 관계를 수직적 통제모형과 수평적 통제모형으로 구분한다.

**정답 ③**

## 010
2019 서울 7급 지방자치론

<보기>의 정부 간 관계(IGR) 모형에 대한 설명 중 옳은 것을 모두 고른 것은?

— <보기> —
ㄱ. 라이트(Wright)의 중첩권위모형은 연방·주·지방정부가 서로의 독자성을 존중하면서 상호의존적 관계를 가진다고 본다.
ㄴ. 로즈(Rhodes)는 정부 간의 상호작용을 '자원의 교환과정'으로 인식한다.
ㄷ. 윌슨과 게임(Wilson & Game)의 권력의존모형은 중앙·지방정부를 평등한 파트너 관계로 본다.

① ㄱ, ㄴ
② ㄱ, ㄷ
③ ㄴ, ㄷ
④ ㄱ, ㄴ, ㄷ

### 풀이
ㄱ. [○] 라이트(Wright)는 중첩권위형을 중앙정부와 지방정부가 서로의 독자성을 유지하며 기능적으로 상호의존관계를 갖는 모형으로 보았다.
ㄴ. [○] 로즈(Rhodes)는 중앙정부와 지방정부의 관계는 각자가 동원할 수 있는 자원을 교환하는 상호의존관계로 보았다. 중앙정부는 법적 자원, 재정적 자원을, 지방정부는 조직자원, 정보자원을 가지고 있으며, 정부 간의 상호작용은 이러한 자원의 교환과정에서 비롯된다.
ㄷ. [○] 윌슨과 게임(Wilson & Game)은 정부 간 관계를 대리인모형, 권력의존모형, 지배인모형으로 설명하고 있다. 대리인 모형은 지방정부를 중앙정부에 종속된 대리인으로 보는 것이며, 동반자모형(권력의존모형)은 중앙정부와 지방정부를 동반자적 파트너관계로 보는 모형이다. 지배인모형은 지방정부가 중앙정부의 통제하에 놓여 있기는 하지만, 어느 정도 상대적 자율성을 가지고 있다고 보는 모형이다.

**정답 ④**

## 011

2023 국가 7급

정부 간 관계와 지방자치권에 대한 설명으로 옳지 않은 것은?

① 라이트(Wright)는 미국의 연방정부, 주정부, 지방정부 간 관계에 주목하면서 중앙·지방정부 간 관계를 3가지 형태로 구분하였다.
② 엘코크(Elcock)가 제시한 대리인모형은 지방정부의 자율성이 제약되는 상황을 특징으로 한다.
③ 우리나라 지방자치단체의 자치조직권은 「지방자치법」의 위임에 따라 제정된 대통령령의 제약을 받는다.
④ 우리나라 지방자치단체의 단체위임사무는 의결기관인 지방의회가 그 사무의 처리에 관여할 수 없다.

### 풀이

① [○] 라이트는 미국의 연방정부, 주정부, 지방정부 간의 관계에 주목하면서 중앙정부와 지방정부 간의 관계를 포괄형, 분리형, 중첩형의 3가지 형태로 구분하였다.
② [○] 엘코크가 제시한 대리인모형, 동반자모형, 교환모형 중 대리인 모형은 중앙정부의 대리인 역할을 하는 지방정부의 자율성이 제약되는 상황을 특징으로 한다.
③ [○] 지방자치단체에서 행정기구의 설치와 지방공무원의 정원은 인건비 등 대통령령으로 정하는 기준에 따라 그 지방자치단체의 조례로 정한다(「지방자치법」 제125조).

> 「지방자치법」 제125조(행정기구와 공무원) ① 지방자치단체는 그 사무를 분장하기 위하여 필요한 행정기구와 지방공무원을 둔다.
> ② 제1항에 따른 행정기구의 설치와 지방공무원의 정원은 인건비 등 대통령령으로 정하는 기준에 따라 그 지방자치단체의 조례로 정한다.
> ③ 행정안전부장관은 지방자치단체의 행정기구와 지방공무원의 정원이 적절하게 운영되고 다른 지방자치단체와의 균형이 유지되도록 하기 위하여 필요한 사항을 권고할 수 있다.
> ④ 지방공무원의 임용과 시험·자격·보수·복무·신분보장·징계·교육·훈련 등에 관한 사항은 따로 법률로 정한다.
> ⑤ 지방자치단체에는 제1항에도 불구하고 법률로 정하는 바에 따라 국가공무원을 둘 수 있다.

④ [×] 단체위임사무는 지방자치단체에게 위임한 사무이기 때문에 **자치사무와 같이 지방자치단체의 의결기관인 지방의회가 관여할 수 있다.**

**정답 ④**

## 012

2015 서울 7급 지방자치론

다음 중 지방정부의 권한은 주(州)정부로부터 나온다는 것을 선언한 것으로, '지방정부는 주정부로부터 명시적으로 위임받은 권한만을 행사할 수 있다.'라는 내용을 의미하는 것은?

① 딜론의 원칙(Dillon's rule)
② 쿨리 독트린(Cooley doctrine)
③ 자치헌장(Home rule) 전통
④ 주-자치정부(State-County) 협약

### 풀이

① [○] 지방정부의 권한은 주(州)정부로부터 나온다는 것을 선언한 것으로, 지방정부는 주정부로부터 명시적으로 위임받은 권한만을 행사할 수 있다는 원칙은 딜런의 원칙에 대한 설명이다. **아이오와 주 대법관이었던 딜런**은 판결문(1868)에서 지방정부에 대한 궁극적인 권한은 주의회에 있으며, 지방정부는 주의회가 명시적으로 부여한 권한만 수행할 수 있다고 하여 **주 정부의 통제를 강조**하였다.
② [×] 미시간 주(州)의 대법관이었던 쿨리(Thomas Cooley)는 딜론의 견해가 나온 3년 뒤(1871) 디트로이트시와 미시간 주 사이에 벌어진 한 소송에서 '지방정부의 자치권은 절대적인 것이며 주(州)는 이를 앗아갈 수 없다'는 소위 쿨리 독트린(Cooley doctrine)을 제시하였다.
③ [×] 자치헌장의 전통, 다시 말해 홈룰원칙은 주의 헌법이나 법률을 통해 지방정부의 자치권 범위를 넓게 정의하되 지역주민들이 주 헌법을 위반하지 않는 범위 내에서 스스로 헌장을 만들고 주민투표 등의 민주적 절차를 통해 확정하는 자치헌장의 방식이 필요하다고 보며 주민자치의 필요성을 강조한다.
④ [×] 주-자치정부(State-County) 협약은 주와 자치단체가 협력하는 방식 중 하나로 상호간의 협약을 맺어 공공행정의 효율성을 높이고 정부 간의 보완관계를 통한 시너지를 창출하는 방식이다.

**정답 ①**

## 013
2017 서울 7급 지방자치론

다음 중 쿨리 독트린(Cooley doctrine)에 대한 설명으로 옳지 않은 것은?

① 지방정부의 자치권은 절대적인 것이며, 주(州)는 이를 앗아갈 수 없다는 원칙이다.
② 미국에서 1871년 디트로이트 시와 미시건 주 사이에 벌어진 소송에서 나온 견해이다.
③ 당시 미국의 대다수 주(州)에서 이 독트린은 채택되지 않았다.
④ 딜론의 원칙(Dillon's rule)을 뒷받침한 것이다.

### 풀이

쿨리 독트린은 지방정부의 자치권을 강조한 견해로 중앙정부에 의한 지방행정을 강조했던 딜런의 견해가 나오고 3년 뒤 나타난다. 디트로이트시와 미시간 주 사이에 벌어진 한 소송에서 미시간 주의 대법관이었던 쿨리는 '지방정부의 자치권은 절대적인 것이며 주는 이를 앗아갈 수 없다'는 원칙을 제시하며 지방자치의 중요성을 강조했다.
① [○] 쿨리 독트린은 지방정부의 자치권이 절대적인 것이며, 주(州)는 이를 앗아갈 수 없다는 원칙이다.
② [○] 쿨리 독트린은 미국에서 1871년 디트로이트 시와 미시건 주 사이에 벌어진 소송에서 나온 원칙이다.
③ [○] 당시 미국 대다수의 주는 딜런의 견해의 영향을 받아 중앙집권적 지방행정을 강조했다.
④ [×] **쿨리 독트린은 분권 지향적인 원칙**인 데 비해 **딜런의 원칙은 집권 지향적인 원칙**이다.

정답 ④

## 014
2019 서울 7급 지방자치론

쿨리 독트린(Cooley doctrine)에 대한 설명으로 가장 옳은 것은?

① 지방정부가 행사하는 자치권을 국가로부터 위탁된 것으로 보는 견해이다.
② 지방정부의 자치권은 절대적인 것이며 주(州)는 이를 앗아갈 수 없다.
③ 지방정부의 권한을 소극적으로 해석한 것이다.
④ 오늘날에 이르기까지 미국의 주와 지방정부의 법적 관계를 규정하는 중요한 원칙이 되고 있다.

### 풀이

① [×] 쿨리 독트린은 지방자치를 강조하며 **자치권을 고유권으로 인식**한다. 자치권을 국가로부터 위탁된 것으로 보는 견해는 전래권의 견해이다.
② [○] 쿨리 독트린은 지방정부의 자치권이 절대적인 것이며 주(州)는 이를 앗아갈 수 없다고 본다.
③ [×] 쿨리 독트린은 **지방정부의 권한을 적극적으로 해석**한다.
④ [×] 대부분 미국의 주는 **쿨리 독트린보다 딜런의 원칙을 채택**하고 있다.

정답 ②

## 015
2018 지방 7급 지방자치론

최근 국정 운영은 물론 지방정부의 운영에서도 거버넌스의 중요성이 강조되고 있다. 이에 대한 설명으로 옳지 않은 것은?

① 피터스(Peters)와 피에르(Pierre)는 정부가 아닌 네트워크, 직접 통제가 아닌 영향력 행사, 공사협동, 대안적 정책방식의 활용 등을 요소로 하는 통치방식으로 거버넌스를 보았다.
② 거버넌스의 확대가 다양한 사회 세력들의 참여를 증대시킴으로써 정부의 전횡을 방지한다는 점에서 민주화에 기여할 수 있다.
③ 선출을 통해 구성되지 않은 외부기관에 의하여 민주적 정부가 통제받는다는 점에서 민주주의의 이념에 위배되고 선거기제에 의한 민주적 통제가 곤란해질 수 있다.
④ 거버넌스의 등장배경에는 시장실패, 재정 위기의 심화, 사회적 복잡성의 증대, 통치 양식의 효율화 등 다양한 원인이 지적된다.

> **풀이**
> ① [O] 피터스(Peters)와 피에르(Pierre) 등의 지방거버넌스를 강조하는 학자들은 거버넌스를 정부가 아닌 네트워크, 직접 통제가 아닌 영향력 행사, 공사협동, 대안적 정책방식의 활용 등을 요소로 하는 통치방식으로 보았다.
> ② [O] 거버넌스의 확대는 다양한 사회 세력들의 참여를 증대시킴으로써 정부의 횡포를 통제한다는 점에서 민주화에 기여할 수 있다.
> ③ [O] 거버넌스는 다양한 사회 세력의 참여를 증대시켜 공동체를 통해 정책을 구현할 수 있지만 선출을 통해 구성되지 않은 외부기관(다양한 사회세력)에 의하여 민주적 정부가 통제받는다는 점에서 민주주의의 이념에 위배되고 선거를 통한 민주적 통제가 곤란해질 수 있다는 한계점을 지닌다.
> ④ [X] 거버넌스의 등장배경에는 재정 위기의 심화, 사회적 복잡성의 증대, 통치 양식의 효율화 등 다양한 원인이 지적되지만 **시장실패는 그 원인에 해당하지 않는다.** 오히려 정부실패로 인한 정부개입의 비효율성 증대가 거버넌스가 등장하게 된 배경이 된다.
>
> 정답 ④

## 016
2019 (2월) 서울 7급 지방자치론

지방정치의 권력구조에 관한 이론적 설명으로 가장 옳지 않은 것은?

① 다원론에서는 지방정부와 지역사회의 영향력이 고르게 분포되어 있으며, 권력을 나누어 가진 다수의 집단이 경쟁하고 협력하면서 공동의 합의점을 찾아나간다.
② 레짐이론은 다양한 형태의 지배연합 내지는 레짐이 존재할 수 없다는 것을 강조한다.
③ 스톤(Stone)에 의하면 레짐이론에서 레짐이란 '지배적인 의사를 결정하고 이를 수행하기 위해 공공부문과 민간부문이 함께 형성하는 비공식적 연합'으로 정의된다.
④ 헌터(F. Hunter)와 몰로치(H. Molotch)는 엘리트론적 관점에서 지역사회의 권력이 지역의 경제엘리트를 중심으로 형성된다고 주장하였다.

> **풀이**
> ① [O] 다원론에서는 지역사회의 영향력은 다양한 이익집단을 통해 지역사회전체에 비교적 고르게 분포되어 있으며, 권력을 나누어 가진 다수의 집단이 경쟁하고 협력하는 과정에서 적절한 힘의 균형이 이루어진다고 본다.
> ② [X] 레짐이론은 일종의 지방거버넌스로 **여러 형태의 지배연합 내지는 레짐이 존재할 수 있다고** 본다.
> ③ [O] 스톤(Stone)은 레짐(regime)을 '정부가 공적 결정을 내리고 이를 집행하도록 하는 데 필요한 민관협력을 가능하게 하는 비공식적 장치'라고 정의했다.
> ④ [O] 헌터와 몰로치는 엘리트론적 관점에서 지역사회의 권력구조가 그 지역의 경제 엘리트를 중심으로 형성된다고 보았다. 이후 몰로치는 엘리트론적 관점과 맥을 같이하는 성장기구론을 제시하였다.
>
> 정답 ②

## 017
2019 서울 7급 지방자치론

레짐이론에 대한 설명으로 가장 옳은 것은?

① 토지 관련 기업인을 중심으로 하는 성장연합의 존재와 역할을 중시하고, 이들이 지역과 도시의 성장을 위해 노력하는 활동을 강조한다.
② 무의사 결정이 좋은 예이다.
③ 지역의 문제를 자체 능력만으로 해결하기 힘든 지방정부가 기업을 비롯한 민간부문의 주요 주체들과 연합을 형성하여 지역사회를 이끌어 간다는 이론이다.
④ 공공선택이론과 연계되기도 한다.

### 풀이
① [×] 토지 관련 기업인을 중심으로 하는 성장연합의 존재와 역할을 중시하고, 이들이 지역과 도시의 성장을 위해 노력하는 활동을 강조하는 이론은 **성장기구론**이다.
② [×] 무의사결정론은 지배엘리트들이 스스로의 기득권 보호를 위해 무의사결정이 이루어지는 과정을 설명한 이론으로 **신엘리트이론**에 해당한다.
③ [○] 지역의 문제를 자체 능력만으로 해결하기 힘든 지방정부가 기업을 비롯한 민간부문의 주요 주체들과 연합을 형성하여 지역사회를 이끌어 간다는 것은 레짐이론에 대한 설명이다.
④ [×] 공공선택이론과 연계될 수 있는 지역사회권력구조 이론은 **신다원론**이다. 신다원론은 특정 이익집단, 다시 말해 지역 내 기업과 개발관계자들의 우월적 지위는 지역주민과 지방 정부의 합리적 선택으로 본다. 사회구성원 모두가 효용을 극대화하기 위한 합리적 선택을 강조한다는 측면은 개인과 집단의 결정행위를 분석하는 공공선택이론과 연계될 수 있다.

**정답 ③**

## 018
2022 지방 7급 지방자치론

스톤(C. Stone)의 레짐이론(Regime theory)에 대한 설명으로 옳은 것만을 모두 고르면?

ㄱ. 미국 조지아주 애틀랜타(Atlanta) 지역사회 및 지방정부 간 관계에 대한 연구를 시작으로 지방정치 권력구조를 설명하는 이론으로 발전하였다.
ㄴ. 레짐은 의도적인 노력보다는 모든 지역사회에 자연스럽게 형성되면서 참여자들이 가치와 신념체계까지 공유한다.
ㄷ. 환경문제와 지역 내 삶의 질에 큰 관심을 두는 레짐의 유형은 중산층 진보레짐(middle class progressive regime)이다.

① ㄱ, ㄴ    ② ㄱ, ㄷ
③ ㄴ, ㄷ    ④ ㄱ, ㄴ, ㄷ

### 풀이

**내용정리 | 스톤의 레짐이론**

| | |
|---|---|
| 현상유지 레짐 | • 친밀성이 높은 소규모 지역사회에서 나타나며, 일상적인 서비스를 공급하는 레짐<br>• 정부-비정부 부문 간의 갈등이 적고 오래 지속됨. |
| 개발 레짐 | • 지역개발, 성장, 발전을 추구하는 레짐<br>• 구성원 간 갈등이 상당하지만, 편익집단의 강력한 주장으로 비교적 레짐이 오랫동안 지속됨. |
| 중산층 진보 레짐 | • 자연환경보호, 평등을 추구하는 레짐<br>• 시민참여와 감시가 강조되며, 레짐의 존속능력은 보통 수준임. |
| 하층기회 확장 레짐 | • 저소득층에 대한 지원 확대 등을 추구하는 레짐<br>• 대중동원이 과제이며 레짐의 생존능력이 상대적으로 약함. |

ㄱ. [○] 스톤의 레짐이론은 미국 조지아주 애틀랜타(Atlanta) 지역사회 및 지방정부 간 관계에 대한 연구를 시작으로 지방정치 권력구조를 설명하는 이론으로 발전한 이론이다. 그는 레짐이론을 통해 지역사회의 문제를 지역사회 자체의 능력만으로 해결하기 힘든 지방정부가 기업 등 민간부문의 주요 주체들과 연합을 형성해 해결해나간다고 보았다.
ㄴ. [×] **레짐은 의도적인 노력에 의해 만들어지기 때문에** 모든 지역사회와 도시에 존재하지는 않는다.
ㄷ. [○] 자연환경보호와 평등을 추구하는 등 지역 내 삶의 질에 큰 관심을 두는 레짐의 유형은 중산층 진보레짐(middle class progressive regime)이다.

**정답 ②**

## 019
2017 지방 7급

스톤(Stone)이 제시한 레짐(regime) 중 다음 내용과 가장 관련이 깊은 것은?

> A시가 지역사회와 함께 추진하는 □□산 제모습찾기 사업의 전체적인 구상은 시가지가 바라보이는 향교, 전통숲 등의 공간에는 꽃 피는 나무와 늘 푸른 나무를 적절히 심어 변화감 있는 도시경관을 만들고, 재해위험이 있는 골짜기는 정비함으로써 인근 주민들의 정주환경을 개선하고 재해로부터 안전한 산림으로 복원하는 것이다.

① 개발형 레짐
② 관리형 레짐
③ 중산층 진보 레짐
④ 저소득층 기회확장 레짐

### 풀이
① [×] 개발형 레짐은 지역개발, 성장, 발전을 추구하는 레짐으로 구성원 간의 갈등이 상당하지만 비교적 레짐이 오랫동안 지속된다.
② [×] 관리형 레짐, 다시 말해 현상유지 레짐은 친밀성이 높은 소규모 지역사회에서 나타나는 레짐으로 보통 일상적인 서비스를 공급한다.
③ [○] **중산층 진보레짐**은 중산계층의 주도로 자연환경보호, 삶의 질 개선, 성적·인종적 편견개선 등의 진보적 가치를 지향하는 레짐이다.
④ [×] 저소득층 기회확장 레짐은 하층에게 기회를 확장시키고자 하는 레짐이다.

**정답 ③**

## 020
2017 서울 7급 지방자치론

다음 권력구조에 대한 시각 중 성장기구론에 대한 설명으로 가장 옳지 않은 것은?

① 지방정치는 주로 토지의 가치와 개발을 중심으로 이루어진다.
② 몰로치(H. Molotch)에 의해 1970년대 중반 제기되었으며, 이후 돔호프(W. Domhoff)를 비롯한 많은 연구자들에 의해 확산되었다.
③ 지방정치는 토지자산가와 개발업자 등 토지관련 기업인을 중심으로 한 성장연합과 이를 반대하는 반성장연합의 싸움으로 귀결된다.
④ 바크라흐(P. Bachrach)와 바라츠(M. Baratz)가 설명한 무의사 결정(non-decision making)이 그 좋은 예이다.

### 풀이
성장기구론은 1970년대 중반 몰로치에 의해 제기된 지역사회 권력구조 이론으로 지방정치는 토지와 부동산의 가치를 높이고자 하는 토지자산가 개발관계자 등으로 구성된 성장연합이 주도한다는 이론이다.
① [○] 성장기구론은 주로 토지의 가치와 개발을 중심으로 지역 사회의 성장이 이루어진다고 보았다.
② [○] 성장기구론은 몰로치(H. Molotch)에 의해 1970년대 중반 제기되었으며, 이후 돔호프(W. Domhoff)를 비롯한 많은 연구자들에 의해 확산되었다.
③ [○] 성장기구론에서 지방정치가 토지자산가와 개발사업자 등 토지관련 기업인을 중심으로 한 성장연합과 이를 반대하는 반성장연합의 대립으로 귀결된다고 보았다.
④ [×] 바크라흐와 바라츠가 설명한 무의사결정론은 성장기구론이 아닌 **신엘리트이론**이다.

**정답 ④**

## 021    2017 국가 7급 하반기

지역사회의 권력구조를 설명하는 성장기구론에 대한 설명으로 옳은 것만을 모두 고른 것은?

> ㄱ. 자기 소유의 주택가격 상승을 위하는 주민들이 많을수록 성장연합이 더 강한 힘을 발휘하는 경향이 있다.
> ㄴ. 토지문제와 개발문제 그리고 이와 연계된 도시의 공간확장 문제 등과 관련이 있다.
> ㄷ. 반성장연합은 일부 지역주민과 환경운동 집단 등으로 이루어진다.
> ㄹ. 성장연합은 반성장연합에 비해서 토지 또는 부동산의 교환가치보다는 사용가치를 중시한다.

① ㄱ, ㄴ, ㄷ
② ㄱ, ㄴ, ㄹ
③ ㄱ, ㄷ, ㄹ
④ ㄴ, ㄷ, ㄹ

### 풀이

지역사회의 권력구조를 설명하는 레짐이론의 토대가 되었던 로건(Logan)과 몰로치(Molotch)의 성장기구론에 따르면, 성장연합과 반(反)성장연합의 대립과정을 통해 결국 성장연합이 승리하면 지역개발이 이루어진다고 보았다. 성장연합은 토지의 개발가치(교환가치)를 더 중시하는 입장이고, 성장과 개발을 반대하는 반성장연합은 개발(교환)가치보다는 보존가치(사용가치)를 중시하는 입장이다.

ㄱ. [○] 주택가격 상승은 토지자산가와 개발관계자들에게 개발의 정당성을 확보하게 하므로 성장연합에게 더 큰 힘을 발휘하게 한다.
ㄴ. [○] 성장기구론은 지역사회의 정치와 경제를 토지의 가치를 높이고자 하는 토지자산가와 개발관계자, 즉 성장연합이 지역사회를 주도한다는 이론으로 토지문제와 개발문제, 이와 연계된 도시의 공간확장 문제 등에 초점을 맞춘다.
ㄷ. [○] 성장연합은 토지자산가, 개발업자, 그리고 이들과 함께 토지개발에 따른 이익을 나눌 기업인, 자영업자, 금융기관 등으로 이루어진다. 반면 반성장연합은 일반 지역주민과 환경운동 집단 등으로 이루어진다.
ㄹ. [×] **성장연합은** 토지 또는 **부동산의 교환가치**(exchange value) **증대**, 반성장연합은 토지 또는 부동산의 사용가치(use value: 공간 활용, 삶의 가치 등) 증대를 **중시**한다.    **정답** ①

## 022    2020 국가 7급

지역사회 권력구조에 관한 이론에 대한 설명으로 옳은 것은?

① 레짐이론은 기업을 비롯한 민간부문 주요 주체들과의 연합이나 연대를 배제하는 특성을 갖는다.
② 성장기구론에서 성장연합은 비성장연합에 비해 부동산의 사용가치(use value), 즉 일상적 사용으로부터 오는 편익을 중시한다.
③ 지식경제 사회에서 엘리트 계층과 일반 대중 사이의 정보비대칭성(asymmetry)이 심화되면 엘리트 이론의 설명력은 더 높아진다.
④ 신다원론에서는 정책과정이 지역사회의 모든 구성원들에게 공정하게 개방되어 있으며, 엘리트 집단의 영향력은 의도적 노력의 결과이다.

### 풀이

① [×] 레짐(Regime)이란 지방정부와 기업 간의 협치, 즉 도시거버넌스를 의미하는 것으로, **레짐이론은 기업을 비롯한 민간부문 주요 주체들과 정부의 연합이나 연대를 강조**한다.
② [×] 성장기구론에서 **성장연합은** 비성장연합에 비해 부동산의 사용가치(use value)보다는 **교환가치(exchange value)를 중시**한다. 즉 일상적 사용으로부터 오는 편익(사용가치)보다는 개발에서 오는 교환가치를 더 중시한다는 의미이다.
③ [○] 권력을 가진 엘리트와 그렇지 못한 일반대중 사이의 정보 비대칭성이 심화되면 엘리트중심의 하향적 통치가 불가피하게 되어 엘리트이론의 설명력은 더 높아질 수 있다.
④ [×] 지역사회의 권력구조를 설명하는 신다원론은 공공선택이론의 영향을 받아 기업과 개발관계자의 우월적 지위가 나타나는 것은 지역주민과 지방정부의 합리적 선택의 결과라고 보았다. 신다원주의는 고전적 다원주의가 자본주의 국가의 현실에서 기업집단에 대한 특권적 지위를 제대로 고려하지 못함을 비판하며, 기업집단에 대한 특권이 실제 정책과정에 나타나고 있음을 인정하였다. 따라서 신다원론은 정책과정이 지역의 **모든 구성원들에게 공정하게 개방되지 않았다고 보았으며**, 엘리트 집단의 영향력은 그들의 노력이 아닌 **지역의 합리적 선택의 결과**로 본다.    **정답** ③

## 023

2015 서울 7 지방자치론

우리나라 지방자치단체에 대한 국가의 지도·감독에 관한 설명으로 옳은 것은?

① 지방자치단체의 자치사무라고 하더라도 공익을 해친다고 인정되면 행정자치부장관이 회계를 감사할 수 있다.
② 지방자치단체장의 위법한 명령·처분에 대해 주무부장관이 취소하기 위해서는 대법원에 소(訴)를 제기하여 위법성을 확인하여야 한다.
③ 지방의회의 의결이 법령에 위반된다고 판단되면 주무부 장관이 직접 지방의회에 이유를 붙여 재의를 요구할 수 있다.
④ 시·도지사가 국가위임사무에 대한 이행명령을 서면 고지한 기간 안에 이행하지 아니하면 주무부장관이 그 지방자치단체의 비용부담으로 대집행할 수 있다.

### 풀이

① [×] **자치사무의 경우에는 위법성(법령위반사항)에 대하여만** 행정안전부장관이 회계를 감사할 수 있다.

> 「지방자치법」 제190조(지방자치단체의 자치사무에 대한 감사)
> ① 행정안전부장관이나 시·도지사는 지방자치단체의 자치사무에 관하여 보고를 받거나 서류·장부 또는 회계를 감사할 수 있다. 이 경우 감사는 법령 위반사항에 대해서만 한다.

② [×] **주무부장관은** 지방자치단체의 위법한 명령·처분에 대해 **대법원의 위법성 판단 절차없이 취소할 수 있다.** 이때 지방자치단체가 불복하는 경우 대법원에 소를 제기할 수 있다.

> 「지방자치법」 제188조(위법·부당한 명령이나 처분의 시정) ① 지방자치단체의 사무에 관한 지방자치단체의 장(제103조제2항에 따른 사무의 경우에는 지방의회의 의장을 말한다. 이하 이 조에서 같다)의 명령이나 처분이 법령에 위반되거나 현저히 부당하여 공익을 해친다고 인정되면 시·도에 대해서는 주무부장관이, 시·군 및 자치구에 대해서는 시·도지사가 기간을 정하여 서면으로 시정할 것을 명하고, 그 기간에 이행하지 아니하면 이를 취소하거나 정지할 수 있다.

③ [×] 시·도에 대하여는 주무부장관이, 시·군 및 자치구에 대하여는 시·도지사가 지방의회에 재의를 요구하게 할 수 있다. 하지만 **주무부장관이나 시·도지사가 직접 지방의회에 재의를 요구할 수는 없다.**

> 「지방자치법」 제192조(지방의회 의결의 재의와 제소) ① 지방의회의 의결이 법령에 위반되거나 공익을 현저히 해친다고 판단되면 시·도에 대해서는 주무부장관이, 시·군 및 자치구에 대해서는 시·도지사가 해당 지방자치단체의 장에게 재의를 요구하게 할 수 있고, 재의 요구 지시를 받은 지방자치단체의 장은 의결사항을 이송받은 날부터 20일 이내에 지방의회에 이유를 붙여 재의를 요구하여야 한다.

④ [○] 주무부장관은 이행명령 후 대집행 또는 행·재정상의 필요한 조치를 취할 수 있다.

> 「지방자치법」 제189조(지방자치단체의 장에 대한 직무이행명령)
> ② 주무부장관이나 시·도지사는 해당 지방자치단체의 장이 제1항의 기간에 이행명령을 이행하지 아니하면 그 지방자치단체의 비용부담으로 대집행 또는 행정상·재정상 필요한 조치(이하 이 조에서 "대집행등"이라 한다)를 할 수 있다. 이 경우 행정대집행에 관하여는 「행정대집행법」을 준용한다.

정답 ④

## 024

2019 서울 7급 지방자치론

「지방자치법」상 기초자치단체에 대한 시·도지사의 지도·감독에 대한 설명으로 가장 옳은 것은?

① 자치사무에 관한 기초자치단체장의 처분은 법령을 위반한 경우에 한하여 시·도지사가 이를 취소하거나 정지할 수 있다.
② 시·도지사는 시·도 위임사무가 아닌 기초자치단체의 자치사무에 관하여는 지도할 수 없다.
③ 시·도지사는 기초자치단체장이 이행명령에 따르지 않으면 시·도의 비용으로 대집행할 수 있다.
④ 자치사무에 대한 기초자치단체장의 처분을 시·도지사가 취소·정지하거나 시정명령을 하는 것에 대하여 이의가 있으면 기초자치단체장은 행정법원에 소를 제기할 수 있다.

### 풀이

① [O] 자치사무에 관한 기초자치단체장의 처분은 법령을 위반한 경우에 한하여 시·도지사가 이를 취소하거나 정지할 수 있다.

> 「지방자치법」 제188조(위법·부당한 명령이나 처분의 시정)
> ⑤ 제1항부터 제4항까지의 규정에 따른 자치사무에 관한 명령이나 처분에 대한 주무부장관 또는 시·도지사의 시정명령, 취소 또는 정지는 법령을 위반한 것에 한정한다.

② [×] 시·도지사는 시·도 위임사무가 아닌 기초자치단체의 **자치사무에 관하여서도 지도·조언·권고할 수 있다.**

> 「지방자치법」 제184조(지방자치단체의 사무에 대한 지도와 지원) ① 중앙행정기관의 장이나 시·도지사는 지방자치단체의 사무에 관하여 조언 또는 권고하거나 지도할 수 있으며, 이를 위하여 필요하면 지방자치단체에 자료 제출을 요구할 수 있다.

③ [×] 시·도지사는 기초자치단체장이 이행명령에 따르지 않으면 광역이 아닌 **기초자치단체의 비용으로 대집행**할 수 있다.

> 「지방자치법」 제189조(지방자치단체의 장에 대한 직무이행명령) ② 주무부장관이나 시·도지사는 해당 지방자치단체의 장이 제1항의 기간에 이행명령을 이행하지 아니하면 그 지방자치단체의 비용부담으로 대집행 또는 행정상·재정상 필요한 조치(이하 이 조에서 "대집행등"이라 한다)를 할 수 있다. 이 경우 행정대집행에 관하여는 「행정대집행법」을 준용한다.

④ [×] 자치사무에 대한 기초자치단체장의 처분을 시·도지사가 취소·정지하거나 시정명령을 하는 것에 대하여 이의가 있으면 기초자치단체장은 행정법원이 아닌 **대법원에 소를 제기**할 수 있다.

> 「지방자치법」 제189조(지방자치단체의 장에 대한 직무이행명령) ⑥ 지방자치단체의 장은 제1항 또는 제4항에 따른 이행명령에 이의가 있으면 이행명령서를 접수한 날부터 15일 이내에 대법원에 소를 제기할 수 있다. 이 경우 지방자치단체의 장은 이행명령의 집행을 정지하게 하는 집행정지결정을 신청할 수 있다.

**정답 ①**

---

## 025

2017 지방 7급 지방자치론

「지방자치법」상 지방자치단체에 대한 국가의 지도·감독에 대한 설명으로 옳지 않은 것은?

① 중앙행정기관의 장은 지방자치단체의 사무에 관하여 조언·권고·지도에 필요한 자료제출을 요구할 수 있다.
② 중앙행정기관의 장과 지방자치단체의 장이 사무처리시 의견이 다를 경우 협의·조정하기 위하여 국무총리 소속으로 행정협의조정위원회를 둔다.
③ 행정안전부장관은 지방자치단체가 법령을 위반한 자치사무에 대하여 서류·장부 또는 회계를 감사할 수 있다.
④ 지방자치단체나 그 장에게 위임된 국가사무에 관하여 시·도는 행정안전부장관의 지도·감독을 받는다.

### 풀이

① [O] 중앙행정기관의 장은 지방자치단체의 사무에 관하여 조언·권고·지도에 필요한 자료제출을 요구할 수 있다.

> 「지방자치법」 제184조(지방자치단체의 사무에 대한 지도와 지원) ① 중앙행정기관의 장이나 시·도지사는 지방자치단체의 사무에 관하여 조언 또는 권고하거나 지도할 수 있으며, 이를 위하여 필요하면 지방자치단체에 자료 제출을 요구할 수 있다.

② [O] 중앙행정기관의 장과 지방자치단체의 장이 사무처리시 의견이 다를 경우 협의·조정하기 위하여 국무총리 소속으로 행정협의조정위원회를 둔다.

> 「지방자치법」 제187조(중앙행정기관과 지방자치단체 간 협의·조정) ① 중앙행정기관의 장과 지방자치단체의 장이 사무를 처리할 때 의견을 달리하는 경우 이를 협의·조정하기 위하여 국무총리 소속으로 행정협의조정위원회를 둔다.

③ [O] 행정안전부장관은 지방자치단체가 법령을 위반한 자치사무에 대하여 서류·장부 또는 회계를 감사할 수 있다.

④ [×] 지방자치단체나 그 장에게 위임된 **국가사무에 관하여 시·도는 행정안전부장관이 아닌 주무부장관의 지도·감독을 받는다.**

> 「지방자치법」 제185조(국가사무나 시·도 사무 처리의 지도·감독) ① 지방자치단체나 그 장이 위임받아 처리하는 국가사무에 관하여 시·도에서는 주무부장관, 시·군 및 자치구에서는 1차로 시·도지사, 2차로 주무부장관의 지도·감독을 받는다.
> ② 시·군 및 자치구나 그 장이 위임받아 처리하는 시·도의 사무에 관하여는 시·도지사의 지도·감독을 받는다.

**정답 ④**

## 026

2016 지방 7급 지방자치론

「지방자치법」상 지방자치단체에 대한 중앙정부의 통제와 관여에 대한 설명으로 옳지 않은 것은?

① 지방자치단체의 장이 법령의 규정에 따라 그 의무에 속하는 국가위임사무의 관리와 집행을 명백히 게을리하고 있다고 인정되는 시·도에 대하여는 주무부장관이 기간을 정하여 서면으로 이행할 사항을 명령할 수 있다.
② 지방자치단체의 장이 직무이행명령을 기간 내 이행하지 않을 경우라도 대집행을 할 수 없다.
③ 지방의회의 의결이 법령에 위반되거나 공익을 현저히 해친다고 판단되면 시·군 및 자치구에 대하여는 시·도지사가 재의를 요구하게 할 수 있다.
④ 행정자치부장관은 지방자치단체의 자치사무에 관하여 보고를 받을 수 있으며 법령위반사항에 대하여 회계를 감사할 수 있다.

### 풀이

① [O] 지방자치단체의 장이 법령의 규정에 따라 그 의무에 속하는 국가위임사무의 관리와 집행을 명백히 게을리하고 있다고 인정되는 시·도에 대하여는 주무부장관이 기간을 정하여 서면으로 이행할 사항을 명령할 수 있다.

> 「지방자치법」 제189조(지방자치단체의 장에 대한 직무이행명령) ① 지방자치단체의 장이 법령에 따라 그 의무에 속하는 국가위임사무나 시·도위임사무의 관리와 집행을 명백히 게을리하고 있다고 인정되면 시·도에 대해서는 주무부장관이, 시·군 및 자치구에 대해서는 시·도지사가 기간을 정하여 서면으로 이행할 사항을 명령할 수 있다.

② [×] 지방자치단체의 장이 직무이행명령을 기간 내 이행하지 아니하면 주무부장관이나 시·도지사는 그 지방자치단체의 부담으로 **대집행을 할 수 있다.**

> 「지방자치법」 제189조(지방자치단체의 장에 대한 직무이행명령) ② 주무부장관이나 시·도지사는 해당 지방자치단체의 장이 제1항의 기간에 이행명령을 이행하지 아니하면 그 지방자치단체의 비용부담으로 대집행 또는 행정상·재정상 필요한 조치(이하 이 조에서 "대집행등"이라 한다)를 할 수 있다. 이 경우 행정대집행에 관하여는 「행정대집행법」을 준용한다.

③ [O] 지방의회의 의결이 법령에 위반되거나 공익을 현저히 해친다고 판단되면 시·군 및 자치구에 대하여는 시·도지사가 재의를 요구하게 할 수 있다.

> 「지방자치법」 제192조(지방의회 의결의 재의와 제소) ① 지방의회의 의결이 법령에 위반되거나 공익을 현저히 해친다고 판단되면 시·도에 대해서는 주무부장관이, 시·군 및 자치구에 대해서는 시·도지사가 해당 지방자치단체의 장에게 재의를 요구하게 할 수 있고, 재의 요구 지시를 받은 지방자치단체의 장은 의결사항을 이송받은 날부터 20일 이내에 지방의회에 이유를 붙여 재의를 요구하여야 한다.

④ [O] 행정안전부(구. 행정자치부)장관은 지방자치단체의 자치사무에 관하여 보고를 받을 수 있으며 법령위반사항에 대하여 회계를 감사할 수 있다.

> 「지방자치법」 제190조(지방자치단체의 자치사무에 대한 감사) ① 행정안전부장관이나 시·도지사는 지방자치단체의 자치사무에 관하여 보고를 받거나 서류·장부 또는 회계를 감사할 수 있다. 이 경우 감사는 법령 위반사항에 대해서만 한다.

정답 ②

## 027
2014 지방 9급

「지방자치법」상 지방자치단체에 대한 국가의 지도·감독에 대한 설명으로 옳지 않은 것은?

① 중앙행정기관의 장이나 시·도지사는 지방자치단체의 사무에 관하여 조언 또는 권고하거나 지도할 수 있으며, 이를 위하여 필요하면 지방자치단체에 자료의 제출을 요구할 수 있다.
② 지방자치단체의 자치사무에 관한 그 장의 명령이나 처분이 법령에 위반되거나 현저히 부당하여 공익을 해친다고 인정되면 시·도에 대하여는 주무부장관이, 시·군 및 자치구에 대하여는 시·도지사가 기간을 정하여 서면으로 시정할 것을 명하고, 그 기간에 이행하지 아니하면 이를 취소하거나 정지할 수 있다.
③ 지방자치단체의 장이 법령의 규정에 따라 그 의무에 속하는 국가위임 사무나 시·도위임사무의 관리와 집행을 명백히 게을리 하고 있다고 인정되면 시·도에 대하여는 주무부장관이, 시·군 및 자치구에 대하여는 시·도지사가 기간을 정하여 서면으로 이행할 사항을 명령할 수 있다.
④ 안전행정부장관(현 행정안전부장관)이나 시·도지사는 지방자치단체의 자치사무에 관하여 보고를 받거나 서류·장부 또는 회계를 감사할 수 있다.

**풀이**

① [O] 중앙행정기관의 장이나 시·도지사는 지방자치단체의 사무에 관하여 조언 또는 권고하거나 지도할 수 있으며, 이를 위하여 필요하면 지방자치단체에 자료의 제출을 요구할 수 있다(「지방자치법」 제184조).
② [X] 지방자치단체의 사무에 관한 그 장의 명령이나 처분이 법령에 위반되거나 현저히 부당하여 공익을 해친다고 인정되면 시·도에 대하여는 주무부 장관이, 시·군 및 자치구에 대하여는 시·도지사가 기간을 정하여 서면으로 시정할 것을 명하고, 그 기간에 이행하지 아니하면 이를 취소하거나 정지할 수 있다. 이 경우 **자치사무에 관한 명령이나 처분에 대하여는 법령을 위반하는 것에 한한다**(「지방자치법」 제188조).
③ [O] 지방자치단체의 장이 법령의 규정에 따라 그 의무에 속하는 국가 위임사무나 시·도위임사무의 관리와 집행을 명백히 게을리하고 있다고 인정되면 시·도에 대하여는 주무부장관이, 시·군 및 자치구에 대하여는 시·도지사가 기간을 정하여 서면으로 이행할 사항을 명령할 수 있다(「지방자치법」 제189조).
④ [O] 행정안전부장관이나 시·도지사는 지방자치단체의 자치사무에 관하여 보고를 받거나 서류·장부 또는 회계를 감사할 수 있다. 이 경우 감사는 법령 위반사항에 대해서만 한다(「지방자치법」 제190조).

정답 ②

## 028
2022 지방 7급 지방자치론

「지방자치법」상 지방자치단체에 대한 국가의 지도·감독에 대한 설명으로 옳지 않은 것은?

① 중앙행정기관의 장이나 시·도지사는 지방자치단체의 사무에 관하여 조언 또는 권고하거나 지도할 수 있다.
② 시·군 및 자치구나 그 장이 위임받아 처리하는 시·도의 사무에 관하여는 주무부장관의 지도·감독을 받는다.
③ 행정안전부장관이나 시·도지사는 지방자치단체의 자치사무에 관하여 보고를 받거나 서류·장부 또는 회계를 법령 위반사항에 대해서만 감사할 수 있다.
④ 중앙행정기관의 장과 지방자치단체의 장이 사무를 처리할 때 의견을 달리하는 경우 이를 협의·조정하기 위하여 국무총리 소속으로 행정협의조정위원회를 둔다.

**풀이**

① [O] 중앙행정기관의 장이나 시·도지사는 지방자치단체의 사무에 관하여 조언 또는 권고하거나 지도할 수 있다.

「지방자치법」 제184조(지방자치단체의 사무에 대한 지도와 지원) ① 중앙행정기관의 장이나 시·도지사는 지방자치단체의 사무에 관하여 조언 또는 권고하거나 지도할 수 있으며, 이를 위하여 필요하면 지방자치단체에 자료 제출을 요구할 수 있다.

② [X] 시·군 및 자치구나 그 장이 **위임받아 처리하는 시·도의 사무에 관하여는** 주무부장관이 아닌 **시·도지사의 지도·감독을** 받는다.

「지방자치법」 제185조(국가사무나 시·도 사무 처리의 지도·감독) ① 지방자치단체나 그 장이 위임받아 처리하는 국가사무에 관하여 시·도에서는 주무부장관, 시·군 및 자치구에서는 1차로 시·도지사, 2차로 주무부장관의 지도·감독을 받는다.
② 시·군 및 자치구나 그 장이 위임받아 처리하는 시·도의 사무에 관하여는 시·도지사의 지도·감독을 받는다.

③ [O] 행정안전부장관이나 시·도지사는 지방자치단체의 자치사무에 관하여 보고를 받거나 서류·장부 또는 회계를 법령 위반사항에 대해서만 감사할 수 있다.

「지방자치법」 제190조(지방자치단체의 자치사무에 대한 감사) ① 행정안전부장관이나 시·도지사는 지방자치단체의 자치사무에 관하여 보고를 받거나 서류·장부 또는 회계를 감사할 수 있다. 이 경우 감사는 법령 위반사항에 대해서만 한다.

④ [O] 중앙행정기관의 장과 지방자치단체의 장이 사무를 처리할 때 의견을 달리하는 경우 이를 협의·조정하기 위하여 국무총리 소속으로 행정협의조정위원회를 둔다.

「지방자치법」 제187조(중앙행정기관과 지방자치단체 간 협의·조정) ① 중앙행정기관의 장과 지방자치단체의 장이 사무를 처리할 때 의견을 달리하는 경우 이를 협의·조정하기 위하여 국무총리 소속으로 행정협의조정위원회를 둔다.

정답 ②

## 029
2014 지방 7급 지방자치론

지방자치단체에 대한 중앙정부의 통제방식 중 그 성격이 다른 것은?

① 시·도의 자치사무에 대한 안전행정부장관(행정안전부장관)의 감사
② 확정된 예산에 대한 시·도지사의 안전행정부장관(행정안전부장관)에의 보고
③ 시·도가 설립하는 지방자치단체조합에 대한 안전행정부장관(행정안전부장관)의 승인
④ 국가위임사무에 대한 시·도지사의 직무해태 시 주무부처장관의 직무 이행명령

### 풀이

**내용정리** 권력적 통제와 비권력적 통제

| | | |
|---|---|---|
| 권력적 통제 | 임면 | 행정관리의 책임자를 임명 또는 해임 |
| | 승인 | 행정행위의 법적 효력을 완성시킴 |
| | 처분 | 감독기관이 직접 자치단체의 행정사항에 대한 조치 |
| | 감사 | 자치단체의 행정행위의 합법서과 타당성을 심사해 시정조치를 취하는 사후 통제 |
| 비권력적 통제 | 계도 | 감독기관이 자치단체의 행정방향 제시, 최저기준설정, 조언과 권고 |
| | 지원 | 재정적·기술적 원조 |
| | 정보제공 | 정보·자료의 제공 |
| | 조정 | 업무수행의 통합, 분쟁의 조정 |

중앙정부가 지방자치단체를 상대로 하는 통제는 권력적 통제방식과 비권력적 통제방식으로 구분된다. 권력적 통제방식에는 승인, 처분, 감사 등이 있으며 비권력적 통제방법에는 정보제공이나 계도, 지원 등의 방법이 있다.

① [○] 시·도의 자치사무에 대한 행정안전부(안전행정부)장관의 감사는 권력적 통제방법에 해당한다.
② [×] **확정된 예산**에 대한 시·도지사의 행정안전부(안전행정부)장관에의 **보고**는 감독기관이 지자체의 행정방향을 조언하고 권고하는 **일종의 계도방식으로 비권력적 통제방식**이다.
③ [○] 시·도가 설립하는 지방자치단체조합에 대한 행정안전부(안전행정부)장관의 승인은 행정행위의 효력을 완성시키는 권력적·강제적 방법이다.
④ [○] 국가위임사무에 대한 시·도지사의 직무해태 시 주무부처장관의 직무 이행 명령은 감독기관이 직접 지방자치단체의 행정사항에 대해 조치하는 권력적 통제방식에 해당한다.

**정답 ②**

## 030
2014 서울 7급 지방자치론

지방자치단체의 장이 국가위임사무의 처리를 게을리 할 때, 주무부장관이 취할 수 있는 조치는?

① 직무이행명령 – 대집행
② 서면시정명령 – 취소
③ 회계감사 – 시정명령
④ 정지 – 취소
⑤ 취소 – 대집행

### 풀이

① [○] 지방자치단체의 장이 국가의 위임사무의 처리를 게을리 할 때, 주무부장관은 **직무이행명령**을 할 수 있고, 해당 지방자치단체의 장이 이행명령을 기간 내에 **이행하지 아니하면** 그 지방자치단체의 비용부담으로 **대집행하거나 행정상·재정상 필요한 조치**를 할 수 있다.

「지방자치법」 제189조(지방자치단체의 장에 대한 직무이행명령) ① 지방자치단체의 장이 법령에 따라 그 의무에 속하는 국가위임사무나 시·도위임사무의 관리와 집행을 명백히 게을리하고 있다고 인정되면 시·도에 대해서는 주무부장관이, 시·군 및 자치구에 대해서는 시·도지사가 기간을 정하여 서면으로 이행할 사항을 명령할 수 있다.
② 주무부장관이나 시·도지사는 해당 지방자치단체의 장이 제1항의 기간에 이행명령을 이행하지 아니하면 그 지방자치단체의 비용부담으로 대집행 또는 행정상·재정상 필요한 조치(이하 이 조에서 "대집행등"이라 한다)를 할 수 있다. 이 경우 행정대집행에 관하여는 「행정대집행법」을 준용한다.

**정답 ①**

## 031
2018 서울 7급(3월)

**지방자치단체장(서울시장)의 직무이행명령에 대한 설명 중 가장 옳지 않은 것은?**

① 서울시장이 국가위임사무의 관리와 집행을 명백히 게을리하고 있다고 인정되면 주무부장관이 기간을 정하여 서면으로 이행할 사항을 명령할 수 있다.
② 주무부장관은 서울시장이 국가위임사무에 대한 이행명령을 이행하지 아니하면 서울시의 비용부담으로 대집행하거나 행정상·재정상 필요한 조치를 할 수 있다.
③ 서울시장은 주무부장관의 이행명령에 이의가 있으면 이행명령서를 접수한 날부터 20일 이내에 대법원에 소를 제기할 수 있다.
④ 위 ③의 경우 서울시장은 이행명령의 집행을 정지하게 하는 집행정지결정을 신청할 수 있다.

---

**풀이**

① [○] 광역지방자치단체의 장인 서울시장이 국가위임사무의 관리와 집행을 명백히 게을리하고 있다고 인정되면 주무부장관은 기간을 정하여 서면으로 이행할 사항을 명령할 수 있다.
② [○] 주무부장관은 광역자치단체의 장인 서울시장이 국가위임사무에 대한 이행명령을 이행하지 아니하면 서울시의 비용부담으로 대집행하거나 행정상·재정상 필요한 조치를 할 수 있다.
③ [×] 지방자치단체의 장인 서울시장은 주무부장관의 이행명령에 이의가 있으면 이행명령서를 접수한 날부터 20일이 아닌 **15일 이내에 대법원에 소를 제기**할 수 있다.
④ [○] 지방자치단체의 장인 서울시장이 대법원에 소를 제기한 경우 이와 더불어 서울시장은 이행명령의 집행을 정지하게 하는 집행정지결정을 신청할 수 있다.

> 「지방자치법」 제189조(지방자치단체의 장에 대한 직무이행명령) ① 지방자치단체의 장이 법령에 따라 그 의무에 속하는 국가위임사무나 시·도위임사무의 관리와 집행을 명백히 게을리하고 있다고 인정되면 시·도에 대해서는 주무부장관이, 시·군 및 자치구에 대해서는 시·도지사가 기간을 정하여 서면으로 이행할 사항을 명령할 수 있다.
> ② 주무부장관이나 시·도지사는 해당 지방자치단체의 장이 제1항의 기간에 이행명령을 이행하지 아니하면 그 지방자치단체의 비용부담으로 대집행 또는 행정상·재정상 필요한 조치(이하 이 조에서 "대집행등"이라 한다)를 할 수 있다. 이 경우 행정대집행에 관하여는 「행정대집행법」을 준용한다.
> ③ 주무부장관은 시장·군수 및 자치구의 구청장이 법령에 따라 그 의무에 속하는 국가위임사무의 관리와 집행을 명백히 게을리하고 있다고 인정됨에도 불구하고 시·도지사가 제1항에 따른 이행명령을 하지 아니하는 경우 시·도지사에게 기간을 정하여 이행명령을 하도록 명할 수 있다.
> ④ 주무부장관은 시·도지사가 제3항에 따른 기간에 이행명령을 하지 아니하면 제3항에 따른 기간이 지난 날부터 7일 이내에 직접 시장·군수 및 자치구의 구청장에게 기간을 정하여 이행명령을 하고, 그 기간에 이행하지 아니하면 주무부장관이 직접 대집행등을 할 수 있다.
> ⑤ 주무부장관은 시·도지사가 시장·군수 및 자치구의 구청장에게 제1항에 따라 이행명령을 하였으나 이를 이행하지 아니한 데 따른 대집행등을 하지 아니하는 경우에는 시·도지사에게 기간을 정하여 대집행등을 하도록 명하고, 그 기간에 대집행등을 하지 아니하면 주무부장관이 직접 대집행등을 할 수 있다.
> ⑥ 지방자치단체의 장은 제1항 또는 제4항에 따른 이행명령에 이의가 있으면 이행명령서를 접수한 날부터 15일 이내에 대법원에 소를 제기할 수 있다. 이 경우 지방자치단체의 장은 이행명령의 집행을 정지하게 하는 집행정지결정을 신청할 수 있다.

**정답 ③**

## 032
2013 국가 7급

「지방자치법」상 지방자치단체에 대한 국가의 지도·감독의 내용으로 옳지 않은 것은?

① 중앙행정기관의 장과 지방자치단체의 장이 사무를 처리할 때 의견을 달리하는 경우 이를 협의·조정하기 위하여 국무총리 소속으로 행정협의조정위원회를 둔다.
② 지방자치단체나 그 장이 위임받아 처리하는 국가사무에 관하여 시·도에서는 주무부장관의, 시·군 및 자치구에서는 1차로 시·도지사의, 2차로 주무부장관의 지도·감독을 받는다.
③ 안전행정부(행정안전부)장관이나 시·도지사는 지방자치단체의 자치사무가 공익을 현저히 해친다고 판단되면 지방자치단체의 서류·장부 또는 회계를 감사할 수 있다.
④ 지방의회의 의결이 공익을 현저히 해친다고 판단되면 시·도에 대하여는 주무부장관이, 시·군 및 자치구에 대하여는 시·도지사가 재의를 요구하게 할 수 있다.

### 풀이

① [O] 중앙행정기관의 장과 지방자치단체의 장이 사무를 처리할 때 의견을 달리하는 경우 이를 협의·조정하기 위하여 국무총리 소속으로 행정협의조정위원회를 둔다.

> 「지방자치법」 제187조(중앙행정기관과 지방자치단체 간 협의·조정) ① 중앙행정기관의 장과 지방자치단체의 장이 사무를 처리할 때 의견을 달리하는 경우 이를 협의·조정하기 위하여 국무총리 소속으로 행정협의조정위원회를 둔다.

② [O] 지방자치단체나 그 장이 위임받아 처리하는 국가사무에 관하여 시·도에서는 주무부장관의, 시·군 및 자치구에서는 1차로 시·도지사의, 2차로 주무부장관의 지도·감독을 받는다.
③ [X] 안전행정부(행정안전부)장관이나 시·도지사는 지방자치단체의 자치사무에 대해 지방자치단체의 서류·장부 또는 회계를 감사할 수 있다. 하지만 이 경우 **자치사무**에 대한 행정안전부 장관이나 시도지사의 **감사는 법령위반사항에만 한정**한다.
④ [O] 지방의회의 의결이 공익을 현저히 해친다고 판단되면 시·도에 대하여는 주무부장관이, 시·군 및 자치구에 대하여는 시·도지사가 재의를 요구하게 할 수 있다.

> 「지방자치법」 제192조(지방의회 의결의 재의와 제소) ① 지방의회의 의결이 법령에 위반되거나 공익을 현저히 해친다고 판단되면 시·도에 대해서는 주무부장관이, 시·군 및 자치구에 대해서는 시·도지사가 해당 지방자치단체의 장에게 재의를 요구하게 할 수 있고, 재의 요구 지시를 받은 지방자치단체의 장은 의결사항을 이송받은 날부터 20일 이내에 지방의회에 이유를 붙여 재의를 요구하여야 한다. ② 시·군 및 자치구의회의 의결이 법령에 위반된다고 판단됨에도 불구하고 시·도지사가 제1항에 따라 재의를 요구하게 하지 아니한 경우 주무부장관이 직접 시장·군수 및 자치구의 구청장에게 재의를 요구하게 할 수 있고, 재의 요구 지시를 받은 시장·군수 및 자치구의 구청장은 의결사항을 이송받은 날부터 20일 이내에 지방의회에 이유를 붙여 재의를 요구하여야 한다.

정답 ③

## 033
2018 서울 7급 지방자치론

「지방자치법」상 국가의 지도·감독에 대한 내용으로 가장 옳지 않은 것은?

① 환경부장관은 서울특별시의 사무에 관하여 조언 또는 권고하거나 지도할 수 있다.
② 환경부장관과 서울특별시장이 사무를 처리할 때 의견을 달리하는 경우에는 국무총리 소속의 행정협의조정위원회에서 협의·조정 할 수 있다.
③ 행정안전부장관은 서울특별시의 자치사무 중에서 법령위반사항이 있는 경우 감사를 할 수 있다.
④ 서울특별시 자치구에서 처리하는 환경부로부터 위임받은 국가사무에 대하여는 1차로 환경부장관의, 2차로 서울특별시장의 지도·감독을 받는다.

### 풀이

① [O] 지방자치단체인 서울특별시의 사무가 환경부 관할의 사무라면 중앙행정기관의 장인 환경부장관은 서울특별시의 사무에 관하여 조언 또는 권고하거나 지도할 수 있다.

> 「지방자치법」 제184조(지방자치단체의 사무에 대한 지도와 지원) ① 중앙행정기관의 장이나 시·도지사는 지방자치단체의 사무에 관하여 조언 또는 권고하거나 지도할 수 있으며, 이를 위하여 필요하면 지방자치단체에 자료 제출을 요구할 수 있다.

② [O] 중앙행정기관의 장인 환경부장관과 자치단체의 장인 서울특별시장이 사무를 처리할 때 의견을 달리하는 경우에는 국무총리 소속의 행정협의조정위원회에서 협의·조정 할 수 있다.

> 「지방자치법」 제187조(중앙행정기관과 지방자치단체 간 협의·조정) ① 중앙행정기관의 장과 지방자치단체의 장이 사무를 처리할 때 의견을 달리하는 경우 이를 협의·조정하기 위하여 국무총리 소속으로 행정협의조정위원회를 둔다.

③ [O] 행정안전부장관은 서울특별시의 자치사무 중에서 법령위반사항이 있는 경우 감사를 할 수 있다.

> 「지방자치법」 제190조(지방자치단체의 자치사무에 대한 감사) ① 행정안전부장관이나 시·도지사는 지방자치단체의 자치사무에 관하여 보고를 받거나 서류·장부 또는 회계를 감사할 수 있다. 이 경우 감사는 법령 위반사항에 대해서만 한다.

④ [X] 지방자치단체나 그 장이 위임받아 처리하는 국가사무에 관하여 시·군 및 자치구에서는 **1차로 시·도지사(서울특별시장)의, 2차로 주무부장관(환경부장관)의 지도·감독**을 받는다.

> 「지방자치법」 제185조(국가사무나 시·도 사무 처리의 지도·감독) ① 지방자치단체나 그 장이 위임받아 처리하는 국가사무에 관하여 시·도에서는 주무부장관, 시·군 및 자치구에서는 1차로 시·도지사, 2차로 주무부장관의 지도·감독을 받는다.

정답 ④

## 034
2019 지방 7급 지방자치론

지방재정의 건전성 관리에 대한 설명으로 옳지 않은 것은?

① 지방자치단체의 장은 행정안전부장관이 정하는 바에 따라 매년 재정건전성관리계획을 수립하여 시행하여야 한다.
② 지방자치단체의 출자·출연 기관의 부채는 통합부채관리 대상에 포함되지 않는다.
③ 재정위기단체 지정제도는 지방자치단체의 재정위기 상황을 관리하기 위해 도입되었다.
④ 재정위기단체로 지정된 지방자치단체의 장은 재정건전화계획을 수립하여야 한다.

### 풀이

① [○] 지방자치단체의 장은 행정안전부장관이 정하는 바에 따라 매년 재정건전성관리계획을 수립하여 시행하여야 한다.
② [×] 통합부채는 지방자치단체, 「지방공기업법」에 따른 지방공기업, 「지방자치단체의 출자·출연 기관의 운영에 관한 법률」에 따른 출자·출연 기관의 부채를 모두 통합하여 산정한 부채이다.
③ [○] 재정위기단체 지정제도는 지방자치단체의 재정위기 상황을 관리하기 위해 도입되었다.
④ [○] 재정위기단체로 지정된 지방자치단체의 장은 재정건전화계획을 수립하여 행정안전부 장관의 승인을 받아야 한다.

> 「지방재정법」
> 제87조의3(지방재정건전성의 관리) ① 지방자치단체의 장은 행정안전부장관이 정하는 바에 따라 매년 다음 각 호의 사항이 포함된 재정건전성관리계획을 수립하여 시행하여야 한다.
> 1. 전전년도 및 전년도 통합부채와 우발부채의 변동 상황
> 2. 해당 회계연도의 통합부채와 우발부채의 추정액
> 3. 해당 회계연도부터 5회계연도 이상의 기간에 대한 통합부채와 우발부채의 변동 전망과 근거 및 관리계획
> 4. 그 밖에 대통령령으로 정하는 사항
> ② 행정안전부장관은 지방재정건전성 관리제도의 운영에 있어서 특별한 사유가 없으면 통합부채와 우발부채를 모두 고려하여야 한다.
> ③ 행정안전부장관은 통합부채, 우발부채의 체계적 관리에 필요한 사항을 지방자치단체에 통보하여야 한다.
> 제44조의2(예산안의 첨부서류) ① 예산안에는 다음 각 호의 서류가 첨부되어야 한다
> 2. 통합부채[「지방공기업법」에 따른 지방공기업(이하 "지방공기업"이라 한다) 및 「지방자치단체 출자·출연 기관의 운영에 관한 법률」에 따른 출자기관·출연기관(이하 "지방자치단체 출자·출연기관"이라 한다)의 부채를 포함한 부채를 말한다. 이하 같다]
> 제55조의3(재정위기단체 등의 의무) ① 제55조의2제1항제1호에 따른 재정위기단체로 지정된 지방자치단체의 장(이하 "재정위기단체의 장"이라 한다)은 대통령령으로 정하는 바에 따라 재정건전화계획을 수립하여 행정안전부장관의 승인을 받아야 한다. 이 경우 시장·군수 및 자치구의 구청장은 시·도지사를 경유하여야 한다.
> ② 재정위기단체의 장은 제1항에 따른 재정건전화계획에 대하여 지방의회의 의결을 얻어야 한다.

정답 ②

## 035
2016 지방 7급 지방자치론

「지방자치법」상 재정분석 및 공개에 대한 설명으로 옳지 않은 것은?

① 행정자치부(행정안전부)장관은 재정위기단체의 재정건전화계획 수립 및 이행 결과가 현저히 부진하다고 판단하는 경우에도 교부세를 감액하거나 그 밖의 재정상의 불이익을 부여할 수 없다.
② 재정위기단체의 장은 재정건전화계획 및 이행상황을 매년 2회 이상 주민에게 공개하여야 한다.
③ 재정위기단체의 장은 재정건전화계획의 이행상황을 지방의회 및 행정자치부장관(행정안전부)에게 보고하여야 한다.
④ 재정위기단체의 장은 행정자치부(행정안전부)장관의 승인과 지방의회의 의결을 얻은 재정건전화계획에 의하지 아니하고는 대통령령으로 정하는 규모 이상의 재정투자사업에 관한 예산을 편성할 수 없다.

### 풀이

① [×] 행정안전부장관은 재정위기단체의 재정건전화계획 수립 및 이행 결과가 현저히 부진하다고 판단하는 경우에는 교부세를 감액하거나 그 밖의 재정상의 불이익을 부여할 수 있다.

> 「지방재정법」 제55조의5(재정건전화 이행 부진 지방자치단체에 대한 불이익 부여) ① 행정안전부장관은 재정위기단체의 재정건전화계획 수립 및 이행 결과가 현저히 부진하다고 판단하는 경우에는 교부세를 감액하거나 그 밖의 재정상의 불이익을 부여할 수 있다.

② [○] 재정위기단체의 장은 재정건전화계획 및 이행상황을 매년 2회 이상 주민에게 공개하여야 한다.

> 「지방재정법」 제55조의3(재정위기단체 등의 의무) ⑦ 재정위기단체의 장은 재정건전화계획 및 이행상황을 매년 2회 이상 주민에게 공개하여야 한다.

③ [○] 재정위기단체의 장은 재정건전화계획의 이행상황을 지방의회 및 행정안전부장관에게 보고하여야 한다. 이 경우 기초자치단체의 장인 시장·군수 및 자치구의 구청장은 광역자치단체의 장인 시·도지사를 경유하여야 한다.
④ [○] 재정위기단체의 장은 행정안전부장관의 승인과 지방의회의 의결을 얻은 재정건전화계획에 의하지 아니하고는 대통령령으로 정하는 규모 이상의 재정투자사업에 관한 예산을 편성할 수 없다.

> 「지방재정법」 제55조의4(재정위기단체의 지방채 발행 제한 등) ① 재정위기단체의 장은 제11조부터 제13조까지, 제44조 및 「지방회계법」 제24조에도 불구하고 행정안전부장관의 승인과 지방의회의 의결을 얻은 재정건전화계획에 의하지 아니하고는 지방채의 발행, 채무의 보증, 일시차입, 채무부담행위를 할 수 없다.
> ② 재정위기단체의 장은 제37조에도 불구하고 행정안전부장관의 승인과 지방의회의 의결을 얻은 재정건전화계획에 의하지 아니하고는 대통령령으로 정하는 규모 이상의 재정투자사업에 관한 예산을 편성할 수 없다.

정답 ①

## 036

2014 서울 7급 지방자치론

다음 중 「지방재정법」상 우리나라 지방자치단체의 재정분석과 공개에 대한 설명으로 옳은 것은?

① 지방자치단체의 장은 상급 지방자치단체를 거치지 않고 안전행정부장관(현 행정안전부장관)에게 재정보고서를 직접 제출하여야 한다.
② 안전행정부장관(행정안전부장관)은 재정분석 및 재정진단 실시 후 모든 사항을 3개월 이내에 국회 소관 상임위원회에 보고하여야 한다.
③ 재정위기단체의 장은 재정건전화계획에 대하여 지방의회의 의결을 얻어야 한다.
④ 재정위기단체로 지정된 자치단체장은 재정건전화계획을 수립하여 안전행정부(행정안전부)장관에게 직접 승인을 받아야 한다.
⑤ 국회와 국무회의는 재정위험수준이 심각하다고 판단되는 지방자치단체를 재정위기단체로 지정할 수 있다.

### 풀이

① [×] 지방자치단체의 장은 **상급 지방자치단체를 거쳐 행정안전부장관에게 재정보고서를 제출**하여야 한다.

> 「지방재정법」 제54조(재정 운용에 관한 보고 등) 지방자치단체의 장은 대통령령으로 정하는 바에 따라 예산, 결산, 출자, 통합부채, 우발부채, 그 밖의 재정 상황에 관한 재정보고서를 행정안전부장관에게 제출하여야 한다. 이 경우 시·군 및 자치구는 시·도지사를 거쳐 행정안전부장관에게 제출하여야 한다.

② [×] 행정안전부 장관은 재정분석 및 재정진단 실시 후 **모든 사항이 아닌 중요사항에 대해** 3개월 이내에 국회 소관상임위원회에 보고하여야 한다.

> 「지방재정법」 제55조(재정분석 및 재정진단 등)
> ⑤ 행정안전부장관은 제1항 및 제3항에 따른 재정분석 결과와 재정진단 결과의 중요 사항에 대해서는 매년 재정분석과 재정진단을 실시한 후 3개월 이내에 국회 소관 상임위원회 및 국무회의에 보고하여야 한다.

③ [○] 재정위기단체의 장은 재정건전화계획에 대해 지방의회의 의결을 얻어야 한다.

④ [×] 재정위기단체로 지정된 자치단체장은 재정건전화계획을 수립하여 **상급지방자치단체를 거쳐 행정안전부장관에게 승인**을 받아야 한다.

> 「지방재정법」 제55조의3(재정위기단체 등의 의무 등) ① 제55조의2제1항제1호에 따른 재정위기단체로 지정된 지방자치단체의 장(이하 "재정위기단체의 장"이라 한다)은 대통령령으로 정하는 바에 따라 재정건전화계획을 수립하여 행정안전부장관의 승인을 받아야 한다. 이 경우 시장·군수 및 자치구의 구청장은 시·도지사를 경유하여야 한다.
> ② 재정위기단체의 장은 제1항에 따른 재정건전화계획에 대하여 지방의회의 의결을 얻어야 한다.

⑤ [×] **행정안전부장관은** 재정위험수준이 심각하다고 판단되는 지방자치단체를 **지방재정위기관리위원회의 심의를 거쳐 재정위기단체로 지정**할 수 있다.

> 「지방재정법」 제55조의2(재정위기단체와 재정주의단체의 지정 및 해제) ① 행정안전부장관은 제55조제1항에 따른 재정분석 결과와 같은 조 제3항에 따른 재정진단 결과 등을 토대로 지방재정위기관리위원회의 심의를 거쳐 다음 각 호의 구분에 따라 해당 지방자치단체를 재정위기단체 또는 재정주의단체로 지정할 수 있다.

정답 ③

## 037

2017 서울 7급 지방자치론

**다음 중 긴급재정관리제도에 대한 설명으로 가장 옳지 않은 것은?**

① 행정자치부(행정안전부)장관은 자력으로 재정위기 상황을 극복하는 것이 어렵다고 판단되는 지방자치단체에 대하여 해당 지방자치단체의 장과 지방의회의 의견을 듣지 않고 긴급재정관리단체로 지정할 수 있다.

② 긴급재정관리제도는 지방자치단체가 스스로 해결할 수 없는 예외적인 재정위기 상황이 발생할 경우 중앙정부와 지방자치단체가 협력해 재정위기를 신속히 극복하기 위한 조치이다.

③ 소속 공무원의 인건비를 30일 이상 지급하지 못한 경우 해당 지방자치단체는 긴급재정관리단체로 지정될 수 있다.

④ 행정자치부(행정안전부)장관은 지방재정위기관리위원회의 심의·의결을 거쳐 국가공무원 또는 재정관리 전문가를 긴급재정관리인으로 긴급재정관리단체에 파견해야 한다.

---

**풀이**

① [×] 긴급재정관리제도는 지방자치단체의 자력으로 재정위기상황을 극복하기 어려운 경우에 행정안전부(행정자치부)장관이 **지방자치단체의 장과 지방의회의 의견을 수렴하여 해당 지방자치단체를 긴급재정관리단체로 지정할 수 있는** 제도이다.

② [○] 긴급재정관리제도는 지방자치단체가 스스로 해결할 수 없는 예외적인 재정위기 상황이 발생할 경우 중앙정부와 지방자치단체가 협력해 재정위기를 신속히 극복하기 위한 조치이다.

③ [○] 소속공무원의 인건비를 30일 이상 지급하지 못한 경우는 긴급재정관리단체의 지정요건에 해당한다.

④ [○] 긴급재정관리단체로 지정되면 행정안전부장관은 지방재정위기관리위원회의 심의·의결을 거쳐 국가기관 소속 공무원 또는 업무지식과 경험이 풍부한 재정관리 전문가를 긴급재정관리인으로 선임하여 긴급재정관리단체에 파견해야 한다.

> 「지방재정법」
> 제60조의3(긴급재정관리단체의 지정 및 해제) ① 행정안전부장관은 지방자치단체가 다음 각 호의 어느 하나에 해당하여 자력으로 그 재정위기상황을 극복하기 어렵다고 판단되는 경우에는 해당 지방자치단체를 긴급재정관리단체로 지정할 수 있다. 이 경우 행정안전부장관은 긴급재정관리단체로 지정하려는 지방자치단체의 장과 지방의회의 의견을 미리 들어야 한다.
> 1. 제55조의2에 따라 재정위기단체로 지정된 지방자치단체가 제55조의3에 따른 재정건전화계획을 3년간 이행하였음에도 불구하고 재정위기단체로 지정된 때부터 3년이 지난 날 또는 그 이후의 지방자치단체의 재정위험 수준이 재정위기단체로 지정된 때보다 대통령령으로 정하는 수준 이하로 악화된 경우
> 2. 소속 공무원의 인건비를 30일 이상 지급하지 못한 경우
> 3. 상환일이 도래한 채무의 원금 또는 이자에 대한 상환을 60일 이상 이행하지 못한 경우
> 제60조의4(긴급재정관리인의 선임 및 파견) ① 행정안전부장관은 국가기관 소속 공무원 또는 재정관리에 관한 업무 지식과 경험이 풍부한 사람을 긴급재정관리인으로 선임하여 긴급재정관리단체에 파견하여야 한다.
> ② 행정안전부장관은 제1항에 따라 긴급재정관리인을 선임하려면 미리 지방재정위기관리위원회의 심의·의결을 거쳐야 한다.

**정답** ①

## 038

「지방재정법」상 긴급재정관리단체의 지정에 대한 설명으로 가장 옳지 않은 것은?

① 행정안전부장관은 지방자치단체가 자력으로 재정위기상황을 극복하기 어렵다고 판단되는 경우 해당 지방자치단체를 긴급재정관리단체로 지정할 수 있다.
② 재정위기단체로 지정된 지방자치단체가 재정건전화계획을 3년간 이행하였음에도 재정위험수준이 대통령령으로 정하는 수준 이하로 악화된 경우, 행정안전부장관은 해당 지방자치단체를 긴급재정관리단체로 지정할 수 있다.
③ 소속 공무원의 인건비를 30일 이상 지급하지 못한 경우 행정안전부장관은 해당 지방자치단체를 긴급재정관리단체로 지정할 수 있다.
④ 상환일이 도래한 채무의 원금 또는 이자에 대한 상환을 지방자치단체가 90일 이상 이행하지 못한 경우 행정안전부장관은 해당 지방자치단체를 긴급재정관리단체로 지정할 수 있다.

### 풀이

① [O] 행정안전부장관은 지방자치단체가 자력으로 재정위기상황을 극복하기 어렵다고 판단되는 경우 해당 지방자치단체를 긴급재정관리단체로 지정할 수 있다.
② [O] 재정위기단체로 지정된 지방자치단체가 재정건전화계획을 3년간 이행하였음에도 재정위험수준이 대통령령으로 정하는 수준 이하로 악화된 경우, 행정안전부장관은 해당 지방자치단체를 긴급재정관리단체로 지정할 수 있다.
③ [O] 소속 공무원의 인건비를 30일 이상 지급하지 못한 경우 행정안전부장관은 해당 지방자치단체를 긴급재정관리단체로 지정할 수 있다.
④ [×] 상환일이 도래한 채무의 원금 또는 이자에 대한 상환을 지방자치단체가 **90일이 아닌 60일 이상** 이행하지 못한 경우 행정안전부장관은 해당 지방자치단체를 긴급재정관리단체로 지정할 수 있다.

> 「지방재정법」 제60조의3(긴급재정관리단체의 지정 및 해제) ① 행정안전부장관은 지방자치단체가 다음 각 호의 어느 하나에 해당하여 자력으로 그 재정위기상황을 극복하기 어렵다고 판단되는 경우에는 해당 지방자치단체를 긴급재정관리단체로 지정할 수 있다. 이 경우 행정안전부장관은 긴급재정관리단체로 지정하려는 지방자치단체의 장과 지방의회의 의견을 미리 들어야 한다.
> 1. 제55조의2에 따라 재정위기단체로 지정된 지방자치단체가 제55조의3에 따른 재정건전화계획을 3년 이행하였음에도 불구하고 재정위기단체로 지정된 때부터 3년이 지난 날 또는 그 이후의 지방자치단체의 재정위험 수준이 재정위기단체로 지정된 때보다 대통령령으로 정하는 수준 이하로 악화된 경우
> 2. 소속 공무원의 인건비를 30일 이상 지급하지 못한 경우
> 3. 상환일이 도래한 채무의 원금 또는 이자에 대한 상환을 60일 이상 이행하지 못한 경우

정답 ④

## 039

**2022 지방 7급 지방자치론**

「지방재정법」상 재정위기단체 또는 긴급재정관리에 대한 설명으로 옳은 것은?

① 긴급재정관리단체의 장은 직접 긴급재정관리계획안을 작성하는 것이 적절하지 아니한 경우로서 대통령령으로 정하는 경우에는 긴급재정관리인으로 하여금 긴급재정관리계획안을 작성하게 하여야 한다.
② 기획재정부장관은 재정위험 수준이 심각한 수준에 해당되지 아니하나 지방자치단체 재정의 건전성 또는 효율성 등이 현저하게 떨어졌다고 판단되는 지방자치단체의 경우 재정위기단체로 지정한다.
③ 기획재정부장관은 재정분석 및 재정진단 결과 등을 토대로 재정위험 수준이 심각하다고 판단되는 지방자치단체를 지방재정위기관리위원회의 심의를 거쳐 재정위기단체로 지정할 수 있다.
④ 행정안전부장관은 지방자치단체가 상환일이 도래한 채무의 원금 또는 이자에 대한 상환을 30일 이상 이행하지 못하여 자력으로 그 재정위기상황을 극복하기 어렵다고 판단되는 경우에는 해당 지방자치단체를 긴급재정관리단체로 지정할 수 있다.

### 풀이

① [O] 긴급재정관리단체의 장은 직접 긴급재정관리계획안을 작성하는 것이 적절하지 아니한 경우로서 대통령령으로 정하는 경우에는 긴급재정관리인으로 하여금 긴급재정관리계획안을 작성하게 하여야 한다.

> 「지방재정법」제60조의5(긴급재정관리계획의 수립) ① 긴급재정관리단체의 장은 다음 각 호의 사항이 포함된 긴급재정관리계획안을 작성하여 긴급재정관리인의 검토를 받아 지방의회의 의결을 거친 후 행정안전부장관의 승인을 받아야 한다. 다만, 긴급재정관리단체의 장은 직접 긴급재정관리계획안을 작성하는 것이 적절하지 아니한 경우로서 대통령령으로 정하는 경우에는 긴급재정관리인으로 하여금 긴급재정관리계획안을 작성하게 하여야 한다.

② [X] 재정위험 수준이 심각한 수준은 아니지만 지방자치단체 재정의 건전성 또는 효율성이 현저하게 떨어졌다고 판단되는 지방자치단체의 경우에는 **재정위기단체가 아닌 재정주의단체로 지정할 수 있으며** 이 경우 지정권한은 **기획재정부장관이 아닌 행정안전부 장관**에게 있다.

③ [X] 재정분석 및 재정진단 결과 등을 토대로 재정위험 수준이 심각하다고 판단되는 지방자치단체를 지방재정위기관리위원회의 심의를 거쳐 재정위기단체로 지정할 수 있는 것은 기획재정부 장관이 아닌 **행정안전부 장관**이다.

> 「지방재정법」제55조의2(재정위기단체와 재정주의단체의 지정 및 해제) ① 행정안전부장관은 제55조제1항에 따른 재정분석 결과와 같은 조 제3항에 따른 재정진단 결과 등을 토대로 지방재정위기관리위원회의 심의를 거쳐 다음 각 호의 구분에 따라 해당 지방자치단체를 재정위기단체 또는 재정주의단체(財政注意團體)로 지정할 수 있다.
> 1. 재정위기단체: 재정위험 수준이 심각하다고 판단되는 지방자치단체
> 2. 재정주의단체: 재정위험 수준이 심각한 수준에 해당되지 아니하나 지방자치단체 재정의 건전성 또는 효율성 등이 현저하게 떨어졌다고 판단되는 지방자치단체

④ [X] 행정안전부장관은 지방자치단체가 상환일이 도래한 채무의 원금 또는 이자에 대한 상환을 30일이 아닌 **60일 이상** 이행하지 못하여 자력으로 그 재정위기상황을 극복하기 어렵다고 판단되는 경우에는 해당 지방자치단체를 긴급재정관리단체로 지정할 수 있다.

> 「지방재정법」제60조의3(긴급재정관리단체의 지정 및 해제) ① 행정안전부장관은 지방자치단체가 다음 각 호의 어느 하나에 해당하여 자력으로 그 재정위기상황을 극복하기 어렵다고 판단되는 경우에는 해당 지방자치단체를 긴급재정관리단체로 지정할 수 있다. 이 경우 행정안전부장관은 긴급재정관리단체로 지정하려는 지방자치단체의 장과 지방의회의 의견을 미리 들어야 한다.
> 1. 제55조의2에 따라 재정위기단체로 지정된 지방자치단체가 제55조의3에 따른 재정건전화계획을 3년간 이행하였음에도 불구하고 재정위기단체로 지정된 때부터 3년이 지난 날 또는 그 이후의 지방자치단체의 재정위험 수준이 재정위기단체로 지정된 때보다 대통령령으로 정하는 수준 이하로 악화된 경우
> 2. 소속 공무원의 인건비를 30일 이상 지급하지 못한 경우
> 3. 상환일이 도래한 채무의 원금 또는 이자에 대한 상환을 60일 이상 이행하지 못한 경우

**정답 ①**

# 040

2021 지방 7급 지방자치론

**중앙통제에 대한 설명으로 옳지 않은 것은?**

① 지방자치단체의 장이 외채를 발행하는 경우에는 지방채 발행 한도액 범위더라도 지방의회의 의결을 거쳐 행정안전부장관의 승인을 받아야 한다.
② 자치사무에 관한 시·도지사의 명령이나 처분이 법령에 위반된다고 인정되면 주무부장관이 기간을 정하여 서면으로 시정할 것을 명하고, 그 기간에 이행하지 아니하면 이를 취소하거나 정지할 수 있다.
③ 지방자치단체의 장은 재정책임성 강화를 위하여 재정위험수준, 재정 상황 및 채무 규모 등을 고려하여 대통령령으로 정하는 범위를 초과하는 지방채를 발행하는 경우에는 행정안전부 장관의 승인을 받은 후 지방의회의 의결을 받아야 한다.
④ 행정안전부장관 또는 긴급재정관리인은 긴급재정관리단체의 긴급재정관리계획의 이행상황을 점검하거나 보고 또는 자료 제출을 요구할 수 있다.

### 풀이

① [×] 지방자치단체의 장이 외채를 발행하는 경우에는 지방채 발행 한도액 범위더라도 **지방의회의 의결을 거치기 전에 행정안전부장관의 승인을 받아야** 한다.

> 「지방재정법」 제11조(지방채의 발행)
> ② 지방자치단체의 장은 제1항에 따라 지방채를 발행하려면 재정 상황 및 채무 규모 등을 고려하여 대통령령으로 정하는 지방채 발행 한도액의 범위에서 지방의회의 의결을 얻어야 한다. 다만, 지방채 발행 한도액 범위더라도 외채를 발행하는 경우에는 지방의회의 의결을 거치기 전에 행정안전부장관의 승인을 받아야 한다.

② [○] 자치사무에 관한 시·도지사의 명령이나 처분이 법령에 위반된다고 인정되면 주무부장관이 기간을 정하여 서면으로 시정할 것을 명하고, 그 기간에 이행하지 아니하면 이를 취소하거나 정지할 수 있다.

> 「지방자치법」 제188조(위법·부당한 명령이나 처분의 시정) ① 지방자치단체의 사무에 관한 지방자치단체의 장(제103조제2항에 따른 사무의 경우에는 지방의회의 의장을 말한다. 이하 이 조에서 같다)의 명령이나 처분이 법령에 위반되거나 현저히 부당하여 공익을 해친다고 인정되면 시·도에 대해서는 주무부장관이, 시·군 및 자치구에 대해서는 시·도지사가 기간을 정하여 서면으로 시정할 것을 명하고, 그 기간에 이행하지 아니하면 이를 취소하거나 정지할 수 있다.

③ [○] 지방자치단체의 장은 재정책임성 강화를 위하여 재정위험수준, 재정 상황 및 채무 규모 등을 고려하여 대통령령으로 정하는 범위를 초과하는 지방채를 발행하는 경우에는 행정안전부 장관의 승인을 받은 후 지방의회의 의결을 받아야 한다.

> 「지방재정법」 제11조(지방채의 발행)
> ③ 지방자치단체의 장은 제2항에도 불구하고 대통령령으로 정하는 바에 따라 행정안전부장관과 협의한 경우에는 그 협의한 범위에서 지방의회의 의결을 얻어 제2항에 따른 지방채 발행 한도액의 범위를 초과하여 지방채를 발행할 수 있다. 다만, 재정책임성 강화를 위하여 재정위험수준, 재정 상황 및 채무 규모 등을 고려하여 대통령령으로 정하는 범위를 초과하는 지방채를 발행하는 경우에는 행정안전부장관의 승인을 받은 후 지방의회의 의결을 받아야 한다.

④ [○] 행정안전부장관 또는 긴급재정관리인은 긴급재정관리단체의 긴급재정관리계획의 이행상황을 점검하거나 보고 또는 자료 제출을 요구할 수 있다.

> 「지방재정법」 제60조의6(긴급재정관리계획의 이행 등) ① 긴급재정관리단체의 장은 긴급재정관리계획을 성실히 이행하여야 한다.
> ② 행정안전부장관 또는 긴급재정관리인은 긴급재정관리단체의 긴급재정관리계획의 이행상황을 점검하거나 보고 또는 자료제출을 요구할 수 있다. 이 경우 긴급재정관리단체의 장은 이에 성실히 따라야 한다.

**정답 ①**

## 041
2019 국가 7급

특별지방행정기관에 대한 설명으로 옳은 것은?

① 국가의 사무를 집행하기 위해 설치한 일선집행기관으로 고유의 법인격을 가지고 있다.
② 전문분야의 행정을 보다 효율적으로 수행하기 위해 설치하나 행정기관 간의 중복을 야기하기도 한다.
③ 특별지방행정기관의 예로는 자치구가 아닌 일반행정구가 있다.
④ 특별지방행정기관은 지방행정의 전문성을 제고하여 지방분권 강화에 긍정적인 역할을 미친다.

**풀이**

특별지방행정기관은 국가의 특정 중앙행정기관에 소속되어 당해 관할구역 내에서 시행되는 소속 중앙행정기관에 속하는 행정사무를 관장하는 국가의 지방행정기관이다.
① [×] 특별지방행정기관은 지방자치단체와 달리 자치권은 물론 **독립된 법인격을 가지고 있지 않다.**
② [○] 특별지방행정기관은 국가의 지역별 소관사무를 분담하여 전문분야의 행정을 효율적으로 수행하기 위하여 설치하나 특별지방행정기관과 지방자치단체 간의 기능이 중복되어 인력 및 예산 낭비 등의 비효율이 나타날 수 있다.
③ [×] 특별지방행정기관은 중앙정부의 소속기관으로 해당 관할구역 내에서 소속중앙행정기관의 권한에 속하는 행정사무를 관장하는 **중앙정부의 지방행정기관을 말하며, 예로 교도소, 세관, 우체국 등을 들 수 있다.** 하지만 자치단체가 관리하는 자치구와 일반행정구는 모두 특별지방행정기관이 아니다.
④ [×] 특별지방행정기관은 지방행정의 전문성을 제고할 수는 있으나 지방자치단체에 비하여 주민에 의한 통제와 책임 확보가 곤란하여 자치행정 및 책임행정을 저해할 수 있어 **지방분권이나 지방자치에 부정적인 영향을 미칠 수 있다.**

**정답 ②**

## 042
2018 서울 7급 지방자치론

지방분권에 대한 설명으로 옳지 않은 것을 <보기>에서 모두 고른 것은?

<보기>
ㄱ. 기관위임사무는 국가나 상급자치단체가 위임한 것으로 지방의회의 관여가 인정된다.
ㄴ. 자치사무는 지방자치단체가 자기 의사와 책임 아래 자주적으로 처리하는 사무이다.
ㄷ. 2003년에 「지방분권 촉진에 관한 특별법」을 제정하였다.
ㄹ. 특별지방행정기관은 자치권은 없지만 법인격을 갖는다.
ㅁ. 특별지방행정기관은 지방자치단체와의 관계에서 기능 중복으로 비효율이 발생할 수 있다는 한계가 있다.

① ㄱ, ㄷ, ㄹ, ㅁ
② ㄴ, ㄹ, ㅁ
③ ㄱ, ㄷ
④ ㄱ, ㄷ, ㄹ

**풀이**

ㄱ. [×] 기관위임사무는 법령에 의해 국가나 상급 지방자치단체로부터 지방자치단체의 집행기관인 자치단체의 장에게 위임된 사무로 **원칙적으로 지방의회는 관여하지 못한다.**
ㄴ. [○] 자치사무는 지역주민의 공공복리를 위해 지방자치단체가 자기의 책임과 부담아래 자주적으로 처리하는 사무이다.
ㄷ. [×] 2003년 노무현 정부는 지방분권을 위해 「지방분권특별법」을 제정하였고, 이 법은 2008년 이명박 정부 때 「지방분권 촉진에 관한 특별법」으로 개정되었다.
ㄹ. [×] **특별지방행정기관은** 국가의 특정한 중앙행정기관의 소속기관으로 **자치권과 법인격이 없다.**
ㅁ. [○] 특별지방행정기관과 지방자치단체와의 기능이 중복되는 경우 이중행정, 이중감독 등의 비효율이 발생할 수 있다.

**정답 ④**

## 043
2021 경찰간부

특별지방행정기관 제도에 대한 설명으로 옳은 것은?

① 특별지방행정기관의 설치로 지역 주민들을 위한 공공서비스의 책임행정이 약해진다.
② 특별지방행정기관의 관할 범위가 넓을수록 이용자인 국민의 편의가 증진된다.
③ 특별지방행정기관과 지방자치단체 간 기능의 보완으로 효율성을 제고할 수 있다는 장점이 있다.
④ 특별지방행정기관은 지방자치단체에서 별도로 설치한 일선집행기관이다.

### 풀이
① [O] 특별지방행정기관은 지방자치에 비해 관할지역 주민들의 직접적인 통제와 참여가 어렵기 때문에 책임행정을 실현하기 어렵다.
② [×] 특별지방행정기관의 **관할범위가 넓으면** 이 기관을 이용하는 **국민들의 접근성이 떨어지게 되어** 이용자인 국민의 **편의가 감소**할 수 있다.
③ [×] 지방자치단체와 구별되는 특별지방행정기관을 설치하는 경우 **기능의 중복**되어 인력 및 예산 낭비 등의 **비효율이 나타날 수 있다.**
④ [×] 특별지방행정기관은 **국가의 특정한 중앙행정기관의 소속기관**으로, 당해 관할구역 내에서 소속 중앙행정기관의 사무에 속하는 특수한 전문분야의 행정사무를 처리하는 지방행정기관이다.

정답 ①

## 044
2015 국가 9급

특별지방행정기관에 대한 설명으로 옳지 않은 것은?

① 관할지역 주민들의 직접적인 통제와 참여가 용이하기 때문에 책임행정을 실현할 수 있다.
② 출입국관리, 공정거래, 근로조건 등 국가적 통일성이 요구되는 업무를 수행한다.
③ 현장의 정보를 중앙정부에 전달하거나 중앙정부와 지방자치단체 사이의 매개 역할을 수행하기도 한다.
④ 국가의 사무를 집행하기 위해 중앙정부에서 설치한 일선행정기관으로 자치권을 가지고 있지 않다.

### 풀이
① [×] 특별지방행정기관은 중앙행정기관의 소속기관으로 지방자치단체가 아니어서 **관할 지역 주민들의 직접적인 통제와 참여가 어렵기 때문에** 책임행정 및 자치행정을 저해할 수 있다.
② [O] 특별지방행정기관은 국가의 특정 중앙행정기관에 소속되어 특수한 전문분야의 행정사무를 처리하는 지방행정기관으로 출입국관리, 공정거래, 근로조건(세무서, 출입국관리사무소) 등 국가적 통일성이 요구되는 업무를 수행한다.
③ [O] 특별지방행정기관은 근린행정을 통하여 중앙정부와 지방정부 사이의 전달이나 매개 역할을 한다.
④ [O] 특별지방행정기관은 국가의 사무를 집행하기 위해 중앙정부에 설치한 일선행정기관으로 자치권과 독립된 법인격이 없다.

정답 ①

## 045
2016 국회 9급

다음 중 **특별행정기관**에 대한 설명으로 옳지 않은 것은?

① 특별행정기관은 국가사무를 집행하고자 중앙부처가 설치하는 일선집행기관이다.
② 특별행정기관은 국가사무의 효율적 집행과 광역적 추진에 효과적이다.
③ 특별행정기관은 중앙부처의 감독을 용이하게 하는 반면, 부처이기주의를 초래하는 요인이 되기도 한다.
④ 특별행정기관은 지방분권과 지방자치 측면에서 볼 때 자치단체인 일반행정기관의 책임행정 구현에 공헌한다.
⑤ 특별행정기관은 일반행정기관과의 기능 중복으로 인한 비효율성이 문제로 제기된다.

### 풀이
① [○] 특별행정기관은 국가사무를 집행하고자 중앙부처가 설치하는 일선집행기관이다.
② [○] 특별행정기관은 국가사무의 효율적 집행과 광역적 추진에 효과적이다.
③ [○] 특별행정기관은 중앙정부의 소속기관으로 중앙부처의 지방에 대한 감독을 용이하게 하는 반면, 부처이기주의를 초래하는 요인이 되기도 한다.
④ [×] 특별행정기관은 **중앙정부 기관으로** 이들에 의한 지방행정이 진행될 경우 지방분권과 지방자치 측면에서 볼 때 **자치단체의 책임행정을 저해**하게 된다.
⑤ [○] 일반행정기관인 지방자치단체와 구별되는 특별지방행정기관을 설치하는 경우 기능이 중복되어 인력 및 예산 낭비 등의 비효율이 나타날 수 있다.

**정답** ④

## 046
2018 지방 7급 지방자치론

**특별지방행정기관**에 대한 설명으로 옳지 않은 것은?

① 중앙부처의 할거성이 특별지방행정기관을 통해 지방의 종합행정으로 전환되는 장점이 있다.
② 특별지방행정기관과 지방자치단체 간의 기능 중복으로 인해 비효율성과 행정력 낭비가 초래될 수 있다.
③ 특별지방행정기관에 대해서는 주민들의 직접 통제와 참여가 용이하지 않아 책임행정이 결여될 수 있다.
④ 현장의 정보를 중앙정부에 전달하고 중앙정부와 지방자치단체 간 매개 역할을 수행하는 순기능이 있다.

### 풀이
중앙정부의 소속기관인 **특별지방행정기관(일선기관)**은 국가의 특정한 행정부서에 소속되어 특수한 전문분야의 행정사무를 처리하는 지방행정기관이다.
① [×] 특별지방행정기관은 특정 지역의 종합적 행정사무를 담당하는 지방자치단체에 비해 부처별 할거성 성격이 강하다. 따라서 특별지방행정기관이 전문적 행정을 촉진시킬 수 있으나 **지방의 종합행정은 저해시킬 수 있다.**
② [○] 특별지방행정기관과 지방자치단체 간의 기능이 중복되는 경우 비효율성과 행정력 낭비가 초래될 수 있다.
③ [○] 특별지방행정기관은 지방자치단체에 비해 주민들의 직접 통제와 참여가 용이하지 않아 책임행정이 어려워질 수 있다.
④ [○] 특별지방행정기관의 설치로 지역 현장의 정보를 중앙정부에 전달할 수 있으며 중앙정부와 지방자치단체 간 매개 역할을 수행할 수 있다.

**정답** ①

## 047
2020 지방 7급 지방자치론

특별지방행정기관의 필요성으로 적절하지 않은 것은?

① 공공서비스 제공의 형평성 제고
② 광역적 사무의 원활한 처리
③ 지방분권의 촉진
④ 행정 업무의 전문성 제고

**풀이**

특별지방행정기관은 중앙행정기관의 소속기관으로 특수한 전문분야의 행정사무를 처리하는 지방행정기관으로 전문적, 광역적 행정수요를 감당한다.
① [O] 특별지방행정기관의 설치로 자치단체의 차이없이 공공서비스을 모든 지역이 공평하게 제공받을 수 있다.
② [O] 특별지방행정기관의 설치로 광역적 사무를 원활하게 처리하는 것이 가능하다.
③ [×] 특별지방행정기관은 중앙정부가 지방의 사무를 처리하므로 지방에 대한 중앙의 통제가 강화되어 **지방자치 및 지방분권을 약화**시킬 수 있다.
④ [O] 특별지방행정기관은 특수한 전문분야의 행정사무 처리를 통해 행정 업무의 전문성을 제고할 수 있다.

정답 ③

## 048
2015 지방 9급

우리나라의 중앙정부와 지방정부 간 관계에 대한 설명으로 옳지 않은 것은?

① 중앙정부와 지방정부 간의 인사교류 활성화는 소모적 갈등의 완화에 기여할 수 있다.
② 특별지방행정기관과 지방정부 간 기능이 유사·중복되어 갈등이 발생하기도 한다.
③ 중앙정부와 지방정부 간 재원 및 재정 부담을 둘러싼 갈등이 심화되고 있다.
④ 중앙정부와 지방정부 간 갈등을 해결하기 위하여 설치된 행정협의조정위원회의 결정은 강제력을 가진다.

**풀이**

① [O] 중앙정부와 지방정부 간 인사교류 활성화는 당사자 간 직접 소통을 통해 소모적 갈등 완화에 기여할 수 있다.
② [O] 특별지방행정기관은 국가의 특정 중앙행정기관에 소속되어 소속 중앙행정기관의 사무에 속하는 특수한 전문분야의 행정사무를 처리하는 지방행정기관으로 지방정부와 기능 중복으로 인한 비효율을 초래할 수 있어 갈등이 발생하기 쉽다.
③ [O] 중앙정부와 지방정부 간 사무배분의 책임소재가 모호하여 재원 및 재정 부담을 둘러싼 갈등이 심화되고 있다.
④ [×] 중앙정부와 지방정부 간 갈등을 해결하기 위하여 설치된 국무총리실 산하의 행정협의조정위원회의 결정은 **강제력이 없다**. 결정을 통보받았을 때 이행의무는 부과하고 있지만「지방자치법 시행령」제106조), 불이행했을 경우 강제집행할 방법이 없기 때문이다.

정답 ④

## 049

2011 지방 7급 지방자치론

우리나라에서 채택하고 있는 지방자치단체 간 분쟁조정제도에 해당하지 않는 것은?

① 도시분쟁조정위원회
② 환경분쟁조정위원회
③ 지방자치단체 분쟁조정위원회
④ 헌법재판소

**풀이**

① [×] 도시분쟁조정위원회는 도시정비사업의 시행으로 인해 발생된 분쟁의 조정을 위해 **주택재개발 정비구역이 지정된 시·군·구에 설치**되며, 정비 사업의 시행과 관련한 분쟁 사항을 심사·조정하는 기능을 수행한다. 따라서 지방자치단체 간 분쟁조정제도에 해당하지 않는다.
② [○] 환경분쟁조정위원회는 「환경분쟁조정법」에 근거하여 설치된 위원회로 환경분쟁을 알선·조정한다. 이 과정에서 국가나 지방자치단체를 당사자로 하는 환경 관련 분쟁의 조정, 둘 이상의 시·도의 관할 구역에 걸친 환경 분쟁을 조정할 수 있다(「환경분쟁조정법」 제6조).
③ [○] 지방자치단체 분쟁조정위원회는 지방자치단체 상호 간이나 지방자치단체의 장 상호 간 사무를 처리할 때 의견이 달라 분쟁이 생기는 경우 의결을 통해 조정권을 행사할 수 있다(「지방자치법」 제166조).
④ [○] 헌법재판소는 지방자치단체 상호 간 권한쟁의 사항에 대해 심판한다.

[헌법] 제111조 ① 헌법재판소는 다음 사항을 관장한다.
1. 법원의 제청에 의한 법률의 위헌여부 심판
2. 탄핵의 심판
3. 정당의 해산 심판
4. 국가기관 상호 간, 국가기관과 지방자치단체 간 및 지방자치단체 상호 간의 권한쟁의에 관한 심판

정답 ①

## 050

2020 지방 7급 지방자치론

「지방자치법」상 분쟁조정위원회에 대한 설명으로 옳은 것은?

① 시·도를 달리하는 시·군 및 자치구 장 간의 분쟁은 중앙분쟁 조정위원회의 심의·의결 대상이다.
② 공무원이 아닌 위원장 및 위원의 임기는 2년으로 하되 연임할 수 있다.
③ 분쟁조정위원회는 위원장을 포함한 위원 11명 이상의 출석으로 개의하고, 출석위원 과반의 찬성으로 의결한다.
④ 중앙분쟁조정위원회와 지방분쟁조정위원회는 각각 위원장을 포함한 15명 이내의 위원으로 구성한다.

**풀이**

① [○] 시·도를 달리하는 시·군 및 자치구 장 간의 분쟁은 중앙분쟁 조정위원회의 심의·의결 대상이다.
② [×] 공무원이 아닌 위원장 및 위원의 **임기는 3년**으로 하되 연임할 수 있다.
③ [×] 분쟁조정위원회는 위원장을 포함한 위원 **7명 이상의 출석으로 개의하고, 출석위원 3분의 2 이상의 찬성으로 의결**한다.
④ [×] 중앙분쟁조정위원회와 지방분쟁조정위원회는 각각 위원장을 **포함한 11명 이내의 위원으로 구성**한다.

「지방자치법」
제166조(지방자치단체중앙분쟁조정위원회 등의 설치와 구성 등)
① 제165조제1항에 따른 분쟁의 조정과 제173조제1항에 따른 협의사항의 조정에 필요한 사항을 심의·의결하기 위하여 행정안전부에 지방자치단체중앙분쟁조정위원회(이하 "중앙분쟁조정위원회"라 한다)를, 시·도에 지방자치단체지방분쟁조정위원회(이하 "지방분쟁조정위원회"라 한다)를 둔다.
② 중앙분쟁조정위원회는 다음 각 호의 분쟁을 심의·의결한다.
2. 시·도를 달리하는 시·군 및 자치구 간 또는 그 장 간의 분쟁
④ 중앙분쟁조정위원회와 지방분쟁조정위원회(이하 "분쟁조정위원회"라 한다)는 각각 위원장 1명을 포함하여 11명 이내의 위원으로 구성한다.
⑦ 공무원이 아닌 위원장 및 위원의 임기는 3년으로 하며, 연임할 수 있다. 다만, 보궐위원의 임기는 전임자 임기의 남은 기간으로 한다.
제167조(분쟁조정위원회의 운영 등) ① 분쟁조정위원회는 위원장을 포함한 위원 7명 이상의 출석으로 개의하고, 출석위원 3분의 2 이상의 찬성으로 의결한다.
② 분쟁조정위원회의 위원장은 분쟁의 조정과 관련하여 필요하다고 인정하면 관계 공무원, 지방자치단체조합의 직원 또는 관계 전문가를 출석시켜 의견을 듣거나 관계 기관이나 단체에 대하여 자료 및 의견 제출 등을 요구할 수 있다. 이 경우 분쟁의 당사자에게는 의견을 진술할 기회를 주어야 한다.

정답 ①

# 051

2023 지방 7급

「지방자치법」상 지방자치단체 상호 간 분쟁 발생 시 조정에 대한 설명으로 옳지 않은 것은?

① 지방자치단체 상호 간 사무를 처리할 때 의견이 달라 생긴 분쟁이 공익을 현저히 해쳐 조속한 조정이 필요하다고 인정되면 당사자의 신청이 없어도 행정안전부장관이나 시·도지사가 직권으로 조정할 수 있다.
② 행정안전부장관이나 시·도지사는 조정 결정 사항이 성실히 이행되지 아니할 경우 그 지방자치단체에 대하여 직무이행명령을 통해 이행하게 할 수 있다.
③ 지방분쟁조정위원회는 시·도에 설치하며 시·도와 시·군 및 자치구 간 또는 그 장 간의 분쟁을 심의·의결한다.
④ 중앙분쟁조정위원회는 행정안전부에 설치하며 시·도 간 또는 그 장 간의 분쟁을 심의·의결한다.

### 풀이

① [○] 지방자치단체 상호 간 사무를 처리할 때 의견이 달라 생긴 분쟁이 공익을 현저히 해쳐 조속한 조정이 필요하다고 인정되면 당사자의 신청이 없어도 행정안전부장관이나 시·도지사가 직권으로 조정할 수 있다.

> 「지방자치법」 제165조(지방자치단체 상호 간의 분쟁조정) ① 지방자치단체 상호 간 또는 지방자치단체의 장 상호 간에 사무를 처리할 때 의견이 달라 다툼(이하 "분쟁"이라 한다)이 생기면 다른 법률에 특별한 규정이 없으면 행정안전부장관이나 시·도지사가 당사자의 신청을 받아 조정할 수 있다. 다만, 그 분쟁이 공익을 현저히 해쳐 조속한 조정이 필요하다고 인정되면 당사자의 신청이 없어도 직권으로 조정할 수 있다.

② [○] 행정안전부장관이나 시·도지사는 조정 결정 사항이 성실히 이행되지 아니할 경우 그 지방자치단체에 대하여 직무이행명령을 통해 이행하게 할 수 있다.

> 「지방자치법」 제165조(지방자치단체 상호 간의 분쟁조정) ⑦ 행정안전부장관이나 시·도지사는 제4항부터 제6항까지의 규정에 따른 조정 결정 사항이 성실히 이행되지 아니하면 그 지방자치단체에 대하여 제189조를 준용하여 이행하게 할 수 있다.

③ [×] 지방분쟁조정위원회는 시·도에 설치하며 시·군 및 자치구 간 또는 그 장 간의 분쟁을 심의·의결한다. 하지만 **시·도 간, 광역을 달리하는 기초 시·군 및 자치구 간의 분쟁인 경우 행정안전부에 설치된 중앙분쟁조정위원회에서 조정**한다.

> 제166조(지방자치단체중앙분쟁조정위원회 등의 설치와 구성 등)
> ① 제165조제1항에 따른 분쟁의 조정과 제173조제1항에 따른 협의사항의 조정에 필요한 사항을 심의·의결하기 위하여 행정안전부에 지방자치단체중앙분쟁조정위원회(이하 "중앙분쟁조정위원회"라 한다)를, 시·도에 지방자치단체지방분쟁조정위원회(이하 "지방분쟁조정위원회"라 한다)를 둔다.
> ② 중앙분쟁조정위원회는 다음 각 호의 분쟁을 심의·의결한다.
> 1. 시·도 간 또는 그 장 간의 분쟁
> 2. 시·도를 달리하는 시·군 및 자치구 간 또는 그 장 간의 분쟁
> 3. 시·도와 시·군 및 자치구 간 또는 그 장 간의 분쟁
> 4. 시·도와 지방자치단체조합 간 또는 그 장 간의 분쟁
> 5. 시·도를 달리하는 시·군 및 자치구와 지방자치단체조합 간 또는 그 장 간의 분쟁
> 6. 시·도를 달리하는 지방자치단체조합 간 또는 그 장 간의 분쟁

④ [○] 중앙분쟁조정위원회는 행정안전부에 설치하며 시·도 간 또는 그 장 간의 분쟁을 심의·의결한다.

**정답** ③

## 052

2019 지방 7급 지방자치론

지방자치단체 및 지방자치단체의 장 상호 간의 분쟁조정 제도에 대한 설명으로 옳지 않은 것은?

① 분쟁 조정을 위해 시·도에는 지방자치단체 지방분쟁조정위원회를 둔다.
② 행정안전부 장관이 분쟁을 조정하고자 할 때에는 관계 중앙행정기관의 장과의 협의를 거쳐 지방자치단체 중앙분쟁조정위원회의 의결에 따라 조정하여야 한다.
③ 지방자치단체 상호 간이나 지방자치단체의 장 상호 간 사무를 처리할 때 의견이 달라 분쟁이 생기면 당사자의 신청에 의해서만 조정할 수 있다.
④ 지방자치단체 중앙분쟁조정위원회의 조정 결과를 당사자에게 통보하면, 당사자는 결정사항을 이행할 의무를 지며 불이행 시에는 이행명령과 대집행이 가능하다.

### 풀이

① [O] 분쟁 조정을 위해 시·도에는 지방자치단체 지방분쟁조정위원회를 둔다.
② [O] 행정안전부장관이 분쟁을 조정하고자 할 때에는 관계 중앙행정기관의 장과의 협의를 거쳐 지방자치단체 중앙분쟁조정위원회의 의결에 따라 조정하여야 한다.
③ [×] 지방자치단체 상호 간이나 지방자치단체의 장 상호 간 사무를 처리할 때 의견이 달라 분쟁이 생기면 보통 당사자의 신청에 의해 처리하지만 그 분쟁이 현저히 공익을 저해하여 조속한 조정이 필요하다고 인정되면 **당사자의 신청이 없어도 직권으로 조정할 수 있다.**
④ [O] 지방자치단체 중앙분쟁조정위원회의 의결에 따라 행정안전부 장관 등이 당사자에게 조정을 통보하면, 당사자는 결정사항을 이행할 의무를 지며, 불이행 시에는 직무이행명령의 규정을 준용하여 행정안전부 장관의 이행명령과 대집행이 가능하다.

> 「지방자치법」
> 제165조(지방자치단체 상호 간의 분쟁조정) ① 지방자치단체 상호 간 또는 지방자치단체의 장 상호 간에 사무를 처리할 때 의견이 달라 다툼(이하 "분쟁"이라 한다)이 생기면 다른 법률에 특별한 규정이 없으면 행정안전부장관이나 시·도지사가 당사자의 신청을 받아 조정할 수 있다. 다만, 그 분쟁이 공익을 현저히 해쳐 조속한 조정이 필요하다고 인정되면 당사자의 신청이 없어도 직권으로 조정할 수 있다.
> ③ 행정안전부장관이나 시·도지사가 제1항의 분쟁을 조정하려는 경우에는 관계 중앙행정기관의 장과의 협의를 거쳐 제166조에 따른 지방자치단체중앙분쟁조정위원회 지방자치단체지방분쟁조정위원회의 의결에 따라 조정을 결정하여야 한다.
> ④ 행정안전부장관이나 시·도지사는 제3항에 따라 조정을 결정하면 서면으로 지체 없이 관계 지방자치단체의 장에게 통보하여야 하며, 통보를 받은 지방자치단체의 장은 그 조정 결정 사항을 이행하여야 한다.
> ⑤ 제3항에 따른 조정 결정 사항 중 예산이 필요한 사항에 대해서는 관계 지방자치단체는 필요한 예산을 우선적으로 편성하여야 한다. 이 경우 연차적으로 추진하여야 할 사항은 연도별 추진계획을 행정안전부장관이나 시·도지사에게 보고하여야 한다.
> ⑦ 행정안전부장관이나 시·도지사는 제4항부터 제6항까지의 규정에 따른 조정 결정 사항이 성실히 이행되지 아니하면 그 지방자치단체에 대하여 제189조를 준용하여 이행하게 할 수 있다.
> 제166조(지방자치단체중앙분쟁조정위원회 등의 설치와 구성 등) ① 제165조제1항에 따른 분쟁의 조정과 제173조제1항에 따른 협의사항의 조정에 필요한 사항을 심의·의결하기 위하여 행정안전부에 지방자치단체중앙분쟁조정위원회(이하 "중앙분쟁조정위원회"라 한다)를, 시·도에 지방자치단체지방분쟁조정위원회(이하 "지방분쟁조정위원회"라 한다)를 둔다.

정답 ③

## 053

2022 지방 7급 지방자치론

「지방자치법」상 분쟁의 조정에 대한 설명으로 옳지 않은 것은?

① 분쟁조정위원회는 위원장을 포함한 위원 7명 이상의 출석으로 개의한다.
② 시·도를 달리하는 지방자치단체조합 간의 분쟁은 중앙분쟁조정위원회에서 심의 및 의결한다.
③ 중앙분쟁조정위원회와 지방분쟁조정위원회는 각각 위원장 1명을 제외한 11명 이내의 위원으로 구성한다.
④ 행정안전부장관이나 시·도지사는 분쟁이 공익을 현저히 해쳐 조속한 조정이 필요하다고 인정되면 당사자의 신청이 없어도 직권으로 조정할 수 있다.

### 풀이

분쟁조정위원회는 지방자치단체 간의 갈등을 해결하는 법률상 필수 기구로 광역지자체 간, 광역과 기초지자체 간, 시·도가 다른 기초지자체 간의 분쟁을 해결하는 중앙분쟁조정위원회와 같은 시·도 내에 기초자치단체 간 분쟁을 해결하기 위한 지방분쟁조정위원회로 구분된다.

① [O] 분쟁조정위원회는 위원장을 포함한 위원 7명 이상의 출석으로 개의한다.
② [O] 시·도를 달리하는 지방자치단체조합 간의 분쟁은 중앙분쟁조정위원회에서 심의 및 의결한다.
③ [X] 중앙분쟁조정위원회와 지방분쟁조정위원회는 각각 **위원장 1명을 포함한 11명 이내**의 위원으로 구성한다.
④ [O] 행정안전부장관이나 시·도지사는 분쟁이 공익을 현저히 해쳐 조속한 조정이 필요하다고 인정되면 당사자의 신청이 없어도 직권으로 조정할 수 있다.

「지방자치법」
**제165조(지방자치단체 상호 간의 분쟁조정)** ① 지방자치단체 상호 간 또는 지방자치단체의 장 상호 간에 사무를 처리할 때 의견이 달라 다툼(이하 "분쟁"이라 한다)이 생기면 다른 법률에 특별한 규정이 없으면 행정안전부장관이나 시·도지사가 당사자의 신청을 받아 조정할 수 있다. 다만, 그 분쟁이 공익을 현저히 해쳐 조속한 조정이 필요하다고 인정되면 당사자의 신청이 없어도 직권으로 조정할 수 있다.
**제166조(지방자치단체중앙분쟁조정위원회 등의 설치와 구성 등)**
① 제165조제1항에 따른 분쟁의 조정과 제173조제1항에 따른 협의사항의 조정에 필요한 사항을 심의·의결하기 위하여 행정안전부에 지방자치단체중앙분쟁조정위원회(이하 "중앙분쟁조정위원회"라 한다)를, 시·도에 지방자치단체지방분쟁조정위원회(이하 "지방분쟁조정위원회"라 한다)를 둔다.
② 중앙분쟁조정위원회는 다음 각 호의 분쟁을 심의·의결한다.
1. 시·도 간 또는 그 장 간의 분쟁
2. 시·도를 달리하는 시·군 및 자치구 간 또는 그 장 간의 분쟁
3. 시·도와 시·군 및 자치구 간 또는 그 장 간의 분쟁
4. 시·도와 지방자치단체조합 간 또는 그 장 간의 분쟁
5. 시·도를 달리하는 시·군 및 자치구와 지방자치단체조합 간 또는 그 장 간의 분쟁
6. 시·도를 달리하는 지방자치단체조합 간 또는 그 장 간의 분쟁
③ 지방분쟁조정위원회는 제2항 각 호에 해당하지 아니하는 지방자치단체·지방자치단체조합 간 또는 그 장 간의 분쟁을 심의·의결한다.
④ 중앙분쟁조정위원회와 지방분쟁조정위원회(이하 "분쟁조정위원회"라 한다)는 각각 위원장 1명을 포함하여 11명 이내의 위원으로 구성한다.
**제167조(분쟁조정위원회의 운영 등)** ① 분쟁조정위원회는 위원장을 포함한 위원 7명 이상의 출석으로 개의하고, 출석위원 3분의 2 이상의 찬성으로 의결한다.

정답 ③

## 054

2016 서울 7급 지방자치론

중앙행정기관과 지방자치단체 간 사무를 처리할 때 의견을 달리하는 경우, 이를 조정·협의하기 위하여 행정협의조정위원회를 둔다. 다음 중 행정협의조정위원회의 위원 자격이 없는 사람은?

① 기획재정부장관
② 안건과 관련된 시·도지사 중 위원장이 지명하는 사람
③ 지방자치에 관한 학식과 경험이 풍부한 사람 중 전국 시·도지사협의회에서 추천하는 사람
④ 법제처장

### 풀이

중앙행정기관과 지방자치단체 간 사무를 처리할 때 의견을 달리하는 경우, 이를 조정·협의하기 위하여 국무총리 소속으로 두는 행정협의조정위원회 위원은 「지방자치법」 제187조에 규정하고 있다.
① [O] 기획재정부장관은 행정협의조정위원회의 위원이다.
② [O] 안건과 관련된 시·도지사 중 위원장이 지명하는 사람은 행정협의조정위원회의 위원이다.
③ [×] **지방자치에 관한 학식과 경험이 풍부한 사람 중** 위원이 될 수 있는 경우는 전국 시·도지사협의회의 추천이 아닌 **국무총리의 위촉**이 있는 경우이다.
④ [O] 법제처장은 행정협의조정위원회의 위원이다.

> 「지방자치법」 제187조(중앙행정기관과 지방자치단체 간 협의·조정) ① 중앙행정기관의 장과 지방자치단체의 장이 사무를 처리할 때 의견을 달리하는 경우 이를 협의·조정하기 위하여 국무총리 소속으로 행정협의조정위원회를 둔다.
> ② 행정협의조정위원회는 위원장 1명을 포함하여 13명 이내의 위원으로 구성한다.
> ③ 행정협의조정위원회의 위원은 다음 각 호의 사람이 되고, 위원장은 제3호의 위촉위원 중에서 국무총리가 위촉한다.
> 1. 기획재정부장관, 행정안전부장관, 국무조정실장 및 법제처장
> 2. 안건과 관련된 중앙행정기관의 장과 시·도지사 중 위원장이 지명하는 사람
> 3. 그 밖에 지방자치에 관한 학식과 경험이 풍부한 사람 중에서 국무총리가 위촉하는 사람 4명

정답 ③

## 055

2019 서울 7급 지방자치론

공공갈등을 관리하기 위한 제도에 대한 설명으로 가장 옳지 않은 것은?

① 행정협의조정위원회는 중앙행정기관의 장과 지방자치단체의 장이 이견을 가질 경우 이를 협의·조정하기 위해 설치된 국무총리 소속의 갈등조정기구이다.
② 「공공기관의 갈등 예방과 해결에 관한 규정」은 법률이 아닌 대통령령이며, 원칙적으로 중앙행정기관, 지방자치단체 및 그 밖의 공공기관에 적용한다.
③ 중앙분쟁조정위원회는 시·도와 시·군 및 자치구 간 또는 그 장 간의 분쟁을 심의·의결한다.
④ 서울특별시장은 시정 전반의 공공갈등을 예방하기 위하여 공공갈등에 대한 진단을 실시해야 한다.

### 풀이

① [O] 행정협의조정위원회는 중앙행정기관의 장과 지방자치단체의 장이 이견을 가질 경우 이를 협의·조정하기 위해 설치된 국무총리 소속의 갈등조정기구이다.
② [×] 「공공기관의 갈등 예방과 해결에 관한 규정」은 법률이 아닌 대통령령이며, 원칙적으로 지방자치단체 및 그 밖의 공공기관이 아닌 **중앙행정기관에만 적용**한다.

> 「공공기관의 갈등 예방과 해결에 관한 규정」 제3조(적용대상) ① 이 영은 중앙행정기관(총리령으로 정하는 대통령 소속기관 및 국무총리 소속기관을 포함한다. 이하 같다)에 적용함을 원칙으로 한다.
> ② 지방자치단체, 그 밖의 공공기관은 이 영과 동일한 취지의 갈등관리제도를 운영할 수 있다.

③ [O] 중앙분쟁조정위원회는 시·도와 시·군 및 자치구 간 또는 그 장 간의 분쟁을 심의·의결한다.

> 「지방자치법」 제166조(지방자치단체중앙분쟁조정위원회 등의 설치와 구성 등)
> ② 중앙분쟁조정위원회는 다음 각 호의 분쟁을 심의·의결한다.
> 1. 시·도 간 또는 그 장 간의 분쟁
> 2. 시·도를 달리하는 시·군 및 자치구 간 또는 그 장 간의 분쟁
> 3. 시·도와 시·군 및 자치구 간 또는 그 장 간의 분쟁
> 4. 시·도와 지방자치단체조합 간 또는 그 장 간의 분쟁
> 5. 시·도를 달리하는 시·군 및 자치구와 지방자치단체조합 간 또는 그 장 간의 분쟁
> 6. 시·도를 달리하는 지방자치단체조합 간 또는 그 장 간의 분쟁

④ [O] 서울특별시장은 시정 전반의 공공갈등을 예방하기 위하여 공공갈등에 대한 진단을 실시해야 한다.

> 「서울특별시 공공갈등 예방 및 조정에 관한 조례」 제3조(시장의 책무) ① 서울특별시장(이하 "시장"이라 한다)은 시정 전반의 공공갈등을 예방하고 그 해결 능력을 강화하기 위하여 공공갈등에 대한 진단을 실시하고 종합적인 시책을 수립하여 추진하여야 한다.

정답 ②

## 056
2019 국회 8급

광역행정에 대한 설명으로 옳지 않은 것은?

① 광역행정의 방식 중 통합방식에는 합병, 일부사무조합, 도시공동체가 있다.
② 광역행정은 지방자치단체 간의 재정 및 행정서비스의 형평적 배분을 도모한다.
③ 광역행정은 규모의 경제를 실현할 수 있다.
④ 광역행정은 지방자치단체 간의 갈등해소와 조정의 기능을 수행한다.
⑤ 행정협의회에 의한 광역행정은 지방자치단체 간의 동등한 지위를 기초로 상호협조에 의하여 광역행정사무를 처리하는 방식이다.

### 풀이

**내용정리 광역행정**

| | | |
|---|---|---|
| 개념 | 기존 자치구역을 초월해 발생하는 광역적 행정수요를 종합적·계획적으로 처리하기 위하여 둘 이상의 지방자치단체의 관할구역에 걸쳐서 수행 | |
| 효용 | 생활권과 행정권의 불일치 해소, 지방자치단체 간 협동적 사무 처리, 지역 간 행정서비스의 형평성 구현, 광역행정 구현 | |
| 방식 | 공동처리방식 | 사무위탁(계약), 행정협의회, 일부사무조합, 공동기관, 연락회의 |
| | 연합방식 | 자치단체연합체, 도시공동체, 복합사무조합 |
| | 통합방식 | 합병, 흡수통합, 전부사무조합 |
| 우리나라 | 사무위탁, 행정협의회, 지방차지단체 조합, 전국적 협의체 | |
| 한계 | 지방자치 위협 | |

① [×] 광역행정의 방식 중 통합방식에는 합병, 흡수통합, 전부사무조합 등이 있다. 그러나 **일부사무조합은 공동처리방식에 해당**하며, 도시공동체는 연합방식에 해당한다.
② [○] 광역행정은 지방자치단체 간의 재정 및 행정서비스의 형평적 배분을 도모한다.
③ [○] 광역행정은 행정서비스의 생산 단위가 커 규모의 경제를 실현할 수 있다.
④ [○] 광역행정은 지방자치단체 간의 갈등해소와 조정의 기능을 수행한다.
⑤ [○] 행정협의회에 의한 광역행정은 지방자치단체 간의 동등한 지위를 기초로 상호협조에 의하여 광역행정사무를 처리하는 방식이다.    **정답** ①

## 057
2013 서울 7급 지방자치론

광역행정의 방식 중 연합 방식에 해당하는 것은?

① 복합사무조합
② 일부사무조합
③ 사무위탁
④ 공동기관
⑤ 연락회의

### 풀이

연합방식은 둘 이상의 지방자치단체가 그 고유의 독립적인 법인격은 그대로 가지면서 그 전역에 걸친 단체를 새로 창설하여 광역행정에 관한 사무를 처리하는 방식이다. 연합방식의 종류에는 지방자치단체연합, 도시공동체, 복합사무조합 등이 있다.
① [○] 복합사무조합은 둘 이상의 지방자치단체가 계약에 의해 몇 가지 광역적 사무를 동시에 처리하는 별도의 법인인 조합을 설립하여 광역행정을 수행하는 방식이다.
② [×] **일부사무조합**은 **공동처리방식**의 유형으로 지방자치단체의 전체 사무가 아닌 일부의 사무를 공동처리하기 위해 지방자치단체 간 계약으로 새로운 법인(조합)을 설립하는 방식이다.
③ [×] **사무위탁방식**은 **공동처리방식**의 유형으로 둘 이상의 자치단체가 계약에 의하여 자기사무의 일부를 상대방에 위탁하여 처리하는 방식이다.
④ [×] **공동기관**은 **공동처리방식**의 유형으로 둘 이상의 지방자치단체가 계약을 통해 별도의 행정기관을 구성해 그 안에 기관장, 위원, 직원 등을 공동으로 두는 방식이다.
⑤ [×] **연락회의는 공동처리방식**의 유형으로 둘 이상의 자치단체가 일정한 상호관련 사무에 관한 연락을 원활히 하기 위하여 각 자치단체의 대표들로 구성되는 연락회의를 두는 방식이다.    **정답** ①

## 058
2018 교행 9급

광역행정의 공동처리 방식에 관한 설명으로 옳은 것은?

① 사무위탁은 둘 이상의 지방자치단체가 계약에 의하여 자기 사무의 일부를 상대방에게 위탁하여 처리하는 방식이다.
② 연락회의는 둘 이상의 지방자치단체가 광역적 갈등 분쟁을 원활하게 해결하기 위하여 조정권을 갖는 연락기구를 구성하는 방식이다.
③ 공동기관은 둘 이상의 지방자치단체가 광역사무를 처리하기 위하여 조례에 의해 공동으로 법인격을 갖는 기관을 운영하는 방식이다.
④ 협의회는 둘 이상의 지방자치단체가 광역적 지역개발사업을 수행하기 위하여 규칙에 의해 법인격을 갖는 기관을 운영하는 방식이다.

### 풀이

① [O] 사무위탁은 둘 이상의 지방자치단체가 계약에 의하여 자기 사무의 일부를 상대방에게 위탁하여 처리하는 방식이다.
② [×] **연락회의**는 둘 이상의 지방자치단체가 광역적 갈등 분쟁을 원활하게 해결하기 위하여 연락기구를 구성하는 방식이지만 이들의 연락기구는 **조정권이 없는 소통기구**이다.
③ [×] **공동기관**은 둘 이상의 지방자치단체가 광역사무를 처리하기 위해 계약을 통해 구성된 별도의 광역행정기관에 기관장, 위원, 직원 등을 공동으로 두는 방식이지만 **별도의 법인격을 갖지 않는다**.
④ [×] **협의회**는 둘 이상의 지방자치단체가 광역적 지역개발사업을 수행하기 위하여 협의체를 설치하는 방식이지만 **별도의 법인격을 갖지 않는다**.

정답 ①

## 059
2013 국회 8급

다음 중 광역행정의 방식에 대한 설명으로 옳지 않은 것은?

① 공동처리방식은 둘 이상의 지방자치단체가 상호 협력관계를 형성하여 광역적 행정사무를 공동으로 처리하는 방식이다.
② 연합방식은 둘 이상의 지방자치단체가 독립적인 법인격을 그대로 유지하면서 연합단체를 새로 창설하여 광역행정에 관한 사무를 그 연합단체가 처리하게 하는 방식이다.
③ 연합방식은 새로 창설된 연합단체가 기존 자치단체의 독립성을 존중하면서 스스로 사업의 주체가 된다는 점에서 공동처리방식과 구별된다.
④ 통합방식은 일정한 광역권 안에 여러 자치단체를 포괄하는 단일의 정부를 설립하여 그 정부의 주도로 광역사무를 처리하는 방식이다.
⑤ 통합방식은 각 자치단체의 개별적 특수성을 반영함으로써 지방분권화를 촉진하고 주민참여를 용이하게 하는 장점이 있어 발전도상국보다 선진 민주국가에서 많이 채택하고 있다.

### 풀이

① [O] 공동처리방식은 둘 이상의 지방자치단체가 상호협력관계를 형성하여 광역적 행정사무를 함께 처리하는 방식이다.
② [O] 연합방식은 둘 이상의 지방자치단체가 그 고유의 독립적인 법인격은 그대로 가지면서, 연합단체를 새로 창설하여 광역행정에 관한 일체의 사무를 거기에서 처리하는 방식이다.
③ [O] 연합방식은 공동처리방식이 갖는 협력의 취약성을 극복하고, 기존 자치단체의 독자성을 존중하면서도 연합체 자체의 사업주체성을 확보하기 위해 고안된 방식이다. 연합체가 스스로 사업의 주체가 된다는 점에서 공동처리방식과 구별된다.
④ [O] 통합방식은 일정한 광역권 안에 여러 지방자치단체를 포괄하는 단일의 정부를 설립하여 그 정부의 주도로 잡다한 광역사무를 처리하는 방식이다.
⑤ [×] 통합방식은 **기존 지방자치단체의 자치권, 개별적 특수성을 가장 크게 제약**하는 방식으로 선진민주국가보다는 발전도상국에서 주로 사용하는 방식이다.

정답 ⑤

## 060
2016 서울 9급

자치단체 상호 간의 적극적 협력을 제고하기 위한 제도적, 비제도적 방식에 해당하지 않는 것은?

① 자치단체조합
② 전략적 협력
③ 분쟁조정위원회
④ 사무위탁

### 풀이

**내용정리** 지방자치단체 간 협력의 방식

| | | | |
|---|---|---|---|
| 소극적 협력 | 의의 | | 국가와 지방자치단체 간, 지방자치단체 상호 간 갈등 및 분쟁 발생시 조정 |
| | 유형 | 동일 시·도 내 기초자치단체 간 | 지방분쟁조정위 의결에 따라 시·도지사가 조정·결정 |
| | | 시·도 달리하는 기초 간, 광역과 기초 간, 광역과 광역 간 | 중앙분쟁조정위 의결에 따라 행정안전부장관이 조정·결정 |
| | | 중앙·지방자치단체 간 | 국무총리실 행정협의조정위가 조정·결정 |
| 적극적 협력 | 의의 | | 자치단체 상호간의 적극적 협력을 제고하기 위한 방식 |
| | 유형 | 협의체 | 지방자치단체장이나 지방의회 의장이 공동의 문제를 협의하기 위해 설립 |
| | | 사무위탁 | 지방자치단체나 장이 소관사무의 일부를 다른 지방자치단체나 장에게 위탁 |
| | | 행정협의회 | 2개 이상의 지방자치단체가 그들에게 관련된 사무의 일부를 공동으로 처리하기 위해 관계 지방자치단체 간의 행정협의회를 구성 |
| | | 지방자치단체조합 (사무조합) | 2개 이상의 지방자치단체가 둘 이상의 사무를 공동으로 처리할 필요가 있을 때 지방의회의 의결을 거쳐 광역의 경우 행안부장관, 기초의 경우 광역자치단체의 장의 승인을 받아 지방자치단체조합을 설립(법인격 지님) |

① [○] 자치단체조합은 지방자치단체의 협력을 위한 적극적 방식이자, 「지방자치법」 제176조로 규정하고 있는 제도적 방식이다.
② [○] 지방자치단체 간 전략적 협력은 지방자치단체의 협력을 위한 적극적 방식이자 비제도적 방식이다.
③ [×] **분쟁조정위원회**는 지방-지방 간의 분쟁이 발생하였을 때 이를 조정하기 위한 기구로 분쟁이 발생하는 경우 이를 해결하는 **소극적 협력의 방식**이다.
④ [○] 사무위탁은 지방자치단체의 협력을 위한 적극적 방식이자, 「지방자치법」 제168조로 규정하고 있는 제도적 방식이다.

**정답** ③

## 061
2013 지방 7급 지방자치론

「지방자치법」상 광역행정방식으로 옳지 않은 것은?

① 행정협의회
② 지방자치단체조합
③ 지방자치단체장 등의 협의체
④ 사무의 위임

### 풀이

① [○] 행정협의회는 우리나라의 광역행정방식으로 「지방자치법」 제169조이하에 규정되어 있다.
② [○] 지방자치단체조합은 우리나라의 광역행정방식으로 「지방자치법」 제176조이하에 규정되어 있다.
③ [○] 지방자치단체장 등의 협의체는 우리나라의 광역행정방식으로 「지방자치법」 제182조이하에 규정되어 있다.
④ [×] 사무의 위탁은 「지방자치법」 제168조에 규정된 광역행정의 방식이지만, **사무의 위임은 「지방자치법」상 광역행정의 방식이 아니다**. 우리나라 지방자치법에 규정된 광역행정은 사무위탁, 행정협의회, 지방자치단체조합, 지방자치단체장 등의 협의체의 4가지 방식이다.

> 「지방자치법」 제117조(사무의 위임 등) ① 지방자치단체의 장은 조례나 규칙으로 정하는 바에 따라 그 권한에 속하는 사무의 일부를 보조기관, 소속 행정기관 또는 하부행정기관에 위임할 수 있다.

**정답** ④

## 062
2013 지방 7급 지방자치론(수정)

「지방자치법」상 행정협의회에 대한 설명으로 옳지 않은 것은?

① 행정협의회의 규약은 원칙적으로 관계 지방의회의 의결을 거쳐야 한다.
② 시·군 또는 자치구는 행정협의회 구성을 관련 시·도지사에게 보고하여야 한다.
③ 시·도지사는 공익상 필요하면 관계 지방자치단체에 행정협의회 구성을 권고할 수 있다.
④ 행정협의회 규약은 사무 처리에 필요한 경비의 부담이나 지출방법이 포함되어야 한다.

> **풀이**
> ① [✕] 종전에는 행정협의회 설립시 지방의회의 의결을 필요로 했으나, 22년 「지방자치법」 전면개정으로 행정협의회의 설립절차를 간소화하여 **지방의회 의결을 지방의회 보고로 변경**하였다. (개정 법률에 따라 틀린 선지로 수정하였다.)
> ② [○] 시·군 또는 자치구는 행정협의회 구성을 관련 시·도지사에게 보고하여야 한다.
> ③ [○] 시·도지사는 공익상 필요하면 관계 지방자치단체에 행정협의회 구성을 권고할 수 있다.
>
> > 「지방자치법」 제169조(행정협의회의 구성) ① 지방자치단체는 2개 이상의 지방자치단체에 관련된 사무의 일부를 공동으로 처리하기 위하여 관계 지방자치단체 간의 행정협의회(이하 "협의회"라 한다)를 구성할 수 있다. 이 경우 지방자치단체의 장은 시·도가 구성원이면 행정안전부장관과 관계 중앙행정기관의 장에게, 시·군 또는 자치구가 구성원이면 시·도지사에게 이를 보고하여야 한다.
> > ② 지방자치단체는 협의회를 구성하려면 관계 지방자치단체 간의 협의에 따라 규약을 정하여 관계 지방의회에 각각 보고한 다음 고시하여야 한다.
> > ③ 행정안전부장관이나 시·도지사는 공익상 필요하면 관계 지방자치단체에 대하여 협의회를 구성하도록 권고할 수 있다.
>
> ④ [○] 행정협의회 규약은 사무 처리에 필요한 경비의 부담이나 지출방법이 포함되어야 한다.
>
> > 「지방자치법」 제171조(협의회의 규약) 협의회의 규약에는 다음 각 호의 사항이 포함되어야 한다.
> > 1. 협의회의 명칭
> > 2. 협의회를 구성하는 지방자치단체
> > 3. 협의회가 처리하는 사무
> > 4. 협의회의 조직과 회장 및 위원의 선임방법
> > 5. 협의회의 운영과 사무처리에 필요한 경비의 부담이나 지출방법
> > 6. 그 밖에 협의회의 구성과 운영에 필요한 사항
>
> 정답 ①

## 063
2018 (3월) 서울 7급 지방자치론

현행 「지방자치법」상 행정협의회의 구성에 관한 설명으로 가장 옳지 않은 것은? (정답 2개)

① 시·도지사가 지방자치단체 협의회 구성을 권고할 수 있다.
② 지방자치단체 협의회의 구성은 지방의회의 의결을 거쳐야 한다.
③ 지방자치단체 협의회의 구성은 주민투표를 거쳐야 확정된다.
④ 협의회 회장과 위원은 관계 지방자치단체의 직원 중에서 선임한다.

> **풀이**
> ① [○] 시·도지사는 공익상 필요하면 관계 지방자치단체에 대하여 협의회를 구성하도록 권고할 수 있다(「지방자치법」 제169조 3항).
> ② [✕] 종전에는 행정협의회 설립시 지방의회의 의결을 필요로 했으나, **22년 「지방자치법」 전면개정**으로 행정협의회의 설립절차를 간소화하여 지방의회 의결을 **지방의회 보고로 변경**하였다.
> ③ [✕] 지방자치단체 협의회는 시·도가 구성원이면 행정안전부장관과 관계 중앙행정기관의 장에게, 시·군 또는 자치구가 구성원이면 시·도지사에게 이를 보고하여야 한다(「지방자치법」 제169조 1항).
> ④ [○] 행정협의회 회장과 위원은 관계 지방자치단체의 직원 중에서 선임한다.
>
> > 「지방자치법」 제170조(협의회의 조직) ① 협의회는 회장과 위원으로 구성한다.
> > ② 회장과 위원은 규약으로 정하는 바에 따라 관계 지방자치단체의 직원 중에서 선임한다.
> > ③ 회장은 협의회를 대표하며 회의를 소집하고 협의회의 사무를 총괄한다.
>
> 정답 ②, ③

## 064

2015 지방 7급 지방자치론

지방자치단체인 A군(郡)과 B군(郡)이 사무의 일부를 공동으로 처리하기 위하여 '행정협의회'를 구성하고자 할 때, 이에 대한 설명으로 옳지 않은 것은? (정답 2개)

① A군수와 B군수는 행정협의회의 구성에 대하여 행정자치부장관과 관계 중앙행정기관의 장에게 보고하여야 한다.
② 행정협의회의 회장과 위원은 규약으로 정하는 바에 따라 A군과 B군의 직원 중에서 선임한다.
③ A군과 B군은 협의회를 구성하려면 양 군(郡) 간의 협의에 따라 규약을 정하여 지방의회의 의결을 각각 거친 다음 고시하여야 한다.
④ 행정자치부장관이나 시·도지사는 공익상 필요하면 관계 지방자치단체에 대하여 행정협의회를 구성하도록 권고할 수 있다.

**풀이**

군은 기초지방자치단체로 필요시 기초자치단체 간의 행정협의회를 구성할 수 있다.
① [×] 행정협의회의 구성원이 **기초지방자치단체인 군**이므로 이 경우에는 행정안전부장관과 관계중앙행정기관의 장이 아닌 광역자치단체장 **시·도지사에게 이를 보고**하여야 한다.
② [○] 행정협의회의 회장과 위원은 규약으로 정하는 바에 따라 A군과 B군의 직원 중에서 선임한다.
③ [×] 종전에는 행정협의회 설립시 지방의회의 의결을 필요로 했으나, 22년 「지방자치법」이 전면개정되면서 행정협의회의 설립절차를 간소화하여 지방의회 의결을 지방의회 보고로 변경하였다. 따라서 관계 지방자치단체 간의 협의에 따라 규약을 정하여 **관계 지방의회에 각각 보고한 다음 고시**하여야 한다(「지방자치법」 제169조 2항).
④ [○] 행정안전부(행정자치부)장관이나 시·도지사는 공익상 필요하면 관계지방자치단체에 대하여 행정협의회를 구성하도록 권고할 수 있다.

정답 ①, ③

## 065

2019 (2월) 서울 7급 지방자치론(수정)

우리나라 지방자치단체 상호 간의 관계에 대한 설명으로 옳은 것을 <보기>에서 모두 고른 것은?

───── <보기> ─────
ㄱ. 서울특별시는 협의회를 구성하려면 관계 지방자치단체 간의 협의에 따라 규약을 정하여 관계 지방의회에 보고를 각각 거쳐야 한다.
ㄴ. 서울특별시와 경기도 기초지방자치단체 간의 분쟁은 지방분쟁조정위원회에서 심의·의결한다.
ㄷ. 서울특별시장은 사무위탁의 당사자가 시·도나 그 장이면 행정안전부장관과 관계 시·도지사에게 보고하여야 한다.
ㄹ. 지방자치단체 간 분쟁이 공익을 현저히 저해하여 조속한 조정이 필요하다고 인정되더라도 반드시 당사자의 신청이 있어야 조정할 수 있다.

① ㄱ
② ㄴ, ㄷ
③ ㄱ, ㄴ, ㄷ
④ ㄱ, ㄴ, ㄷ, ㄹ

**풀이**

ㄱ. [○] 종전에는 행정협의회 설립시 지방의회의 의결을 필요로 했으나, 22년 「지방자치법」이 전면개정되면서 행정협의회의 설립절차를 간소화하여 지방의회 의결을 지방의회 보고로 변경하였다. 따라서 지방자치단체인 서울특별시가 협의회를 구성하려면 관계 지방자치단체 간의 협의에 따라 규약을 정하여 관계 지방의회의 의결이 아닌 보고를 해야한다.
ㄴ. [×] 서울특별시와 경기도 기초지방자치단체 간의 분쟁은 지방분쟁조정위원회가 아닌 **중앙분쟁조정위원회에서 심의·의결**한다.
ㄷ. [×] 종전에는 사무위탁에 대한 사항(시행·변경·해지)을 상급 기관에게 보고하도록 되어있었으나, 22년 「지방자치법」의 개정을 통해 **보고 규정을 삭제**하여 절차를 간소화하였다.

> 「지방자치법」 제168조(사무의 위탁) ① 지방자치단체나 그 장은 소관 사무의 일부를 다른 지방자치단체나 그 장에게 위탁하여 처리하게 할 수 있다.
> ② 지방자치단체나 그 장은 제1항에 따라 사무를 위탁하려면 관계 지방자치단체와의 협의에 따라 규약을 정하여 고시하여야 한다.

ㄹ. [×] 지방자치단체 간 분쟁이 공익을 현저히 저해하여 조속한 조정이 필요하다고 인정되면 **직권으로도 조정이 가능**하다.

> 「지방자치법」 제165조(지방자치단체 상호 간의 분쟁조정) ① 지방자치단체 상호 간 또는 지방자치단체의 장 상호 간에 사무를 처리할 때 의견이 달라 다툼(이하 "분쟁"이라 한다)이 생기면 다른 법률에 특별한 규정이 없으면 행정안전부장관이나 시·도지사가 당사자의 신청을 받아 조정할 수 있다. 다만, 그 분쟁이 공익을 현저히 해쳐 조속한 조정이 필요하다고 인정되면 당사자의 신청이 없어도 직권으로 조정할 수 있다.

정답 ①

## 066
2018 지방 7급 지방자치론

**다음 중 광역행정에 대한 설명으로 옳지 않은 것은?**

① 지방자치단체 간 협력(광역행정)방식으로 사무의 위탁, 사무의 공동처리, 통합·합병 방식 등이 있다.
② 지방자치단체 간 분쟁조정기구의 하나로 행정안전부에 지방자치단체 중앙분쟁조정위원회가 있다.
③ 지방자치단체 간 재정력 격차의 심화, 규모의 경제 효과 확보 등의 문제는 광역행정이 필요한 이유다.
④ 2개 이상의 지방자치단체는 주민을 구성원으로 하는 지방자치단체조합을 설립할 수 있다.

**풀이**

① [○] 지방자치단체 간 협력(광역행정)방식으로 사무의 위탁, 사무의 공동처리, 통합·합병 방식 등이 있다.
② [○] 지방자치단체 간 분쟁조정기구의 하나로 행정안전부에 지방자치단체중앙분쟁조정위원회가 있다. 지방자치단체중앙분쟁조정위원회는 광역과 광역, 광역과 기초, 각기 다른 광역에 있는 기초 사이의 분쟁을 해결한다.
③ [○] 지방자치단체 간 재정력 격차의 심화, 규모의 경제 효과 확보 등의 문제는 광역행정이 필요한 이유다.
④ [×] 2개 이상의 지방자치단체는 지방자치단체조합을 설립할 수 있으며 이 경우 주민이 아닌 **지방자치단체를 구성원으로 한다.**

> 「지방자치법」 제176조(지방자치단체조합의 설립) ① 2개 이상의 지방자치단체가 하나 또는 둘 이상의 사무를 공동으로 처리할 필요가 있을 때에는 규약을 정하여 지방의회의 의결을 거쳐 시·도는 행정안전부장관의 승인, 시·군 및 자치구는 시·도지사의 승인을 받아 지방자치단체조합을 설립할 수 있다. 다만, 지방자치단체조합의 구성원인 시·군 및 자치구가 2개 이상의 시·도에 걸쳐 있는 지방자치단체조합은 행정안전부장관의 승인을 받아야 한다.
> ② 지방자치단체조합은 법인으로 한다.

정답 ④

## 067
2017 지방 7급 지방자치론

**지방자치단체 간 협력방식에 대한 설명으로 옳지 않은 것은?**

① 지방자치단체가 계약에 의해 자기사무의 일부를 다른 지방자치단체에게 위탁해 처리하는 사무위탁제도를 도입해 운영 중이다.
② 2개 이상의 지방자치단체가 지방자치단체조합을 설립할 경우 조합 규약을 정해 지방의회의 의결을 거쳐야 한다.
③ 2개 이상의 지방자치단체가 구성하는 행정협의회는 법인격을 가지고 있어 지방자치단체 간 강력한 협력방식으로 분류된다.
④ 지방자치단체의 장이나 지방의회의 장은 상호 간의 교류와 협력을 증진하기 위하여 전국적 협의체를 설립할 수 있다.

**풀이**

① [○] 우리나라에는 지방자치단체가 계약에 의해 자기사무의 일부를 다른 지방자치단체에게 위탁해 처리하는 사무위탁제도를 도입해 운영하고 있다.

> 「지방자치법」 제168조(사무의 위탁) ① 지방자치단체나 그 장은 소관 사무의 일부를 다른 지방자치단체나 그 장에게 위탁하여 처리하게 할 수 있다.

② [○] 2개 이상의 지방자치단체가 지방자치단체조합을 설립할 경우 조합 규약을 정해 지방의회의 의결을 거쳐야 한다(「지방자치법」 제176조).
③ [×] 2개 이상의 지방자치단체가 구성하는 **행정협의회는 법인격을 갖고 있지 않으며** 사무처리의 효과 역시 각 지방자치단체에 귀속되는 방식으로 지방자치단체 간 강력한 협력방식으로 볼 수 없다.
④ [○] 지방자치단체의 장이나 지방의회의 의장은 전국적 협의체를 설립할 수 있다.

> 「지방자치법」 제182조(지방자치단체의 장 등의 협의체) ① 지방자치단체의 장이나 지방의회의 의장은 상호 간의 교류와 협력을 증진하고, 공동의 문제를 협의하기 위하여 다음 각 호의 구분에 따라 각각 전국적 협의체를 설립할 수 있다.
> 1. 시·도지사
> 2. 시·도의회의 의장
> 3. 시장·군수 및 자치구의 구청장
> 4. 시·군 및 자치구의회의 의장

정답 ③

## 068

「지방자치법」상 지방자치단체 상호 간의 관계에 대한 설명으로 옳지 않은 것은?

① 지방자치단체조합의 구성원인 시·군 및 자치구가 2개 이상의 시·도에 걸쳐 있는 지방자치단체조합의 설립은 행정안전부장관의 승인을 받아야 한다.
② 지방자치단체 간의 행정협의회는 관계 지방자치단체 간의 협의에 따라 규약을 정하여 관계 지방의회의 의결을 거친 뒤 고시하여 설립한다.
③ 지방자치단체의 장이 소관 사무의 일부를 다른 지방자치단체의 장에게 위탁하려면 관계 지방자치단체와의 협의에 따라 규약을 정하여 고시하여야 한다.
④ 특별지방자치단체를 설치하기 위해서 구성 지방자치단체는 상호 협의에 따른 규약을 정해 구성 지방자치단체의 지방의회 의결을 거쳐 행정안전부장관의 승인을 받아야 한다.

### 풀이

① [O] 지방자치단체조합의 구성원인 시·군 및 자치구가 2개 이상의 시·도에 걸쳐 있는 지방자치단체조합의 설립은 행정안전부장관의 승인을 받아야 한다.

> 「지방자치법」 제176조(지방자치단체조합의 설립) ① 2개 이상의 지방자치단체가 하나 또는 둘 이상의 사무를 공동으로 처리할 필요가 있을 때에는 규약을 정하여 지방의회의 의결을 거쳐 시·도는 행정안전부장관의 승인, 시·군 및 자치구는 시·도지사의 승인을 받아 지방자치단체조합을 설립할 수 있다. 다만, 지방자치단체조합의 구성원인 시·군 및 자치구가 2개 이상의 시·도에 걸쳐 있는 지방자치단체조합은 행정안전부장관의 승인을 받아야 한다.
> ② 지방자치단체조합은 법인으로 한다.

② [X] 지방자치단체 간의 행정협의회는 관계 지방자치단체 간의 협의에 따라 규약을 정하여 관계 지방의회에 **보고**(의결X)**한 다음 고시**하여 설립한다.

> 「지방자치법」 제169조(행정협의회의 구성) ① 지방자치단체는 2개 이상의 지방자치단체에 관련된 사무의 일부를 공동으로 처리하기 위하여 관계 지방자치단체 간의 행정협의회(이하 "협의회"라 한다)를 구성할 수 있다. 이 경우 지방자치단체의 장은 시·도가 구성원이면 행정안전부장관과 관계 중앙행정기관의 장에게, 시·군 또는 자치구가 구성원이면 시·도지사에게 이를 보고하여야 한다.
> ② 지방자치단체는 협의회를 구성하려면 관계 지방자치단체 간의 협의에 따라 규약을 정하여 관계 지방의회에 각각 보고한 다음 고시하여야 한다.
> ③ 행정안전부장관이나 시·도지사는 공익상 필요하면 관계 지방자치단체에 대하여 협의회를 구성하도록 권고할 수 있다.

③ [O] 지방자치단체의 장이 소관 사무의 일부를 다른 지방자치단체의 장에게 위탁하려면 관계 지방자치단체와의 협의에 따라 규약을 정하여 고시하여야 한다.

> 「지방자치법」 제168조(사무의 위탁) ① 지방자치단체나 그 장은 소관 사무의 일부를 다른 지방자치단체나 그 장에게 위탁하여 처리하게 할 수 있다.
> ② 지방자치단체나 그 장은 제1항에 따라 사무를 위탁하려면 관계 지방자치단체와의 협의에 따라 규약을 정하여 고시하여야 한다.

④ [O] 특별지방자치단체를 설치하기 위해서 구성 지방자치단체는 상호 협의에 따른 규약을 정해 구성 지방자치단체의 지방의회 의결을 거쳐 행정안전부장관의 승인을 받아야 한다.

> 「지방자치법」 제199조(설치) ① 2개 이상의 지방자치단체가 공동으로 특정한 목적을 위하여 광역적으로 사무를 처리할 필요가 있을 때에는 특별지방자치단체를 설치할 수 있다. 이 경우 특별지방자치단체를 구성하는 지방자치단체(이하 "구성 지방자치단체"라 한다)는 상호 협의에 따른 규약을 정하여 구성 지방자치단체의 지방의회 의결을 거쳐 행정안전부장관의 승인을 받아야 한다.
> ② 행정안전부장관은 제1항 후단에 따라 규약에 대하여 승인하는 경우 관계 중앙행정기관의 장 또는 시·도지사에게 그 사실을 알려야 한다.
> ③ 특별지방자치단체는 법인으로 한다.

**정답 ②**

## 069

2019 서울 7급 지방자치론

<보기>는 「지방자치법」의 내용을 정리한 것이다. ㉠, ㉡에 들어갈 알맞은 단어를 순서대로 배열한 것은?

<보기>
2개 이상의 시·군 및 자치구가 하나 또는 둘 이상의 사무를 공동으로 처리할 필요가 있을 때에는 규약을 정하여 그 ( ㉠ )을 거쳐 ( ㉡ )의 승인을 받아 지방자치단체조합을 설립할 수 있다.

| | ㉠ | ㉡ |
|---|---|---|
| ① | 지방의회의 의결 | 행정안전부장관 |
| ② | 지방의회의 의결 | 시·도지사 |
| ③ | 시·군 및 자치구 단체장의 승인 | 시·도지사 |
| ④ | 시·군 및 자치구 단체장의 승인 | 행정안전부장관 |

**풀이**

② [○] 보기의 내용은 지방자치단체조합의 설립에 관한 내용이다. 지방자치단체조합은 2개 이상의 지방자치단체가 하나 또는 둘 이상의 사무를 공동으로 처리할 필요가 있을 때에 설립하는 광역행정의 형태로 규약을 정하여 그 **지방의회의 의결을 거쳐 시·도는 행정안전부장관의, 시·군 및 자치구는 시·도지사의 승인**을 받아 설립할 수 있다.

「지방자치법」 제176조(지방자치단체조합의 설립) ① 2개 이상의 지방자치단체가 하나 또는 둘 이상의 사무를 공동으로 처리할 필요가 있을 때에는 규약을 정하여 지방의회의 의결을 거쳐 시·도는 행정안전부장관의 승인, 시·군 및 자치구는 시·도지사의 승인을 받아 지방자치단체조합을 설립할 수 있다. 다만, 지방자치단체조합의 구성원인 시·군 및 자치구가 2개 이상의 시·도에 걸쳐 있는 지방자치단체조합은 행정안전부장관의 승인을 받아야 한다.
② 지방자치단체조합은 법인으로 한다.

정답 ②

## 070

2021 지방 7급 지방자치론

지방자치단체조합을 설립할 때 행정안전부장관의 승인을 받아야 하는 상황만을 모두 고르면?

ㄱ. A도와 B도 간의 조합 설립
ㄴ. A도 내의 C시와 D군 간의 조합 설립
ㄷ. E광역시 내의 F군과 G자치구 간의 조합 설립
ㄹ. A도 C시와 E광역시 G자치구 간의 조합 설립

① ㄱ, ㄴ   ② ㄱ, ㄹ
③ ㄴ, ㄷ   ④ ㄷ, ㄹ

**풀이**

ㄱ. [○] A도와 B도, 광역자치단체 간의 조합 설립의 경우에는 행정안전부장관의 승인을 받아야 한다.
ㄴ. [×] A도 내의 C시와 D군, 동일광역자치단체 간의 기초자치단체의 조합설립은 **광역자치단체장의 승인**을 받아야 한다.
ㄷ. [×] E광역시 내의 F군과 G자치구 간의 조합 설립은 동일광역자치단체 간의 기초자치단체의 조합설립이므로 **광역자치단체장의 승인**을 받아야 한다.
ㄹ. [○] A도 C시와 E광역시 G자치구 간의 조합 설립은 시·군·자치구(기초)가 2개 이상의 시·도에 걸치는 지방자치단체조합이므로 행정안전부 장관의 승인을 받아야 한다.

「지방자치법」 제176조(지방자치단체조합의 설립) ① 2개 이상의 지방자치단체가 하나 또는 둘 이상의 사무를 공동으로 처리할 필요가 있을 때에는 규약을 정하여 지방의회의 의결을 거쳐 시·도는 행정안전부장관의 승인, 시·군 및 자치구는 시·도지사의 승인을 받아 지방자치단체조합을 설립할 수 있다. 다만, 지방자치단체조합의 구성원인 시·군 및 자치구가 2개 이상의 시·도에 걸쳐 있는 지방자치단체조합은 행정안전부장관의 승인을 받아야 한다.
② 지방자치단체조합은 법인으로 한다.

정답 ②

## 071
2018 서울 7급 지방자치론

우리나라 지방자치단체조합에 대한 설명으로 가장 옳지 않은 것은?

① 지방자치단체조합을 설립할 경우 상급기관의 승인을 얻어야 한다.
② 지방자치단체조합은 법인격을 가진다.
③ 지방자치단체조합은 조례 및 규칙 제정권을 가진다.
④ 지방자치단체조합은 지방채를 발행할 수 있다.

### 풀이

① [○] 지방자치단체조합을 설립할 경우 기초는 상급기관인 광역자치단체의 장에게, 광역은 상급기관인 행정안전부 장관의 승인을 얻어야 한다(「지방자치법」 제176조 1항).
② [○] 지방자치단체조합은 법인격을 가진다(「지방자치법」 제176조 2항).
③ [×] 지방자치단체조합은 조례나 규칙제정권을 가지지 못한다.
④ [○] 지방자치단체조합은 지방채를 발행할 수 있다.

> 「지방자치법」 제139조(지방채무 및 지방채권의 관리) ① 지방자치단체의 장이나 지방자치단체조합은 따로 법률로 정하는 바에 따라 지방채를 발행할 수 있다.

정답 ③

## 072
2019 국회 9급

지방자치단체와 지방자치단체조합에 대한 설명으로 옳은 것은?

① 지방자치단체는 법인이나 지방자치단체조합은 법인이 아니다.
② 지방자치단체는 필요에 따라 국방과 국세에 해당하는 국가사무를 처리할 수 있다.
③ 관계 지방자치단체의 의회 의원과 그 지방자치단체의 장은 지방자치단체조합회의의 위원이나 지방자치단체조합장을 겸할 수 없다.
④ 지방자치단체조합의 구성원인 시·군 및 자치구가 2개 이상의 시·도에 걸치는 지방자치단체조합은 시·도지사의 지도·감독을 받는다.
⑤ 특별시·광역시 및 특별자치시가 아닌 인구 50만 이상의 시에는 자치구가 아닌 구를 둘 수 있다.

### 풀이

① [×] 지방자치단체와 **지방자치단체조합**은 모두 **법인**이다.
> 「지방자치법」 제176조(지방자치단체조합의 설립) ② 지방자치단체조합은 법인으로 한다.

② [×] **국방과 국세는 중앙정부의 국가사무**로 지방자치단체가 처리할 수 없다.

③ [×] 관계 지방자치단체의 의회 의원과 그 지방자치단체의 장은 지방자치단체조합회의의 위원이나 지방자치단체조합장을 **겸할 수 있다**.
> 「지방자치법」 제177조(지방자치단체조합의 조직) ③ 관계 지방의회의원과 관계 지방자치단체의 장은 제43조제1항과 제109조제1항에도 불구하고 지방자치단체조합회의의 위원이나 지방자치단체조합장을 겸할 수 있다.

④ [×] 지방자치단체조합의 구성원인 시·군 및 자치구가 2개 이상의 시·도에 걸치는 지방자치단체조합은 시·도지사가 아닌 **행정안전부장관의 지도·감독**을 받는다.
> 「지방자치법」 제180조(지방자치단체조합의 지도·감독) ① 시·도가 구성원인 지방자치단체조합은 행정안전부장관, 시·군 및 자치구가 구성원인 지방자치단체조합은 1차로 시·도지사, 2차로 행정안전부장관의 지도·감독을 받는다. 다만, 지방자치단체조합의 구성원인 시·군 및 자치구가 2개 이상의 시·도에 걸쳐 있는 지방자치단체조합은 행정안전부장관의 지도·감독을 받는다.

⑤ [○] 특별시·광역시 및 특별자치시가 아닌 인구 50만 이상의 시에는 자치구가 아닌 구를 둘 수 있다.
> 「지방자치법」 제3조(지방자치단체의 법인격과 관할) ③ 특별시·광역시 또는 특별자치시가 아닌 인구 50만 이상의 시에는 자치구가 아닌 구를 둘 수 있고, 군에는 읍·면을 두며, 시와 구(자치구를 포함한다)에는 동을, 읍·면에는 리를 둔다.

정답 ⑤

## 073
2020 지방 7급

「지방자치법」상 지방자치단체조합에 대한 설명으로 옳지 않은 것은?

① 2개 이상의 지방자치단체가 하나 또는 둘 이상의 사무를 공동으로 처리할 필요가 있을 때에 소정의 절차를 거쳐 설립할 수 있는 법인이다.
② 설립뿐 아니라 규약변경이나 해산의 경우에도 지방의회의 의결을 거쳐야 한다.
③ 해산한 경우에 그 재산의 처분은 행정안전부장관의 승인을 받아야 한다.
④ 구성원인 시·군 및 자치구가 2개 이상의 시·도에 걸치는 지방자치단체조합은 행정안전부장관의 지도·감독을 받는다.

### 풀이

① [○] 지방자치단체조합은 2개 이상의 지방자치단체가 하나 또는 둘 이상의 사무를 공동으로 처리할 필요가 있을 때에 소정의 절차를 거쳐 설립할 수 있는 법인이다.

> 「지방자치법」 제176조(지방자치단체조합의 설립) ① 2개 이상의 지방자치단체가 하나 또는 둘 이상의 사무를 공동으로 처리할 필요가 있을 때에는 규약을 정하여 지방의회의 의결을 거쳐 시·도는 행정안전부장관의 승인, 시·군 및 자치구는 시·도지사의 승인을 받아 지방자치단체조합을 설립할 수 있다. 다만, 지방자치단체조합의 구성원인 시·군 및 자치구가 2개 이상의 시·도에 걸쳐 있는 지방자치단체조합은 행정안전부장관의 승인을 받아야 한다.

② [○] 지방자치단체조합은 설립뿐 아니라 규약변경이나 해산의 경우에도 지방의회의 의결을 거쳐야 한다.
③ [×] 지방자치단체조합을 해산한 경우 **재산의 처분은 관계 지방자치단체 협의에 따른다.** 이때 행정안전부 장관의 승인은 필요하지 않다.

> 「지방자치법」 제181조(지방자치단체조합의 규약 변경 및 해산)
> ① 지방자치단체조합의 규약을 변경하거나 지방자치단체조합을 해산하려는 경우에는 제176조제1항을 준용한다.
> ② 지방자치단체조합을 해산한 경우에 그 재산의 처분은 관계 지방자치단체의 협의에 따른다.

④ [○] 구성원인 시·군 및 자치구가 2개 이상의 시·도에 걸치는 지방자치단체조합은 행정안전부장관의 지도·감독을 받는다.

**정답 ③**

## 074
2016 지방 7급 지방자치론

지방자치단체조합에 대한 설명으로 옳지 않은 것은?

① 지방자치단체조합은 따로 법률로 정하는 바에 따라 지방채를 발행할 수 있다.
② 지방자치단체의 자율성을 보장하면서도 다양한 광역사무를 효과적으로 처리할 수 있는 협력방식으로 활용된다.
③ 1991년 서울시, 경기도, 인천시 간에 결성된 수도권매립지 운영관리조합을 예로 들 수 있다.
④ 지방자치단체조합의 설립에 참여한 지방자치단체의 장과 의회 의원은 지방자치단체조합회의의 위원이나 조합장을 겸할 수 없다.

### 풀이

① [○] 지방자치단체조합은 따로 법률로 정하는 바에 따라 지방채를 발행할 수 있다.

> 「지방자치법」 제139조(지방채무 및 지방채권의 관리) ① 지방자치단체의 장이나 지방자치단체조합은 따로 법률로 정하는 바에 따라 지방채를 발행할 수 있다.

② [○] 지방자치단체조합은 지방자치단체의 자율성을 보장하면서도 다양한 광역사무를 효과적으로 처리할 수 있는 협력방식으로 활용될 수 있다.
③ [○] 1991년 서울시, 경기도, 인천시 간에 결성된 수도권매립지 운영관리조합은 지방자치단체조합의 사례가 될 수 있다. 이외에도 부산·거제 간 연결도로건설조합 등을 그 예로 들 수 있다.
④ [×] 지방자치단체조합의 설립에 참여한 지방자치단체의 장과 의회 의원은 **지방자치단체조합회의의 위원이나 조합장을 겸할 수 있다.**

> 「지방자치법」 제177조(지방자치단체조합의 조직) ① 지방자치단체조합에는 지방자치단체조합회의와 지방자치단체조합장 및 사무직원을 둔다.
> ② 지방자치단체조합회의의 위원과 지방자치단체조합장 및 사무직원은 지방자치단체조합규약으로 정하는 바에 따라 선임한다.
> ③ 관계 지방의회의원과 관계 지방자치단체의 장은 제43조제1항과 제109조제1항에도 불구하고 지방자치단체조합회의의 위원이나 지방자치단체조합장을 겸할 수 있다.

**정답 ④**

## 075

2013 국가 7급

다음은 지방자치단체 상호간 관계에 대한 설명이다. ㉠~㉣에 들어갈 말을 순서대로 바르게 나열한 것은?

- 2개 이상의 지방자치단체가 하나 또는 둘 이상의 사무를 공동으로 처리할 필요가 있을 때에는 규약을 정하여 그 지방의회의 의결을 거쳐 시·도는 안전행정부 장관의, 시·군 및 자치구는 시·도지사의 승인을 받아 (㉠)을(를) 설립할 수 있다.
- 지방자치단체의 장이나 지방의회의 의장은 상호간의 교류와 협력을 증진하고, 공동의 문제를 협의하기 위하여 전국적 (㉡)를 설립할 수 있다.
- 지방자치단체 상호 간이나 지방자치단체의 장 상호 간 사무를 처리할 때 의견이 달라 생긴 분쟁의 조정과 행정협의회에서 합의가 이루어지지 아니한 사항의 조정에 필요한 사항을 심의·의결하기 위하여 안전행정부(행정안전부)에 (㉢)를 둔다.
- 지방자치단체는 2개 이상의 지방자치단체에 관련된 사무의 일부를 공동으로 처리하기 위하여 관계 지방자치단체 간의 (㉣)를 구성할 수 있다.

| | ㉠ | ㉡ | ㉢ | ㉣ |
|---|---|---|---|---|
| ① | 행정협의회 | 지방자치단체장협의회 | 지방자치단체 지방분쟁조정위원회 | 협의체 |
| ② | 지방자치단체조합 | 행정협의회 | 지방자치단체 지방분쟁조정위원회 | 협의체 |
| ③ | 행정협의회 | 협의체 | 지방자치단체 중앙분쟁조정위원회 | 지방자치단체장협의회 |
| ④ | 지방자치단체조합 | 협의체 | 지방자치단체 중앙분쟁조정위원회 | 행정협의회 |

### 풀이

㉠ 2개 이상의 지방자치단체가 하나 또는 둘 이상의 사무를 공동으로 처리할 필요가 있을 때에는 규약을 정하여 그 지방의회의 의결을 거쳐 시·도는 행정안전부 장관의, 시·군 및 자치구는 시·도지사의 승인을 받아 **지방자치단체조합**을 설립할 수 있다.
㉡ 지방자치단체의 장이나 지방의회의 의장은 상호 간의 교류와 협력을 증진하고, 공동의 문제를 협의하기 위하여 전국적 **협의체**를 설립할 수 있다.
㉢ 지방자치단체 상호 간이나 지방자치단체의 장 상호 간 사무를 처리할 때 의견이 달라 생긴 분쟁의 조정과 행정협의회에서 합의가 이루어지지 아니한 사항의 조정에 필요한 사항을 심의·의결하기 위하여 행정안전부에 **지방자치단체 중앙분쟁조정위원회**를 둔다.
㉣ 지방자치단체는 2개 이상의 지방자치단체에 관련된 사무의 일부를 공동으로 처리하기 위하여 관계 지방자치단체 간의 **행정협의회**를 구성할 수 있다.

정답 ④

## 076

2014 지방 7급 지방자치론

「지방자치법」상의 기구 중 참여당사자를 기준으로 볼 때 성격이 다른 것은?

① 행정협의조정위원회
② 행정협의회
③ 지방자치단체조합
④ 시·도지사협의체

**풀이**

참여당사자를 기준으로 볼 때 행정협의회, 지방자치단체조합, 시·도지사협의체는 모두 지방자치단체 또는 지방자치단체장을 참여당사자로 하지만 행정협의조정위원회는 국무총리 소속의 위원회로 다수의 위원으로 구성되며 중앙행정기관과 지방자치단체의 분쟁을 조정한다.

① [X] 행정협의조정위원회는 중앙행정기관의 장과 지방자치단체의 장의 의견이 충돌할 때 의견을 조정하는 기구로, 위원장이 지명하는 시·도지사, 기획재정부장관, 행정안전부장관, 국무조정실장, 법제처장, 국무총리가 위촉하는 사람 등 **다양한 위원이 참여**한다.

> 「지방자치법」 제187조(중앙행정기관과 지방자치단체 간 협의·조정) ① 중앙행정기관의 장과 지방자치단체의 장이 사무를 처리할 때 의견을 달리하는 경우 이를 협의·조정하기 위하여 국무총리 소속으로 행정협의조정위원회를 둔다.
> ② 행정협의조정위원회는 위원장 1명을 포함하여 13명 이내의 위원으로 구성한다.
> ③ 행정협의조정위원회의 위원은 다음 각 호의 사람이 되고, 위원장은 제3호의 위촉위원 중에서 국무총리가 위촉한다.
> 1. 기획재정부장관, 행정안전부장관, 국무조정실장 및 법제처장
> 2. 안건과 관련된 중앙행정기관의 장과 시·도지사 중 위원장이 지명하는 사람
> 3. 그 밖에 지방자치에 관한 학식과 경험이 풍부한 사람 중에서 국무총리가 위촉하는 사람 4명

② [O] 행정협의회는 **2개 이상의 지방자치단체**가 사무를 공동으로 처리하기 위해 구성하는 협의회이다.

> 「지방자치법」 제169조(행정협의회의 구성) ① 지방자치단체는 2개 이상의 지방자치단체에 관련된 사무의 일부를 공동으로 처리하기 위하여 관계 지방자치단체 간의 행정협의회(이하 "협의회"라 한다)를 구성할 수 있다. 이 경우 지방자치단체의 장은 시·도가 구성원이면 행정안전부장관과 관계 중앙행정기관의 장에게, 시·군 또는 자치구가 구성원이면 시·도지사에게 이를 보고하여야 한다.

③ [O] 지방자치단체조합은 **2개 이상의 지방자치단체**가 공동으로 사무를 처리할 필요가 있을 때 절차를 통해 구성하는 법인이다.

④ [O] 시·도지사협의체는 **지방자치단체의 장(시·도지사)**이 공동의 문제를 해결하기 위해 설립하는 전국적 협의체이다.

> 「지방자치법」 제182조(지방자치단체의 장 등의 협의체) ① 지방자치단체의 장이나 지방의회의 의장은 상호 간의 교류와 협력을 증진하고, 공동의 문제를 협의하기 위하여 다음 각 호의 구분에 따라 각각 전국적 협의체를 설립할 수 있다.
> 1. 시·도지사
> 2. 시·도의회의 의장
> 3. 시장·군수 및 자치구의 구청장
> 4. 시·군 및 자치구의회의 의장

정답 ①

## 077

2018 서울 7급 지방자치론

우리나라 지방자치단체 상호 간의 협력체제에 대한 설명으로 가장 옳은 것은?

① 지방자치단체장이나 지방의회의장의 전국적 협의체는 지방자치와 관련된 법률의 제정·개정 또는 폐지가 필요하다고 인정하는 경우 국회에 서면으로 의견을 제출할 수 있다.
② 지방자치단체는 공동으로 사무를 처리하기 위하여 행정안전부장관의 승인을 받아 행정협의회를 구성할 수 있다.
③ 시·군 및 자치구는 사무를 공동으로 처리할 필요가 있을 때 행정안전부장관의 승인을 받아 지방자치단체조합을 설립할 수 있다.
④ 지방자치단체 중앙분쟁조정위원회의 의결에 따른 행정안전부 장관의 분쟁 조정 결정사항에 대해 분쟁 관련 지방자치단체는 그 이행여부를 선택할 수 있다.

**풀이**

① [O] 지방자치단체장이나 지방의회의장의 전국적 협의체는 지방자치와 관련된 법률의 제정·개정 또는 폐지가 필요하다고 인정하는 경우 국회에 서면으로 의견을 제출할 수 있다.

> 「지방자치법」 제182조(지방자치단체의 장 등의 협의체)
> ⑥ 제1항에 따른 협의체나 제2항에 따른 연합체는 지방자치와 관련된 법률의 제정·개정 또는 폐지가 필요하다고 인정하는 경우에는 국회에 서면으로 의견을 제출할 수 있다.

② [X] 지방자치단체가 행정협의회를 구성하는 경우에는 행정안전부장관의 승인을 받을 필요없이 **보고만 하면 가능**하다.

> 「지방자치법」 제169조(행정협의회의 구성) ① 지방자치단체는 2개 이상의 지방자치단체에 관련된 사무의 일부를 공동으로 처리하기 위하여 관계 지방자치단체 간의 행정협의회(이하 "협의회"라 한다)를 구성할 수 있다. 이 경우 지방자치단체의 장은 시·도가 구성원이면 행정안전부장관과 관계 중앙행정기관의 장에게, 시·군 또는 자치구가 구성원이면 시·도지사에게 이를 보고하여야 한다.

③ [X] 기초자치단체인 시·군 및 자치구가 사무를 공동으로 처리할 필요가 있을 때에는 행정안전부장관이 아니라 광역자치단체의 장인 **시·도지사의 승인**을 받아 지방자치단체조합을 설립할 수 있다.

> 「지방자치법」 제176조(지방자치단체조합의 설립) ① 2개 이상의 지방자치단체가 하나 또는 둘 이상의 사무를 공동으로 처리할 필요가 있을 때에는 규약을 정하여 지방의회의 의결을 거쳐 시·도는 행정안전부장관의 승인, 시·군 및 자치구는 시·도지사의 승인을 받아 지방자치단체조합을 설립할 수 있다. 다만, 지방자치단체조합의 구성원인 시·군 및 자치구가 2개 이상의 시·도에 걸쳐 있는 지방자치단체조합은 행정안전부장관의 승인을 받아야 한다.

④ [X] 지방자치단체중앙분쟁조정위원회의 의결에 따른 행정안전부장관의 분쟁 조정 결정사항에 대해 분쟁 관련 지방자치단체는 이를 **반드시 이행해야 한**다.

> 「지방자치법」 제165조(지방자치단체 상호 간의 분쟁조정)
> ④ 행정안전부장관이나 시·도지사는 제3항에 따라 조정을 결정하면 서면으로 지체 없이 관계 지방자치단체의 장에게 통보하여야 하며, 통보를 받은 지방자치단체의 장은 그 조정 결정 사항을 이행하여야 한다.

정답 ①

## 078

2020 지방 7급 지방자치론

「지방자치법」상 지방자치단체 상호 간의 관계에 대한 설명으로 옳지 않은 것은?

① 행정안전부장관은 물론 시·도지사도 공익상 필요하면 관계 지방자치단체에 대하여 행정협의회를 구성하도록 권고할 수 있다.
② 시·군·자치구의회의 의장도 상호 간의 교류와 협력을 증진하고, 공동의 문제를 협의하기 위하여 전국적 협의체를 설립할 수 있다.
③ 지방자치단체나 그 장이 소관 사무의 일부를 위탁하려면 관계지방자치단체와의 협의에 따라 규약을 정하여 고시하여야 하며, 이때 위탁사무의 관리와 처리에 드는 경비의 부담과 지출방법은 규약에 포함된다.
④ 행정협의회의 회장은 관계 지방자치단체의 장 중에서 선출하며, 위원은 회장이 선임한다.

### 풀이

① [O] 행정안전부장관은 물론 시·도지사도 공익상 필요하면 관계 지방자치단체에 대하여 행정협의회를 구성하도록 권고할 수 있다.

> 「지방자치법」 제169조(행정협의회의 구성) ① 지방자치단체는 2개 이상의 지방자치단체에 관련된 사무의 일부를 공동으로 처리하기 위하여 관계 지방자치단체 간의 행정협의회(이하 "협의회"라 한다)를 구성할 수 있다. 이 경우 지방자치단체의 장은 시·도가 구성원이면 행정안전부장관과 관계 중앙행정기관의 장에게, 시·군 또는 자치구가 구성원이면 시·도지사에게 이를 보고하여야 한다.
> ② 지방자치단체는 협의회를 구성하려면 관계 지방자치단체 간의 협의에 따라 규약을 정하여 관계 지방의회에 각각 보고한 다음 고시하여야 한다.
> ③ 행정안전부장관이나 시·도지사는 공익상 필요하면 관계 지방자치단체에 대하여 협의회를 구성하도록 권고할 수 있다.

② [O] 시·군·자치구의회의 의장은 상호 간의 교류와 협력을 증진하고, 공동의 문제를 협의하기 위하여 전국적 협의체를 설립할 수 있다.

> 「지방자치법」 제182조(지방자치단체의 장 등의 협의체) ① 지방자치단체의 장이나 지방의회의 의장은 상호 간의 교류와 협력을 증진하고, 공동의 문제를 협의하기 위하여 다음 각 호의 구분에 따라 각각 전국적 협의체를 설립할 수 있다.
> 1. 시·도지사
> 2. 시·도의회의 의장
> 3. 시장·군수 및 자치구의 구청장
> 4. 시·군 및 자치구의회의 의장

③ [O] 지방자치단체나 그 장이 소관 사무의 일부를 위탁하려면 관계 지방자치단체와의 협의에 따라 규약을 정하여 고시하여야 하며, 이때 위탁사무의 관리와 처리에 드는 경비의 부담과 지출방법은 규약에 포함된다.

> 「지방자치법」 제168조(사무의 위탁) ① 지방자치단체나 그 장은 소관 사무의 일부를 다른 지방자치단체나 그 장에게 위탁하여 처리하게 할 수 있다.
> ② 지방자치단체나 그 장은 제1항에 따라 사무를 위탁하려면 관계 지방자치단체와의 협의에 따라 규약을 정하여 고시하여야 한다.
> ③ 제2항의 사무위탁에 관한 규약에는 다음 각 호의 사항이 포함되어야 한다.
> 1. 사무를 위탁하는 지방자치단체와 사무를 위탁받는 지방자치단체
> 2. 위탁사무의 내용과 범위
> 3. 위탁사무의 관리와 처리방법
> 4. 위탁사무의 관리와 처리에 드는 경비의 부담과 지출방법
> 5. 그 밖에 사무위탁에 필요한 사항
> ④ 지방자치단체나 그 장은 사무위탁을 변경하거나 해지하려면 관계 지방자치단체나 그 장과 협의하여 그 사실을 고시하여야 한다.

④ [X] 행정협의회의 회장과 위원은 규약에 정하는 바에 따라 **관계 지방자치단체의 직원 중 선임한다.**

> 「지방자치법」 제170조(협의회의 조직) ① 협의회는 회장과 위원으로 구성한다.
> ② 회장과 위원은 규약으로 정하는 바에 따라 관계 지방자치단체의 직원 중에서 선임한다.
> ③ 회장은 협의회를 대표하며 회의를 소집하고 협의회의 사무를 총괄한다.

정답 ④

## 079

2019 지방 7급 지방자치론

**지방자치단체 간의 관계에 대한 설명으로 옳지 않은 것은?**

① 기초자치단체와 광역자치단체의 관계는 대등한 것이 원칙이지만, 법령 규정으로 감독 관계가 성립하기도 한다.
② 지방자치단체 간의 행정협의회의 회장과 위원은 규약으로 정하는 바에 따라 관계 지방자치단체의 직원 중에서 선임한다.
③ 시·도지사 전국협의체를 설립한 때에는 그 협의체의 대표자는 국무총리에게 신고하여야 한다.
④ 지방자치단체조합을 해산한 경우에 그 재산의 처분은 관계지방자치단체의 협의에 따른다.

### 풀이

① [O] 기초자치단체와 광역자치단체의 관계는 대등한 것이 원칙이지만, 법령 규정으로 감독 관계가 성립하기도 한다.

> 「지방자치법」 제185조(국가사무나 시·도 사무 처리의 지도·감독) ① 지방자치단체나 그 장이 위임받아 처리하는 국가사무에 관하여 시·도에서는 주무부장관, 시·군 및 자치구에서는 1차로 시·도지사, 2차로 주무부장관의 지도·감독을 받는다.
> ② 시·군 및 자치구나 그 장이 위임받아 처리하는 시·도의 사무에 관하여는 시·도지사의 지도·감독을 받는다.

② [O] 지방자치단체 간의 행정협의회의 회장과 위원은 규약으로 정하는 바에 따라 관계 지방자치단체의 직원 중에서 선임한다.

> 「지방자치법」 제170조(협의회의 조직) ① 협의회는 회장과 위원으로 구성한다.
> ② 회장과 위원은 규약으로 정하는 바에 따라 관계 지방자치단체의 직원 중에서 선임한다.
> ③ 회장은 협의회를 대표하며 회의를 소집하고 협의회의 사무를 총괄한다.

③ [X] 시·도지사 전국협의체를 설립한 때에는 그 협의체의 대표자는 **국무총리가 아닌 행정안전부 장관에게 신고**하여야 한다.

> 「지방자치법」 제182조(지방자치단체의 장 등의 협의체) ① 지방자치단체의 장이나 지방의회의 의장은 상호 간의 교류와 협력을 증진하고, 공동의 문제를 협의하기 위하여 다음 각 호의 구분에 따라 각각 전국적 협의체를 설립할 수 있다.
> 1. 시·도지사
> 2. 시·도의회의 의장
> 3. 시장·군수 및 자치구의 구청장
> 4. 시·군 및 자치구의회의 의장
> ② 제1항 각 호의 전국적 협의체는 그들 모두가 참가하는 지방자치단체 연합체를 설립할 수 있다.
> ③ 제1항에 따른 협의체나 제2항에 따른 연합체를 설립하였을 때에는 그 협의체·연합체의 대표자는 지체 없이 행정안전부장관에게 신고하여야 한다.

④ [O] 지방자치단체조합을 해산한 경우에 그 재산의 처분은 관계 지방자치단체의 협의에 따른다.

> 「지방자치법」 제181조(지방자치단체조합의 규약 변경 및 해산)
> ① 지방자치단체조합의 규약을 변경하거나 지방자치단체조합을 해산하려는 경우에는 제176조제1항을 준용한다.
> ② 지방자치단체조합을 해산한 경우에 그 재산의 처분은 관계 지방자치단체의 협의에 따른다.

정답 ③

## 080
2022 지방 7급 지방자치론

「중앙지방협력회의법령」상 중앙지방협력회의에 대한 설명으로 옳은 것은?

① 국가가 협력회의 심의 결과에 따른 이행 결과를 협력회의에 보고할 의무는 없다.
② 지역 간 균형발전에 관한 사항은 중앙지방협력회의 심의 대상에 포함되지 않는다.
③ 중앙지방협력회의 의장은 국무총리이고 부의장은 시·도지사협의회의 의장과 행정안전부장관이다.
④ 중앙지방협력회의는 구성원 3분의 2 이상의 출석으로 개의하고 출석구성원 과반수의 찬성으로 의결한다.

**풀이**

① [×] 국가나 지방자치단체는 협력회의 **심의 결과에 따른 조치계획 및 이행 결과를 협력회의에 보고해야 한다.**
② [×] **지역 간 균형발전에 관한 사항**은 중앙지방협력회의 **심의 대상에 포함된다.**
③ [×] 중앙지방협력회의 **의장은** 국무총리가 아닌 **대통령**이고 **부의장은 국무총리와 시·도지사협의장이 공동**으로 맡는다.
④ [O] 중앙지방협력회의는 구성원 3분의 2 이상의 출석으로 개의하고 출석구성원 과반수의 찬성으로 의결한다.

> 「중앙지방협력회의의 구성 및 운영에 관한 법률」
> 제2조(중앙지방협력회의의 기능) 중앙지방협력회의(이하 "협력회의"라 한다)는 다음 각 호의 사항을 심의한다.
> 1. 국가와 지방자치단체 간 협력에 관한 사항
> 2. 국가와 지방자치단체의 권한, 사무 및 재원의 배분에 관한 사항
> 3. 지역 간 균형발전에 관한 사항
> 4. 지방자치단체의 재정 및 세제에 영향을 미치는 국가 정책에 관한 사항
> 5. 그 밖에 지방자치 발전에 관한 사항
> 제3조(구성 및 운영) ① 협력회의는 대통령, 국무총리, 기획재정부장관, 교육부장관, 행정안전부장관, 국무조정실장, 법제처장, 특별시장·광역시장·특별자치시장·도지사·특별자치도지사(이하 "시·도지사"라 한다), 「지방자치법」 제182조제1항제2호부터 제4호까지의 규정에 따른 전국적 협의체의 대표자 및 그 밖에 대통령령으로 정하는 사람으로 구성한다.
> ② 협력회의 의장(이하 "의장"이라 한다)은 대통령이 된다.
> ③ 협력회의 부의장(이하 "부의장"이라 한다)은 국무총리와 「지방자치법」 제182조제1항제1호에 따라 설립된 시·도지사 협의체의 대표자(이하 "시·도지사협의장"이라 한다)가 공동으로 된다.
> 제4조(심의 결과의 활용) ① 국가 및 지방자치단체는 협력회의의 심의 결과를 존중하고 성실히 이행하여야 한다.
> ② 국가 및 지방자치단체는 심의 결과에 따른 조치 계획 및 이행 결과를 협력회의에 보고하여야 한다.
> ③ 국가 또는 지방자치단체는 제1항에도 불구하고 심의 결과를 이행하기 어려운 특별한 사유가 있는 경우에는 그 사유와 향후 조치 계획을 협력회의에 보고하여야 한다.
> 「중앙지방협력회의의 구성 및 운영에 관한 법률에 관한 시행령」
> 제4조(의사정족수 및 의결정족수) 협력회의는 구성원 3분의 2 이상의 출석으로 개의(開議)하고, 출석구성원 과반수의 찬성으로 의결한다.

**정답 ④**

## 081
2023 지방 7급 지방자치론

행정협의조정위원회와 중앙지방협력회의에 대한 설명으로 옳은 것은?

① 지역 간 균형발전 또는 지방자치단체의 재정 및 세제에 영향을 미치는 국가 정책에 관한 사항을 심의하기 위해 행정협의조정위원회를 둔다.
② 행정협의조정위원회는 기획재정부장관을 위원장으로 하고, 13명 이내의 위원으로 구성한다.
③ 시·군 및 자치구의회의 의장이 상호 간의 교류와 협력을 증진하고 공동의 문제를 협의하기 위하여 설립한 전국적 협의체의 대표자는 중앙지방협력회의의 구성원이 된다.
④ 중앙지방협력회의의 운영과 실무협의회의 업무를 효율적으로 지원하기 위해 행정안전부에 중앙지방협력회의 지방지원단을 둔다.

**풀이**

① [×] 중앙행정기관의 장과 지방자치단체의 장이 사무를 처리할 때 의견을 달리하는 경우 이를 협의·조정하기 위하여 국무총리 소속으로 행정협의조정위원회를 둔다(「지방자치법」 제187조). 지역 간 균형발전 또는 지방자치단체의 재정 및 세제에 영향을 미치는 국가 정책에 관한 사항 등을 심의하기 위한 것은 **중앙지방협력회의**이다(「중앙지방협력회의의 구성 및 운영에 관한 법률」 제2조).
② [×] 행정협의조정위원회는 위원장 1명을 포함하여 13명 이내의 위원으로 구성한다. **위원장은 기획재정부장관이나 행정안전부장관 등 외에 국무총리가 위촉한 위촉위원 중에서 국무총리가 위촉**한다(「지방자치법」 제187조).
③ [O] 중앙지방협력회의는 대통령, 국무총리, 기획재정부장관, 교육부장관, 행정안전부장관, 국무조정실장, 법제처장, 특별시장·광역시장·특별자치시장·도지사·특별자치도지사, 「지방자치법」 제182조의 규정에 따라 지방자치단체의 장이나 지방의회의 의장은 상호 간의 교류와 협력을 증진하고, 공동의 문제를 협의하기 위하여 만든 **전국적 협의체의 대표자** 및 그 밖에 대통령령으로 정하는 사람으로 구성한다(「중앙지방협력회의의 구성 및 운영에 관한 법률」 제3조).
④ [×] 협력회의 운영과 실무협의회의 업무를 효율적으로 지원(제2항에 따른 지방 안건의 발굴·조정 지원은 제외한다)하기 위해 행정안전부에 **중앙지방협력회의중앙지원단**(이하 "중앙지원단"이라 한다)을 둔다(「중앙지방협력회의의 구성 및 운영에 관한 법률 시행령」 제12조).

**정답 ③**

# CHAPTER 04 지방자치단체의 재정

## 001
2006 선관위 9급

지방재정과 중앙재정을 비교 설명한 것으로 가장 옳은 것은?

① 지방재정은 자원배분기능, 소득재분배기능, 경제안정화 기능 등 포괄적인 기능을 수행하는 반면, 중앙재정은 주로 자원배분기능을 중심적으로 수행한다.
② 재원조달방식에 있어 중앙정부는 지방정부에 비해 조세 이외의 보다 다양한 세입원에 의존하고 있다.
③ 지방정부의 재정운용은 중앙정부에 비해 주민의 선호에 더욱 민감하게 작용한다.
④ 중앙재정은 지방재정과 비교할 때 공평성보다는 자원배분의 효율성을 상대적으로 더 중시한다.

### 풀이
① [×] 자원배분기능, 소득재분배기능, 경제안정화 기능 등 **포괄적인 기능을 수행하는 것은 중앙정부의 재정**이고 자원배분기능을 중심적으로 수행하는 것은 지방재정이다.
② [×] 재원조달방식에 있어 중앙정부는 대부분의 수입을 조세에 의해 조달하지만 **지방정부는 조세 이외에도 의존재원에 해당하는 국고보조금, 지방교부세 등의 다양한 세입원에 의존**하고 있다.
③ [○] 지방자치는 주민의 직접적 참여가 용이하고 수익자부담주의에 근거해 운영하게 되므로 지방재정은 주민의 선호에 더욱 민감하게 반응한다.
④ [×] 전국적 차원에서 **소득재분배를 통한 공평성을 강조하는 것은 중앙재정**이며 지방재정은 자원배분의 효율성을 더 중시한다.

**정답 ③**

## 002
2015 지방 9급

다음 중 소규모 자치행정 구역을 지지하는 논리로 맞는 것을 모두 고른 것은?

> ㄱ. 티부(Tiebout) 모형을 지지하는 공공선택이론가들의 관점
> ㄴ. 새뮤얼슨(Samuelson)의 공공재 공급 이론
> ㄷ. 지역격차의 완화에 공헌
> ㄹ. 주민과 지방정부 간의 소통·접촉기회 증대

① ㄱ, ㄷ
② ㄱ, ㄹ
③ ㄴ, ㄷ
④ ㄴ, ㄹ

### 풀이
ㄱ. [○] 티부가설은 다수의 이질적인 지방정부가 존재하며 주민이 지방정부를 자유롭게 선택할 수 있다고 보는 소규모의 이질적인 자치구역에 대한 지방자치의 당위성을 옹호하는 이론이다.
ㄴ. [×] **새뮤얼슨(Samuelson)은** 공공재의 적정공급은 국민의 선호와 관계없이 정치적 과정에 의해 공급된다고 보는 **중앙정부 차원의 공공재 이론을 주장**한다.
ㄷ. [×] 소규모 자치행정 구역을 지지하는 논리의 경우 **지방정부 간 경쟁원리에 의한 지역 간 격차가 강화**될 수 있어 형평성이 저하될 수 있다.
ㄹ. [○] 소규모 자치행정 구역을 지지하는 논리의 경우 주민의 선호 표출로 주민과 지방정부 간 소통·접촉 기회가 증대된다.

**정답 ②**

## 003

2017 서울 7급 지방자치론

티보우(Tiebout) 가설에 대한 설명으로 가장 옳지 않은 것은?

① 발에 의한 투표(voting with feet)를 통해 지방자치단체 간 경쟁을 촉진할 수 있다고 강조한다.
② 무임승차(free rider) 문제는 정치적 수단으로 해결될 수 있다고 주장한다.
③ 적정수준의 지방자치단체가 될 때까지 주민구성의 재분류가 일어난다고 지적한다.
④ 지방공공재를 공급하는 분권화된 체제의 효율성을 통해 지방자치의 당위성을 강조한다.

**풀이**

① [O] 티부가설은 발에 의한 투표, 다시 말해 이동을 통해 지방정부를 선택하는 과정에서 지방자치단체 간 경쟁을 촉진할 수 있다고 본다.
② [X] 실제 지방자치를 진행하는 과정에서 공공재에 의한 외부효과가 발생하지만, 티부가설은 공공재의 비배제성으로 인해 발생하는 무임승차로 인한 외부효과가 존재하지 않는다고 가정한다. 따라서 **무임승차 문제의 해결에 대한 방법을 따로 제시하지 않는다.**
③ [O] 티부가설은 모든 지방정부에 고정적 생산요소가 존재한다고 전제하며 지방정부별로 적정한 주민 수가 정해져 있다고 본다. 경쟁적인 지방정부는 각기 적정한 수준의 지방자치단체를 구성할 때까지 여러 가지 경제적 유인책을 주민에게 제공하게 되며, 이 과정에서 주민구성의 재분류가 일어나게 된다.
④ [O] 티부가설은 지방공공재를 공급하는 분권화된 체제의 효율성을 통해 지방자치의 당위성을 강조한다.

**정답 ②**

## 004

2016 국가 9급

티부(Tiebout) 모형의 가정(assumptions)으로 옳지 않은 것은?

① 충분히 많은 수의 지방정부가 존재한다.
② 공급되는 공공서비스는 지방정부 간에 파급 효과 및 외부효과를 발생시킨다.
③ 주민들은 언제나 자유롭게 이동할 수 있다.
④ 주민들은 지방정부들의 세입과 지출 패턴에 관하여 완전히 알고 있다.

**풀이**

① [O] 티부가설은 소규모 지방정부 간 경쟁을 강조하는 이론으로 공공서비스를 공급하는 지방정부가 충분히 많은 수로 존재한다고 전제한다.
② [X] 공공서비스의 파급효과는 타 지역의 주민도 거주하지 않는 지방자치단체의 공공서비스를 이용할 수 있는 것을 의미한다. 하지만 **티부가설은 공공서비스의 지방정부 간 파급효과나 외부효과가 나타나지 않는다고 전제한다.**
③ [O] 티부가설은 주민들이 언제나 자유롭게 이동할 수 있다고 본다.
④ [O] 티부가설은 주민들이 지방정부들의 세입과 지출 패턴에 대해 완전한 정보를 갖고 있다고 전제한다.

**정답 ②**

## 005

2014 지방 7급 지방자치론

지방공공재 공급에 대한 티보(Tiebout)의 가설과 가장 거리가 먼 것은?

① 주민들은 이주할 지방자치단체를 선택할 때 규모의 경제효과를 고려한다.
② 주민들은 자신이 살고 있는 지방자치단체의 서비스에 대해 완전한 정보를 가지고 있다.
③ 상이한 가격(조세)으로 서로 다른 서비스를 제공하는 수많은 지방자치단체가 존재한다.
④ 주민들은 자신들이 거주할 장소를 자유롭게 선택할 수 있다.

### 풀이

① [×] 티부가설에서는 지방자치단체별 공공재 생산에 있어 **규모의 경제가 존재하지 않는다고 가정**한다. 규모의 경제는 생산규모가 커질수록 평균생산비용이 절감되는 현상으로 중앙정부나 광역자치단체에 의한 공공재 생산이 소규모의 자치단체에 의한 공공재 생산보다 비용이 절감되는 경우 나타날 수 있다. 하지만 티부가설은 이러한 생산규모의 차이에 따른 지방 공공재 대량생산의 이익이 나타나지 않는다고 전제한다.
② [○] 티부가설은 지역 주민들은 자신이 살고 있는 지방자치단체의 서비스에 대해 완전한 정보를 가지고 있다고 전제한다.
③ [○] 티부가설은 조세로 평가되는 상이한 가격으로 차별적인 서비스를 제공하는 수많은 지방자치단체가 존재한다고 전제한다.
④ [○] 티부가설은 주민들의 완전한 이동성을 전제하며 누구나 자유롭게 자신이 거주할 장소를 선택할 수 있다고 본다.

**정답 ①**

## 006

2018 서울 7급 지방자치론

티부 가설(Tiebout hypothesis)의 내용에 대한 설명으로 가장 옳지 않은 것은?

① 지방공공재의 최적 공급규모 결정에 관한 이론이다.
② 지방정부가 합리적이고 자립적이라는 것을 전제로 한다.
③ 지방공공재 공급의 분권화가 효율적이라는 논리적 근거를 제공한다.
④ 외부효과와 규모의 경제효과가 존재하지 않는다는 것을 가정한다.

### 풀이

① [×] 티부가설은 공공재의 **최적 공급규모 결정에 대한 이론이 아니라** 경제학적 시장논리에 따라 소규모 지방정부 간의 경쟁에 의해 **공공재의 최적 분배가 달성될 수 있다고 보는 이론**이다.
② [○] 티부가설은 경제학적 가정에 따라 생산자인 지방정부와 소비자인 주민이 모두 합리적인 경제인이라는 가정하에 자립적인 생산이 가능하다고 본다.
③ [○] 티부가설은 지방공공재 공급의 분권화가 효율적이라는 논리적 근거를 제공한다.
④ [○] 티부가설은 지방공공재를 외부에서 이용할 수 있는 외부효과와 대량생산을 통한 비용절감효과를 의미하는 규모의 경제는 존재하지 않는다고 가정한다.

**정답 ①**

## 007
**2019 지방 7급 지방자치론**

티부 가설(Tiebout Hypothesis)에 대한 설명으로 옳지 않은 것은?

① 주민들은 더 나은 공공서비스를 제공하는 지역으로 이동한다고 본다.
② 외부효과의 배제, 복수의 지방정부, 완전한 정보 등을 전제조건으로 한다.
③ '복지의 자석효과'를 주장한 피터슨(Peterson)의 도시한계론의 영향을 받았다.
④ 분권적 배분체제에서는 공공재 공급이 효율적이지 못하다는 새뮤얼슨(Samuelson)의 이론을 반박한다.

### 풀이
① [O] 티부가설은 주민들은 더 나은 공공서비스를 제공하는 지역으로 자유롭게 이동한다고 전제하며 주민들의 지방정부에 대한 선호표시를 강조한다.
② [O] 티부가설은 다수의 지방정부 존재, 완전한 정부, 지역 간 자유로운 이동, 외부효과 부존재, 지방정부마다 고정적 생산요소의 존재, 단위당 평균비용 동일, 최선규모 추구, 재원으로서의 재산세, 배당수입에 의한 소득 등을 전제한다.
③ [X] 피터슨(Peterson)은 그의 저서 「도시한계론(City Limits)」(1981)에서 복지의 자석효과를 주장하였다. 복지의 자석효과란 복지서비스 수준의 격차에 따라 복지수급자의 이동이 발생하는 현상으로 지방정부는 복지의 자석효과를 방지하기 위해 복지정책보다 개발정책에 우선순위를 둔다. 이러한 **피터슨의 견해가 티부가설(1956)의 영향을 받아 등장**했다.

> <피터슨의 복지의 자석효과>
> 복지의 자석효과는 재분배정책 수준의 차이에 따른 주민이동을 설명하는 개념으로 지방정부의 재분배정책은 복지수요인구의 유입을 촉진시키지만 노동가능한 인구들을 오히려 유출시키는 결과를 초래하기 때문에 지방정부는 재분배정책보다 개발정책에 더 우선순위를 두는 과정을 설명했다.

④ [O] 새뮤얼슨(Samuelson)은 공공재는 중앙정부가 생산할 사회적 최적 수준을 달성할 수 있다고 보며 중앙집권적 공공재의 공급을 강조했던 학자이다. 티부가설은 새뮤얼슨의 이론에 반박하며 분권적 체제에서 공공재 공급의 효율성이 나타날 수 있다고 보았다.

**정답 ③**

## 008
**2022 지방 9급**

티부(Tiebout) 모형의 전제조건으로 옳지 않은 것은?

① 시민의 이동성
② 외부효과의 배제
③ 고정적 생산요소의 부존재
④ 지방정부 재정패키지에 대한 완전한 정보

### 풀이
티부가설은 주민들의 자유로운 지방정부 선택이 공공재의 적정규모를 결정할 수 있다고 설명한 이론으로 대표적인 공공선택이론에 해당한다.
① [O] 티부가설은 시민들의 자유로운 이동을 전제조건으로 본다.
② [O] 지방정부가 제공하는 공공서비스의 외부효과를 인정하지 않는 것은 티부가설의 대표적인 전제 중 하나이다.
③ [X] 티부가설은 **모든 지방정부가 최소 한 가지 이상의 고정적 생산요소를 갖고 있다고 전제**한다.
④ [O] 티부가설은 모든 지방정부의 공공재와 조세에 대한 정보가 공개되어 주민이 그 내용을 알 수 있다고 전제한다.

**정답 ③**

## 009

2021 국가 7급

오츠(Oates)의 분권화정리가 성립하기 위한 조건에 대한 설명으로 옳은 것만을 모두 고르면?

> ㄱ. 중앙정부의 공공재 공급 비용이 지방정부의 공공재 공급 비용보다 더 적게 든다.
> ㄴ. 공공재의 지역 간 외부효과가 없다.
> ㄷ. 지방정부가 해당 지역에서 파레토 효율적 수준으로 공공재를 공급한다.

① ㄱ
② ㄷ
③ ㄱ, ㄴ
④ ㄴ, ㄷ

**풀이**

오츠의 분권화 정리는 지방에서 공급하는 공공재에 중앙정부의 공급으로 인한 비용 절감 및 지역 간 외부효과가 나타나지 않는다면 지방정부가 각 지역별로 파레토 효율이 성립하는 수준에서 공공재를 공급하는 경우가 중앙정부가 모든 지역에 대해 획일적 수준의 공공재를 공급할 때보다 사회적 효율성이 최소한 같거나 더 높다고 보는 이론이다.

ㄱ. [×] 오츠는 **분권화 정리가 성립하기 위한 조건으로 지방 공공재의 중앙공급으로 인한 비용 절감 효과가 없어야 한다**고 본다.
ㄴ. [ㅇ] 오츠는 분권화 정리가 성립하기 위한 조건으로 공공재의 지역 간 외부효과가 없어야 한다고 본다.
ㄷ. [ㅇ] 오츠는 지방정부가 각 지역별로 파레토 효율적 수준의 공공재를 공급할 경우를 가정한다.

**정답 ④**

## 010

2017 서울 7급 지방자치론

다음 중 지방자치재정의 운용원칙에 관한 설명으로 옳지 않은 것은?

① 건전재정의 원칙: 최소의 경비로써 최대의 서비스를 행할 수 있도록 그 재정을 보다 합리적이고 효율적으로 운용해야 한다.
② 장기적 재정안정의 원칙: 예산의 집행, 정책과 사업계획 수립의 행위 등을 하고자 할 때에는 장기적인 안정이 유지되도록 하여야 한다.
③ 재정질서 유지의 원칙: 국가 또는 다른 지방자치단체에 부당한 영향을 미치는 지방재정운용을 하여서는 안 된다.
④ 지방재정운영 조화의 원칙: 지방재정운영에 조화되는 한도 안에서 실행해야 하고 국가시책 및 국가정책의 시행을 우선해야 한다.

**풀이**

**내용정리 지방재정의 운용원칙**

| 건전재정의 원칙 | 지방재정을 건전하게 운용해 재정수지의 적자 방지하고 최소비용과 최대편익으로 능률적 생산을 진행해야 한다. |
|---|---|
| 국가재정준수의 원칙 | 국가의 재정정책에 반하는 재정운용을 하지 않으며, 지방재정을 국가정책과 조화롭게 운용해야 한다. |
| 재정질서유지의 원칙 | 국가 또는 다른 지방자치단체에 부당한 영향을 미치는 재정운용을 하지 않는다. |
| 장기적 재정안정의 원칙 | 재정은 장기적인 재정안정을 고려해 운용해야 한다. |
| 재정자주성의 원칙 | 국가는 지방재정의 자주성과 건전한 운영을 조력해야 하며 지방자치단체에 국가부담을 전가해서는 안된다. |
| 양성평등의 원칙 | 국가예산과 마찬가지로 성인지 예·결산서 작성을 의무화해 예산의 형평성을 고려한다. |

① [ㅇ] 건전재정의 원칙은 지방재정의 재정수지 적자를 방지하는 것과 더불어 최소의 경비로써 최대의 서비스를 행할 수 있도록 그 재정을 보다 합리적이고 효율적으로 운용해야 한다는 원칙이다.
② [ㅇ] 장기적 재정안정의 원칙은 재정을 운용하는 과정에서 장기적인 안정성을 고려해야 한다는 원칙이다.
③ [ㅇ] 재정질서 유지의 원칙은 국가 또는 다른 지방자치단체에 부당한 영향을 미치는 재정 운영을 하여서는 안된다는 원칙이다.
④ [×] 지방재정운영 시 지방재정을 국가정책과 조화롭게 운영해야 하며, 이를 위해 지방재정을 국가정책에 반해 운영해서는 안된다는 원칙은 지방재정운영 조화의 원칙이 아닌 **국가재정준수의 원칙**이다.

**정답 ④**

## 011
2018 서울 7급 지방자치론

**지방재정운영에 대한 설명으로 가장 옳지 않은 것은?**

① 지방자치단체는 그 재정을 수지균형의 원칙에 따라 건전하게 운영하여야 한다.
② 국가는 지방재정의 자주성과 건전한 운영을 조장하여야 한다.
③ 지방자치단체가 국가시책을 달성하기 위하여 필요한 경비에 대한 국고보조율과 지방비부담률은 법령으로 정한다.
④ 지방자치단체의 특별회계는 법률로만 정할 수 있다.

### 풀이
① [○] 지방자치단체는 건전재정의 원칙에 따라 재정을 수지균형의 원칙에 따라 건전하게 운영하여야 한다.
② [○] 국가는 건전재정의 원칙에 따라 지방재정의 자주성과 건전한 운영을 조장하여야 한다.

> 「지방자치법」 제137조(건전재정의 운영) ① 지방자치단체는 그 재정을 수지균형의 원칙에 따라 건전하게 운영하여야 한다.
> ② 국가는 지방재정의 자주성과 건전한 운영을 장려하여야 하며, 국가의 부담을 지방자치단체에 넘겨서는 아니 된다.

③ [○] 지방자치단체가 국가시책을 달성하기 위하여 필요한 경비에 대한 국고보조율과 지방비부담률은 법령으로 정한다.

> 「지방자치법」 제138조(국가시책의 구현) ① 지방자치단체는 국가시책을 달성하기 위하여 노력하여야 한다.
> ② 제1항에 따라 국가시책을 달성하기 위하여 필요한 경비의 국고보조율과 지방비부담률은 법령으로 정한다.

④ [×] **지방자치단체의 특별회계는** 법률로만 설치할 수 있는 중앙정부의 특별회계와 달리 **법률이나 조례로 설치할 수 있다.**

> 「지방자치법」 제141조(회계의 구분) ① 지방자치단체의 회계는 일반회계와 특별회계로 구분한다.
> ② 특별회계는 법률이나 지방자치단체의 조례로 설치할 수 있다.

정답 ④

## 012
2013 지방 7급

**우리나라 특별회계에 대한 설명으로 옳지 않은 것은?**

① 특별회계 설립 주체에 따라 중앙정부 특별회계와 지방자치단체특별회계로 구분한다.
② 특정한 사업을 운영하기 위한 중앙정부 특별회계의 일례로 교육비특별회계가 있다.
③ 지방공기업법에 따라 설립된 모든 지방직영기업은 지방자치단체 공기업특별회계 대상이다.
④ 중앙정부의 기업특별회계에는 책임운영기관특별회계와 정부기업예산법의 적용을 받는 우편사업·우체국예금·양곡관리·조달특별회계가 있다.

### 풀이

**내용정리** 중앙정부와 지방정부의 특별회계

| | | |
|---|---|---|
| 중앙정부 | 기업 | · 정부기업예산법: 우편사업, 우체국예금, 양곡관리, 조달<br>· 책임운영기관의 설치·운영에 관한 법률에 의해 설치되는 특별회계 |
| | 기타 | 국가균형발전 특별법, 교도작업의 운영 및 특별회계에 관한 법률, 행복도시 특별법, 교통시설특별회계법 등 |
| 지방정부 | 공기업 | 지방공기업법에 의한 지방직영기업 특별회계(상하수도사업과 공영개발사업 등) |
| | 교육비 | 지방교육재정 확충을 위한 특별회계(중앙정부와의 차이점) |
| | 기타 | 도시개발특별회계, 공단조성 특별회계 등 |

① [○] 국가와 자치단체는 특별회계를 설치할 수 있으며 설립주체에 따라 국가가 설치하는 경우 중앙정부 특별회계, 자치단체가 설치하는 경우 지방자치단체 특별회계로 구분할 수 있다.
② [×] **교육비 특별회계는** 중앙정부가 아니라 **지방정부의 특별회계**로 목적세인 교육세와 지방교육세를 재원으로 운영되는 광역자치단체 특별회계이다.
③ [○] 「지방공기업법」에 따라 설립된 모든 지방직영기업은 지방자치단체 공기업특별회계 대상이다.
④ [○] 중앙정부의 기업특별회계에는 책임운영기관특별회계와 「정부기업예산법」의 적용을 받는 우편사업·우체국예금·양곡관리·조달특별회계가 있다.

정답 ②

## 013
2016 서울 7급 지방자치론

다음 중 지방자치단체의 채무 및 채권관리에 대한 설명으로 가장 옳지 않은 것은?

① 지방자치단체조합은 따로 법률로 정하는 바에 따라 지방채를 발행할 수 있다.
② 지방자치단체의 장은 공익을 위하여 필요하다고 인정하면 지방의회의 의결없이 보증채무부담행위를 할 수 있다.
③ 지방자치단체의 장은 따로 법률로 정하는 바에 따라 지방자치단체의 채무부담의 원인이 될 계약을 체결할 수 있다.
④ 지방자치단체는 조례나 계약에 의하지 아니하고는 그 채무의 이행을 지체할 수 없다.

### 풀이
① [O] 지방자치단체조합은 따로 법률로 정하는 바에 따라 지방채를 발행할 수 있다.
② [X] 지방자치단체의 장이 공익을 위하여 필요한 경우 **보증채무부담행위를 하려면 지방의회의 의결을 받아야 한다.**
③ [O] 지방자치단체의 장은 따로 법률로 정하는 바에 따라 지방자치단체의 채무부담의 원인이 될 계약을 체결할 수 있다.
④ [O] 지방자치단체는 조례나 계약에 의하지 아니하고는 그 채무의 이행을 지체할 수 없다.

> 「지방자치법」 제139조(지방채무 및 지방채권의 관리) ① 지방자치단체의 장이나 지방자치단체조합은 따로 법률로 정하는 바에 따라 지방채를 발행할 수 있다.
> ② 지방자치단체의 장은 따로 법률로 정하는 바에 따라 지방자치단체의 채무부담의 원인이 될 계약의 체결이나 그 밖의 행위를 할 수 있다.
> ③ 지방자치단체의 장은 공익을 위하여 필요하다고 인정하면 미리 지방의회의 의결을 받아 보증채무부담행위를 할 수 있다.
> ④ 지방자치단체는 조례나 계약에 의하지 아니하고는 채무의 이행을 지체할 수 없다.
> ⑤ 지방자치단체는 법령이나 조례의 규정에 따르거나 지방의회의 의결을 받지 아니하고는 채권에 관하여 채무를 면제하거나 그 효력을 변경할 수 없다.

정답 ②

## 014
2013 지방 7급 지방자치론

우리나라 지방자치단체의 재정 운영에 대한 설명으로 옳지 않은 것은?

① 지방자치단체는 특정한 자금을 운용하기 위한 기금을 설치할 수 있다.
② 예비비의 지출은 다음 연도 지방의회의 승인을 받아야 한다.
③ 지방의회는 지방자치단체장의 동의 없이 지출예산을 증액하거나 새로운 비목을 설치할 수 없다.
④ 지방자치단체장은 직권으로 보증채무부담행위를 할 수 있다.

### 풀이
① [O] 지방자치단체는 행정목적을 달성하기 위한 경우나 공익상 필요한 경우에는 재산을 보유하거나 특정한 자금을 운용하기 위한 기금을 설치할 수 있다.

> 「지방자치법」 제159조(재산과 기금의 설치) ① 지방자치단체는 행정목적을 달성하기 위한 경우나 공익상 필요한 경우에는 재산(현금 외의 모든 재산적 가치가 있는 물건과 권리를 말한다)을 보유하거나 특정한 자금을 운용하기 위한 기금을 설치할 수 있다.
> ② 제1항의 재산의 보유, 기금의 설치·운용에 필요한 사항은 조례로 정한다.

② [O] 예비비의 지출은 다음 연도 지방의회의 승인을 받아야 한다.

> 「지방자치법」 제144조(예비비) ① 지방자치단체는 예측할 수 없는 예산 외의 지출이나 예산초과지출에 충당하기 위하여 세입·세출예산에 예비비를 계상하여야 한다.
> ② 예비비의 지출은 다음 해 지방의회의 승인을 받아야 한다.

③ [O] 지방의회는 지방자치단체의 장의 동의 없이 지출예산 각 항의 금액을 증가하거나 새로운 비용항목을 설치할 수 없다.

> 「지방자치법」 제142조(예산의 편성 및 의결)
> ③ 지방의회는 지방자치단체의 장의 동의 없이 지출예산 각 항의 금액을 증가시키거나 새로운 비용항목을 설치할 수 없다.

④ [X] 지방자치단체의 장이 **보증채무부담행위를 하는 경우 미리 지방의회의 의결을 받아야 한다.**

> 「지방자치법」 제139조(지방채무 및 지방채권의 관리)
> ③ 지방자치단체의 장은 공익을 위하여 필요하다고 인정하면 미리 지방의회의 의결을 받아 보증채무부담행위를 할 수 있다.

정답 ④

## 015

**2023 지방 7급 지방자치론**

**지방자치단체의 자치재정권에 대한 설명으로 옳지 않은 것은?**

① 지방자치단체의 장은 공익을 위하여 필요하다고 인정하면 미리 지방의회의 의결을 받아 보증채무부담행위를 할 수 있다.
② 지방자치단체는 공공시설의 이용 또는 재산의 사용에 대하여는 사용료를 징수할 수 없다.
③ 지방자치단체는 행정목적을 달성하기 위한 경우나 공익상 필요한 경우에는 특정한 자금을 운용하기 위한 기금을 설치할 수 있다.
④ 지방자치단체의 장은 지방채 발행 한도액 범위더라도 외채를 발행하는 경우에는 지방의회의 의결을 거치기 전에 행정안전부장관의 승인을 받아야 한다.

### 풀이

① [○] 지방자치단체의 장은 공익을 위하여 필요하다고 인정하면 미리 지방의회의 의결을 받아 보증채무부담행위를 할 수 있다(제139조).

> 「지방자치법」 제139조(지방채무 및 지방채권의 관리) ① 지방자치단체의 장이나 지방자치단체조합은 따로 법률로 정하는 바에 따라 지방채를 발행할 수 있다.
> ② 지방자치단체의 장은 따로 법률로 정하는 바에 따라 지방자치단체의 채무부담의 원인이 될 계약의 체결이나 그 밖의 행위를 할 수 있다.
> ③ 지방자치단체의 장은 공익을 위하여 필요하다고 인정하면 미리 지방의회의 의결을 받아 보증채무부담행위를 할 수 있다.
> ④ 지방자치단체는 조례나 계약에 의하지 아니하고는 채무의 이행을 지체할 수 없다.
> ⑤ 지방자치단체는 법령이나 조례의 규정에 따르거나 지방의회의 의결을 받지 아니하고는 채권에 관하여 채무를 면제하거나 그 효력을 변경할 수 없다.

② [×] 지방자치단체는 공공시설의 이용 또는 재산의 **사용에 대하여 사용료를 징수할 수 있다**(「지방자치법」 제153조).

③ [○] 지방자치단체는 행정목적을 달성하기 위한 경우나 공익상 필요한 경우에는 재산(현금 외의 모든 재산적 가치가 있는 물건과 권리를 말한다)을 보유하거나 특정한 자금을 운용하기 위한 기금을 설치할 수 있다(「지방자치법」 제159조).

④ [○] 지방자치단체의 장은 지방채 발행 한도액 범위더라도 외채를 발행하는 경우에는 지방의회의 의결을 거치기 전에 행정안전부장관의 승인을 받아야 한다.

> 「지방재정법」 제11조(지방채의 발행) ① 지방자치단체의 장은 다음 각 호를 위한 자금 조달에 필요할 때에는 지방채를 발행할 수 있다. 다만, 제5호 및 제6호는 교육감이 발행하는 경우에 한한다.
> ② 지방자치단체의 장은 제1항에 따라 지방채를 발행하려면 재정 상황 및 채무 규모 등을 고려하여 대통령령으로 정하는 지방채 발행 한도액의 범위에서 지방의회의 의결을 얻어야 한다. 다만, 지방채 발행 한도액 범위더라도 외채를
> ③ 지방자치단체의 장은 제2항에도 불구하고 대통령령으로 정하는 바에 따라 행정안전부장관과 협의한 경우에는 그 협의한 범위에서 지방의회의 의결을 얻어 제2항에 따른 지방채 발행 한도액의 범위를 초과하여 지방채를 발행할 수 있다. 다만, 재정책임성 강화를 위하여 재정위험수준, 재정 상황 및 채무 규모 등을 고려하여 대통령령으로 정하는 범위를 초과하는 지방채를 발행하는 경우에는 행정안전부장관의 승인을 받은 후 지방의회의 의결을 받아야 한다.

**정답 ②**

## 016

2019 서울 7급 지방자치론

**지방자치단체의 재정운영 원칙에 대한 설명으로 가장 옳지 않은 것은?**

① 지방자치단체는 예산이 여성과 남성에게 미치는 효과를 평가하고, 그 결과를 예산에 반영하기 위하여 노력하여야 한다.
② 지방자치단체조합의 장이 발행한 지방채에 대해서는 그 상환과 이자 지급에 관하여 조합과 그 구성원인 지방자치단체가 연대책임을 진다.
③ 목적세에 따른 세입·세출은 다른 법률에 규정이 있는 경우를 포함하여 특별회계를 설치·운용하여야 한다.
④ 지방의회는 지방자치단체장의 동의 없이 새로운 비용 항목을 설치할 수 없다.

### 풀이

① [○] 지방자치단체는 예산이 여성과 남성에게 미치는 효과를 평가하고, 그 결과를 예산에 반영하기 위하여 성인지 예산서를 작성해 예산안에 첨부해야 한다.

> 「지방재정법」 제36조의2(성인지 예산서의 작성·제출) ① 지방자치단체의 장은 예산이 여성과 남성에게 미칠 영향을 미리 분석한 보고서[이하 "성인지 예산서"(性認知 豫算書)라 한다]를 작성하여야 한다.
> ② 「지방자치법」 제142조에 따른 예산안에는 성인지 예산서가 첨부되어야 한다.
> ③ 그 밖에 성인지 예산서의 작성에 관한 구체적인 사항은 대통령령으로 정한다

② [○] 지방자치단체조합의 장이 발행한 지방채에 대해서는 그 상환과 이자 지급에 관하여 조합과 그 구성원인 지방자치단체가 연대책임을 진다.

> 「지방재정법」 제11조(지방채의 발행) ④ 「지방자치법」 제176조에 따른 지방자치단체조합의 장은 그 조합의 투자사업과 긴급한 재난복구 등을 위한 경비를 조달할 필요가 있을 때 또는 투자사업이나 재난복구사업을 지원할 목적으로 지방자치단체에 대부할 필요가 있을 때에는 지방채를 발행할 수 있다. 이 경우 행정안전부장관의 승인을 받은 범위에서 조합의 구성원인 각 지방자치단체 지방의회의 의결을 얻어야 한다.
> ⑤ 제4항에 따라 발행한 지방채에 대하여는 조합과 그 구성원인 지방자치단체가 그 상환과 이자의 지급에 관하여 연대책임을 진다.

③ [×] 목적세에 따른 세입·세출은 **다른 법률에 특별한 규정이 있는 경우를 제외하고는 특별회계를 설치·운용**하여야 한다.

> 「지방재정법」 제9조(회계의 구분) ① 지방자치단체의 회계는 일반회계와 특별회계로 구분한다.
> ② 특별회계는 「지방공기업법」에 따른 지방직영기업이나 그 밖의 특정사업을 운영할 때 또는 특정자금이나 특정세입·세출로서 일반세입·세출과 구분하여 회계처리할 필요가 있을 때에만 법률이나 조례로 설치할 수 있다. 다만, 목적세에 따른 세입·세출은 다른 법률에 특별한 규정이 있는 경우를 제외하고는 특별회계를 설치·운용하여야 한다.

④ [○] 지방의회는 지방자치단체장의 동의 없이 새로운 비용 항목을 설치할 수 없다.

> 「지방자치법」 제142조(예산의 편성 및 의결) ③ 지방의회는 지방자치단체의 장의 동의 없이 지출예산 각 항의 금액을 증가시키거나 새로운 비용항목을 설치할 수 없다.

정답 ③

## 017

2014 서울 7급 지방자치론

다음 중 우리나라 지방자치단체의 예산과 결산에 대한 설명으로 옳은 것은?

① 지방자치단체의 회계연도는 매년 3월 1일에 시작하여 다음 해 2월 28일에 끝난다.
② 특별회계는 지방자치단체의 조례로만 설치할 수 있다.
③ 예비비의 지출은 다음 연도 지방의회의 승인을 받아야 한다.
④ 한 회계연도를 넘어 계속하여 경비를 지출할 필요가 있으면 추가경정예산안을 편성한다.
⑤ 예산을 변경할 필요가 있으면 계속비로서 지방의회의 의결을 받아야 한다.

### 풀이

① [×] 지방자치단체의 회계연도는 **매년 1월 1일에 시작하여 그 해 12월 31일에 끝난다.**
② [×] 「지방공기업법」에 따른 지방직영기업이나 그 밖의 특정사업을 운영할 때 또는 특정자금이나 특정세입·세출로서 일반세입·세출과 구분하여 회계처리할 필요가 있을 때에만 **법률이나 조례로 설치할 수 있다.**
③ [○] 예비비의 지출은 다음 연도 지방의회의 승인을 받아야 한다.

> 「지방자치법」 제144조(예비비) ① 지방자치단체는 예측할 수 없는 예산 외의 지출이나 예산초과지출에 충당하기 위하여 세입·세출예산에 예비비를 계상하여야 한다.
> ② 예비비의 지출은 다음 해 지방의회의 승인을 받아야 한다.

④ [×] **한 회계연도를 넘어 계속하여 경비를 지출할 필요가 있으면** 추가경정예산안이 아닌 **계속비를 편성**한다. 추가경정예산은 예산 성립 후 추가적인 지출이 필요할 때 편성한다.
⑤ [×] **이미 성립한 예산을 변경할 필요가 있으면 추가경정예산으로서** 지방의회의 의결을 받아야 한다.

정답 ③

## 018

2019 서울 7급 지방자치론

지방의회의 의결을 통과하기 전에 일부 변경하여 제출하는 예산을 뜻하는 것은?

① 가예산
② 잠정예산
③ 추가경정예산
④ 수정예산

### 풀이

① [×] **가예산은 예산불성립 시 1개월 단위로 임시 예산을 편성**해 의회의 의결을 받아 집행하는 예산으로 우리나라 중앙정부의 1공화국 시기에 채택되었던 임시적 예산제도이다.
② [×] **잠정예산은 예산불성립 시 수개월 단위로 임시 예산을 편성**해 의회의 의결을 받아 운영하는 예산으로 미국과 일본에서 사용한 임시적 예산제도이다.
③ [×] **추가경정예산**은 예산이 의회의결로 확정된 이후에 **이미 확정된 예산을 변경할 필요가 있는 경우에 추가적으로 편성**하는 예산이다.
④ [○] 정부가 예산안을 의회에 제출한 후에 의결되기 전 내용의 일부를 변경해 제출하는 예산은 수정예산이다.

> 「지방자치법」 제142조(예산의 편성 및 의결)
> ④ 지방자치단체의 장은 제1항의 예산안을 제출한 후 부득이한 사유로 그 내용의 일부를 수정하려면 수정예산안을 작성하여 지방의회에 다시 제출할 수 있다.

정답 ④

## 019

2015 지방 7급 지방자치론

「지방재정법」상 지방자치단체의 예산에 대한 설명으로 옳지 않은 것은?

① 예산안에는 성인지 예산서가 첨부되어야 한다.
② 한 회계연도의 모든 수입을 세입으로 하고 모든 지출을 세출로 한다.
③ 지방자치단체의 장은 매년 다음 회계연도부터 5회계연도 이상의 기간에 대한 중기지방재정계획을 수립하여 지방의회에 제출하여야 한다.
④ 지방의회의 소속으로 설치하여야 하는 지방재정투자심사위원회는 다른 위원회가 그 기능을 대신할 수 없다.

### 풀이

① [O] 우리나라 「지방재정법」상 예산안에는 성인지 예산서가 첨부되어야 한다.

> 「지방재정법」 제36조의2(성인지 예산서의 작성·제출) ① 지방자치단체의 장은 예산이 여성과 남성에게 미칠 영향을 미리 분석한 보고서[이하 "성인지 예산서"(性認知 豫算書)라 한다]를 작성하여야 한다.
> ② 「지방자치법」 제142조에 따른 예산안에는 성인지 예산서가 첨부되어야 한다.

② [O] 중앙정부와 마찬가지로 지방정부의 예산안은 예산총계주의 원칙(완전성의 원칙)에 따라 한 회계연도의 모든 수입을 세입으로 하고 모든 지출을 세출로 한다.

> 「지방재정법」 제34조(예산총계주의 원칙) ① 한 회계연도의 모든 수입을 세입으로 하고 모든 지출을 세출로 한다.
> ② 세입과 세출은 모두 예산에 편입하여야 한다.
> ③ 지방자치단체가 현물로 출자하는 경우와 「지방자치단체 기금관리기본법」제2조에 따른 기금을 운용하는 경우 또는 그 밖에 대통령령으로 정하는 사유로 보관할 의무가 있는 현금이나 유가증권이 있는 경우에는 제2항에도 불구하고 이를 세입·세출예산 외로 처리할 수 있다.

③ [O] 지방자치단체의 장은 매년 다음 회계연도부터 5회계연도 이상의 기간에 대한 중기지방재정계획을 수립하여 지방의회에 제출하여야 한다.

> 「지방재정법」 제33조(중기지방재정계획의 수립 등) ① 지방자치단체의 장은 지방재정을 계획성 있게 운용하기 위하여 매년 다음 회계연도부터 5회계연도 이상의 기간에 대한 중기지방재정계획을 수립하여 예산안과 함께 지방의회에 제출하고, 회계연도 개시 30일 전까지 행정안전부장관에게 제출하여야 한다.

④ [X] 지방재정투자심사위원회는 지방의회가 아닌 지방자치단체의 장 소속으로 설치되며, 지방재정투자심사위원회의 기능을 담당하기 **적합한 다른 위원회가 있다면 조례로 정하는 바에 따라 지방재정투자심사위원회의 기능을 대신할 수 있다.**

> 「지방재정법」 제37조의3(지방재정투자심사위원회) ① 투자심사에 관한 지방자치단체의 장의 자문에 응하기 위하여 지방자치단체의 장 소속으로 지방재정투자심사위원회를 둔다. 다만, 지방재정투자심사위원회의 기능을 담당하기에 적합한 다른 위원회가 있고 그 위원회의 위원이 지방재정 또는 투자심사에 관한 학식이나 전문성을 갖춘 경우에는 조례로 정하는 바에 따라 그 위원회가 지방재정투자심사위원회의 기능을 대신할 수 있다.

정답 ④

# 020
2016 지방 7급 지방자치론

지방자치단체의 예산과 결산에 대한 설명으로 옳지 않은 것은?

① 예산은 전통적으로 주민대표기관의 예산집행기관에 대한 통제의 수단으로서 발전하였다.
② 예산안의 편성권은 지방자치단체의 장에게만 있다.
③ 지방자치단체의 장은 출납 폐쇄 후 80일 이내에 결산서와 증빙서류를 작성하고 행정자치부(행정안전부)장관이 선임한 검사위원의 검사의견서를 첨부하여 다음 연도 지방의회의 승인을 받아야 한다.
④ 지방자치단체의 장은 지방의회의 결산 승인을 받으면 5일 이내에 시·도에서는 행정자치부(행정안전부)장관에게, 시·군 및 자치구에서는 시·도지사에게 각각 보고하고 그 내용을 고시하여야 한다.

## 풀이

① [○] 예산은 전통적으로 주민대표기관인 지방의회가 예산집행기관인 지방자치단체의 장을 통제하기 위한 수단으로서 발전하였다.
② [○] 우리나라의 지방자치단체의 예산안 편성권은 지방자치단체의 장에게만 있다.

> 「지방자치법」 제142조(예산의 편성 및 의결) ① 지방자치단체의 장은 회계연도마다 예산안을 편성하여 시·도는 회계연도 시작 50일 전까지, 시·군 및 자치구는 회계연도 시작 40일 전까지 지방의회에 제출하여야 한다.

③ [×] 지방자치단체의 장은 출납 폐쇄 후 80일 이내에 결산서와 증빙서류를 작성하고 행정안전부(행정자치부)장관이 아닌 **지방의회가 선임한 검사위원**의 검사의견서를 첨부하여 다음 연도 지방의회의 승인을 받아야 한다.
④ [○] 지방자치단체의 장은 지방의회의 결산 승인을 받으면 5일 이내에 시·도에서는 행정안전부(행정자치부)장관에게, 시·군 및 자치구에서는 시·도지사에게 각각 보고하고 그 내용을 고시하여야 한다.

> 「지방자치법」 제150조(결산) ① 지방자치단체의 장은 출납 폐쇄 후 80일 이내에 결산서와 증빙서류를 작성하고 지방의회가 선임한 검사위원의 검사의견서를 첨부하여 다음 해 지방의회의 승인을 받아야 한다. 결산의 심사 결과 위법하거나 부당한 사항이 있는 경우에 지방의회는 본회의 의결 후 지방자치단체 또는 해당 기관에 변상 및 징계 조치 등 그 시정을 요구하고, 지방자치단체 또는 해당 기관은 시정 요구를 받은 사항을 지체 없이 처리하여 그 결과를 지방의회에 보고하여야 한다.
> ② 지방자치단체의 장은 제1항에 따른 승인을 받으면 그날부터 5일 이내에 시·도에서는 행정안전부장관에게, 시·군 및 자치구에서는 시·도지사에게 각각 보고하고, 그 내용을 고시하여야 한다.

정답 ③

# 021
2018 국가 7급

「국가재정법」 및 「지방자치법」상 정부와 지방자치단체의 장은 국회와 지방의회에 회계연도 개시 며칠 전까지 예산안을 제출해야 하는가?

|   | 정부 | 광역 지방자치단체 | 기초 지방자치단체 |
|---|---|---|---|
| ① | 90일 | 40일 | 30일 |
| ② | 90일 | 50일 | 30일 |
| ③ | 120일 | 50일 | 40일 |
| ④ | 120일 | 50일 | 30일 |

## 풀이

③ [○] 「국가재정법」상 예산은 회계연도 개시 120일 전까지, 「지방자치법」상 지방예산은 광역단체의 경우 회계연도 개시 50일 전까지, 기초단체의 경우 40일 전까지 제출해야 한다.

> 「국가재정법」 제33조(예산안의 국회제출) 정부는 제32조의 규정에 따라 대통령의 승인을 얻은 예산안을 회계연도 개시 120일 전까지 국회에 제출하여야 한다.

> 「지방자치법」 제142조(예산의 편성 및 의결) ① 지방자치단체의 장은 회계연도마다 예산안을 편성하여 시·도는 회계연도 시작 50일 전까지, 시·군 및 자치구는 회계연도 시작 40일 전까지 지방의회에 제출하여야 한다.
> ② 시·도의회는 제1항의 예산안을 회계연도 시작 15일 전까지, 시·군 및 자치구의회는 회계연도 시작 10일 전까지 의결하여야 한다.

정답 ③

## 022

2023 지방 7급 지방자치론

**지방예산 편성 및 의결에 대한 설명으로 옳지 않은 것은?**

① 지방자치단체의 장이 예산을 편성할 때에는 중기지방재정계획과 투자심사 결과를 기초로 하여야 한다.
② 지방의회는 지방자치단체의 장의 동의가 없더라도 지출예산 각 항의 금액을 증가시키거나 새로운 비용 항목을 설치할 수 있다.
③ 지방의회는 시·도의 경우 회계연도 시작 15일 전까지, 시·군·자치구는 회계연도 시작 10일 전까지 예산안을 의결하여야 한다.
④ 지방자치단체의 장은 회계연도마다 예산안을 편성하여 시·도는 회계연도 시작 50일 전까지, 시·군·자치구는 회계연도 시작 40일 전까지 지방의회에 제출하여야 한다.

### 풀이

① [O] 지방자치단체의 장이 예산을 편성할 때에는 중기지방재정계획과 투자심사 결과를 기초로 하여야 한다(제36조).

> 「지방재정법」 제36조(예산의 편성) ① 지방자치단체는 법령 및 조례로 정하는 범위에서 합리적인 기준에 따라 그 경비를 산정하여 예산에 계상하여야 한다.
> ② 지방자치단체는 모든 자료에 의하여 엄정하게 그 재원을 포착하고 경제 현실에 맞도록 그 수입을 산정하여 예산에 계상하여야 한다.
> ③ 지방자치단체는 세입·세출의 항목이 구체적으로 명시되도록 예산을 계상하여야 한다.
> ④ 지방자치단체의 장이 예산을 편성할 때에는 제33조에 따른 중기지방재정계획과 제37조에 따른 투자심사 결과를 기초로 하여야 한다.

② [×] 지방의회는 지방자치단체의 장의 동의 없이 지출예산 각 항의 금액을 증가시키거나 새로운 비용항목을 설치할 수 없다(「지방자치법」 제142조 3항).
③ [O] 시·도의회는 제항의 예산안을 회계연도 시작 15일 전까지, 시·군 및 자치구의회는 회계연도 시작 10일 전까지 의결하여야 한다(「지방자치법」 제142조 2항).
④ [O] 지방자치단체의 장은 회계연도마다 예산안을 편성하여 시·도는 회계연도 시작 50일 전까지, 시·군 및 자치구는 회계연도 시작 40일 전까지 지방의회에 제출하여야 한다(「지방자치법」 제142조 1항).

> 「지방자치법」 제142조(예산의 편성 및 의결) ① 지방자치단체의 장은 회계연도마다 예산안을 편성하여 시·도는 회계연도 시작 50일 전까지, 시·군 및 자치구는 회계연도 시작 40일 전까지 지방의회에 제출하여야 한다.
> ② 시·도의회는 제1항의 예산안을 회계연도 시작 15일 전까지, 시·군 및 자치구의회는 회계연도 시작 10일 전까지 의결하여야 한다.
> ③ 지방의회는 지방자치단체의 장의 동의 없이 지출예산 각 항의 금액을 증가시키거나 새로운 비용항목을 설치할 수 없다.
> ④ 지방자치단체의 장은 제1항의 예산안을 제출한 후 부득이한 사유로 그 내용의 일부를 수정하려면 수정예산안을 작성하여 지방의회에 다시 제출할 수 있다.

정답 ②

## 023

2019 (2월) 서울 7급 지방자치론

**지방자치단체의 예산에 대한 설명으로 가장 옳지 않은 것은?**

① 지방자치단체의 장은 대통령령으로 정하는 바에 따라 각 정책사업 내의 예산액 범위에서 각 단위사업 또는 목의 금액을 전용(轉用)할 수 있다.
② 지방자치단체의 장은 지방의회의 예산안 심의 결과 폐지되거나 감액된 지출항목에 대해서는 예비비를 사용할 수 없다.
③ 지방자치단체의 세입예산은 그 내용의 기능별·사업별 또는 성질별로 주요항목 및 세부항목으로 구분한다.
④ 예산은 예산총칙, 세입·세출예산, 계속비, 채무부담행위 및 명시이월비(明示移越費)를 총칭한다.

### 풀이

① [O] 지방자치단체의 장은 대통령령으로 정하는 바에 따라 각 정책사업 내의 예산액 범위에서 각 단위사업 또는 목의 금액을 전용할 수 있다.

> 「지방재정법」 제49조(예산의 전용) ① 지방자치단체의 장은 대통령령으로 정하는 바에 따라 각 정책사업 내의 예산액 범위에서 각 단위사업 또는 목의 금액을 전용(轉用)할 수 있다.

② [O] 지방자치단체의 장은 지방의회의 예산안 심의 결과 폐지되거나 감액된 지출항목에 대해서는 예비비를 사용할 수 없다.

> 「지방재정법」 제43조(예비비) ① 지방자치단체는 예측할 수 없는 예산 외의 지출 또는 예산 초과 지출에 충당하기 위하여 일반회계와 교육비특별회계의 경우에는 각 예산 총액의 100분의 1 이내의 금액을 예비비로 예산에 계상하여야 하고, 그 밖의 특별회계의 경우에는 각 예산 총액의 100분의 1 이내의 금액을 예비비로 예산에 계상할 수 있다.
> ② 제1항에도 불구하고 재해·재난 관련 목적 예비비는 별도로 예산에 계상할 수 있다.
> ③ 지방자치단체의 장은 지방의회의 예산안 심의 결과 폐지되거나 감액된 지출항목에 대해서는 예비비를 사용할 수 없다.

③ [X] 지방자치단체의 세입예산은 그 내용의 성질과 기능을 고려하여 장(章)·관(款)·항(項)으로 구분한다. 그 내용의 **기능별·사업별 또는 성질별로 주요항목 및 세부항목으로 구분하는 것은 세출예산**으로 분야, 부문, 정책사업, 단위사업, 세부사업, 목으로 구분한다.

> 「지방재정법」 제41조(예산의 과목 구분) ① 지방자치단체의 세입예산은 그 내용의 성질과 기능을 고려하여 장(章)·관(款)·항(項)으로 구분한다.
> ② 지방자치단체의 세출예산은 그 내용의 기능별·사업별 또는 성질별로 주요항목 및 세부항목으로 구분한다. 이 경우 주요항목은 분야·부문·정책사업으로 구분하고, 세부항목은 단위사업·세부사업·목으로 구분한다.

④ [O] 예산은 예산총칙, 세입·세출예산, 계속비, 채무부담행위 및 명시이월비(明示移越費)를 총칭한다.

> 「지방재정법」 제40조(예산의 내용) ① 예산은 예산총칙, 세입·세출예산, 계속비, 채무부담행위 및 명시이월비를 총칭한다.

**정답 ③**

## 024

2023 지방 7급 지방자치론

「지방재정법」상 정부 회계의 운영 방법에 대한 설명으로 옳지 않은 것은?

① 목적세에 따른 세입·세출은 다른 법률에 특별한 규정이 있는 경우를 제외하고는 특별회계를 설치·운용하여야 한다.
② 지방자치단체의 장은 기금운용계획과는 별개로 회계·기금 간의 여유 재원을 예탁하여 통합적으로 활용할 수 있고, 이 경우 통합재정안정화기금의 통합 계정으로 운용할 수 있다.
③ 법률에 따라 의무적으로 설치·운용되는 특별회계를 제외하고, 지방자치단체가 특별회계를 설치하려면 5년 이내의 범위에서 특별회계의 존속기한을 해당 조례에 명시하여야 한다.
④ 법률에 따라 의무적으로 설치·운용되는 특별회계를 제외하고, 지방자치단체의 장은 특별회계를 신설하거나 그 존속기한을 연장하려면 해당 조례안을 입법예고하기 전에 지방재정계획심의위원회의 심의를 거쳐야 한다.

### 풀이

① [O] 특별회계는 「지방공기업법」에 따른 지방직영기업이나 그 밖의 특정사업을 운영할 때 또는 특정자금이나 특정세입·세출로서 일반 세입·세출과 구분하여 회계처리할 필요가 있을 때에만 법률이나 조례로 설치할 수 있다. 다만, 목적세에 따른 세입·세출은 다른 법률에 특별한 규정이 있는 경우를 제외하고는 특별회계를 설치·운용하여야 한다(「지방재정법」 제9조 2항).

② [X] 지방자치단체의 장은 재정의 효율적 운용을 위하여 필요한 경우에는 다른 법률 또는 조례에도 불구하고 회계 및 기금의 목적 수행에 지장을 초래하지 아니하는 범위에서 회계와 기금 간, 회계 상호 간 그리고 기금 상호 간에 여유재원 또는 기금 예치금을 **예탁하거나 예수하여 통합적으로 활용할 수 있다. 이 경우 그 내용을 예산 또는 기금운용계획에 반영하여야 한다**(「지방재정법」 제9조의2).

> 「지방재정법」 제9조의2(회계·기금 간 여유재원의 예수·예탁) ① 지방자치단체의 장은 재정의 효율적 운용을 위하여 필요한 경우에는 다른 법률 또는 조례에도 불구하고 회계 및 기금의 목적 수행에 지장을 초래하지 아니하는 범위에서 회계와 기금 간, 회계 상호 간 그리고 기금 상호 간에 여유재원 또는 기금 예치금을 예탁하거나 예수하여 통합적으로 활용할 수 있다. 이 경우 그 내용을 예산 또는 기금운용계획에 반영하여야 한다.
> ② 제1항에 따른 여유재원의 예탁 및 예수와 기금 예치금의 예탁 및 예수는 「지방자치단체 기금관리기본법」 제16조에 따른 통합재정안정화기금의 통합 계정으로 운용하여야 한다.

③ [O] 지방자치단체가 특별회계를 설치하려면 5년 이내의 범위에서 특별회계의 존속기한을 해당 조례에 명시하여야 한다. 다만, 법률에 따라 의무적으로 설치·운용되는 특별회계는 그러하지 아니하다(「지방재정법」 제9조 3항).

④ [O] 지방자치단체의 장은 특별회계를 신설하거나 그 존속기한을 연장하려면 해당 조례안을 입법예고하기 전에 지방재정계획심의위원회의 심의를 거쳐야 한다. 다만, 법률에 따라 의무적으로 설치·운용되는 특별회계는 그러하지 아니하다(「지방재정법」 제9조 4항).

> 「지방재정법」 제9조(회계의 구분) ① 지방자치단체의 회계는 일반회계와 특별회계로 구분한다.
> ② 특별회계는 「지방공기업법」에 따른 지방직영기업이나 그 밖의 특정사업을 운영할 때 또는 특정자금이나 특정세입·세출로서 일반 세입·세출과 구분하여 회계처리할 필요가 있을 때에만 법률이나 조례로 설치할 수 있다. 다만, 목적세에 따른 세입·세출은 다른 법률에 특별한 규정이 있는 경우를 제외하고는 특별회계를 설치·운용하여야 한다.
> ③ 지방자치단체가 특별회계를 설치하려면 5년 이내의 범위에서 특별회계의 존속기한을 해당 조례에 명시하여야 한다. 다만, 법률에 따라 의무적으로 설치·운용되는 특별회계는 그러하지 아니하다.
> ④ 지방자치단체의 장은 특별회계를 신설하거나 그 존속기한을 연장하려면 해당 조례안을 입법예고하기 전에 제33조제9항에 따른 지방재정계획심의위원회의 심의를 거쳐야 한다. 다만, 법률에 따라 의무적으로 설치·운용되는 특별회계는 그러하지 아니하다.

정답 ②

## 025

2021 지방 7급 지방자치론

「지방자치법」상 지방자치단체의 예산에 대한 설명으로 옳지 않은 것은?

① 지방자치단체의 장은 지방의회의 예산안 심의 결과 폐지되거나 감액된 지출항목에 대해서는 예비비를 사용할 수 없다.
② 계속비로 지출할 수 있는 연한(年限)은 그 회계연도부터 5년이내로 하지만, 필요하다고 인정될 때에는 지방의회의 의결을 거쳐 다시 그 연한을 연장할 수 있다.
③ 지방자치단체는 예산이 여성과 남성에게 미치는 효과를 평가하고, 그 결과를 지방자치단체의 예산에 반영하기 위하여 노력하여야 한다.
④ 지방자치단체의 장은 지방자치단체의 기구·직제 또는 정원에 관한 법령이나 조례의 제정·개정 또는 폐지로 인하여 관계기관 사이의 직무권한이 변동되었을 때는 지방의회의 의결을 거쳐 그 예산을 상호 이체(移替)하여야 한다.

### 풀이

① [○] 지방자치단체의 장은 지방의회의 예산안 심의 결과 폐지되거나 감액된 지출항목에 대해서는 예비비를 사용할 수 없다.

> 「지방재정법」 제43조(예비비) ① 지방자치단체는 예측할 수 없는 예산 외의 지출 또는 예산 초과 지출에 충당하기 위하여 일반회계와 교육비특별회계의 경우에는 각 예산 총액의 100분의 1 이내의 금액을 예비비로 예산에 계상하여야 하고, 그 밖의 특별회계의 경우에는 각 예산 총액의 100분의 1 이내의 금액을 예비비로 예산에 계상할 수 있다.
> ② 제1항에도 불구하고 재해·재난 관련 목적 예비비는 별도로 예산에 계상할 수 있다.
> ③ 지방자치단체의 장은 지방의회의 예산안 심의 결과 폐지되거나 감액된 지출항목에 대해서는 예비비를 사용할 수 없다.
> ④ 지방자치단체의 장은 예비비로 사용한 금액의 명세서를 「지방자치법」 제150조제1항에 따라 지방의회의 승인을 받아야 한다.

② [○] 계속비로 지출할 수 있는 연한(年限)은 그 회계연도부터 5년 이내로 하지만, 필요하다고 인정될 때에는 지방의회의 의결을 거쳐 다시 그 연한을 연장할 수 있다.

> 「지방재정법」 제42조(계속비 등) ① 지방자치단체의 장은 공사나 제조, 그 밖의 사업으로서 그 완성에 수년을 요하는 것은 필요한 경비의 총액과 연도별 금액에 대하여 지방의회의 의결을 얻어 계속비로서 여러 해에 걸쳐 지출할 수 있다.
> ② 제1항에 따라 계속비로 지출할 수 있는 연한(年限)은 그 회계연도부터 5년 이내로 한다. 다만, 필요하다고 인정될 때에는 지방의회의 의결을 거쳐 다시 그 연한을 연장할 수 있다.

③ [○] 지방자치단체는 예산이 여성과 남성에게 미치는 효과를 평가하고, 그 결과를 지방자치단체의 예산에 반영하기 위하여 노력하여야 한다.

> 「지방재정법」 제3조(지방재정 운용의 기본원칙) ① 지방자치단체는 주민의 복리 증진을 위하여 그 재정을 건전하고 효율적으로 운용하여야 하며, 국가의 정책에 반하거나 국가 또는 다른 지방자치단체의 재정에 부당한 영향을 미치게 하여서는 아니 된다.
> ② 지방자치단체는 예산이 여성과 남성에게 미치는 효과를 평가하고, 그 결과를 지방자치단체의 예산에 반영하기 위하여 노력하여야 한다.

④ [×] 지방자치단체의 장은 지방자치단체의 기구·직제 또는 정원에 관한 법령이나 조례의 제정·개정 또는 폐지로 인하여 관계기관 사이의 직무권한이 변동되었을 때는 그 **예산**을 상호 **이체(移替)**할 수 있지만 **지방의회**에 내역을 제출하기만 하고 **의결은 필요없다**.

> 「지방재정법」 제47조의2(예산의 이용·이체)
> ② 지방자치단체의 장은 지방자치단체의 기구·직제 또는 정원에 관한 법령이나 조례의 제정·개정 또는 폐지로 인하여 관계 기관 사이에 직무권한이나 그 밖의 사항이 변동되었을 때에는 그 예산을 상호 이체(移替)할 수 있다. 이 경우 지방자치단체의 장은 분기별로 분기만료일이 속하는 달의 다음 달 말일까지 그 내역을 지방의회에 제출하여야 한다.

정답 ④

## 026
2017 서울 7급 지방자치론

다음 중 「지방자치법」상 예산의 편성 및 의결에 관한 설명으로 옳지 않은 것은?

① 시·도의 지방자치단체의 장은 각 회계연도마다 예산안을 편성하여 회계연도 시작 50일 전까지 지방의회에 제출하여야 한다.
② 지방의회는 지방자치단체의 장의 동의 없이 지출예산 각 항의 금액을 증가하거나 새로운 비용항목을 설치할 수 없다.
③ 시·도의회에서는 회계연도 시작 1개월 전까지, 시·군 및 자치구의회에서는 회계연도 시작 15일 전까지 의결하여야 한다.
④ 지방자치단체의 장은 예산안을 제출한 후 부득이한 사유로 그 내용의 일부를 수정하려면 수정예산안을 작성하여 다시 지방의회에 제출할 수 있다.

### 풀이
① [O] 광역자치단체인 시·도의 지방자치단체의 장은 각 회계연도마다 예산안을 편성하여 회계연도 시작 50일 전까지 지방의회에 제출하여야 한다.
② [O] 지방의회는 지방자치단체의 장의 동의 없이 지출예산 각 항의 금액을 증가하거나 새로운 비용 항목을 설치할 수 없다.
③ [X] **광역의회**인 시·도의회에서는 **회계연도 시작 15일 전까지**, **기초의회**인 시·군 및 자치구의회에서는 **회계연도 시작 10일 전까지 예산안을 의결**하여야 한다.
④ [O] 지방자치단체의 장은 예산안을 제출한 후 부득이한 사유로 그 내용의 일부를 수정하려면 수정예산안을 작성하여 다시 지방의회에 제출할 수 있다.

> 「지방자치법」 제142조(예산의 편성 및 의결) ① 지방자치단체의 장은 회계연도마다 예산안을 편성하여 시·도는 회계연도 시작 50일 전까지, 시·군 및 자치구는 회계연도 시작 40일 전까지 지방의회에 제출하여야 한다.
> ② 시·도의회는 제1항의 예산안을 회계연도 시작 15일 전까지, 시·군 및 자치구의회는 회계연도 시작 10일 전까지 의결하여야 한다.
> ③ 지방의회는 지방자치단체의 장의 동의 없이 지출예산 각 항의 금액을 증가시키거나 새로운 비용항목을 설치할 수 없다.
> ④ 지방자치단체의 장은 제1항의 예산안을 제출한 후 부득이한 사유로 그 내용의 일부를 수정하려면 수정예산안을 작성하여 지방의회에 다시 제출할 수 있다.

**정답 ③**

## 027
2020 지방 7급 지방자치론

주민참여예산제도에 대한 설명으로 옳지 않은 것은?

① 행정안전부장관은 지방자치단체의 재정적·지역적 여건 등을 고려하여 대통령령으로 정하는 바에 따라 지방자치단체별 주민참여예산제도의 운영에 대하여 평가를 실시할 수 있다.
② 임의규정으로 강제력은 없으나, 지방의회의 예산심의기능을 강화시킬 수 있다.
③ 지방자치단체의 장은 주민참여예산제도를 통하여 수렴한 주민의 의견서를 지방의회에 제출하는 예산안에 첨부하여야 한다.
④ 광주광역시 북구는 전국 최초로 주민참여예산제도를 도입하였다.

### 풀이
주민참여예산제도는 예산편성과정에 주민이 직접 참여해 재정민주주의를 구현하는 재정 거버넌스로 2011년부터 「지방재정법」을 통해 의무화된 제도이다.

① [O] 행정안전부장관은 지방자치단체의 재정적·지역적 여건 등을 고려하여 대통령령으로 정하는 바에 따라 지방자치단체별 주민참여예산제도의 운영에 대하여 평가를 실시할 수 있다.

> 「지방재정법」 제39조(지방예산 편성 등 예산과정의 주민 참여)
> ④ 행정안전부장관은 지방자치단체의 재정적·지역적 여건 등을 고려하여 대통령령으로 정하는 바에 따라 지방자치단체별 주민참여예산제도의 운영에 대하여 평가를 실시할 수 있다.

② [X] 주민참여예산제도는 **법적 강제규정으로 의무화**되어 있으며, **주민들이 직접 예산편성에 참여하는 경우 지방의회의 예산심의기능은 상대적으로 약화시킬 수 있다.**

> 「지방재정법」 제39조(지방예산 편성 등 예산과정의 주민 참여)
> ① 지방자치단체의 장은 대통령령으로 정하는 바에 따라 지방예산 편성 등 예산과정(「지방자치법」 제47조에 따른 지방의회의 의결사항은 제외한다. 이하 이 조에서 같다)에 주민이 참여할 수 있는 제도(이하 이 조에서 "주민참여예산제도"라 한다)를 마련하여 시행하여야 한다.

③ [O] 지방자치단체의 장은 주민참여예산제도를 통하여 수렴한 주민의 의견서를 지방의회에 제출하는 예산안에 첨부하여야 한다.

> 「지방재정법」 제39조(지방예산 편성 등 예산과정의 주민 참여)
> ③ 지방자치단체의 장은 주민참여예산제도를 통하여 수렴한 주민의 의견서를 지방의회에 제출하는 예산안에 첨부하여야 한다.

④ [O] 우리나라에서 최초로 주민참여예산제도를 도입한 사례는 2004년 광주광역시 북구이다. 이후 지방재정법에 예산편성과정에 주민참여 법적 근거와 절차를 규정하여 2006년 1월부터 시행하였으며 2011년 9월부터 의무화되었다.

**정답 ②**

## 028

2015 지방 7급 지방자치론

「지방재정법」상 지방예산 과정에서 주민 참여와 감시에 대한 설명으로 옳지 않은 것은?

① 지방자치단체의 장은 대통령령으로 정하는 바에 따라 지방예산편성 과정에 주민이 참여할 수 있는 절차를 마련하여 시행하여야 한다.
② 지방자치단체의 장은 행정자치부장관과 협의하여 주민참여예산제도의 운영에 대한 평가를 실시하여야 한다.
③ 지방자치단체의 예산절약 또는 수입증대와 관련한 의견이 있는 자는 해당 지방자치단체의 장에게 그 의견을 제안할 수 있다.
④ 지방자치단체의 장은 지방예산 편성 과정에 참여한 주민의 의견을 수렴하여 그 의견서를 지방의회에 제출하는 예산안에 첨부하여야 한다.

### 풀이

① [O] 지방자치단체의 장은 대통령령으로 정하는 바에 따라 지방예산편성 과정에 주민이 참여할 수 있는 절차를 마련하여 시행하여야 한다.

② [×] **주민참여예산제도의 운영에 대한 평가**는 지방자치단체의 장이 아닌 **행정안전부장관이 실시할 수 있다.**

> 「지방재정법」 제39조(지방예산 편성 등 예산과정의 주민 참여)
> ① 지방자치단체의 장은 대통령령으로 정하는 바에 따라 지방예산 편성 등 예산과정에 주민이 참여할 수 있는 제도(이하 이 조에서 "주민참여예산제도"라 한다)를 마련하여 시행하여야 한다.
> ② 지방예산 편성 등 예산과정의 주민 참여와 관련되는 다음 각 호의 사항을 심의하기 위하여 지방자치단체의 장 소속으로 주민참여예산위원회 등 주민참여예산기구(이하 "주민참여예산기구"라 한다)를 둘 수 있다.
> 1. 주민참여예산제도의 운영에 관한 사항
> 2. 제3항에 따라 지방의회에 제출하는 예산안에 첨부하여야 하는 의견서의 내용에 관한 사항
> 3. 그 밖에 지방자치단체의 장이 주민참여예산제도의 운영에 필요하다고 인정하는 사항
> ③ 지방자치단체의 장은 주민참여예산제도를 통하여 수렴한 주민의 의견서를 지방의회에 제출하는 예산안에 첨부하여야 한다.
> ④ 행정안전부장관은 지방자치단체의 재정적·지역적 여건 등을 고려하여 대통령령으로 정하는 바에 따라 지방자치단체별 주민참여예산제도의 운영에 대하여 평가를 실시할 수 있다.
> ⑤ 주민참여예산기구의 구성·운영과 그 밖에 필요한 사항은 해당 지방자치단체의 조례로 정한다.

③ [O] 지방자치단체의 예산절약 또는 수입증대와 관련한 의견이 있는 자는 해당 지방자치단체의 장에게 그 의견을 제안할 수 있다.

> 「지방재정법」 제48조의2(예산·기금의 불법지출·낭비에 대한 주민감시)
> ② 지방자치단체의 예산절약 또는 수입증대와 관련한 의견이 있는 자는 해당 지방자치단체의 장 또는 기금관리주체에게 그 의견을 제안할 수 있다.

④ [O] 지방자치단체의 장은 지방예산 편성 과정에 참여한 주민의 의견을 수렴하여 그 의견서를 지방의회에 제출하는 예산안에 첨부하여야 한다.

**정답** ②

## 029
2016 서울 7급 지방자치론

주민참여예산제에 대한 설명으로 옳은 것을 모두 고른 것은?

> ㄱ. 예산과정의 투명성 및 공정성을 제고할 수 있다.
> ㄴ. 중앙 정부의 입법에 의해 처음 지방자치단체에서 실시되었다.
> ㄷ. 주민의 참여 절차는 「지방자치법」에 규정되어 있다.
> ㄹ. 지방의회의 예산심의권과 충돌할 수 있다.

① ㄱ, ㄷ  ② ㄱ, ㄹ
③ ㄴ, ㄹ  ④ ㄷ, ㄹ

### 풀이
ㄱ. [O] 주민참여예산제도는 예산과정에 주민이 직접 참여하도록 하여 예산의 투명성과 공정성을 높일 수 있다.
ㄴ. [X] 우리나라의 주민참여예산제도는 기초자치단체인 광주광역시 북구에서 2004년에 조례로 처음 도입한 후 2011년부터 「지방재정법」을 통해 주민참여의 법적 근거와 절차를 규정하였다. 따라서 중앙정부의 입법이 아니라 **지방자치단체의 조례에 의해 처음 실시**되었다.
ㄷ. [X] 주민의 참여 절차는 「지방자치법」이 아닌 **「지방재정법」에 규정**되어 있다.
ㄹ. [O] 주민참여예산은 단지 주민이 예산이 투입되는 사업을 제한하는 것에 그치지 않고 주민참여예산을 지원하기 위해 주민들로 구성하는 주민참여예산위원회를 통해 예산안에 대한 의견제시, 주민참여사업에 대한 심의 및 자문, 주민의견 반영 등 예산의 전 과정에서 주민들의 참여를 독려한다. 이 과정에서 지방의회의 예산심의권과 주민참여가 충돌할 수 있다.

**정답 ②**

## 030
2018 국가 7급

참여예산제도에 대한 설명으로 옳지 않은 것은?

① 브라질의 포르투 알레그리(Porto Alegre)시는 참여예산제도를 도입한 대표적인 사례다.
② 예산과정에의 시민참여는 중앙정부와 지방정부 모두 가능하지만, 참여예산제는 주로 지방 정부를 대상으로 시행된다.
③ 참여예산제는 과정적 측면보다는 결과적 측면의 이념을 지향한다.
④ 예산 과정의 단계별로 볼 때 예산편성 단계에서의 참여에 초점을 둔다.

### 풀이
① [O] 참여예산제는 1989년 브라질의 포르투 알레그리 시(市)에서 처음 도입되었다.
② [O] 예산을 편성하는 과정에서 시민들의 비공식적 참여는 중앙정부, 지방정부 모두 가능하다. 하지만 참여예산제처럼 지역주민들의 적극적인 사업 제안을 바탕으로 하는 제도는 중앙정부보다 범위가 작은 지방정부에 도입되기 용이하다. 우리나라의 경우에는 2011년부터 지방정부, 2018년부터 중앙정부에 참여예산제가 의무화되어 시행되고 있다.
③ [X] **참여예산제**는 예산 편성단계에 시민들이 참여하여 재정민주주의를 실현하기 위한 것으로 **결과보다는 과정 중심적 제도**이다.
④ [O] 참여예산제도는 예산 전 과정에 영향을 미치지만 주로 예산을 편성하는 단계에서 발휘하는 영향력이 크다.

**정답 ③**

## 031
2018 교행 9급

주민참여예산제도에 관한 설명으로 옳은 것을 <보기>에서 모두 고른 것은?

— <보기> —
ㄱ. 주민참여예산제도는 재정민주주의를 구현하는 제도이다.
ㄴ. 브라질의 포르투알레그레(Porto Alegre)시는 주민참여예산제도를 가장 먼저 실시한 도시이다.
ㄷ. 우리나라의 주민참여예산제도는 「지방재정법」에 의하여 지방자치단체가 의무적으로 시행하도록 하고 있다.
ㄹ. 우리나라의 주민참여예산제도에 의하면 수렴된 주민의 의견서를 지방의회에 제출하는 예산안에 첨부하지 않도록 하고 있다.

① ㄱ, ㄴ
② ㄷ, ㄹ
③ ㄱ, ㄴ, ㄷ
④ ㄱ, ㄷ, ㄹ

### 풀이
ㄱ. [○] 주민참여예산제도는 예산편성과정에 주민들을 참여시킴으로써 재정민주주의를 구현하기 위한 제도이다.
ㄴ. [○] 주민참여예산제도를 최초로 실시한 곳은 1989년 브라질의 포르투 알레그레(Porto Alegre)시이다.
ㄷ. [○] 우리나라의 주민참여예산제도는 2004년 광주시 북구에서 처음 시행한 이후 2007년 「지방재정법」에 법적 근거가 마련되고 2011년 이후 「지방재정법」상 모든 지방자치단체에 의무화되었다.
ㄹ. [×] 우리나라의 주민참여예산제도에 의하면 수렴된 **주민의 의견서를 지방의회에 제출하는 예산안에 첨부하여야 한다**(「지방재정법」 제39조 제3항).

**정답 ③**

## 032
2018 국회 9급

우리나라의 지방재정에 대한 설명으로 옳지 않은 것은?
① 지방자치단체의 세입재원 중 자주재원에는 지방세와 세외수입이 있고, 의존재원에는 국고보조금과 지방교부세 등이 있다.
② 지방자치단체 간의 재정적 불균형을 조정하는 지방교부세의 종류로는 보통교부세, 특별교부세, 부동산교부세 등이 있다.
③ 지방세 중 목적세로는 지방교육세와 지방소비세가 있다.
④ 지방재정조정제도의 종류에는 조정교부금과 국고보조금 등이 있다.
⑤ 중앙정부와 지방정부 사이의 수직적 재정조정 기능이 있다.

### 풀이
① [○] 지방자치단체의 재원은 세입주체에 따라 스스로 조달하는 자주재원과 외부에서 지원을 통해 조달하는 의존재원이 있다. 자주재원에는 지방세, 세외수입 등이 있고, 의존재원에는 교부세, 국고보조금, 조정교부금 등이 있다.
② [○] 지방자치단체 간의 재정적 불균형을 조정하는 지방교부세의 종류에는 보통교부세, 특별교부세, 소방안전교부세, 부동산교부세 등이 있다.
③ [×] 지방세 중 목적세에는 지방교육세와 지역자원시설세가 있다. **지방소비세는 보통세 항목**이다.
④ [○] 지방재정조정제도의 종류에는 국가에 의한 재정조정제도인 국고보조금과 지방교부세, 상급자치단체에 의한 재정조정제도인 조정교부금 등이 있다.
⑤ [○] 지방재정조정제도는 중앙정부와 지방정부 사이의 불균형을 조정하는 수직적 재정조정 기능이 있고 동일한 계층에 속하는 자치단체 간 재정력 격차의 불균형을 조정하는 수평적 재정조정 기능이 있다.

**정답 ③**

## 033
2020 지방 9급

**지방재정의 세입항목 중 자주재원에 해당하는 것은?**

① 지방교부세
② 재산임대수입
③ 조정교부금
④ 국고보조금

**풀이**

자주재원이란 자치단체가 중앙정부의 도움 없이 자체적으로 조달 가능한 재원으로 지방세와 세외수입이 이에 해당한다. 재산임대수입은 대표적인 세외수입으로 실질적·경상적 세외수입에 해당한다.
①, ③, ④ [×] 지방교부세, 조정교부금, 국고보조금은 의존재원이다.
② [○] **재산임대수입은 세외수입으로 자주재원에 해당**한다.

정답 ②

## 034
2020 지방 7급 지방자치론

**지방자치단체의 재정에 대한 설명으로 옳은 것은?**

① 국고보조금은 대부분 용도와 수행조건 등을 특정하지 않고 교부한다.
② 지방세 중 목적세로 분류되는 지방교육세와 지역자원시설세는 시·군세에 속한다.
③ 자치구 조정교부금뿐 아니라 시·군 조정교부금도 이전재원의 예이다.
④ 시·도의 장은 예산안을 편성하여 회계연도 시작 30일 전까지 지방의회에 제출하고, 시·도 의회에서는 회계연도 시작 10일 전까지 예산안을 의결하여야 한다.

**풀이**

① [×] 국고보조금은 국가가 시책상 또는 자치단체의 재정사정상 필요하다고 인정될 때 예산의 범위 안에서 행정수행 경비의 일부 또는 전부를 충당하기 위하여 **용도를 지정해 교부하는 특정재원**이다.
② [×] 지방세 중 목적세로 분류되는 지방교육세와 지역자원시설세는 **광역자치단체인 특별시·광역시·도세에 해당**한다.
③ [○] 자치구 조정교부금은 특별시나 광역시가 자치구에 교부하는 재원이고, 시·군 조정교부금은 광역시나 도가 시·군·구에 교부하는 재원으로 모두 이전재원의 사례이다.
④ [×] **광역자치단체**에 해당하는 시·도의 장은 예산안을 편성하여 **회계연도 시작 50일 전까지 지방의회에 제출**하고, 시·도 의회에서는 **회계연도 시작 15일 전까지 예산안을 의결**하여야 한다.

> 「지방자치법」 제142조(예산의 편성 및 의결) ① 지방자치단체의 장은 회계연도마다 예산안을 편성하여 시·도는 회계연도 시작 50일 전까지, 시·군 및 자치구는 회계연도 시작 40일 전까지 지방의회에 제출하여야 한다.
> ② 시·도의회는 제1항의 예산안을 회계연도 시작 15일 전까지, 시·군 및 자치구의회는 회계연도 시작 10일 전까지 의결하여야 한다.
> ③ 지방의회는 지방자치단체의 장의 동의 없이 지출예산 각 항의 금액을 증가시키거나 새로운 비용항목을 설치할 수 없다.
> ④ 지방자치단체의 장은 제1항의 예산안을 제출한 후 부득이한 사유로 그 내용의 일부를 수정하려면 수정예산안을 작성하여 지방의회에 다시 제출할 수 있다.

정답 ③

## 035
2019 (2월) 서울 7급

**지방재정에 대한 설명으로 가장 옳지 않은 것은?**

① 지방수입에 있어서 자주재원의 핵심은 지방세와 세외수입으로 지방세는 법률이 정하는 바에 따라 강제적으로 징수하고, 세외수입은 지방세 외의 모든 수입을 포함하는 개념이다.
② 의존재원은 지방교부세, 국고보조금, 조정교부금, 지방채로 구성되며, 지방자치단체에서 필요로 하거나, 부족한 재원을 외부에서 조달한다는 특징이 있다.
③ 지방자치단체 지방수입의 구조에서 가장 두드러진 특징 중 하나는 자주재원에 비해 의존재원이 매우 많다는 점으로, 지방자치단체의 국가재정에 대한 의존도가 상당히 크다 할 수 있다.
④ 재정자립도는 지방자치단체 총 예산규모 중 자주재원이 차지하는 비율로 그 산식에 있어서 분모와 분자에 모두 자주재원이 존재함으로 인해 재정자립도를 결정하는 데에 중요한 요인은 의존재원이 된다.

> **풀이**
> ① [○] 자주재원은 지방세와 세외수입으로 구성되어 있다. 이 중 지방세는 조세법률주의에 따라 법률로 정하는 바에 따라 강제적으로 징수하며, 세외수입은 자치단체의 자체수입 가운데 지방세 이외의 모든 수입을 포함하는 것으로 주로 사용자로부터 징수한다.
> ② [×] 의존재원은 중앙정부나 상급지방정부 등 외부로부터 받는 재원으로 지방교부세, 국고보조금, 조정교부금으로 구성된다. **지방채는** 지방정부가 과세권을 담보로 발행하는 채권으로 **의존재원에 해당하지 않는다.**
> ③ [○] 우리나라는 자주재원에 비해 의존재원의 비율이 커 지방자치단체의 국가재정에 대한 의존도가 상당히 크다.
> ④ [○] 재정자립도는 지방자치단체의 일반회계 세입총액 가운데 자주재원이 차지하는 비율로 분모와 분자에 모두 자주재원이 들어가 있어 분모에만 합산되는 의존재원이 재정자립도의 크기를 결정하는 중요한 요인으로 작용한다.
> **정답 ②**

## 036
2017 서울 9급

**우리나라의 지방재정에 대한 설명으로 가장 옳지 않은 것은?**

① 지방자치단체의 세입재원은 크게 자주재원과 의존재원으로 나눌 수 있는데, 자주재원에는 지방세와 세외수입이 있고, 의존재원에는 국고보조금과 지방교부세 등이 있다.
② 지방세 중 목적세로는 담배소비세, 레저세, 자동차세, 지역자원시설세, 지방교육세 등이 있다.
③ 지방교부세는 지방자치단체 간 재정력의 불균형을 조정하는 재원으로 보통교부세, 특별교부세, 부동산 교부세 및 소방안전교부세로 구분한다.
④ 지방재정자립도를 높이기 위해 국세의 일부를 지방세로 전환할 경우 지역 간 재정불균형이 심화될 수 있다.

> **풀이**
> ① [○] 지방세와 세외수입은 자주재원이고, 국고보조금과 지방교부세는 의존재원이다.
> ② [×] 우리나라의 지방세 중 목적세는 지역자원시설세, 지방교육세이며, **담배소비세, 레저세, 자동차세** 등은 목적세가 아니라 **보통세**이다.
> ③ [○] 지방교부세에는 보통교부세, 특별교부세, 부동산교부세, 소방안전교부세가 있다.
> ④ [○] 자치단체 간의 세원이 고루 분포되어 있지 않기 때문에 국세의 지방세 전환 시 재정 불균형이 심화될 수 있다.
> **정답 ②**

## 037

2016 지방 7급

지방재정에 대한 설명으로 옳은 것은?

① 지방교부세의 기본 목적은 지방자치단체 간 재정격차를 줄임으로써 기초적인 행정서비스가 제공될 수 있도록 하는 데 있다.
② 세외수입은 연도별 신장률이 안정적이며 그 종류와 형태가 다양하다.
③ 보통교부세, 특별교부세, 분권교부세, 부동산교부세 등의 지방교부세가 운영되고 있다.
④ 대부분의 국고보조사업에는 차등보조율이 적용되고 있다.

**풀이**

① [○] 지방교부세는 지방재정의 지역 간 불균형을 시정하기 위하여 국가가 내국세액의 일정비율을 각 자치단체에 배분하는 재원이다.
② [×] **세외수입**은 수입의 근거와 종류 및 형태가 매우 다양하며, **회계연도별 신장률이 불안정한 편**이다.
③ [×] 지방교부세는 보통교부세, 특별교부세, 소방안전교부세, 부동산교부세 등으로 운영되고 있다. **분권교부세는 현재 지방교부세 항목에는 없다.**
④ [×] 「보조금 관리에 관한 법률」에 따라 **대부분의 국고보조사업은 기준 보조율이 적용**되며, 필요에 따라 차등보조율이 적용된다.

> 「보조금 관리에 관한 법률」
> 제9조(보조금의 대상 사업 및 기준보조율 등) ① 보조금이 지급되는 대상 사업, 경비의 종목, 국고 보조율 및 금액은 매년 예산으로 정한다. 다만, 지방자치단체에 대한 보조금의 경우 다음 각 호에 해당하는 사항은 대통령령으로 정한다.
> 1. 보조금이 지급되는 대상 사업의 범위
> 2. 보조금의 예산 계상 신청 및 예산 편성 시 보조사업별로 적용하는 기준이 되는 국고 보조율(이하 "기준보조율"이라 한다)
> ② 국가는 지방자치단체가 수행하는 국고보조사업의 기준보조율을 변경하여 보조금 예산을 편성할 경우에는 사전에 지방자치단체에 통보하여야 한다.
> 제10조(차등보조율의 적용) ① 기획재정부장관은 매년 지방자치단체에 대한 보조금 예산을 편성할 때에 필요하다고 인정되는 보조사업에 대하여는 해당 지방자치단체의 재정 사정을 고려하여 기준보조율에서 일정 비율을 더하거나 빼는 차등보조율을 적용할 수 있다. 이 경우 기준보조율에서 일정 비율을 빼는 차등보조율은 「지방교부세법」에 따른 보통교부세를 교부받지 아니하는 지방자치단체에 대하여만 적용할 수 있다.

정답 ①

## 038

2017 지방 7급 지방자치론

다음에서 설명하는 지방세 원칙은?

- 세원이 각 지역에 가급적 고르게 분포되어 지방정부 간 수입이 균형화될 수 있도록 해야 한다.
- 전국적으로 동일한 지방세 체계를 갖추고 있는 우리나라에서 특히 중요하다.
- 이 원칙에 비추어 우리나라의 레저세는 지방세 세목으로 적합성이 떨어진다.

① 안정성의 원칙
② 충분성의 원칙
③ 보편성의 원칙
④ 신장성의 원칙

**풀이**

**내용정리** 지방세 징수의 원칙

| | | |
|---|---|---|
| 재정<br>수입<br>측면 | 보편성의<br>원칙 | 세원은 각 자치단체에 치우치지 않고 고르게 분포되어야 한다. |
| | 안정성의<br>원칙 | 세수는 연도별로 안정적으로 확보되어야 한다. |
| | 신축성의<br>원칙 | 지방세는 자치단체 특성에 따라 탄력적으로 세목변경 등을 할 수 있어야 한다. |
| | 충분성의<br>원칙 | 자치단체의 행정수요를 충족시키기에 충분한 세수가 확보되어야 한다. |
| | 신장성의<br>원칙 | 세수는 행정수요 증가에 대응할 수 있어야 한다. |
| 주민<br>부담<br>측면 | 응익성의<br>원칙 | 납부자가 누린 수익의 정도에 비례하여 세금이 부과되어야 한다. |
| | 분담성의<br>원칙<br>(부담분임의<br>원칙) | 가급적 많은 주민들이 그 자치단체의 소요경비를 분담하여야 한다. |
| | 형평성의<br>원칙 | 납부자에게 공평하게 과세하여야 하며, 조세감면의 폭이 너무 넓어서는 안 된다. |
| 징세<br>행정<br>측면 | 국지성의<br>원칙 | 세원의 과세지역에서 조세회피를 위한 세원이동이 없어야 한다. |
| | 자주성의<br>원칙 | 자치단체의 독자적 과세권이 확립되어 있어야 한다. |

③ [○] 세원이 특정지역에 편중되지 않고 각 지역에 고르게 분포되어 지방정부 간 수입이 균형화될 수 있도록 해야 한다는 원칙은 **재정수입측면에서의 보편성의 원칙**이다.

정답 ③

## 039

2009 서울 7급

**지방세가 갖추어야 할 요건과 그 설명이 잘못된 것은?**

① 부담보편의 원칙 : 동등한 지위에 있는 자에게는 동등하게 과세하고 조세감면의 폭이 너무 넓어서는 안된다.
② 국지성(지역성)의 원칙 : 지방세의 과세 객체는 가능한 한 지방자치단체 간의 이동이 적고 그 자치단체의 관할 구역 내에 국지화·지역화되어 있어야 한다.
③ 안정성의 원칙 : 지방세가 지방재정의 건전성과 관련이 깊으므로 지방세는 경기변동에 민감하지 않도록 안정적으로 유지되어야 한다.
④ 응익성의 원칙 : 행정주체가 제공하는 공공서비스와 주민의 담세액이라는 반대급부 사이에 대가 관계가 성립되어야 한다.
⑤ 부담분임의 원칙 : 지방세의 세원은 특정한 자치단체에만 편재되어서는 안되며 지방자치단체별로 차이가 없도록 가능한 한 모든 자치단체에 골고루 분포되어 있어야 한다.

**풀이**

① [O] 부담보편의 원칙은 형평성의 원칙으로 동등한 지위에 있는 자에게는 동등하게 과세하고 조세감면의 폭이 너무 넓어서는 안 된다는 원칙이다.
② [O] 국지성(지역성, 정착성)의 원칙은 지방세의 과세 객체는 가능한 한 지방자치단체 간의 이동이 적고 그 자치단체의 관할 구역 내에 국지화·지역화되어 있어야 한다는 것이다.
③ [O] 안정성의 원칙은 재정 수입 측면의 원칙으로 지방세가 경기 변동에 민감하게 반응하지 않고 안정적으로 유지되어야 한다는 것이다.
④ [O] 응익성의 원칙은 주민이 부담하는 세금이 지방정부가 제공하는 행정서비스의 수익 정도에 비례해서 부과되어야 한다는 것이다.
⑤ [X] **부담분임의 원칙(분담성의 원칙)은 주민부담 측면의 원칙으로 모든 주민이 모두 같이 부담해야 한다고 보는 원칙**이다. 지방자치단체별로 차이가 없도록 골고루 분포되어 있어야 한다는 원칙은 재정수입측면의 원칙 중 보편성 원칙이다.

**정답 ⑤**

## 040

2015 지방 7급 지방자치론

**지방세 중 도(道)세에 해당하는 것은?**

① 담배소비세
② 지방소득세
③ 지방소비세
④ 자동차세

**풀이**

**내용정리** 국세와 지방세의 분류

| | | 광역자치단체 | | 기초자치단체 | |
|---|---|---|---|---|---|
| | | 특별시·광역시세 | 도세 | 자치구세 | 시·군세 |
| 지방세 | 보통세 | 취득세, 주민세, 자동차세, 담배소비세, 레저세, 지방소비세, 지방소득세 | 취득세, 등록면허세, 레저세, 지방소비세 | 등록면허세, 재산세 | 주민세, 재산세, 자동차세, 담배소비세, 지방소득세 |
| | 목적세 | 지방교육세, 지역자원시설세 | | | |

| | | 내국세 | | 관세 |
|---|---|---|---|---|
| | | 직접세 | 간접세 | |
| 국세 | 보통세 | 소득세, 법인세, 상속·증여세, 종합부동산세 | 부가가치세, 개별소비세, 주세, 인지세, 증권거래세 | 관세 |
| | 목적세 | 농어촌특별세, 교통·에너지·환경세, 교육세 | | |

① [X] **담배소비세**는 특별시·광역시세이자 **시·군세**이다.
② [X] **지방소득세**는 특별시·광역시세이자 **시·군세**이다.
③ [O] 지방소비세는 특별시·광역시세이자 도세이다.
④ [X] **자동차세**는 특별시·광역시세이자 **시·군세**이다.

**정답 ③**

## 041
2023 지방 7급 지방자치론

「지방세기본법」상 지방자치단체의 세목에 해당하지 않는 것은?

① 농어촌특별세
② 담배소비세
③ 지방소득세
④ 자동차세

**풀이**

① [×] 소득세, 법인세, 상속세와 증여세, 종합부동산세, 부가가치세, 개별소비세, 교통·에너지·환경세, 주세, 인지세, 증권거래세, 교육세와 함께 **농어촌특별세는 국세**이다(「국세기본법」 제2조).
② [○] 담배소비세는 보통세인 지방세이다(「지방세기본법」 제7조).
③ [○] 지방소득세는 보통세인 지방세이다(「지방세기본법」 제7조).
④ [○] 자동차세는 보통세인 지방세이다(「지방세기본법」 제7조).

정답 ①

## 042
2016 서울 7급

다음 <보기>에서 특별(광역)시세로만 짝지어진 것은?

<보기>
가. 레저세   나. 담배소비세
다. 지방소비세   라. 주민세
마. 자동차세   바. 재산세
사. 지방교육세   아. 등록면허세
자. 지역자원시설세

① 가, 나, 다   ② 라, 마, 바
③ 라, 마, 아   ④ 사, 아, 자

**풀이**

**내용정리** 지방세

| | 광역자치단체 | | 기초자치단체 | |
|---|---|---|---|---|
| | 특별시·광역시세 | 도세 | 자치구세 | 시·군세 |
| 보통세 | 취득세, 주민세, 자동차세, 담배소비세, 레저세, 지방소비세, 지방소득세 | 취득세, 등록면허세, 레저세, 지방소비세 | 등록면허세, 재산세 | 주민세, 재산세, 자동차세, 담배소비세, 지방소득세 |
| 목적세 | 지방교육세, 지역자원시설세 | | | |

가, 나, 다, 라, 마, 사, 자 [○] 특별시·광역시세에는 취득세, 주민세, 자동차세, 레저세, 담배소비세, 지방소비세, 지방소득세, 지방교육세, 지역자원시설세 등이 있다.
바, 아 [×] **재산세, 등록면허세**는 **자치구세**이다.

정답 ①

## 043
2019 지방 7급 지방자치론

지방자치단체가 부과할 수 있는 세목의 연결이 옳지 않은 것은?

① 서울특별시 노원구 - 재산세, 등록면허세
② 제주특별자치도 - 지방소득세, 재산세
③ 충청남도 공주시 - 담배소비세, 지방소득세
④ 울산광역시 울주군 - 지방소득세, 등록면허세

**풀이**
① [O] 자치구세에는 재산세와 등록면허세가 있다.
② [O] 제주특별자치도와 세종특별자치시는 예외적 단층제 계층구조로 모든 지방세를 부과할 수 있다.
③ [O] 시·군세에는 주민세, 재산세, 자동차세, 담배소비세, 지방소득세가 있다.
④ [×] 지방소득세는 시·군세이지만 **등록면허세는 도세**에 해당한다. 따라서 울주군의 등록면허세는 **울산광역시의 세수**이다. **정답 ④**

## 044
2016 지방 7급 지방자치론

「지방세기본법」상 경상북도가 부과·징수할 수 없는 지방세에 해당하는 것은?

① 취득세
② 레저세
③ 지방교육세
④ 재산세

**풀이**
경상북도가 징수할 수 있는 도세에는 취득세, 등록면허세, 레저세, 지방소비세가 있다.
① [O] 취득세는 특별시·광역시세이자 도세로 경상북도가 부과·징수할 수 있다.
② [O] 레저세는 특별시·광역시세이자 도세로 경상북도가 부과·징수할 수 있다.
③ [O] 지방교육세는 목적세로 광역자치단체인 특별시·광역시세이자 도세이다. 따라서 경상북도가 부과·징수할 수 있다.
④ [×] **재산세는 시·군세**이자 자치구세로 경상북도가 징수할 수 없다. **정답 ④**

## 045

2013 서울 7 지방자치론

다음 중 현행법상 지방세목 중 목적세로 규정된 것은?

① 등록면허세
② 담배소비세
③ 자동차세
④ 레저세
⑤ 지역자원시설세

**풀이**
① [×] 등록면허세는 자치구세이자 도세항목으로 보통세이다.
② [×] 담배소비세는 특별시·광역시세이자 시·군세로 보통세이다.
③ [×] 자동차세는 특별시·광역시세이자 시·군세로 보통세이다.
④ [×] 레저세는 특별시·광역시세이자 도세로 보통세이다.
⑤ [○] **지역자원시설세**와 지방교육세는 지방세목 중 광역자치단체인 특별시·광역시, 도에서 징수하는 **목적세**이다.  정답 ⑤

## 046

2017 서울 7급 지방자치론

다음 중 재산세를 부과·징수할 수 없는 지방자치단체는?

① 세종특별자치시
② 대전광역시 유성구
③ 경기도
④ 제주특별자치도

**풀이**
**재산세**는 기초자치단체에서 부과하는 보통세로 **시·군세이자 자치구세**에 해당한다.
① [○] 재산세는 기초자치단체에서 부과하는 세금이지만 세종특별시는 **단층제의 계층구조**로 별도의 기초자치단체가 없어 광역자치단체인 **세종특별시가 직접 징수**한다.
② [○] 대전광역시 유성구는 기초자치단체로 재산세를 부과·징수할 수 있다.
③ [×] **경기도는 광역자치단체**로 재산세를 부과·징수할 수 없다.
④ [○] **제주특별자치도는** 단층제의 계층구조로 광역자치단체인 **제주특별자치도가 직접 재산세를 징수**한다.  정답 ③

## 047

2021 지방 7급 지방자치론

「지방세기본법」상 지방세의 부과에 대한 설명으로 옳은 것은?

① 경기도 안성시 주민인 최모씨가 오늘 아침에 구입한 담배에 부과된 담배소비세는 경기도에 납부될 것이다.
② 사업자등록을 하고 승마투표권을 판매한 강원도 강릉시 주민 이모씨에게 부과된 레저세는 강릉시에 납부될 것이다.
③ 충청남도 태안군 주민인 강모씨가 오늘 취득한 양식업권에 부과된 등록면허세는 충청남도에 납부될 것이다.
④ 자동차를 소유하고 있는 충청북도 제천시 주민인 오모씨에게 부과된 자동차세는 충청북도에 납부될 것이다.

### 풀이
① [×] **담배소비세**는 특별시·광역시세이자 **시·군세**이므로 안성시에 납부된다.
② [×] **레저세**는 특별시·광역시세이자 **도세**이므로 강원도에 납부된다.
③ [○] 등록면허세는 도세이자 자치구세이므로 충청남도에 납부된다.
④ [×] **자동차세**는 특별시·광역시세이자 **시·군세**이므로 제천시에 납부된다.

**정답 ③**

## 048

2022 지방 7급 지방자치론

「지방세기본법」상 특별시·광역시와 도가 부과할 수 있는 지방세 중 공통인 것만을 모두 고르면?

| ㄱ. 취득세 | ㄴ. 재산세 |
| ㄷ. 지방소비세 | ㄹ. 지방소득세 |
| ㅁ. 주민세 | ㅂ. 지방교육세 |

① ㄱ, ㄴ, ㄹ
② ㄱ, ㄷ, ㅂ
③ ㄴ, ㄷ, ㅁ
④ ㄹ, ㅁ, ㅂ

### 풀이
특별시·광역시세이자 도세에 공통적으로 속하는 세금은 보통세 중 **취득세, 레저세, 지방소비세**이며 목적세인 **지방교육세, 지역자원시설세**이다.
ㄴ. [×] **재산세**는 특별시·광역시세이자 **시·군세**이다.
ㄷ. [×] **지방소득세**는 특별시·광역시세이자 **시·군세**이다.
ㅁ. [×] **주민세**는 특별시·광역시세이자 **시·군세**이다.

**정답 ②**

## 049
2019 지방 7급 지방자치론

지방소비세에 대한 설명으로 옳지 않은 것은?

① 지방자치단체의 부족한 세원을 지원하기 위해 2010년에 도입하였다.
② 2018년 기준 지방소비세는 지방세에서 취득세보다 낮은 비중을 차지하였다.
③ 국세인 부가가치세 세수의 20%를 세원으로 한다.
④ 시·도별 배분에 있어 권역별로 민간 최종 소비지출지표에 가중치를 적용한다.

**풀이**
① [○] 지방소비세는 지방재정 확충의 일환으로 국세인 부가가치세의 일정비율을 세원으로 하는 세금으로 2010년도에 도입되었다.
② [○] 2018년 기준 취득세 28.24%, 지방소득세 19.81%, 재산세 13.68%, 자동차세 9.35%, 지방소비세 8.85%의 비중으로 취득세의 비중이 가장 높다. 21년 기준으로도 구체적인 비율은 좀 다르지만 비중이 높은 순서는 동일하다.
③ [×] **지방소비세**는 국세인 **부가가치세 세수의 25.3%**를 세원으로 한다(「지방세법」 제69조).
④ [○] 각 지역 간의 지방소비세액은 지역 간 재정격차를 완화하기 위한 목적으로 가중치를 적용해 산출한다.

**정답** ③

## 050
2013 지방 7급 지방자치론

우리나라 지방세에 대한 설명으로 옳지 않은 것은?

① 목적세에는 지역자원시설세와 지방교육세가 있다.
② 특별시 관할구역의 경우 재산세(선박 및 항공기에 대한 재산세 등 제외)는 특별시세 및 구세로 공동과세한다.
③ 광역시의 구(區)와 군(郡)은 세목이 동일하다.
④ 보통세에는 취득세, 등록면허세, 레저세, 담배소비세, 지방소비세 등이 있다.

**풀이**
① [○] 지역자원시설세와 지방교육세는 광역자치단체에서 징수하는 목적세이다.
② [○] 특별시 관할구역의 경우 재산세(선박 및 항공기에 대한 재산세 등 제외)는 특별시세 및 구세로 공동과세한다.

> 「지방세기본법」 제9조(특별시의 관할구역 재산세의 공동과세)
> ① 특별시 관할구역에 있는 구의 경우에 재산세(「지방세법」 제9장에 따른 선박 및 항공기에 대한 재산세와 같은 법 제112조제1항제2호 및 같은 조 제2항에 따라 산출한 재산세는 제외한다)는 제8조에도 불구하고 특별시세 및 구세인 재산세로 한다.

③ [×] 광역시의 구는 자치구로서 자치구 세목에는 등록면허세와 재산세가 있고, 군(郡)세의 세목에는 주민세, 재산세, 자동차세, 담배소비세, 지방소득세가 규정되어 있다. 따라서 각 **세목이 동일하지 않다**. 광역시의 군 지역에서는 도세를 광역시세로 한다.
④ [○] 보통세의 세목은 취득세, 등록면허세, 레저세, 담배소비세, 지방소비세, 주민세, 지방소득세, 재산세, 자동차세가 있다.

**정답** ③

## 051

2015 지방 9급

**지방세제에 대한 설명으로 옳지 않은 것은?**

① 지방소비세는 국세인 부가가치세의 일부를 일정한 기준에 따라 광역지방자치단체에 이전하는 일종의 세원공유 방식의 지방세이다.
② 지역자원시설세와 지방교육세는 목적세이다.
③ 레저세는 국세인 개별소비세와 지방세인 경주·마권세의 일부가 전환된 세목이다.
④ 지방세는 재산과세의 비중이 높으며 중앙정부의 부동산 정책과 지역경제 상황에 따라 영향을 받는다.

**풀이**
① [O] 지방소비세는 국세인 부가가치세의 일부를 재정격차 등 일정 기준을 고려하여 광역지방자치단체에 이전하는 일종의 세원공유 방식의 지방세이다.
② [O] 지역자원시설세와 지방교육세는 목적세에 해당한다.
③ [X] 레저세는 지방세인 경주·마권세가 확대·변경되어 경마·경륜·경정 등에 과세하는 세금이다. 또한 사치품 소비 시 부과되는 **개별소비세는 레저세와는 관련이 없다.**
④ [O] 지방세는 재산보유(재산세)와 재산거래(취득세, 등록면허세)에 대해 부과되는 재산과세 의 비중이 상대적으로 높다. 따라서 중앙정부의 부동산 정책과 지역경제 상황에 따라 세수의 변화가 크다.

정답 ③

## 052

2016 교행 9급

**지방세 체계에 대한 설명 중 옳지 않은 것은?**

① 광역시의 경우에는 주민세 재산분 및 종업원분은 광역시세가 아니고 구세로 한다.
② 광역시의 군지역은 광역시세와 자치구세의 세목 구분이 적용되지 않고 도세와 시·군세의 세목 구분이 적용된다.
③ 시·도는 지방교육세를 매 회계연도 일반회계예산에 계상하여 교육비특별회계로 전출하여야 한다.
④ 특별시의 재산세는 특별시분과 자치구분으로 구분하고, 특별시분은 구의 지방세수 등을 고려하여 자치구에 차등분배하고 있다.

**풀이**
① [O] 광역시의 주민세의 경우 균등분만 광역시세이고, 재산분과 종업원분은 자치구세이다.
② [O] 광역시 안에 군이 있는 경우 도세와 시군세의 세목 구분이 적용된다.
③ [O] 교육세와 지방교육세는 교육비특별회계 재원이 된다.
④ [X] 특별시의 재산세는 공동과세로 특별시분(50%)과 자치구분(50%)으로 구분하고, **특별시분(50%)을 구의 25개 자치구에 균등분배**하고 있다.

정답 ④

## 053
2013 서울 7급 지방자치론

**다음 중 지방세에 관한 설명으로 옳지 않은 것은?**

① 주민세는 도와 자치구의 보통세이다.
② 지방세는 과세주체가 지방정부이며 재정권에 의하여 강제로 부과·징수된다.
③ 지방세는 응익성이 강조된다.
④ 지방세는 주로 제한된 범위 내에서 자원배분적 기능을 수행한다.
⑤ 서울시는 관할 구역 내 자치구 간 재정 불균형을 해소하기 위해 재산세를 공동세화하였다.

**풀이**

① [×] **주민세는 특별시·광역시와 시·군의 보통세**로 도와 자치구 세가 아니다.
② [○] 지방세는 조세법률주의에 근거를 두고 지방자치단체가 과세권에 근거하여 강제적으로 부과·징수한다.
③ [○] 응익성은 납세자가 누린 수익의 정도에 비례해서 세금을 부과한다는 것으로 지방세는 국세에 비해 응익성이 강조된다.
④ [○] 지방세는 제한된 자치구역 내에서의 사회적 효용을 극대화하는 자원배분기능을 수행한다.
⑤ [○] 서울시는 관할 구역 내 자치구 간 재정불균형을 해소하기 위해 2008년 1월부터 재산세를 공동과세로 전환하였다. 이에 따라 자치구 세목인 재산세를 특별시세와 자치구세로 공동과세하여 특별시세 해당분을 25개 자치구에 균등배분하고 있다(「지방세기본법」 제9조).

**정답 ①**

## 054
2020 지방 7급 지방자치론

**지방자치단체의 세외수입에 대한 설명으로 옳은 것은?**

① 수입연도별 안정성과 균형성이 높으며, 수입의 근거·종류·형태가 단순하다.
② 세외수입 중 재산수입에는 재산매각수입과 재산임대수입이 있는데, 전자는 경상적 수입이고 후자는 임시적 수입이다.
③ 세외수입 중 사용료란 지방자치단체의 활동에 개별적으로 특수한 이익을 누리는 사람으로부터 그 비용의 일부 또는 전부를 반대급부로 징수하는 수입이다.
④ 서비스 이용의 혼잡 방지와 자원 절약의 장점이 있으며, 일반회계와 특별회계 모두에서 발생할 수 있다.

**풀이**

세외수입은 광의로는 지방세를 제외한 지방자치단체의 수입을 말하며, 협의로는 공기업 수입과 지방채 수입을 제외한 일반회계 수입을 말한다.
① [×] 세외수입은 **수입연도별 안정성과 균형성이 낮아 불규칙적이며, 수입의 근거·종류·형태가 복잡**하다.
② [×] 세외수입 유형 중 재산수입에는 임시적으로 들어오는 **임시적 수입인 재산매각수입**과 정기적으로 들어오는 **경상적 수입인 재산임대수입**이 있다.
③ [×] 지방자치단체의 활동에 개별적으로 특수한 이익을 누리는 사람으로부터 그 비용의 일부 또는 전부를 반대급부로 징수하는 수입은 수수료이다. **사용료는 일반주민이 자치단체의 공공시설 또는 공공재산을 사용하기 위해 납부하는 공과금**으로 공공시설 이용료 등을 예로 들 수 있다.
④ [○] 세외수입은 보통 서비스에 대한 수익자 부담원칙의 적용으로 징수되는 경우가 많아 서비스 이용의 혼잡 방지와 자원 절약의 장점이 있으며, 일반회계와 특별회계 모두에서 발생할 수 있다.

**정답 ④**

## 055

2014 지방 7급 지방자치론

**세외수입의 특징이 아닌 것은?**

① 세외수입은 용도가 지정되지 않은 경우가 많다.
② 세외수입은 응익적 요소를 내포하고 있다.
③ 세외수입은 종류가 많고 그 수입근거와 형태도 다양하다.
④ 세외수입은 지역별, 연도별로 차이가 크다.

**풀이**

① [×] 세외수입은 일반재원으로 분류되는 것도 있지만, **재원의 용도가 특정되는 특정재원인 경우가 많다**.
② [○] 세외수입은 지방자치단체의 경제활동이나 서비스에 대한 반대급부적인 성격의 수입이므로 응익적 요소를 내포하고 있다.
③ [○] 세외수입은 종류도 많고 그 수입의 근거와 형태가 매우 다양하다.
④ [○] 세외수입은 지역별, 연도별로 차이가 크다.

정답 ①

## 056

2015 서울 7급 지방자치론

**다음은 「지방자치법」상 지방재정수입에 대한 설명이다. ㉠~㉢에 들어갈 용어로 옳은 것은?**

> ㈎ 지방자치단체는 공공시설의 이용에 대해 ( ㉠ )을/를 징수할 수 있다.
> ㈏ 지방자치단체는 그 공공시설의 설치로 주민의 일부가 특히 이익을 받으면 이익을 받는 자로부터 ( ㉡ )을/를 징수할 수 있다.
> ㈐ 지방자치단체는 그 지방자치단체의 사무가 특정인을 위한 것이면 그 사무에 대하여 ( ㉢ )을/를 징수할 수 있다.

|   | ㉠ | ㉡ | ㉢ |
|---|---|---|---|
| ① | 수수료 | 사용료 | 분담금 |
| ② | 분담금 | 수수료 | 사용료 |
| ③ | 공동시설세 | 재산세 | 사업소세 |
| ④ | 사용료 | 분담금 | 수수료 |

**풀이**

ㄱ. 사용료에 대한 내용이다.
> 「지방자치법」 제153조(사용료) 지방자치단체는 공공시설의 이용 또는 재산의 사용에 대하여 사용료를 징수할 수 있다.

ㄴ. 분담금에 대한 내용이다.
> 「지방자치법」 제155조(분담금) 지방자치단체는 그 재산 또는 공공시설의 설치로 주민의 일부가 특히 이익을 받으면 이익을 받는 자로부터 그 이익의 범위에서 분담금을 징수할 수 있다.

ㄷ. 수수료에 대한 내용이다.
> 「지방자치법」 제154조(수수료) ① 지방자치단체는 그 지방자치단체의 사무가 특정인을 위한 것이면 그 사무에 대하여 수수료를 징수할 수 있다.
> ② 지방자치단체는 국가나 다른 지방자치단체의 위임사무가 특정인을 위한 것이면 그 사무에 대하여 수수료를 징수할 수 있다.

정답 ④

## 057
2018 서울 7급 지방자치론

<보기>는 「지방자치법」상 지방자치단체의 수수료에 관한 설명이다. ㄱ~ㄷ에 들어갈 용어로 옳은 것은?

― <보기> ―
- 사용료·수수료 또는 분담금의 징수에 관한 사항은 (ㄱ)(으)로 정한다.
- 다만, 국가가 지방자치단체나 그 기관에 위임한 사무와 자치사무의 수수료 중 전국적으로 통일할 필요가 있는 수수료에 관한 사항에 다른 법령의 규정에도 불구하고 (ㄴ)으로 정하는 표준금액으로 징수하되, 지방자치단체가 다른 금액으로 징수하고자 하는 경우에는 표준금액의 (ㄷ)의 범위에서 조례로 가감 조정하여 징수할 수 있다.

|   | ㄱ | ㄴ | ㄷ |
|---|---|---|---|
| ① | 조례 | 행정안전부령 | 100분의 50 |
| ② | 지방재정법 | 대통령령 | 100분의 10 |
| ③ | 조례 | 대통령령 | 100분의 50 |
| ④ | 조례 | 행정안전부령 | 100분의 10 |

**풀이**
③ [o] 「지방자치법」 제 156조의 내용이다.
「지방자치법」 제156조(사용료의 징수조례 등) ① 사용료·수수료 또는 분담금의 징수에 관한 사항은 조례로 정한다. 다만, 국가가 지방자치단체나 그 기관에 위임한 사무와 자치사무의 수수료 중 전국적으로 통일할 필요가 있는 수수료는 다른 법령의 규정에도 불구하고 대통령령으로 정하는 표준금액으로 징수하되, 지방자치단체가 다른 금액으로 징수하려는 경우에는 표준금액의 50퍼센트 범위에서 조례로 가감 조정하여 징수할 수 있다.

정답 ③

## 058
2020 국가 7급

부담금에 대한 설명으로 옳지 않은 것은?

① 특정의 공공서비스를 창출하거나 바람직한 행위를 유도하기 위해 사용된다.
② 수익자 부담의 원칙이 적용된다.
③ 「지방세법」상 지방세 수입의 재원 중 하나이다.
④ 부담금에 관한 주요 정책과 그 운용방향 등을 심의하기 위하여 기획재정부장관 소속으로 부담금심의위원회를 둔다.

**풀이**
부담금이란 중앙행정기관의 장, 지방자치단체의 장, 행정권한을 위탁받은 공공단체 또는 법인의 장 등 법률에 따라 금전적 부담의 부과권한을 부여받은 자가 분담금, 부과금, 기여금, 그 밖의 명칭에도 불구하고 재화 또는 용역의 제공과 관계없이 특정 공익사업과 관련하여 법률에서 정하는 바에 따라 부과하는 조세 외의 금전지급의무(특정한 의무이행을 담보하기 위한 예치금 또는 보증금의 성격을 가진 것은 제외한다)를 말한다. 「지방자치법」 제155조에 따른 공공시설의 수익자부담금(분담금)·개발부담금 등의 수익자 부담, 교통유발부담금·환경개선부담금 등의 원인자·사용자 부담, 오염물질배출부담금 등의 유도성 부담금 등이 이에 해당한다.
① [o] 부담금은 재화나 서비스의 제공과는 관계 없이 특정의 공공서비스를 창출하거나 바람직한 행위(고용창출 등)를 유도하기 위해 사용된다.
② [o] 수익자 부담 또는 원인자 부담의 원칙이 적용된다.
③ [×] 부담금은 **대표적인 세외수입**이므로 지방세와는 다르다.
④ [o] 부담금에 관한 주요 정책과 그 운용방향 등을 심의하기 위하여 기획재정부장관 소속으로 부담금운용심의위원회를 둔다

「부담금관리기본법」 제9조(부담금운용심의위원회) ① 부담금에 관한 주요정책과 그 운용방향 등을 심의하기 위하여 기획재정부장관 소속으로 부담금운용심의위원회(이하 "위원회"라 한다)를 둔다.

정답 ③

## 059

2012 해경간부

**세외수입의 종류와 그에 대한 설명을 바르게 연결한 것은?**

ㄱ. 지방자치단체가 주민의 복지증진을 위해 설치한 공공시설을 특정 소비자가 사용할 때 그 반대급부로 개별적인 보상원칙에 따라 지방자치단체의 조례에 의거하여 강제적으로 부과·징수하는 공과금이다.

ㄴ. 지방자치단체의 재산 또는 공공시설의 설치로 인해 주민의 일부가 특별히 이익을 받을 때 그 비용의 일부를 부담시키기 위해 그 이익을 받는 자로부터 수익의 정도에 따라 징수하는 공과금이다.

ㄷ. 지방자치단체가 특정인에게 제공한 행정 서비스에 의해 이익을 받는 자로부터 그 비용의 전부 또는 일부를 반대급부로 징수하는 수입이다.

|     | ㄱ    | ㄴ    | ㄷ       |
| --- | ---- | ---- | -------- |
| ①   | 사용료 | 분담금 | 수수료    |
| ②   | 수수료 | 부담금 | 과년도 수입 |
| ③   | 사용료 | 부담금 | 과년도 수입 |
| ④   | 수수료 | 분담금 | 사용료    |

**풀이**

사용료가 시설사용의 대가로 주민이 부담하는 것이라면, 수수료는 행정 서비스의 대가로 주민이 부담하는 것이고, 분담금이 이익을 본 지역주민이 부담하는 것이라면, 부담금은 사무를 위임한 상급정부가 부담하는 것이다.

ㄱ. 지방자치단체가 주민의 복지증진을 위해 설치한 공공시설을 특정 소비자가 사용할 때 그 반대급부로 개별적인 보상원칙에 따라 지방자치단체의 조례에 의거하여 강제적으로 부과·징수하는 공과금은 **사용료**이다.

ㄴ. 지방자치단체의 재산 또는 공공시설의 설치로 인해 주민의 일부가 특별히 이익을 받을 때 그 비용의 일부를 부담시키기 위해 그 이익을 받는 자로부터 수익의 정도에 따라 징수하는 공과금은 **분담금**이다.

ㄷ. 지방자치단체가 특정인에게 제공한 행정 서비스에 의해 이익을 받는 자로부터 그 비용의 전부 또는 일부를 반대급부로 징수하는 수입은 **수수료**이다.

**정답 ①**

## 060

2016 지방 7급 지방자치론

**지방재정조정제도의 특징으로 옳은 것은?**

① 지방자치단체의 재정력 격차의 해소보다 지역발전에 중점을 둔다.
② 지방자치단체에게 최대한의 행정수준을 제공하도록 보장하고 있다.
③ 지방자치단체 상호 간의 재정불균형을 조정할 뿐만 아니라 중앙정부와 지방자치단체 간의 수직적 재정조정기능도 갖는다.
④ 지방교부세와 국고보조금은 「지방자치법」에 근거한다.

**풀이**

① [×] 지방재정조정제도는 각 지방자치단체 간의 **세원 불균형 현상(재정력 격차)을 극복하고자** 중앙정부나 상급자치단체가 하급자치단체를 **지원해주는 제도**이다.
② [×] 지방재정조정제도는 **지방자치단체에게 최소한의 기본적인 행정수준을 보장해 줄 수 있도록 한 제도**이다.
③ [○] 지방재정조정제도는 지방자치단체 상호 간의 재정불균형을 조정해 수평적 조정을 해줄 뿐만 아니라 중앙정부와 지방자치단체 간의 수직적 재정조정기능도 갖는다.
④ [×] **지방교부세는** 「**지방교부세법**」, 국고보조금은 「**보조금 관리에 관한 법률**」에 근거한다.

**정답 ③**

## 061
2021 지방 7급

우리나라 지방재정조정제도에 대한 설명으로 옳은 것은?

① 「지방교부세법」상 지방교부세는 보통교부세, 특별교부세, 부동산교부세 및 소방안전교부세로 구분된다.
② 지방교부세는 중앙정부가 국가 사무를 지방정부에 위임하거나 지방정부가 추진하는 사업 경비의 전부 또는 일부를 보조하거나 지원하기 위한 제도이다.
③ 조정교부금은 전국적 최소한 동일 행정서비스 수준 보장을 위해 중앙정부가 내국세의 일정 비율을 자치단체에 배분하는 것이다.
④ 지방교부세 대비 국고보조금의 비중 증가는 지방재정의 자율성을 강화한다.

### 풀이
① [○] 「지방교부세법」상 지방교부세는 보통교부세, 특별교부세, 부동산교부세 및 소방안전교부세로 구분된다.

> 「지방교부세법」 제3조(교부세의 종류) 지방교부세(이하 "교부세"라 한다)의 종류는 보통교부세·특별교부세·부동산교부세 및 소방안전교부세로 구분한다.

② [×] 중앙정부가 국가 사무를 지방정부에 위임하거나 지방정부가 추진하는 사업 경비의 전부 또는 일부를 보조하거나 지원하기 위한 제도는 지방교부세가 아니라 **국고보조금**이다.
③ [×] 전국적 최소한 동일 행정서비스 수준 보장을 위해 중앙정부가 내국세의 일정 비율을 자치단체에 배분하는 것은 조정교부금이 아니라 **지방교부세**이다.
④ [×] 국고보조금은 지방교부세와 달리 통제가 수반되는 특정재원이므로 일반재원에 해당하는 지방교부세 대비 특정재원에 해당하는 **국고보조금의 비중 증가는 지방재정에 대한 통제를 강화하고 지방재정의 자율성을 약화**한다.

정답 ①

## 062
2020 지방 7급 지방자치론

지방교부세에 대한 설명으로 옳지 않은 것은?

① 지방자치단체 간 재정 격차를 완화하는 재정 균형화기능을 수행한다.
② 보통교부세, 특별교부세, 부동산교부세, 소방안전교부세 등의 종류가 있다.
③ 부동산교부세는 지방자치단체에 전액 교부한다.
④ 보통교부세의 기준재정 수입액을 산정할 때 기초수입액은 지방세 중 보통세 수입 총액의 95%를 반영한다.

### 풀이
① [○] 지방교부세는 중앙정부가 재정력이 부족한 지방자치단체를 지원하기 위해 지급하는 조정재원으로 지방자치단체 간 재정 격차를 완화하는 재정 균형과 기능을 수행한다.
② [○] 지방교부세는 보통교부세, 특별교부세, 부동산교부세, 소방안전교부세 등의 종류가 있다.
③ [○] 부동산교부세는 중앙정부가 징수한 종합부동산세 전액을 재원으로 해 지방자치단체에 전액 교부한다.
④ [×] 보통교부세는 재정력 지수 1 이하의 자치단체에 교부하는 일반재원으로, 재정력 지수를 계산하기 위한 기준재정 수입액을 산정할 때 기초 수입액은 지방세 중 **보통세 수입 총액의 80%**를 반영한다.

> 「지방교부세법」 제8조(기준재정수입액) ① 기준재정수입액은 기준세율로 산정한 해당 지방자치단체의 보통세 수입액으로 한다.
> ② 제1항의 기준세율은 「지방세법」에 규정된 표준세율의 100분의 80에 해당하는 세율로 한다.

정답 ④

## 063
2014 서울 7급 지방자치론

다음 중 우리나라 지방재정조정제도에 대한 설명으로 옳은 것은?

① 부동산교부세는 지방자치단체에 일부 교부하여야 한다.
② 분권교부세는 해마다 기준재정수입액이 기준재정수요액에 못 미치는 지방자치단체에 그 미달액을 기초로 교부한다.
③ 안전행정부(행정안전부)장관은 지방자치단체의 장이 특별교부세의 교부를 신청하는 경우에는 이를 심사하여 교부한다. 신청이 없는 경우에는 교부할 수 없다.
④ 보통교부세는 국고보조사업을 이양받은 지방자치단체에 교부한다.
⑤ 안전행정부(행정안전부)장관은 특별교부세의 사용에 관하여 조건을 붙이거나 용도를 제한할 수 있다.

### 풀이
① [×] 부동산교부세는 지방자치단체에 **전액 교부**하여야 한다.
② [×] 분권교부세는 현재 폐지된 교부세이다. 또한 해마다 기준재정수입액이 기준재정수요액에 못 미치는 지방자치단체에 그 미달액을 기초로 교부하는 것은 분권교부세가 아닌 **보통교부세**이다.
③ [×] 행정안전부(안전행정부)장관은 지방자치단체의 장이 특별교부세의 교부를 신청하는 경우에는 이를 심사하여 교부할 수 있고, **교부신청이 없는 경우에도 행정안전부장관이 필요하다고 인정하는 경우에는 일정한 기준을 정하여 교부할 수 있다.**
④ [×] 국고보조사업을 이양받은 지방자치단체에 교부하던 교부세는 **지금은 폐지된 분권교부세에 대한 설명**이다. 보통교부세는 중앙정부가 각 지방자치단체의 재정력 균형을 위해 재정력지수가 1이 되지 않는 지방자치단체에 용도를 제한하지 않고 교부하는 재원이다.
⑤ [○] 행정안전부장관은 특별교부세의 사용에 관하여 조건을 붙이거나 용도를 제한할 수 있다.

> 「지방교부세법」 제9조(특별교부세의 교부) ① 특별교부세는 다음 각 호의 구분에 따라 교부한다.
> 1. 기준재정수요액의 산정방법으로는 파악할 수 없는 지역 현안에 대한 특별한 재정수요가 있는 경우: 특별교부세 재원의 100분의 40에 해당하는 금액
> 2. 보통교부세의 산정기일 후에 발생한 재난을 복구하거나 재난 및 안전관리를 위한 특별한 재정수요가 생기거나 재정수입이 감소한 경우: 특별교부세 재원의 100분의 50에 해당하는 금액
> 3. 국가적 장려사업, 국가와 지방자치단체 간에 시급한 협력이 필요한 사업, 지역 역점시책 또는 지방행정 및 재정운용 실적이 우수한 지방자치단체에 재정 지원 등 특별한 재정수요가 있을 경우: 특별교부세 재원의 100분의 10에 해당하는 금액
> ② 행정안전부장관은 지방자치단체의 장이 제1항 각 호에 따른 특별교부세의 교부를 신청하는 경우에는 이를 심사하여 특별교부세를 교부한다. 다만, 행정안전부장관이 필요하다고 인정하는 경우에는 신청이 없는 경우에도 일정한 기준을 정하여 특별교부세를 교부할 수 있다.
> ④ 행정안전부장관은 제1항에 따른 특별교부세의 사용에 관하여 조건을 붙이거나 용도를 제한할 수 있다.

정답 ⑤

## 064
2021 국회 8급

지방재정조정제도에 대한 설명으로 옳은 것은?

① 교부세의 재원에는 내국세 총액의 19.24%, 종합부동산세 총액, 담배에 부과하는 개별소비세 총액의 45%가 포함된다.
② 부동산교부세는 지방교부세 중 가장 최근에 신설되었다.
③ 소방안전교부세는 담배소비세 총액의 100분의 20을 재원으로 하였으나 2020년 100분의 40으로 상향 조정되었다.
④ 특별교부세는 그 교부 주체가 기획재정부장관으로 통합·일원화되었다.
⑤ 국고보조금은 지정된 사업목적 이외의 용도로 사용할 수 있는 재원이다.

### 풀이
① [○] 지방교부세는 내국세 총액의 19.24%, 종합부동산세 총액, 담배에 부과하는 개별소비세 총액의 45%, 종합부동산세를 재원으로 사용한다.

> 「지방교부세법」 제4조(교부세의 재원) ① 교부세의 재원은 다음 각 호로 한다.
> 1. 해당 연도의 내국세(목적세 및 종합부동산세, 담배에 부과하는 개별소비세 총액의 100분의 45 및 다른 법률에 따라 특별회계의 재원으로 사용되는 세목의 해당 금액은 제외한다. 이하 같다) 총액의 1만분의 1,924에 해당하는 금액
> 2. 「종합부동산세법」에 따른 종합부동산세 총액
> 3. 「개별소비세법」에 따라 담배에 부과하는 개별소비세 총액의 100분의 45에 해당하는 금액

② [×] 지방교부세 중 가장 **최근에 신설된 것은 2015년에 신설된 소방안전교부세**이다.
③ [×] 2020년 소방직 공무원이 특정직 지방공무원에서 특정직 국가공무원으로 전환되며 소방안전교부세는 담배 개별소비세 총액의 100분의 20에서 **100분의 45에 해당하는 금액으로 상향조정**되었다.
④ [×] 특별교부세의 **교부 주체는 행정안전부장관**이다.
⑤ [×] **국고보조금**은 지방교부세와 달리 **지정된 용도로만 사용할 수 있는 재원**이다.

정답 ①

## 065

2018 (3월) 서울 7급 지방자치론

지방교부세에 대한 설명으로 가장 옳지 않은 것은?

① 지방정부의 재원을 보전하고 지방정부 간 재정격차를 조정하기 위한 재정조정제도 중 하나이다.
② 통상적으로 부수적인 조건이 붙거나 분담금(matching fund)이 요구되지 않는다.
③ 다른 조건이 변화하지 않는다면, 지방교부세 지원을 확대하면 재정자립도는 높아진다.
④ 현행 「지방교부세법」에서는 교부세의 종류로 보통교부세, 특별교부세, 부동산교부세 및 소방안전교부세 4가지를 규정하고 있다.

**풀이**

① [O] 지방교부세는 자치단체의 기능과 업무 수행에 필요한 재원의 부족분을 보충해 주고 각 지방자치단체 간의 불균형 현상을 완화하고자 국가나 상급지방자치단체가 재정력이 취약한 지방자치단체로 재원을 이전하여 주는 제도이다.
② [O] 지방교부세는 지방정부의 재정불균형을 해결하기 위해 중앙정부가 교부해주는 자금으로 통상 부수적인 조건이 붙거나 분담금(matching fund)이 요구되지 않는다.
③ [X] **지방교부세의 확대지급은** 의존재원의 크기를 증가시켜 **총재원 크기를 늘리게 되므로** 총재원 중 자주재원의 비율로 계산하는 **재정자립도를 저하시킨다.**
④ [O] 현행 「지방교부세법」에서는 교부세의 종류로 보통교부세, 특별교부세, 부동산교부세 및 소방안전교부세 4가지를 규정하고 있다.

정답 ③

## 066

2013 지방 7급 지방자치론

지방교부세에 대한 설명으로 옳지 않은 것은?

① 분권교부세는 국고보조사업을 이양받은 지방자치단체에 교부한다.
② 특별교부세는 국가적 장려사업에 한하여 교부한다.
③ 부동산교부세는 지방자치단체에 전액 교부하여야 한다.
④ 자치구는 보통교부세의 직접 교부대상에서 제외된다.

**풀이**

① [O] 분권교부세는 국고보조사업을 지방으로 이양시키기 위한 교부세로 2015년 폐지되었고, 현재에는 보통교부세로 통합하여 교부한다.
② [X] 특별교부세는 **국가적 장려사업뿐만 아니라 지역 현안에 대한 특별한 재정수요, 재난 및 안전관리를 위한 특별한 재정수요가 생기는 경우, 재정수입이 감소한 경우, 국가와 지방 간 시급한 협력이 필요한 경우 등에 대해서도 교부**할 수 있다.

> 「지방교부세법」 제9조(특별교부세의 교부) ① 특별교부세는 다음 각 호의 구분에 따라 교부한다.
> 1. 기준재정수요액의 산정방법으로는 파악할 수 없는 지역 현안에 대한 특별한 재정수요가 있는 경우: 특별교부세 재원의 100분의 40에 해당하는 금액
> 2. 보통교부세의 산정기일 후에 발생한 재난을 복구하거나 재난 및 안전관리를 위한 특별한 재정수요가 생기거나 재정수입이 감소한 경우: 특별교부세 재원의 100분의 50에 해당하는 금액
> 3. 국가적 장려사업, 국가와 지방자치단체 간에 시급한 협력이 필요한 사업, 지역 역점시책 또는 지방행정 및 재정운용 실적이 우수한 지방자치단체에 재정 지원 등 특별한 재정수요가 있을 경우: 특별교부세 재원의 100분의 10에 해당하는 금액

③ [O] 부동산교부세는 지방자치단체에 전액 교부하여야 한다.

> 「지방교부세법」 제9조의3(부동산교부세의 교부) ① 부동산교부세는 지방자치단체에 전액 교부하여야 한다.

④ [O] 자치구의 보통교부세는 해당 특별시나 광역시에 합산하여 교부하므로 직접교부대상에서 제외된다.

> 「지방교부세법」 제6조(보통교부세의 교부) ① 보통교부세는 해마다 기준재정수입액이 기준재정수요액에 못 미치는 지방자치단체에 그 미달액을 기초로 교부한다. 다만, 자치구의 경우에는 기준재정수요액과 기준재정수입액을 각각 해당 특별시 또는 광역시의 기준재정수요액 및 기준재정수입액과 합산하여 산정한 후, 그 특별시 또는 광역시에 교부한다.

정답 ②

## 067

2019 (2월) 서울 7급 지방자치론

「지방교부세법」상 지방교부세에 대한 설명으로 가장 옳지 않은 것은?

① 추가경정예산에 의하여 지방교부세의 재원인 국세가 늘거나 줄면 지방교부세도 함께 조절하여야 한다.
② 기준재정수입액은 기준세율로 산정한 해당 지방자치단체의 보통세와 목적세 수입액으로 하며, 기준세율은 지방세법에 규정된 표준세율의 100분의 70에 해당하는 세율로 한다.
③ 지방교부세는 1년을 4기(期)로 나누어 교부한다. 다만, 특별교부세는 예외로 할 수 있다.
④ 행정안전부장관이 필요하다고 인정하는 경우에는 신청이 없는 경우에도 일정한 기준을 정하여 특별교부세를 교부할 수 있다.

### 풀이

① [O] 교부세의 재원은 내국세의 일정 비율로, 추가경정예산에 의하여 지방교부세의 재원인 국세가 늘거나 줄면 지방교부세도 함께 조절하여야 한다.

> 「지방교부세법」 제5조(예산 계상) ① 국가는 해마다 이 법에 따른 교부세를 국가예산에 계상하여야 한다.
> ② 추가경정예산에 의하여 교부세의 재원인 국세(國稅)가 늘거나 줄면 교부세도 함께 조절하여야 한다. 다만, 국세가 줄어드는 경우에는 지방재정 여건 등을 고려하여 다음 다음 연도까지 교부세를 조절할 수 있다.

② [×] 기준재정수입액은 기준세율로 산정한 해당 지방자치단체 **보통세 수입액**으로 하며, 지방세법에 규정된 **표준세율의 100분의** 70이 아닌 **80에 해당하는 세율**로 한다. 이때 특정수요를 목적으로 징수하는 목적세는 기준재정수입액에 합산되지 않는다.

> 「지방교부세법」 제8조(기준재정수입액) ① 기준재정수입액은 기준세율로 산정한 해당 지방자치단체의 보통세 수입액으로 한다.
> ② 제1항의 기준세율은 「지방세법」에 규정된 표준세율의 100분의 80에 해당하는 세율로 한다.

③ [O] 지방교부세는 1년을 4기(期)로 나누어 교부하지만, 특별교부세는 예외로 할 수 있다.

> 「지방교부세법」 제10조(교부 시기) 교부세는 1년을 4기(期)로 나누어 교부한다. 다만, 특별교부세는 예외로 할 수 있다.

④ [O] 행정안전부장관이 필요하다고 인정하는 경우에는 신청이 없는 경우에도 일정한 기준을 정하여 특별교부세를 교부할 수 있다.

> 「지방교부세법」 제9조(특별교부세의 교부)
> ② 행정안전부장관은 지방자치단체의 장이 제1항 각 호에 따른 특별교부세의 교부를 신청하는 경우에는 이를 심사하여 특별교부세를 교부한다. 다만, 행정안전부장관이 필요하다고 인정하는 경우에는 신청이 없는 경우에도 일정한 기준을 정하여 특별교부세를 교부할 수 있다.

**정답 ②**

## 068

2022 국가 9급

지방교부세에 대한 설명으로 옳지 않은 것은?

① 지역 간 재정력 격차를 완화시키는 재정 균등화 기능을 수행한다.
② 보통교부세, 특별교부세, 부동산교부세, 소방안전교부세로 구분한다.
③ 신청주의를 원칙으로 하며 각 중앙관서의 예산에 반영되어야 한다.
④ 부동산교부세는 종합부동산세를 재원으로 하며 전액을 지방자치단체에 교부한다.

### 풀이

① [O] 지방교부세는 지역 간 재정력 격차를 완화시키는 재정 균등화의 기능을 수행한다.
② [O] 지방교부세는 보통교부세, 특별교부세, 부동산교부세, 소방안전교부세로 구분한다.
③ [×] 지방교부세는 지방자치단체의 **신청이 아니라 일정한 기준에 따라 자동 교부함이 원칙**이다.
④ [O] 부동산교부세는 종합부동산세를 재원으로 하며 전액을 지방자치단체에 교부한다.

**정답 ③**

## 069
2016 서울 7급 지방자치론

우리나라 특별교부세의 교부에 대한 설명으로 가장 옳은 것은?

① 기준재정수요액의 산정방법으로는 파악할 수 없는 지역 현안에 대한 특별한 재정수요가 있는 경우에는 특별교부세 재원의 100분의 50에 해당하는 금액을 교부한다.
② 국가적 장려사업, 국가와 지방자치단체 간에 시급한 협력이 필요한 사업 등 특별한 재정수요가 있을 경우에는 특별교부세 재원의 100분의 10에 해당하는 금액을 교부한다.
③ 행정자치부장관은 지방자치단체의 장의 신청이 있는 경우에 한하여 이를 심사하여 특별교부세를 교부할 수 있다.
④ 보통교부세의 산정기일 후에 발생한 재난을 복구하거나 재난 및 안전관리를 위한 특별한 재정수요가 생기거나 재정수입이 감소한 경우에는 특별교부세 재원의 100분의 40에 해당하는 금액을 교부한다.

**풀이**

① [×] 기준재정수요액의 산정방법으로는 파악할 수 없는 지역 현안에 대한 특별한 재정수요가 있는 경우에는 **특별교부세 재원의 100분의 50이 아닌 40에 해당하는 금액**을 교부한다.
② [○] 국가적 장려사업, 국가와 지방자치단체 간에 시급한 협력이 필요한 사업 등 특별한 재정수요가 있을 경우에는 특별교부세 재원의 100분의 10에 해당하는 금액을 교부한다.
③ [×] 행정안전부장관은 지방자치단체의 장의 신청이 있는 경우에 이를 심사하여 특별교부세를 교부하지만, **행정안전부장관이 필요하다고 인정하는 경우에는 신청이 없는 경우에도 교부할 수 있다.**
④ [×] 보통교부세의 산정기일 후에 발생한 재난을 복구하거나 재난 및 안전관리를 위한 특별한 재정수요가 생기거나 재정수입이 감소한 경우에는 **특별교부세 재원의 100분의 40이 아닌 50에 해당하는 금액**을 교부한다.

「지방교부세법」 제9조(특별교부세의 교부) ① 특별교부세는 다음 각 호의 구분에 따라 교부한다.
1. 기준재정수요액의 산정방법으로는 파악할 수 없는 지역 현안에 대한 특별한 재정수요가 있는 경우: 특별교부세 재원의 100분의 40에 해당하는 금액
2. 보통교부세의 산정기일 후에 발생한 재난을 복구하거나 재난 및 안전관리를 위한 특별한 재정수요가 생기거나 재정수입이 감소한 경우: 특별교부세 재원의 100분의 50에 해당하는 금액
3. 국가적 장려사업, 국가와 지방자치단체 간에 시급한 협력이 필요한 사업, 지역 역점시책 또는 지방행정 및 재정운용 실적이 우수한 지방자치단체에 재정 지원 등 특별한 재정수요가 있을 경우: 특별교부세 재원의 100분의 10에 해당하는 금액
② 행정안전부장관은 지방자치단체의 장이 제1항 각 호에 따른 특별교부세의 교부를 신청하는 경우에는 이를 심사하여 특별교부세를 교부한다. 다만, 행정안전부장관이 필요하다고 인정하는 경우에는 신청이 없는 경우에도 일정한 기준을 정하여 특별교부세를 교부할 수 있다.

정답 ②

## 070
2016 지방 7급 지방자치론

「지방교부세법」상 특별교부세에 대한 설명으로 옳지 않은 것은?

① 국가적 장려사업, 지역 역점시책 등 특별한 재정수요가 있는 경우 정해진 일정 금액을 교부한다.
② 행정자치부장관 또는 국민안전처장관은 특별교부세를 교부하는 경우 민간에 지원하는 보조사업에도 교부할 수 있다.
③ 보통교부세의 산정기일 후에 발생한 재난을 복구하거나 재난 및 안전관리를 위한 특별한 재정수요가 생기거나 재정수입이 감소한 경우 특별교부세 재원의 절반에 해당하는 금액을 교부한다.
④ 행정자치부장관이 필요하다고 인정하는 경우에는 신청이 없는 경우에도 일정한 기준을 정하여 특별교부세를 교부할 수 있다.

**풀이**

① [○] 국가적 장려사업, 지역 역점시책 등 특별한 재정수요가 있는 경우 특별교부세 재원의 100분의 10에 해당하는 금액을 교부한다.
② [×] 행정자치부장관 또는 국민안전처장관(현 행정안전부장관)은 **특별교부세를 교부하는 경우 민간에 지원하는 보조사업에는 교부할 수 없다.**

「지방교부세법」 제9조(특별교부세의 교부)
⑥ 행정안전부장관은 제1항에 따른 특별교부세를 교부하는 경우 민간에 지원하는 보조사업에 대하여는 교부할 수 없다.

③ [○] 보통교부세의 산정기일 후에 발생한 재난을 복구하거나 재난 및 안전관리를 위한 특별한 재정수요가 생기거나 재정수입이 감소한 경우 특별교부세 재원의 절반(100분의 50)에 해당하는 금액을 교부한다.
④ [○] 행정자치부장관이 필요하다고 인정하는 경우에는 신청이 없는 경우에도 일정한 기준을 정하여 특별교부세를 교부할 수 있다.

「지방교부세법」 제9조(특별교부세의 교부) ① 특별교부세는 다음 각 호의 구분에 따라 교부한다.
1. 기준재정수요액의 산정방법으로는 파악할 수 없는 지역 현안에 대한 특별한 재정수요가 있는 경우: 특별교부세 재원의 100분의 40에 해당하는 금액
2. 보통교부세의 산정기일 후에 발생한 재난을 복구하거나 재난 및 안전관리를 위한 특별한 재정수요가 생기거나 재정수입이 감소한 경우: 특별교부세 재원의 100분의 50에 해당하는 금액
3. 국가적 장려사업, 국가와 지방자치단체 간에 시급한 협력이 필요한 사업, 지역 역점시책 또는 지방행정 및 재정운용 실적이 우수한 지방자치단체에 재정 지원 등 특별한 재정수요가 있을 경우: 특별교부세 재원의 100분의 10에 해당하는 금액
② 행정안전부장관은 지방자치단체의 장이 제1항 각 호에 따른 특별교부세의 교부를 신청하는 경우에는 이를 심사하여 특별교부세를 교부한다. 다만, 행정안전부장관이 필요하다고 인정하는 경우에는 신청이 없는 경우에도 일정한 기준을 정하여 특별교부세를 교부할 수 있다.

정답 ②

## 071
2017 국가 7급

국고보조금에 대한 설명으로 옳은 것은?

① 내국세 총액의 일정비율과 「종합부동산세법」에 따른 종합부동산세 총액을 재원으로 한다.
② 사업별 보조율은 50%로 사업비의 절반은 지방자치단체가 부담해야 한다.
③ 국고보조사업의 수행에서 중앙정부의 감독을 받으므로 지방자치단체의 자율성이 약화될 우려가 있다.
④ 중앙관서의 장은 보조사업을 수행하려는 자로부터 신청받은 보조금의 명세 및 금액을 조정하여 행정안전부장관에게 보조금 예산을 요구하여야 한다.

### 풀이

① [×] 내국세 총액의 일정 비율(19.24%)과 「종합부동산세법」에 따른 종합부동산세 총액, **담배에 부과되는 개별소비세**는 지방교부세의 재원이다.
② [×] 국고보조금 중 중앙정부와 지방정부가 함께 부담하는 부담금에 대한 사업별 보조율은 **일률적으로 50%가 아니라 매년 예산으로 정해지며** 다만, 지방자치단체에 대한 **기준보조율은 대통령령(20~100% 범위)으로 정하도록** 되어있다.

> 「보조금 관리에 관한 법률」 제9조(보조금의 대상 사업 및 기준보조율 등) ① 보조금이 지급되는 대상 사업, 경비의 종목, 국고 보조율 및 금액은 매년 예산으로 정한다. 다만, 지방자치단체에 대한 보조금의 경우 다음 각 호에 해당하는 사항은 대통령령으로 정한다.
> 1. 보조금이 지급되는 대상 사업의 범위
> 2. 보조금의 예산 계상 신청 및 예산 편성 시 보조사업별로 적용하는 기준이 되는 국고 보조율(이하 "기준보조율"이라 한다)
> ② 국가는 지방자치단체가 수행하는 국고보조사업의 기준보조율을 변경하여 보조금 예산을 편성할 경우에는 사전에 지방자치단체에 통보하여야 한다

③ [○] 국고보조금은 보조사업의 수행과정에서 중앙정부의 재정상 감독과 통제를 받으므로 지방자치단체의 자율성이 약화될 우려가 있다.
④ [×] 중앙관서의 장은 보조사업을 수행하려는 자로부터 신청받은 보조금의 명세 및 금액을 조정하여 행정안전부장관이 아닌 **기획재정부장관에게 보조금 예산을 요구**하여야 한다.

> 「보조금 관리에 관한 법률」 제6조(중앙관서의 장의 보조금 예산 요구) ① 중앙관서의 장은 보조사업을 수행하려는 자로부터 신청받은 보조금의 명세 및 금액을 조정하여 기획재정부장관에게 보조금 예산을 요구하여야 한다. 이 경우 제5조에 따른 보조사업의 경우에는 보조금의 예산 계상 신청이 없더라도 그 보조금 예산을 요구할 수 있다.

**정답 ③**

## 072
2021 지방 9급

지방재정에 대한 설명으로 옳지 않은 것은?

① 재정자립도는 일반회계 세입 중 지방세와 세외수입이 차지하는 비중을 말한다.
② 국고보조금은 지방재정운영의 자율성을 제고한다.
③ 지방교부세는 지역 간의 재정 불균형을 시정하기 위한 제도이다.
④ 지방자치단체는 재해예방 및 복구사업에 경비를 조달하기 위해서 지방채를 발행할 수 있다.

### 풀이

① [○] 재정자립도는 총재원 중 자주 재원이 차지하는 비중으로 일반회계 세입 중 자주재원에 해당하는 지방세와 세외수입이 차지하는 비중을 말한다.
② [×] **국고보조금은 국가적 필요에 따라 중앙정부가 용도를 지정해 지방자치단체에 지원하는 특정재원으로 중앙정부의 감독을 받기 때문에 지방자치단체의 자율성이 약화될 우려**가 있다.
③ [○] 지방교부세는 지역 간 불균형을 시정하고자 하는 의존재원에 해당한다.
④ [○] 지방자치단체는 지방재정법에 따라 재해예방 및 복구사업에 경비를 조달하기 위해 지방채를 발행할 수 있다.

> 「지방재정법」 제11조(지방채의 발행) ① 지방자치단체의 장은 다음 각 호를 위한 자금 조달에 필요할 때에는 지방채를 발행할 수 있다. 다만, 제5호 및 제6호는 교육감이 발행하는 경우에 한한다.
> 1. 공유재산의 조성 등 소관 재정투자사업과 그에 직접적으로 수반되는 경비의 충당
> 2. 재해예방 및 복구사업
> 3. 천재지변으로 발생한 예측할 수 없었던 세입결함의 보전
> 4. 지방채의 차환
> 5. 「지방교육재정교부금법」 제9조제3항에 따른 교부금 차액의 보전
> 6. 명예퇴직(「교육공무원법」 제36조 및 「사립학교법」 제60조의3에 따른 명예퇴직을 말한다. 이하 같다) 신청자가 직전 3개 연도 평균 명예퇴직자의 100분의 120을 초과하는 경우 추가로 발생하는 명예퇴직 비용의 충당

**정답 ②**

## 073
2020 지방 7급 지방자치론(수정)

「지방재정법」상 지방재정관리위원회(지방재정부담심의위원회)에 대한 설명으로 옳은 것만을 모두 고르면?

ㄱ. 위원장은 국무총리로 하며, 민간위원인 부위원장은 위원회에서 호선하여 선정한다.
ㄴ. 위원장·부위원장을 포함한 15명 이내의 위원으로 구성한다.
ㄷ. 국고보조사업에서의 국가와 지방자치단체 간, 시·도와 시·군·자치구 간 재원분담 비율 조정에 관한 사항 중 주요 안건을 심의한다.

① ㄱ, ㄴ
② ㄱ, ㄷ
③ ㄴ, ㄷ
④ ㄱ, ㄴ, ㄷ

### 풀이

23년 「지방재정법」이 개정되며 '지방재정부담심의위원회'가 '지방재정관리위원회'로 개편되며 재정부담에 대한 사항을 심의하는 기능과 더불어 재정위기관리에 대한 내용을 심의하는 것으로 그 권한이 확대되었다. 따라서 문제의 '지방재정부담심의위원회'를 '지방재정관리위원회'로 수정하였다.

ㄱ. [×] **지방재정관리위원회의 위원장**은 **행정안전부장관**이 되고, 부위원장은 행정안전부차관과 민간위원으로 하되, 민간위원인 부위원장은 위원회에서 호선하여 선정한다. 과거 지방재정부담심의위원회의 위원장은 국무총리로 맞는 선지였지만 현재는 개정되어서 틀린 선지가 되었다.
ㄴ. [○] 지방재정관리위원회는 위원장·부위원장을 포함하여 15명 이내의 위원으로 구성하되, 성별을 고려하여야 한다.
ㄷ. [○] 지방재정관리위원회는 국고보조사업 중 국가와 지방자치단체 간, 시·도와 시·군·자치구 간 재원분담 비율 조정에 관한 사항을 심의한다.

「지방재정법」 제27조의2(지방재정관리위원회) ① 지방자치단체의 재정부담 및 재정위기관리에 관한 다음 각 호의 사항을 심의하기 위하여 행정안전부장관 소속으로 지방재정관리위원회(이하 "위원회"라 한다)를 둔다.
1. 지방자치단체의 재정부담에 관한 다음 각 목의 사항
가. 제26조에 따라 지방자치단체의 재정부담을 수반하는 사항 중 주요 경비에 관한 사항
나. 국가와 지방자치단체 간 세목 조정 사항 중 지방재정상 부담이 되는 중요 사항
다. 국고보조사업 중 국가와 지방자치단체 간, 시·도와 시·군·자치구 간 재원분담 비율 조정에 관한 사항
② 위원회는 위원장·부위원장을 포함하여 15명 이내의 위원으로 구성하되, 성별을 고려하여야 한다.
③ 위원회의 위원장은 행정안전부장관이 되고, 부위원장은 행정안전부차관과 민간위원으로 하되, 민간위원인 부위원장은 위원회에서 호선하여 선정한다.

정답 ③

## 074
2015 서울 7급 지방자치론

우리나라 지방재정조정제도에 대한 설명으로 옳은 것은?

① 특별시·광역시 관할 구역의 자치구 간 재정력 격차의 조정을 위한 자치구 조정교부금의 배분은 지방보조금심의위원회의 심의를 거쳐 정한다.
② 최근 국고보조사업에 대한 지방비 부담 비중이 점차 감소하는 추세에 있다.
③ 현재 지방교부세는 보통교부세, 특별교부세, 부동산교부세 및 소방안전교부세로 구성된다.
④ 국고보조금은 지방자치단체의 신청 없이는 국가가 보조금을 예산에 계상할 수 없도록 하고 있다.

### 풀이

① [×] 지방보조금심의위원회는 지방자치단체가 법령 또는 조례에 따라 다른 지방자치단체, 법인·단체 또는 개인 등이 수행하는 사무 또는 사업 등을 조성하거나 이를 지원하기 위하여 교부하는 보조금인 지방보조금에 관련된 사항을 심의하기 위한 위원회이다. **자치구 조정교부금**은 광역자치단체인 특별시나 광역시가 자치구에 지급하는 교부금으로 지방보조금과는 다르며 이는 **지방보조금심의위원회와 관계없이 조례로 정한다.**

「지방재정법」 제29조의2(자치구 조정교부금) ① 특별시장 및 광역시장은 대통령령으로 정하는 보통세 수입의 일정액을 조정교부금으로 확보하여 조례로 정하는 바에 따라 해당 지방자치단체 관할구역의 자치구 간 재정력 격차를 조정하여야 한다.

② [×] 최근 **국고보조사업에 대한 보조금이 줄어들고 있는 추세여서 지방비 부담 비중이 점차 증가하고 있다.**
③ [○] 「지방교부세법」 개정으로 현재 지방교부세는 보통교부세, 특별교부세, 소방안전교부세, 부동산교부세로 구성된다.
④ [×] 국가는 **지방자치단체의 보조금의 예산 계상 신청이 없는 경우에도 국가시책 수행을 위해 대통령령으로 정하는 경우 필요한 보조금을 예산에 계상할 수 있다.**

「지방재정법」 제5조(예산 계상 신청이 없는 보조사업에 대한 예외조치) 국가는 제4조에 따른 보조금의 예산 계상 신청이 없는 보조사업의 경우에도 국가시책 수행상 부득이하여 대통령령으로 정하는 경우에는 필요한 보조금을 예산에 계상할 수 있다.

정답 ③

## 075

2019 지방 7급 지방자치론

**지방재정조정제도에 대한 설명으로 옳지 않은 것은?**

① 국가와 지방자치단체 간의 수직적 재정불균형을 시정하려는 목적이 있다.
② 보통교부세는 사용 목적과 용도가 정해져 있는 특정 재원이다.
③ 시·군 특별조정교부금은 민간에 지원하는 보조금의 재원으로 사용할 수 없다.
④ 국고보조금은 지방비 부담을 초래하여 지방재정의 압박 요인으로 작용하고 있다.

### 풀이

지방재정조정제도는 국가와 지방자치단체 간 또는 상급자치단체와 하급자치단체 간의 재정력의 격차를 조정하는 수직적 불균형 조정, 동일한 계층에 속하는 자치단체 간 재정력 격차의 불균형을 조정하는 수평적 불균형 조정으로 이루어진다.
① [O] 지방재정조정제도는 국가와 지방자치단체 간의 수직적 재정불균형을 시정하려는 목적이 있다.
② [X] **보통교부세**는 사용 목적과 용도가 정해져 있지 않은 **일반재원**이다.
③ [O] 시·군 특별조정교부금은 민간에 지원하는 보조금의 재원으로 사용할 수 없다.
> 「지방재정법」 제29조의3(조정교부금의 종류와 용도) 제29조 및 제29조의2에 따른 조정교부금은 일반적 재정수요에 충당하기 위한 일반조정교부금과 특정한 재정수요에 충당하기 위한 특별조정교부금으로 구분하여 운영하되, 특별조정교부금은 민간에 지원하는 보조사업의 재원으로 사용할 수 없다.

④ [O] 국고보조금은 대부분 그에 수반되는 지방의 비용부담이 비례적으로 요구되는 대응지원금으로 궁극적으로 지방비 부담을 초래하여 지방재정의 압박 요인으로 작용하고 있다.

**정답 ②**

## 076

2018 (3월) 서울 7급 지방자치론

**서울특별시의 자치구 조정교부금에 대한 설명 중 가장 옳지 않은 것은?**

① 자치구 조정교부금은 보통세 수입의 일정액을 확보하여 자치구 간 재정력 격차를 조정하기 위해 교부한다.
② 일반조정교부금은 매년도의 기준재정수입액이 기준재정수요액에 미달되는 자치구에 대하여 그 미달액을 기초로 하여 교부한다.
③ 기준재정수입액은 해당 연도의 세입 중 목적이 특정되어있는 의존재원을 제외한 지방세, 세외수입(재산매각수입 제외), 지방교부세, 재정보전금 등의 추계액으로 한다.
④ 일반조정교부금의 재원은 조정교부금 총액의 100분의 80에 해당하는 금액으로 하고, 특별조정교부금의 재원은 총액의 100분의 20에 해당하는 금액으로 한다.

### 풀이

① [O] 자치구 조정교부금은 해당 지방자치단체 관할구역의 자치구 간 재정력 격차를 조정하는 제도로 특별시장 및 광역시장이 대통령령으로 정하는 보통세 수입의 일정액으로 조달한다.
② [O] 자치구 조정교부금의 교부율, 산정방법 등은 지방자치단체의 조례로 정하며 서울특별시의 경우 일반조정교부금은 매년도의 기준재정수입액이 기준재정수요액에 미달되는 자치구에 대하여 그 미달액(재정부족액)을 기초로 하여 교부한다.
> 「서울특별시 자치구의 재원조정에 관한 조례」 제6조(일반조정교부금의 교부) ① 일반조정교부금은 매년도의 기준재정수입액이 기준재정수요액에 미달되는 자치구에 대하여 그 미달액(이하 "재정부족액"이라 한다)을 기초로 하여 교부한다.

③ [O] 기준재정수입액은 해당연도의 세입 중 목적이 특정되어 있는 의존재원을 제외한 지방세, 세외수입(재산매각수입 제외), 지방교부세, 재정보전금 등의 추계액으로 한다.
> 「서울특별시 자치구의 재원조정에 관한 조례」 제9조(기준재정수입액의 산정) ① 기준재정수입액은 해당연도의 세입 중 목적이 특정되어 있는 의존재원을 제외한 지방세, 세외수입(재산매각수입 제외), 지방교부세, 재정보전금 등의 추계액으로 한다.

④ [X] **서울특별시의 경우 자치구 일반조정교부금의 재원은 조정교부금 총액의 100분의 80**이 아닌 **90에 해당하는 금액**으로 하고, **특별조정교부금의 재원은 총액의 100분의 20**이 아닌 **10에 해당하는 금액**으로 한다.
> 「서울특별시 자치구의 재원조정에 관한 조례」 제4조(조정교부금의 재원)
> ③ 일반조정교부금의 재원은 제2항에 따른 조정교부금 총액의 100분의 90에 해당하는 금액으로 하고, 특별조정교부금의 재원은 제2항에 따른 조정교부금 총액의 100분의 10에 해당하는 금액으로 한다.

**정답 ④**

## 077
2018 서울 7급 지방자치론

서울특별시의 자치구 조정교부금에 대한 설명으로 가장 옳은 것은?

① 특별조정교부금은 민간에 지원하는 보조사업의 재원으로 사용할 수 없다.
② 일반조정교부금은 조정교부금 총액의 97%, 특별조정교부금은 3%에 해당하는 금액으로 한다.
③ 자치구 조정교부금의 재원은 보통세 수입의 일정률에 해당하는 금액으로서 그 비율은 「지방재정법」에 의해 광역시의 자치구 조정교부금과 함께 획일적으로 정해져 있다.
④ 일반조정교부금과 특별조정교부금은 용도를 제한하지 않는 무조건부 지원금인 점에서는 그 성격이 동일하다.

### 풀이

① [O] 특별조정교부금은 민간에 지원하는 보조사업의 재원으로 사용할 수 없다.

> 「지방재정법」 제29조의3(조정교부금의 종류와 용도) 제29조 및 제29조의2에 따른 조정교부금은 일반적 재정수요에 충당하기 위한 일반조정교부금과 특정한 재정수요에 충당하기 위한 특별조정교부금으로 구분하여 운영하되, 특별조정교부금은 민간에 지원하는 보조사업의 재원으로 사용할 수 없다.

② [×] 조정교부금의 교부율·산정방법 및 교부시기 등에 관하여 필요한 사항은 특별시·광역시의 조례로 정하며(「지방재정법 시행령」 제36조의 2) **서울특별시의 경우 일반조정교부금은 조정교부금 총액의 90%, 특별조정교부금은 10%에 해당하는 금액으로 한다.**

> 「서울특별시 자치구의 재원조정에 관한 조례」 제4조(조정교부금의 재원)
> ③ 일반조정교부금의 재원은 제2항에 따른 조정교부금 총액의 100분의 90에 해당하는 금액으로 하고, 특별조정교부금의 재원은 제2항에 따른 조정교부금 총액의 100분의 10에 해당하는 금액으로 한다.

③ [×] 자치구 조정교부금의 재원은 보통세 수입의 일정률에 해당하는 금액으로서 그 비율은 각 특별시, 광역시가 조례로 정하는 바에 따라 다르다.

> 「지방재정법」 제29조의2(자치구 조정교부금) ① 특별시장 및 광역시장은 대통령령으로 정하는 보통세 수입의 일정액을 조정교부금으로 확보하여 조례로 정하는 바에 따라 해당 지방자치단체 관할구역의 자치구 간 재정력 격차를 조정하여야 한다.

④ [×] 서울특별시의 특별조정교부금은 일반조정교부금과 달리 용도를 제한할 수 있다.

> 「서울특별시 자치구의 재원조정에 관한 조례」 제11조(특별조정교부금의 교부)
> ③ 제2항에 따른 특별조정교부금에는 그 사용에 관하여 조건을 붙이거나 용도를 제한할 수 있다.

정답 ①

## 078
2021 지방 7급

우리나라 지방재정조정제도에 대한 설명으로 옳은 것은?

① 「지방교부세법」상 지방교부세는 보통교부세, 특별교부세, 부동산교부세 및 소방안전교부세로 구분된다.
② 지방교부세는 중앙정부가 국가 사무를 지방정부에 위임하거나 지방정부가 추진하는 사업 경비의 전부 또는 일부를 보조하거나 지원하기 위한 제도이다.
③ 조정교부금은 전국적 최소한 동일 행정서비스 수준 보장을 위해 중앙정부가 내국세의 일정 비율을 자치단체에 배분하는 것이다.
④ 지방교부세 대비 국고보조금의 비중 증가는 지방재정의 자율성을 강화한다.

### 풀이

① [O] 「지방교부세법」상 지방교부세는 보통교부세, 특별교부세, 부동산교부세 및 소방안전교부세로 구분된다.
② [×] 중앙정부가 국가 사무를 지방정부에 위임하거나 지방정부가 추진하는 사업 경비의 전부 또는 일부를 보조하거나 지원하기 위한 제도는 지방교부세가 아니라 **국고보조금**이다.
③ [×] 전국적 최소한 동일 행정서비스 수준 보장을 위해 중앙정부가 내국세의 일정 비율을 자치단체에 배분하는 것은 조정교부금이 아니라 **지방교부세**이다.
④ [×] 국고보조금은 지방교부세와 달리 통제가 수반되는 특정재원이므로 일반재원에 해당하는 지방교부세 대비 **특정재원에 해당하는 국고보조금의 비중 증가는 지방재정에 대한 통제를 강화시키고 지방재정의 자율성을 약화**한다.

정답 ①

# 079

2020 지방 7급

**다음 사례에 대한 설명으로 옳은 것은?**

> 2013년 환경부는 상수도 낙후지역에 사는 국민이 안심하고 마실 수 있는 수돗물을 공급하기 위해 총사업비 8,833억 원(국비 30%, 지방비 70%)을 들여 '상수관망 최적관리시스템구축사업'을 추진한다고 발표하였다. 그러나 A시는 상수도사업을 자체관리하기로 결정하고, 당초 요청하기로 계획했던 국고보조금 56억 원을 신청하지 않았다.

① 만약 A시가 이 사업에 참여하여 당초 요청하기로 계획했던 보조금이 그대로 배정된다면, A시가 부담해야하는 비용은 총 56억 원이다.
② 상수관망을 통해 공급되는 수돗물과 민간재인 생수가 모두 정상재(normal goods)라고 가정하면, 환경부의 사업보조금은 수돗물과 생수의 공급수준을 모두 증가시키는 소득효과만을 유발시킨다.
③ 이 사례에서와 같은 보조금은 지역 간에 발생하는 외부효과를 시정하거나 중앙정부의 특정 목적을 달성하기 위해 운영된다.
④ A시가 신청하지 않은 보조금은 일반정액 보조금에 해당한다.

## 풀이

① [×] 국고보조금은 일정비율을 지방정부가 부담해야 하는 **정률보조금**이므로 **국고보조금이 30%(56억) 배정되었다면 A시가 이에 대응하여 부담해야 하는 비용은 70%로써** 56억원이 아니라 **약 130억 원을 부담**해야 한다.

> 「보조금 관리에 관한 법률」 제9조(보조금의 대상 사업 및 기준보조율 등) ①보조금이 지급되는 대상 사업, 경비의 종목, 국고 보조율 및 금액은 매년 예산으로 정한다. 다만, 지방자치단체에 대한 보조금의 경우 다음 각 호에 해당하는 사항은 대통령령으로 정한다.
> 1. 보조금이 지급되는 대상 사업의 범위
> 2. 보조금의 예산 계상 신청 및 예산 편성 시 보조사업별로 적용하는 기준이 되는 국고 보조율(이하 "기준보조율"이라 한다)

② [×] 경제학에서는 특정재화의 가격변화가 재화의 소비량에 미치는 영향을 분석하여 가격효과라 하며, 이 가격효과를 소득효과와 대체효과로 나눈다. 대체효과는 특정재화의 가격변화가 대체재의 상대가격을 상승시켜 Y재의 소비를 줄이고, X재의 소비를 늘린다고 보는 효과이고, 소득효과는 X재의 가격하락이 실질소득의 증가로 이어져 X재와 Y재의 소비를 모두 늘린다고 보는 효과이다. 환경부가 사업보조금을 지급하는 경우 수돗물의 품질 상승으로 인하여 저렴한 식수가 시장에 등장한 것과 같은 효과가 생긴다. 이로 인해 **수돗물과 생수 모두 소비가 증가하는 소득효과와 상대적으로 가격이 높아진 생수의 소비량을 줄이고 수돗물의 소비량을 늘리는 대체효과 모두 발생할 수 있다.**

③ [○] 국고보조금은 정부가 특정사업에 대해 부담하는 것으로 지방정부가 제공하는 공공서비스에 정부가 개입해 지역 간에 발생하는 외부효과를 시정하는 역할을 하며, 중앙정부가 달성하고자 하는 특정한 사업을 실현하기 위한 수단이 될 수 있다.

④ [×] 국고보조금은 용도를 지정해 교부하는 특정보조금이며, 지급 방식에 따라 정액보조금과 정률보조금으로 구분한다. 정액보조금은 특정한 사무 또는 사업의 실시에 대해서 정해진 금액을 보조하는 것이고, 정률보조금은 지방자치단체가 지출하는 경비의 일정비율을 국가가 보조하는 것으로 **우리나라의 국고보조금은 특정 정률보조금**이다.

정답 ③

## 080

2022 지방 7급 지방자치론

「지방재정법」상 지방채에 대한 설명으로 옳은 것은?

① 지방자치단체조합의 장은 지방채 발행의 주체가 될 수 없다.
② 지방채의 발행, 원금의 상환, 이자의 지급, 증권에 관한 사무절차 및 사무 취급기관은 조례로 정한다.
③ 지방자치단체의 장은 기획재정부장관의 승인을 득한 경우에 승인의 범위 내에서 지방채 발행 한도액의 범위를 초과해 발행할 수 있다.
④ 지방채는 「지방재정법」이 아니더라도 「기업도시개발 특별법」 및 「역세권의 개발 및 이용에 관한 법률」에 의해서도 발행할 수 있다.

### 풀이

① [×] 지방채의 발행은 **지방자치단체의 장, 지방자치단체조합의 장의 권한**이다.
② [×] 지방채의 발행, 원금의 상환, 이자의 지급, 증권에 관한 사무절차 및 사무 취급기관은 조례가 아닌 **대통령령으로 정한다**.
③ [×] 지방자치단체의 장은 기획재정부장관이 아닌 **행정안전부 장관과 협의한 경우 협의한 범위 내에서 지방의회의 의결을 얻어 지방채 발행 한도액의 범위를 초과해 발행할 수 있다**.
④ [○] 지방채는 「지방재정법」이 아닌 「기업도시개발 특별법」 및 「역세권의 개발 및 이용에 관한 법률」에 의해서도 발행할 수 있다.

「지방재정법」
제11조(지방채의 발행) ① 지방자치단체의 장은 다음 각 호를 위한 자금 조달에 필요할 때에는 지방채를 발행할 수 있다. 다만, 제5호 및 제6호는 교육감이 발행하는 경우에 한한다.
1. 공유재산의 조성 등 소관 재정투자사업과 그에 직접적으로 수반되는 경비의 충당
2. 재해예방 및 복구사업
3. 천재지변으로 발생한 예측할 수 없었던 세입결함의 보전
4. 지방채의 차환
5. 「지방교육재정교부금법」 제9조제3항에 따른 교부금 차액의 보전
6. 명예퇴직(「교육공무원법」 제36조 및 「사립학교법」 제60조의3에 따른 명예퇴직을 말한다. 이하 같다) 신청자가 직전 3개 연도 평균 명예퇴직자의 100분의 120을 초과하는 경우 추가로 발생하는 명예퇴직 비용의 충당
② 지방자치단체의 장은 제1항에 따라 지방채를 발행하려면 재정 상황 및 채무 규모 등을 고려하여 대통령령으로 정하는 지방채 발행 한도액의 범위에서 지방의회의 의결을 얻어야 한다. 다만, 지방채 발행 한도액 범위더라도 외채를 발행하는 경우에는 지방의회의 의결을 거치기 전에 행정안전부장관의 승인을 받아야 한다.
③ 지방자치단체의 장은 제2항에도 불구하고 대통령령으로 정하는 바에 따라 행정안전부장관과 협의한 경우에는 그 협의한 범위에서 지방의회의 의결을 얻어 제2항에 따른 지방채 발행 한도액의 범위를 초과하여 지방채를 발행할 수 있다. 다만, 재정책임성 강화를 위하여 재정위험수준, 재정 상황 및 채무 규모 등을 고려하여 대통령령으로 정하는 범위를 초과하는 지방채를 발행하는 경우에는 행정안전부장관의 승인을 받은 후 지방의회의 의결을 받아야 한다.
④ 「지방자치법」 제176조에 따른 지방자치단체조합(이하 "조합"이라 한다)의 장은 그 조합의 투자사업과 긴급한 재난복구 등을 위한 경비를 조달할 필요가 있을 때 또는 투자사업이나 재난복구사업을 지원할 목적으로 지방자치단체에 대부할 필요가 있을 때에는 지방채를 발행할 수 있다. 이 경우 행정안전부장관의 승인을 받은 범위에서 조합의 구성원인 각 지방자치단체 지방의회의 의결을 얻어야 한다.
제11조의2(지방채 발행의 제한) 지방채는 이 법과 다음 각 호의 법률에 의하지 아니하고는 발행할 수 없다.
1. 「2011대구세계육상선수권대회, 2013충주세계조정선수권대회, 2014인천아시아경기대회, 2014인천장애인아시아경기대회 및 2015광주하계유니버시아드대회 지원법」
2. 「2015경북문경세계군인체육대회 지원법」
3. 「2018 평창 동계올림픽대회 및 동계패럴림픽대회 지원 등에 관한 특별법」
4. 「혁신도시 조성 및 발전에 관한 특별법」
5. 「국제경기대회 지원법」
6. 「국토의 계획 및 이용에 관한 법률」
7. 「기업도시개발 특별법」
8. 「도시철도법」
9. 「도청이전을 위한 도시건설 및 지원에 관한 특별법」
10. 「공항시설법」
11. 「신항만건설 촉진법」
12. 「어촌특화발전 지원 특별법」
13. 「역세권의 개발 및 이용에 관한 법률」
14. 「재해위험 개선사업 및 이주대책에 관한 특별법」
15. 「제주특별자치도 설치 및 국제자유도시 조성을 위한 특별법」
16. 「지방공기업법」
17. 「지방자치단체 기금관리기본법」
18. 「중소기업진흥에 관한 법률」
19. 「택지개발촉진법」
20. 「폐광지역 개발 지원에 관한 특별법」
21. 「포뮬러원 국제자동차경주대회 지원법」
제12조(지방채 발행의 절차) ① 제11조에 따른 지방채의 발행, 원금의 상환, 이자의 지급, 증권에 관한 사무절차 및 사무 취급기관은 대통령령으로 정한다.

정답 ④

## 081

2014 지방 7급 지방자치론

**지방채의 발행에 대한 설명으로 옳지 않은 것은?**

① 지방자치단체의 장은 지방채를 발행하는 경우 재정 상황 및 채무규모 등을 고려하여 대통령령으로 정하는 지방채 발행 한도액의 범위에서 지방의회의 의결을 얻어야 한다.
② 지방자치단체의 장은 지방채의 차환을 위해서는 지방채를 발행할 수 없다.
③ 「지방자치법」에 따른 지방자치단체 조합의 장이 발행한 지방채에 대해서는 조합과 그 구성원인 지방자치단체가 연대책임을 진다.
④ 지방채의 발행, 원금의 상환, 이자의 지급, 증권에 관한 사무 절차 및 사무 취급기관은 대통령령으로 정한다.

### 풀이

① [O] 지방자치단체의 장은 지방채를 발행하는 경우 지방채 발행 한도액의 범위에서 지방의회의 의결을 얻어야 한다.
② [×] 지방자치단체의 장은 **지방채의 차환을 위해서 지방채를 발행할 수 있다.**

> 「지방재정법」 제11조(지방채의 발행) ① 지방자치단체의 장은 다음 각 호를 위한 자금 조달에 필요할 때에는 지방채를 발행할 수 있다. 다만, 제5호 및 제6호는 교육감이 발행하는 경우에 한한다.
> 1. 공유재산의 조성 등 소관 재정투자사업과 그에 직접적으로 수반되는 경비의 충당
> 2. 재해예방 및 복구사업
> 3. 천재지변으로 발생한 예측할 수 없었던 세입결함의 보전
> 4. 지방채의 차환
> 5. 「지방교육재정교부금법」 제9조제3항에 따른 교부금 차액의 보전
> 6. 명예퇴직 신청자가 직전 3개 연도 평균 명예퇴직자의 100분의 120을 초과하는 경우 추가로 발생하는 명예퇴직 비용의 충당
> ② 지방자치단체의 장은 제1항에 따라 지방채를 발행하려면 재정 상황 및 채무 규모 등을 고려하여 대통령령으로 정하는 지방채 발행 한도액의 범위에서 지방의회의 의결을 얻어야 한다. 다만, 지방채 발행 한도액 범위더라도 외채를 발행하는 경우에는 지방의회의 의결을 거치기 전에 행정안전부장관의 승인을 받아야 한다.

③ [O] 「지방자치법」에 따른 지방자치단체 조합의 장이 발행한 지방채에 대해서는 조합과 그 구성원인 지방자치단체가 연대책임을 진다.
④ [O] 지방채의 발행, 원금의 상환, 이자의 지급, 증권에 관한 사무 절차 및 사무 취급기관은 대통령령으로 정한다.

> 「지방재정법」 제12조(지방채 발행의 절차) ① 제11조에 따른 지방채의 발행, 원금의 상환, 이자의 지급, 증권에 관한 사무절차 및 사무 취급기관은 대통령령으로 정한다.

**정답 ②**

## 082

2018 지방 7급 지방자치론

**「지방재정법」상 지방자치단체의 장이 자금을 조달하기 위해 지방채를 발행할 수 있는 경우가 아닌 것은?**

① 공유재산의 조성 등 소관 재정투자사업과 그에 직접적으로 수반되는 경비의 충당
② 재해예방 및 복구사업
③ 지방공기업의 손실 보전
④ 지방채의 차환

### 풀이

① [O] 공유재산의 조성 등 소관 재정투자사업과 그에 직접적으로 수반되는 경비의 충당은 지방채를 발행할 수 있는 요건에 해당한다.
② [O] 재해예방 및 복구사업은 지방채를 발행할 수 있는 요건에 해당한다.
③ [×] **지방공기업의 손실을 보전**하는 것은 **지방채를 발행하는 요건에 해당하지 않는다.**
④ [O] 지방정부는 지방채의 차환을 위해 지방채를 발행할 수 있다.

> 「지방재정법」 제11조(지방채의 발행) ① 지방자치단체의 장은 다음 각 호를 위한 자금 조달에 필요할 때에는 지방채를 발행할 수 있다. 다만, 제5호 및 제6호는 교육감이 발행하는 경우에 한한다.
> 1. 공유재산의 조성 등 소관 재정투자사업과 그에 직접적으로 수반되는 경비의 충당
> 2. 재해예방 및 복구사업
> 3. 천재지변으로 발생한 예측할 수 없었던 세입결함의 보전
> 4. 지방채의 차환

**정답 ③**

## 083
2018 국가 7급

지방채에 대한 설명으로 옳은 것은?

① 지방자치단체조합의 장은 지방채를 발행할 수 없다.
② 이미 발행한 지방채의 차환을 위해서 지방자치단체의 장은 지방채를 발행할 수 없다.
③ 제주특별자치도지사는 제주특별자치도의 발전과 관계가 있는 사업을 위하여 필요하면 도의회 의결을 마친 후 외채발행과 지방채 발행 한도액의 범위를 초과한 지방채 발행을 할 수 있다.
④ 외채를 발행할 경우에는 지방채 발행 한도액 범위라도 지방의회의 의결을 거치기 전에 기획재정부장관의 승인을 받아야 한다.

### 풀이

① [×] 지방채는 지방자치단체장 뿐만 아니라 **지방자치단체조합의 장도 발행할 수 있다.**
② [×] 지방자치단체의 장은 **지방채의 차환을 위한 지방채를 발행할 수 있다.**
③ [○] 제주특별자치도지사는 제주특별자치도의 발전과 관계가 있는 사업을 위하여 필요하면 행정안전부 장관의 승인없이 도의회 의결을 마친 후 외채발행과 지방채 발행 한도액의 범위를 초과한 지방채 발행을 할 수 있다.

「제주특별자치도 설치 및 국제자유도시 조성을 위한 특별법」 제126조(지방채 등의 발행 특례) 도지사는 제주자치도의 발전과 관계가 있는 사업을 위하여 필요하면 「지방재정법」 제11조에도 불구하고 도의회의 의결을 마친 후 외채 발행과 지방채 발행 한도액의 범위를 초과한 지방채 발행을 할 수 있다. 이 경우 「지방재정법」 제11조제2항에서 대통령령으로 정하는 지방채 발행 한도액을 초과하여 지방채를 발행하려면 도의회 재적의원 과반수가 출석하고 출석의원 3분의 2 이상의 찬성을 받아야 한다.

④ [×] 외채를 발행할 경우 기획재정부 장관이 아닌 **행정안전부 장관의 승인**을 받아야 한다.

「지방재정법」 제11조(지방채의 발행)
② 지방자치단체의 장은 제1항에 따라 지방채를 발행하려면 재정 상황 및 채무 규모 등을 고려하여 대통령령으로 정하는 지방채 발행 한도액의 범위에서 지방의회의 의결을 얻어야 한다. 다만, 지방채 발행 한도액 범위더라도 외채를 발행하는 경우에는 지방의회의 의결을 거치기 전에 행정안전부장관의 승인을 받아야 한다.
④ 「지방자치법」 제176조에 따른 지방자치단체조합(이하 "조합"이라 한다)의 장은 그 조합의 투자사업과 긴급한 재난복구 등을 위한 경비를 조달할 필요가 있을 때 또는 투자사업이나 재난복구사업을 지원할 목적으로 지방자치단체에 대부할 필요가 있을 때에는 지방채를 발행할 수 있다. 이 경우 행정안전부장관의 승인을 받은 범위에서 조합의 구성원인 각 지방자치단체 지방의회의 의결을 얻어야 한다.

정답 ③

## 084
2019 (2월) 서울 7급 지방자치론

「지방재정법」상 지방채의 발행에 대한 설명으로 가장 옳지 않은 것은?

① 지방채는 법률에 의하지 아니하고는 발행할 수 없다.
② 지방자치단체의 장은 지방채를 발행하려면 재정 상황 및 채무 규모 등을 고려하여 대통령으로 정하는 지방채 발행 한도액의 범위에서 지방의회의 의결을 얻어야 한다.
③ 지방채 발행 한도액 범위더라도 외채를 발행하는 경우에는 지방의회의 의결을 거치기 전에 행정안전부장관의 승인을 받아야 한다.
④ 지방자치단체의 장은 국회의 승인을 받은 경우에는 그 승인받은 범위에서 지방의회의 의결을 얻어 지방채 발행 한도액의 범위를 초과하여 지방채를 발행할 수 있다.

### 풀이

① [○] 지방채는 법률에 의하지 아니하고는 발행할 수 없다.

「지방재정법」 제11조의2(지방채 발행의 제한) 지방채는 이 법과 다음 각 호의 법률에 의하지 아니하고는 발행할 수 없다.

② [○] 지방자치단체의 장은 지방채를 발행하려면 재정 상황 및 채무 규모 등을 고려하여 대통령령으로 정하는 지방채 발행 한도액의 범위에서 지방의회의 의결을 얻어야 한다.
③ [○] 지방채 발행 한도액 범위더라도 외채를 발행하는 경우에는 지방의회의 의결을 거치기 전에 행정안전부장관의 승인을 받아야 한다.
④ [×] 지방자치단체의 장은 **국회의 승인이 아닌 행정안전부 장관과 협의한 경우에는 그 협의한 범위 안에서** 지방의회의 의결을 얻어 지방채 발행 및 한도액의 범위를 초과하여 지방채를 발행할 수 있다.

「지방재정법」 제11조(지방채의 발행)
② 지방자치단체의 장은 제1항에 따라 지방채를 발행하려면 재정 상황 및 채무 규모 등을 고려하여 대통령령으로 정하는 지방채 발행 한도액의 범위에서 지방의회의 의결을 얻어야 한다. 다만, 지방채 발행 한도액 범위더라도 외채를 발행하는 경우에는 지방의회의 의결을 거치기 전에 행정안전부장관의 승인을 받아야 한다.
③ 지방자치단체의 장은 제2항에도 불구하고 대통령령으로 정하는 바에 따라 행정안전부장관과 협의한 경우에는 그 협의한 범위에서 지방의회의 의결을 얻어 제2항에 따른 지방채 발행 한도액의 범위를 초과하여 지방채를 발행할 수 있다. 다만, 재정책임성 강화를 위하여 재정위험수준, 재정 상황 및 채무 규모 등을 고려하여 대통령령으로 정하는 범위를 초과하는 지방채를 발행하는 경우에는 행정안전부장관의 승인을 받은 후 지방의회의 의결을 받아야 한다.

정답 ④

## 085
2020 지방 7급 지방자치론

**행정안전부장관의 승인이 필요한 것만을 모두 고르면?**

> ㄱ. 지방채 중 외채의 발행
> ㄴ. 시·도의 지방공사 설립
> ㄷ. 행정구의 명칭 변경과 읍·면·동의 구역 변경

① ㄱ
② ㄷ
③ ㄱ, ㄴ
④ ㄴ, ㄷ

### 풀이

ㄱ. [O] 지방채 중 외채를 발행하려면 행정안전부 장관의 승인이 필요하다.

> 「지방재정법」 제11조(지방채의 발행)
> ② 지방자치단체의 장은 제1항에 따라 지방채를 발행하려면 재정 상황 및 채무 규모 등을 고려하여 대통령령으로 정하는 지방채 발행 한도액의 범위에서 지방의회의 의결을 얻어야 한다. 다만, 지방채 발행 한도액 범위더라도 외채를 발행하는 경우에는 지방의회의 의결을 거치기 전에 행정안전부장관의 승인을 받아야 한다.

ㄴ. [X] 「지방공기업법」상 지방공기업의 설립은 조례로 정하며, 특히 **지방공사와 지방공단의 설립은** 행정안전부 장관의 **승인 사항이 아닌 협의사항**이다.

> 「지방공기업법」 제49조(설립) ① 지방자치단체는 제2조에 따른 사업을 효율적으로 수행하기 위하여 필요한 경우에는 지방공사(이하 "공사"라 한다)를 설립할 수 있다. 이 경우 공사를 설립하기 전에 특별시장, 광역시장, 특별자치시장, 도지사 및 특별자치도지사(이하 "시·도지사"라 한다)는 행정안전부장관과, 시장·군수·구청장(자치구의 구청장을 말한다)은 관할 특별시장·광역시장 및 도지사와 협의하여야 한다.

ㄷ. [X] 행정구, 읍·면·동의 폐치분합은 행정안전부 장관의 승인을 받아 지방자치단체의 조례로 정한다. 하지만 **명칭과 구역의 변경은 지방자치단체의 조례로 정하고 이를 광역자치단체 장에게 보고한**다. 따라서 행정안전부 장관의 승인은 필요하지 않다.

> 「지방자치법」 제7조(자치구가 아닌 구와 읍·면·동 등의 명칭과 구역) ① 자치구가 아닌 구와 읍·면·동의 명칭과 구역은 종전과 같이 하고, 자치구가 아닌 구와 읍·면·동을 폐지하거나 설치하거나 나누거나 합칠 때에는 행정안전부장관의 승인을 받아 그 지방자치단체의 조례로 정한다. 다만, 명칭과 구역의 변경은 그 지방자치단체의 조례로 정하고, 그 결과를 특별시장·광역시장·도지사에게 보고하여야 한다.

정답 ①

## 086
2013 서울 7급 지방자치론 (수정)

**다음 중 지방재정자립도에 관한 설명으로 옳은 것은?**

① 지방재정자립도 개념은 지방자치단체의 총재정규모를 반영하고 있다.
② 지방재정자립도는 세입구조·세출구조 모두를 고려하고 있다.
③ 지방재정자립도는 의존재원 성격을 고려하고 있다.
④ 지방재정자립도는 지방세수입과 세외수입의 합계액이 세입총액에서 차지하는 비율을 의미한다.

### 풀이

지방정부의 재정자립도는 총세입 중 자주재원의 비율로 계산해 스스로 재원을 조달할 수 있는지의 여부를 알아보는 지표이다.

① [X] 재정자립도는 **총세입 대비 자주재원의 비율로 계산하는 상대적 크기를 표시**하는 지표로 자치단체의 **재정 규모를 반영하는 것이 아니다.**
② [X] 재정자립도를 비롯한 지방정부 재정 관련 지표들은 **세입 중심적 관점에서 산정됨으로써 자치단체의 세출구조를 파악하기 어렵다.**
③ [X] 지방재정자립도는 **총세입 대비 자주재원 비율로 의존재원의 성격을 고려하지 않는다.**
④ [O] 지방재정자립도는 일반회계 세입총액 가운데 지방자치단체 스스로 조달하는 자주재원이 차지하는 비중을 표시한다. 즉, 지방세수입과 세외수입의 합계액이 세입총액에서 차지하는 비율을 의미한다.

정답 ④

## 087  2012 국가 7급

지방자치단체 재정자립도 개념의 한계에 대한 설명으로 옳지 않은 것은?

① 지방자치단체의 일반회계만을 고려하고 특별회계와 기금 등을 종합적으로 고려하지 못하므로 지방자치단체의 실제 재정력이 과소평가된다.
② 일반회계에서 차지하는 자체재원의 비율이 높을수록 재정자립도가 높게 산정되기 때문에 지방교부세를 받은 지방자치단체는 재정력이 커짐에도 불구하고 재정자립도는 반대로 낮아지게 된다.
③ 지방자치단체의 세출을 중심으로 산정되기 때문에 지방자치단체의 재정력을 효과적으로 파악하기 곤란하다.
④ 지방자치단체 간의 상대적 재정 규모를 평가하지 못하는 문제가 있다.

### 풀이

재정자립도는 지방자치단체의 일반회계 세입총액 가운데 자주재원이 차지하는 비중이다.
① [○] 재정자립도는 일반회계 세입총액만을 고려하기 때문에 자치단체의 특별회계와 기금을 종합적으로 고려하지 못한다.
② [○] 지방교부세는 의존재원으로 지방교부세를 받을 경우 총세입은 늘어나지만 자주재원의 크기는 변함이 없어 재정력이 증대됨에도 불구하고 재정자립도는 낮아진다.
③ [×] 재정자립도는 지방자치단체의 세출이 아닌 **세입을 중심으로 산정됨으로써 자치단체의 세출구조를 파악하지 못하는 문제점을** 안고 있다.
④ [○] 재정자립도는 비율지표로 지방자치단체 간의 정확한 재정 규모를 비교하지 못한다.

정답 ③

## 088  2016 서울 7급 지방자치론

지방재정에 대한 설명으로 가장 옳지 않은 것은?

① 지방재정자립도는 일반회계를 기준으로 지방정부 예산 규모에서 지방세수입과 세외수입의 합계액이 차지하는 비율을 의미한다.
② 지방재정자립도는 의존재원이 적으면 적을수록 높게 나타난다.
③ 일반재원의 비중이 커지면 지출 선택범위가 넓어져 재정운영의 자주성과 탄력성이 커진다.
④ 재정자립도가 같으면 그 두 자치단체 간 재정규모도 같다고 할 수 있다.

### 풀이

① [○] 지방재정자립도는 일반회계를 기준으로 일반회계 세입총액 대비 자주재원(지방세수입 + 세외수입)이 차지하는 비중이다.
② [○] 의존재원이 적다는 것은 세입총액 가운데 자주재원의 비중이 높다는 의미이므로 이 경우 지방재정자립도는 높게 나타난다.
③ [○] 지방자치단체 스스로 사용용도를 결정할 수 있는 일반재원의 비중이 커지면 재정운영의 자주성과 탄력성이 확보된다.
④ [×] **재정자립도는 비율지표로 자립도의 크기만으로 총재정규모를 알 수 없으므로 재정규모 비교도 불가하다.**

정답 ④

## 089

2019 서울 9급

지방자치단체의 재정자립도에 대한 설명으로 가장 옳지 않은 것은?

① 재정자립도는 세입총액에서 지방세수입과 세외수입이 차지하는 비율을 나타낸다.
② 자주재원이 적더라도 중앙정부가 지방교부세를 증액하면 재정자립도는 올라간다.
③ 재정자립도가 높다고 지방정부의 실질적 재정이 반드시 좋다고 볼 수는 없다.
④ 국세의 지방세 이전은 재정자립도 증대에 도움이 된다.

**풀이**

① [O] 재정자립도는 전체 지방정부 세입총액에서 지방세수입과 세외수입의 자주재원이 차지하는 비율을 말한다.
② [X] 재정자립도란 일반회계 총세입 중에서 자주재원(지방세+세외수입)이 차지하는 비중을 의미한다. 이 경우 자주재원이 많거나 적거나 상관없이, **중앙정부가 지방교부세를 증액하면 총세입의 크기가 증가함에 따라 자주재원의 비중이 상대적으로 줄어들어 재정자립도는 낮아지게 된다.**
③ [O] 재정자립도는 세입 중심의 개념으로 세출의 질에 대해서는 고려하지 않아 세출의 질, 의존재원의 내역 및 전체 재정규모 등 실질적인 재정상태를 알려주지 못한다.
④ [O] 지방세는 자주재원이므로 국세를 지방세로 이전하게 되면 지방세의 크기가 커지게 되어 재정자립도는 증가하게 된다. **정답 ②**

## 090

2019 서울 7급 지방자치론

재정자립도에 대한 설명으로 가장 옳은 것은?

① 자주재원적 성격이 강한 지방교부세의 특성을 제대로 반영하지 못하고 있다.
② 지방자치단체 간 재정 규모의 차이를 분석할 수 있는 장점이 있다.
③ 지방자치단체별 세출 구조에 대한 정확한 반영을 통해 지방재정의 건전성 여부를 알려준다.
④ 지방자치단체의 세입 결산액 중 지방세 수입이 차지하는 백분비로 나타낸다.

**풀이**

① [O] 재정자립도는 자주재원으로 지방세와 세외수입만을 고려한다. 지방교부세의 경우 대부분 일반재원의 성격을 갖고 있어 자주재원처럼 사용할 수 있음에도 불구하고 의존재원이어서 재정자립도가 낮아지게 만든다.
② [X] 재정자립도는 **비율지표로 지방자치단체 간 재정 규모의 차이를 분석할 수 없다.**
③ [X] 재정자립도는 **세입 중심적 관점**에서 산정되는 지표로 자치단체의 **세출구조를 파악하기 어렵다.**
④ [X] 재정자립도는 지방자치단체의 **일반회계 세입 중 자체수입(지방세+세외수입)이 차지하는 비율**이다. **정답 ①**

## 091

2018 (3월) 서울 7급 지방자치론

재정자주도의 산출 공식에서 분자에 포함되지 않는 항목은?

① 세외수입
② 지방교부세
③ 조정교부금
④ 국고보조금

**풀이**

재정자주도는 지방자치단체가 스스로 용도를 정해 쓸 수 있는 재원인 일반재원이 총세입에서 차지하는 비중으로 [재정자주도 = (지방세수입 + 세외수입 + 지방교부세 + 조정교부금)/일반회계재정]으로 계산한다.
④ [×] 재정자주도의 분자는 모두 일반재원으로 **특정재원인 국고보조금은 포함되지 않는다.**

정답 ④

## 092

2023 지방 7급

지방재정에 대한 설명으로 옳지 않은 것은?

① 재정자립도는 일반회계 예산규모에서 지방세와 세외수입 합계액의 비(比)를 의미하며 지방자치단체의 실제 재정력과 차이가 있다는 비판이 있다.
② 재정자주도는 일반회계 예산규모에서 자체수입과 자주재원 합계액의 비를 의미하며 보통교부세 교부 여부의 적용기준으로 활용된다.
③ 재정력지수는 기준재정수요액에서 기준재정수입액의 비를 의미하며 기본적 행정 수행을 위한 재정수요의 실질적 확보 능력을 판단하는 기준이 된다.
④ 주민 1인당 지방세 부담액은 지방세액을 해당 지방자치단체 주민 수로 나눈 것으로 세입구조 안정성을 판단하는 기준이 된다.

**풀이**

① [○] 재정자립도는 일반회계 예산규모에서 자주재원이 차지하는 비율로 지방세와 세외수입 합계액의 비(比)를 의미한다. 재정자립도가 높다고 해도 의존재원의 크기에 따라 지방자치단체의 재정력의 차이가 나타나므로 재정자립도와 실제 재정력과는 차이가 있다는 비판이 있다.
② [×] 재정자주도는 일반회계 예산규모에서 스스로 용도를 결정할 수 있는 일반재원의 비율로 **일반회계 예산규모 대비 자주재원과 지방교부세 중 일반재원에 해당하는 보통교부세와 부동산 교부세의 합이 차지하는 비중**이다. 보통교부세 교부 여부의 적용기준으로 활용되는 것은 재정자주도가 아닌 재정력지수이다.
③ [○] 재정력지수는 기준재정수요액에서 기준재정수입액의 비로, 기본적 행정 수행을 위한 재정수요의 실질적 확보 능력을 판단하는 기준이 되며 보통교부세 교부 여부의 기준이 된다.
④ [○] 주민 1인당 지방세 부담액은 지방세액을 해당 지방자치단체 주민 수로 나눈 것으로 세입구조 안정성을 판단하는 기준이 된다.

정답 ②

## 093
2023 국가 7급

지방재정에 대한 설명으로 옳지 않은 것은?

① 부동산교부세는 일반재원이다.
② 내국세 및 교육세의 일부는 지방교육재정교부금의 재원이다.
③ 지역균형발전특별회계는 노무현 정부의 국가균형발전특별회계의 신설에서 비롯되었다.
④ 지역상생발전기금은 지방소비세 도입 과정에서의 광역지자체와 기초지자체 간 세수입 배분의 불균형을 해소하기 위한 것이다.

**풀이**

① [○] 부동산교부세는 사용목적을 제한하지 않는 일반재원이다.
② [○] 내국세 및 교육세의 일부는 지방교육재정교부금의 재원이다.

> 「지방교육재정교부금법」 제3조(교부금의 종류와 재원) ① 국가가 제1조의 목적을 위하여 지방자치단체에 교부하는 교부금(이하 "교부금"이라 한다)은 보통교부금과 특별교부금으로 나눈다.
> ② 교부금 재원은 다음 각 호의 금액을 합산한 금액으로 한다.
> 1. 해당 연도 내국세[목적세 및 종합부동산세, 담배에 부과하는 개별소비세 총액의 100분의 45 및 다른 법률에 따라 특별회계의 재원으로 사용되는 세목(稅目)의 해당 금액은 제외한다. 이하 같다] 총액의 1만분의 2,079
> 2. 해당 연도 「교육세법」에 따른 교육세 세입액 중 「유아교육지원특별회계법」 제5조제1항에서 정하는 금액 및 「고등·평생교육지원특별회계법」 제6조제1항에서 정하는 금액을 제외한 금액
> ③ 보통교부금 재원은 제2항제2호에 따른 금액에 같은 항 제1호에 따른 금액의 100분의 97을 합한 금액으로 하고, 특별교부금 재원은 제2항제1호에 따른 금액의 100분의 3으로 한다.
> ④ 국가는 지방교육재정상 부득이한 수요가 있는 경우에는 국가예산으로 정하는 바에 따라 제1항 및 제2항에 따른 교부금 외에 따로 증액교부할 수 있다.

③ [○] 지역균형발전특별회계는 지역 간의 균형적 발전과 재정 격차를 줄이기 위해 정부가 별도로 지원하는 예산으로 노무현 정부에서 신설된 국가균형발전특별회계가 광역지역발전특별회계, 지역발전특별회계. 다시 국가균형발전특별회계를 거쳐 2023년 지역균형발전특별회계가 된 것이다.
④ [×] 지역상생발전기금은 수도권의 광역자치단체가 지방소비세액의 35%를 출연한 기금을 타 지자체에 분배하는 제도로 2010년 지방소비세가 신설되며 수도권에 편중된 지방소비세액을 비수도권에 배분하기 위한 수평적 지방재정조정제도이다. 따라서 지역상생발전기금은 광역지자체와 기초지자체 간의 불균형이 아니라, **수도권과 비수도권의 지방자치단체 간에 세수입 배분의 불균형을 해소하기 위한 것이다.**

정답 ④

## 094
2014 국가 7급

우리나라 지방자치단체의 재정에 대한 설명으로 옳은 것은?

① 지방세는 재산보유에 대한 과세보다 재산거래에 대한 과세의 비중이 상대적으로 높다.
② 재정력지수는 지방자치단체의 전체 재원에 대한 자주재원(지방세 수입, 지방세 외 수입)의 비율을 의미한다.
③ 재정자립도란 일반회계 세입에서 자주재원과 지방교부세를 합한 일반재원의 비중으로 생계급여 등 사회복지 분야에서 차등보조율을 설계할 때 사용된다.
④ 지방재정조정제도는 크게 지방자치단체에 재원 사용의 자율성을 전적으로 부여하는 국고보조금과 특정한 사업에 사용할 것을 조건으로 선택적으로 지원하는 지방교부세로 구분한다.

**풀이**

① [○] 우리나라에서 지방세는 재산세 등의 재산보유에 대한 과세보다 취득세와 등록면허세 등의 재산거래에 대한 과세의 비중이 상대적으로 높다.
② [×] 재정력지수는 지방자치단체가 기초적인 재정수요를 어느 정도 자체적으로 해결 능력을 가지고 있는가를 추정하는 지표로 '기준재정수입액/기준재정수요액'을 의미한다. 지방자치단체의 전체 재원에 대한 자주재원(지방세 수입, 지방세 외 수입)의 비율은 **재정자립도**이다.
③ [×] 재정자립도가 아니라 **재정자주도**가 일반회계 세입에서 자주재원과 용도를 정하지 않은 **지방교부세**(보통교부세와 부동산교부세)를 합한 일반재원의 비중으로 생계급여 등 사회복지 분야에서 차등보조율을 설계할 때 사용된다.
④ [×] 지방재정조정제도는 크게 지방자치단체에 **재원사용의 자율성을 전적으로 부여하는 지방교부세**와 **특정한 사업에 사용할 것을 조건으로 선택적으로 지원하는 국고보조금**으로 구분한다.

정답 ①

## 095
2019 서울 7급

지방재정의 사전관리제도에 해당하는 것을 <보기>에서 모두 고른 것은?

<보기>
ㄱ. 중기지방재정계획
ㄴ. 지방재정투자심사
ㄷ. 행정사무감사
ㄹ. 성인지 예산제도
ㅁ. 재정공시

① ㄱ, ㄴ
② ㄴ, ㄷ
③ ㄱ, ㄴ, ㄹ
④ ㄷ, ㄹ, ㅁ

**풀이**

ㄱ. [O] 중기지방재정계획은 5회계연도 이상의 기간에 대해 지방재정계획을 수립해 지방의회에 제출하고 행정안전부장관에게 제출하는 제도로 지방재정에 관한 사전관리제도에 해당한다.
ㄴ. [O] 지방재정투자심사제도는 대통령령으로 정한 일정규모 이상의 사업에 대해 행정안전부가 그 내용을 검토하는 제도로 지방재정에 관한 사전관리제도에 해당한다.
ㄷ. [X] **행정사무감사**는 정기지방의회를 진행하는 동안 지방의회가 행정사무를 감사하는 제도로 **사후적 관리제도에 해당**한다.
ㄹ. [O] 성인지 예산제도는 지방정부가 진행하는 각 사업에 대한 성별영향분석서에 해당하는 성인지 예산서를 제출하는 제도로 사전적 관리제도에 해당한다.
ㅁ. [X] **지방재정공시제도**는 지방자치단체 예산 및 결산 주요 상황을 주민들에게 투명하게 공개하는 제도로 **사후적 관리제도에 해당**한다.

**정답 ③**

## 096
2014 지방 7급 지방자치론

지방정부가 제공하는 공공서비스에 대한 설명으로 옳지 않은 것은?

① 순수한 의미에서의 공공서비스는 비경쟁성을 특징으로 한다.
② 공공서비스는 많은 경우 배제성을 지니지 않는다.
③ 무임승차는 비배제성보다는 비경쟁성과 관련이 있다.
④ 순수한 공공서비스는 거의 존재하지 않는다.

**풀이**

① [O] 정부가 제공하는 공공서비스는 누군가의 소비가 타인의 소비를 감소시키지 않는 비경합성(비경쟁성), 대가를 지불하지 않는 소비자도 사용할 수 있는 비배제성을 특징으로 한다.
② [O] 공공서비스는 대가를 징수하지 않으므로 배제성을 지니지 않는다.
③ [X] 공공서비스에 **무임승차**가 발생하는 이유는 대가를 징수하지 않는 **비배제성으로 인해 나타난다**.
④ [O] 지방정부가 제공하는 공공서비스는 중앙정부가 제공하는 국방, 치안 등의 순수공공재에 비해 비배제성과 비경합성의 정도가 약한 준공공재(상하수도, 도로)에 해당한다.

**정답 ③**

## 097
2017 지방 7급 지방자치론

사바스(E.S. Savas)의 공공서비스 공급 유형 분류에서 민간부문이 공급을 결정하고 공급하는 방식으로서 시장지향적인 접근방식에 해당하는 것은?

① 이용권지급
② 계약방식
③ 허가방식
④ 보조금지급방식

### 풀이

**내용정리** 사바스의 공공서비스 분류방식

| 구분 | | 공급 결정·배열(provide, arrange) | |
|---|---|---|---|
| | | 정부 | 민간 |
| 생산(공급) (product) | 정부 | · 직접 공급<br>· 정부 간 협정 | · 정부판매 |
| | 민간 | · 민간계약(위탁) (contracting-out)<br>· 허가(franchises), 면허(license)<br>· 보조금(granting)<br>· 이용권 지급 (vouchers): 새행정학 | · 시장<br>· 이용권 지급 (vouchers): Savas 의 고전적 견해<br>· 자조활동, 셀프서비스 (self service)<br>· 자원봉사(voluntary service) |

※ 참고로 2017년 서울시 7급 행정학 시험에서는 바우처를 정부결정(배열), 민간생산으로 보았다. 본래 Savas의 표에서는 민간결정, 민간생산이고 새행정학에서는 정부결정, 민간생산으로 보기 때문에 견해의 대립이 있다.

① [○] 민간부문이 공급을 결정(provide)하고 공급(product)하는 방식은 자조활동이나 자원봉사의 방식이 전형적이지만 바우처(이용권지급)는 정부가 바우처를 지급하고 소비자가 직접 이용자를 선택해 사용하는 방식으로, Savas의 견해에 따르면 다른 방식에 비해서는 민간결정, 민간공급의 성격을 가진다.
② [×] **민간계약은 정부가 공급을 결정**(provide)하고 **민간이 공급**(product)하는 방식이다.
③ [×] 정부의 **허가(면허) 방식은 정부가 공급을 결정**(provide)하고 **민간이 공급**(product)하는 방식이다.
④ [×] **보조금 방식은 정부가 공급을 결정**(provide)하고 **민간이 공급**(product)하는 방식이다.

**정답 ①**

## 098
2018 국가 9급

지방정부의 행정서비스 공급체계 및 방식에 대한 설명으로 옳지 않은 것은?

① 정부의 직접적 공급이 아닌 대안적 서비스 공급체계(ASD: Alternative Service Delivery)는 생활쓰레기 수거, 사회복지사업운영, 시설 관리 등의 분야에 적용되고 있다.
② 과잉생산과 독점 등이 야기한 공공부문 비효율의 해결책으로 계약방식을 통한 서비스 공급이 도입되고 있다.
③ 사용자부담 방식의 활용은 재정부담의 공평성 제고에 기여한다.
④ 사바스(E. Savas)가 제시한 공공서비스 공급유형론에 따르면, 자원봉사(voluntary service)방식은 민간이 결정하고 정부가 공급하는 유형에 속한다.

### 풀이

① [○] 민간화는 정부의 직접 공급이 아닌 대안적 서비스 공급체계로 생활쓰레기 수거, 사회복지사업 운영, 시설 관리 등의 분야에 적용되고 있다.
② [○] 과잉생산과 독점 등이 야기한 공공부문 비효율(×−비효율)의 해결책으로 계약방식을 통한 서비스 공급이 도입되고 있다.
③ [○] 사용자부담 방식은 공공기관이 제공하는 재화와 서비스의 대가로 사용자로부터 요금을 징수하는 것으로 실제 사용자가 비용을 부담한다는 점에서 재정부담의 공평성 제고에 기여한다.
④ [×] 사바스가 제시한 공공서비스 공급유형론에 따르면 **자원봉사방식은 민간이 결정하고 민간이 공급하는 유형**에 속한다.

**정답 ④**

## 099
2020 지방 7급 지방자치론

사바스(Savas)가 제시하는 공공서비스의 네 가지 공급유형 중 '정부가 결정하고 민간이 공급하는 유형(A)'과 '민간이 결정하고 민간이 공급하는 유형(B)'의 예로 옳은 것은?

|   | A | B |
|---|---|---|
| ① | 계약방식 (contracting-out) | 셀프 서비스 (self service) |
| ② | 보조금 방식 (granting) | 계약방식 (contracting-out) |
| ③ | 허가 (franchises) | 정부 간 협정 |
| ④ | 이용권 지급 (vouchers) | 허가 (franchises) |

### 풀이
① [O] 사바스의 견해에 따르면 정부가 결정하고 민간이 공급하는 A유형은 계약, 보조금, 허가, 민간이 결정하고 민간이 공급하는 B유형은 이용권 지급, 셀프 서비스와 자원봉사 방식이다.
② [X] 보조금 방식과 **계약 방식** 모두 정부가 결정하고 민간이 공급하는 **A유형**에 해당한다.
③ [X] 허가방식은 정부가 결정하고 민간이 공급하는 A유형이지만, **정부 간 협정은 정부가 결정하고 정부가 공급**하는 방식이다.
④ [X] 사바스의 견해에 따르면 이용권 지급(바우처)은 민간이 결정하고 민간이 공급하는 B의 유형이고, 독점적 허가인 franchises방식은 정부가 결정하고 민간이 공급하는 A의 유형이다.

**정답 ①**

## 100
2013 지방 7급

지방공공서비스 공급과 관련된 설명으로 옳지 않은 것은?

① 영국에서는 의무경쟁입찰제도가 최고가치정책으로 전환되었다.
② 사바스(E. S. Savas)의 분류에 따르면 계약, 허가, 보조금 등은 지방정부가 공급을 결정하고 민간부문이 생산을 담당하는 공급유형에 속한다.
③ 니스카넨(W. Niskanen)의 예산극대화모형에 따르면, 관료들의 행태 때문에 지방정부의 예산규모가 사회적으로 효율적인 수준보다 더 커질 수 있다.
④ 시민공동생산 논의는 시민과 지역주민을 정규생산자로 파악하는 데에서 출발한다.

### 풀이
① [O] 영국 지방정부의 생산성 강화프로그램은 의무경쟁입찰제도와 최고가치 정책으로 대표된다. 의무경쟁입찰제도는 지방정부가 민간보다 효율적으로 서비스 공급을 할 수 있어야 공공재를 생산할 수 있도록 한 제도였으며, 최고가치정책은 의무경쟁입찰제도를 2000년에 전환한 것으로, 공공서비스를 단순히 저렴한 비용으로 제공하는 것이 아니라 높은 품질을 유지해야 할 것을 강조한다.
② [O] 사바스(E. S. Savas)의 분류에 따르면 계약, 허가, 보조금 등은 지방정부가 공급을 결정(provide)하고 민간부문이 생산(product)을 담당하는 공급유형에 속한다.
③ [O] 니스카넨(W. Niskanen)는 예산극대화모형을 통해 자신들의 소속부처 이익만을 극대화시키고자 하는 관료들의 행태 때문에 지방정부의 예산규모가 사회적으로 효율적인 수준보다 더 커질 수 있다고 보았다.
④ [X] 시민공동생산은 공공부문과 민간부문이 협력적 분업관계를 형성해 공공서비스를 생산하는 것으로 1970년대 발생한 정부실패를 극복할 수 있는 대안이 시민의 참여라고 보았다. 시민공동생산 논의는 정부에 의한 정규생산에 대한 대안으로 대두된 논의로, **시민과 지역주민을 정규적 생산영역 밖에서 활동하는 주체로 파악**한다.

**정답 ④**

## 101

**2017 서울 7급 지방자치론**

다음 중 시민공동생산(citizen co-production)에 대한 설명으로 가장 옳지 않은 것은?

① 자원봉사활동은 그 대표적인 예이다.
② 시민공동생산 논의는 큰 정부, 큰 서비스 실현을 위한 방법론을 제시하였다.
③ 시민이 공공재의 소비자로 머물지 않고 정부 등 공공부문과 함께 공공재를 같이 생산하는 것을 말한다.
④ 1980년대 초 오스트롬(V. Ostrom)을 비롯한 많은 학자들에 의해 논의가 이루어졌다.

**풀이**

① [O] 시민공동생산은 공공서비스의 전달과정에서 나타나는 주민참여로 대표적인 예시로는 자원봉사활동 등을 들 수 있다.
② [×] **시민공동생산** 논의는 큰 정부가 아닌 **작은 정부의 기조를 유지**하면서 큰 서비스 실현을 위한 방법론을 제시하였다.
③ [O] 시민공동생산은 정규생산자인 정부와 소비생산자인 시민 또는 지역주민이 공공서비스를 같이 생산하는 것으로 정의 될 수 있다.
④ [O] 시민공동생산은 1980년대초 오스트롬(V. Ostrom)을 비롯한 많은 학자들에 의해 논의가 이루어졌다.

**정답 ②**

## 102

**2017 서울 7급 지방자치론**

다음 중 민간투자사업의 분류에 관한 설명으로 가장 옳은 것은?

① BTO방식: 사회기반시설 준공 후 일정기간 동안 사업시행자에게 그 시설의 소유권이 인정되며, 기간 만료 시 시설소유권은 국가 또는 지방자치단체에 귀속시키는 방식이다.
② BTL방식: 사회기반시설 준공과 동시에 당해 시설의 소유권이 국가 또는 지방자치단체에 귀속되며 사업시행자에게 일정기간 시설관리운영권을 인정하는 방식이다.
③ BOT방식: 사업시행자가 사회기반시설을 준공한 후 국가 또는 지방자치단체로 소유권을 이전하고, 그 시설을 임대하여 투자비를 회수하는 방식이다.
④ BOO방식: 사회기반시설 준공과 동시에 사업시행자에게 당해시설의 소유권을 인정하는 방식이다.

**풀이**

① [×] BTO(Build Transfer Operate) 방식은 민간이 민간자본으로 사회기반시설을 **준공(건설, Build)한 후 바로 소유권을 정부(국가 또는 지방)에 귀속(Transfer)**시키는 방식이다. 소유권 이전 이후 민간은 일정 기간 동안 시설을 직접 운영(Operate)하여 운영수익을 통해 투자비를 회수하게 된다.
② [×] 사회기반시설의 준공(Build)과 동시에 당해 시설의 소유권이 국가 또는 지방자치단체로 귀속(Transfer)되며 사업시행자가 일정기간 시설관리운영권(Operate)을 인정하는 방식은 BTL이 아닌 BTO방식이다. BTL방식은 민간사업자가 사회기반시설의 준공(Build)과 동시에 당해 시설의 소유권을 국가 또는 지방자치단체로 귀속(Transfer)시키고, 그 대가로 시설에 대한 사용권을 받아 그 사용권을 정부에 임대(Lease)하는 방식이다.
③ [×] BOT(Build Operate Transfer) 방식은 준공 후 **사업시행자가 일정기간 동안 시설을 직접 운영해 투자비를 회수**하고, 이후 운영기간 만료시 소유권과 운영권을 정부에 귀속시키는 방식이다.
④ [O] BOO(Build Own Operate) 방식은 민간자본으로 민간이 준공(건설, Build)한 후 민간이 소유권(Own)을 가지며 직접 운용(Operate)해 투자비를 회수하는 방식이다.

**정답 ④**

## 103
2013 국가 9급

다음은 각종 지역사업을 나열한 것이다. 이 중 현행 「지방공기업법」에 규정된 지방공기업 대상사업(당연적용사업)이 아닌 것만을 모두 고르면?

```
ㄱ. 수도 사업(마을상수도사업은 제외)
ㄴ. 주민복지 사업
ㄷ. 공업용수도 사업
ㄹ. 공원묘지 사업
ㅁ. 주택 사업
ㅂ. 토지개발 사업
```

① ㄱ, ㄷ  
② ㄴ, ㄹ  
③ ㄷ, ㅁ  
④ ㄹ, ㅂ

**풀이**

ㄱ. 수도 사업, ㄷ. 공업용수도 사업, ㅁ. 주택 사업, ㅂ. 토지개발 사업은 모두 지방공기업법에 규정된 지방공기업 대상사업이다.

「지방공기업법」 제2조(적용범위) ① 이 법은 다음 각 호의 어느 하나에 해당하는 사업(그에 부대되는 사업을 포함한다. 이하 같다) 중 제5조에 따라 지방자치단체가 직접 설치·경영하는 사업으로서 대통령령으로 정하는 기준 이상의 사업(이하 "지방직영기업"이라 한다)과 제3장 및 제4장에 따라 설립된 지방공사와 지방공단이 경영하는 사업에 대하여 각각 적용한다.
1. 수도사업(마을상수도사업은 제외)
2. 공업용수도사업
3. 궤도사업(도시철도사업 포함)
4. 자동차운송사업
5. 지방도로사업(유료도로사업만 해당)
6. 하수도사업
7. 주택사업
8. 토지개발사업
9. 주택·토지 또는 공용·공공용건축물의 관리 등의 수탁
10. 「도시 및 주거환경정비법」 제2조제2호에 따른 공공재개발사업 및 공공재건축사업

**정답 ②**

## 104
2014 서울 7급 지방자치론

다음 중 「지방공기업법」상 지방공기업의 적용 대상으로만 짝지은 것은?

① 수도사업 - 지방도로 - 주택사업
② 토지개발사업 - 주민복지 - 하수도사업
③ 지방도로 - 자동차운송사업 - 지방소방
④ 궤도사업 - 지방세 부과징수 - 공업용수도사업
⑤ 하수도사업 - 토지개발사업 - 공유림 관리

**풀이**

① [O] 「지방공기업법」상 지방공기업의 적용대상사업은 **수도사업**, 공업용수도사업, 궤도사업, 자동차운송사업, **지방도로사업**, 하수도사업, **주택사업**, 토지개발사업, 주택·토지 또는 공용·공공용건축물의 관리 등의 수탁이다.

**정답 ①**

## 105
2019 지방 7급 지방자치론

**지방공기업에 대한 설명으로 옳지 않은 것은?**

① 지방공기업의 유형에는 지방직영기업, 지방공사, 지방공단 등이 있다.
② 지방공사에는 지방자치단체 외의 자가 출자할 수 있다.
③ 상·하수도사업을 담당하는 지방공기업은 자치단체 전액 출자형 지방공사에 해당한다.
④ 지방공사와 지방공단은 모두 법인으로 설립된다.

### 풀이

① [O] 지방공기업의 유형에는 지방직영기업, 지방공사, 지방공단 등이 있다.
② [O] 지방공단과 달리 지방공사에는 지방자치단체 외의 자가 출자할 수 있다.
> 「지방공기업법」 제53조(출자) ① 공사의 자본금은 그 전액을 지방자치단체가 현금 또는 현물로 출자한다.
> ② 제1항에도 불구하고 공사의 운영을 위하여 필요한 경우에는 자본금의 2분의 1을 넘지 아니하는 범위에서 지방자치단체 외의 자(외국인 및 외국법인을 포함한다)로 하여금 공사에 출자하게 할 수 있다. 증자(增資)의 경우에도 또한 같다.

③ [×] **상·하수도사업**을 담당하는 지방공기업은 **지방직영기업**이다.
> 「지방공기업법 시행령」 제2조(사업범위) ① 「지방공기업법」(이하 "법"이라 한다) 제2조제1항에서 "대통령령으로 정하는 기준 이상의 사업"이란 다음 각호의 기준에 해당하는 사업을 말한다.
> 1. 수도사업 : 1일 생산능력 1만톤 이상
> 2. 공업용수도사업 : 1일생산능력 1만톤이상
> 3. 궤도사업 : 보유차량 50량이상
> 4. 자동차운송사업 : 보유차량 30대이상
> 5. 지방도로사업 : 도로관리연장 50킬로미터이상 또는 유료터널·교량 3개소이상
> 6. 하수도사업 : 1일 처리능력 1만톤 이상
> 7. 주택사업 : 주택관리 연면적 또는 주택건설 면적 10만평방미터 이상
> 8. 토지개발사업 : 조성면적 10만평방미터이상

④ [O] 지방직영기업과 달리 지방공사와 지방공단은 모두 법인으로 설립된다.

정답 ③

## 106
2018 (3월) 서울 7급 지방자치론

**지방공기업에 대한 설명으로 가장 옳지 않은 것은?**

① 행정기관형의 지방공기업은 별도의 법인격이 부여되지 않는다.
② 현행 「지방공기업법」에 의하면, 지방공기업에는 지방공사, 지방공단과 지방직영기업이 있다.
③ 지방공사는 민관합동의 여지가 있다.
④ 지방공사는 원칙적으로 지방정부가 위탁한 기능만을 처리할 수 있다.

### 풀이

① [O] 행정기관형 지방공기업은 지방직영기업으로 별도의 법인격이 부여되지 않는다.
② [O] 「지방공기업법」에 따르면, 지방공기업에는 정부부처형으로 운영하는 지방직영기업 그리고 간접경영방식의 지방공단과 지방공사가 있다.
③ [O] 지방공사는 필요한 경우 민간의 출자가 가능하다.
> 「지방공기업법」 제53조(출자) ① 공사의 자본금은 그 전액을 지방자치단체가 현금 또는 현물로 출자한다.
> ② 제1항에도 불구하고 공사의 운영을 위하여 필요한 경우에는 자본금의 2분의 1을 넘지 아니하는 범위에서 지방자치단체 외의 자(외국인 및 외국법인을 포함한다)로 하여금 공사에 출자하게 할 수 있다. 증자(增資)의 경우에도 또한 같다.

④ [×] 지방공사는 **지방정부의 위탁과 관계없이 업무의 영역을 확장해 나갈 수 있다.**
> 「지방공기업법」 제54조(다른 법인에 대한 출자) ① 공사는 공사의 사업과 관계되는 사업을 효율적으로 수행하기 위하여 지방자치단체의 장의 승인을 받아 지방자치단체 외의 다른 법인에 출자할 수 있다.

정답 ④

## 107
2019 (2월) 서울 7급 지방자치론

「지방공기업법」상 지방공기업에 대한 설명으로 가장 옳은 것은?

① 행정안전부는 지방자치단체의 지방공기업 설립에 대한 승인권이 있다.
② 보유차량이 30대 이상인 자동차 운송사업을 지방자치단체가 직접 경영할 때는 지방공기업법상의 지방직영기업으로 한다.
③ 지방자치단체가 지방직영기업을 설치·운영하고자 할 때에는 지방공기업법의 규정에 따라 지방자치단체장의 규칙으로 기본사항을 정해야 한다.
④ 지방자치단체가 지방공기업법이 정하는 지방공사를 설립하고자 할 때에는 기본적인 사항을 지방자치단체장의 규칙으로 정하여야 한다.

### 풀이

① [×] 「지방공기업법」상 지방공기업의 설립은 조례로 정하며, 지방공사와 지방공단의 설립은 행정안전부 장관의 승인 사항이 아닌 **행정안전부와 자치단체의 장의 협의사항**이다.

> 「지방공기업법」 제49조(설립) ① 지방자치단체는 제2조에 따른 사업을 효율적으로 수행하기 위하여 필요한 경우에는 지방공사(이하 "공사"라 한다)를 설립할 수 있다. 이 경우 공사를 설립하기 전에 특별시장, 광역시장, 특별자치시장, 도지사 및 특별자치도지사(이하 "시·도지사"라 한다)는 행정안전부장관과, 시장·군수·구청장(자치구의 구청장을 말한다)은 관할 특별시장·광역시장 및 도지사와 협의하여야 한다.

② [○] 보유차량 30대 이상(동법 시행령) 자동차운송사업은 지방직영기업으로 한다.

> 「지방공기업법 시행령」 제2조(사업범위) ①「지방공기업법」(이하 "법"이라 한다) 제2조제1항에서 "대통령령으로 정하는 기준 이상의 사업"이란 다음 각호의 기준에 해당하는 사업을 말한다.
> 1. 수도사업 : 1일 생산능력 1만톤 이상
> 2. 공업용수도사업 : 1일생산능력 1만톤 이상
> 3. 궤도사업 : 보유차량 50량 이상
> 4. 자동차운송사업 : 보유차량 30대 이상
> 5. 지방도로사업 : 도로관리연장 50킬로미터이상 또는 유료터널·교량 3개소 이상
> 6. 하수도사업 : 1일 처리능력 1만톤 이상
> 7. 주택사업 : 주택관리 연면적 또는 주택건설 면적 10만평방미터 이상
> 8. 토지개발사업 : 조성면적 10만평방미터 이상

③ [×] 지방자치단체는 지방직영기업의 설치·운영의 기본사항은 규칙이 아닌 **조례로** 정하여야 한다.

> 「지방공기업법」 제5조(지방직영기업의 설치) 지방자치단체는 지방직영기업을 설치·경영하려는 경우에는 그 설치·운영의 기본사항을 조례로 정하여야 한다.

④ [×] 지방자치단체는 공사를 설립하는 경우 기본적인 사항을 규칙이 아닌 **조례로** 정해야 한다.

> 「지방공기업법」 제49조(설립)
> ② 지방자치단체는 공사를 설립하는 경우 그 설립, 업무 및 운영에 관한 기본적인 사항을 조례로 정하여야 한다.

정답 ②

## 108

2015 지방 7급 지방자치론

「지방공기업법」상 지방공기업에 대한 설명으로 옳지 않은 것은?

① 지방자치단체는 지방직영기업을 설치·경영하려는 경우에는 그 설치·운영의 기본사항을 조례로 정하여야 한다.
② 지방공사의 사장, 이사 및 감사의 임기는 2년으로 하며, 지방자치단체의 장은 대통령령으로 정하는 바에 따라 임기가 만료된 임원으로 하여금 그 후임자가 임명될 때까지 직무를 수행하게 할 수 있다.
③ 지방공사의 운영을 위하여 필요한 경우에는 자본금의 2분의 1을 넘지 아니하는 범위에서 지방자치단체 외의 자로 하여금 공사에 출자하게 할 수 있다.
④ 지방직영기업 운영을 전문화하기 위하여 필요한 경우에는 지방공무원법에서 정하는 바에 따라 지방직영기업 소속 공무원에 대한 전문직렬을 둘 수 있다.

### 풀이

① [○] 지방자치단체는 지방직영기업을 설치·경영하려는 경우에는 그 설치·운영의 기본사항을 조례로 정하여야 한다.
> 「지방공기업법」 제5조(지방직영기업의 설치) 지방자치단체는 지방직영기업을 설치·경영하려는 경우에는 그 설치·운영의 기본사항을 조례로 정하여야 한다.

② [×] **지방공사의 사장, 이사 및 감사의 임기는** 2년이 아닌 **3년으로** 하며, 지방자치단체의 장은 대통령령으로 정하는 바에 따라 임기가 만료된 임원으로 하여금 그 후임자가 임명될 때까지 직무를 수행하게 할 수 있다.
> 「지방공기업법」 제59조(임기 및 직무) ① 공사의 사장, 이사 및 감사의 임기는 3년으로 한다. 이 경우 지방자치단체의 장은 대통령령으로 정하는 바에 따라 임기가 만료된 임원으로 하여금 그 후임자가 임명될 때까지 직무를 수행하게 할 수 있다.

③ [○] 지방공사의 운영을 위하여 필요한 경우에는 자본금의 2분의 1을 넘지 아니하는 범위에서 지방자치단체 외의 자로 하여금 공사에 출자하게 할 수 있다.
> 「지방공기업법」 제53조(출자) ① 공사의 자본금은 그 전액을 지방자치단체가 현금 또는 현물로 출자한다.
> ② 제1항에도 불구하고 공사의 운영을 위하여 필요한 경우에는 자본금의 2분의 1을 넘지 아니하는 범위에서 지방자치단체 외의 자(외국인 및 외국법인을 포함한다)로 하여금 공사에 출자하게 할 수 있다. 증자(增資)의 경우에도 또한 같다.

④ [○] 지방직영기업 운영을 전문화하기 위하여 필요한 경우에는 「지방공무원법」에서 정하는 바에 따라 지방직영기업 소속 공무원에 대한 전문직렬을 둘 수 있다.
> 「지방공기업법」 제10조의2(기업 직원) 지방직영기업 운영을 전문화하기 위하여 필요한 경우에는 「지방공무원법」에서 정하는 바에 따라 지방직영기업 소속 공무원에 대한 전문직렬을 둘 수 있다.

**정답 ②**

## 109

2019 (2월) 서울 7급

「지방공기업법」에 근거한 지방공기업에 대한 설명으로 가장 옳지 않은 것은?

① 지방공기업은 수도사업(마을상수도사업은 제외한다), 공업용수도사업, 주택사업, 토지개발사업, 하수도사업, 자동차운송사업, 궤도사업(도시철도사업을 포함한다)을 할 수 있다.
② 지방공기업에 관한 경영평가는 원칙적으로 행정안전부장관의 주관으로 이루어진다.
③ 공사의 운영을 위하여 필요한 경우에는 자본금의 2분의 1을 넘지 아니하는 범위에서 지방자치단체 외의 자로 하여금 공사에 출자하게 할 수 있다. 단, 외국인 및 외국법인은 제외한다.
④ 지방공기업에 대한 경영평가, 관련정책의 연구, 임직원에 대한 교육 등을 전문적으로 지원하기 위하여 지방공기업평가원을 설립한다.

### 풀이

① [○] 지방공기업은 수도사업(마을상수도사업은 제외한다), 공업용수도사업, 주택사업, 토지개발사업, 하수도사업, 자동차운송사업, 궤도사업(도시철도사업을 포함한다)을 할 수 있다.
② [○] 지방공기업에 관한 경영평가는 원칙적으로 행정안전부장관의 주관으로 이루어진다.
> 「지방공기업법」제78조(경영평가 및 지도) ① 행정안전부장관은 제3조에 따른 지방공기업의 경영 기본원칙을 고려하여 대통령령으로 정하는 바에 따라 지방공기업에 대한 경영평가를 하고, 그 결과에 따라 필요한 조치를 하여야 한다. 다만, 행정안전부장관이 필요하다고 인정하는 경우에는 지방자치단체의 장으로 하여금 경영평가를 하게 할 수 있다.

③ [×] 지방공사의 경우 자본금의 2분의 1을 넘지 아니하는 범위에서 지방자치단체 외의 자로 하여금 공사에 출자하게 할 수 있으며 **외국인 및 외국법인을 포함**한다.
④ [○] 지방공기업에 대한 경영평가, 관련정책의 연구, 임직원에 대한 교육 등을 전문적으로 지원하기 위하여 지방공기업평가원을 설립한다.
> 「지방공기업법」제78조의4(지방공기업평가원의 설립·운영) ① 지방공기업에 대한 경영평가, 관련 정책의 연구, 임직원에 대한 교육 등을 전문적으로 지원하기 위하여 지방공기업평가원(이하 "평가원"이라 한다)을 설립한다.

**정답 ③**

## 110

2018 서울 7급 지방자치론

**지방자치단체의 출자·출연기관 설립에 대한 설명으로 가장 옳지 않은 것은?**

① 광역시·도가 출자·출연기관을 설립할 때는 조례안을 입법예고하기 전에 행정안전부장관과 협의를 해야 한다.
② 지방자치단체는 출자·출연기관의 설립이 아니라 대통령령으로 정하는 일정금액 이상을 추가로 출자할 때는 심의위원회의 심의 및 의결을 거치지 않을 수 있다.
③ 지방자치단체가 출자하거나 출연하는 기관의 금액이 대통령령으로 정하는 기준에 미달하는 기관을 설립할 경우에 시·도지사는 행정안전부장관과 협의를 하지 않아도 된다.
④ 출자·출연기관의 설립목적, 주요사업, 기관 운영에 관한 기본적인 사항은 지방자치단체의 조례로 정한다.

### 풀이

① [○] 광역시·도가 출자·출연기관을 설립할 때는 조례안을 입법예고하기 전에 행정안전부장관과 협의를 해야 한다.
② [×] 지방자치단체는 출자·출연기관의 설립 뿐만 아니라 **대통령령으로 정하는 일정금액 이상을 추가로 출자할 때도 심의위원회의 심의 및 의결을 거쳐야 한다.**
③ [○] 지방자치단체가 출자하거나 출연하는 기관의 금액이 대통령령으로 정하는 기준에 미달하는 기관을 설립할 경우에 시·도지사는 행정안전부장관과 협의를 하지 않아도 된다.

> 「지방자치단체 출자·출연기관의 운영에 관한 법률」 제7조(출자·출연 기관의 설립·운영의 타당성 검토와 설립 전 협의 등) ① 지방자치단체는 출자·출연 기관(제2항제2호에 따라 협의를 하지 아니할 수 있는 출자·출연 기관을 포함한다)을 설립하려는 경우 또는 대통령령으로 정하는 일정금액 이상을 추가로 출자하거나 전년보다 증액하여 출연하려는 경우에는 출자·출연 기관의 설립·운영의 타당성 등에 대하여 검토한 후 심의위원회의 심의·의결을 거쳐야 한다. 이 경우 지방자치단체는 다음 각 호의 사항에 관하여 그 결과를 공개하여야 한다.
> 1. 지방자치단체의 투자 및 사업의 적정성
> 2. 주민복리에 미치는 효과
> 3. 그 밖에 지역경제에 미치는 효과 등 대통령령으로 정하는 사항
> ② 지방자치단체가 출자·출연 기관을 설립하려는 경우에는 제1항에 따른 절차를 거친 후 제4조제3항에 따른 조례안을 입법예고하기 전에 시·도지사는 행정안전부장관과, 시장·군수·구청장은 관할 시·도지사와 협의하여야 한다. 다만, 다음 각 호의 어느 하나에 해당하는 경우에는 그 협의를 하지 아니할 수 있다.
> 1. 다른 법률(「민법」 및 「공익법인의 설립·운영에 관한 법률」은 제외한다)에 출자·출연 기관의 설립 승인과 협의 등에 관한 규정이 있는 경우
> 2. 그 밖에 출자하거나 출연하는 금액이 대통령령으로 정하는 기준에 미달하는 기관을 설립하려는 경우

④ [○] 출자·출연기관의 설립목적, 주요사업, 기관 운영에 관한 기본적인 사항은 지방자치단체의 조례로 정한다.

> 「지방자치단체 출자·출연기관의 운영에 관한 법률」 제4조(지방자치단체의 출자·출연과 대상 사업 등) ③ 출자·출연 기관과 관련한 다음 각 호의 사항은 해당 지방자치단체의 조례로 정한다.

정답 ②

## 111

2018 지방 7급 지방자치론

「지방공기업법」상의 지방직영기업에 대한 설명으로 옳은 것은?

① 지방자치단체는 지방직영기업의 업무를 관리·집행하게 하기 위하여 사업마다 1명 이상의 관리자를 두어야 한다.
② 지방직영기업이 예산 내의 지출을 하는 경우 현금이 부족할 때에 일시 차입을 하는 사항은 해당 지방자치단체장의 담당업무이다.
③ 지방직영기업의 특별회계는 재해복구 또는 그 밖의 특별한 사유로 인하여 필요한 경우에는 예산에서 정하는 바에 따라 해당 지방자치단체의 일반회계나 다른 특별회계로부터 재정적 지원을 받을 수 있다.
④ 지방직영기업의 특별회계는 경영성과 및 재무상태를 명확히 하기 위하여 재산의 증감 및 변동을 현금 흐름에 따라 회계 처리한다.

### 풀이

① [×] 지방자치단체는 지방직영기업의 업무를 관리·집행하게 하기 위하여 관리자를 둔다. 하지만 성질이 유사한 둘 이상의 사업에 대해서는 관리자를 1명만 둘 수 있어서 **사업마다 1명 이상의 관리자를 두어야** 하는 것은 아니다.

> 「지방공기업법」제7조(관리자) ① 지방자치단체는 지방직영기업의 업무를 관리·집행하게 하기 위하여 사업마다 관리자를 둔다. 다만, 조례로 정하는 바에 따라 성질이 같거나 유사한 둘 이상의 사업에 대하여는 관리자를 1명만 둘 수 있다.

② [×] 지방직영기업이 예산 내의 지출을 하는 경우 현금이 부족할 때에 일시 차입을 하는 사항은 해당 지방자치단체장이 아닌 지방직영기업의 **관리자의 담당업무**이다.

> 「지방공기업법」제9조(관리자의 업무) 제8조에 따라 관리자가 담당하는 주요 업무는 다음 각 호와 같다.
> 1. 지방직영기업에 관한 조례안 및 규칙안을 작성하여 지방자치단체의 장에게 제출하는 사항
> 2. 지방직영기업의 사업운영계획 및 예산안을 작성하여 지방자치단체의 장에게 제출하는 사항
> 3. 결산을 작성하여 지방자치단체의 장에게 제출하는 사항
> 4. 지방직영기업의 자산을 취득·관리·처분하는 사항
> 5. 계약을 체결하는 사항
> 6. 요금이나 그 밖의 사용료 또는 수수료를 징수하는 사항
> 7. 예산 내의 지출을 하는 경우 현금이 부족할 때에 일시 차입을 하는 사항과 그 밖에 예산집행에 관한 사항
> 8. 출납이나 그 밖의 회계 사무에 관한 사항
> 9. 증명서 및 공문서류를 보관하는 사항
> 10. 지방직영기업의 조직 및 인사(人事) 운영에 관한 사항, 그 밖에 법령이나 해당 지방자치단체의 조례 또는 규칙에 따라 관리자의 권한에 속하는 사항

③ [○] 지방직영기업의 특별회계는 재해복구 또는 그 밖의 특별한 사유로 인하여 필요한 경우에는 예산에서 정하는 바에 따라 해당 지방자치단체의 일반회계나 다른 특별회계로부터 재정적 지원을 받을 수 있다.

> 「지방공기업법」제14조(독립채산) ② 지방직영기업의 특별회계는 재해복구 또는 그 밖의 특별한 사유로 인하여 필요한 경우에는 예산에서 정하는 바에 따라 해당 지방자치단체의 일반회계나 다른 특별회계로부터 재정적 지원을 받을 수 있다.

④ [×] 지방직영기업의 특별회계는 경영성과 및 재무상태를 명확히 하기 위하여 재산의 증감 및 변동을 **현금 흐름(현금주의)이 아닌 발생시점(발생주의)**에 따라 회계 처리한다.

> 「지방공기업법」제16조(회계처리의 원칙) ① 지방직영기업의 특별회계는 경영 성과 및 재무 상태를 명확히 하기 위하여 재산의 증감 및 변동(이하 "회계거래"라 한다)을 발생 사실에 따라 회계처리한다.
> ③ 지방직영기업의 특별회계는 대차대조표 계정인 자산, 부채 및 자본 계정과 손익계산서 계정인 수익 및 비용 계정을 설정하여 회계처리한다.
> ⑤ 지방직영기업의 특별회계는 대통령령으로 정하는 보조 계정을 설정할 수 있다.

정답 ③

## 112
2017 서울 9급

지방공기업 유형 중 지방직영기업에 대한 설명으로 가장 옳지 않은 것은?

① 지방자치단체가 행정조직 형태로 직접 운영하는 사업을 말한다.
② 지방자치단체의 장이 지방직영기업의 관리자를 임명한다.
③ 소속된 직원은 공무원 신분이 아니다.
④ 지방공기업법 시행령에 따라 경영평가가 매년 실시되어야 하나 행정자치부장관이 이에 대해 따로 정할 수 있다.

**풀이**
① [○] 지방직영기업은 특정 사업을 효율적으로 수행하기 위하여 공기업 특별회계의 형태로 지방자치단체가 직접 운영한다.
② [○] 지방직영기업이란 지방자치단체가 직접 사업 주체가 되어 소속행정기관형태(사업소 등)로 설립하여 경영하는 것으로 지방직영기업은 자치단체의 소속기관이며, 직원의 신분은 공무원이다. **기관장이나 관리자도 자치단체장이 임명**하는 공무원으로 중앙정부의 우편, 조달, 양곡관리와 같은 정부기업 형태의 공기업이다.
③ [×] 지방직영기업은 특정한 사업을 효율적으로 수행하기 위하여 설치하는 사업소 형태의 조직으로 자치단체의 소속기관에 해당한다. 직원의 신분도 공무원이다.
④ [○] 지방공기업에 대한 경영평가는 매년 실시하여야 한다. 다만, 지방직영기업의 경영평가에 관하여는 행정안전부장관이 따로 정할 수 있다(「지방공기업법 시행령」 제68조).    **정답 ③**

## 113
2014 지방 7급 지방자치론

제3섹터 방식의 지방공기업 설립배경이 아닌 것은?

① 공공부문의 자금부족
② 민관협력부분의 확대
③ 공공영역의 기업화 경향
④ 공공성의 강화

**풀이**
제3섹터 방식의 지방공기업은 민관공동출자방식을 의미한다. 제3섹터 방식은 지방자치단체와 민간이 공동으로 자금을 출자하여 경영하는 기업체로서, 지방자치단체가 자본금의 50% 미만을 출자 또는 출연한 「상법」상의 주식회사(출자법인) 또는 「민법」상의 재단법인(출연법인)을 말한다고 할 수 있다. 종전 「지방자치법」에서 규정하였다가 현재는 「지방자치단체 출자·출연기관의 운영에 관한 법률」에서 규정하고 있다.
④ [×] 제3섹터 방식의 지방공기업의 설립배경은 **공공부문의 자금부족, 민관협력부분의 확대, 공공영역의 기업화** 등에 있었다. 공공부문에서는 제3섹터 방식의 공기업을 통해 재정난의 타개, 지역 민간사업 활성화, 민간경영 효율성의 활용 등을 기대할 수 있고, 민간부문에서는 투자안전의 보장, 보조·융자의 유리, 사업추진의 용이, 부대사업상의 이득 등을 기대할 수 있다.    **정답 ④**

# CHAPTER 05 지방자치와 주민참여

## 001
2012 지방 7급 지방자치론

**지방자치행정에 대한 주민참여의 설명으로 옳지 않은 것은?**

① 직접참여의 중요성이 점점 커지고 있다.
② 행정재량권 증대에 따라 민주적 통제의 필요성이 커지고 있다.
③ 아른슈타인(S. R. Arnstein)은 시민참여를 8단계로 제시하면서, '형식적 참여 - 실질적 참여 - 제도적 참여'의 단계로 나누어 설명하고 있다.
④ 우리나라에서는 주민투표제, 주민소송제, 주민소환제 등이 실시되고 있다.

### 풀이
① [O] 간접민주정치, 대의민주정치의 한계를 시정하기 위해 주민들의 직접참여방식의 중요성이 점점 커지고 있다.
② [O] 행정국가화 경향 이후 행정의 재량권이 증대하면서 주민참여를 통한 민주적 통제의 중요성과 필요성이 커지고 있다.
③ [X] 아른슈타인은 시민참여를 8단계로 제시하면서 8단계를 크게 **'비참여 - 형식적 참여 - 실질적 참여**의 형태로 제시하고 있다.
④ [O] 우리나라에서는 「지방자치법」에 근거해 주민투표제, 주민소송제, 주민소환제 등을 실시하고 있다.   **정답 ③**

## 002
2020 소방간부

**아른스타인(Arnstein)의 주민참여 8단계론에 대한 설명으로 옳지 않은 것은?**

① 참여의 실질적 의미 및 영향력 정도를 기준으로 참여의 형태를 구분하고 있다.
② 교정단계(therapy)에서는 주민의 태도나 행태 등을 교정해 나가는 일이 벌어진다.
③ 정보제공단계(informing)는 지방정부가 지역주민에게 정보를 일방적으로 제공하는 단계이다.
④ 정보제공단계(informing), 의견수렴단계(consultation), 유화단계(placation)는 비참여의 범주에 속한다.
⑤ 주민통제단계(citizen control)는 주민이 정부의 진정한 주인으로 모든 결정을 주도하는 단계로 가장 높은 수준의 주민참여 단계이다.

### 풀이
아른스타인은 주민참여의 유형을 8단계로 나누고 크게 3단계(비참여, 형식적 참여, 시민권력적 참여)로 구분하였다. 1) 비참여는 조작, 치료(교정), 2) 형식적 참여는 정보제공, 상담, 회유, 3) 시민권력적(실질적) 참여는 동업, 권한위임, 시민통제로 나뉜다.
① [O] 아른스타인(S. R. Arnstein)은 시민의 정책결정에 대한 참여의 실질적 의미 및 영향력의 정도에 따라 시민참여의 형태를 크게 3단계, 구체적으로는 8단계로 구분하였다.
② [O] 교정단계(therapy)는 주민의 요구를 분출시킴으로써 주민의 태도나 행태 등을 치료해 주려는 치유단계이다.
③ [O] 정보제공단계(informing)는 형식적 참여의 단계로 커뮤니케이션의 경로가 쌍방적이 아니라 일방적으로 행정청에서 주민에게 흐르는 단계이다.
④ [X] 정보제공단계, 의견수렴(상담)단계, 유화(회유)단계는 두 번째 단계인 **형식적(명목적) 참여 단계**에 속한다.
⑤ [O] 주민통제단계(citizen control)는 가장 참여가 활성화된 단계로 주민이 위원회 등을 지배하는 등 주민에 의한 완전한 자치를 실현하는 단계이다.   **정답 ④**

## 003 (2021 서울 7급 지방자치론)

**주민참여에 대한 설명으로 가장 옳은 것은?**

① 아른스타인(Arnstein)은 주민참여의 단계에서 권한 위임 단계, 주민통제단계만을 주민들이 권력을 행사하는 단계로 설명하고 있다.
② 주민감사청구는 상급기관과 감사원에 감사를 청구할 수 있도록 하는 제도이다.
③ 주민소환은 지방자치단체에 대한 불신임을 사후적으로 표명하는 제도이다.
④ 주민투표는 지방자치단체의 장의 직권에 의해 실시되는 것으로 주민 또는 지방의회의 청구에 의해서는 불가능하다.

**풀이**

① [×] 아른스타인은 주민들이 권력을 행사하는 시민 참여 단계를 **파트너십 단계, 권한위임 단계, 시민통제 단계의 3가지로 구분**한다.
② [×] **주민감사청구는 지방자치단체의 상급 기관에 청구**하는 것이고, 이와 달리 국민감사청구는 감사원에 청구하는 제도이다.
③ [o] 주민소환제도는 주민이 선출한 정치인을 소환함으로써 지방자치단체에 대한 불신임을 사후적으로 표명하는 제도이다.
④ [×] 주민투표는 지방자치단체의 장이 직권으로 실시할 수도 있지만, 주민이나 지방의회가 요건을 갖추어 청구하는 경우에 지방자치단체장은 실시하여야 한다.

> 「주민투표법」 제9조(주민투표의 실시요건) ① 지방자치단체의 장은 다음 각 호의 어느 하나에 해당하는 경우에는 주민투표를 실시할 수 있다. 이 경우 제1호 또는 제2호에 해당하는 경우에는 주민투표를 실시하여야 한다.
> 1. 주민이 제2항에 따라 주민투표의 실시를 청구하는 경우
> 2. 지방의회가 제5항에 따라 주민투표의 실시를 청구하는 경우
> 3. 지방자치단체의 장이 주민의 의견을 듣기 위하여 필요하다고 판단하는 경우
> ② 18세 이상 주민 중 제5조제1항 각 호의 어느 하나에 해당하는 사람(같은 항 각 호 외의 부분 단서에 따라 주민투표권이 없는 사람은 제외한다. 이하 "주민투표청구권자"라 한다)은 주민투표청구권자 총수의 20분의 1 이상 5분의 1 이하의 범위에서 지방자치단체의 조례로 정하는 수 이상의 서명으로 그 지방자치단체의 장에게 주민투표의 실시를 청구할 수 있다.

**정답 ③**

## 004 (2020 지방 7급 지방자치론)

**주민참여에 대한 설명으로 옳은 것은?**

① 지방자치법은 주민투표의 대상, 청구요건, 효력 등에 관한 상세규정을 두고 있다.
② 지방자치법 상 주민감사청구를 하지 않은 주민도 주민소송을 제기할 수 있다.
③ 조례의 제정 및 개폐 청구제도는 주민발안에 해당한다.
④ 아른스타인(Arnstein)의 주민참여 8단계에서 회유(placation)는 비참여에 해당한다.

**풀이**

① [×] 주민투표의 대상, 청구요건, 효력 등에 관한 **상세규정을 두고 있는 법은 「주민투표법」**이다.

> 「지방자치법」 제18조(주민투표) ① 지방자치단체의 장은 주민에게 과도한 부담을 주거나 중대한 영향을 미치는 지방자치단체의 주요 결정사항 등에 대하여 주민투표에 부칠 수 있다.
> ② 주민투표의 대상·발의자·발의요건, 그 밖에 투표절차 등에 관한 사항은 따로 법률로 정한다.
> 「주민투표법」 제7조(주민투표의 대상) ① 주민에게 과도한 부담을 주거나 중대한 영향을 미치는 지방자치단체의 주요결정사항은 주민투표에 부칠 수 있다.

② [×] 주민소송은 재무행위의 위법한 사항을 감사청구한 주민이 감사청구 사항과 관련이 있는 위법한 행위나 업무를 게을리한 사실에 대해 해당 지방자치단체의 장을 상대로 소송을 제기할 수 있는 제도로 **「지방자치법」상 주민감사청구를 하지 않은 주민은 주민소송을 제기할 수 없다.**
③ [o] 조례의 제정 및 개폐 청구제도는 주민발안에 해당한다.
④ [×] 아른스타인(Arnstein)의 주민참여 8단계에서 **회유(placation)는 비참여가 아닌 형식적 참여에 해당**한다.

**정답 ③**

## 005

2018 지방 7급 지방자치론

아른스타인(Arnstein)의 주민참여 8단계에서 실질적 참여에 해당하는 것은?

① 권한위임(delegated power)
② 정보제공(informing)
③ 조작(manipulation)
④ 상담(consultation)

### 풀이

**내용정리** 아른스타인의 주민참여 8단계

| | | |
|---|---|---|
| 비참여 | 조작(manipulation) | 정부 주도로 주민 접촉해 교육·지시하면 주민은 이에 수동적 수용 |
| | 처방(therapy) | 정부가 명목상 주민들을 심의회 등에 참여시켜 태도나 행태를 교정하려 하며, 주민의 의견은 영향력이 없음 |
| 명목적 참여 | 정보제공(informing) | 지방정부가 지역주민에게 일방적으로 정보 제공 |
| | 상담(consultation) | 주민이 공청회나 설문 등을 통해 의견 발언하지만 실질적인 영향력 미치지 못함 |
| | 회유, 유화(placation) | 주민이 위원회 등에서 의견 제시하지만 정부의 의사결정에 영향을 미치지 못함 |
| 실질적 참여 (주민권력 단계) | 파트너십(partnership) | 정부가 최종적인 정책결정권 가지나 주민도 정책결정에 대한 영향력 미침 |
| | 권한위임(delegated power) | 주민이 정부보다 정책결정에 대한 영향력이 커서 주도적으로 정책을 결정 |
| | 시민통제(citizen control) | 주민이 위원회 등을 통해 정부를 통제하고 완전한 자치 실현 |

① [O] 권한위임(delegated power)은 실질적 참여의 단계로 주민권력 단계에 해당한다.
② [X] 정보제공(informing)은 **명목적 참여**의 단계이다.
③ [X] 조작(manipulation)은 **비참여**의 단계이다.
④ [X] 상담(consultation)은 **명목적 참여**의 단계이다.

**정답 ①**

## 006

2019 서울 7급 지방자치론

아른스타인(Arnstein)의 주민참여 8단계 중 <보기>의 A 지방자치단체의 결정이 해당되는 단계는?

―― <보기> ――
A 지방자치단체는 지역의 중요 현안 문제 해결을 위해 지방자치단체와 지역주민들 사이에 결정권의 소재에 대한 새로운 합의를 만들고 이를 기반으로 정책결정을 공동으로 할 수 있는 공동위원회를 구성하였다.

① 권한위임단계(delegated power)
② 주민통제단계(citizen control)
③ 동반자단계(partnership)
④ 유화단계(placation)

### 풀이

③ [O] <보기>는 파트너십, 다시 말해 동반자단계(partnership)에 대한 설명이다. 동반자단계(partnership)는 행정기관이 최종 결정권을 가지고 있지만 주민이 필요하다고 판단할 경우 행정기관에 맞서서 자신의 주장을 내세울 만큼의 영향력을 갖고 있는 수준이다. 이러한 동반자단계(partnership)는 정부와 주민 사이에 결정권의 소재에 대한 새로운 합의가 이루어지고, 이를 기반으로 정책결정을 공동으로 하기 위한 공동위원회(joint board) 등의 제도적인 틀이 마련되는 단계이다.

**정답 ③**

## 007
2016 서울 7급 지방자치론

다음 중 아른슈타인(Arnstein)이 분류한 주민참여 8단계론에서 비참여 단계에 해당하는 것은?

① 회유 - 권한위임
② 조작 - 자문
③ 정보제공 - 자문
④ 치료 - 조작

**풀이**
① [×] 회유는 명목적 참여, 권한위임은 실질적 참여 단계에 해당한다.
② [×] 조작은 비참여 단계이지만 자문(상담, 협의, consultation)은 명목적 참여의 단계이다.
③ [×] 정보제공과 자문은 모두 명목적 참여의 단계에 해당한다.
④ [○] 조작과 임시치료가 비참여의 단계이다. 비참여의 경우 결정과정에 주민참여가 거의 없으므로 실질적 참여로 보기 어렵다.

정답 ④

## 008
2014 서울 7급 지방자치론

아른슈타인(S. R. Arnstein)의 주민참여의 8단계론에 대한 내용으로 옳지 않은 것은?

① 주민통제 : 주민들이 스스로 입안하고 결정에서 집행 및 평가단계까지 주민이 통제한다.
② 협동관계 : 행정기관이 최종적으로 결정권을 가지고 있지만 주민들이 필요한 경우 그들의 주장을 협상으로 유도할 수 있다.
③ 회유 : 행정과 주민이 서로 간의 관계를 확인한다는 데서 의의를 찾을 수 있으며 공무원이 일방적으로 교육·설득시키고 주민은 단순히 형식적인 단계에 그치고 있다.
④ 상담 : 공청회나 집회 등의 방법으로 행정에의 참여를 유도하고 있으나 형식적인 단계에 그치고 있다.
⑤ 치료 : 주민의 욕구불만을 분출시켜 치료하는 단계로서 행정의 일방적 지도에 그친다.

**풀이**
① [○] 주민통제(시민통제, citizen control)는 참여의 가장 마지막 단계로 주민들이 스스로 정부를 통제하고 완전한 자치권을 실현하는 단계로 주민 스스로 입안하고 결정에서 집행, 평가단계까지 주민이 통제한다.
② [○] 협동관계(partnership)는 실질적 참여의 첫 단계로 파트너십, 대등협력 단계로 행정기관이 최종적으로 결정권을 가지고 있지만 주민들이 필요한 경우 그들의 주장을 협상으로 유도할 수 있다.
③ [×] 공무원이 일방적으로 교육·설득시키고, 주민이 형식적·수동적으로 이에 응하는 단계는 1단계 조작(manipulation)의 단계에 해당된다. 회유(placation)는 주민이 의견은 제시하지만 실질적 영향력을 행사하지 못하는 명목적 참여의 단계이다.
④ [○] 상담(consultation)은 공청회나 집회 등의 방법으로 행정에의 참여를 유도하고 있으나 형식적인 단계에 그치는 4번째 참여 단계이다.
⑤ [○] 치료(therapy)는 주민의 욕구불만을 분출시켜 치료하는 단계로서 행정의 일방적 지도인 비참여의 단계에 해당한다.

정답 ③

## 009

2014 서울 7급 지방자치론

**지방선거와 정당공천제에 대한 찬·반 주장으로 가장 옳지 않은 것은?**

① 정당공천제를 찬성하는 입장에서는 정당의 참여가 투표율을 높여 지방정부의 정당성과 대표성을 높일 수 있다고 주장한다.
② 정당공천제를 찬성하는 입장에서는 정당공천이 지역주민의 후보자 선택을 보다 용이하게 할 수 있다고 주장한다.
③ 정당공천제를 반대하는 입장에서는 정당을 매개로 공천비리 등의 부패문제가 발생하게 되고 질이 낮은 인사가 당선될 가능성이 높아진다고 주장한다.
④ 정당공천제를 반대하는 입장에서는 정당공천제가 허용될 경우 지역문제가 전국적 이해관계에 따라 영향을 받고 중앙정치에 지방정치가 예속될 수 있다고 주장한다.
⑤ 정당공천제를 찬성하는 입장에서는 지방선거에 정당이 개입하면 지역분할 구도가 혁신되어 국정의 통합성 유지를 용이하게 한다고 주장한다.

### 풀이

① [○] 지방선거에 정당공천제를 도입하자고 주장하는 사람들은 정당의 참여로 투표율이 높아지면 지방정부의 정당성과 대표성이 높아진다고 본다.
② [○] 정당공천제를 찬성하는 입장에서는 정당공천시 정당을 통해 후보자의 정치적 입장을 보다 쉽게 알 수 있어 지역주민의 후보자 선택을 보다 용이하게 할 수 있다고 본다.
③ [○] 정당공천제를 반대하는 입장에서는 정당 공천과정에서의 공천비리 등 부패문제가 발생하게 되고 질이 낮은 인사가 당선될 가능성이 높아진다고 주장한다.
④ [○] 정당공천제를 반대하는 입장에서는 정당 공천 시 지역문제가 전국적 이해관계에 따라 영향을 받으며 이 과정에서 지방정치가 중앙정치에 예속될 수 있다고 주장한다.
⑤ [×] **정당공천제**에 의한 지방선거가 진행되면, **정당을 통한 지역분할 구조가 더욱 고착화**되어 국정의 통합성 유지가 더욱 어렵다.

**정답 ⑤**

## 010

2018 지방 7급 지방자치론

**지방선거 정당참여의 찬성론에 대한 설명으로 옳지 않은 것은?**

① 책임정치의 구현
② 지방자치의 자율성 강화
③ 민주정치의 원리
④ 정당 배제의 현실적인 한계

### 풀이

① [○] 지방선거에 정당이 참여하는 경우 책임정치를 구현할 수 있다.
② [×] 지방선거에 정당이 참여하는 경우 중앙정치무대에서 활동하는 **정당의 영향력이 지방에 미칠 수 있어 지방자치단체의 자율성은 약화**될 수 있다.
③ [○] 지방선거에 정당이 참여하는 경우 민주정치의 원리를 구현하는 데 유리하다.
④ [○] 형식적으로 지방정치에서 정당을 배제하고자 해도 현실적으로 정당 배제가 이루어지기 어려운 경우가 많다.

**정답 ②**

## 011
2013 서울 7급 지방자치론(수정)

**우리나라 지방선거제도를 설명한 것으로 옳지 않은 것은?**

① 교육감선거에서는 정당공천을 허용하지 않고 있다.
② 기초의원 선거는 소선거구제를 적용하고 있다.
③ 기초의원 선거에서는 정당공천을 허용하고 있다.
④ 기초의원 선거에 비례대표제가 도입되었다.

### 풀이
① [○] 교육감선거에 있어 정당은 후보자를 추천할 수 없다.
② [×] 현재 우리나라의 **기초지방자치단체(시·군·자치구)의회의원 선거구는 중선거구제**로 하고 있다.
③ [○] 정당은 모든 지방선거에 후보자를 추천(공천)할 수 있다.
④ [○] 기초지방의회의 경우에도 광역지방의회의원과 마찬가지로 비례대표의원을 선출한다.

> 「공직선거법」제20조(선거구) ① 대통령 및 비례대표국회의원은 전국을 단위로 하여 선거한다.
> ② 비례대표시·도의원은 당해 시·도를 단위로 선거하며, 비례대표자치구·시·군의원은 당해 자치구·시·군을 단위로 선거한다.
> ③ 지역구국회의원, 지역구지방의회의원(지역구시·도의원 및 지역구자치구·시·군의원을 말한다. 이하 같다)은 당해 의원의 선거구를 단위로 하여 선거한다.
> ④ 지방자치단체의 장은 당해 지방자치단체의 관할구역을 단위로 하여 선거한다.

**정답 ②**

## 012
2020 지방 7급 지방자치론

**지방선거제도에 대한 설명으로 옳은 것은?**

① 기초의회의원선거에는 정당공천제를 적용하지 않고 있다.
② 기초의회의원선거는 중선거구제로 시작하였으나, 2014년부터 소선거구제로 전환되었다.
③ 제주특별자치도는 비례대표의원 정수를 지역구 의원 정수의 100분의 30 이상으로 하도록 하고 있다.
④ 광역의회의 지역구의원 선거는 소선거구제를 적용하고 있다.

### 풀이
① [×] 우리나라의 지방선거에는 **교육감 선거를 제외한 모든 선거에 정당공천제를 적용**하고 있다. 따라서 시·군·자치구 의회의 의원인 기초의회의원선거에서는 정당공천제가 적용된다.

> 「공직선거법」제47조(정당의 후보자추천) ① 정당은 선거에 있어 선거구별로 선거할 정수 범위 안에서 그 소속당원을 후보자로 추천할 수 있다. 다만, 비례대표자치구·시·군의원의 경우에는 그 정수 범위를 초과하여 추천할 수 있다.

② [×] **2005년 개정**된 「공직선거법」에 따라 현재 우리나라의 **기초의회의원선거는 중선거구제**이다.

> 「공직선거법」제26조(지방의회의원선거구의 획정)
> ② 자치구·시·군의원지역구는 인구·행정구역·지세·교통 그 밖의 조건을 고려하여 획정하되, 하나의 자치구·시·군의원지역구에서 선출할 지역구자치구·시·군의원정수는 2인 이상 4인 이하로 하며, 그 자치구·시·군의원지역구의 명칭·구역 및 의원정수는 시·도조례로 정한다.

③ [×] **제주특별자치도**는 비례대표의원 정수를 **지역구 의원 정수의 100분의 20 이상**으로 하도록 하고 있다.

> 「제주특별자치도 설치 및 국제자유도시 조성을 위한 특별법」제36조(도의회의원의 정수에 관한 특례) ① 제주특별자치도의회의원(이하 "도의회의원"이라 한다)의 정수(제64조에 따른 교육의원 5명을 포함한다)는 「공직선거법」제22조제1항·제3항 및 제4항에도 불구하고 45명 이내에서 제38조에 따른 도의회의원 선거구 획정위원회가 정하는 바에 따라 도조례로 정한다.
> ② 도의회의 비례대표의원정수는 「공직선거법」제22조제4항에도 불구하고 제1항에 따른 의원정수(제64조에 따른 교육의원은 제외한다)의 100분의 20 이상으로 하고, 제38조에 따른 도의회의원 선거구 획정위원회가 정하는 바에 따라 도조례로 정한다. 이 경우 소수점 이하의 수는 0으로 본다.

④ [○] 우리나라 시·도의회인 광역의회의 지역구의원 선거는 소선거구제를 적용하고 있다.

> 「공직선거법」제26조(지방의회의원선거구의 획정) ① 시·도의회의원지역선거구는 인구·행정구역·지세·교통 그 밖의 조건을 고려하여 자치구·시·군을 구역으로 하거나 분할하여 이를 획정하되, 하나의 시·도의원지역구에서 선출할 지역구시·도의원정수는 1명으로 하며, 그 시·도의원지역구의 명칭과 관할구역은 별표 2와 같이 한다.

**정답 ④**

## 013

2013 지방 7급 지방자치론

**우리나라 지방선거제도에 대한 설명으로 옳지 않은 것은?**

① 외국인은 영주권 취득 후 3년이 경과하여 해당 지방자치단체의 외국인등록대장에 올라 있는 경우 지방선거의 선거권이 주어진다.
② 유효투표 총수의 15% 이상을 득표한 후보는 당락과 관계없이 법정선거비용 한도 내에서 선거비용 전부를 보전받을 수 있다.
③ 자치구·시·군의회의 최소 의원정수는 10인이다.
④ 자치구·시·군의회의 지역구의원선거는 한 선거구에서 2~4인을 선출한다.

### 풀이

① [O] 외국인은 18세 이상으로서의 영주의 체류자격 취득일 후 3년이 경과한 외국인으로서 해당 지방자치단체의 외국인등록대장에 올라 있는 경우 선거권이 주어진다.

> 「공직선거법」제15조(선거권) ② 18세 이상으로서 제37조제1항에 따른 선거인명부작성기준일 현재 다음 각 호의 어느 하나에 해당하는 사람은 그 구역에서 선거하는 지방자치단체의 의회의원 및 장의 선거권이 있다.
> 1. 「주민등록법」제6조제1항제1호 또는 제2호에 해당하는 사람으로서 해당 지방자치단체의 관할 구역에 주민등록이 되어 있는 사람
> 2. 「주민등록법」제6조제1항제3호에 해당하는 사람으로서 주민등록표에 3개월 이상 계속하여 올라 있고 해당 지방자치단체의 관할구역에 주민등록이 되어 있는 사람
> 3. 「출입국관리법」제10조에 따른 영주의 체류자격 취득일 후 3년이 경과한 외국인으로서 같은 법 제34조에 따라 해당 지방자치단체의 외국인등록대장에 올라 있는 사람

② [O] 유효투표 총수의 15% 이상을 득표한 후보는 당락과 관계없이 법정선거비용 한도 내에서 선거비용 전부를 보전받을 수 있다.

> 「공직선거법」제122조의2(선거비용의 보전 등) ① 선거구선거관리위원회는 다음 각호의 규정에 따라 후보자(대통령선거의 정당추천후보자와 비례대표국회의원선거 및 비례대표지방의회의원선거에 있어서는 후보자를 추천한 정당을 말한다. 이하 이 조에서 같다)가 이 법의 규정에 의한 선거운동을 위하여 지출한 선거비용[「정치자금법」제40조(회계보고)의 규정에 따라 제출한 회계보고서에 보고된 선거비용으로서 정당하게 지출한 것으로 인정되는 선거비용을 말한다]을 제122조(선거비용제한액의 공고)의 규정에 의하여 공고한 비용의 범위안에서 대통령선거 및 국회의원선거에 있어서는 국가의 부담으로, 지방자치단체의 의회의원 및 장의 선거에 있어서는 당해 지방자치단체의 부담으로 선거일후 보전한다.
> 1. 대통령선거, 지역구국회의원선거, 지역구지방의회의원선거 및 지방자치단체의 장선거
>   가. 후보자가 당선되거나 사망한 경우 또는 후보자의 득표수가 유효투표총수의 100분의 15 이상인 경우 후보자가 지출한 선거비용의 전액
>   나. 후보자의 득표수가 유효투표총수의 100분의 10 이상 100분의 15 미만인 경우 후보자가 지출한 선거비용의 100분의 50에 해당하는 금액
> 2. 비례대표국회의원선거 및 비례대표지방의회의원선거
>   후보자명부에 올라 있는 후보자중 당선인이 있는 경우에 당해 정당이 지출한 선거비용의 전액

③ [×] 자치구·시·군의회의 최소정수는 7인이다.

> 「공직선거법」제23조(자치구·시·군의회의 의원정수) ② 자치구·시·군의회의 최소정수는 7인으로 한다.
> ③ 비례대표자치구·시·군의원정수는 자치구·시·군의원 정수의 100분의 10으로 한다. 이 경우 단수는 1로 본다.

④ [O] 현재 우리나라의 기초지방자치단체(시·군·자치구)의회 의원 선거구는 중선거구제로 하고 있다.

> 「공직선거법」제26조(지방의회의원선거구의 획정)
> ② 자치구·시·군의원지역구는 인구·행정구역·지세·교통 그 밖의 조건을 고려하여 획정하되, 하나의 자치구·시·군의원지역구에서 선출할 지역구자치구·시·군의원정수는 2인 이상 4인 이하로 하며, 그 자치구·시·군의원지역구의 명칭·구역 및 의원정수는 시·도조례로 정한다.

정답 ③

## 014  2018 (3월) 서울 7급 지방자치론

현행 지방의회 의원 정수에 대한 설명으로 가장 옳지 않은 것은?

① 하나의 시·도의원 지역구에서 선출할 지역구 시·도의원 정수는 1명이다.
② 하나의 시·군·자치구의원 지역구에서 선출할 지역구 시·군·자치구의원 정수는 2인 이상 5인 이하이다.
③ 시·군·자치구의 지역구 시·도의원 정수는 최소 1명으로 한다.
④ 시·군·자치구의회의 최소 정수는 7인으로 한다.

### 풀이

**내용정리  우리나라의 지방의회의원**

|  | 광역의회의원 | 기초의회의원 |
|---|---|---|
| 선거구 | 소선거구 | 중선거구 |
| 최소정수 | 22인(지역 19인, 비례 3인) | 7인(지역구 6인, 비례 1인) |
| 정당공천제 | ○ | ○ |
| 비례대표제 | ○ | ○ |

① [○] 우리나라 광역지방의회의 경우 지역구 의원(시·도의원)은 소선거구제를 통해 선출하므로 하나의 지역구에서 선출할 의원 정수는 1명이다.
② [×] 우리나라의 기초지방의회의 경우 지역구 의원(시·군·자치구의원)은 중선거구제를 통해 선출하며 **하나의 지역구에서 2인 이상 4인 이하로** 뽑는다.

> 「공직선거법」 제26조(지방의회의원선거구의 획정)
> ② 자치구·시·군의원지역구는 인구·행정구역·지세·교통 그 밖의 조건을 고려하여 획정하되, 하나의 자치구·시·군의원지역구에서 선출할 지역구자치구·시·군의원정수는 2인 이상 4인 이하로 하며, 그 자치구·시·군의원지역구의 명칭·구역 및 의원정수는 시·도조례로 정한다.

③ [○] 시·군·자치구에서 선출되는 지역구 시·도의원 정수는 최소 1명이다.
④ [○] 기초자치단체(시·군·자치구의회)의 최소 정수는 7인으로 한다.

**정답 ②**

## 015  2015 서울 7급 지방자치론

우리나라의 지방선거제도에 대한 다음 설명 중 옳지 않은 것은?

① 광역의회 지역구 선거는 소선거구제를, 기초의회 지역구 선거는 중선거구제를 채택하고 있다.
② 비례대표 광역의회 의원 정수는 지역구 광역의회 의원 정수의 100분의 10으로 하되, 최소 5인을 비례대표로 선출한다.
③ 광역-기초의원 및 광역-기초자치단체장 선거 모두 정당참여가 허용되는 제도를 유지하고 있다.
④ 지방선거 운동의 범위와 관련하여 선별금지방식(개별제한방식)을 적용하고 있다.

### 풀이

① [○] 우리나라 지방자치의 경우 광역의회 지역구 선거는 소선거구제를, 기초의회 지역구 선거는 중선거구제를 채택하고 있다.
② [×] **비례대표** 광역의회 의원 정수는 **지역구 광역의회 의원 정수의 100분의 10으로 한다.** 이때 비례대표는 5인이 아닌 **최소 3인**으로 선출한다.
③ [○] 우리나라 지방자치제는 광역-기초의원 및 광역-기초자치단체장 선거 모두 정당참여가 허용되는 제도를 유지하고 있다.
④ [○] 「공직선거법」에 따르면 제한되는 일부의 경우를 제외하고는 누구든지 선거운동을 자유롭게 할 수 있는 선별금지방식(개별제한방식)을 적용하고 있다.

> 「공직선거법」 제58조(정의 등)
> ② 누구든지 자유롭게 선거운동을 할 수 있다. 그러나 이 법 또는 다른 법률의 규정에 의하여 금지 또는 제한되는 경우에는 그러하지 아니하다.

**정답 ②**

## 016

2018 서울 7급

**우리나라의 지방선거에 대한 설명으로 가장 옳은 것은?**

① 현재 광역-기초자치단체장 및 광역-기초의회 의원 선거 모두에 정당공천제가 허용되고 있다.
② 광역의회의 지역구 선거는 기본적으로 중선거구제를 채택하고 있다.
③ 기초의회 지역구 선거는 기본적으로 소선거구제에 입각하고 있다.
④ 소선거구제의 경우에 풀뿌리 민주주의의 기반이 되는 주민과 의원과의 관계가 멀어질 수 있다는 단점이 있다.

**풀이**

① [○] 우리나라는 정당공천제가 제한된 교육감 선거를 제외하고 광역지방자치단체와 기초지방자치단체의 장 및 광역의회 의원 선거와 기초의회 의원 선거 모두 정당공천제를 적용한다.
② [×] 우리나라의 **광역의회의 지역구 선거**는 1선거구에 1명의 당선자를 내는 **소선거구제**를 채택한다.
③ [×] 우리나라의 **기초의회의 지역구 선거**는 1선거구에 2~4명의 당선자를 내는 **중선거구제**를 채택한다.
④ [×] 소선거구제는 **선거구의 범위가 좁고 후보자가 적어** 중대선거구제보다 **후보자와 지역주민들과의 관계가 더욱 가까워질 수 있는 가능성이 크다.**

**정답** ①

## 017

2016 서울 7 지방자치론

**지방선거에서 중·대선거구제의 도입을 찬성하는 논거와 가장 거리가 먼 것은?**

① 소지역 중심의 정치적 이기주의를 방지할 수 있다.
② 후보자와 유권자의 접촉이 용이하여, 지역주민들의 정치적 소외를 방지할 수 있다.
③ 조직기반이 강한 지역정치인보다는 정책지향성이 높은 유능한 인사가 당선될 가능성이 높다.
④ 여성과 소수정당 출신의 후보들을 당선시킬 수 있으므로, 지방정부의 대표성을 강화할 수 있다.

**풀이**

① [○] 중·대선거구는 대규모 지역을 선거구로 여러 명의 후보자를 당선시키는 방식으로 소선거구제로 나타날 수 있는 지역이기주의를 방지할 수 있다.
② [×] 후보자와 유권자의 접촉이 용이하여, 지역주민들의 정치적 소외를 방지할 수 있는 선거구제는 **소선거구제**이다. 소선거구제는 상대적으로 좁은 선거구에서 한 명의 당선자만을 선출하는 방식으로 유권자가 보다 쉽게 후보자를 식별할 수 있고, 당선 후에도 이러한 접촉은 지역주민들의 정치적 소외를 방지할 수 있다.
③ [○] 한 명의 당선자만 선출하는 소선거구제는 조직을 바탕으로 한 지역정치인이 당선될 가능성이 높은 반면 여러 명의 당선자를 선출하는 중·대선거구제에서는 정책지향성이 높은 유능한 인사가 당선될 가능성이 높다.
④ [○] 중-대선거구제에서는 여러 명의 당선자를 선출하게 되므로 정치 신인, 여성과 소수정당 출신 인사 등의 당선 가능성이 높아 지방정부의 대표성을 강화할 수 있다.

**정답** ②

## 018

2021 지방 7급 지방자치론

지방의회 선거에 대한 설명으로 옳은 것은?

① 1991년 이후 전국 광역지방의회 의원정수의 총합은 지속적으로 증가하였다.
② 기초지방의회의원선거구의 획정은 행정구역이 아니라 인구규모를 반영한다.
③ 2006년 기초지방의회 선거 때부터 정당공천이 허용됨과 동시에 비례대표제와 중선거구제가 도입되었다.
④ 기초지방의회의 지역구별 의원정수는 총원 증가를 억제하기 위해 조례가 아닌 공직선거법에서 규정한다.

### 풀이

① [×] 1991년 이후 총 8번의 전국 광역지방의회 의원정수의 총합은 지속적인 증가가 아닌 **증감을 반복**하고 있다.

| 구분 | 계 | 시·도 | 시·군·구 |
|---|---|---|---|
| 제1기 | 5,170 | 866 | 4,304 |
| 제2기 | 5,513(97) | 972(97) | 4,541 |
| 제3기 | 4,180(74) | 690(74) | 3,490 |
| 제4기 | 4,167(73) | 682(73) | 3,485 |
| 제5기 | 3,626(453) | 738(78) | 2,888(375) |
| 제6기 | 3,731(457) | 843(81) | 2,888(376) |
| 제7기 | 3,692(463) | 794(84) | 2,898(379) |
| 제8기 | 3,756(473) | 829(87) | 2,927(386) |

*( )는 비례대표의원 수.    자료출처: 행정안전부 지방의회백서

② [×] 기초지방의회의원선거구의 획정은 **인구·행정구역·지세·교통 그 밖의 조건을 고려하여 획정**하되, 시·도의 조례로 정한다. 따라서 인구규모와 행정구역 모두 선거구 획정에 반영된다.
③ [○] 2006년 기초지방의회 선거 때부터 정당공천이 허용됨과 동시에 비례대표제와 중선거구제가 도입되었다.
④ [×] 기초지방의회의 지역구별 의원정수는 2인 이상 4인 이하로 하며, 그 자치구·시·군의원 지역구의 명칭·구역·의원 정수는 **시·도의 조례로 규정**한다.

> 「공직선거법」 제26조(지방의회의원선거구의 획정) ① 시·도의회의원지역선거구는 인구·행정구역·지세·교통 그 밖의 조건을 고려하여 자치구·시·군을 구역으로 하거나 분할하여 이를 획정하되, 하나의 시·도의원지역구에서 선출할 지역구시·도의원정수는 1명으로 하며, 그 시·도의원지역구의 명칭과 관할구역은 별표 2와 같이 한다.
> ② 자치구·시·군의원지역구는 인구·행정구역·지세·교통 그 밖의 조건을 고려하여 획정하되, 하나의 자치구·시·군의원지역구에서 선출할 지역구자치구·시·군의원정수는 2인 이상 4인 이하로 하며, 그 자치구·시·군의원지역구의 명칭·구역 및 의원정수는 시·도조례로 정한다.

정답 ③

## 019

2019 지방 7급 지방자치론

지방선거제도에 대한 설명으로 옳은 것은?

① 자치구·시·군의회의 최소 의원정수는 6인이다.
② 정당이 비례대표 지방의회의원선거에 후보자를 추천할 때에는 그 후보자 중 100분의 50 이상을 여성으로 추천하되, 그 후보자 명부 순위의 매 홀수에는 여성을 추천하여야 한다.
③ 2002년부터 모든 지방선거에 정당의 후보자 추천이 허용되었다.
④ 외국인에게는 영주권을 취득한 날부터 지방선거의 선거권이 주어진다.

### 풀이

① [×] **자치구·시·군의회의 최소 의원정수는 7인**이며, 광역시·도의회의 최소 의원 정수는 22인이다.
② [○] 우리나라에는 지방선거에 비례대표 여성할당제가 도입되어 있어 정당이 비례대표지방의회의원선거에 후보자를 추천할 때에는 그 후보자 중 100분의 50 이상을 여성으로 추천하되, 그 후보자명부 순위의 매 홀수에는 여성을 추천하여야 한다.

> 「공직선거법」 제47조(정당의 후보자추천) ① 정당은 선거에 있어 선거구별로 선거할 정수 범위안에서 그 소속당원을 후보자로 추천할 수 있다. 다만, 비례대표자치구·시·군의원의 경우에는 그 정수 범위를 초과하여 추천할 수 있다.
> ② 정당이 제1항에 따라 후보자를 추천하는 때에는 민주적인 절차에 따라야 한다.
> ③ 정당이 비례대표국회의원선거 및 비례대표지방의회의원선거에 후보자를 추천하는 때에는 그 후보자 중 100분의 50 이상을 여성으로 추천하되, 그 후보자명부의 순위의 매 홀수에는 여성을 추천하여야 한다.

③ [×] 2002년 지방선거까지는 기초의회 의원의 정당공천제를 금지했지만 2006년 지방선거부터는 지방자치단체의 장과 지방의회 의원 모두에 대해 정당공천제가 실시되고 있다. 다만, **교육감 선거의 경우 정당공천제가 적용되지 않는다**.
④ [×] 외국인은 「출입국관리법」 제10조에 따른 **영주의 체류자격 취득일 후 3년이 경과한 외국인으로서 같은 법 제34조에 따라 해당 지방자치단체의 외국인등록대장에 올라가 있는 사람**의 경우에만 해당 지방자치단체의 조례에 따라 지방선거권이 부여된다.

정답 ②

## 020
2018 서울 7급 지방자치론

**지방자치단체의 주민에 대한 설명으로 가장 옳지 않은 것은?**

① 지방자치단체의 구역 안에 주소를 가진 자는 그 지방자치단체의 주민이 된다.
② 주민은 법령으로 정하는 바에 따라 소속 지방자치단체의 재산과 공공시설을 이용할 권리를 가진다.
③ 모든 주민은 법령으로 정하는 바에 따라 그 지방자치단체에서 실시하는 지방의회의원과 지방자치단체의 장의 선거에 참여할 권리를 가진다.
④ 일정한 자격을 갖춘 외국인 주민은 주민투표, 주민소환, 조례의 제정과 개폐의 청구 자격이 없다.

**풀이**

① [o] 지방자치단체의 구역 안에 주소를 가진 자는 그 지방자치단체의 주민이 된다(「지방자치법」 제16조).
② [o] 주민은 법령으로 정하는 바에 따라 소속 지방자치단체의 재산과 공공시설을 이용할 권리를 가진다.
③ [o] 주민은 법령으로 정하는 바에 따라 그 지방자치단체에서 실시하는 지방의회의원과 지방자치단체의 장의 선거에 참여할 권리를 가진다.
④ [×] **일정한 자격을 갖춘 외국인 주민은 주민투표, 주민소환, 조례의 제정과 개폐의 청구 자격이 주어진다.**

> 「지방자치법」
> 제16조(주민의 자격) 지방자치단체의 구역에 주소를 가진 자는 그 지방자치단체의 주민이 된다.
> 제17조(주민의 권리) ① 주민은 법령으로 정하는 바에 따라 주민생활에 영향을 미치는 지방자치단체의 정책의 결정 및 집행 과정에 참여할 권리를 가진다.
> ② 주민은 법령으로 정하는 바에 따라 소속 지방자치단체의 재산과 공공시설을 이용할 권리와 그 지방자치단체로부터 균등하게 행정의 혜택을 받을 권리를 가진다.
> ③ 주민은 법령으로 정하는 바에 따라 그 지방자치단체에서 실시하는 지방의회의원과 지방자치단체의 장의 선거(이하 "지방선거"라 한다)에 참여할 권리를 가진다.

정답 ④

## 021
2017 지방 7급 지방자치론

**지방자치단체의 주민에 대한 설명으로 옳지 않은 것은?**

① 지방자치단체 구역 안에 주소를 가진 자는 법령으로 정하는 바에 따라 소속 지방자치단체의 재산을 이용할 권리를 가진다.
② 일정한 자격을 갖춘 외국인인 주민은 지방의회 의원선거에서 선거권과 피선거권을 가진다.
③ 주민의 감사청구와 관련된 주민소송제도를 인정하고 있다.
④ 영주의 체류자격 취득일 후 3년이 경과한 외국인으로서 해당지방자치단체의 외국인등록대장에 올라 있는 사람은 조례의 제정과 개폐 청구에 참여할 수 있다.

**풀이**

① [o] 주민은 법령으로 정하는 바에 따라 소속 지방자치단체의 재산과 공공시설을 이용할 권리를 가진다.
② [×] **외국인의 경우** 일정한 조건을 갖추었다면 선거권은 인정되지만, **피선거권은 인정되지 않는다.**

> 「공직선거법」 제16조(피선거권) ③ 선거일 현재 계속하여 60일 이상 해당 지방자치단체의 관할구역에 주민등록이 되어 있는 주민으로서 18세 이상의 국민은 그 지방의회의원 및 지방자치단체의 장의 피선거권이 있다.

③ [o] 우리나라는 재무행위의 위법사항을 감사청구한 주민이 감사청구 사항과 관련 있는 위법한 행위나 업무를 게을리한 사실에 대해 해당 지방자치단체의 장을 상대방으로 하여 주민소송을 청구할 수 있도록 한다.
④ [o] 외국인도 일정한 조건을 갖춘 경우 조례를 제정하거나 개정하거나 폐지할 것을 청구할 수 있다.

> 「주민조례발안에 관한 법률」 제2조(주민조례청구권자) 18세 이상의 주민으로서 다음 각 호의 어느 하나에 해당하는 사람(「공직선거법」 제18조에 따른 선거권이 없는 사람은 제외한다. 이하 "청구권자"라 한다)은 해당 지방자치단체의 의회(이하 "지방의회"라 한다)에 조례를 제정하거나 개정 또는 폐지할 것을 청구(이하 "주민조례청구"라 한다)할 수 있다.
> 1. 해당 지방자치단체의 관할 구역에 주민등록이 되어 있는 사람
> 2. 「출입국관리법」 제10조에 따른 영주(永住)할 수 있는 체류자격 취득일 후 3년이 지난 외국인으로서 같은 법 제34조에 따라 해당 지방자치단체의 외국인등록대장에 올라 있는 사람

정답 ②

## 022

2014 지방 7급(수정)

우리나라의 주민참여제도에 대한 연결로 옳지 않은 것은?

① 주민투표제도 - 주민에게 과도한 부담을 주거나 중대한 영향을 미치는 지방자치단체의 주요 결정사항을 주민이 직접 결정하는 제도이다.
② 주민참여예산제도 - 법령이 정하는 절차에 따라 수렴된 주민의 의견을 검토하고, 그 결과를 예산편성에 반영하지 않을 수도 있다.
③ 주민발의제도 - 주민이 직접 조례의 제정 및 개폐를 청구할 수 있는 제도로, 주민은 지방자치단체의 장에게 이를 청구하게 되어있다.
④ 주민소환제도 - 주민은 그 지방자치단체의 장 및 지방의회의원을 소환할 수 있다. 단, 비례대표의원은 제외된다.

**풀이**

① [ㅇ] 주민에게 과도한 부담을 주거나 중대한 영향을 미치는 지방자치단체의 주요 결정사항을 주민이 직접 결정하는 제도이다.
② [ㅇ] 주민참여예산제도는 법령이 정하는 절차에 따라 수렴된 주민의 의견을 검토하지만 그 결과를 반드시 예산편성에 반영해야 하는 것은 아니다.
③ [×] 주민은 지방자치단체의 장이 아닌 지방자치단체의 의회에 조례를 제정하거나 개정하거나 폐지할 것을 청구할 수 있다. (출제 당시 지방의회로 하여 틀린 선지였는데 법령 개정에 따라 지방자치단체의 장으로 수정하였다.)

> 「주민조례발안에 관한 법률」 제3조(주민조례청구권의 보장) ① 국가 및 지방자치단체는 청구권자가 지방의회에 주민조례청구를 할 수 있도록 필요한 조치를 하여야 한다.
> ② 지방자치단체는 청구권자가 전자적 방식을 통하여 주민조례청구를 할 수 있도록 행정안전부장관이 정하는 바에 따라 정보시스템을 구축·운영하여야 한다. 이 경우 행정안전부장관은 정보시스템을 구축·운영하는 데 필요한 지원을 할 수 있다.

④ [ㅇ] 주민소환제도는 주민은 그 지방자치단체의 장 및 지방의회의원을 소환할 수 있는 제도로 이때 비례대표의원은 소환대상에서 제외된다.

**정답 ③**

## 023

2017 경찰간부

우리나라 주민참여제도의 법제화가 시간 순으로 올바르게 나열된 것은?

| 가. 주민투표제도 | 나. 주민소환제도 |
| 다. 주민감사청구제도 | 라. 주민소송제도 |

① 가나다라
② 다가라나
③ 나라가다
④ 다라가나

**풀이**

② [ㅇ] 우리나라는 1995년 지방자치단체의 본격적인 실시 이후 다. 주민감사청구제(1999년 도입), 가. 주민투표제(2004년 도입), 라. 주민소송제(2005년 도입), 나. 주민소환제(2006년 도입) 등의 순으로 주민들의 참여제도를 법제화하였다.

**정답 ②**

## 024
2013 지방 7급

「지방자치법」에서 정한 주민참여의 방식으로 옳지 않은 것은?

① 주민의 조례제정 청구
② 주민의 감사 청구
③ 주민총회
④ 주민소송

**풀이**

① [O] 우리나라는 「지방자치법」에 따라 주민조례제정 청구제도를 1999년에 도입하였다.
② [O] 우리나라는 「지방자치법」에 따라 주민의 감사 청구제도를 1999년에 도입하였다.
③ [×] **주민총회**는 지역 현안에 대하여 해당 읍·면·동 주민이면 누구나 참여하여 주민자치 활동과 계획 등 자치활동을 논의하고 결정하는 주민 공론의 장으로 자치단체별로 시행하고 있지만 「**지방자치법**」에 근거를 둔 제도는 아니다.
④ [O] 우리나라는 「지방자치법」에 따라 주민소송제도를 2005년에 도입하였다.

정답 ③

## 025
2022 지방 7급 지방자치론

2022년 1월 시행된 「지방자치법」에 새롭게 추가된 내용이 아닌 것은?

① 지방자치단체의 기관구성 형태의 특례
② 의원의 정책지원 전문인력
③ 주민의 의무 및 주민소환
④ 지방자치단체의 장의 직 인수위원회

**풀이**

① [O] 지방자치단체의 기관구성 형태에 있어 기관구성을 달리할 수 있는 것은 22년 「지방자치법」 개정으로 새롭게 추가된 내용이다.
② [O] 지방자치단체의 지방의회의원의 정책지원 전문인력을 두는 것은 22년 「지방자치법」 개정으로 새롭게 추가된 내용이다.
③ [×] **주민의 의무와 주민소환제도는 개정 전 「지방자치법」에도 있었던 내용이다.**

> 「지방자치법」 제25조(주민소환) ① 주민은 그 지방자치단체의 장 및 지방의회의원(비례대표 지방의회의원은 제외한다)을 소환할 권리를 가진다.
> 제27조(주민의 의무) 주민은 법령으로 정하는 바에 따라 소속 지방자치단체의 비용을 분담하여야 하는 의무를 진다.

④ [O] 지방자치단체의 장의 직을 인수하기 위한 인수위원회를 설치할 수 있는 것은 22년 「지방자치법」 개정으로 새롭게 추가된 내용이다.

> 「지방자치법」 신설
> 제4조(지방자치단체의 기관구성 형태의 특례) ① 지방자치단체의 의회(이하 "지방의회"라 한다)와 집행기관에 관한 이 법의 규정에도 불구하고 따로 법률로 정하는 바에 따라 지방자치단체의 장의 선임방법을 포함한 지방자치단체의 기관구성 형태를 달리 할 수 있다.
> ② 제1항에 따라 지방의회와 집행기관의 구성을 달리하려는 경우에는 「주민투표법」에 따른 주민투표를 거쳐야 한다.
> 제41조(의원의 정책지원 전문인력) ① 지방의회의원의 의정활동을 지원하기 위하여 지방의회의원 정수의 2분의 1 범위에서 해당 지방자치단체의 조례로 정하는 바에 따라 지방의회에 정책지원 전문인력을 둘 수 있다.
> ② 정책지원 전문인력은 지방공무원으로 보하며, 직급·직무 및 임용절차 등 운영에 필요한 사항은 대통령령으로 정한다.
> 제105조(지방자치단체의 장의 직 인수위원회) ① 「공직선거법」 제191조에 따른 지방자치단체의 장 당선인(같은 법 제14조제3항 단서에 따라 당선이 결정된 사람을 포함하며, 이하 이 조에서 "당선인"이라 한다)은 이 법에서 정하는 바에 따라 지방자치단체의 장의 직 인수를 위하여 필요한 권한을 갖는다.
> ② 당선인을 보좌하여 지방자치단체의 장의 직 인수와 관련된 업무를 담당하기 위하여 당선이 결정된 때부터 해당 지방자치단체에 지방자치단체의 장의 직 인수위원회(이하 이 조에서 "인수위원회"라 한다)를 설치할 수 있다.

정답 ③

## 026
2018 (3월) 서울 7급

주민참여제도 중 지방자치 실시 이후 가장 먼저 도입된 것은?

① 주민소환제
② 조례제정개폐청구제
③ 주민투표제
④ 주민소송제

**풀이**

①, ③, ④ [×] 1999년 조례제정개폐청구제부터 2004년 주민투표제, 2005년 주민소송제, 2006년 주민소환제가 도입(제정연도 기준)되었다.

② [○] 1995년 본격적인 지방자치 실시 이후 가장 먼저 도입된 것은 **1999년에 도입된 '조례제정개폐청구제'로 현재에는 '주민조례발안제도'로 제도의 명칭과 내용이 개정**되었다.

정답 ②

## 027
2018 (3월) 서울 7급 지방자치론

현행법상 인정되는 지방자치단체 주민의 권리에 해당하지 않는 것은?

① 부담금 감면에 관한 조례제정 청구권
② 주민투표의 효력에 관한 소청권
③ 주민소환투표 청구권
④ 지방의회에 제출하는 청원권

**풀이**

① [×] **부담금 감면**에 관한 사항은 **조례제정 청구권 행사 대상이 아니다.**

> 「주민조례발안에 관한 법률」 제4조(주민조례청구 제외 대상) 다음 각 호의 사항은 주민조례청구 대상에서 제외한다.
> 1. 법령을 위반하는 사항
> 2. 지방세·사용료·수수료·부담금을 부과·징수 또는 감면하는 사항
> 3. 행정기구를 설치하거나 변경하는 사항
> 4. 공공시설의 설치를 반대하는 사항

② [○] 주민은 주민투표의 효력에 관한 소청권을 행사할 수 있다.

> 「주민투표법」 제25조(주민투표소송 등) ① 주민투표의 효력에 관하여 이의가 있는 주민투표권자는 주민투표권자 총수의 100분의 1 이상의 서명으로 제24조제3항에 따라 주민투표결과가 공표된 날부터 14일 이내에 관할선거관리위원회 위원장을 피소청인으로 하여 시·군·구의 경우에는 시·도선거관리위원회에, 시·도의 경우에는 중앙선거관리위원회에 소청할 수 있다.

③ [○] 주민은 해당 지방자치단체의 공직자에 대한 주민소환투표 청구권을 행사할 수 있다.

> 「주민소환에 관한 법률」 제7조(주민소환투표의 청구) ① 전년도 12월 31일 현재 주민등록표 및 외국인등록표에 등록된 제3조제1항제1호 및 제2호에 해당하는 자(이하 "주민소환투표청구권자"라 한다)는 해당 지방자치단체의 장 및 지방의회의원(비례대표선거구시·도의회의원 및 비례대표선거구자치구·시·군의회의원은 제외하며, 이하 "선출직 지방공직자"라 한다)에 대하여 다음 각 호에 해당하는 주민의 서명으로 그 소환사유를 서면에 구체적으로 명시하여 관할선거관리위원회에 주민소환투표의 실시를 청구할 수 있다.

④ [○] 주민은 지방의회에 제출하는 청원권을 행사할 수 있다.

> 「지방자치법」 제85조(청원서의 제출) ① 지방의회에 청원을 하려는 자는 지방의회의원의 소개를 받아 청원서를 제출하여야 한다.
> ② 청원서에는 청원자의 성명(법인인 경우에는 그 명칭과 대표자의 성명을 말한다) 및 주소를 적고 서명·날인하여야 한다.

정답 ①

## 028
2018 (3월) 서울 7급 지방자치론(수정)

「지방자치법」에서는 지방자치단체의 구역 안에 주소를 가진 자를 주민의 자격이 있는 것으로 정의하고 있다. 주민이 갖는 권리에 해당하지 않는 것은?

① 법령으로 정하는 바에 따라 그 지방자치단체에서 실시하는 지방의회의원과 지방자치단체의 장의 선거에 참여할 권리를 가진다.
② 지방의회에 조례를 제정하거나 개정하거나 폐지할 것을 청구할 수 있다.
③ 주민에게 과도한 부담을 주거나 중대한 영향을 미치는 지방자치단체의 주요 결정사항 등에 대하여 주민투표를 발의할 수 있다.
④ 지방자치단체의 장 및 지방의회의원(비례대표 지방의회의원은 제외)을 소환할 권리를 가진다.

### 풀이
① [○] 주민은 법령으로 정하는 바에 따라 그 지방자치단체에서 실시하는 지방의회의원과 지방자치단체의 장의 선거에 참여할 권리를 가진다(「지방자치법」 제17조).
② [○] 주민조례개폐청구제도에 따라 지방자치단체의 조례를 제정하거나 개정하거나 폐지할 것을 청구할 수 있다(「지방자치법」 제19조). 22년부터 「주민조례발안에 관한 법률」이 시행됨에 따라 조례 개폐의 청구대상이 지방자치단체의 장에서 지방의회로 변경되었다. (변경된 법률 내용에 따라 선지를 수정하였다.)
③ [×] 주민에게 과도한 부담을 주거나 중대한 영향을 미치는 주요 결정 사항에 대해 주민, 지방의회, 중앙행정기관의 장은 지자체의 장에게 투표를 청구 또는 요구할 수 있으며 이 경우 **주민투표의 발의는 지방자치단체의 장만 할 수 있다**(「지방자치법」 제18조, 「주민투표법」 제9조, 제13조).
④ [○] 주민은 그 지방자치단체의 장 및 지방의회의원(비례대표 지방의회의원은 제외한다)을 소환할 권리를 가진다(「지방자치법」 제25조).

정답 ③

## 029
2013 교행 9급(수정)

우리나라 지방자치행정에 대한 설명으로 옳지 않은 것은?

① 포괄적 예시형의 기능배분 방식을 적용하므로 중앙기능의 지방이양률은 낮은 편이다.
② 지방분권의 관점에서 볼 때 특별지방행정기관의 존재와 남설로 인한 문제점은 책임행정 결여, 기능중복으로 인한 비효율성 야기 등을 지적할 수 있다.
③ 지방자치기관 구조에 있어서 기관통합형을 취하는 미국에 비해 우리나라는 기본적으로 기관대립형이다.
④ 주민참여제도와 관련하여 1995년 지방자치제 실시 이후 조례제정개폐청구제, 주민투표제, 주민소환제 등 직접적이고 실질적인 참여제도들이 마련되어 있으나, 아직 주민소송제도는 도입되지 못하고 있다.

### 풀이
① [○] 우리나라의 지방자치행정은 포괄적 예시형의 기능 배분 방식을 적용하므로 구속력이 약해 중앙기능의 지방이양률이 낮은 편이다.
② [○] 특별지방행정기관, 다시 말해 일선기관의 과도한 설치와 존립으로 인하여 책임행정 결여, 지방자치단체와의 기능 중복으로 인한 비효율성 등의 문제점이 나타날 수 있다.
③ [○] 지방자치기관 구조에 있어서 기관통합형을 취하는 미국에 비해 우리나라는 기본적으로 기관대립형으로 의회보다 집행기관이 우위에 있다. 다만 22년부터 「지방자치법」의 개정으로 주민투표를 거쳐 기관구성을 달리할 수 있다.
④ [×] 우리나라의 **주민소송제도는 2005년에 도입, 2006년부터 시행**되고 있다.

정답 ④

## 030
2017 지방 7급

우리나라의 주민참여제도에 대한 설명으로 옳은 것은?

① 지방자치제가 1995년 부활한 이후 주민투표제, 주민소환제, 주민소송제, 주민참여예산제의 순서로 도입되었다.
② 주민소환 청구요건이 엄격해 실제로 주민소환제를 통해 주민소환이 확정된 지방자치단체장이나 지방의회의원은 없다.
③ 기획재정부장관은 지방자치단체별 주민참여예산제도의 운영에 대한 평가를 실시할 수 있다.
④ 주민투표는 특정한 사항에 대하여 찬성 또는 반대의 의사표시를 하거나 두 가지 사항 중 하나를 선택하는 형식으로 실시하여야 한다.

### 풀이

① [×] 지방자치제가 1995년에 부활한 후 주민투표제는 2004년, 주민소환제는 2007년, 주민소송제는 2006년, 주민참여예산제도는 2006년에 법적근거가 마련되어 2011년에 의무화되었다. 따라서 **주민투표, 주민소송, 주민소환, 주민참여예산제도의 순서로 도입** 되었다고 봐야한다.
② [×] **2007년**의 **하남시**에서 실시된 주민소환 투표에서 하남시장에 대한 투표는 투표율 미달로 미개표 처리되었지만, 두 명의 **시의원**은 **주민소환이 확정되어 직을 상실**했다.
③ [×] 지방자치단체별 주민참여예산제도의 운영에 대한 평가를 실시할 수 있는 것은 기획재정부장관이 아닌 **행정안전부장관이다**.

> 「지방재정법」 제39조(지방예산 편성 등 예산과정의 주민 참여)
> ④ 행정안전부장관은 지방자치단체의 재정적·지역적 여건 등을 고려하여 대통령령으로 정하는 바에 따라 지방자치단체별 주민참여예산제도의 운영에 대하여 평가를 실시할 수 있다.

④ [○] 주민투표는 특정한 사항에 대하여 찬성 또는 반대의 의사표시를 하거나 두 가지 사항 중 하나를 선택하는 형식으로 실시하여야 한다.

> 「주민투표법」 제15조(주민투표의 형식) 주민투표는 특정한 사항에 대하여 찬성 또는 반대의 의사표시를 하거나 두 가지 사항중 하나를 선택하는 형식으로 실시하여야 한다.

정답 ④

## 031
2016 국가 7급(수정)

「주민조례발안에 관한 법률」상 주민에 의한 조례의 제정 및 개폐청구대상에 포함되지 않는 것만을 모두 고른 것은?

> ㄱ. 지방세의 부과 징수에 관한 사항
> ㄴ. 행정기구를 설치하거나 변경하는 것에 관한 사항
> ㄷ. 공공시설의 설치를 반대하는 사항

① ㄱ
② ㄱ, ㄷ
③ ㄴ, ㄷ
④ ㄱ, ㄴ, ㄷ

### 풀이

ㄱ, ㄴ, ㄷ 모두 주민조례청구 제외 대상이다(「주민조례발안에 관한 법률」 제4조).
(출제 당시에는 「지방자치법」에서 규정하던 내용이었으나 개정으로 「주민조례발안에 관한 법률」에서 규정하게 되어 문제를 수정하였다.)

> 「주민조례발안에 관한 법률」 제4조(주민조례청구 제외 대상) 다음 각 호의 사항은 주민조례청구 대상에서 제외한다.
> 1. 법령을 위반하는 사항
> 2. 지방세·사용료·수수료·부담금을 부과·징수 또는 감면하는 사항
> 3. 행정기구를 설치하거나 변경하는 사항
> 4. 공공시설의 설치를 반대하는 사항

정답 ④

## 032

2018 지방 7급 지방자치론(수정)

「주민조례발안에 관한 법률」상 주민에 의한 조례의 제정과 개폐 청구에 대한 설명으로 옳지 않은 것은?

① 해당 지방자치단체의 관할 구역에 주민등록이 되어 있고 선거권을 가진 18세 이상의 주민은 일정한 요건을 갖추어 청구할 수 있다.
② 지방세·사용료·수수료·부담금의 부과·징수 또는 감면에 관한 사항은 청구할 수 없다.
③ 공공기관 및 행정기구를 설치하거나 변경하는 것에 관한 사항을 청구할 수 있다.
④ 청구인의 대표자는 조례의 제정안·개정안 및 폐지안을 작성하여 제출하여야 한다.

### 풀이

① [O] 해당 지방자치단체의 관할 구역에 주민등록이 되어 있고 선거권을 가진 18세 이상의 주민은 일정한 요건을 갖추어 청구할 수 있다.

> 「주민조례발안에 관한 법률」 제2조(주민조례청구권자) 18세 이상의 주민으로서 다음 각 호의 어느 하나에 해당하는 사람(「공직선거법」 제18조에 따른 선거권이 없는 사람은 제외한다. 이하 "청구권자"라 한다)은 해당 지방자치단체의 의회(이하 "지방의회"라 한다)에 조례를 제정하거나 개정 또는 폐지할 것을 청구(이하 "주민조례청구"라 한다)할 수 있다.
> 1. 해당 지방자치단체의 관할 구역에 주민등록이 되어 있는 사람
> 2. 「출입국관리법」 제10조에 따른 영주(永住)할 수 있는 체류자격 취득일 후 3년이 지난 외국인으로서 같은 법 제34조에 따라 해당 지방자치단체의 외국인등록대장에 올라 있는 사람

② [O] 지방세·사용료·수수료·부담금의 부과·징수 또는 감면에 관한 사항은 조례를 청구할 수 없다.

③ [X] 공공기관 및 행정기구를 설치하거나 변경하는 것에 관한 사항에 대해서는 **조례를 청구할 수 없다**

> 「주민조례발안에 관한 법률」 제4조(주민조례청구 제외 대상) 다음 각 호의 사항은 주민조례청구 대상에서 제외한다.
> 1. 법령을 위반하는 사항
> 2. 지방세·사용료·수수료·부담금을 부과·징수 또는 감면하는 사항
> 3. 행정기구를 설치하거나 변경하는 사항
> 4. 공공시설의 설치를 반대하는 사항

④ [O] 주민조례청구 시 청구인의 대표자는 조례의 제정안·개정안 및 폐지안을 작성하여 제출하여야 한다.

> 「주민조례발안에 관한 법률」 제6조(대표자 증명서 발급 등) ① 청구권자가 주민조례청구를 하려는 경우에는 청구인의 대표자(이하 "대표자"라 한다)를 선정하여야 하며, 선정된 대표자는 다음 각 호의 서류를 첨부하여 지방의회의 의장에게 대표자 증명서 발급을 신청하여야 한다. 이 경우 대표자는 그 발급을 신청할 때 제7조제4항에 따른 전자서명의 요청에 필요한 제3조제2항에 따른 정보시스템(이하 "정보시스템"이라 한다)의 이용을 함께 신청할 수 있다.
> 1. 주민조례청구의 취지·이유 등을 내용으로 하는 조례의 제정·개정·폐지 청구서(이하 "청구서"라 한다)
> 2. 조례의 제정안·개정안·폐지안(이하 "주민청구조례안"이라 한다)

정답 ③

## 033

2019 서울 7급 지방자치론(수정)

**조례의 제정·개정 및 폐지 청구 제도에 대한 설명으로 옳은 것은?**

① 행정기구를 설치하거나 변경하는 것에 관한 사항이나 공공시설의 설치를 반대하는 사항은 청구할 수 없다.
② 조례의 제정·개정 및 폐지 청구에 관하여 그 밖에 필요한 사항은 대통령령으로 정한다.
③ 인구 50만 이상 대도시에서는 19세 이상 주민 총수의 100분의 1 이상 70분의 1 이하의 범위에서 지방자치단체의 조례로 정하는 19세 이상의 주민 수 이상의 연서로 조례의 제정·개정 및 폐지를 청구할 수 있다.
④ 지방자치단체의 장은 청구를 받은 날로부터 7일 이내에 그 내용을 공표하여야 한다.

### 풀이

① [O] 행정기구를 설치하거나 변경하는 것에 관한 사항이나 공공시설의 설치를 반대하는 사항은 청구할 수 없다.

② [X] 과거 조례의 제정·개정 및 폐지 청구에 관하여 그 밖에 필요한 사항은 대통령령으로 정했으나, 22년 「지방자치법」의 개정으로 **법률로 정하도록** 규정하고 있다.

> 「지방자치법」 제19조(조례의 제정과 개정·폐지 청구) ① 주민은 지방자치단체의 조례를 제정하거나 개정하거나 폐지할 것을 청구할 수 있다.
> ② 조례의 제정·개정 또는 폐지 청구의 청구권자·청구대상·청구요건 및 절차 등에 관한 사항은 따로 법률로 정한다.

③ [X] 과거 인구 50만 이상 대도시에서는 19세 이상 주민 총수의 100분의 1 이상 70분의 1 이하의 범위에서 지방자치단체의 조례로 정하는 19세 이상의 주민 수 이상의 연서로 조례의 제정·개정 및 폐지를 청구할 수 있었으나, 22년 「주민조례발안에 관한 법률」 제5조 제1항에 따라 **18세 이상** 주민 총수의 100분의 1 이내의 범위에서 지방자치단체의 조례로 정하는 주민 수 이상의 연서로 청구할 수 있다.

> 「주민조례발안에 관한 법률」 제5조(주민조례청구 요건) ① 청구권자가 주민조례청구를 하려는 경우에는 다음 각 호의 구분에 따른 기준 이내에서 해당 지방자치단체의 조례로 정하는 청구권자 수 이상이 연대 서명하여야 한다.
> 1. 특별시 및 인구 800만 이상의 광역시·도: 청구권자 총수의 200분의 1
> 2. 인구 800만 미만의 광역시·도, 특별자치시, 특별자치도 및 인구 100만 이상의 시: 청구권자 총수의 150분의 1
> 3. 인구 50만 이상 100만 미만의 시·군 및 자치구: 청구권자 총수의 100분의 1
> 4. 인구 10만 이상 50만 미만의 시·군 및 자치구: 청구권자 총수의 70분의 1
> 5. 인구 5만 이상 10만 미만의 시·군 및 자치구: 청구권자 총수의 50분의 1
> 6. 인구 5만 미만의 시·군 및 자치구: 청구권자 총수의 20분의 1

④ [X] 지방의회의 의장은 청구인명부를 제출받은 날부터 7일이 아닌 5일 이내에 청구인명부의 내용을 공표하여야 한다.

> 「주민조례발안에 관한 법률」 제10조(청구인명부의 제출 등) ① 대표자는 청구인명부에 서명(전자서명을 포함한다. 이하 같다)한 청구권자의 수가 제5조제1항에 따른 해당 지방자치단체의 조례로 정하는 청구권자 수 이상이 되면 제8조제1항에 따른 서명요청 기간이 지난 날부터 시·도의 경우에는 10일 이내에, 시·군 및 자치구의 경우에는 5일 이내에 지방의회의 의장에게 청구인명부를 제출하여야 한다. 다만, 전자서명의 경우에는 대표자가 지방의회의 의장에게 정보시스템에 생성된 청구인명부를 직접 활용하도록 요청하여야 한다.
> ② 지방의회의 의장은 제1항에 따라 청구인명부를 제출받거나 청구인명부의 활용을 요청받은 날부터 5일 이내에 청구인명부의 내용을 공표하여야 하며, 공표한 날부터 10일간 청구인명부나 그 사본을 공개된 장소에 갖추어 두어 열람할 수 있도록 하여야 한다.

**정답** ①

## 034
2022 지방 7급 지방자치론

「주민조례발안에 관한 법률」상 주민조례청구의 대상이 아닌 것은?

① 학생인권에 대한 사항
② 방사능 안전급식에 대한 사항
③ 원자력발전소 설치 반대에 대한 사항
④ 농어촌 기본소득에 대한 사항

**풀이**

③ [×] 원자력발전소는 공공시설로 공공시설의 설치를 반대하는 사항은 주민조례청구의 대상이 될 수 없다.

「주민조례발안에 관한 법률」
제4조(주민조례청구 제외 대상) 다음 각 호의 사항은 주민조례청구 대상에서 제외한다.
1. 법령을 위반하는 사항
2. 지방세·사용료·수수료·부담금을 부과·징수 또는 감면하는 사항
3. 행정기구를 설치하거나 변경하는 사항
4. 공공시설의 설치를 반대하는 사항

정답 ③

## 035
2013 지방 7급 지방자치론

주민감사청구제도에 대한 설명으로 옳지 않은 것은?

① 당해 지방자치단체와 그 장의 권한에 속하는 사무의 처리가 법령에 위반된다고 인정되는 경우에 감사를 청구할 수 있다.
② 개인의 사생활을 침해할 우려가 있는 사항은 감사청구대상에서 제외된다.
③ 감사청구내용이 수사 또는 재판에 관여하게 되는 경우에는 감사청구대상에서 제외된다.
④ 다른 기관에서 감사했거나 감사 중인 사항도 원칙적으로 감사청구대상이 된다.

**풀이**

주민감사청구는 주민이 자치단체와 그 장의 권한에 속하는 사무처리가 법령에 위반되거나 공익을 현저히 해친다고 인정되는 경우, 상급자치단체의 장이나 중앙행정기관의 장에게 감사를 청구하는 제도이다.
① [○] 당해 지방자치단체와 그 장의 권한에 속하는 사무의 처리가 법령에 위반된다고 인정되는 경우에 상급자치단체나 주무부장관에게 감사를 청구할 수 있다.
② [○] 개인의 사생활을 침해할 우려가 있는 사항은 감사청구대상에서 제외된다.
③ [○] 감사청구내용이 수사 또는 재판에 관여하게 되는 경우에는 감사청구대상에서 제외된다.
④ [×] 다른 기관에서 감사했거나 감사 중인 사항은 **원칙적으로 감사청구대상이 될 수 없다**.

「지방자치법」제21조(주민의 감사 청구)
② 다음 각 호의 사항은 감사 청구의 대상에서 제외한다.
1. 수사나 재판에 관여하게 되는 사항
2. 개인의 사생활을 침해할 우려가 있는 사항
3. 다른 기관에서 감사하였거나 감사 중인 사항. 다만, 다른 기관에서 감사한 사항이라도 새로운 사항이 발견되거나 중요 사항이 감사에서 누락된 경우와 제22조제1항에 따라 주민소송의 대상이 되는 경우에는 그러하지 아니하다.
4. 동일한 사항에 대하여 제22조제2항 각 호의 어느 하나에 해당하는 소송이 진행 중이거나 그 판결이 확정된 사항

정답 ④

## 036

2014 지방 7급(수정)

우리나라의 주민감사청구 제도에 대한 설명으로 옳지 않은 것은?

① 18세 이상의 주민은 50만 이상의 대도시의 경우에는 18세 이상 주민 500명을 넘지 않는 범위 내에서 해당 지방자치단체가 조례로 정하는 주민 수 이상의 연서로 청구할 수 있다.

② 사무처리가 있었던 날이나 끝난 날부터 3년이 지나면 제기할 수 없다.

③ 주무부장관이나 시·도지사는 감사청구를 수리한날부터 60일 이내에 감사 청구된 사항에 대하여 감사를 끝내야 한다. 다만, 그 기간에 감사를 끝내기가 어려운 정당한 사유가 있으면 그 기간을 연장할 수 있다.

④ 주무부장관이나 시·도지사는 감사결과에 따라 기간을 정하여 해당 지방자치단체의 장에게 필요한 조치를 요구할 수 있다.

### 풀이

① [×] 지방자치단체의 18세 이상의 주민은 주민감사청구제도를 통해 시·도는 300명, 인구 50만 이상 대도시는 200명, 그 밖의 시·군 및 자치구는 150명을 넘지 아니하는 범위에서 그 지방자치단체의 조례로 정하는 18세 이상의 주민 수 이상의 연서로 감사를 청구할 수 있다(「지방자치법」 제21조1항). 2021년까지는 주민감사청구권자의 연령이 19세 이상이었고 청구인원도 더 많았다.

② [○] 주민감사청구는 사무처리가 있었던 날이나 끝난 날부터 3년이 지나면 제기할 수 없다. 출제 당시에는 2년이었으나 지방자치법 개정으로 3년으로 바뀌었다.

③ [○] 주무부장관이나 시·도지사는 감사청구를 수리한 날부터 60일 이내에 감사 청구된 사항에 대하여 감사를 끝내야 한다. 다만, 그 기간에 감사를 끝내기가 어려운 정당한 사유가 있으면 그 기간을 연장할 수 있다.

④ [○] 주무부장관이나 시·도지사는 감사결과에 따라 기간을 정하여 해당 지방자치단체의 장에게 필요한 조치를 요구할 수 있다.

「지방자치법」 제21조(주민의 감사 청구) ① 지방자치단체의 18세 이상의 주민으로서 다음 각 호의 어느 하나에 해당하는 사람(「공직선거법」 제18조에 따른 선거권이 없는 사람은 제외한다. 이하 이 조에서 "18세 이상의 주민"이라 한다)은 시·도는 300명, 제198조에 따른 인구 50만 이상 대도시는 200명, 그 밖의 시·군 및 자치구는 150명 이내에서 그 지방자치단체의 조례로 정하는 수 이상의 18세 이상의 주민이 연대 서명하여 그 지방자치단체와 그 장의 권한에 속하는 사무의 처리가 법령에 위반되거나 공익을 현저히 해친다고 인정되면 시·도의 경우에는 주무부장관에게, 시·군 및 자치구의 경우에는 시·도지사에게 감사를 청구할 수 있다.
　1. 해당 지방자치단체의 관할 구역에 주민등록이 되어 있는 사람
　2. 「출입국관리법」 제10조에 따른 영주(永住)할 수 있는 체류자격 취득일 후 3년이 경과한 외국인으로서 같은 법 제34조에 따라 해당 지방자치단체의 외국인등록대장에 올라 있는 사람
③ 제1항에 따른 청구는 사무처리가 있었던 날이나 끝난 날부터 3년이 지나면 제기할 수 없다.
⑨ 주무부장관이나 시·도지사는 감사 청구를 수리한 날부터 60일 이내에 감사 청구된 사항에 대하여 감사를 끝내야 하며, 감사 결과를 청구인의 대표자와 해당 지방자치단체의 장에게 서면으로 알리고, 공표하여야 한다. 다만, 그 기간에 감사를 끝내기가 어려운 정당한 사유가 있으면 그 기간을 연장할 수 있으며, 기간을 연장할 때에는 미리 청구인의 대표자와 해당 지방자치단체의 장에게 알리고, 공표하여야 한다.
⑫ 주무부장관이나 시·도지사는 제9항에 따른 감사 결과에 따라 기간을 정하여 해당 지방자치단체의 장에게 필요한 조치를 요구할 수 있다. 이 경우 그 지방자치단체의 장은 이를 성실히 이행하여야 하고, 그 조치 결과를 지방의회와 주무부장관 또는 시·도지사에게 보고하여야 한다.

정답 ①

## 037
2017 지방 7급 지방자치론

「지방자치법」상 주민감사청구에 대한 설명으로 옳지 않은 것은?

① 개인의 사생활을 침해할 우려가 있는 사항은 감사청구의 대상에서 제외한다.
② 다른 기관에서 감사한 사항이라도 새로운 사항이 발견된 경우 감사청구의 대상이 된다.
③ 주무부장관이나 시·도지사는 주민감사청구를 처리(각하 포함)할 때 청구인의 대표자에게 반드시 증거 제출 및 의견 진술의 기회를 주어야 한다.
④ 감사청구는 당해 사무 처리가 있었던 날 또는 종료된 날부터 1년을 경과하면 청구할 수 없다.

### 풀이
① [○] 개인의 사생활을 침해할 우려가 있는 사항은 주민감사청구에 의한 감사청구의 대상에서 제외한다.
② [○] 다른 기관에서 감사한 사항은 본래 주민감사청구의 대상이 될 수 없지만 새로운 사항이 발견된 경우 감사청구의 대상이 될 수 있다.

> 「지방자치법」제21조(주민의 감사 청구)
> ② 다음 각 호의 사항은 감사 청구의 대상에서 제외한다. 3. 다른 기관에서 감사하였거나 감사 중인 사항. 다만, 다른 기관에서 감사한 사항이라도 새로운 사항이 발견되거나 중요 사항이 감사에서 누락된 경우와 제22조제1항에 따라 주민소송의 대상이 되는 경우에는 그러하지 아니하다.

③ [○] 주무부장관이나 시·도지사는 주민 감사청구를 처리(각하 포함)할 때 청구인의 대표자에게 반드시 증거 제출 및 의견 진술의 기회를 주어야 한다.

> 「지방자치법」제21조(주민의 감사 청구)
> ⑪ 주무부장관이나 시·도지사는 주민 감사 청구를 처리(각하를 포함한다)할 때 청구인의 대표자에게 반드시 증거 제출 및 의견 진술의 기회를 주어야 한다.

④ [×] 감사청구는 당해 사무 처리가 있었던 날 또는 종료된 날부터 1년이 아닌 **3년 경과 시에 청구할 수 없다**.

정답 ④

## 038
2018 (수정) 서울 7급 지방자치론

현행 「지방자치법」상 주민감사청구제도에 대한 설명으로 가장 옳은 것은?

① 감사청구인의 연령 제한은 없다.
② 감사청구는 해당 사무를 처리한 지방자치단체의 장에게 하여야 한다.
③ 감사청구는 사무처리가 끝난 날부터 3년이 지나면 제기할 수 없다.
④ 주민의 감사청구에 의한 감사결과는 공표할 수 없다.

### 풀이
① [×] 주민감사청구의 청구가능연령은 **18세 이상**이다.
② [×] 주민감사청구는 해당 사무를 처리한 지방자치단체와 그 장에 대해 **상급기관장에게 청구**하는 것으로 시·도에서는 주무부장관에게, 시·군 및 자치구에서는 시·도지사에게 청구할 수 있다.
③ [○] 감사청구는 사무처리가 끝난 날부터 3년이 지나면 제기할 수 없다.
④ [×] 주민감사청구에 의한 감사결과는 조치 요구 내용과 조치 결과를 청구인의 대표자에게 서면으로 알리고 공표하여야 한다.

> 「지방자치법」제21조(주민의 감사 청구)
> ⑫ 주무부장관이나 시·도지사는 제9항에 따른 감사 결과에 따라 기간을 정하여 해당 지방자치단체의 장에게 필요한 조치를 요구할 수 있다. 이 경우 그 지방자치단체의 장은 이를 성실히 이행하여야 하고, 그 조치 결과를 지방의회와 주무부장관 또는 시·도지사에게 보고하여야 한다.
> ⑬ 주무부장관이나 시·도지사는 제12항에 따른 조치 요구 내용과 지방자치단체의 장의 조치 결과를 청구인의 대표자에게 서면으로 알리고, 공표하여야 한다.

정답 ③

## 039
2018 지방 9급

「지방자치법」상 주민의 감사청구에 대한 설명으로 옳지 않은 것은?

① 주민의 감사청구는 사무처리가 있었던 날이나 끝난 날부터 3년이 지나면 제기할 수 없다.
② 주무부장관이나 시·도지사는 감사청구를 수리한 날부터 60일 이내에 감사 청구된 사항에 대하여 감사를 끝내는 것을 원칙으로 한다.
③ 다른 기관에서 감사한 사항이라도 새로운 사항이 발견되거나 중요 사항이 감사에서 누락된 경우는 감사청구의 대상이 될 수 있다.
④ 지방자치단체의 19세 이상의 주민은 시·도는 500명, 인구 50만 명 이상 대도시는 200명, 그 밖의 시·군 및 자치구는 100명을 넘지 아니하는 범위에서 그 지방자치단체의 조례로 정하는 19세 이상의 주민 수 이상의 연서로 감사를 청구할 수 있다.

### 풀이
① [○] 주민의 감사청구는 사무처리가 있었던 날이나 끝난 날부터 3년이 지나면 제기할 수 없다(「지방자치법」 제21조3항).
② [○] 주무부장관이나 시·도지사는 감사청구를 수리한 날부터 60일 이내에 감사청구된 사항에 대하여 감사를 끝내야 한다(「지방자치법」 제21조9항).
③ [○] 다른 기관에서 감사한 사항이라도 새로운 사항이 발견되거나 중요 사항이 감사에서 누락된 경우와 주민소송의 대상이 되는 경우에는 감사청구의 대상이 될 수 있다(「지방자치법」 제21조2항).
④ [×] 주민감사청구제도를 통해 지방자치단체의 **18세 이상의 주민은 시·도는 300명, 제198조에 따른 인구 50만 이상 대도시는 200명, 그 밖의 시·군 및 자치구는 150명을 넘지 아니하는** 범위에서 그 지방자치단체의 조례로 정하는 18세 이상의 주민 수 이상의 연서로 감사를 청구할 수 있다(「지방자치법」 제21조1항).

**정답 ④**

## 040
2019 서울 7급 지방자치론

주민감사청구에 대한 설명으로 가장 옳지 않은 것은?

① 인구 50만 이상의 대도시는 300명을 넘지 않는 범위에서 그 지방자치단체의 조례로 정하는 19세 이상의 주민 수 이상의 연서로 감사를 청구할 수 있다.
② 감사청구는 사무처리가 있었던 날이나 끝난 날부터 3년이 경과한 때까지 제기할 수 있다.
③ 다른 기관에서 감사한 사항이라도 새로운 사항이 발견되거나 중요 사항이 감사에서 누락된 경우 감사청구의 대상이 된다.
④ 주무부장관이나 시·도지사는 원칙적으로 감사청구를 수리한 날로부터 60일 이내에 감사청구된 사항에 대하여 감사를 끝내야 한다.

### 풀이
① [×] 지방자치단체의 18세 이상의 주민으로서 다음 각 호의 어느 하나에 해당하는 사람은 시·도는 300명, 제198조에 따른 **인구 50만 이상 대도시는 200명** 그 밖의 시·군 및 자치구는 150명 이내에서 그 지방자치단체의 조례로 정하는 수 이상의 **18세 이상의 주민**이 연대 서명하여 그 지방자치단체와 그 장의 권한에 속하는 사무의 처리가 법령에 위반되거나 공익을 현저히 해친다고 인정되면 시·도의 경우에는 주무부장관에게, 시·군 및 자치구의 경우에는 시·도지사에게 감사를 청구할 수 있다(「지방자치법」 제21조 제1항).
② [○] 감사청구는 사무처리가 있었던 날이나 끝난 날부터 3년이 지난 경우에는 감사청구의 대상에서 제외된다(「지방자치법」 제21조 제3항).
③ [○] 다른 기관에서 감사한 사항이라도 새로운 사항이 발견되거나 중요 사항이 감사에서 누락된 경우 감사청구의 대상이 된다(「지방자치법」 제21조 제2항).
④ [○] 주무부장관이나 시·도지사는 원칙적으로 감사청구를 수리한 날로부터 60일 이내에 감사청구된 사항에 대하여 감사를 끝내야 한다(「지방자치법」 제21조 제9항).

**정답 ①**

## 041

2021 지방 7급 지방자치론

**주민투표 및 주민감사청구 제도에 대한 설명으로 옳지 않은 것은?**

① 주민투표청구권자 총수는 전년도 12월 31일 현재의 주민등록표 및 외국인등록표에 따라 산정한다.
② 수사나 재판에 관여하게 되는 사항은 주민의 감사청구 대상에서 제외된다.
③ 주민투표와 주민감사청구 가능 연령은 2020년에 18세 이상으로 하향되었다.
④ 공무원은 주민투표에 관한 운동을 할 수 없으나 예외적으로 그 지방의회 의원은 주민투표에 관한 운동을 할 수 있다.

### 풀이

① [○] 주민투표청구권자 총수는 전년도 12월 31일 현재의 주민등록표 및 외국인등록표에 따라 산정한다.

> 「주민투표법」 제5조(주민투표권) ① 18세 이상의 주민 중 제6조제1항에 따른 투표인명부 작성기준일 현재 다음 각 호의 어느 하나에 해당하는 사람에게는 주민투표권이 있다. 다만, 「공직선거법」 제18조에 따라 선거권이 없는 사람에게는 주민투표권이 없다.
> 1. 그 지방자치단체의 관할 구역에 주민등록이 되어 있는 사람
> 2. 출입국관리 관계 법령에 따라 대한민국에 계속 거주할 수 있는 자격(체류자격변경허가 또는 체류기간연장허가를 통하여 계속 거주할 수 있는 경우를 포함한다)을 갖춘 외국인으로서 지방자치단체의 조례로 정한 사람

② [○] 수사나 재판에 관여하게 되는 사항은 주민의 감사청구 대상에서 제외된다.

> 「지방자치법」 제21조(주민의 감사 청구)
> ② 다음 각 호의 사항은 감사 청구의 대상에서 제외한다.
> 1. 수사나 재판에 관여하게 되는 사항
> 2. 개인의 사생활을 침해할 우려가 있는 사항
> 3. 다른 기관에서 감사하였거나 감사 중인 사항. 다만, 다른 기관에서 감사한 사항이라도 새로운 사항이 발견되거나 중요 사항이 감사에서 누락된 경우와 제22조제1항에 따라 주민소송의 대상이 되는 경우에는 그러하지 아니하다.
> 4. 동일한 사항에 대하여 제22조제2항 각 호의 어느 하나에 해당하는 소송이 진행 중이거나 그 판결이 확정된 사항

③ [×] 주민투표와 주민감사청구 가능 연령은 모두 **2022년에 18세 이상으로 하향**되었다.

④ [○] 공무원은 주민투표에 관한 운동을 할 수 없으나 예외적으로 그 지방의회 의원은 주민투표에 관한 운동을 할 수 있다.

> 「주민투표법」 제21조(투표운동기간 및 투표운동을 할 수 없는 자) ① 투표운동기간은 주민투표일 전 21일부터 주민투표일 전날까지로 한다.
> ② 다음 각 호의 어느 하나에 해당하는 자는 투표운동을 할 수 없다.
> 1. 주민투표권이 없는 자
> 2. 공무원(그 지방의회의 의원을 제외한다)
> 3. 각급 선거관리위원회의 위원
> 4. 방송법에 의한 방송사업(방송채널사용사업은 보도에 관한 전문편성을 행하는 방송채널사용사업에 한한다)을 경영하거나 이에 상시 고용되어 편집·제작·취재·집필 또는 보도의 업무에 종사하는 자
> 5. 「신문 등의 진흥에 관한 법률」 제9조에 따라 등록하여야 하는 신문, 인터넷신문 또는 인터넷뉴스서비스와 「잡지 등 정기간행물의 진흥에 관한 법률」 제15조 또는 제16조에 따라 등록 또는 신고하여야 하는 정기간행물(분기별 1회 이하 발행되거나 학보 그 밖에 전문분야에 관한 순수한 학술 및 정보지 등 정치에 관한 보도·논평 그 밖에 여론형성의 목적없이 발행되는 신문, 인터넷신문, 인터넷뉴스서비스 또는 정기간행물은 제외한다)을 발행 또는 경영하거나 이에 상시 고용되어 편집·취재·집필 또는 보도의 업무에 종사하는 자
> 6. 통·리·반의 장

**정답 ③**

## 042

2015 지방 7급 지방자치론(수정)

우리나라 주민참여제도에 대한 설명으로 옳은 것은?

① 조례의 제정과 개폐 청구는 해당 지방자치단체의 장에게 할 수 있다.
② 지방의회에 청원을 하려는 자는 지방의회의원의 소개를 받아 청원서를 제출하여야 한다.
③ 주민소송은 주민이 감사청구한 모든 사항에 대해서 해당지방자치단체의 장을 상대로 제기할 수 있다.
④ 주민의 감사청구는 사무처리가 있었던 날이나 끝난 날부터 2년이 지나면 제기할 수 없다.

### 풀이

① [×] 본래 조례의 제정과 개폐 청구는 해당 지방자치단체의 장에게 할 수 있었으나 22년 「지방자치법」이 개정되면서 **지방의회에 직접 청구**할 수 있게 되었다.
② [○] 지방의회에 청원을 하려는 자는 지방의회의원의 소개를 받아 청원서를 제출하여야 한다.

> 「지방자치법」 제85조(청원서의 제출) ① 지방의회에 청원을 하려는 자는 지방의회의원의 소개를 받아 청원서를 제출하여야 한다.

③ [×] 주민소송은 주민이 감사청구한 모든 사항에 대해서가 아니라 **감사청구를 거친 사항 중 재무행정에 관한 사항에 한정**된다.

> 「지방자치법」 제22조(주민소송) ① 제21조제1항에 따라 공금의 지출에 관한 사항, 재산의 취득·관리·처분에 관한 사항, 해당 지방자치단체를 당사자로 하는 매매·임차·도급 계약이나 그 밖의 계약의 체결·이행에 관한 사항 또는 지방세·사용료·수수료·과태료 등 공금의 부과·징수를 게을리한 사항을 감사 청구한 주민은 다음 각 호의 어느 하나에 해당하는 경우에 그 감사 청구한 사항과 관련이 있는 위법한 행위나 업무를 게을리한 사실에 대하여 해당 지방자치단체의 장(해당 사항의 사무처리에 관한 권한을 소속 기관의 장에게 위임한 경우에는 그 소속 기관의 장을 말한다. 이하 이 조에서 같다)을 상대방으로 하여 소송을 제기할 수 있다.

④ [×] 주민의 감사청구는 사무처리가 있었던 날이나 끝난 날부터 2년이 아닌 **3년**이 지나면 제기할 수 없다.

정답 ②

## 043

2014 서울 7급 지방자치론

다음 중 주민소송의 대상이 아닌 것은?

① 지방자치단체를 폐지하거나 설치, 나누거나 합치는 사항
② 재산의 취득, 관리, 처분에 관한 사항
③ 해당 자치단체를 당사자로 하는 매매, 임차, 도급 계약에 관한 사항
④ 지방세, 사용료, 수수료, 과태료 등 공금의 부과, 징수를 게을리한 사항
⑤ 공금의 지출에 관한 사항

### 풀이

주민소송은 재무행위의 위법사항을 감사청구한 주민이 감사청구 사항과 관련있는 위법한 행위나 업무를 게을리한 사실에 대해 해당 지방자치단체의 장을 상대방으로 해 관할 행정법원에 재판을 청구하는 제도이다.

① [×] 지방자치단체를 폐지하거나 설치, 나누거나 합치는 사항은 **주민투표의 대상이지만 주민소송의 대상은 아니다**

> 「주민투표법」 제8조(국가정책에 관한 주민투표) ①중앙행정기관의 장은 지방자치단체를 폐지하거나 설치하거나 나누거나 합치는 경우 또는 지방자치단체의 구역을 변경하거나 주요시설을 설치하는 등 국가정책의 수립에 관하여 주민의 의견을 듣기 위하여 필요하다고 인정하는 때에는 주민투표의 실시구역을 정하여 관계 지방자치단체의 장에게 주민투표의 실시를 요구할 수 있다. 이 경우 중앙행정기관의 장은 미리 행정안전부장관과 협의하여야 한다.

② [○] 재산의 취득, 관리, 처분에 관한 사항은 주민소송의 대상이 되는 재무행정행위에 해당한다.
③ [○] 해당 자치단체를 당사자로 하는 매매, 임차, 도급 계약에 관한 사항은 주민소송의 대상이 되는 재무행정행위에 해당한다.
④ [○] 지방세, 사용료, 수수료, 과태료 등 공금의 부과, 징수를 게을리한 사항은 주민소송의 대상이 되는 재무행정행위에 해당한다.
⑤ [○] 공금의 지출에 관한 사항은 주민소송의 대상이 되는 재무행정행위에 해당한다.

> 「지방자치법」 제22조(주민소송) ① 제21조제1항에 따라 공금의 지출에 관한 사항, 재산의 취득·관리·처분에 관한 사항, 해당 지방자치단체를 당사자로 하는 매매·임차·도급 계약이나 그 밖의 계약의 체결·이행에 관한 사항 또는 지방세·사용료·수수료·과태료 등 공금의 부과·징수를 게을리한 사항을 감사 청구한 주민은 다음 각 호의 어느 하나에 해당하는 경우에 그 감사 청구한 사항과 관련이 있는 위법한 행위나 업무를 게을리한 사실에 대하여 해당 지방자치단체의 장(해당 사항의 사무처리에 관한 권한을 소속 기관의 장에게 위임한 경우에는 그 소속 기관의 장을 말한다. 이하 이 조에서 같다)을 상대방으로 하여 소송을 제기할 수 있다.

정답 ①

## 044

2017 서울 7급 지방자치론

**주민소송에 대한 설명으로 옳은 것을 모두 고른 것은?**

⊙ 손해배상청구 또는 부당이득반환청구를 요구하는 소송이 가능하다.
⊙ 소송이 진행 중이더라도 다른 주민이 같은 사항에 대해 별도의 소송을 제기할 수 있다.
© 소송 중에도 법원의 허가 없이 소를 취하하거나 화해 등의 방법으로 청구를 포기할 수 있다.
② 지방자치단체를 당사자로 하는 계약의 체결·이행에 관한 사항도 소송의 대상이 될 수 있다.
◎ 해당 지방자치단체의 사무소 소재지를 관할하는 행정법원의 관할로 한다.
⊕ 소송제기의 기한은 결과통지를 받은 날로부터 60일 이내이다

① ⊙, ②, ◎
② ⊙, ◎, ⊕
③ ©, ©, ⊕
④ ②, ◎, ⊕

### 풀이

ㄱ. [O] 주민소송 진행 시 손해배상금 또는 부당이득반환금 등의 지불 청구가 가능하다.
ㄴ. [X] 소송의 남발을 금지하기 위해 소송이 진행 중이면 **다른 주민은 같은 사항에 대하여 별도의 소송을 제기할 수 없다.**
ㄷ. [X] 소송의 남발을 금지하기 위해 소송에서 **당사자는 법원의 허가를 받지 아니하고는 소의 취하, 소송의 화해 또는 청구의 포기를 할 수 없다.**
ㄹ. [O] 해당 지방자치단체를 당사자로 하는 계약의 체결·이행에 관한 사항도 소송의 대상이 될 수 있다(「지방자치법」 제22조 1항).
ㅁ. [O] 소송은 해당 지방자치단체의 사무소 소재지를 관할하는 행정법원의 관할로 한다.
ㅂ. [X] 주민소송은 감사청구에 대한 결과통지를 받은 날부터 60일이 아닌 **90일 이내에 제기**하여야 한다.

「지방자치법」 제22조(주민소송)
① 제21조제1항에 따라 공금의 지출에 관한 사항, 재산의 취득·관리·처분에 관한 사항, 해당 지방자치단체를 당사자로 하는 매매·임차·도급 계약이나 그 밖의 계약의 체결·이행에 관한 사항 또는 지방세·사용료·수수료·과태료 등 공금의 부과·징수를 게을리한 사항을 감사 청구한 주민은 다음 각 호의 어느 하나에 해당하는 경우에 그 감사 청구한 사항과 관련이 있는 위법한 행위나 업무를 게을리한 사실에 대하여 해당 지방자치단체의 장(해당 사항의 사무처리에 관한 권한을 소속 기관의 장에게 위임한 경우에는 그 소속 기관의 장을 말한다. 이하 이 조에서 같다)을 상대방으로 하여 소송을 제기할 수 있다.
② 제1항에 따라 주민이 제기할 수 있는 소송은 다음 각 호와 같다.
 4. 해당 지방자치단체의 장 및 직원, 지방의회의원, 해당 행위와 관련이 있는 상대방에게 <u>손해배상청구 또는 부당이득반환청구를 할 것을 요구하는</u> 소송. 다만, 그 지방자치단체의 직원이 「회계관계직원 등의 책임에 관한 법률」 제4조에 따른 변상책임을 져야 하는 경우에는 변상명령을 할 것을 요구하는 소송을 말한다.
④ 제2항에 따른 소송은 다음 각 호의 구분에 따른 날부터 <u>90일 이내</u>에 제기하여야 한다.
 1. 제1항제1호: 해당 60일이 끝난 날(제21조제9항 단서에 따라 감사기간이 연장된 경우에는 연장기간이 끝난 날을 말한다)
 2. 제1항제2호: 해당 감사 결과나 조치 요구 내용에 대한 통지를 받은 날
⑤ 제2항 각 호의 소송이 진행 중이면 <u>다른 주민은 같은 사항에 대하여 별도의 소송을 제기할 수 없다.</u>
⑨ 제2항에 따른 소송은 해당 지방자치단체의 사무소 소재지를 관할하는 <u>행정법원</u>(행정법원이 설치되지 아니한 지역에서는 행정법원의 권한에 속하는 사건을 관할하는 지방법원 본원을 말한다)의 관할로 한다.
⑭ 제2항에 따른 소송에서 당사자는 <u>법원의 허가를 받지 아니하고는 소의 취하, 소송의 화해 또는 청구의 포기를 할 수 없다.</u>

정답 ①

## 045

2018 서울 7급 지방자치론

우리나라 주민소송제도에 대한 설명으로 가장 옳지 않은 것은?

① 자치행정에 대한 주민감시를 강화하기 위해 2005년에 도입했다.
② 주민감사청구를 전심절차로 하고 있다.
③ 위법한 재무행위분야에 한정하지 않고 포괄적인 일반사무행위도 포함한다.
④ 동일한 사항에 대해 주민소송이 진행되고 있을 때에는 소송을 제기할 수 없다.

### 풀이

① [○] 우리나라의 주민소송제도는 자치행정에 대한 주민감시를 강화하기 위해 2005년에 도입했다.
② [○] 주민소송제도는 주민감사청구를 거친 재무행위 관련 사항으로 한정해 사실상 주민감사청구를 전심절차로 하고 있다.
③ [×] 주민소송의 대상은 위법한 **재무행위분야에 한정**한다.
④ [○] 동일한 사항에 대해 주민소송이 진행되고 있을 때에는 소송을 제기할 수 없다.

정답 ③

## 046

2015 서울 7급 지방자치론

우리나라 주민투표제도에 대한 설명으로 옳지 않은 것은?

① 주민투표는 국가정책에 관한 중앙행정기관장의 요구에 의해서도 실시될 수 있다.
② 국가정책에 관한 주민투표 결과는 권고적 효력밖에 가지지 않는다.
③ 지방자치단체장은 지방의회의 동의 없이 직권으로 주민투표를 실시할 수 있다.
④ 지방의회는 재적의원 과반수의 출석과 출석의원 3분의 2 이상의 찬성으로 지방자치단체장에게 주민투표 청구를 할 수 있다.

### 풀이

① [○] 주민투표는 국가정책에 관한 중앙행정기관장의 요구에 의해서도 실시될 수 있다.
② [○] 중앙행정기관의 장은 국가정책에 관한 주민투표의 실시를 요구하는 경우 주민투표의 결과는 권고적 효력만이 있다.

> 「주민투표법」 제8조(국가정책에 관한 주민투표) ① 중앙행정기관의 장은 지방자치단체를 폐지하거나 설치하거나 나누거나 합치는 경우 또는 지방자치단체의 구역을 변경하거나 주요시설을 설치하는 등 국가정책의 수립에 관하여 주민의 의견을 듣기 위하여 필요하다고 인정하는 때에는 주민투표의 실시구역을 정하여 관계 지방자치단체의 장에게 주민투표의 실시를 요구할 수 있다. 이 경우 중앙행정기관의 장은 미리 행정안전부장관과 협의하여야 한다.
> ④ 제1항의 규정에 의한 주민투표에 관하여는 제7조, 제16조, 제24조제1항·제5항·제6항, 제25조 및 제26조의 규정을 적용하지 아니한다.

③ [×] 지방자치단체장이 **직권에 의해 주민투표**를 실시하고자 하는 때에는 그 **지방의회 재적의원 과반수 출석과 출석의원 과반수의 동의를 얻어야** 한다.
④ [○] 지방의회는 재적의원 과반수의 출석과 출석의원 3분의 2 이상의 찬성으로 지방자치단체장에게 주민투표 청구를 할 수 있다.

> 「주민투표법」 제9조(주민투표의 실시요건) ① 지방자치단체의 장은 다음 각 호의 어느 하나에 해당하는 경우에는 주민투표를 실시할 수 있다. 이 경우 제1호 또는 제2호에 해당하는 경우에는 주민투표를 실시하여야 한다.
> 1. 주민이 제2항에 따라 주민투표의 실시를 청구하는 경우
> 2. 지방의회가 제5항에 따라 주민투표의 실시를 청구하는 경우
> 3. 지방자치단체의 장이 주민의 의견을 듣기 위하여 필요하다고 판단하는 경우
> ⑤ 지방의회는 재적의원 과반수의 출석과 출석의원 3분의 2 이상의 찬성으로 그 지방자치단체의 장에게 주민투표의 실시를 청구할 수 있다.
> ⑥ 지방자치단체의 장은 직권에 의하여 주민투표를 실시하고자 하는 때에는 그 지방의회 재적의원 과반수의 출석과 출석의원 과반수의 동의를 얻어야 한다.

정답 ③

# 047

**우리나라 주민투표제에 대한 설명으로 옳은 것은?**

① 20세 이상 주민으로 투표인명부 작성 기준일 현재 지방자치단체 관할구역에 주민등록이 되어 있는 사람은 주민투표권을 갖는다.
② 중앙행정기관의 장은 주민투표 청구권을 갖지 못한다.
③ 지방자치단체의 수수료와 분담금 등 각종 공과금의 감면에 관한 사항은 주민투표에 부칠 수 없다.
④ 주민투표 요구가 적법한 것으로 인정될 경우 지방의회 의장은 7일 이내에 발의할 수 있다.
⑤ 주민투표사무에 필요한 비용은 전액 국가가 부담한다.

## 풀이

① [×] 20세 이상이 아닌 **18세 이상** 주민으로 투표인명부 작성기준일 현재 지방자치단체의 관할구역에 주민등록이 되어있는 사람은 주민투표권을 갖는다.

② [×] **중앙행정기관의 장은** 지방자치단체의 폐치분합 또는 국가정책의 수립에 관해 주민의견을 듣는 것이 필요하다고 인정되는 때에는 관계 **지방자치단체의 장에게 주민투표의 실시를 요구할 수 있다.**

③ [○] 지방자치단체의 수수료와 분담금 등 각종 공과금의 감면에 관한 사항은 주민투표에 부칠 수 없다.

> 「주민투표법」 제7조(주민투표의 대상) ①주민에게 과도한 부담을 주거나 중대한 영향을 미치는 지방자치단체의 주요결정사항은 주민투표에 부칠 수 있다.
> ②제1항에도 불구하고 <u>다음 각 호의 어느 하나에 해당하는 사항은 주민투표에 부칠 수 없다.</u>
> 1. 법령에 위반되거나 재판중인 사항
> 2. 국가 또는 다른 지방자치단체의 권한 또는 사무에 속하는 사항
> 3. 지방자치단체가 수행하는 다음 각 목의 어느 하나에 해당하는 사무의 처리에 관한 사항
> 가. 예산 편성·의결 및 집행
> 나. 회계·계약 및 재산관리
> <u>3의2. 지방세·사용료·수수료·분담금 등 각종 공과금의 부과 또는 감면에 관한 사항</u>
> 4. 행정기구의 설치·변경에 관한 사항과 공무원의 인사·정원 등 신분과 보수에 관한 사항
> 5. 다른 법률에 의하여 주민대표가 직접 의사결정주체로서 참여할 수 있는 공공시설의 설치에 관한 사항. 다만, 제9조제5항의 규정에 의하여 지방의회가 주민투표의 실시를 청구하는 경우에는 그러하지 아니하다.
> 6. 동일한 사항(그 사항과 취지가 동일한 경우를 포함한다)에 대하여 주민투표가 실시된 후 2년이 경과되지 아니한 사항

④ [×] 주민투표의 요구가 적법한 것으로 인정될 경우 **지방의회 의장**이 아닌 **지방자치단체의 장**은 7일 이내에 **발의**할 수 있다.

⑤ [×] 주민투표사무의 관리에 관한 경비는 **해당 지방자치단체가 원칙적으로 부담**한다. 다만, 국가정책에 관한 주민투표의 경우에는 국가가 부담한다.

> 「주민투표법」 제27조(주민투표경비) ①주민투표사무에 필요한 다음 각 호의 경비는 주민투표를 발의한 지방자치단체의 장이 속하는 지방자치단체(제8조의 규정에 의한 국가정책에 관한 주민투표인 경우에는 국가를 말한다)가 부담한다.

**정답 ③**

## 048

2016 지방 7급 지방자치론(수정)

「주민투표법」상 주민투표에 대한 설명으로 옳은 것을 모두 고르면?

> ㄱ. 국가 또는 다른 지방자치단체의 권한 또는 사무에 속하는 사항은 주민투표에 붙일 수 없다.
> ㄴ. 동일한 사항에 대하여 주민투표가 실시된 후 3년이 경과되지 아니한 사항은 주민투표에 붙일 수 없다.
> ㄷ. 지방자치단체의 장은 주민의 청구 또는 직권에 의한 경우에만 주민투표를 실시할 수 있다.
> ㄹ. 전체 투표수가 주민투표권자 총수의 3분의 1에 미달되는 때에는 개표를 하지 아니한다.

① ㄱ, ㄷ    ② ㄱ
③ ㄴ    ④ ㄷ, ㄹ

### 풀이

ㄱ. [O] 국가 또는 다른 지방자치단체의 권한 또는 사무에 속하는 사항은 주민투표에 붙일 수 없다.

ㄴ. [×] 동일한 사항에 대하여 주민투표가 실시된 후 3년이 아닌 **2년이 경과되지 아니한 사항은 주민투표에 붙일 수 없다.**

> 「주민투표법」 제7조(주민투표의 대상) ① 주민에게 과도한 부담을 주거나 중대한 영향을 미치는 지방자치단체의 주요결정사항은 주민투표에 부칠 수 있다.
> ② 제1항에도 불구하고 다음 각 호의 어느 하나에 해당하는 사항은 주민투표에 부칠 수 없다.
> 1. 법령에 위반되거나 재판중인 사항
> 2. 국가 또는 다른 지방자치단체의 권한 또는 사무에 속하는 사항
> 3. 지방자치단체가 수행하는 다음 각 목의 어느 하나에 해당하는 사무의 처리에 관한 사항
> 가. 예산 편성·의결 및 집행
> 나. 회계·계약 및 재산관리
> 3의2. 지방세·사용료·수수료·분담금 등 각종 공과금의 부과 또는 감면에 관한 사항
> 4. 행정기구의 설치·변경에 관한 사항과 공무원의 인사·정원 등 신분과 보수에 관한 사항
> 5. 다른 법률에 의하여 주민대표가 직접 의사결정주체로서 참여할 수 있는 공공시설의 설치에 관한 사항. 다만, 제9조제5항의 규정에 의하여 지방의회가 주민투표의 실시를 청구하는 경우에는 그러하지 아니하다.
> 6. 동일한 사항(그 사항과 취지가 동일한 경우를 포함한다)에 대하여 주민투표가 실시된 후 2년이 경과되지 아니한 사항

ㄷ. [×] 「주민투표법」상 지방자치단체의 장은 주민, **지방의회의 청구** 또는 직권으로 주민투표의 실시가 가능하며, **중앙행정기관의 장이 지방자치단체의 장에게 요구할 수도 있다.**

ㄹ. [×] 과거 전체 투표수가 주민투표권자 총수의 3분의 1에 미달되는 때에는 개표를 하지 않았으나 2022년 「주민투표법」이 개정되면서 **주민투표권자 총수의 일정수에 미달하는 경우에 개표를 하지 않는 조건이 사라졌다.**

> 「주민투표법」 제24조(주민투표결과의 확정) ① 주민투표에 부쳐진 사항은 주민투표권자 총수의 4분의 1 이상의 투표와 유효투표수 과반수의 득표로 확정된다. 다만, 다음 각 호의 어느 하나에 해당하는 경우에는 찬성과 반대 양자를 모두 수용하지 아니하거나, 양자택일의 대상이 되는 사항 모두를 선택하지 아니하기로 확정된 것으로 본다.
> 1. 전체 투표수가 주민투표권자 총수의 4분의 1에 미달되는 경우
> 2. 주민투표에 부쳐진 사항에 관한 유효득표수가 동수인 경우

**정답** ②

## 049

2015 지방 7급 지방자치론

**주민투표에 대한 설명으로 옳지 않은 것은?**

① 투표운동을 목적으로 서명 또는 날인 받는 행위는 할 수 있다.
② 법령에 위반되거나 재판중인 사항은 주민투표에 부칠 수 없다.
③ 「공직선거법」상 선거권이 없는 사람에게는 주민투표권이 없다.
④ 지방자치단체의 장은 주민 또는 지방의회의 청구에 의하거나 직권에 의하여 주민투표를 실시할 수 있다.

### 풀이

① [×] 투표운동을 목적으로 **서명 또는 날인을 받는 행위로 투표운동을 하여서는 안 된다.**

「주민투표법」 제22조(투표운동의 제한) ① 누구든지 다음 각 호의 어느 하나에 해당하는 방법으로 투표운동을 하여서는 아니된다.
1. 야간호별방문 및 야간옥외집회
2. 투표운동을 목적으로 서명 또는 날인을 받는 행위
3. 「공직선거법」 제80조의 규정에 의한 연설금지장소에서의 연설행위
4. 「공직선거법」 제91조에서 정하는 확성장치 및 자동차 등의 사용제한에 관한 규정을 위반하는 행위

② [○] 법령에 위반되거나 재판중인 사항은 주민투표에 부칠 수 없다.

「주민투표법」 제7조(주민투표의 대상) ① 주민에게 과도한 부담을 주거나 중대한 영향을 미치는 지방자치단체의 주요결정사항은 주민투표에 부칠 수 있다.
② 제1항에도 불구하고 다음 각 호의 어느 하나에 해당하는 사항은 주민투표에 부칠 수 없다.
1. 법령에 위반되거나 재판중인 사항
2. 국가 또는 다른 지방자치단체의 권한 또는 사무에 속하는 사항
3. 지방자치단체가 수행하는 다음 각 목의 어느 하나에 해당하는 사무의 처리에 관한 사항
 가. 예산 편성·의결 및 집행
 나. 회계·계약 및 재산관리
3의2. 지방세·사용료·수수료·분담금 등 각종 공과금의 부과 또는 감면에 관한 사항
4. 행정기구의 설치·변경에 관한 사항과 공무원의 인사·정원 등 신분과 보수에 관한 사항
5. 다른 법률에 의하여 주민대표가 직접 의사결정주체로서 참여할 수 있는 공공시설의 설치에 관한 사항. 다만, 제9조제5항의 규정에 의하여 지방의회가 주민투표의 실시를 청구하는 경우에는 그러하지 아니하다.
6. 동일한 사항(그 사항과 취지가 동일한 경우를 포함한다)에 대하여 주민투표가 실시된 후 2년이 경과되지 아니한 사항

③ [○] 「주민투표법」 제5조 제1항의 단서조항에 따라 「공직선거법」상 선거권이 없는 사람에게는 주민투표권이 없다.
④ [○] 지방자치단체의 장은 주민 또는 지방의회의 청구에 의하거나 직권에 의하여 주민투표를 실시할 수 있다.

**정답 ①**

## 050

2019 서울 9급(수정)

**「주민투표법」상 주민투표에 대한 설명으로 옳은 것을 모두 고르면?**

ㄱ. 국가 또는 다른 지방자치단체의 권한 또는 사무에 속하는 사항은 주민투표에 붙일 수 없다.
ㄴ. 동일한 사항에 대하여 주민투표가 실시된 후 3년이 경과되지 아니한 사항은 주민투표에 붙일 수 없다.
ㄷ. 지방자치단체의 장은 주민의 청구 또는 직권에 의한 경우에만 주민투표를 실시할 수 있다.
ㄹ. 전체 투표수가 주민투표권자 총수의 4분의 1에 미달되는 때에는 양자택일의 대상이 되는 사항 모두를 선택하지 않기로 확정된 것으로 본다.

① ㄱ, ㄷ
② ㄱ, ㄹ
③ ㄴ, ㄹ
④ ㄷ, ㄹ

### 풀이

ㄱ. [○] 국가 또는 다른 지방자치단체의 권한 또는 사무에 속하는 사항은 주민투표에 부칠 수 없다.
ㄴ. [×] 동일한 사항(그 사항과 취지가 동일한 경우를 포함한다)에 대하여 주민투표가 실시된 후 **2년이 경과되지 아니한 사항**은 주민투표를 붙일 수 없다(「주민투표법」 제7조).
ㄷ. [×] 지방자치단체의 장은 **주민 또는 지방의회의 청구**에 의하거나 **직권**에 의하여 주민투표를 실시할 수 있다(「주민투표법」 제9조).
ㄹ. [○] 주민투표에 부쳐진 사항은 주민투표권자 총수의 4분의 1이상의 투표와 유효투표수 과반수의 득표로 확정된다. 다만 전체 투표수가 1/4에 미달하거나 유효득표수가 찬반 동수인 경우에는 양자택일의 대상이 되는 사항 모두를 선택하지 아니하기로 확정된 것으로 본다(「주민투표법」 제24조). 2022년 4월 개정(10월 시행)으로 투표 유효요건이 1/3에서 1/4로 낮아졌고, 이보다 적게 투표할 시 개표를 하지 않는다는 조항은 삭제되었다. (개정 법률의 내용에 따라 선지를 수정하였다.)

**정답 ②**

## 051

2019 지방 7급 지방자치론(수정)

**주민투표에 대한 설명으로 옳지 않은 것은?**

① 주민에게 과도한 부담을 주거나 중대한 영향을 미치는 지방자치단체의 주요결정사항은 주민투표에 부칠 수 있다.
② 2004년 「주민투표법」이 제정된 이후 실제로 주민투표가 실시된 적이 있다.
③ 지방자치단체의 예산·회계·계약 및 재산관리에 관한 사항과 지방세·사용료·수수료·분담금 등 각종 공과금의 부과 또는 감면에 관한 사항은 주민투표에 부칠 수 없다.
④ 지방의회는 재적의원 과반수의 출석과 출석위원 과반수의 찬성으로 지방자치단체장에게 주민투표의 실시를 청구할 수 있다.

### 풀이

① [O] 주민에게 과도한 부담을 주거나 중대한 영향을 미치는 지방자치단체의 주요결정사항은 주민투표에 부칠 수 있다.(22년 4월 주민투표법의 개정 내용에 따라 '조례로 정하는 사항'을 삭제하였다.)
② [O] 주민투표법 제정 이전에도 주민투표는 시행된 적이 있으며(1996년 광주 북구청 등 통합, 1998년 여수시·여천시·여천군 통합) 2004년 「주민투표법」이 제정된 이후 실제로 주민투표가 실시된 적이 있다.
③ [O] 지방자치단체의 예산·회계·계약 및 재산관리에 관한 사항과 지방세·사용료·수수료·분담금 등 각종 공과금의 부과 또는 감면에 관한 사항은 주민투표에 부칠 수 없다.
④ [X] 지방의회는 재적의원 과반수의 출석과 출석위원 3분의 2 이상의 찬성으로 지방자치단체장에게 주민투표의 실시를 청구할 수 있다.

「주민투표법」제7조(주민투표의 대상) ① 주민에게 과도한 부담을 주거나 중대한 영향을 미치는 지방자치단체의 주요결정사항은 주민투표에 부칠 수 있다.
② 제1항에도 불구하고 다음 각 호의 어느 하나에 해당하는 사항은 주민투표에 부칠 수 없다.
  1. 법령에 위반되거나 재판중인 사항
  2. 국가 또는 다른 지방자치단체의 권한 또는 사무에 속하는 사항
  3. 지방자치단체가 수행하는 다음 각 목의 어느 하나에 해당하는 사무의 처리에 관한 사항
   가. 예산 편성·의결 및 집행
   나. 회계·계약 및 재산관리
  3의2. 지방세·사용료·수수료·분담금 등 각종 공과금의 부과 또는 감면에 관한 사항
  4. 행정기구의 설치·변경에 관한 사항과 공무원의 인사·정원 등 신분과 보수에 관한 사항
  5. 다른 법률에 의하여 주민대표가 직접 의사결정주체로서 참여할 수 있는 공공시설의 설치에 관한 사항. 다만, 제9조제5항의 규정에 의하여 지방의회가 주민투표의 실시를 청구하는 경우에는 그러하지 아니하다.
  6. 동일한 사항(그 사항과 취지가 동일한 경우를 포함한다)에 대하여 주민투표가 실시된 후 2년이 경과되지 아니한 사항

제9조(주민투표의 실시요건) ① 지방자치단체의 장은 다음 각 호의 어느 하나에 해당하는 경우에는 주민투표를 실시할 수 있다. 이 경우 제1호 또는 제2호에 해당하는 경우에는 주민투표를 실시하여야 한다.
  1. 주민이 제2항에 따라 주민투표의 실시를 청구하는 경우
  2. 지방의회가 제5항에 따라 주민투표의 실시를 청구하는 경우
  3. 지방자치단체의 장이 주민의 의견을 듣기 위하여 필요하다고 판단하는 경우
② 18세 이상 주민 중 제5조제1항 각 호의 어느 하나에 해당하는 사람(같은 항 각 호 외의 부분 단서에 따라 주민투표권이 없는 사람은 제외한다. 이하 "주민투표청구권자"라 한다)은 주민투표청구권자 총수의 20분의 1 이상 5분의 1 이하의 범위에서 지방자치단체의 조례로 정하는 수 이상의 서명으로 그 지방자치단체의 장에게 주민투표의 실시를 청구할 수 있다.
③ 주민투표청구권자 총수는 전년도 12월 31일 현재의 주민등록표 및 외국인등록표에 따라 산정한다.
④ 지방자치단체의 장은 매년 1월 10일까지 제3항의 규정에 의하여 산정한 주민투표청구권자 총수를 공표하여야 한다.
⑤ 지방의회는 재적의원 과반수의 출석과 출석의원 3분의 2 이상의 찬성으로 그 지방자치단체의 장에게 주민투표의 실시를 청구할 수 있다.
⑥ 지방자치단체의 장은 직권에 의하여 주민투표를 실시하고자 하는 때에는 그 지방의회 재적의원 과반수의 출석과 출석의원 과반수의 동의를 얻어야 한다.

**정답 ④**

## 052

2018 국회 9급

우리나라의 현행 주민투표 제도에 대한 설명으로 옳은 것은? (정답 2개)

① 주민투표의 발의는 지방자치단체의 장만 할 수 있다.
② 외국인은 국가정책에 대한 주민투표권이 없다.
③ 중앙행정기관의 장, 지방자치단체의 장 및 지방의회는 주민 투표결과 확정된 내용대로 행정·재정상의 필요한 조치를 하여야 한다.
④ 전체 투표수가 주민투표권자 총수의 3분의 1에 미달되는 때에도 개표를 해야 한다.
⑤ 주민투표에 부쳐진 사항은 주민투표권자 총수의 2분의 1 이상의 투표와 유효투표수 과반수의 득표로 확정된다.

### 풀이

① [O] 주민투표의 청구는 주민 또는 지방의회, 중앙행정기관의 장도 할 수 있으나 발의는 지방자치단체의 장만 할 수 있다.
② [X] 외국인은 국가정책을 비롯한 일정한 경우에 주민투표권이 있다.
③ [X] 지방자치단체의 장 및 지방의회는 주민 투표결과 확정된 내용대로 행정·재정상의 필요한 조치를 해야 하지만, **중앙행정기관의 장이 청구한 국가정책에 대해서는 권고의 효력만 있다.**
④ [O] 과거 주민투표 시 전체 투표수가 주민투표권자 총수의 3분의 1에 미달되는 때에는 개표를 하지 않았다. 하지만 22년 「주민투표법」의 개정으로 전체 투표수가 주민투표권자 총수의 **4분의 1에 미달되는 때에도 개표를 해야 한다.**
⑤ [X] 주민투표에 부쳐진 사항은 **주민투표권자 총수의 4분의 1이상의 투표와 유효투표수 과반수의 득표로 확정**된다.

> 「주민투표법」 제24조(주민투표결과의 확정) ① 주민투표에 부쳐진 사항은 주민투표권자 총수의 4분의 1 이상의 투표와 유효투표수 과반수의 득표로 확정된다. 다만, 다음 각 호의 어느 하나에 해당하는 경우에는 찬성과 반대 양자를 모두 수용하지 아니하거나, 양자택일의 대상이 되는 사항 모두를 선택하지 아니하기로 확정된 것으로 본다.
> 1. 전체 투표수가 주민투표권자 총수의 4분의 1에 미달되는 경우
> 2. 주민투표에 부쳐진 사항에 관한 유효득표수가 동수인 경우
> ③ 관할선거관리위원회는 개표가 끝나면 지체 없이 그 결과를 공표한 후 지방자치단체의 장에게 통지하여야 한다.
> ④ 지방자치단체의 장은 제3항의 규정에 의하여 주민투표결과를 통지받은 때에는 지체없이 이를 지방의회에 보고하여야 하며, 제8조의 규정에 의한 국가정책에 관한 주민투표인 때에는 관계 중앙행정기관의 장에게 주민투표결과를 통지하여야 한다.
> ⑤ 지방자치단체의 장 및 지방의회는 주민투표결과 확정된 내용대로 행정·재정상의 필요한 조치를 하여야 한다.

**정답 ①, ④**

## 053

2019 (2월) 서울 7급 지방자치론

「주민투표법」상 주민투표에 부칠 수 없는 것을 <보기>에서 모두 고른 것은?

<보기>
ㄱ. 법령에 위반되거나 재판중인 사항
ㄴ. 국가 또는 다른 지방자치단체의 권한 또는 사무에 속하는 사항
ㄷ. 지방자치단체의 예산·회계·계약 및 재산관리에 관한 사항
ㄹ. 행정기구의 설치·변경에 관한 사항
ㅁ. 공무원의 인사·정원 등 신분과 보수에 관한 사항

① ㄱ, ㄴ
② ㄱ, ㄴ, ㄷ
③ ㄱ, ㄴ, ㄷ, ㄹ
④ ㄱ, ㄴ, ㄷ, ㄹ, ㅁ

### 풀이

ㄱ. [O] 법령에 위반되거나 재판중인 사항은 주민투표에 부칠 수 없다.
ㄴ. [O] 국가 또는 다른 지방자치단체의 권한 또는 사무에 속하는 사항은 주민투표에 부칠 수 없다.
ㄷ. [O] 지방자치단체의 예산·회계·계약 및 재산관리에 관한 사항은 주민투표에 부칠 수 없다.
ㄹ. [O] 행정기구의 설치·변경에 관한 사항은 주민투표에 부칠 수 없다.
ㅁ. [O] 공무원의 인사·정원 등 신분과 보수에 관한 사항은 주민투표에 부칠 수 없다.

> 「주민투표법」 제7조(주민투표의 대상) ① 주민에게 과도한 부담을 주거나 중대한 영향을 미치는 지방자치단체의 주요결정사항은 주민투표에 부칠 수 있다.
> ② 제1항에도 불구하고 다음 각 호의 어느 하나에 해당하는 사항은 주민투표에 부칠 수 없다.
> 1. 법령에 위반되거나 재판중인 사항
> 2. 국가 또는 다른 지방자치단체의 권한 또는 사무에 속하는 사항
> 3. 지방자치단체가 수행하는 다음 각 목의 어느 하나에 해당하는 사무의 처리에 관한 사항
> 가. 예산 편성·의결 및 집행
> 나. 회계·계약 및 재산관리
> 3의2. 지방세·사용료·수수료·분담금 등 각종 공과금의 부과 또는 감면에 관한 사항
> 4. 행정기구의 설치·변경에 관한 사항과 공무원의 인사·정원 등 신분과 보수에 관한 사항
> 5. 다른 법률에 의하여 주민대표가 직접 의사결정주체로서 참여할 수 있는 공공시설의 설치에 관한 사항. 다만, 제9조제5항의 규정에 의하여 지방의회가 주민투표의 실시를 청구하는 경우에는 그러하지 아니하다.
> 6. 동일한 사항(그 사항과 취지가 동일한 경우를 포함한다)에 대하여 주민투표가 실시된 후 2년이 경과되지 아니한 사항

**정답 ④**

## 054

2019 서울 7급 지방자치론

「주민투표법」상 주민투표에 부칠 수 있는 사항은?

① 국가 또는 다른 지방자치단체의 권한 또는 사무에 속하는 사항
② 행정기구의 설치 및 변경에 관한 사항
③ 사항과 취지가 동일한 주민투표가 실시된 후 2년이 경과된 사항
④ 다른 법률에 의하여 주민대표가 직접 의사결정주체로서 참여할 수 있는 공공시설의 설치에 관한 사항(단, 지방의회가 청구하는 경우는 제외한다.)

**풀이**

① [×] 국가 또는 다른 지방자치단체의 권한 또는 사무에 속하는 사항은 주민투표에 부칠 수 없다.
② [×] 행정기구의 설치 및 변경에 관한 사항은 주민투표에 부칠 수 없다.
③ [○] 사항과 취지가 **동일한 주민투표가 실시된 후 2년이 경과되지 않은 경우에는 주민투표에 부칠 수 없으나** 2년이 경과한 경우라면 주민투표에 부칠 수 있다.
④ [×] 다른 법률에 의하여 주민대표가 직접 의사결정주체로서 참여할 수 있는 공공시설의 설치에 관한 사항(단, 지방의회가 청구하는 경우는 제외한다.)은 주민투표에 부칠 수 없다.

**정답 ③**

## 055

2013 지방 7급 지방자치론

우리나라 주민소환제도에 대한 설명으로 옳지 않은 것은?

① 임기개시일부터 1년이 경과하지 아니한 때와 임기만료일부터 1년 미만일 때는 주민소환투표의 실시를 청구할 수 없다.
② 해당 선출직 지방공직자에 대한 주민소환투표를 실시한 날부터 1년 이내인 때는 주민소환투표의 실시를 청구할 수 없다.
③ 주민소환의 대상은 해당 지방자치단체의 장 및 지방의회의원(비례대표의원 포함)이 된다.
④ 지방자치에 관한 주민의 직접참여를 확대하고 지방행정의 민주성과 책임성을 제고함을 목적으로 한다.

**풀이**

① [○] 임기개시일부터 1년이 경과하지 아니한 때와 임기만료일부터 1년 미만일 때는 주민소환투표의 실시를 청구할 수 없다.
② [○] 해당 선출직 지방공직자에 대한 주민소환투표를 실시한 날부터 1년 이내인 때는 주민소환투표의 실시를 청구할 수 없다.
③ [×] 주민소환의 대상은 해당 지방자치단체의 장 및 지방의회 지역구의원이며 이 경우 **비례대표의원은 제외**된다.
④ [○] 주민소환은 지방자치에 관한 주민의 직접참여를 확대하고 지방행정의 민주성과 책임성을 제고함을 목적으로 하는 제도이다.

「주민소환에 관한 법률」 제1조(목적) 이 법은 「지방자치법」 제25조에 따른 주민소환의 투표 청구권자·청구요건·절차 및 효력 등에 관하여 규정함으로써 지방자치에 관한 주민의 직접참여를 확대하고 지방행정의 민주성과 책임성을 제고함을 목적으로 한다.

**정답 ③**

## 056

2021 지방 7급 지방자치론

「주민소환에 관한 법률」상 주민소환제도에 대한 설명으로 옳은 것만을 모두 고르면?

ㄱ. 주민소환투표의 경우 외국인의 투표권은 인정되지 않는다.
ㄴ. 주민소환은 주민소환투표권자 총수의 3분의 1 이상의 투표와 유효투표 총수 과반수의 찬성으로 확정된다.
ㄷ. 도지사에 대한 주민소환투표의 청구를 위해서는 당해지방자치단체의 주민투표청구권자 총수의 100분의 20이상에 해당하는 주민의 서명이 있어야 한다.
ㄹ. 선출직 지방공직자의 임기개시일부터 1년이 경과하지 아니한 때나 임기만료일부터 1년 미만일 때에는 주민소환투표의 실시를 청구할 수 없다.

① ㄱ, ㄴ
② ㄱ, ㄷ
③ ㄴ, ㄹ
④ ㄷ, ㄹ

### 풀이

ㄱ. [×] 외국인도 일정한 요건을 갖춘 경우 지방자치에 참여할 수 있으며 **주민소환투표의 경우 외국인의 투표권**은 인정된다.

> 「주민소환에 관한 법률」 제3조(주민소환투표권) ① 제4조제1항의 규정에 의한 주민소환투표인명부 작성기준일 현재 다음 각 호의 어느 하나에 해당하는 자는 주민소환투표권이 있다.
> 1. 19세 이상의 주민으로서 당해 지방자치단체 관할구역에 주민등록이 되어 있는 자(「공직선거법」 제18조의 규정에 의하여 선거권이 없는 자를 제외한다)
> 2. 19세 이상의 외국인으로서 「출입국관리법」 제10조의 규정에 따른 영주의 체류자격 취득일 후 3년이 경과한 자 중 같은 법 제34조의 규정에 따라 당해 지방자치단체 관할구역의 외국인등록대장에 등재된 자

ㄴ. [○] 주민소환은 주민소환투표권자 총수의 3분의 1 이상의 투표와 유효투표 총수 과반수의 찬성으로 확정된다.

> 「주민소환에 관한 법률」 제22조(주민소환투표결과의 확정) ① 주민소환은 제3조의 규정에 의한 주민소환투표권자(이하 "주민소환투표권자"라 한다) 총수의 3분의 1이상의 투표와 유효투표 총수 과반수의 찬성으로 확정된다.
> ② 전체 주민소환투표자의 수가 주민소환투표권자 총수의 3분의 1에 미달하는 때에는 개표를 하지 아니한다.

ㄷ. [×] **도지사**에 대한 주민소환투표의 청구를 위해서는 당해 지방자치단체의 **주민투표청구권자 총수의 100분의 20이 아닌 10 이상**에 해당하는 주민의 서명이 있어야 한다.

> 「주민소환에 관한 법률 시행령」 제2조(주민소환투표청구 서명인 수) ① 법 제7조제2항 본문 및 제3항 본문에 따라 특별시장·광역시장·도지사(이하 "시·도지사"라 한다)의 주민소환투표청구를 위하여 해당 특별시·광역시·도 관할구역 안의 시·군·자치구 전체의 수가 3개 이상인 경우에 3분의 1 이상의 시·군·자치구에서 받아야 할 서명인 수와 시장·군수·구청장(자치구의 구청장을 말한다. 이하 같다) 및 지방의회의원(비례대표선거구시·도의회의원과 비례대표선거구자치구·시·군의회의원을 제외한다. 이하 같다)의 주민소환투표 청구를 위하여 해당 선거구 안의 읍·면·동의 전체의 수가 3개 이상인 경우에 3분의 1 이상의 읍·면·동에서 받아야 할 서명인 수는 다음 각 호와 같다.
> 1. 시·도지사 : 해당 시·군·자치구별 주민소환투표청구권자 총수의 100분의 10 이상

ㄹ. [○] 선출직 지방공직자의 임기개시일부터 1년이 경과하지 아니한 때나 임기만료일부터 1년 미만일 때에는 주민소환투표의 실시를 청구할 수 없다.

> 「주민소환에 관한 법률」 제8조(주민소환투표의 청구제한기간) 제7조제1항 내지 제3항의 규정에 불구하고, 다음 각 호의 어느 하나에 해당하는 때에는 주민소환투표의 실시를 청구할 수 없다.
> 1. 선출직 지방공직자의 임기개시일부터 1년이 경과하지 아니한 때
> 2. 선출직 지방공직자의 임기만료일부터 1년 미만일 때
> 3. 해당선출직 지방공직자에 대한 주민소환투표를 실시한 날부터 1년 이내인 때

**참고** 주민소환에 관한 법률은 22년 「지방자치법」 개정 이후 후속 법률이 개정법령이 입법예고 중이지만 아직 통과되지 않았다. 통과된다면 주민소환투표결과의 확정, 주민소환투표 청구 서명인 수 요건 내용이 달라질 수 있다.

[정부 제출 주민소환에 관한 법률 개정안 내용]
- 주민소환투표권자: 주민소환투표권자 기준연령을 18세로 하향 조정, 재외국민 중 주민등록이 되어 있는 사람도 주민소환투표권 부여
- 주민소환투표 청구요건: 청구요건인 서명 주민수는 해당 지방자치단체 또는 선거구의 주민소환투표청구권자 총수를 기준으로 구분하여 규정
- 주민소환투표결과의 확정요건: 주민소환투표권자 총수의 1/4이상의 투표와 유효투표 총수의 과반수를 득표
- 주민소환투표 개표요건: 주민소환투표권자 총수의 1/4에 미달하는 경우 개표하지 않음

정답 ③

## 057
2013 서울 7급 지방자치론

다음 중 우리나라 주민소환제에 관한 내용으로 옳은 것은?

① 유권자 1/3 이상이 투표하고 2/3 이상이 찬성하면 자치단체장과 지방의원은 해임이 확정된다.
② 비례대표로 선출된 지방의원은 주민소환 대상에서 제외된다.
③ 유권자의 10% 이상이 찬성하면 시장·군수와 자치구의 구청장에 대해 주민소환을 청구할 수 있다.
④ 2005년 5월 주민소환에 관한 법률이 제정되어 2006년 7월부터 시행되고 있다.
⑤ 광역 및 기초자치단체 의원에 대한 주민소환은 유권자의 15% 이상이 찬성해야 한다.

### 풀이

① [×] 현행 「주민소환에 관한 법률」에 따르면 유권자 1/3 이상이 투표하고 투표자의 과반이 찬성하면 자치단체장과 지방의원은 해임이 확정된다. (법률의 요건인 투표자의 과반 찬성보다 2/3 찬성이 더 높은 수치이기 때문에 내용적으로는 틀렸다고 보기 어렵지만, 부정확한 선지이므로 법률의 내용을 묻는 선지라 생각하고 넘어 갑니다.)

> 「주민소환에 관한 법률」 제22조(주민소환투표결과의 확정) ① 주민소환은 제3조의 규정에 의한 주민소환투표권자(이하 "주민소환투표권자"라 한다) 총수의 3분의 1이상의 투표와 유효투표 총수 과반수의 찬성으로 확정된다.
> ② 전체 주민소환투표자의 수가 주민소환투표권자 총수의 3분의 1에 미달하는 때에는 개표를 하지 아니한다.

② [○] 비례대표로 선출된 지방의원은 주민소환 대상에서 제외된다.
③ [×] **기초자치단체의 장**인 시장·군수와 자치구의 구청장에 대해 주민소환을 청구하려면 유권자의 10%가 아닌 **15% 이상의 찬성**이 필요하다.
④ [×] 「주민소환에 관한 법률」은 **2006년 5월에 법률이 제정되고 2007년 5월에 시행**되었다.
⑤ [×] 현행 「주민소환에 관한 법률」에 따르면 광역 및 기초자치단체 의원에 대한 주민소환이 이루어지려면 전체 유권자의 20%의 연서를 받아 청구한 뒤, **유권자 1/3의 투표·투표자 과반수의 찬성 요건이 필요**하다.

> 주민소환에 관한 법률」 제22조(주민소환투표결과의 확정) ①주민소환은 제3조의 규정에 의한 주민소환투표권자(이하 "주민소환투표권자"라 한다) 총수의 3분의 1이상의 투표와 유효투표 총수 과반수의 찬성으로 확정된다.

정답 ②

## 058
2021 국가 9급

우리나라의 주민소환제도에 대한 설명으로 옳지 않은 것은?

① 가장 유력한 직접민주주의 제도이다.
② 비례대표 지방의회의원은 주민소환 대상이 아니다.
③ 심리적 통제 효과가 크다.
④ 군수를 소환하려고 할 경우에는 해당 군의 주민소환투표청구권자총수의 100분의 10이상의 서명을 받아 청구해야 한다.

### 풀이

① [○] 주민소환제도는 선거로 취임한 주요 공직자의 파면을 주민이 요구하고 여부를 결정하는 제도로 간접민주주의로 불가능한 공직자를 통제하는 유력한 직접민주주의 제도이다.
② [○] 주민은 그 지방자치단체의 장 및 지방의회의원(비례대표 지방의회의원은 제외)을 소환한다. 비례대표 지방의회의원은 주민소환 대상이 아니다.
③ [○] 주민들이 공직자에 대한 해직 등을 청구 한다는 점에서 공직자에 대한 심리적 통제 기능을 수행한다.
④ [×] **기초자치단체의 장인 군수**를 소환하려고 할 경우에는 해당 군의 주민소환투표청구권자 총수의 **100분의 15 이상**의 서명을 받아 청구해야 한다(「주민소환법」 제7조).

정답 ④

## 059
2016 국회 8급

**다음 중 우리나라에서 실시되는 주민참여제도에 대한 설명으로 옳지 않은 것은?**

① 주민참여예산제도는 지방자치단체의 예산편성에 주민이 직접 참여하여 재정운영의 투명성과 책임성을 제고할 수 있도록 하는 것이다.
② 주민소송은 주민감사청구의 결과에 불복하는 경우에 하는 것이다.
③ 조례개폐청구제도는 지방선거의 유권자 중 일정 수 이상의 연서로 지방자치단체의 조례 제정 및 개폐에 대해 주민들이 직접 발안할 수 있도록 하는 것이다.
④ 주민투표제도는 지역주민에게 중대한 영향을 미치는 주요 결정사항들 중 지방자치법에 구체적으로 명시된 사안들에 대해 주민들의 직접투표로 결정할 수 있도록 하는 것이다.
⑤ 주민소환제도는 주민소환투표청구권자 중 일정 수 이상의 서명으로 지방자치단체의 장 혹은 지방의회의원(비례대표 제외) 등을 소환하도록 청구할 수 있는 제도이다.

### 풀이

① [○] 주민참여예산제도는 지방자치단체의 예산편성단계에 주민이 참여하여 재정운영의 투명성과 책임성을 제고할 수 있도록 하는 것이다.
② [○] 주민소송은 지방자치단체의 기관 및 직원의 공금지출·회계 등 재무행위가 위법하다고 인정되어 주민이 감사기관에 감사를 청구하고도 그 감사결과에 불만족하는 경우에 법원에 재판을 청구하는 제도이다.
③ [○] 조례개폐청구제도는 주민발안제도의 일종으로 지역주민들이 해당 지방자치단체의 의회에게 조례를 제정하거나 개정하거나 폐지할 것을 청구할 수 있는 제도이다.
④ [×] 주민투표는 주민에게 과도한 부담을 주거나 중대한 영향을 미치는 지방자치단체의 주요결정사항에 대해 주민의 직접투표로 결정할 수 있도록 하는 제도이지만 **「지방자치법」에 그 사안을 구체적으로 명시하고 있지 않다**

> 「주민투표법」 제7조(주민투표의 대상) ① 주민에게 과도한 부담을 주거나 중대한 영향을 미치는 지방자치단체의 주요결정사항은 주민투표에 부칠 수 있다.

⑤ [○] 주민소환제도는 유권자 일정 수 이상의 연서에 의하여 지방자치단체의 장, 지방의회 의원(비례대표 제외) 등을 소환하도록 청구할 수 있는 제도이다.

**정답 ④**

## 060
2015 서울 7급 지방자치론

**우리나라 주민참여제도에 대한 설명으로 가장 옳은 것은? (정답 2개)**

① 「지방재정법」은 지방예산 편성 과정에 주민이 참여할 수 있는 주민참여예산 절차 시행 여부를 지방자치단체의 여건에 따라 재량적으로 결정할 수 있도록 하고 있다.
② 주민소송은 자신의 개인적 권리나 이익에 관계없이 청구할 수 있으나 주민감사청구 다음에 가능하다.
③ 주민은 일정 수 이상의 주민 연서로 지방의회에 직접 조례의 제정 및 개폐를 청구할 수 있다.
④ 「주민소환에 관한 법률」은 주민소환제의 남용을 예방하기 위해 주민소환청구 사유를 엄격하게 제한하고 있다.

### 풀이

① [×] 2011년 개정된 「지방재정법」에 따라 주민참여예산제도는 **법적 의무사항**이다.

> 「지방재정법」 제39조(지방예산 편성 등 예산과정의 주민 참여) ① 지방자치단체의 장은 대통령령으로 정하는 바에 따라 지방예산 편성 등 예산과정(「지방자치법」 제47조에 따른 지방의회의 의결사항은 제외한다. 이하 이 조에서 같다)에 주민이 참여할 수 있는 제도(이하 이 조에서 "주민참여예산제도"라 한다)를 마련하여 시행하여야 한다.

② [○] 주민소송은 자신의 개인적 권리나 이익에 관계없이 청구할 수 있으나 주민감사청구를 청구한 당사자만 제기할 수 있다.
③ [○] 2022년 「지방재정법」 개정 이전에는 주민이 조례의 제정 및 개폐를 지방자치단체의 장에게 청구에 조례를 제정하거나 개정하거나 폐지할 것을 청구할 수 있다. 해당선지는 법령개정으로 과거 틀린 선지였으나 맞는 선지가 되었다.
④ [×] 「주민소환에 관한 법률」에는 주민소환투표의 청구기간은 제한하고 있으나 **구체적인 주민소환의 사유를 제한하고 있지 않다**

> 「주민소환에 관한 법률」 제8조(주민소환투표의 청구제한기간) 제7조제1항 내지 제3항의 규정에 불구하고, 다음 각 호의 어느 하나에 해당하는 때에는 주민소환투표의 실시를 청구할 수 없다.
> 1. 선출직 지방공직자의 임기개시일부터 1년이 경과하지 아니한 때
> 2. 선출직 지방공직자의 임기만료일부터 1년 미만일 때
> 3. 해당선출직 지방공직자에 대한 주민소환투표를 실시한 날부터 1년 이내인 때

**정답 ②, ③**

## 061
2023 지방 7급

주민참여제도에 대한 설명으로 옳은 것은?

① 주민투표의 대상·발의자·발의요건, 그 밖에 투표절차 등에 관한 사항은 따로 주민투표법으로 정하고 있다.
② 주민은 지방자치단체의 권한에 속하는 사무의 처리가 법령에 위반되거나 공익을 현저히 해친다고 판단될 때 해당 지방자치단체장에게 감사를 청구할 수 있다.
③ 주민은 지방자치단체의 공금지출에 관한 위법한 행위에 대하여 해당 지방자치단체의 장을 상대방으로 주민소송이 가능하며, 이 제도는 2021년 「지방자치법」 전부개정을 통해 처음 도입되었다.
④ 주민은 지방의회의원과 지방자치단체장에 대해 소환할 권리를 가지며 비례대표 지방의회의원도 소환 대상에 포함된다.

### 풀이
① [O] 지방자치법에 명시된 주민투표의 구체적 내용에 해당하는 주민투표의 대상·발의자·발의요건, 그 밖에 투표절차 등에 관한 사항은 따로 「주민투표법」으로 정하고 있다.
② [X] 주민은 지방자치단체의 권한에 속하는 사무의 처리가 법령에 위반되거나 공익을 현저히 해친다고 판단될 때 시·도의 경우에는 주무부장관에게, **시·군 및 자치구의 경우에는 시·도지사에게 감사를 청구**할 수 있다.

「지방자치법」 제21조(주민의 감사 청구) ① 지방자치단체의 18세 이상의 주민으로서 다음 각 호의 어느 하나에 해당하는 사람(「공직선거법」 제18조에 따른 선거권이 없는 사람은 제외한다. 이하 이 조에서 "18세 이상의 주민"이라 한다)은 시·도는 300명, 제198조에 따른 인구 50만 이상 대도시는 200명, 그 밖의 시·군 및 자치구는 150명 이내에서 그 지방자치단체의 조례로 정하는 수 이상의 18세 이상의 주민이 연대 서명하여 그 지방자치단체와 그 장의 권한에 속하는 사무의 처리가 법령에 위반되거나 공익을 현저히 해친다고 인정되면 시·도의 경우에는 주무부장관에게, 시·군 및 자치구의 경우에는 시·도지사에게 감사를 청구할 수 있다.

③ [X] 주민은 지방자치단체의 공금지출에 관한 위법한 행위에 대하여 해당 지방자치단체의 장을 상대방으로 주민소송이 가능하며, **이 제도는 2005년에 도입되었다**.
④ [X] 주민은 지방의회의원과 지방자치단체장에 대해 소환할 권리를 가지지만 **이때 비례대표 지방의회의원은 소환 대상에서 제외된다**.

「지방자치법」 제25조(주민소환) ① 주민은 그 지방자치단체의 장 및 지방의회의원(비례대표 지방의회의원은 제외한다)을 소환할 권리를 가진다.
② 주민소환의 투표 청구권자·청구요건·절차 및 효력 등에 관한 사항은 따로 법률로 정한다.

**정답 ①**

## 062
2018 서울 7급 지방자치론

「지방자치법」상 서울특별시의 19세 이상 주민의 권리에 대한 설명으로 옳은 것을 <보기>에서 모두 고른 것은?

<보기>
ㄱ. 서울특별시장을 소환할 권리를 가진다.
ㄴ. 서울특별시 비례대표 지방의회의원을 소환할 수 없다.
ㄷ. 서울특별시와 서울특별시장의 권한에 속하는 사무의 처리가 법령에 위반되면 감사를 청구할 수 있다.
ㄹ. 서울특별시는 법률의 위임이 있어야 주민의 권리 제한 또는 의무 부과에 관한 사항이나 벌칙을 정할 수 있다.

① ㄱ
② ㄴ, ㄷ
③ ㄱ, ㄴ, ㄷ
④ ㄱ, ㄴ, ㄷ, ㄹ

### 풀이
ㄱ. [O] 서울특별시의 19세 이상 주민은 서울특별시장을 소환할 수 있는 주민소환권을 가진다(「지방자치법」 제25조).
ㄴ. [O] 서울특별시의 19세 이상 주민은 서울시의회의 지역의원을 소환할 수 있지만 이 경우 비례대표의원은 제외한다(「지방자치법」 제25조).
ㄷ. [O] 서울특별시의 19세 이상 주민은 서울특별시와 서울특별시장의 권한에 속하는 사무의 처리가 법령에 위반되면 주무부장관에게 감사를 청구할 수 있다(「지방자치법」 제21조).
ㄹ. [O] 서울특별시는 법률의 위임이 있는 경우에 한해 주민의 권리 제한 또는 의무 부과에 관한 사항이나 벌칙을 정할 수 있다(「지방자치법」 제28조).

**정답 ④**

## 063

2016 지방 9급

「지방자치법」상 우리나라 지방자치단체에 대한 설명으로 옳지 않은 것은?

① 지방자치단체인 구는 특별시와 광역시의 관할 구역 안의 구만을 말한다.
② 자치구가 아닌 구의 명칭과 구역의 변경은 그 지방자치단체의 조례로 정한다.
③ 주민은 지방자치단체와 그 장의 권한에 속하는 사무의 처리가 법령에 위반되거나 공익을 현저히 해친다고 인정되면 감사를 청구할 수 있다.
④ 주민은 그 지방자치단체의 장뿐만 아니라 지방에 속한 모든 의회의원까지도 소환할 권리를 가진다.

### 풀이

① [○] 지방자치단체인 구는 특별시와 광역시의 관할 구역 안의 구만을 말한다(「지방자치법」 제2조).
② [○] 지방자치단체가 아닌 구의 명칭과 구역의 변경은 그 지방자치단체의 조례로 정한다(「지방자치법」 제7조).
③ [○] 주민은 그 지방자치단체와 그 장의 권한에 속하는 사무의 처리가 법령에 위반되거나 공익을 현저히 해친다고 인정되면 감사를 청구할 수 있다(「지방자치법」 제21조).
④ [×] 주민소환에 대한 설명으로 주민은 그 지방자치단체의 장 및 지방의회의원을 소환할 권리를 가지며 **비례대표 지방의회의원은 제외된다**(「지방자치법」 제25조).

**정답 ④**

## 064

2014 지방 7급 지방자치론

주민참여에 대한 내용으로 옳은 것은?

① 주민감사청구제도는 주민소송제도의 제도적 보완장치이다.
② 우리나라의 주민발안제도는 직접발안의 형태가 대부분이다.
③ 선출직 지방공직자의 임기개시일부터 1년이 경과하지 아니한 때에는 주민소환을 할 수 없다.
④ 기초지방자치단체의 주민투표관리는 상급 지방자치단체의 선거관리위원회에서 한다.

### 풀이

① [×] 주민감사청구 이후에 주민소송을 제기할 수 있으므로 **주민소송이 주민감사청구의 제도적 보완장치**이다.
② [×] 주민발안은 지방자치단체의 유권자 일정 수 이상의 연서에 의해 조례의 제정 또는 개폐에 대한 의안을 주민이 발의하는 제도이다. 주민발안에는 주민이 직접 발안하고 바로 표결에 붙이는 직접발안과 지방자치단체의 장 또는 지방의회를 거치는 간접발안의 형태가 있는데 2022년 「지방자치법」에 개정되며 우리나라의 발안 방식은 지방자치단체의 장을 통한 간접발안에서 **지방의회를 통한 간접발안으로 바뀌었다.**
③ [○] 선출직 지방공직자의 임기개시일부터 1년이 경과하지 아니한 때에는 주민소환을 할 수 없다.
④ [×] 주민투표사무는 해당 지방자치단체의 구역을 관할하는 선거관리위원회가 하므로 **기초지방자치단체의 경우 기초자치단체의 선거관리위원회가 관리**한다.

> 「주민투표법」 제3조(주민투표사무의 관리) ① 주민투표사무는 이 법에 특별한 규정이 있는 경우를 제외하고는 특별시·광역시·특별자치시·도 또는 특별자치도(이하 "시·도"라 한다)는 시·도선거관리위원회가, 시·군 또는 구(자치구를 말하며, 이하 "시·군·구"라 한다)는 구·시·군선거관리위원회가 관리한다.

**정답 ③**

## 065

**2023 지방 7급 지방자치론**

법령상 주민이 지방자치단체에 요구할 수 있는 권리에 대한 설명으로 옳은 것은?

① 시·도는 500명을 넘지 아니하는 범위에서 그 지방자치단체의 조례로 정하는 수 이상의 주민이 연대 서명하여 해당 지방자치단체의 장에게 감사를 청구할 수 있다.
② 지방자치단체의 장은 지방자치단체가 수행하는 회계·계약 및 재산관리 사무에 속하는 사항이더라도 주민에게 과도한 부담을 주거나 중대한 영향을 미치는 지방자치단체의 주요 결정사항 등에 대하여 주민투표에 부칠 수 있다.
③ 주민은 주무부장관이나 시·도지사에게 감사를 청구한 날부터 60일이 지나도 감사 청구된 사항에 대하여 감사를 끝내지 아니한 경우에 주무부장관을 상대로 소송을 제기할 수 있다.
④ 주민은 행정기구를 설치하거나 변경하는 사항에 대해 지방자치단체의 조례 제·개정 및 폐지를 청구할 수 없다.

**풀이**

① [×] 요건에 해당하는 지방자치단체의 18세 이상의 주민은, **시·도는 300명**, 인구 50만 이상 대도시는 200명, 그 밖의 시·군 및 자치구는 150명 이내에서 그 지방자치단체의 조례로 정하는 수 이상의 18세 이상의 **주민이 연대 서명**하여, 그 지방자치단체와 그 장의 권한에 속하는 사무의 처리가 법령에 위반되거나 공익을 현저히 해친다고 인정되면 시·도의 경우에는 주무부장관에게, 시·군 및 자치구의 경우에는 시·도지사에게 감사를 청구할 수 있다(「지방자치법」 제21조).

② [×] **지방자치단체가 수행하는 예산 편성·의결 및 집행, 회계·계약 및 재산관리에 해당하는 사무의 처리에 관한 사항 등**은 주민에게 과도한 부담을 주거나 중대한 영향을 미치는 지방자치단체의 주요 결정사항이라도 **주민투표에 부칠 수 없다**(「주민투표법」 제7조).

> 「주민투표법」 제7조(주민투표의 대상) ①주민에게 과도한 부담을 주거나 중대한 영향을 미치는 지방자치단체의 주요결정사항은 주민투표에 부칠 수 있다.
> ②제1항에도 불구하고 다음 각 호의 어느 하나에 해당하는 사항은 주민투표에 부칠 수 없다.
> 1. 법령에 위반되거나 재판중인 사항
> 2. 국가 또는 다른 지방자치단체의 권한 또는 사무에 속하는 사항
> 3. 지방자치단체가 수행하는 다음 각 목의 어느 하나에 해당하는 사무의 처리에 관한 사항
> 가. 예산 편성·의결 및 집행
> 나. 회계·계약 및 재산관리
> 3의2. 지방세·사용료·수수료·분담금 등 각종 공과금의 부과 또는 감면에 관한 사항
> 4. 행정기구의 설치·변경에 관한 사항과 공무원의 인사·정원 등 신분과 보수에 관한 사항
> 5. 다른 법률에 의하여 주민대표가 직접 의사결정주체로서 참여할 수 있는 공공시설의 설치에 관한 사항. 다만, 제9조제5항의 규정에 의하여 지방의회가 주민투표의 실시를 청구하는 경우에는 그러하지 아니하다.
> 6. 동일한 사항(그 사항과 취지가 동일한 경우를 포함한다)에 대하여 주민투표가 실시된 후 2년이 경과되지 아니한 사항

③ [×] 감사 청구한 주민은 주무부장관이나 시·도지사가 감사 청구를 수리한 날부터 **60일이 지나도 감사를 끝내지 아니한 경우**에 그 감사 청구한 사항과 관련이 있는 위법한 행위나 업무를 게을리한 사실에 대하여 해당 **지방자치단체의 장을 상대방으로 하여 소송을 제기할 수 있다**(「지방자치법」 제22조).

④ [○] 법령을 위반하는 사항, 지방세·사용료·수수료·부담금을 부과·징수 또는 감면하는 사항, 행정기구를 설치하거나 변경하는 사항, 공공시설의 설치를 반대하는 사항은 주민조례청구 대상에서 제외한다(「주민조례발안에 관한 법률」 제4조).

**정답 ④**

## 066

2019 지방 7급

**다음 중 현행 법률상 허용되지 않는 것만을 모두 고르면?**

> ㄱ. 비례대표 지방의회의원에 대한 주민소환
> ㄴ. 수사에 관여하게 되는 사항에 대한 주민감사청구
> ㄷ. 수수료 감면을 위한 주민의 조례 개정 청구
> ㄹ. 지방공무원의 정원에 관한 주민투표

① ㄱ, ㄷ
② ㄱ, ㄴ, ㄹ
③ ㄴ, ㄷ, ㄹ
④ ㄱ, ㄴ, ㄷ, ㄹ

### 풀이

ㄱ. [○] 비례대표 지방의회의원은 주민소환을 할 수 없다.

> 「지방자치법」 제25조(주민소환) ① 주민은 그 지방자치단체의 장 및 지방의회의원(비례대표 지방의회의원은 제외한다)을 소환할 권리를 가진다.

ㄴ. [○] 수사에 관여하게 되는 사항은 주민감사청구를 할 수 없다.

> 「지방자치법」 제21조(주민의 감사 청구)
> ② 다음 각 호의 사항은 감사 청구의 대상에서 제외한다.
> 1. 수사나 재판에 관여하게 되는 사항
> 2. 개인의 사생활을 침해할 우려가 있는 사항
> 3. 다른 기관에서 감사하였거나 감사 중인 사항. 다만, 다른 기관에서 감사한 사항이라도 새로운 사항이 발견되거나 중요 사항이 감사에서 누락된 경우와 제22조제1항에 따라 주민소송의 대상이 되는 경우에는 그러하지 아니하다.
> 4. 동일한 사항에 대하여 제22조제2항 각 호의 어느 하나에 해당하는 소송이 진행 중이거나 그 판결이 확정된 사항

ㄷ. [○] 수수료 감면에 관한 사항은 조례 개정 청구를 할 수 없다.

> 「주민조례발안에 관한 법률」 제4조(주민조례청구 제외 대상) 다음 각 호의 사항은 주민조례청구 대상에서 제외한다.
> 1. 법령을 위반하는 사항
> 2. 지방세·사용료·수수료·부담금을 부과·징수 또는 감면하는 사항
> 3. 행정기구를 설치하거나 변경하는 사항
> 4. 공공시설의 설치를 반대하는 사항

ㄹ. [○] 지방공무원의 정원 등 신분과 보수에 관한 사항은 주민투표에 부칠 수 없다.

> 「주민투표법」 제7조(주민투표의 대상) ② 제1항에도 불구하고 다음 각 호의 어느 하나에 해당하는 사항은 주민투표에 부칠 수 없다.
> 1. 법령에 위반되거나 재판중인 사항
> 2. 국가 또는 다른 지방자치단체의 권한 또는 사무에 속하는 사항
> 3. 지방자치단체가 수행하는 다음 각 목의 어느 하나에 해당하는 사무의 처리에 관한 사항
> 가. 예산 편성·의결 및 집행
> 나. 회계·계약 및 재산관리
> 3의2. 지방세·사용료·수수료·분담금 등 각종 공과금의 부과 또는 감면에 관한 사항
> 4. 행정기구의 설치·변경에 관한 사항과 공무원의 인사·정원 등 신분과 보수에 관한 사항
> 5. 다른 법률에 의하여 주민대표가 직접 의사결정주체로서 참여할 수 있는 공공시설의 설치에 관한 사항. 다만, 제9조제5항의 규정에 의하여 지방의회가 주민투표의 실시를 청구하는 경우에는 그러하지 아니하다.
> 6. 동일한 사항(그 사항과 취지가 동일한 경우를 포함한다)에 대하여 주민투표가 실시된 후 2년이 경과되지 아니한 사항

**정답 ④**

## 067
2018 지방 7급 지방자치론

우리나라의 주민참여제도에 대한 설명으로 옳지 않은 것은?

① 주민옴부즈만제도는 현재 우리나라의 일부 자치단체에서만 실시된다.
② 주민소환제는 인적 대상에 대한 처리라는 점에서 일반적 안건에 관한 주민 결정제도인 주민투표제와는 구분된다.
③ 현행법상 주민참여예산제도를 의무적으로 실시하고 있다.
④ 주민감사청구제는 사법적 방법으로 주민의 직접 참여를 보장하는 제도이다.

### 풀이
① [○] 주민옴부즈만제도는 「부패방지 및 국민권익위원회 설치 및 운영에 관한 법률」에 근거를 둔 시민고충처리위원회의 형태로 운영되고 있다. 시민고충처리위원회는 법률상 의무조항이 아니어서 지방자치단체의 사정에 따라 실시여부를 검토할 수 있으며 2023년 4월 광역자치단체를 기준으로 서울, 대구, 광주, 울산, 경기, 강원, 충남, 전북, 전남, 제주 등의 총 10개의 광역자치단체와 64개의 기초자치단체에서 시행하고 있다. (국민권익위 현황 자료)

> 「부패방지 및 국민권익위원회 설치 및 운영에 관한 법률」 제32조(시민고충처리위원회의 설치) ① 지방자치단체 및 그 소속 기관에 관한 고충민원의 처리와 행정제도의 개선 등을 위하여 각 지방자치단체에 시민고충처리위원회를 둘 수 있다.

② [○] 주민소환제는 주민들이 선출직 단체장이나 지방의원이라는 인적 대상을 소환할 수 있는 제도로 일반적 안건을 주민들의 투표를 통해 결정하는 주민투표제와 구분된다.
③ [○] 2011년 「지방재정법」 개정에 따라 모든 자치단체에서 주민참여예산제도를 의무적으로 실시하고 있다.

> 「지방재정법」 제39조(지방예산 편성 등 예산과정의 주민 참여) ① 지방자치단체의 장은 대통령령으로 정하는 바에 따라 지방예산 편성 등 예산과정(「지방자치법」 제47조에 따른 지방의회의 의결사항은 제외한다. 이하 이 조에서 같다)에 주민이 참여할 수 있는 제도(이하 이 조에서 "주민참여예산제도"라 한다)를 마련하여 시행하여야 한다.

④ [×] **주민감사청구제**는 주민이 자치단체의 사무처리에 대해 상급자치단체의 장이나 중앙행정기관의 장에게 감사를 청구하는 제도로 사법적 방법이 아닌 **행정적 방법**으로 주민의 직접 참여를 보장하는 제도이다.

정답 ④

## 068
2019 국가 9급

「지방자치법」상 주민참여 수단에 대한 설명으로 옳지 않은 것은?

① 지방자치단체의 장은 주민에게 과도한 부담을 주거나 중대한 영향을 미치는 지방자치단체의 주요 결정사항 등에 대하여 주민투표에 부칠 수 있다.
② 18세 이상의 주민은 그 지방자치단체와 그 장의 권한에 속하는 사무의 처리가 법령에 위반되거나 공익을 현저히 해친다고 인정되면 감사를 청구할 수 있다.
③ 주민은 그 지방자치단체의 장을 소환할 권리는 갖지만, 비례대표 지방의회의원을 소환할 권리를 가지고 있지는 못하다.
④ 주민은 행정기구를 설치하거나 변경하는 것에 관한 사항이나 공공시설의 설치를 반대하는 사항의 조례를 제정하거나 개정하거나 폐지할 것을 청구할 수 있다.

### 풀이
① [○] 지방자치단체의 장은 주민에게 과도한 부담을 주거나 중대한 영향을 미치는 지방자치단체의 주요 결정사항 등에 대하여 주민투표에 부칠 수 있다(「지방자치법」 제18조).
② [○] 18세 이상의 주민은 시·도에서는 주무부장관에게, 시·군 및 자치구에서는 시·도지사에게 그 지방자치단체와 그 장의 권한에 속하는 사무에 처리가 법령에 위반되거나 공익을 현저히 해친다고 인정되면 감사를 청구할 수 있다(「지방자치법」 제21조).
③ [○] 주민은 그 지방자치단체의 장 및 지방의회의원을 소환할 권리를 가지며 비례대표 지방의회의원은 제외한다(「지방자치법」 제25조).
④ [×] 주민은 지방자치단체의 조례를 제정하거나 개정하거나 폐지할 것을 청구할 수 있다(「지방자치법」 제19조). 18세 이상의 주민은 지방자치단체의 장에게 조례를 제정하거나 개정하거나 폐지할 것을 청구할 수 있으나 법령을 위반하는 사항, 지방세·사용료·수수료·부담금의 부과·징수 또는 감면에 관한 사항, **행정기구를 설치하거나 변경하는 것에 관한 사항이나 공공시설의 설치를 반대하는 사항은 청구대상에서 제외**한다(「주민조례발안법」 제4조).

정답 ④

## 069

**2022 지방 7급 지방자치론**

**우리나라의 주민참여제도에 대한 설명으로 옳지 않은 것은?**

① 주민은 사용료, 수수료, 부담금의 부과·징수 또는 감면에 관한 조례 제정을 청구할 수 있다.
② 법령이나 조례를 위반한 사항은 주민의 규칙 제정에 대한 의견제출 대상에서 제외한다.
③ 국가 또는 다른 지방자치단체의 권한 또는 사무에 속하는 사항은 주민투표에 부칠 수 없다.
④ 주민은 법령으로 정하는 바에 따라 주민생활에 영향을 미치는 지방자치단체의 정책 결정 과정에 참여할 권리를 가진다.

### 풀이

① [X] 주민은 사용료, 수수료, 부담금의 부과·징수 또는 감면에 관한 **조례 제정을 청구할 수 없다.**

> 「주민조례발안에 관한 법률」 제4조(주민조례청구 제외 대상) 다음 각 호의 사항은 주민조례청구 대상에서 제외한다.
> 1. 법령을 위반하는 사항
> 2. 지방세·사용료·수수료·부담금을 부과·징수 또는 감면하는 사항
> 3. 행정기구를 설치하거나 변경하는 사항
> 4. 공공시설의 설치를 반대하는 사항

② [O] 법령이나 조례를 위반한 사항은 주민의 규칙 제정에 대한 의견 제출 대상에서 제외한다.

> 「지방자치법」 제20조(규칙의 제정과 개정·폐지 의견 제출) ① 주민은 제29조에 따른 규칙(권리·의무와 직접 관련되는 사항으로 한정한다)의 제정, 개정 또는 폐지와 관련된 의견을 해당 지방자치단체의 장에게 제출할 수 있다.
> ② 법령이나 조례를 위반하거나 법령이나 조례에서 위임한 범위를 벗어나는 사항은 제1항에 따른 의견 제출 대상에서 제외한다.
> ③ 지방자치단체의 장은 제1항에 따라 제출된 의견에 대하여 의견이 제출된 날부터 30일 이내에 검토 결과를 그 의견을 제출한 주민에게 통보하여야 한다.

③ [O] 국가 또는 다른 지방자치단체의 권한 또는 사무에 속하는 사항은 주민투표에 부칠 수 없다.

> 「주민투표법」 제7조(주민투표의 대상) ①주민에게 과도한 부담을 주거나 중대한 영향을 미치는 지방자치단체의 주요결정사항은 주민투표에 부칠 수 있다.
> ②제1항에도 불구하고 다음 각 호의 어느 하나에 해당하는 사항은 주민투표에 부칠 수 없다.
> 1. 법령에 위반되거나 재판중인 사항
> 2. 국가 또는 다른 지방자치단체의 권한 또는 사무에 속하는 사항
> 3. 지방자치단체가 수행하는 다음 각 목의 어느 하나에 해당하는 사무의 처리에 관한 사항
> 가. 예산 편성·의결 및 집행
> 나. 회계·계약 및 재산관리
> 3의2. 지방세·사용료·수수료·분담금 등 각종 공과금의 부과 또는 감면에 관한 사항
> 4. 행정기구의 설치·변경에 관한 사항과 공무원의 인사·정원 등 신분과 보수에 관한 사항
> 5. 다른 법률에 의하여 주민대표가 직접 의사결정주체로서 참여할 수 있는 공공시설의 설치에 관한 사항. 다만, 제9조제5항의 규정에 의하여 지방의회가 주민투표의 실시를 청구하는 경우에는 그러하지 아니하다.
> 6. 동일한 사항(그 사항과 취지가 동일한 경우를 포함한다)에 대하여 주민투표가 실시된 후 2년이 경과되지 아니한 사항

④ [O] 주민은 법령으로 정하는 바에 따라 주민생활에 영향을 미치는 지방자치단체의 정책 결정 과정에 참여할 권리를 가진다.

> 「지방자치법」 제17조(주민의 권리) ① 주민은 법령으로 정하는 바에 따라 주민생활에 영향을 미치는 지방자치단체의 정책의 결정 및 집행 과정에 참여할 권리를 가진다.
> ② 주민은 법령으로 정하는 바에 따라 소속 지방자치단체의 재산과 공공시설을 이용할 권리와 그 지방자치단체로부터 균등하게 행정의 혜택을 받을 권리를 가진다.
> ③ 주민은 법령으로 정하는 바에 따라 그 지방자치단체에서 실시하는 지방의회의원과 지방자치단체의 장의 선거(이하 "지방선거"라 한다)에 참여할 권리를 가진다.

**정답 ①**

## 070

2024 국가 9급

**지방행정제도에 대한 설명으로 옳지 않은 것은?**

① 일정 조건을 충족한 주민은 해당 지방의회에 조례를 제정하거나 개정 또는 폐지할 것을 청구할 수 있다.
② 지방자치단체 간 관할 구역의 경계변경 조정 시 일정 기간 이내에 경계변경자율협의체를 구성하지 못한 경우 행정안전부장관은 지방자치단체중앙분쟁조정위원회의 심의·의결을 거쳐 조정할 수 있다.
③ 정책지원 전문인력인 정책지원관 제도는 지방자치단체장의 정책기능을 강화하기 위해 도입되었다.
④ 자치경찰사무는 합의제 행정기관인 시·도지사 소속 시·도 자치경찰위원회가 관장하며 업무는 독립적으로 수행한다.

### 풀이

① [O] 나이, 서명 인원 수 등 일정 조건을 충족한 주민은 해당 지방의회에 조례를 제정하거나 개정 또는 폐지할 것을 청구할 수 있다.

> 「지방자치법」 제19조(조례의 제정과 개정·폐지 청구) ① 주민은 지방자치단체의 조례를 제정하거나 개정하거나 폐지할 것을 청구할 수 있다.
> ② 조례의 제정·개정 또는 폐지 청구의 청구권자·청구대상·청구요건 및 절차 등에 관한 사항은 따로 법률로 정한다.

② [O] 지방자치단체 간 관할 구역의 경계변경 조정 시 일정 기간 이내에 경계변경자율협의체를 구성하지 못한 경우 행정안전부장관은 지방자치단체 중앙분쟁조정위원회의 심의·의결을 거쳐 조정할 수 있다(「지방자치법」 제6조).

> 「지방자치법」 제6조(지방자치단체의 관할 구역 경계변경 등) ① 지방자치단체의 장은 관할 구역과 생활권과의 불일치 등으로 인하여 주민생활에 불편이 큰 경우 등 대통령령으로 정하는 사유가 있는 경우에는 행정안전부장관에게 경계변경이 필요한 지역 등을 명시하여 경계변경에 대한 조정을 신청할 수 있다. 이 경우 지방자치단체의 장은 지방의회 재적의원 과반수의 출석과 출석의원 3분의 2 이상의 동의를 받아야 한다.
> ② 관계 중앙행정기관의 장 또는 둘 이상의 지방자치단체에 걸친 개발사업 등의 시행자는 대통령령으로 정하는 바에 따라 관계 지방자치단체의 장에게 제1항에 따른 경계변경에 대한 조정을 신청하여 줄 것을 요구할 수 있다.
> ③ 행정안전부장관은 제1항에 따른 경계변경에 대한 조정 신청을 받으면 지체 없이 그 신청 내용을 관계 지방자치단체의 장에게 통지하고, 20일 이상 관보나 인터넷 홈페이지에 게재하는 등의 방법으로 널리 알려야 한다. 이 경우 알리는 방법, 의견의 제출 등에 관하여는 「행정절차법」 제42조·제44조 및 제45조를 준용한다.
> ④ 행정안전부장관은 제3항에 따른 기간이 끝난 후 지체 없이 대통령령으로 정하는 바에 따라 관계 지방자치단체 등 당사자 간 경계변경에 관한 사항을 효율적으로 협의할 수 있도록 경계변경자율협의체(이하 이 조에서 "협의체"라 한다)를 구성·운영할 것을 관계 지방자치단체의 장에게 요청하여야 한다.
> ⑤ 관계 지방자치단체는 제4항에 따른 협의체 구성·운영 요청을 받은 후 지체 없이 협의체를 구성하고, 경계변경 여부 및 대상 등에 대하여 같은 항에 따른 행정안전부장관의 요청을 받은 날부터 120일 이내에 협의를 하여야 한다. 다만, 대통령령으로 정하는 부득이한 사유가 있는 경우에는 30일의 범위에서 그 기간을 연장할 수 있다.
> ⑥ 제5항에 따라 협의체를 구성한 지방자치단체의 장은 같은 항에 따른 협의 기간 이내에 협의체의 협의 결과를 행정안전부장관에게 알려야 한다.
> ⑦ 행정안전부장관은 다음 각 호의 어느 하나에 해당하는 경우에는 위원회의 심의·의결을 거쳐 경계변경에 대하여 조정할 수 있다.
> 1. 관계 지방자치단체가 제4항에 따른 행정안전부장관의 요청을 받은 날부터 120일 이내에 협의체를 구성하지 못한 경우
> 2. 관계 지방자치단체가 제5항에 따른 협의 기간 이내에 경계변경 여부 및 대상 등에 대하여 합의를 하지 못한 경우

③ [×] **정책지원관**은 조례의 제·개정, 예산결산 심의 및 행정사무감사 등 의정 활동에 필요한 자료 수집 및 분석과 지원업무를 수행하는 직책으로 지방자치단체장이 아닌 의회의 정책 기능을 강화하기 위해 도입되었다.

> 「지방자치법」 제41조(의원의 정책지원 전문인력) ① 지방의회의원의 의정활동을 지원하기 위하여 지방의회의원 정수의 2분의 1 범위에서 해당 지방자치단체의 조례로 정하는 바에 따라 지방의회에 정책지원 전문인력을 둘 수 있다.
> ② 정책지원 전문인력은 지방공무원으로 보하며, 직급·직무 및 임용절차 등 운영에 필요한 사항은 대통령령으로 정한다.

④ [O] 자치경찰사무는 합의제 행정기관인 시·도지사 소속 시·도 자치경찰위원회가 관장하며 업무는 독립적으로 수행한다.

> 「국가경찰과 자치경찰의 조직 및 운영에 관한 법률」 제18조(시·도자치경찰위원회의 설치)
> ① 자치경찰사무를 관장하게 하기 위하여 특별시장·광역시장·특별자치시장·도지사·특별자치도지사(이하 "시·도지사"라 한다) 소속으로 시·도자치경찰위원회를 둔다. 다만, 제13조 후단에 따라 시·도에 2개의 시·도경찰청을 두는 경우 시·도지사 소속으로 2개의 시·도자치경찰위원회를 둘 수 있다.
> ② 시·도자치경찰위원회는 합의제 행정기관으로서 그 권한에 속하는 업무를 독립적으로 수행한다.

**정답 ③**

## 071

2021 국회 8급

우리나라에서 채택하고 있는 주민참여제도에 대한 설명으로 옳지 않은 것은? (정답 2개)

① 주민발안제도를 통해 주민들이 지방자치단체의 조례의 제정 및 개·폐를 지방자치단체장에게 청구할 수 있다.
② 지방자치단체장, 지방의회의원에 대한 주민소환제도는 임기 만료 1년 미만일 때는 청구할 수 없다.
③ 주민들이 지방자치단체의 주요 현안을 직접 결정하기 위해서 주민투표의 실시를 청구할 수 있다.
④ 지방자치단체의 재무행위가 위법하다고 인정되는 경우에 주민들은 자신의 권익에 침해가 없는 경우에도 주민소송을 청구할 수 있다.
⑤ 주민참여예산제도는 「지방재정법」상 지방자치단체의 의무이므로, 주민참여예산제도를 통해 수렴된 주민의 의견은 예산에 반영되어야만 한다.

### 풀이

① [×] 주민조례개폐청구제도는 주민발안제도의 일종으로 과거 지역주민들이 해당 지방자치단체의 장에게 개폐를 청구했으나 22년 「지방자치법」이 개정되어 조례를 제정하거나 개정하거나 폐지할 것을 **지방의회에 청구**할 수 있다.
② [○] 지방자치단체장, 지방의회의원에 대한 주민소환제도는 임기 만료 1년 미만일 때는 청구할 수 없다.
③ [○] 주민들이 지방자치단체의 주요 현안을 직접 결정하기 위해서 주민투표의 실시를 청구할 수 있다.
④ [○] 주민소송은 재무행위와 관련한 감사청구를 한 주민이 제기하는 것으로 자치단체의 위법행위로 피해를 받지 않은 주민도 제기가 가능하다.
⑤ [×] 주민참여예산제도는 「지방재정법」에 예산편성과정에의 주민참여 법적 근거와 절차를 규정하여 2011년 9월부터 의무화되어 강제적으로 시행하게 되었으나, **제안된 주민의 의견을 반드시 예산에 반영할 필요는 없다.**

정답 ①, ⑤

# MEMO

# MEMO

# 2024
# 최영희행정학
# 지방자치론 기출문제집

**내용문의**

**온라인 강의**    gong.conects.com
                카카오톡 플러스 친구 [gongdangi]
**오프라인 강의**   공단기고시학원 TEL. 02-812-6521
**편저자**       최영희
**발행일**       2024년 06월 25일
**발행처**       에이치북스
**도서문의**     서울특별시 동작구 노량진로 14길 9  2층
            TEL. 010-8220-1310

**ISBN**        979-11-92659-62-6 13350
**정가**         26,000원

본 교재의 독창적인 내용에 대한 무단 전재, 모방은 법률로 금지되어 있습니다.
파본은 교환해 드립니다.